Die völkerrechtliche Situation in den Republiken der Föderationskreise „Nordkaukasus“ und „Südrussland“ im russischen Teil der Nordkaukasus-Region

Schriften zum internationalen und zum öffentlichen Recht

Herausgegeben von Gilbert Gornig

Band 121

Zu Qualitätssicherung und Peer Review der vorliegenden Publikation

Die Qualität der in dieser Reihe erscheinenden Arbeiten wird vor der Publikation durch den Herausgeber der Reihe geprüft.

Notes on the quality assurance and peer review of this publication

Prior to publication, the quality of the work published in this series is reviewed by the editor of the series.

Falk Hartmann

Die völkerrechtliche Situation in den Republiken der Föderationskreise „Nordkaukasus" und „Südrussland" im russischen Teil der Nordkaukasus-Region

PETER LANG

Bibliografische Information der Deutschen Nationalbibliothek
Die Deutsche Nationalbibliothek verzeichnet diese Publikation in der DeutschenNationalbibliografie; detaillierte bibliografische Daten sind im Internet über http://dnb.d-nb.de abrufbar.

Zugl.: Marburg, Univ., Diss., 2020.

D 4

ISBN 978-3-631-83713-9 (Print)
E-ISBN 978-3-631-85685-7 (E-PDF)
E-ISBN 978-3-631-85686-4 (EPUB)
E-ISBN 978-3-631-85687-1 (MOBI)
DOI 10.3726/b18513

Peter Lang –Berlin · Bern · Bruxelles · New York · Oxford · Warszawa · Wien

Die Publikation wurde begutachtet.

www.peterlang.com

Gliederung

Abkürzungsverzeichnis

Abs.	Absatz
Art.	Artikel
ASSR	Autonome Sozialistische Sowjetrepublik
AVR	Archiv des Völkerrechts
AWR-Bulletin	Association for the Study of the World Refugee Problem (Vierteljahresschrift für Flüchtlingsfragen)
BDGV	Berichte der Deutschen Gesellschaft für Völkerrecht
BFVG	Bundesvertriebenengesetz
BGBl.	Bundesgesetzblatt
BIOst	Bundesinstitut für ostwissenschaftliche und internationale Studien
BpB	Bundeszentrale für politische Bildung
BRD	Bundesrepublik Deutschland
BYIL	British Yearbook of International Law (Britisches Jahrbuch für internationales Recht)
ca.	circa
CES	Center for Eastern Studies (Zentrum für Oststudien)
CRS	Congressional Research Service (vergleichbar mit dem Wissenschaftlichen Dienst des Bundestages)
Doc.	Dokument
EGMR	Europäischer Gerichtshof für Menschenrechte
EMRK	Europäische Menschenrechtskonvention
etc.	et cetera (und die übrigen Dinge)
ETH	Eidgenössische Technische Hochschule
EU	Europäische Union
EuGRZ	Europäische Grundrechte-Zeitschrift
f.	folgende
ff.	fortfolgende
FAZ	Frankfurter Allgemeine Zeitung
FIDE	Fédération Internationale des Échecs (Internationaler Schachverband)
FKKS	Forschungsschwerpunkt Konflikt- und Kooperationsstrukturen in Osteuropa an der Universität Mannheim
Fn.	Fußnote

FSB	Federalnaja sluschba besopasnosti (Inlandsgeheimdienst der Russischen Föderation)
GA Res.	General Assembly Resolutions (Resolution der UN-Generalversammlung)
GASSR	Autonome Sowjetische Gebirgsrepublik
GG	Grundgesetz der Bundesrepublik Deutschland
GRU	Glawnoje Raswedywatelnoje Uprawlenije (Hauptverwaltung für Aufklärung beim Generalstab der Streitkräfte der Russischen Föderation)
GUS	Gemeinschaft Unabhängiger Staaten
HLKO	Haager Landkriegsordnung
Hrsg.	Herausgeber
ICJ	International Court of Justice (Internationaler Gerichtshof)
IFLA	International Federation of Library Associations (Internationaler Verband der bibliothekarischen Vereine und Institutionen)
IGH	Internationaler Gerichtshof
IIFFMCG	Independent International Fact-Finding Mission on the Conflict in Georgia (Unabhängige Untersuchungskommission für den Georgien-Konflikt)
ILC	International Law Commission (Völkerrechtskommission)
ILM	International Legal Materials
IOC	Internationales Olympisches Komitee
IPbpR	Internationaler Pakt über bürgerliche und politische Rechte
IPbürgR	Internationaler Pakt über bürgerliche und politische Rechte
IPwskR	Internationaler Pakt über wirtschaftliche, soziale und kulturelle Rechte
IS	Islamischer Staat
ISN	International Relations and Security Network (Informationsdienst für internationale Beziehungen und Sicherheitspolitik)
KAS	Konrad-Adenauer-Stiftung
KGB	Komitet gossudarstwennoi besopasnosti pri Sowjete Ministrow SSSR (Komitee für Staatssicherheit beim Ministerrat der UdSSR)
KSZE	Konferenz über Sicherheit und Zusammenarbeit in Europa
lit.	littera (Buchstabe)
LMU	Ludwig-Maximilians-Universität München
m. w. N.	mit weiteren Nachweisen
Mio.	Millionen
n. Chr.	nach Christus

NATO	North Atlantic Treaty Organization (Nordatlantikpakt-Organisation)
Nr.	Nummer
NZZ	Neue Züricher Zeitung
OAU	Organisation of African Unity (Organisation für Afrikanische Einheit)
OMON	Otrjad Mobilny Osobogo Nasnatschenija (Mobile Einheit besonderer Bestimmung)
OSZE	Organisation für Sicherheit und Zusammenarbeit in Europa
para.	Paragraph (Paragraf)
qkm	Quadratkilometer
Res.	Resolution
Rev.	revised (erweitert)
RF	Russische Föderation
RGBl.	Reichsgesetzblatt
Rn.	Randnummer
RSFSR	Russische Sozialistische Föderative Sowjetrepublik
RussVerf	Russische Verfassung
S.	Seite
SFSR	Russische Sozialistische Föderative Sowjetrepublik
SSR	Sozialistische Sowjetrepublik
SSSR	Sojus Sowjetskich Sozialistitscheskich Respublik (Sowjetunion)
SIPRI	Stockholm International Peace Research Institute (Stockholmer internationales Friedensforschungsinstitut)
sog.	sogenannte
SU	Sowjetunion
Sub.	Subtitle (Untertitel/Unterdokument)
SWP	Stiftung Wissenschaft und Politik
TschIR	Tschetscheno-Inguschetische Republik
UdSSR	Union der Sozialistischen Sowjetrepubliken
u. a.	unter anderem
UN	United Nations (Vereinte Nationen)
UNO	United Nations Organization (Organisation der Vereinten Nationen)
USA	United States of America (Vereinigte Staaten von Amerika)
v. Chr.	vor Christus
Vgl.	Vergleiche
Vol.	Volume (Jahrgang)
vs.	versus (gegen)

WVRK	Wiener Vertragsrechtskonvention
ZaöRV	Zeitschrift für ausländisches öffentliches Recht und Völkerrecht
Ziff.	Ziffer
ZP	Zusatzprotokoll

Teil 1

A. Einleitung

Der Nordkaukasus stellt in den letzten Jahren eine der konfliktreichsten Regionen der Welt dar. Immer wieder füllen sich die internationalen Pressemitteilungen mit Meldungen über Terroranschläge, Überfälle auf russische Militärposten oder Einsätze von russischen Spezialeinheiten, die Jagd auf kaukasische Untergrundkämpfer machen. Der russische Teil des Kaukasus-Gebirges grenzt zudem an Georgien und seine abtrünnigen Republiken Abchasien und Südossetien, wo im August 2008 der bislang letzte Krieg im Kaukasus stattfand. Zuvor geriet die Gebirgsregion, in der 2014 (in Sotschi/Region Krasnodar) die Olympischen Winterspiele stattfanden, durch die beiden Tschetschenienkriege sowie die Proklamation eines unabhängigen islamischen Gottesstaates, dem sog. „Kaukasus-Emirat", in die Schlagzeilen.

Ursprünglich waren sämtliche Republiken, Regionen und Oblaste des Nordkaukasus innerhalb der Russischen Föderation (RF) im Föderationskreis „Südrussland" zusammengefasst. Am 19. Dezember 2010 erließ der damalige Präsident und heutige Ministerpräsident (auch Premierminister genannt) der RF Dimitri Medwedew einen Präsidialerlass, der die Bildung des Föderationskreises „Nordkaukasus" und damit die Ausgliederung von sieben Verwaltungseinheiten (sechs Republiken und eine Region) aus dem Föderationskreis „Südrussland" vorsah. Dem Föderationskreis „Nordkaukaus" gehören folgende Verwaltungseinheiten an: Republik Dagestan, Republik Inguschetien, Republik Kabardino-Balkarien, Republik Karatschai-Tscherkessien, Republik Nordossetien-Alanien, Republik Tschetschenien sowie die Region Stawropol.

Der Verwaltungshauptsitz des Föderationskreises Nordkaukasus liegt in der Stadt Pjatigorsk in der Region Stawropol. Nach der Gründung des neuen Föderationskreises wurde Alexander Chloponin zum Generalgouverneur[1] und gleichzeitig zum Vize-Ministerpräsidenten der RF ernannt.

Der Föderationskreis „Nordkaukasus" ist der achte Föderationskreis der RF. Obwohl er mit einer Größe von einem Prozent der Gesamtfläche der RF der kleinste föderale Kreis ist, genießt er in der politischen Aufmerksamkeit im

---

1 Im Mai 20014 wurde Chloponin als Generalgouverneur des Föderationskreises Nordkaukasus abgesetzt, blieb aber stellvertretender Ministerpräsident der RF. Nachfolger im Amt des Generalgouverneurs wurde Alexander Matownikow.

Kreml einen hohen Stellenwert. Man ist sich in Moskau darüber bewusst, dass dieser Föderationskreis noch intensive Arbeit nach sich ziehen wird, um zu einer Lösung der zahlreichen Probleme zu gelangen.

Der Föderationskreis „Südrussland" besteht seit der Ausgliederung der sechs Republiken und einer Region in verkleinertem Zustand fort. Folgende Verwaltungseinheiten gehören diesem noch an: Republik Adygeja, Republik Kalmückien, Region Krasnodar, Oblast Astrachan, Oblast Rostow am Don, Oblast Wolgograd. Der Hauptsitz der administrativen Verwaltung liegt im Oblast Rostow.

Diese Arbeit wird sich mit der historischen Entwicklung aller Republiken im Nordkaukasus beschäftigen, wobei dabei stets auf die Besonderheiten der vielen Völker eingegangen wird, die den Kaukasus besiedeln. Zudem soll der Faktor Religion und seine Auswirkungen auf das seit langem angespannte Verhältnis der islamischen Bergvölker zu Russland untersucht werden.

Das zentrale Thema der Arbeit stellt die Untersuchung der Frage dar, ob den Föderationsrepubliken ein Sezessionsrecht zusteht oder ob sie aus anderen Gründen zu einer Abspaltung von Russland legitimiert sind. Die völkerrechtliche Beurteilung der Lage in den Republiken der Föderationskreise „Nordkaukasus" und „Südrussland" wird eine Untersuchung des Selbstbestimmungsrechts der jeweiligen Bevölkerung beinhalten. Insbesondere wird zu prüfen sein, inwieweit oder ob überhaupt ein solches zu bejahen ist und, wenn dies der Fall sein sollte, ob dieses Selbstbestimmungsrecht den Völkern der Föderationskreise „Nordkaukasus" und „Südrussland" ein Recht auf Sezession von Russland einräumt.

Auf der anderen Seite muss die militärische Intervention Russlands in Tschetschenien unter dem Aspekt des Rechts der territorialen Integrität eines Staates gewürdigt und dabei geklärt werden, ob sich Russland aus völkerrechtlicher Sicht berechtigterweise den Sezessionsbestrebungen Tschetscheniens militärisch widersetzen durfte.

Zudem ist zu erörtern, wie die Haltung der russischen Regierung in Moskau hinsichtlich des völkerrechtlichen Status der anderen Föderationsrepubliken im Nordkaukasus zu beurteilen ist.

In jeder einzelnen Republik der Föderationskreise „Südrussland" und „Nordkaukasus" ist die Situation durch andere Umstände gekennzeichnet. Daher ist es notwendig, jede Region und jede Republik isoliert im Lichte des internationalen Rechts zu würdigen. Ein Schwerpunkt wird dabei sicherlich die Republik Tschetschenien sein, die in der jüngsten Vergangenheit Schauplatz zweier kriegerischer Auseinandersetzungen mit Russland war.

Ein weiterer Punkt dieser Arbeit wird das Verhältnis der zahlreichen Völker im Nordkaukasus untereinander sowie ihre Konflikte sein. Da im Nordkaukasus viele Ethnien zusammenleben und alle ihre eigenen Traditionen und Kulturen pflegen, sind Reibungspunkte vorprogrammiert. Zudem wurden Volksgruppen wie die Karatschaier und die Tscherkessen sowie die Kabardiner und Balkaren gegen ihren Willen in einer Republik zusammengefasst. Im Kaukasus haben im Laufe der Geschichte zahlreiche Kriege, Deportationen, Volkswanderungen oder sowjetische Willkür die Grenzziehungen mehrmals verändert, so dass Auseinandersetzungen um Siedlungsgebiete wie zwischen den Nordosseten und Inguscheten keine Seltenheit sind. In diesem Zusammenhang soll auch die fortschreitende Unterwanderung der kaukasischen Gesellschaft durch radikale Islamisten wie Doku Umarow untersucht werden. Der Rebellenführer aus Tschetschenien will einen unabhängigen Staat aller Muslime im Nordkaukasus verwirklichen und gründete im Oktober 2007 das international nicht anerkannte „Kaukasus-Emirat", in dem das islamische Recht, die Scharia, gelten soll.

Schließlich soll die Haltung Russlands im Krieg mit Georgien dargestellt werden. Dabei muss auch auf die russische Anerkennung der abtrünnigen Republiken Südossetien und Abchasien eingegangen werden. Denn hier stellt sich ebenfalls die Frage, ob eine solche Anerkennung bzw. ob die Lossagung der beiden Republiken nach dem Völkerrecht zulässig ist. Gleichzeitig sollen die Auswirkungen dieser Anerkennung auf den Umgang Russlands mit den nach Unabhängigkeit strebenden Völkern innerhalb der RF geschildert werden.[2]

B. Der föderative Aufbau der RF

Russland ist ein Nachfolgestaat der Sowjetunion mit ca. 145 Millionen Einwohnern. Nach der Form seines Staatsaufbaus ist Russland eine Föderation. Ihr gehören 83 Staatsgebilde an, die Subjekte der Föderation heißen.[3]

Russland ist laut Verfassung ein demokratischer föderativer Rechtsstaat, der aus derzeit 83 Regionen (den eben erwähnten Föderationssubjekten) besteht.[4] Von anderen föderalen Systemen unterscheidet sich die russische Konstellation durch eine ganze Reihe von Merkmalen: durch die große Zahl der Regionen, durch die Statusunterschiede zwischen ihnen, durch die sozioökonomischen Disproportionen, durch unklare Zuständigkeitsabgrenzungen zwischen den

2 Teilergebnisse dieser Arbeit wurden im Rahmen eines Symposiums vom Verfasser vorgestellt und veröffentlicht in Hartmann, in: Gornig/Horn (Hrsg.), S. 155–172.

3 Dost, S. 115, http://www.russische-botschaft.de/de/information/willkommen-in-russland/politisches-system/.

4 Dost, S. 21.

einzelnen Regionen und der Zentralregierung sowie durch das Fehlen einer regionsübergreifenden politischen Integration. Seit der Auflösung der Sowjetunion durch die „Alma-Ata-Deklaration“[5] am 21. Dezember 1991 nahmen die örtlichen Ungleichheiten sowohl im Existenzniveau als auch bei den Pro-Kopf-Einnahmen und -Ausgaben zu. Darüber hinaus veränderten sich auch die territorialen Bruttosozialprodukte. Aufgrund der sozioökonomischen Heterogenität entwickelte sich zudem eine politische Differenzierung. Russlands föderales System stand und steht daher vor der diffizilen Herausforderung, die sozioökonomische ebenso wie die politische Einheit des Staates zu erhalten, ohne aber die Eigenständigkeit der einzelnen Regionen übermäßig zu beschränken.[6]

I. Föderale Asymmetrie[7]

1. Grundsätzlicher Aufbau der RF

Die Föderation besteht derzeit aus 83 Gebietseinheiten[8] („Föderationssubjekte“), darunter sind 21 Republiken, 9 Kreise (Kraja), 46 Gebiete (Oblasti), zwei föderale Städte (Moskau und Sankt Petersburg), vier autonome Kreise und das autonome Jüdische Gebiet Birobidschan. Seit dem Jahr 2000 gibt es sieben föderale Bezirke, in denen jeweils mehrere Subjekte zusammengefasst sind. Im Jahr 2010 wurde zusätzlich der föderale Bezirk Nordkaukasus gebildet.[9] Dazu kommen noch die Völkerrechtssubjekte „Krim“ und „Sewastopol“, deren Zugehörigkeit zur RF aber von der internationalen Staatengemeinschaft nicht anerkannt wird und die daher nicht zu den offiziellen Föderationssubjekten zählen.

Der Rechtsstatus der einzelnen Föderationssubjekte weist wie bereits angesprochen erhebliche Ungleichheiten auf[10], die als „Asymmetrie“[11] bezeichnet werden. Diese asymmetrische Form von Föderalismus zeichnet sich besonders durch die in der internationalen Staatenpraxis ungewöhnliche Kombination von ethnoföderalen (Republiken) und territorial-föderalen (Gebiete) Prinzipien aus.[12] Dabei unterscheidet die Verfassung der RF in der Theorie sechs verschiedene Arten von „Föderationssubjekten“: Republiken, autonome Bezirke, autonome Gebiete,

---

5 Englische Übersetzung in ILM 1992, S. 147 ff.
6 Heinemann-Grüder, in: Höhmann/Schröder (Hrsg.), S. 78.
7 Heinemann-Grüder, in: Höhmann/Schröder (Hrsg.), S. 78.
8 Dost, S. 115.
9 Heinemann-Grüder, in: BpB 2011, S. 1.
10 Tschinarichina, in: Wostok Nr. 6 1993, S. 26.
11 Dost, S. 115.
12 Schneider, S. 139.

Gebiete (Oblaste), Bezirke und Städte von föderaler Bedeutung. Diese sechs Verwaltungsmodelle gehen auf drei Grundtypen zurück: national-staatliche Gebilde (Republiken, autonome Bezirke und das autonome Gebiet); territorial-staatliche Gebilde (Gebiete, Bezirke) und die Städte von föderaler Bedeutung (Moskau, St. Petersburg).[13] Bei Republiken, autonomen Bezirken und dem autonomen Gebiet handelt es sich um Föderationssubjekte, in denen ein oder mehrere nicht-russische Völker, nach denen das Subjekt benannt ist (sog. Titularethnien), sprachlich-kulturelle Autonomie, de facto aber auch politische und wirtschaftliche Privilegien genießen. Von den 83 Subjekten sind 26 ethnisch definiert.[14] In anderen Subjekten hingegen war die Sprache das ausschlaggebende Kriterium für die Aufteilung.[15] Seit dem Jahr 2000 gibt es sieben föderale Bezirke, in denen jeweils mehrere Subjekte zusammengefasst sind.

Zwischen dem Autonomiestatus von nicht-russischen Völkern und der demographischen Situation in der Region besteht keine zwingende Abhängigkeit. Die Verwaltungseinheiten sind multi-ethnische Konstrukte, und nur in wenigen Ausnahmen stellt die Titularethnie tatsächlich die Mehrheit der Bevölkerung in dem Subjekt. Die Gebiete und die Bezirke sind demgegenüber ethnisch neutral und zumindest im Ansatz mit den Bundesländern in der Bundesrepublik Deutschland vergleichbar.[16]

2. Strukturen der asymmetrischen Aufteilung

Die Asymmetrie innerhalb des Föderalismus der RF[17] ergibt sich zum einen aus den eben angesprochenen Statusunterschieden, zum anderen aber auch aus den unterschiedlichen exekutiven Vollmachten und Ungleichheiten in den regionalen politischen Regimen (parlamentarische und präsidentielle Systeme sowie unterschiedliche Verfassungs- und Wahlordnungen).[18] Die russische Verfassung definiert alle Föderationssubjekte als „staatliche Gebilde".[19] Sie verfügen dabei über Elemente einer eigenen Verfassungsgebung, über (zumindest theoretische) Territorialhoheit und eine unabhängige Gesetzgebung. Ferner sind sie auf der föderalen Ebene gleichberechtigt repräsentiert und in ihrer Rechtshoheit an

---

13 Götz/Halbach, S. 16; Tschinarichina, in: Wostok Nr. 6 1993, S. 26; Dost, S. 116–117.
14 Heinemann-Grüder, in: Höhmann/Schröder (Hrsg.), S. 78.
15 Asenbauer, S. 120l.
16 Heinemann-Grüder, in: Höhmann/Schröder (Hrsg.), S. 78–79; Dost, S. 49–50.
17 Ross, S. 92 ff.
18 Götz/Halbach, S. 30.
19 Wieser, in: Janus (Hrsg.), S. 36.

die Vorgaben der föderalen Verfassung der RF gebunden.[20] Obwohl die Föderationsverträge von 1992[21] zunächst Unterschiede hinsichtlich des Autonomiestatus vorsahen[22], beinhaltete die Verfassung vom Dezember 1993 entgegen der Föderationsverträge von 1992 nunmehr eine Gleichstellung der Föderationssubjekte. Die Verfassung behandelte die Republiken also nicht mehr als „souveräne" Staaten und betrachtete darüber hinaus die Grundzüge staatlicher Machtausübung in den Regionen als „Gemeinschaftsaufgabe". Zu den gemeinsamen Aufgaben der Föderation und der Regionen zählen die Gewährleistung übereinstimmender (nicht identischer) Rechtsordnungen in der Föderation und in den Regionen, der Menschenrechtsschutz, die Nutzung der Naturressourcen, die Aufteilung des Staatseigentums, Bildungspolitik, Familienpolitik, Gesundheitspolitik, Steuergrundsätze, Personalfragen im Polizei- und Gerichtswesen, die Festlegung von Verwaltungsgrundsätzen und die Koordination von Außen- und Wirtschaftspolitik.[23]

Die verfassungsmäßig gesetzten Grenzen föderaler Asymmetrie werden allerdings hinsichtlich der Gesetzgebung der Regionen, insbesondere in den von nicht-russischen Völkern dominierten Republiken, sehr häufig nicht eingehalten. Faktisch enthalten fast alle Verfassungen der Republiken Bestimmungen, die der Verfassung der RF widersprechen.[24] Ganz besonders fällt dabei die Verfassung Tschetscheniens auf. So geht man dort von einer Eigenstaatlichkeit der Republik Tschetschenien aus. Die Mehrheit der Republiken hält sich hinsichtlich der Bestimmung des Status allerdings an den Rahmen der föderalen Verfassung. Dabei erlauben einige Verfassungen jedoch (unzulässige) Änderungen des territorialen Status durch Referendum und reklamieren damit für sich ein Sezessionsrecht. Ein Teil der Republiken erklärt sogar nicht nur die Souveränität des eigenen Volkes, sondern beansprucht die volle staatliche Souveränität.[25]

Es kann bereits an dieser Stelle festgehalten werden, dass sich in zahlreichen Republiksverfassungen Widersprüche zur Föderationsverfassung finden, die zwangsläufig zu Spannungen führen müssen. Problematisch erweisen sich dabei vor allem diejenigen Republiksverfassungen, die von dem Prinzip „Landesrecht bricht Bundesrecht" ausgehen. Zudem geht ein Teil der Identifikation

---

20 Wieser, in: Janus (Hrsg.), S. 42 f.
21 Vgl. hierzu Geistlinger, in: Janus (Hrsg.), S. 22 f.
22 Tschinarichina, in: Wostok Nr. 6 1993, S. 26–27.
23 Heinemann-Grüder, in: Höhmann/Schröder (Hrsg.), S. 79.
24 Schneider, S. 140.
25 Heinemann-Grüder, in: Höhmann/Schröder (Hrsg.), S. 79–80.

mit der Föderation auch dadurch verloren, dass sämtliche Republiksverfassungen eine eigene Staatsbürgerschaft für die Einwohner der jeweiligen Republik konstruieren.[26]

1. Historische Voraussetzungen des föderalen Aufbaus

Der Föderalismus wurzelt in der misslungenen Nationalstaatsbildung des Zarenreiches.[27] Der russische Nationalismus war zwar dominant, besonders seit dem letzten Drittel des 19. Jahrhunderts, konnte die nicht-russischen Völker jedoch weder verdrängen noch zwangsassimilieren.[28] Einige der nicht-russischen Völker gehören seit 600 bis 800 Jahren zu Russland, andere, z. B. die nordkaukasischen Völker, erst seit etwa 150 Jahren. Nicht-russische Völker wie jene im Kaukasus oder in Sibirien kamen im Zuge der Expansion des Zarenreiches unter russische Herrschaft, andere Völker wie etwa die Armenier, Ukrainer oder Balten gehören zu Diasporagruppen mit einem externen Heimatland.[29] Der Sowjetföderalismus wurde eingeführt, um die nicht-russischen Völker für die Bolschewiki zu gewinnen.[30] Die Vielfalt der Gruppen wurde in den 1920er bis 1950er Jahren in eine De-jure-Hierarchie ethnischer Gebietseinheiten übersetzt. Trotzdem war es unmöglich, eine auch nur annähernde Übereinstimmung zwischen objektiven Gruppenmerkmalen und dem politisch-administrativen Status zu erreichen. Für die Anerkennung als Volk, Nationalität oder nationale Minderheit und die Gewährung bestimmter Rechte erfüllten ethnische Gruppen mitnichten einheitliche Kriterien.[31]

Russland ist mit ungefähr 170[32] verschiedenen ethnischen Gruppen recht vielfältig. Außer der nominell größten Gruppe der ethnischen Russen (ca. 80 Prozent der Bevölkerung) zählen vier weitere Gruppen jeweils mehr als eine Million Menschen: die Tataren (ca. 4 Prozent), Tschuwaschen (ca. 1,5 Prozent), Baschkiren (ca. 1,5 Prozent) und Tschetschenen (ca. 1 Prozent). Zu den kleinen Völkern gehören die indigenen Völker des hohen Nordens, Sibiriens und des Fernen Ostens.[33] Offiziell sind 45 Gruppen registriert, die insgesamt keine

---

26 Heinemann-Grüder, in: Höhmann/Schröder (Hrsg.), S. 80.
27 Tschinarichina, in: Wostok Nr. 6 1993, S. 22; Dost, S. 29.
28 Schneider, S. 168–169.
29 Heinemann-Grüder, in: BpB 2011, S. 1; Tschinarichina, in: Wostok Nr. 6 1993, S. 22–23.
30 Dost, S. 31.
31 Heinemann-Grüder, in: BpB 2011, S. 2.
32 Dost, S. 56, spricht von 128 offiziell anerkannten „ethnischen Gruppen“.
33 Götz/Halbach, S. 14–15.

300.000 Personen umfassen. Diese Gruppen sind in über 27 Regionen in der RF verstreut.[34]

Die Beherrschung der indigenen „Muttersprache“ nimmt unter den nicht-russischen Gruppen ab. Der Grad ethnischer Identifikation variiert in Abhängigkeit von der Dauer der Zugehörigkeit zu Russland, Traditionen des Widerstandes, traditionellen Feindbildern, der Erinnerung an den Terror unter Stalin, der Zusammensetzung der jeweiligen Region, dem Sprachgebrauch, der Religion, der vorsowjetischen Eigenstaatlichkeit, Vorstellungen von der eigenen Volksentwicklung, der politischen Agenda der nationalen Gruppe, der Größe der Diaspora und der Ressourcenausstattung der ethnischen Gebietseinheiten.

Der Verlauf der Grenzen innerhalb der Föderation blieb mit dem Ende der Sowjetunion im Jahre 1991 und der Neugründung Russlands zunächst überwiegend unverändert,[35] allerdings mit Ausnahmen: Vier autonome Kreise wurden zu autonomen Republiken aufgewertet und eine Doppelautonomie (Tschetscheno-Inguschetien) in zwei Republiken geteilt.[36]

Beim letzten Zensus 2002 galten 41 der nicht-russischen Völker als Titularethnien, die selbstständig oder gemeinsam einer Gebietseinheit den Namen gaben.[37]

Die meisten Republiken und autonomen Kreise sind stark „russifiziert“.[38] Republiken, in denen die Titularethnie oder mehrere Titularethnien die Mehrheit stellen, sind Tschetschenien (ca. 93,5 Prozent), Dagestan (ca. 95 Prozent), Inguschetien (ca. 77 Prozent), Tuva (ca. 77 Prozent), Tschuwaschien (ca. 68 Prozent), Kabardino-Balkarien (ca. 67 Prozent), Nordossetien-Alania (ca. 63 Prozent), Kalmykien (ca. 53 Prozent), Tatarstan (ca. 53 Prozent) und Karatschai-Tscherkessien (ca. 50 Prozent). In einigen ethnischen Gebieten ist der Anteil der nicht-russischen Völker sehr gering, zum Beispiel in Karelien mit neun Prozent Kareliern. Nur in zehn von 21 Republiken stellen die Titularethnien die Mehrheit, während dies für keinen der autonomen Kreise gilt.[39]

---

34 Heinemann-Grüder, in: BpB 2011, S. 2.
35 Heinemann-Grüder, in: BpB 2011, S. 2.
36 Tschinarichina, in: Wostok Nr. 6 1993, S. 26.
37 Heinemann-Grüder, in: BpB 2011, S. 2.
38 Schneider, S. 81.
39 Heinemann-Grüder, in: BpB 2011, S. 2.

II. Die Bundesexekution gegenüber den Regionen und das Verhältnis der einzelnen Verwaltungseinheiten untereinander

Örtliche oder kommunale Selbstverwaltung ist für die einzelnen Regionen ein bedeutender Schritt zu mehr Demokratie.[40] Jedoch unterscheidet sich wie so oft die Theorie erheblich von der tatsächlich gelebten Praxis.

So wird in den wichtigen Bereichen von Verfassungs- und Gesetzesfragen von dem eigentlichen Prinzip der Selbstverwaltung der Regionen abgewichen.[41] Die Vertretungsorgane sind bisher nur in wenigen Städten/Republiken/Regionen von der Bevölkerung gewählt worden, auch die Leiter der örtlichen Verwaltungen werden meist ernannt und unterstehen der Exekutive. Der regionale Haushalt (besonders im Nordkaukasus) ist kein selbstständiges Budget, das langfristig finanziert ist, sondern wird hauptsächlich aus föderalen Steuern gespeist, deren Anteile ständig variieren und mit denen nur quartalsweise geplant werden kann. Schließlich verfügen die Organe der örtlichen Selbstverwaltung in der Regel über kein Eigentum, dieses verbleibt faktisch beim Staat.[42]

1. Stellung der Föderationssubjekte im Verhältnis zur RF

Wie bereits kurz angesprochen, hat sich infolge der diffizilen Entwicklung des Föderalsystems[43] in Russland eine Vielzahl von Widersprüchen zwischen der regionalen und föderalen Verfassungs- und Gesetzgebung aufgetan, zu deren Überwindung es keinen politischen Mechanismus gibt. Es gilt der Grundsatz, dass bei Widersprüchen föderales Recht gliedstaatliches Recht bricht.[44] Ausgangspunkt für den Widerstreit präsidentieller und regionaler Interessen wurde zunächst das Amt des Präsidentenvertreters in den Regionen, welches 1991 eingeführt worden war.[45] Der jeweilige Präsidentenvertreter sollte dem Präsidenten gegenüber direkt verantwortlich sein, was u. a. die Kontrolle der Beachtung föderaler Gesetze und der Tätigkeit föderaler Organe, die Inspektion regionaler

---

40 Schneider, S. 168.

41 Dost, S. 115, weist insoweit darauf hin, dass das Verhältnis der Föderationssubjekte zur Zentralmacht zwar eigentlich einheitlich geregelt ist, jedoch durch mehr oder weniger individuell ausgeformte Verträge davon abgewichen wird.

42 Schneider, S. 179.

43 Koslatschkow, in: Wostok Nr. 1995, S. 8

44 Geistlinger, in: Janus (Hrsg.), S. 32.

45 Geistlinger, in: Janus (Hrsg.), S. 24.

Exekutiven und Legislativen und das Ausarbeiten von Vorschlägen für die jeweilige Regionalpolitik umfasste.[46]

Obwohl die Präsidentenvertreter nicht mit exekutiven Machtmitteln ausgestattet waren, die ihnen die gegebenenfalls erforderliche Erzwingung der Durchsetzung föderaler Gesetze und Dekrete ermöglicht hätte, stieß der Versuch, die Präsidentenvertreter zu Verwaltungsvorstehern für alle föderalen Institutionen zu ernennen, in den einzelnen Regionen auf erheblichen Widerspruch.[47]

Moskau kann sich abgesehen von den Präsidentenvertretern auch der regionalen Abteilungen föderaler Behörden bedienen, um auf die Politik vor Ort Einfluss zu nehmen. Zu diesen Abteilungen gehören die regionalen Organe des Geheimdienstes FSB, der Polizei, der Staatsanwaltschaft, der Steuerfahndung, des Anti-Monopolkomitees und des Staatskomitees für Eigentum, welche alle formal den föderalen Ministerien unterstehen.[48] Die einzige dieser föderalen Institutionen, die tatsächlich als unabhängig von regionaler Einflussnahme angesehen werden kann, ist das FSB. Seit Mai 2000 versucht der Präsident der RF Wladimir Putin die „Bundesexekution“ gegenüber den Regionen zu stärken, indem er die weitgehend machtlosen Präsidentenvertreter in den einzelnen Regionen durch Präsidentenvertreter in den Großregionen, die den Militärbezirken entsprechen, ersetzte. Diese sollten die Fachaufsicht über die regionalen Bundesbehörden übernehmen und gegenüber den Regionalexekutiven wahrnehmen.[49] Ferner konnten die Präsidentenvertreter Gouverneure in den Regionen im Falle des Verstoßes gegen Bundesrecht absetzen sowie Regionalparlamente auflösen, falls diese verfassungswidrige Gesetze verabschiedeten.[50] Auch waren die Gouverneure beziehungsweise Republikpräsidenten nicht mehr direkt im Föderationsrat, auf dessen Funktion gleich noch näher eingegangen wird, vertreten, sondern entsandten lediglich Stellvertreter.[51]

Dies ging Putin jedoch noch nicht weit genug. Daher schaffte er 2004 die Direktwahl der Gouverneure bzw. der Republikpräsidenten in den Regionen ab und schuf sich selbst das Recht, diesen zu bestimmen. Auf Putins weitere Reformen wird gleich noch weiter eingegangen.

---

46 Huskey, S. 183–211.; Heinemann-Grüder, in: Höhmann/Schröder (Hrsg.), S. 82–83; Geistlinger, in: Janus (Hrsg.), S. 24–25.

47 Heinemann-Grüder, in: Höhmann/Schröder (Hrsg.), S. 82–83.

48 Koslatschkow, in: Wostok Nr. 2 1995, S. 9.

49 Heinemann-Grüder, in: Höhmann/Schröder (Hrsg.), S. 83.

50 Schneider, S. 166–167.

51 Heinemann-Grüder, in: Höhmann/Schröder (Hrsg.), S. 83–84.

Es bleibt festzuhalten, dass die Regionen innerhalb der RF hauptsächlich von Moskau aus regiert werden. Zwar wird den Republiken und Regionen ein gewisses Maß an Selbstverwaltung zuteil, welches sich aber in der politischen Praxis meist auf unwichtigere Bereiche bezieht.

2. Der Föderationsrat und seine Funktion im politischen System der RF

Im Föderationsrat, der zweiten Kammer des Parlaments, sind die Regionen mit je zwei Mitgliedern vertreten – je einem Vertreter der Exekutive und Legislative.[52] Der Föderationsrat ist das einzige staatliche Organ auf der zentralen Ebene, das die Interessen der Regionen vertritt.[53]

Die Amtszeit im Föderationsrat entspricht jeweils der Legislaturperiode der regionalen Exekutive bzw. Legislative. Der Föderationsrat wirkt bei der Gesetzgebung mit.[54] Zu seinen Zuständigkeiten gehören die Grenzziehung zwischen den Regionen, die Bestätigung eines Dekrets über den Kriegs- bzw. den Ausnahmezustand, Auslandseinsätze der Streitkräfte, die Amtsenthebung des Präsidenten, die Ernennung von Richtern des Verfassungsgerichts, des Obersten Gerichts und des Obersten Arbitragegerichts und die Ernennung bzw. Entlassung des Generalstaatsanwalts. Im Föderationsrat müssen Gesetze zum Bundeshaushalt, zu den Bundessteuern und -abgaben, zu Finanz-, Währungs-, Kredit- und Zollangelegenheiten sowie zur Geldemission, ferner die Ratifizierung und Kündigung völkerrechtlicher Verträge, Fragen der Staatsgrenze und von Krieg und Frieden behandelt werden.[55]

Nach Artikel 105 der Verfassung der RF gilt ein von der Staatsduma gebilligtes föderales Gesetz als beschlossen, wenn der Föderationsrat innerhalb von 14 Tagen mit der Hälfte seiner Mitglieder diesem Gesetz zustimmt oder wenn es nicht innerhalb von zwei Wochen vom Föderationsrat behandelt wird. Falls ein föderales Gesetz vom Föderationsrat abgelehnt wird, können die beiden Parlamentskammern einen Schlichtungsausschuss bilden, um die entstandenen Unstimmigkeiten auszuräumen. Anschließend muss das föderale Gesetz erneut von der Staatsduma behandelt werden. Ist die Duma mit dem Beschluss des Föderationsrats nicht einverstanden, gilt das föderale Gesetz als angenommen,

52 Dost, S. 292–293.
53 Schneider, S. 86.
54 Dost, S. 298–299.
55 Heinemann-Grüder, in: BpB 2011, S. 1.

wenn bei einer erneuten Abstimmung zwei Drittel aller Abgeordneten der Staatsduma dem Gesetz zustimmen.[56]

3. *Merkmale der Eigenständigkeit der Föderationssubjekte*

Laut Verfassung sind die Subjekte der RF gleichberechtigt, Staatssprache ist Russisch und die Republiken können zusätzlich eigene Staatssprachen bestimmen.[57] Änderungen im Status von Gebietseinheiten – z. B. Fusionen, die Auflösung bestehender oder die Bildung neuer Subjekte – werden durch ein Bundesgesetz geregelt, das ein Referendum über Gebietsänderungen vorsieht. Die Verfassung sieht für die Föderationssubjekte keine Möglichkeit vor, aus der Föderation auszutreten.[58] Rein formal gibt es in der RF jedoch ein Selbstbestimmungsrecht[59] der Völker bzw. Nationalitäten, einen eigenen Staatscharakter der Republiken, eine Staatsbürgerschaft der Republiken und damit Statushierarchien unter den ethnisch definierten Gebieten.[60]

Wie bereits erwähnt, verfügen die regionalen Exekutiven über unabhängige Legitimationsquellen, welche die Autonomie zumindest im Bewusstsein der jeweiligen Regionsbevölkerung gestärkt haben. Dies stärkt mitunter auch das Regionalgefühl der Bevölkerung. Dies ändert jedoch nichts daran, dass trotz des theoretischen Machtzuwachses der Regionen in den letzten Jahren/Jahrzehnten die Zentralregierung in Moskau nach wie vor über administrative und auch finanzielle Mittel verfügt, um die Regionen zu kontrollieren und weitgehend ruhigzustellen.[61]

4. *Zunehmende Zentralisierung*

Wie bereits angedeutet, wurde die Macht durch Putins Reformen ab dem Jahr 2000 wieder stärker zentralisiert.[62] Die Reformen bezogen sich vor allem

---

56 Schneider, S. 89; Dost, S. 301.

57 Dost; S. 121.

58 Tschinarichina, in: Wostok Nr. 6 1993, S. 27; Geistlinger, in: Janus (Hrsg.), S. 32.

59 Dost, S. 65 ff., geht davon aus, dass in der RF das Selbstbestimmungsrecht der Völker ein Relikt der Sowjetzeit sei, mit dem heute die Politik innerhalb der RF nur schwer umgehen könne.

60 Heinemann-Grüder, in: BpB 2011, S. 1; Dost, S. 122.

61 Heinemann-Grüder, in: Höhmann/Schröder (Hrsg.), S. 86.

62 Tschinarichina, in: Wostok Nr. 2 1995, S. 6–7, merkt allerdings zu Recht an, dass bereits im Zuge des 1. Tschetschenienkrieges (1994–1996) die Machtstrukturen sehr zugunsten des damaligen Präsidenten Boris Jelzin verändert wurden. Insoweit seien zwar die Bestimmungen, die die Gewaltenteilung betrafen, beachtet, jedoch hätten

auf die Durchsetzung föderalen Rechts, insbesondere durch die Annullierung regionaler Rechtsakte und die Rechts- und Fachaufsicht gegenüber den Regionalparlamenten.[63]

Die Aufgaben der neu geschaffenen Präsidentenvertreter[64] in den föderalen Bezirken umfassen die Durchsetzung der Regierungspolitik (insbesondere von Präsidentendekreten), die Abstimmung der föderalen Organe in den Regionen und die Partizipation an den regionalen Machtorganen.[65] Putin reformierte ferner den Föderationsrat. So werden anstelle der Gouverneure und Republikpräsidenten die jeweiligen Abgesandten nun von den Regionalparlamenten gewählt, wobei in diesem Zusammenhang vorgesehen ist, dass jeweils ein Vertreter aus der Legislative und der Exekutive stammt.[66]

Es wurde immer wieder kritisiert, dass Putin sich die Zustimmung autoritär regierender Republikpräsidenten durch die Ermöglichung von fast unbegrenzten Amtszeiten und durch eine nur moderate Aufsicht erkauft habe. Nach der Durchsetzung der politischen Dominanz Moskaus steht seit 2005 die Effizienzsteigerung in den intergouvernementalen Beziehungen im Vordergrund. Infolge der Reformen hat sich der Zugang der Regionen zur Regierung in Moskau vermindert. Die Entscheidungshoheit der Zentralregierung, die sogenannte Vertikale der Macht, hat den vormaligen Wettbewerbsföderalismus[67] unter Präsident Jelzin abgelöst. Die Intransparenz der Entscheidungsfindung und die Länge des Entscheidungsprozesses haben infolgedessen jedoch zugenommen.[68]

Die zunehmende Abkehr vom Prinzip der Selbstverwaltung und die Rückkehr zum Zentralismus hat die entscheidende Folge, dass ein mitunter ertragreicher Austausch zwischen Republikverwaltung und der Staatsduma kaum noch stattfindet, da sich die Republiken angesichts des für sie ohnehin nur geringen Handlungsspielraums immer mehr den Entscheidungsträgern in Moskau angepasst haben.

Schließlich kommt hinzu, dass seit Beginn des neuen Jahrtausends Fremdenfeindlichkeit und Islamphobie an Bedeutung zugenommen haben. Der

---

die führende Rolle und die weitreichenden Vollmachten Jelzins nicht der gültigen Verfassung entsprochen.

63 Heinemann-Grüder, in: BpB 2011, S. 3.

64 Dost, S. 168; Heinemann-Grüder, in: Höhmann/Schröder (Hrsg.), S. 83.

65 Dost, S. 172–173.

66 Wiest, in: Zeitschrift für Osteuropa 1/2004, S. 23–24; Heinemann-Grüder, in: BpB 2011, S. 3.

67 Tschinarichina, in: Wostok Nr. 2 1995, S. 10–11.

68 Heinemann-Grüder, in: BpB 2011, S. 3.

Zentralismus hat zur Folge, dass eine steigende Intoleranz gegenüber Fremden und eine Abkehr vom Leitbild des Multikulturalismus stattfinden. So kommt es vor allem in Moskau vermehrt zu Demonstrationen gegen Bewohner des Nordkaukasus.[69]

C. Geographische Lage und Kartographie

Der Kaukasus ist ein ungefähr 1.100 Kilometer langes Hochgebirge in Eurasien, welches von Westnordwest nach Ostsüdost verläuft. Der Kaukasus liegt zwischen dem Schwarzen Meer und dem Kaspischen Meer. Das Gebirge besteht aus drei Gebirgsketten, nämlich dem „Großen Kaukasus", dem „Kleinen Kaukasus" und dem „Talysh-Gebirge". Der höchste Punkt des Kaukasus ist der Berg „Elbrus" und liegt 5.642 Meter über dem Meeresspiegel. Die mittlere Höhe liegt bei ca. 602 Meter.[70]

Der „Große Kaukasus" ist etwa 110 Kilometer lang und bis zu 180 Kilometer breit und mehrfach untergliedert. Ganz im nördlichen Teil liegt die Kette der stark bewaldeten „Schwarzen Berge". Weiter in Richtung Süden folgt der „Weidekamm", danach der „Felsenkamm". Im Süden dieser Ketten unterteilt sich der Kaukasus in vier weitere Abschnitte: den westlichen „Schwarzmeerkaukasus", den vergletscherten „Hochgebirgskaukasus" mit den höchsten Gipfeln des Gebirges „Elbrus", „Schchara" und „Kasbek", in der Mitte das „Suramigebirge" und den östlichen „Kaspischen Kaukasus". Die Hauptkette wird durch einen einzigen, ganzjährig befahrbaren Übergang in zwei Hälften geteilt, die „Georgische Heerstraße".[71]

Rund 100 Kilometer weiter südlich liegt der „Kleine Kaukasus" auf den Staatsgebieten von Georgien, Armenien und Aserbaidschan. Dabei ist der „Kleine Kaukasus" kein eigenständiges Gebirge, sondern ein Teil der nordanatolisch-nordiranischen Kettengebirge. Am „Suramigebirge" grenzt er unmittelbar an den „Großen Kaukasus".[72]

Der Kaukasus erstreckt sich insgesamt über folgende Länder: Russland, Georgien, Türkei, Armenien und Aserbaidschan. Der russische Teil des Nordkaukasus, welcher Gegenstand dieser Arbeit ist, grenzt direkt an Georgien an. Die auf

69 Heinemann-Grüder, in: BpB 2011, S. 3.
70 Nakhutrischvili, in: Burga/Klötzli/Grabherr (Hrsg.), S. 124.
71 Nakhutrischvili, in: Burga/Klötzli/Grabherr (Hrsg.), S. 126.
72 Nakhutrischvili, in: Burga/Klötzli/Grabherr (Hrsg.), S. 124.

der nachfolgenden Seite abgedruckte Kartographie dient der Übersicht über die Lage der einzelnen Republiken im russischen Nordkaukasus.

D. Das Selbstbestimmungsrecht der Völker

I. Entstehungsgeschichte und Inhalt

1. Allgemeines

Bereits vor der offiziellen Anerkennung als Rechtsgrundsatz war das Selbstbestimmungsrecht der Völker als politisches Gestaltungsprinzip in der Wahrnehmung der europäischen Bevölkerung präsent, da schon sehr lange das Verlangen der Völker existierte, über die rechtliche Struktur ihres Staates zu entscheiden.[73] Es handelt sich also nicht um eine Neukonstruktion innerhalb des Völkerrechts.[74] Aufgrund der lange schwierigen Inhaltsbestimmung des Selbstbestimmungsrechts gingen die Menschen davon aus, dass das Recht auf Selbstbestimmung kein normiertes und festgelegte Ansprüche verleihendes Recht sei, sondern vielmehr eine „lex imperfecta".[75] Ein solches „unvollständiges Gesetz" liegt immer dann vor, wenn ein gesetzlicher Tatbestand ausnahmsweise keine Rechtsfolge

73 Irmscher, in: Schöbener (Hrsg.), S. 368; Doehring, Völkerrecht, S. 338; Stein/v. Buttlar, S. 238; Müller, Der „2+4"-Vertrag und das Selbstbestimmungsrecht der Völker, S. 94.

74 Veiter, in: Blumenwitz/Meissner, S. 9.

75 Gornig, in: Politische Studien 1993, S. 12; Nußberger, Das Völkerrecht, S. 26–27.

vorsieht. Im Hinblick auf das Selbstbestimmungsrecht war damit gemeint, dass dieses Recht mehreren konkreten Rechten zugrunde liege, jedoch selbst (noch) kein Recht sei, sondern sich allenfalls auf dem Weg befinde, zu einem eigenständigen Recht zu erstarken.[76]

Man ging davon aus, eine verbindliche Rechtsfolge könne aus dem Selbstbestimmungsrecht erst dann abgeleitet werden, wenn eine genauere Definition des Rechts selbst sowie seiner Anspruchsberechtigten/Träger vorliegen würde.[77] Eben wegen dieser Schwierigkeiten bei der Inhaltsbestimmung wurde der rechtsverbindliche Charakter des Selbstbestimmungsrechts als demokratisches Recht[78] der Völker lange geleugnet.

Heute gilt das Selbstbestimmungsrecht jedoch als fester Bestandteil des geltenden und zwingenden Völkerrechts[79], wurde jedoch lange lediglich als politisches Prinzip angesehen.[80]

2. Historie

Der Gedanke eines Selbstbestimmungsrechts der Völker ist vor allem durch die außenpolitischen Grundsatzprogramme der russischen Sowjetregierung und des damaligen US-amerikanischen Präsidenten Woodrow Wilson zum Ende des Ersten Weltkriegs in der internationalen Politik präsent geworden[81], wurde jedoch auch bereits schon in der amerikanischen Unabhängigkeitserklärung vom 4. Juli 1776 erwähnt.[82] In seiner Kongressrede vom 8. Januar 1918[83] verkündete Wilson den Grundsatz der Selbstbestimmung[84] eines Volkes, machte allerdings aber

76 Mössner, S. 207.

77 Seidl-Hohenfeldern/Stein, Rn. 1557.

78 Heintze, in: Ipsen (Hrsg.), Völkerrecht, S. 321; Irmscher, in: Schöbener (Hrsg.), S. 371; Seidl-Hohenveldern/Stein, S. 94.

79 Vgl. etwa Rabl, S. 478.; Klein, S. 56 ff.; Kimminich/Hobe, S. 139.

80 Doehring, Völkerrecht, S. 337; Gornig/Horn/Murswiek, in: Gornig/Horn/Murswiek (Hrsg.), S. 5; Irmscher, in: Schöbener (Hrsg.), S. 368–370.

81 Gornig, in: Politische Studien 1993, S. 12; Doehring, in: Politische Studien 1993, S. 44; Hobe, S. 115; Heintze, in Hilpold (Hrsg.), S. 50.

82 Hilpold, in: Reinisch (Hrsg.), S. 399; Irmscher, in: Schöbener (Hrsg.), S. 368; Doehring, Völkerrecht, S. 338; Wodarz, S. 160.

83 Hilpold, in: Hilpold (Hrsg.), S. 17.

84 Wilson fertigte sogar einen schriftlichen Entwurf für die Satzung des Völkerbundes, erwähnte hierbei hingegen den Ausdruck „Selbstbestimmung“ überhaupt nicht, vgl. etwa Müller, Der „2+4“-Vertrag und das Selbstbestimmungsrecht der Völker, S. 98; Wodarz, S. 161; Stein/v. Buttlar, S. 238; Hilpold, in: Reinisch (Hrsg.), S. 399; Doehring,

auch klar, dass dieses Recht, soweit es um den Anspruch auf eigene, souveräne Staatlichkeit gehe, von vornherein unter dem Vorbehalt stünde, dass dadurch der internationale Friede nicht gestört werden dürfe.[85] Denn hätte Wilson nicht diese Einschränkung[86] geäußert und hätte man tatsächlich dem von vielen Völkern proklamierten Selbstbestimmungsanspruch zur Durchsetzung verhelfen wollen, so hätte die Anwendung des Prinzips eine erhebliche Gefahr für die Stabilität der auf der territorialen Unversehrtheit der existierenden Staaten aufbauenden und im Interesse der Friedenssicherung die Aufrechterhaltung des Status quo begünstigenden Völkerrechtsordnung bedeutet.[87]

Bereits vor Präsident Wilson rief die Sowjetunion in ihrer „Deklaration der Rechte der Völker Russlands" vom 15. November 1917 „das Recht der Völker Russlands auf freie Selbstbestimmung bis völligen Lostrennung und Bildung eines unabhängigen Staates" aus.[88] Diese Deklaration wird für diese Arbeit noch von Bedeutung sein, da einige Kaukasusvölker sich darauf berufen, um ihren Willen nach einem eigenen souveränen Staat durchzusetzen. Die Deklaration basiert auch auf der von Wladimir Iljitsch Lening im Jahre 1916 veröffentlichten „Thesis über die sozialistische Revolution und das Recht der Nationen auf Selbstbestimmung", worin er ausführte, dass es einer Nation grundsätzlich freistehen sollte, selbst über ihre Autonomie (oder sogar Abspaltung) zu entscheiden.[89] Allerdings verkannten und verkennen immer noch viele Kaukasier (und natürlich auch andere Volksgruppen), dass diese Deklaration zur Anerkennung eines Selbstbestimmungsrechts nur Mittel zum Zweck war, um die Ausbreitung der bolschewistischen Revolution zu beschleunigen. Das Selbstbestimmungsrecht in der Deklaration stand unter dem immanenten ideologischen Vorbehalt, dass es „nicht als Recht der Bourgeoisie, sondern als Recht der werktätigen Massen der gegebenen Nation auf Selbstbestimmung" auszulegen sei. Folglich wurde

---

Völkerrecht, S. 338; Gornig, in: Politische Studien 1993, S. 12; Heintze, in: Ipsen (Hrsg.), Völkerrecht, S. 317; Seidl-Hohenveldern/Stein, S. 292.

85 Veiter, in: Blumenwitz/Meissner, S. 9 ff.

86 Über diese von ihm geäußerte Einschränkung des Selbstbestimmungsrechts hinaus begrenzte Wilson auch zunächst in tatsächlicher Hinsicht das Selbstbestimmungsrecht, denn bestimmte Völker der Kriegsgegner der Vereinigten Staaten von Amerika im Ersten Weltkrieg bekamen keinen Autonomiestatus gewährt, vgl. etwa Doehring, Völkerrecht, S. 338; Heintze, in: Ipsen (Hrsg.), Völkerrecht, S. 317.

87 Kempen/Hillgruber, S. 271.

88 Klein, S. 20; Doehring, Völkerrecht, S. 338; Heintze, in: Ipsen (Hrsg.), Völkerrecht, S. 317; Hobe, S. 115.

89 Berndt, S. 88; Cassese, S. 15; Ott, S. 59–60.

der Selbstbestimmungsgrundsatz in der Außenpolitik der Sowjetunion entsprechend gehandhabt: Aus der ideologischen Maxime folgte kein völkerrechtlicher Anspruch auf Anerkennung errungener oder gar bloß erstrebter staatlicher Unabhängigkeit durch die Sowjetunion.[90]

Zum ersten Mal zur Anwendung kam der Selbstbestimmungsgrundsatz der Völker im Jahr 1920. Als Finnland 1917 seine Unabhängigkeit von Russland erlangte, forderte es für sich die historischen Grenzen des zaristischen Russlands und die damit verbundene Einverleibung der von schwedischer Bevölkerung bewohnten Åland-Inseln in den finnischen Staat.[91] Die schwedische Bevölkerung der Inseln erlangte unter ausdrücklicher Berufung auf den Selbstbestimmungsgrundsatz den politischen Anschluss an Schweden.[92] Mit Hilfe der britischen Regierung brachte Schweden die Causa vor den Völkerbund.[93] Ein vom Völkerbund eingesetztes internationales Expertenkomitee unter dem Vorsitz des schweizerischen Völkerrechtlers Max Huber legte im September 1920 dem Völkerbundrat ein Gutachten vor, in dem der Selbstbestimmungsgrundsatz als ein „Prinzip" bezeichnet wurde, das in bestimmten Situationen Anwendung finde, aber jedoch nicht zu durchsetzbaren Rechtsansprüchen führen könne, da die Völkerbundsatzung den Selbstbestimmungsgrundsatz noch nicht als einen völkerrechtlichen Rechtssatz anerkannt hatte.[94] Nichtsdestotrotz forderte der Völkerbundrat in Folge des Gutachtens Finnland auf, ein Autonomiestatut für die Åland-Inseln zu erlassen, was Finnland schließlich auch umsetzte.[95] Das durch wiederholte Novellierungen verbesserte Autonomiestatut gilt noch heute und garantiert den auf den Inseln lebenden Schweden im Rahmen des finnischen Staatsverbandes Gesetzgebungs- und Verwaltungsautonomie, vor allem aber die Garantie der Erhaltung ihrer eigenen Sprache und Kultur.[96]

Bis auf dieses Beispiel fand das Recht auf Selbstbestimmung in der Staatenpraxis nach dem Ersten Weltkrieg jedoch kaum Umsetzung. Der Erste Weltkrieg stellte diejenigen, die nach einem Krieg von bisher ungekanntem Ausmaß durch Friedensverhandlungen versuchten, eine neue, bessere und dauerhafte

---

90 Kempen/Hillgruber, S. 271; Ott, S. 60.
91 Bautze, S. 30; Hobe, S. 115; Hilpold, in: Hilpold (Hrsg.), S. 25.
92 Hobe, S. 115; Hilpold, in: Hilpold (Hrsg.), S, 15.
93 Rumpf, in: Blumenwitz/Meissner (Hrsg.), S. 54–55; Hobe, S. 115; Hilpold, in: Hilpold (Hrsg.), S 15–16.
94 Raschhofer, S. 21; Hobe, S. 115–116.
95 Hilpold, in: Hilpold (Hrsg.), S. 16.
96 Hobe, S. 116; Hilpold, in: Hilpold (Hrsg.), S. 17.

internationale Ordnung zu gestalten, vor schier unlösbare Aufgaben.[97] Es fehlte schlicht und einfach an verbindlichen Normen hinsichtlich des Selbstbestimmungsrechts, an denen man sich hätte orientieren können.

Auch die Aufnahme des „Grundsatzes der Gleichberechtigung und Selbstbestimmung der Völker" als Zielbestimmung in Art. 1 Nr. 2 und in Art. 55 der UN-Charta im Rahmen der internationalen Beratungen in San Francisco änderte an der fehlenden Umsetzung nichts[98], da das Recht nach wie vor zu konturen- und inhaltslos umschrieben war.[99] Erst infolge der am 14. Dezember 1960 verabschiedeten Resolution[100] 1514 (XV) der UN-Generalversammlung („Declaration of the General Assembly on the Granting of Independence to Colonial Countries and Peoples")[101] erstarkte der Grundsatz der Selbstbestimmung der Völker durch Konkretisierung von Träger und Inhalt zu einem völkerrechtlichen Rechtstitel und wurde so vom „Grundsatz" zum „Recht".[102]

Die UN-Charta äußert sich heute mehrfach zum Selbstbestimmungsrecht der Völker und dieses ist neben Art. 55, 73 lit. b, 76 lit. b UN-Charta hauptsächlich in Art. 1 Nr. 2 UN-Charta verankert.[103] Die Entwicklung des Selbstbestimmungsrechts stand zunächst im Zusammenhang mit dem Prozess der Dekolonialisierung.[104] In diesem Zusammenhang erging auch die eben erwähnte Resolution aus dem Jahr 1960. In dieser Resolution kam der Wille der Mitgliedsstaaten der Vereinten Nationen zum Ausdruck, die damaligen Kolonialmächte dazu zu

---

97 Krüger, Peter, in: Lappenküper/ Marcowitz (Hrsg.), S. 210.

98 Thürer, S. 62 ff.

99 Der Selbstbestimmungsgrundsatz wurde insoweit zunächst lediglich als rechtsfolgenloses Ziel erarbeitet, entwickelte sich jedoch durch die tatsächliche Staatenpraxis zum zwingenden Rechtsinstitut, vgl. etwa Kimminich, in: Breyer, S. 38; Stein/v. Buttlar, S. 240; Müller, Der „2+4"-Vertrag und das Selbstbestimmungsrecht der Völker, S. 104; Wodarz, S. 162; Heintze, in: Ipsen (Hrsg.), Völkerrecht, S. 318; Doehring, Völkerrecht, S. 339; Gornig, in: Politische Studien 1993, S. 13 f.; Miebach, S. 6.

100 Anzumerken ist an dieser Stelle, dass Resolutionen der Generalversammlung grundsätzlich keine Bindungswirkung haben, vgl. etwa Doehring, Völkerrecht, S. 339; Müller, Der „2+4"-Vertrag und das Selbstbestimmungsrecht der Völker, S. 104; Klein, S. 33.

101 Yearbook of the United Nations 1960, S. 49 f.; A/RES/1514 (XV) vom 14.12.1960.

102 Kempen/Hillgruber, S. 272.; Gornig, in: Politische Studien 1993, S. 14; Irmscher, in: Schöbener (Hrsg.), S. 368–370; Doehring, Völkerrecht, S. 339; Stein/v. Buttlar, S. 238; Miebach, S. 613; Heintze, in: Ipsen (Hrsg.), Völkerrecht, S. 318; Klein, S. 32.

103 Krüger, Heiko, Kosovo, Abchasien, Südossetien und das internationale Sezessionsrecht, S. 14.

104 Gornig, in: Politische Studien 1993, S. 14.

verpflichten, die noch unter Kolonialherrschaft stehenden Völker in die Unabhängigkeit zu entlassen und ihnen die freie Entscheidung über ihren politischen Status selbst zu überlassen.[105]

Mittlerweile ist das Selbstbestimmungsrecht der Völker jedoch längst nicht mehr auf die Kolonialisierungsvorgänge beschränkt.[106] Dies ergibt sich auch aus der Gewährleistung des Selbstbestimmungsrechts[107] im jeweils ersten Artikel der UN-Menschenrechtspakte von 1966 (Art. 1 Abs. 1 IPbpR, Art. 1 Abs. 1 IPwskR). So heißt es im Art. 1 beider Menschenrechtspakte der Vereinten Nationen[108] von 1966 gleichlautend:

> „(1) Alle Völker haben das Recht auf Selbstbestimmung. Kraft dieses Rechts entscheiden sie frei über ihren politischen Status und gestalten in Freiheit ihre wirtschaftliche, soziale und kulturelle Entwicklung.
> (2) Alle Völker können für ihre eigenen Zwecke frei über ihre natürlichen Reichtümer und Mittel verfügen, (...) In keinem Fall darf ein Volk seiner Existenzmittel beraubt werden."[109]

Nach Abschluss des Dekolonialisierungsprozesses[110] haben vor allem die schwarze Bevölkerungsmehrheit in Südafrika durch die Abschaffung des

105 Stein/v. Buttlar, S. 238.

106 Cassese, S. 102 ff., 323 f., hingegen lehnt eine gewohnheitsrechtliche Geltung des Selbstbestimmungsrechts ab und beschränkt das Selbstbestimmungsrecht lediglich auf die Dekolonisierungsvorgänge.

107 Geistlinger, in: Reiter (Hrsg.), S. 270–271; Fisch, in: Hilpold, S. 45; Doehring, Völkerrecht, S. 340; Müller, Der „2+4"-Vertrag und das Selbstbestimmungsrecht der Völker, S. 105; Gornig, in: Politische Studien 1993, S. 14 f.; Irmscher, in: Schöbener (Hrsg.), S. 368–370; Kimminich, in: Breyer, S. 39; Stein/v. Buttlar, S. 238 f.; Heintze, in: Ipsen (Hrsg.), Völkerrecht, S. 318.

108 Pakt über wirtschaftliche, soziale und kulturelle Rechte (IPwskR), 16.12.1966, BGBl. 1973 II S. 1569, in Kraft getreten am 23.03.1976; Pakt über die bürgerlichen und politischen Rechte (IPbpR), 16.12. 1966, BGBl. 1973 II S. 1533–1534, in Kraft getreten am 23.03.1976.

109 Pakt über wirtschaftliche, soziale und kulturelle Rechte (IPwskR), 16.12.1966, BGBl. 1973 II S. 1569, in Kraft getreten am 23.03.1976; Pakt über die bürgerlichen und politischen Rechte (IPbpR), 16.12. 1966, BGBl. 1973 II S. 1533–1534, in Kraft getreten am 23.03.1976.

110 Siehe hierzu Fisch, in: Hilpold, S. 67; er vertritt dort die Auffassung, dass es gerade das „Recht auf Entkolonisierung in den Kolonialgrenzen" war, welches dazu führte, dass die Entkolonisierung einigermaßen erfolgreich verlief. Hierbei stellt sich allerdings durchaus die Frage, wann tatsächlich von einer „erfolgreichen" Entkolonisierung gesprochen werden kann.

Apartheid-Regimes, das deutsche Volk mit seiner Wiedervereinigung und das palästinensische Volk mit fortschreitender Autonomie sowie das Volk von Ost-Timor ganz oder teilweise ihr Streben nach Selbstbestimmung verwirklichen können. In Bezug auf das jeweilige Staatsvolk verbürgt das Selbstbestimmungsrecht die Freiheit, das eigene politische, soziale, wirtschaftliche und kulturelle System frei von äußeren Zwängen bestimmen zu können.[111] Eine genauere Umschreibung[112] findet sich in der Resolution 2625 (XXV) vom 24. Oktober 1970 der UN-Generalversammlung („Declaration on Principles of International Law Concerning Friendly Relations and Co-operation among States in accordance with the Charter of the United Nations")[113]. Da das Selbstbestimmungsrecht den Völkern das Recht zuspricht, „frei und ohne Einmischung von außen über ihren politischen Status zu entscheiden"[114], ist das Resultat der Ausübung des Selbstbestimmungsrechts rechtlich nicht vorgegeben, sondern völlig offen. Die „Friendly-Relations-Declaration" der UN-Generalversammlung von 1970 wurde als völkerrechtlicher Grundsatz behandelt[115] und hebt ausdrücklich hervor, dass jeder durch ein Volk frei bestimmte politische Status eine Verwirklichung des Selbstbestimmungsrechts darstellt.[116]

---

111 Herdegen, S. 278.

112 Darüber hinaus wurde u. a. in der Schlussakte von Helsinki von 1975 das Selbstbestimmungsrecht weiter manifestiert. Dort steht im Abschnitt VIII: „Die Teilnehmerstaaten werden die Gleichberechtigung der Völker und ihr Selbstbestimmungsrecht achten, indem sie jederzeit in Übereinstimmung mit den Zielen und Grundsätzen der Charta der Vereinten Nationen und den einschlägigen Normen des Völkerrechts handeln, einschließlich jener, die sich auf die territoriale Integrität der Staaten beziehen. Kraft des Prinzips der Gleichberechtigung und des Selbstbestimmungsrechts der Völker haben alle Völker jederzeit das Recht, in voller Freiheit, wann und wie sie es wünschen, ihren inneren und äußeren politischen Status ohne äußere Einmischung zu bestimmen und ihre politische, wirtschaftliche, soziale und kulturelle Entwicklung nach eigenen Wünschen zu verfolgen. Die Teilnehmerstaaten bekräftigen die universelle Bedeutung der Achtung und der wirksamen Ausübung der Gleichberechtigung und des Selbstbestimmungsrechts der Völker für die Entwicklung freundschaftlicher Beziehungen zwischen ihnen sowie zwischen allen Staaten; sie erinnern sich auch an die Bedeutung der Beseitigung jeglicher Form der Verletzung dieses Prinzips."

113 Yearbook of the United Nations 1970, S. 788 f.; A/RES/25/2625 vom 24.10.1970.

114 Vgl. den Wortlaut der „Friendly-Relations-Declaration", Yearbook of the United Nations 1970, S. 788 f.

115 Heintze, in: Ipsen (Hrsg.), Völkerrecht, S. 318–320; Stein/v. Buttlar, S. 239; Irmscher, in: Schöbener (Hrsg.), S. 368–370; Doehring, Völkerrecht, S. 337; Miebach, S. 14; ; Gornig, in: Politische Studien 1993, S. 15 f.

116 Murswiek, in: Gornig/Horn/Murswiek (Hrsg.), S. 101.

Weiter heißt es in der Deklaration einerseits[117], dass die Gründung eines souveränen und unabhängigen Staates eine Möglichkeit der Verwirklichung des Selbstbestimmungsrechts sei. Andererseits wird aber auch betont, dass die Ausführungen zum Selbstbestimmungsrecht keinesfalls so zu verstehen seien, als dass sie zu Maßnahmen ermächtigen oder ermuntern würden, welche die territoriale Integrität oder die politische Einheit souveräner und unabhängiger Staaten beeinträchtigen.[118] Als Beispiel für das offene Resultat der Ausübung des Selbstbestimmungsrechts lässt sich Palästina anführen.[119] Das Selbstbestimmungsrecht ist heute als gewohnheitsrechtlicher Grundsatz anerkannt;[120] der Internationale Gerichtshof hat in seiner Ost-Timor-Entscheidung[121] sogar ausdrücklich festgestellt, dass sich aus dem Selbstbestimmungsrecht der Völker auch Verpflichtungen erga omnes[122] ergeben können.[123] Auch ist heute eindeutig geklärt, dass das Selbstbestimmungsrecht ein zwingendes Recht ist, also ein „ius cogens“[124], und damit verschiedene Rechtsfolgen wie das Selbsterhaltungsrecht oder das Notwehrrecht auslösen kann.[125]

Das Selbstbestimmungsrecht der Völker erschöpft sich allerdings nicht in der freien Systemwahl des Staatsvolkes und dem Schutz vor äußeren Zwängen. Das moderne Selbstbestimmungsrecht umfasst ebenfalls die Mitwirkung von Bevölkerungsgruppen an der politischen Gestaltung innerhalb eines bestehenden

117 In dem abschließenden allgemeinen Teil (Ziff. 2) der Erklärung wird noch mal explizit ausgeführt, dass jedes Prinzip im Zusammenhang mit anderen Prinzipien der Deklaration auszulegen ist.

118 Gornig, in: Schriftenreihe Europäische Studien, Band 7, S. 30.

119 Thürer, in Politische Studien 1993, S. 36.

120 Seidl-Hohenveldern/Stein, S. 929; Heintze, in: Ipsen (Hrsg.), Völkerrecht, S. 318; Stein/v. Buttlar, S. 240; Doehring, Völkerrecht, S. 337; Hafner, in: Hilpold, S. 135; Potier, S. 21 ff.; Crawford, in BYIL, S. 141; Shaw, S. 256.

121 IGH, ICJ Reports 1995, 90 (Portugal vs. Australien).

122 Von Arnauld, S. 98, legt dar, dass die Einhaltung des Rechts für alle Mitglieder der internationalen Gemeinschaft verbindlich ist.

123 Heintze, in: Ipsen (Hrsg.), Völkerrecht, S. 319.

124 Stein/v. Buttlar, S. 240; Müller, Der „2+4“-Vertrag und das Selbstbestimmungsrecht der Völker, S. 109; Hafner, in: Hilpold, S. 136 f.; Klein, S. 56 f.; Peters, Anne, Völkerrecht, S. 125; Kempen/Hillgruber, S. 42; Zweifel an der Einordnung des Selbstbestimungsrechts als zwingendes Recht äußert hingegen Kimminich, in: Blumenwitz/Meissner, S. 46; Heintze, in: Ipsen (Hrsg.), Völkerrecht, S. 320, wiederum ist der Auffassung, dass das Selbstbestimmungsrecht nur im Zusammenhang mit Kolonialvölkern als zwingendes Recht einzustufen sei; ähnlicher Ansicht ist auch Seiffert, S. 54.

125 Doehring, Völkerrecht, S. 347.

Staatsverbandes. Dabei werden auch Minderheiten in einem ethnisch fremden Staatsverband geschützt.[126]

3. *Inhalt des Selbstbestimmungsrechts*

a. *Allgemeines*

Obwohl mittlerweile, wie eben ausgeführt, das Selbstbestimmungsrecht als fester Bestandteil des Völkerrechts anerkannt ist, gibt es in der heutigen Völkerrechtslehre immer noch gewisse Komplikationen hinsichtlich der Festlegung des exakten Inhalts bzw. der Bestimmung der Grenzen. Diese resultierten nicht zuletzt daraus, dass völkerrechtliche Verträge und Dokumente zu keinem Zeitpunkt eine abschließende und für alle Streitfragen gültige Definition lieferten.[127] Aus allen völkerrechtlichen Dokumenten geht jedoch übereinstimmend hervor, dass das Selbstbestimmungsrecht in all seinen Ausdrucksformen stets einen territorialen Bezug hat.[128] Darüber hinaus lässt sich festhalten, dass das Selbstbestimmungsrecht die freie Entscheidung über den politischen Status von einzelnen Völkern sowie Volksgruppen betrifft.[129]

Grundsätzlich kann man fünf verschiedene Situationen für die Anwendung des Selbstbestimmungsrechts unterscheiden:[130]

- Ein Volk fordert Unabhängigkeit und freie Wahl seiner Regierungsform
- Ein Volk fordert die Beteiligung an der Regierung eines Staates oder eine bestimmte politische Struktur innerhalb eines bereits existenten Staates
- Ein Volk will sich von einem Staat lostrennen, um sich eine gesonderte nationale Identität zu schaffen oder sich sogar einem anderen Staat anzuschließen, um sich dabei mit einem anderen Volk oder anderen Völkern oder anderen Teilen des eigenen Volkes zu vereinigen
- Ein Volk wehrt sich gegen Zession, Fusion oder Annexion
- Ein Volk wehrt sich gegen Vernichtung und Vertreibung aus seiner ursprünglichen Heimat[131]

---

126 Herdegen, S. 282–283; Doehring, in: Politische Studien 1993, S. 47.

127 Gornig, in: Schriftenreihe Europäische Studien, Band 7, S. 26.

128 Gornig, in: Politische Studien 1993, S. 12.; Klein, S. 43.

129 Klein, S. 44; Hilpold, in: Hilpold (Hrsg.), S. 20.

130 Gornig, in: Schriftenreihe Europäische Studien, Band 7, S. 26–27; Gornig, in: Politische Studien 1993, S. 17 f.

131 White, S. 149–150.

b. Forderung nach Unabhängigkeit

Die Forderungen eines Volkes nach Selbstbestimmung und Unabhängigkeit gehen lange zurück[132] und waren besonders in der Phase der Dekolonialisierung[133] von großer Bedeutung, spielt aber heute nur noch eine untergeordnete Rolle.[134] Dagegen hat das Recht auf freie Wahl der Regierungsform nie an Relevanz eingebüßt[135], wobei hier zu beachten ist, dass Träger dieses Rechts ausschließlich ein Staatsvolk sein kann.[136] Umstritten ist allerdings, ob die freie Wahl der Regierungsform überhaupt unter das Selbstbestimmungsrecht der Völker fällt[137], oder ob die freie Wahl der Regierungsform nicht zur Ausübung des Selbstgestaltungsrechts eines Staates gehört.[138] Angesichts der Tatsache, dass die Staatsgewalt eines Staates nicht per se in der Lage sein wird, dem Willen eines Staatsvolkes (als Träger des Selbstbestimmungsrechts) nachzukommen, spricht jedoch viel dafür, die freie Wahl der Regierungsform unter das Selbstbestimmungsrecht der Völker zu subsumieren.[139] Auch ist denkbar, dass die Staatsgewalt nicht durch das Staatsvolk legitimiert wurde bzw. sich das Staatsvolk gegen seine Staatsgewalt wendet. In diesem Fall würde sich das Selbstbestimmungsrecht gegen die eigene Staatsgewalt richten.[140] Unter diesem Aspekt muss man ebenfalls zu dem Ergebnis kommen, dass die freie Wahl der Regierungsform unter das Selbstbestimmungsrecht der Völker fällt.[141]

---

132 Irmscher, in: Schöbener (Hrsg.), S. 368; Müller, Der „2+4"-Vertrag und das Selbstbestimmungsrecht der Völker, S. 94; Stein/v. Buttlar, S. 238; Doehring, Völkerrecht, S. 338.

133 In den Dekolonialisierungsprozessen wurde der völkerrechtlich anerkannte Selbstbestimmungsanspruch den in den jeweiligen Kolonialgebieten ansässigen Völkern ohne Rücksicht auf rassische und ethnische Homogenität zugeordnet und inhaltlich auf die Erlangung staatlicher Freiheit als Rechtsfolge abgezielt.

134 Hilpold, in: Hilpold (Hrsg.), S. 17.

135 Doehring, in: Blumenwitz/Meissner (Hrsg.), S. 61–62; Gornig, in: Schriftenreihe Europäische Studien, Band 7, S. 27.

136 Doehring, in: BDGV, S. 28.

137 Doehring, in: Blumenwitz/Meissner (Hrsg.), S. 61–62; Gornig, in: Schriftenreihe Europäische Studien, Band 7, S. 27.

138 Berber, S. 178–180; er unterscheidet zwischen Selbstbestimmungsrecht der Völker und der Selbstgestaltung der Staaten.

139 Gornig, in: Schriftenreihe Europäische Studien, Band 7, S. 27.; Doehring, in: Blumenwitz/Meissner (Hrsg.), S. 63.

140 Doehring, in: Blumenwitz/Meissner (Hrsg.), S. 62–63; Gornig, in: Schriftenreihe Europäische Studien, Band 7, S. 27–28.

141 Doehring, in: Blumenwitz/Meissner (Hrsg.), S. 63.

c. *Forderung nach Regierungsbeteiligung*

Die dem Selbstbestimmungsrecht immanente Forderung nach Regierungsbeteiligung zielt auf das Recht eines Volkes ab, in einem von einem anderen Volk beherrschten Staat in irgendeiner Art und Weise an der Staatsführung beteiligt zu werden oder gar gewisse Selbstverwaltungsrechte zu erlangen.[142]

Dies ist auch der zentrale Gedanke der Definition des Selbstbestimmungsrechts in der bereits angesprochenen „Friendly-Relations-Declaration", auch wenn die Umschreibung des Selbstbestimmungsrechts dort noch nicht so weit geht, dass man einem Volk das Recht auf uneingeschränkte Sezession gewähren würde.[143]

d. *Recht auf Sezession*

Die Ausübung des Selbstbestimmungsrechts durch ein Volk erfolgt in den meisten Fällen in der Absicht, einen eigenen Staat zu erlangen.[144] Dies resultiert aus dem ureigenen Bestreben eines Volkes, seine Individualität hinsichtlich ethnischer, kultureller und sprachlicher Gesichtspunkte zu wahren.[145] Dies lässt sich am besten durch Organisation des Volkes in einem eigenen Staat gewährleisten. Dort kann das Volk seine nationale Identität in einer eigenen Rechts- und Staatsordnung Ausdruck verleihen und diese gegen äußere Einflüsse schützen.

Es stellt sich die Problematik, ob einem Volk durch das Selbstbestimmungsrecht das Recht eingeräumt werden soll, sich von einem Staatsgebiet abzuspalten. Man muss dabei berücksichtigen, dass nach dem strengen Wortlaut der jeweils ersten Artikel der UN-Menschenrechtspakte von 1966 (Art. 1 Abs. 1 IPbpR, Art. 1 Abs. 1 IPwskR)[146] nicht zum Ausdruck kommt, dass einem Volk oder einer Volksgruppe das Recht auf Sezession zugestanden werden soll. Man beschränkt sich (lediglich) auf die Herleitung des Selbstbestimmungsrechts.

Es wurde im Gegenteil sogar in den Menschenrechtspakten davon ausgegangen, dass das Selbstbestimmungsrecht gerade nicht die Völker dazu ermutigen sollte, eine Sezession zu vollziehen.[147] Mit der Loslösung von einem bestehenden Staat setzte sich daher die „Friendly-Relations-Declaration" von 1970 auseinander und forderte enge Voraussetzungen für eine Sezession.[148] Innerhalb

---

142 Gornig, in: Schriftenreihe Europäische Studien, Band 7, S. 27.

143 Gornig, in: Politische Studien 1993, S. 18.

144 Hilpold, in: Hilpold (Hrsg.), S. 16–17.

145 Gornig, in: Schriftenreihe Europäische Studien, Band 7, S. 28.

146 Geistlinger, in: Reiter (Hrsg.), S. 270–271.

147 UN-Doc. E/CN.4/Sub.2/4ß04/Rev.1, para. 173; Heintze, in Hilpold (Hrsg.), S. 54.

148 Heintze, in Hilpold (Hrsg.), S. 53–54.

der Internationalen Gemeinschaft herrschte damals (und auch heute noch) der Gedanke, das Recht der bereits bestehenden Staaten auf Erhaltung ihrer politischen und territorialen Existenz zu schützen, sei vorrangig, sofern die jeweils betroffenen Staaten das Selbstbestimmungsrecht der Völker achteten und respektierten, wobei die Anforderungen an den zu fordernden Respekt nicht zu hoch liegen sollten.[149] Man entfernte sich damit folglich von der Auffassung, dass jede Nation einen Staat bilden dürfe und darüber hinaus jeder Staat aus einer Nation bestehen solle.[150]

Dabei ist allerdings zu berücksichtigen, dass es sehr schwer zu beurteilen ist, ob ein Staat gegenüber einer Volksgruppe den von der „Friendly-Relations-Declaration" geforderten Respekt für das Selbstbestimmungsrecht der Völker tatsächlich zeigt und einhält. Diese Beurteilung unterliegt im Einzelfall subjektiven Maßstäben, da erfahrungsgemäß das betroffene Volk eine andere Sichtweise auf die Dinge hat als der jeweilige Staat. Im Ergebnis bedeutet dies, dass im konkreten Fall nur sehr selten eindeutig entschieden werden kann, ob denn die Sezessionsbestrebungen eines Volkes mit der „Friendly-Relations-Declaration" in Einklang zu bringen sind.[151]

Die generelle Problematik der Vereinbarkeit einer Sezession mit dem Völkerrecht führt weiter zu der Frage, wer die Entscheidungsbefugnis für eine Abspaltung von einem Staat innehat.[152] In diesem Zusammenhang ist insbesondere in der Literatur umstritten, ob neben der Entscheidung des (bisherigen) Souveräns auch das Einverständnis des unmittelbar betroffenen Bevölkerungsteils für eine Gebietszession erforderlich ist.[153] So wurde bereits im 17. Jahrhundert teilweise eine Zustimmung der Bevölkerung zu einem Gebietswechsel für notwendig erachtet.[154] So sollte die Zustimmung aber nicht nur von dem Teil der Bevölkerung erfolgen, welcher an einen anderen Staat fallen soll, sondern auch von dem Teil, der in dem bisherigen Staatsgebiet und unter dem bisherigen Souverän verbleiben soll.[155] Begründet wurde diese Forderung nach „doppelter" Zustimmung bei einer Gebietszession mit dem Argument, dass Völker und Staatsgebiete

---

149 White, S. 152–153.
150 Bluntschli, S. 107.
151 Gornig, in: Politische Studien 1993, S. 19; Herdegen, S. 279; Heintze, in Hilpold (Hrsg.), S. 53.
152 Herdegen, S. 279–280.
153 Zustimmend: Kiss, in: Human Rights Law Journal 1986, S. 171 f.; ablehnend u. a. Klein, S. 45; Zieger, in: Blumenwitz/Meissner, S. 83 ff.
154 Siehe hierzu Grotius, liber 2, cap. 6, sec. 4; Pufendorf, liber 8, cap. 5, § 9.
155 Hierzu ausführlich Klein, S. 13.

nicht von den jeweiligen Souveränen beliebig oft an andere Staaten verschoben werden sollten.[156] Dadurch sollte gewährleistet werden, dass sämtliche Interessen aller betroffenen Bevölkerungsteile (zumindest theoretisch) beachtet werden und die Gebietsabtretung auch einen Nutzen für die Bevölkerung hat und nicht nur der Erfüllung politischer Interessen der Staatsführungen dient.

e. Zulässigkeit einer Gebietssezession

Obwohl es in der Geschichte einige Beispiele für Volksabstimmungen hinsichtlich der Zustimmung für eine Gebietszession gab (u. a. geregelt in den Pariser Vorortverträgen von Versailles[157] und St. Germain[158] von 1919 für die Zession mehrerer deutscher bzw. österreichischer Grenzgebiete), so muss man allerdings konstatieren, dass in den meisten Fällen einer Gebietsabtretung bzw. eines Gebietswechsels keine Befragung der betroffenen Bevölkerung vorgenommen wurde.[159] Dies führte dazu, dass aufgrund fehlender konsequenter Anwendung von Volksabstimmungen in der völkerrechtlichen Praxis letztlich kein Gewohnheitsrecht entstehen konnte.[160] Es würde aber zu weit gehen, wenn man aus dem Umstand des nicht existenten Gewohnheitsrechts schließen würde, dass eine Gebietszession nicht vom Selbstbestimmungsrecht umfasst wäre.[161] Würde man nämlich einem Staat das Recht zubilligen, ohne Rücksicht auf den Willen und Entscheidungsprozess der betroffenen Bevölkerung eine Gebietsverfügung vorzunehmen, hätte dies zur Konsequenz, dass das Selbstbestimmungsrecht des jeweiligen Volkes leerlaufen würde. Dies kann im Ergebnis nicht richtig sein. Zudem könnte dann jede Ausübung von Selbstbestimmungsrecht eines Volkes und den daraus resultierenden Anschluss an einen anderen Staat vom Souverän des ursprünglichen Staates durch völkerrechtliche Verträge (dann konsequenterweise ohne Zustimmung des betroffenen Bevölkerungsteils) wieder

156 Gornig, in: Politische Studien 1993, S. 19.

157 Vgl. hierzu den Friedensvertrag von Versailles (Text: RGBl. 1919, S. 687 ff.): Art. 109 ff., 94 ff., 34 und 88.

158 Siehe hierzu Art. 45 des Staatsvertrages von St. Germain (Text: Jahrbuch des Völkerrechts, Band 7 Jahrgang 1922, S. 250).

159 Zieger, in: Blumenwitz/Meissner, S. 83, gelangt insoweit zum dem Ergebnis, dass sich „heute kaum noch ein geltender Völkerrechtsgrundsatz des Inhalts nachweisen (läßt), daß vor einem Gebietswechsel die betroffene Bevölkerung befragt worden sein und zugestimmt haben muß".

160 Gornig, in: Politische Studien 1993, S. 20.

161 Thürer, S. 40 f.; Heintze, in: Ipsen (Hrsg.), Völkerrecht, S. 353.

aufgehoben bzw. rückgängig gemacht werden.[162] Man muss also zu dem Schluss kommen, dass die Gebietszession auch vom Selbstbestimmungsrecht umfasst sein muss und die Zustimmung zumindest der unmittelbar betroffenen Bevölkerung erforderlich ist.

f. Staatenfusion

Für den Fall der Staatenfusion ist dagegen zwischen zwei Konstellationen zu differenzieren: In der völkerrechtlich unproblematischen Konstellation sind die jeweiligen Staatsvölker mit der von ihren Regierungen vorgenommenen Vereinigung einverstanden. Hier kommt es zu keinem Spannungsverhältnis zwischen Selbstbestimmungsrecht und staatlicher Souveränität.[163] Etwas anders liegt der Fall allerdings dann, wenn die Staatsvölker die von ihren Regierungen erstrebte Fusion ablehnen. Würde man in einem solchen Fall nicht die Billigung des neuen Status seitens der Bevölkerungen voraussetzen, ginge das Selbstbestimmungsrecht unter. Daher wäre eine Fusion zweier oder mehrerer Staaten ohne die Einholung des Einverständnisses der involvierten Bevölkerung nicht mit dem Selbstbestimmungsrecht der Völker zu vereinbaren.[164] Dabei ist zu berücksichtigen, dass ein Volk unter Ausübung des Selbstbestimmungsrechts einen (eigenen) Staat schaffen kann.[165] Folglich muss sich ein Volk auch als Staatsvolk unter Berufung auf das Selbstbestimmungsrecht gegen eine Staatsauflösung wehren können.[166]

Unumstritten ist die völkerrechtliche Behandlung der Annexion, also die Einverleibung eines fremden Staatsgebietes (auf Kosten eines anderen Staates) unter Anwendung von Gewalt mit dem Willen, das Gebiet als territorialer Souverän nun zu beherrschen.[167] Die Annexion ist nach übereinstimmender Auffassung völkerrechtlich verboten.[168] Sie verstößt nicht nur gegen das Annexionsverbot, welches sich schon aus der Satzung des Völkerbundes ergibt[169], sondern auch

---

162 Gornig, in: Politische Studien 1993, S. 20.

163 Gornig, in: Schriftenreihe Europäische Studien, Band 7, S. 37.

164 Gornig, in: Politische Studien 1993, S. 20.

165 Gornig, in: Schriftenreihe Europäische Studien, Band 7, S. 37

166 Doehring, in: Blumenwitz/Meissner (Hrsg.), S. 65; Gornig, in: Schriftenreihe Europäische Studien, Band 7, S. 37.

167 Gornig, in: Schriftenreihe Europäische Studien, Band 4, Der Zerfall eines Staates, S. 116.

168 Vgl. hierzu Gornig, Das Memelland gestern und heute, S. 116 ff.; Zieger, in: Blumenwitz/Meissner (Hrsg.), S. 77.

169 Artikel 10 Satz 1 der Satzung des Völkerbundes vom 28. Juni 1919.

gegen das Selbstbestimmungsrecht der Völker, da ansonsten dem Volk gegen seinen Willen ein neuer Souverän aufgedrängt würde.[170]

g. Recht auf Widerstand gegen Vernichtung und Vertreibung

Ein ebenso eindeutiger Bestandteil des Selbstbestimmungsrechts ist der Widerstand gegen die Vernichtung eines Selbstbestimmungssubjekts und gegen die Vertreibung eines Volkes aus seinem Gebiet. Durch diese Vertreibung würde man dem Volk seinen angestammten territorialen Bezugspunkt nehmen, auf welchen es zur Ausübung seines Selbstbestimmungsrechts angewiesen ist.[171] Damit wird auch das enge Verhältnis zwischen dem Selbstbestimmungsrecht der Völker und dem Recht auf die Heimat deutlich. Denn da Völker nach dem Selbstbestimmungsrecht frei über ihren politischen Status verfügen können sollen, muss man ihnen in diesem Zusammenhang auch die Möglichkeit geben, ihre Bindung an die Heimat durchzusetzen.[172] Das Recht auf die Heimat wird im Rahmen dieser Arbeit noch genauer thematisiert werden.[173]

h. Recht auf Existenz eines Volkes

Ebenfalls eng mit dem Selbstbestimmungsrecht und dem Recht auf die Heimat verbunden ist das Recht auf Existenz eines Volkes. Darunter ist die Existenz des Volkes auf seinem ursprünglichen und angestammten Grund und Boden zu verstehen.[174] Dazu gehört neben dem Recht auf physische Existenz (Verbot von Massakern oder Verbot der Verhinderung von Geburten) auch das Recht, eine eigene kulturelle Identität zu entwickeln und die Voraussetzungen dafür zu konservieren.[175] Dies umfasst auch die Möglichkeit, sich gegen die gezielte Ansiedlung von anderen Volksgruppen oder Ethnien auf dem eigenen Siedlungsgebiet politisch zu wehren, um zu verhindern, dass man auf dem angestammten Gebiet (der Heimat) in eine Minderheitenposition gedrängt wird.[176]

---

170 Zieger, in: Blumenwitz/Meissner (Hrsg.), S. 77.

171 Vgl. Klein, S. 45; Doehring, in: Blumenwitz/Meissner (Hrsg.), S. 70.

172 Vgl. Doehring, in: Blumenwitz/Meissner (Hrsg.), S. 70; Kimminich, S. 169 ff.

173 Das Recht auf die Heimat dürfte im Vergleich bzw. im Verhältnis zum Selbstbestimmungsrecht wohl als das enger umfasste Recht angesehen werden.

174 Gornig, in: Weigand (Hrsg), S. 33 ff.; Kimminich, in: Blumenwitz/Meissner, S. 41; Kimminich, S. 169 ff.

175 Gornig, in: Schriftenreihe Europäische Studien, Band 7, S. 28.

176 Kimminich, in: Blumenwitz/Meissner, S. 42–43.

Besonders in den Republiken Karatschai-Tscherkessien und Kabardino-Balkarien spielt das Verbot der Ansiedlung anderer Ethnien eine exponierte Rolle, da dort jeweils durch Ansiedlung der anderen Volksgruppe versucht wurde, die heimische Ethnie in eine Minderheitenstellung zu drängen, um damit zu verhindern, dass diese durch politische und kulturelle Organisation versuchen könnte, ihren Anspruch auf mehr Selbstbestimmung gegenüber der RF durchzusetzen.

i. Minderheitenschutz

Kann das Volk seine ethnischen Besonderheiten aber nicht durch die Ausübung des Selbstbestimmungsrechts und durch die daraus folgende Gründung eines eigenen Staates verwirklichen, kommt der völkerrechtliche Minderheitenschutz zum Tragen.[177] Dem Minderheitenschutz kommt deshalb eine exponierte Stellung im Völkerrecht zu, da es nur sehr selten zu einer vollständigen Realisierung des Selbstbestimmungsrechts kommt. Es ist oft nicht mal annähernd möglich, eine Deckungsgleichheit zwischen den Grenzen des Nationalstaates und den angestammten Grenzen der einzelnen Volksgruppen herbeizuführen.[178] Denn oftmals sind aus politischen, historischen oder auch geographischen Gründen die Siedlungsgebiete der Volksgruppen zu zerrissen und gerade in grenznahen Regionen vermischen sich häufig verschiedene Volksgruppen.[179] Dies trifft exakt auf den Nordkaukasus zu.[180] Durch vielfache Neuziehung einzelner Republiksgrenzen und Umsiedlungen von Völkern hat über Jahrhunderte eine Vermischung der Bevölkerung stattgefunden. Betroffen sind fast alle Ethnien im russischen Nordkaukasus, insbesondere aber die Tschetschenen, Inguscheten, Tscherkessen sowie die Turkvölker. Es stellt sich stets das große Problem, dass egal, wie man eine (neue) Grenze zieht, auf einer Seite der Grenze fast immer eine Ethnie in der Minderheit bleibt.[181] Eben diese Ethnien, die innerhalb eines Staates in der Minderheit gegenüber einer anderen Volksgruppe sind, bedürfen eines besonderen Schutzes, um ihr Recht auf politische und rechtliche Partizipation innerhalb dieses Nationalstaates durchsetzen zu können bzw. dieses Recht nicht zu verlieren.

---

177 Ott, S. 132; Kau, in: Graf Vitzthum/Proelß, S. 242.

178 Stein/v. Buttlar, S: 264.

179 Gornig, in: Schriftenreihe Europäische Studien, Band 7, S. 29; Stein/v. Buttlar, S. 264–265.

180 Kau, in: Graf Vitzthum/Proelß, S. 242.

181 Gornig, in: Schriftenreihe Europäische Studien, Band 7, S. 29–30.

Auf den Minderheitenschutz wird noch in einem gesonderten Punkt ausführlicher einzugehen sein.

2. *Systematik des Selbstbestimmungsrechts*

Bei der Systematisierung sind zunächst das äußere (externe) und das innere (interne) Selbstbestimmungsrecht zu unterscheiden.[182] Beiden Fallgruppen des Selbstbestimmungsrechts haben gemein, dass sie sich sowohl auf ein staatlich organisiertes als auch ein staatlich nicht organisiertes Volk beziehen.[183]

a. Äußeres (externes) Selbstbestimmungsrecht

Beim äußeren bzw. externen Selbstbestimmungsrecht wird der internationale politische Status eines Volkes thematisiert.[184] Dabei geht es um die Festlegung des Verhältnisses zu anderen Völkern bzw. deren Staaten.[185] Das externe Selbstbestimmungsrecht wiederum ist in offensives und defensives Selbstbestimmungsrecht zu unterteilen.[186]

aa. Abgrenzung des offensiven vom defensiven Selbstbestimmungsrecht

Wenn ein Volk bereits staatlich organisiert ist, so gibt ihm sein Selbstbestimmungsrecht einen Abwehranspruch gegen völkerrechtswidrige Beeinträchtigungen der territorialen Unversehrtheit oder Unabhängigkeit seines Staates durch Drittstaaten (defensives Selbstbestimmungsrecht). Eine offensive, auf Veränderung des (territorialen oder politischen) Status quo zielende Stoßrichtung erhält das äußere Selbstbestimmungsrecht dann, wenn ein noch nicht staatlich organisiertes Volk eine mehr oder weniger selbstständige Existenz einfordert.[187] Dies kann durch verschiedene Arten geschehen, etwa durch Sezession, Dismembration oder Fusion, aber auch durch unterhalb der Schwelle zur Eigenstaatlichkeit angesiedelte Ansprüche wie z. B. lokale Selbstverwaltung.[188]

---

182 Klein, S. 43 Hobe, S. 120; Fisch, in: Hilpold, S. 48; Heintze, in: Ipsen (Hrsg.), Völkerrecht, S. 321; Oeter, in: ZaöRV 52, S. 753.

183 Gornig, in: Politische Studien 1993, S. 20; Thürer, S. 47 ff., Hobe, S. 120.

184 Kau, in: Graf Vitzthum/Proelß, S. 185.

185 Stein/v. Buttlar, S: 256; Krajewski, Völkerrecht, S 188; Wodarz, S. 168.

186 Murswiek, in: Der Staat, Band 23, S. 523; Espiell, in: Vereinte Nationen 1982, S. 54 ff.; Herdegen, S. 279; Heintze, in: Ipsen (Hrsg.), Völkerrecht, S. 347.

187 Murswiek, in: Der Staat, Band 23, S. 532; Gornig, in: Politische Studien 1993, S. 21; Heintze, in: Ipsen (Hrsg.), Völkerrecht, S. 348–349.

188 Kempen/Hillgruber, S. 275–276.

(1) Offensives Selbstbestimmungsrecht

Das offensive Selbstbestimmungsrecht kommt zur Anwendung, wenn der bestehende Territorialstatus im Widerspruch zum Selbstbestimmungsrecht eines Volkes steht.[189] Der Status kann insofern fremdbestimmt sein, als er dem Willen eines Volkes (oder mehrerer Völker), sich in einem anderen Staat oder in Staaten mit anderen Grenzen zu organisieren, entgegensteht. Der bestehende Territorialstatus könnte unter Umständen den in diesem Staat organisierten Völkern aufgezwungen worden oder etwa über einen gewissen Zeitraum hinweg für sie unerträglich geworden sein.[190] Dem Selbstbestimmungsrecht wird dann die Funktion zuteil, die Selbstbestimmung eines Volkes gegen den bestehenden Territorialstatus zur Geltung zu bringen, wenn dieser Status Fremdbestimmung bedeutet.[191] Das Selbstbestimmungsrecht kann nach Murswiek in einem solchen Fall auf Änderung des mit dem Selbstbestimmungspostulat nicht übereinstimmenden Territorialstatus gerichtet sein.[192] Allerdings muss nach Murswiek hinsichtlich des Subjektes des Selbstbestimmungsrechts zwischen Staatsvolk und einem Volk im ethnischen Sinne differenziert werden. Subjekt des offensiven Selbstbestimmungsrechts kann nur das Volk im ethnischen Sinne sein, niemals das Staatsvolk[193], das durch den das Staatsvolk mit konstituierendem territorialem Status seines Staates per definitionem nicht verletzt sein kann.[194] Darauf wird im Rahmen der Subjekte des Selbstbestimmungsrechts noch genauer einzugehen sein.

Im Bereich des offensiven Selbstbestimmungsrechts unterscheidet man zwei Konstellationen:

Die erste Konstellation betrifft die heute nicht mehr ganz so aktuelle Konstellation der Frage der Selbstbestimmung von Kolonialvölkern.[195] Durch das

---

189 Murswiek, in: Gornig/Horn/Murswiek (Hrsg.), S. 99; Ott, S. 87; Krajewski, Völkerrecht, S. 188; Herdegen, S. 279–280.

190 Murswiek, in: Gornig/Horn/Murswiek (Hrsg.), S. 99.

191 Suksi, in: Hilpold (Hrsg.), S. 88–89.

192 Murswiek, in: Gornig/Horn/Murswiek (Hrsg.), S. 99–100; so auch Thürer, S. 49; Ott, S. 87.

193 Herdegen, S. 279, mit dem Hinweis, dass das Selbstbestimmungsrecht vereinzelt aber auch Staatsvölkern zugesprochen worden ist.

194 Murswiek, in: Gornig/Horn/Murswiek (Hrsg.), S. 100, mit dieser Feststellung wird nicht etwa der Rechtscharakter des Selbstbestimmungsrechts geleugnet. So hat Kimminich, in Blumenwitz/Meissner (Hrsg.), S. 39 f., ähnliche Äußerungen von Mössner, S. 207, verstanden. Das Selbstbestimmungsrecht ist vielmehr ein Rechtsprinzip, welches mehrere Rechte umfasst bzw. umfassen kann.

195 Gornig, in: Politische Studien 1993, S. 21.

offensive Selbstbestimmungsrecht waren sie berechtigt, sich in einem unabhängigen eigenen Staat zu konstituieren, sich ferner in einen anderen vorhandenen souveränen Staat zu integrieren oder aber jeden anderen politischen Status frei und ohne Zwänge von Drittstaaten zu wählen.[196]

Im Rahmen der Entkolonialisierung stellte sich bei der Verwirklichung des äußeren Selbstbestimmungsrechts häufig das Problem, dass das aus dem äußeren Selbstbestimmungsrecht ableitbare Recht zur Staatenbildung dadurch wesentlich beschränkt wurde, dass bei der Gründung gleichzeitig die Staatsgrenzen des Vorgängerstaates zu berücksichtigen waren („Uti-possidetis"-Prinzip)[197]. Jedoch waren viele der Grenzen von den Kolonialmächten nach politischen oder wirtschaftlichen Interessen willkürlich gezogen worden, so dass das äußere Selbstbestimmungsrecht oft nicht vollständig verwirklicht werden konnte.[198]

Seit der Unabhängigkeit der Republik Namibia von Südafrika im Jahre 1990 ist der klassische Entkolonialisierungsprozess aber abgeschlossen, so dass sich die „Uti-possidetis"-Problematik in der ursprünglichen Form nicht mehr stellt.[199] Jedoch hat sich die Schwierigkeit der Berücksichtigung von Staatsgrenzen des Vorgängerstaates auch in den vergangenen Jahren immer wieder gestellt, z. B. bei der Auflösung der Sowjetunion oder der Republik Jugoslawien. Aktuell sieht man sich mit der Frage nach den zu ziehenden Staatsgrenzen sowohl in Großbritannien (Schottland) und auch in Spanien (Katalonien) konfrontiert, da sowohl die Schotten als auch die Katalanen ihren Wunsch nach Selbstständigkeit äußern. Die Hauptproblematik des äußeren Selbstbestimmungsrechts hat sich mittlerweile auf die Frage nach der völkerrechtlichen Zulässigkeit einer Sezession verlagert.[200] Darauf wird noch gesondert eingegangen.

Die zweite Konstellation behandelt den Fall, in welchem sich ein (Minderheits)-Volk aus dem von einem Mehrheitsvolk beherrschten Staat separieren will. Gerade im russischen Nordkaukasus zeigt sich, dass diese Situation heute ein hohes Maß an Aktualität besitzt. So fürchten die Balkaren, in ihrer Republik Kabardino-Balkarien von der politischen Willensbildung durch das sich in der ethnischen Mehrheit befindliche Volk der Kabardiner (Tscherkessen) ausgeschlossen zu werden, und streben daher nach einer eigenen Republik. Das Gleiche gilt umgekehrt für die Tscherkessen in der Republik Karatschai-Tscherkessien.

196 Klein, S. 44.
197 Dazu u. a. Weber und Simmler, jeweils m. w. N.
198 Stein/v. Buttlar, S. 244.
199 Gornig, in: Schriftenreihe Europäische Studien, Band 7, S. 30–31.
200 Stein/v. Buttlar, S. 245; Heintze, in: Ipsen (Hrsg.), Völkerrecht, S. 353.

Zu beachten ist allerdings, dass in einer solchen Fallkonstellation das Selbstbestimmungsrecht der Völker in einen Konflikt mit dem Grundsatz der Staatensouveränität und dem Recht auf staatliche Integrität des von der Abspaltung bedrohten Staates gerät. Auf diese Problematik wird noch ausführlich einzugehen sein.

(2) Defensives Selbstbestimmungsrecht

Das Selbstbestimmungsrecht kann allerdings auch dadurch verletzt sein, dass eine äußere Macht in den bestehenden Territorialstatus eines Volkes eingreift. Eine solche Fremdbestimmung liegt im Gegensatz zu Selbstbestimmung dann vor, wenn ein anderer Staat (typischerweise unter Ausübung militärischer Gewalt) den Territorialstatus eines Staates ändert. Dies ist etwa durch Annexion eines Gebietes oder Gebietsteiles möglich. In einem solchen Fall hat das Selbstbestimmungsrecht die Aufgabe, Eingriffe in den Territorialstatus bzw. Änderungen des bestehenden Staates abzuwehren und den Status quo zu verteidigen.[201] Der Bereich des defensiven Selbstbestimmungsrechts ist folglich dadurch charakterisiert, dass Völker, die ihren Status bereits gefunden haben, diesen Zustand bewahren wollen. Das defensive Selbstbestimmungsrecht erlangt ergo dann besondere Bedeutung, wenn man einem (Staats-)Volk eine Teilung bzw. Veränderung des Status quo aufzuzwingen versucht.[202]

Im Gegensatz zum offensiven Selbstbestimmungsrecht ist Subjekt im Rahmen des defensiven Selbstbestimmungsrechts nicht das Volk im ethnischen Sinne, sondern das durch den verteidigten Territorialstatus bezeichnete Volk, also das Staatsvolk. Das defensive Selbstbestimmungsrecht des Staatsvolkes weist die aus dem Souveränitätsprinzip folgenden Rechte des Staates, über den geltenden politischen Status zu bestimmen, auch dem Staatsvolk des jeweiligen Staates zu.[203] Dabei fügt das defensive Selbstbestimmungsrecht inhaltlich dem nichts hinzu, was sich an Rechten bereits aus dem Souveränitätsprinzip ergibt. Eine eigenständige Bedeutung erlangt das defensive Selbstbestimmungsrecht erst dann, wenn der Staat infolge von z. B. militärischer Besetzung handlungsunfähig ist und wenn gegen den Willen des Volkes Gebiete abgetrennt oder der gesamte Staat von einem dritten Staat annektiert wird. Denn in einem solchen

---

201 Murswiek, in: Gornig/Horn/Murswiek (Hrsg.), S. 99.

202 Murswiek, in: Der Staat, Band 23, S. 537; Klein, S. 45; Cassese, S. 98 f.; Ott, S. 87.

203 Gornig, in: Politische Studien 1993, S. 21.

Fall bleibt durch die Anwendung des defensiven Selbstbestimmungsrechts das Staatsvolk des betroffenen Staates Subjekt des Selbstbestimmungsrechts.[204]

Das defensive Selbstbestimmungsrecht der Völker behauptet also neben der staatlichen Souveränität seine Funktion, da es einem Staat an handlungsfähigen oder handlungswilligen Organen fehlen kann, so dass in einem solchen Fall der Rückgriff auf das Selbstbestimmungsrecht des Staatsvolkes notwendig ist, um den Untergang der völkerrechtlichen Souveränität des Volkes zu verhindern.[205]

(3) Abgrenzung und Konflikt zwischen offensivem und defensivem Selbstbestimmungsrecht[206]

Offensives und defensives Selbstbestimmungsrecht bestehen daher nebeneinander. Sie stehen unterschiedlichen Subjekten zu, nämlich dem Volk im ethnischen Sinne und dem Staatsvolk. Es verhält sich also nicht so, dass das territoriale Selbstbestimmungsrecht zwei unterschiedlichen Subjekten zusteht, deren Selbstbestimmungsforderungen miteinander konkurrieren und sich gegenseitig hemmen[207], vielmehr ist das Selbstbestimmungsrecht ein Rechtsprinzip, aus dem sich unterschiedliche Rechte ergeben, welche auch unterschiedlichen Subjekten zugeordnet sind.[208] Durch diese Unterscheidung ist eine systematische Auflösung des Anwendungsbereiches von offensivem und defensivem Selbstbestimmungsrecht möglich.[209]

Würde man das defensive Selbstbestimmungsrecht lediglich als bloßes Abwehrrecht gegen Angriffe bzw. Eingriffe äußerer Mächte in den Territorialstatus verstehen, so entstünde kein Konflikt hinsichtlich des Anwendungsbereiches von offensivem und defensivem Selbstbestimmungsrecht. Das offensive Selbstbestimmungsrecht wäre schon dem Wortlaut nach nicht tangiert. Umgekehrt wäre auch das defensive Selbstbestimmungsrecht, wenn es der Definition nach nur gegen äußere Fremdbestimmung durch Dritte gerichtet wäre, in seinem

---

204 Murswiek, in: Gornig/Horn/Murswiek (Hrsg.), S. 99; Ott, S. 87, sieht daher in der Anwendung des defensiven Selbstbestimmungsrechts keine besondere Brisanz in Hinblick auf die völkerrechtlichen Stabilitätskonzepte.

205 Klein, S. 76.

206 Murswiek, in : Der Staat, Band 23, S. 523 ff.

207 Mit dieser Feststellung ist keineswegs eine Leugnung des Rechtscharakters des Selbstbestimmungsrechts der Völker verbunden. Vielmehr ist das „Selbstbestimmungsrecht" ein Rechtsprinzip, welches verschiedene Rechte beinhaltet; so auch Mössner, S: 207.

208 Murswiek, in: Gornig/Horn/Murswiek (Hrsg.), S. 100.

209 Murswiek, in : Der Staat, Band 23, S. 523 ff.

Kern nicht betroffen, falls ein Selbstbestimmungssubjekt innerhalb des betreffenden Staates sein offensives Selbstbestimmungsrecht geltend macht.[210]

Die territoriale Integrität eines Staates, wie sie in der Praxis der Vereinten Nationen verstanden wird, ist nicht nur ein Recht, das den Staat gegen Übergriffe von außen schützt (obwohl dies ohne Zweifel die wichtigste Funktion dieses Rechts ist), sondern wird auch als Rechtsposition verstanden, die den Staat gegen Beeinträchtigungen von innen und insbesondere gegen Sezessionsbestrebungen schützen soll.[211]

So hat sich das palästinensische Volk (vertreten durch die PLO) im „Gaza-Jericho-Abkommen" mit Israel vorübergehend mit der Einräumung eines Autonomiestatus begnügt, um langfristig der Realisierung eines eigenen souveränen Staates näher zu kommen.[212]

Dadurch, dass das defensive Selbstbestimmungsrecht inhaltlich parallel zum Souveränitätsprinzip ausgerichtet ist, erscheint somit ein Konflikt zwischen defensivem und offensivem Selbstbestimmungsrecht nicht ausgeschlossen. Da die Völkerrechtsordnung eine Rechtsordnung souveräner Staaten ist und aufgrund des Umstandes, dass das Völkerrecht in der Regel eine Tendenz zur Erhaltung des Status quo hat, spricht im Falle des möglichen angesprochenen Konfliktes eine Vermutung für die Souveränität. Das kann aber keinesfalls

---

210 ICJ, Advisory Opinion vom 22.07.2010, Rn. 80; in dem Kosovo-Gutachten des IGH heißt es, der Anwendungsbereich des Grundsatzes der territorialen Integrität sei auf die Sphäre der Beziehungen zwischen Staaten beschränkt. Aus dieser Sicht kann die territoriale Integrität nicht durch innerstaatliche Akteure verletzt werden, sondern lediglich durch äußere. Dies entspricht der weitverbreiteten Souveränitätsauffassung, wonach innerstaatliche Angelegenheiten nicht Gegenstand des Völkerrechts sein können. Folglich kann ein Staat sich auf der Grundlage seiner Souveränität und des mit ihr verbundenen Gewaltmonopols gegen aufständische Separatisten erwehren und bedarf hierzu keines völkerrechtlichen Titels. Wenn aber das Völkerrecht innerstaatlichen Akteuren Rechte (und damit den Status beschränkter Völkerrechtssubjekt) gibt, muss es jedoch auch möglich sein, dass es denselben Subjekten Pflichten auferlegt bzw. dass es ihre Rechte durch konträre Rechte des Staates begrenzt. Weiter stellt sich das Problem des Verhältnisses zwischen offensivem Selbstbestimmungsrecht und territorialer Integrität des betroffenen Staates sicher auch unter dem Gesichtspunkt, dass Drittstaaten dem sich auf sein Selbstbestimmungsrecht berufenden Volk zu Hilfe kommen, sei es aktiv oder auch nur durch (vorzeitige) Anerkennung als unabhängiger Staat. Diese Frage der vorzeitigen Anerkennung war dem IGH im vorliegenden Fall nicht vorgelegt worden, so dass das Gericht hierzu keine Ausführungen gemacht hat.

211 Murswiek, in: Gornig/Horn/Murswiek (Hrsg.), S. 101.

212 Kempen/Hillgruber, S. 276–277.

bedeuten, dass das Souveränitätsprinzip das offensive Selbstbestimmungsrecht völlig verdrängt.[213] Die gebotene Auslegung der Prinzipien muss also dahingehend vorgenommen werden, dass der Normgehalt eines Prinzips nicht völlig untergeht. Dies entspricht der Grundregel juristischer Arbeitsweise, dass Normen so zu interpretieren sind, dass ihr normativer Sinn nicht völlig verloren geht. Aus diesem Grund sind die Normgehalte durch eine entsprechende rücksichtsvolle Interpretation möglichst umfassend auszudrücken.[214] Das bedeutet für das Verhältnis zwischen offensivem und defensivem Selbstbestimmungsrecht bzw. offensivem Selbstbestimmungsrecht und Souveränitätsprinzip, dass es grundsätzlich ein Sezessionsrecht nicht geben kann. Andernfalls wäre das Prinzip der territorialen Integrität hinfällig.[215] Andererseits muss es aber Ausnahmen unter bestimmten, aber engen Voraussetzungen von diesem Grundsatz geben.[216] Dabei muss berücksichtigt werden, dass das Sezessionsrecht nicht der einzige Inhalt des Selbstbestimmungsrechts ist, sondern lediglich das im Verhältnis zum bestehenden Staat am weitesten reichende Recht. Wenn dieses (regelmäßig) hinter dem Recht auf territoriale Integrität zurücktreten muss, so bedeutet dies nicht, dass auch alle anderen Inhalte nicht zur Geltung kommen.[217] Denn die Garantie des Selbstbestimmungsrechts der Völker bezieht sich vor allem auf die Garantie der Existenz des einzelnen Volkes.[218]

In diesem Zusammenhang stellt sich jedoch die Frage, was genau der über die Existenzerhaltung hinausgehende Inhalt des Selbstbestimmungsrechts sein soll, soweit es sich nicht auf Unabhängigkeit von dem Staat, in welchem das Volk lebt, beziehen darf. Der zentrale Sinn des Selbstbestimmungsrechts besteht darin, jedem Volk die Chance zu eröffnen, unter denjenigen politischen, kulturellen und sozialen Bedingungen zu leben, die seinen besonderen Eigenarten am besten entsprechen. Darüber hinaus soll es einem Volk ermöglicht werden, diese besonderen Eigenarten sowie die eigene Identität zu bewahren und zu entwickeln.[219] Um dies zu gewährleisten, muss Selbstbestimmung unterhalb der Schwelle zur Sezession nicht nur möglich sein, sondern ist rechtlich geboten.[220] Wenn also ein Ausnahmefall (welcher oder welche dies sein können, wird noch

213 Murswiek, in: Gornig/Horn/Murswiek (Hrsg.), S. 103.
214 Wilhelm, S. 83 ff.
215 Murswiek, in: Archiv des Völkerrechts 31 (1993), S. 325 ff.
216 Doehring, in: BDGV, S. 30–31.
217 Murswiek, in: Gornig/Horn/Murswiek (Hrsg.), S. 103.
218 Murswiek, in: Archiv des Völkerrechts 31 (1993), S. 325 ff.
219 Murswiek, in: Gornig/Horn/Murswiek (Hrsg.), S. 104.
220 Vgl. auch Herdegen, S. 280.

dargelegt werden), in dem ein Sezessionsrecht gegeben ist, nicht vorliegt, dann hat das betroffene Volk ein Recht auf ein Mindestmaß an innerstaatlicher Autonomie. Dabei ist als Minimum dasjenige Maß an Autonomie zu fordern, das zur Erhaltung der Existenz und Identität des Volkes erforderlich ist.[221]

Aus diesem Inhalt des Selbstbestimmungsrechts ergibt sich eine wesentliche Folgerung für das Recht auf Sezession: Wenn der Staat den Anspruch des Volkes auf (ein Mindestmaß an) Autonomie und kulturelle Rechte nicht erfüllt, dann muss das Volk ein Recht auf Sezession haben, um auf diese Weise sein Recht auf Selbstbestimmung ausüben zu können.[222] So werden Selbstbestimmungsrecht und Souveränitätsprinzip optimal koordiniert, die territoriale Souveränität und Integrität bleiben gewahrt und das Volk kann seine Identität wahren und über seine besonderen Lebensumstände selbst bestimmen. Nur wenn ein Staat nicht bereit ist, dem Volk diese innerstaatliche Selbstbestimmung zu gewähren, welche das Volk nicht einmal aus der Pflicht zur Loyalität gegenüber dem Gesamtstaat entbindet, dann muss die territoriale Integrität hinter das Selbstbestimmungsrecht zurücktreten.[223] Es bleibt also für den Konflikt hinsichtlich des Anwendungsbereichs des offensiven und defensiven Selbstbestimmungsrechts festzuhalten, dass grundsätzlich kein Staat aufgrund der Ausübung des offensiven Selbstbestimmungsrechts gezwungen wird, Abspaltungen von seiner territorialen Einheit hinzunehmen. Der Staat kann sich dafür entscheiden, die Existenz- und Autonomierechte der Völker zu respektieren. Nur wenn er diese Rechte nicht achtet, kann ein Recht auf Sezession gegeben sein.[224]

Diese Problematik wird im Rahmen des Disputs zwischen dem Sezessionsrecht und der staatlichen Integrität noch weiter auszuführen sein.

bb. Positives und negatives Selbstbestimmungsrecht[225]

Hinsichtlich der Loslösung von einem Staat muss man ferner zwischen positivem und negativem Selbstbestimmungsrecht unterscheiden.[226] So geht beim positiven Selbstbestimmungsrecht die Initiative hinsichtlich der Begründung eines neuen (vom bisherigen abweichenden) Status vom Volk selbst aus. Darunter kann das Recht eines Volkes verstanden werden, sich von einem Staat zu

221 Murswiek, in: Gornig/Horn/Murswiek (Hrsg.), S. 104–105.
222 Oeter, in: Zeitschrift für öffentliches Recht und Völkerrecht 52 (1992), S. 758 ff.
223 Murswiek, in: Gornig/Horn/Murswiek (Hrsg.), S. 105.
224 Murswiek, in: Gornig/Horn/Murswiek (Hrsg.), S. 105.
225 Thürer, S. 49–50.
226 Thürer, S. 49 ff.; Ott. S. 87–88.

lösen und entweder einen eigenen Staat zu gründen oder sich einem bereits bestehenden Staat anzuschließen.[227] Jeder Versuch, einen Zustand herbeizuführen oder zu konservieren, der das Selbstbestimmungsrecht der Völker verletzt, ist daher als völkerrechtswidrig zu werten.[228]

Das negative Selbstbestimmungsrecht schützt hingegen ein Volk oder eine Volksgruppe vor Veränderungen der existierenden Staatsgrenzen gegen ihren Willen.[229] Dazu zählen unerwünschte Zessionen, Fusionen und auch Annexionen. Das negative Selbstbestimmungsrecht gibt folglich der Bevölkerung eines Territoriums das Recht, bei einem Souveränitätswechsel zu intervenieren.

Obwohl es beim negativen Selbstbestimmungsrecht auch um die Aufrechterhaltung eines bestehenden Status geht, ist es abzugrenzen vom defensiven Selbstbestimmungsrecht. Der Unterschied besteht darin, dass es beim negativen Selbstbestimmungsrecht auch um das Selbstbestimmungsrecht eines Volkes oder einer Volksgruppe geht und nicht nur wie beim defensiven Selbstbestimmungsrecht um das Recht eines Staatsvolkes auf Verteidigung eines existierenden Status.[230]

cc. Wirtschaftliches Selbstbestimmungsrecht

Das wirtschaftliche Selbstbestimmungsrecht betrifft das Recht eines Volkes zur freien und eigennützigen Verfügung über seine Bodenschätze und sonstigen natürlichen Ressourcen wie Wälder, Meere, Seen oder landwirtschaftliche Nutzflächen. Bei dem wirtschaftlichen Selbstbestimmungsrecht handelt es sich im weiteren Sinne um eine besondere Ausprägung des äußeren Selbstbestimmungsrechts, welches im Rahmen des Entkolonialisierungsprozesses entwickelt wurde. Ein Volk darf nicht nur nicht gegen seinen Willen kolonialisiert oder besetzt werden und damit politischer Fremdherrschaft unterworfen sein, es darf ferner auch nicht bei nomineller politischer Unabhängigkeit wirtschaftlich unterdrückt, ausgebeutet oder fremdbestimmt werden.[231]

Dabei stellt sich in diesem Zusammenhang häufig die Schwierigkeit einer Abgrenzung zwischen zulässigem Wettbewerbsverhalten auf dem freien internationalen Wirtschaftsmarkt und untersagter wirtschaftlicher Fremdbestimmung bzw. Ausbeutung. So dürften wohl gewisse wirtschaftliche Abhängigkeiten in

227 Thürer, S. 50.
228 Gornig, in: Politische Studien 1993, S. 22.
229 Thürer, S. 49; Ott, S. 87.
230 Gornig, in: Politische Studien 1993, S. 22.
231 Kempen/Hillgruber, S. 287; Krajewski, Völkerrecht, S. 188.

einer eng verflochtenen globalen Weltwirtschaft noch keine völkerrechtswidrige Beeinträchtigung darstellen. Eine selbstbestimmungswidrige Abhängigkeit ist erst dann gegeben, wenn der wirtschaftliche Einfluss fremder Staaten oder Unternehmen die politische Unabhängigkeit eines Landes völlig aushöhlt und diese Unabhängigkeit de facto nicht mehr existent ist.[232]

b. *Inneres Selbstbestimmungsrecht*

Das innere Selbstbestimmungsrecht auf der anderen Seite zielt auf das Verhältnis zwischen Volk und Regierung ab.[233] Es verkörpert ein kollektives Menschenrecht[234] (bzw. ein Gruppenrecht) der Bevölkerung oder eines Teils des Staatsvolks gegenüber dem souveränen Staat.[235]

Das Recht garantiert einem Volk, seine Verfassungsordnung ohne Einmischung von außen selbst zu bestimmen.[236] Es gewährleistet dem Volk die eigene, von dirigierender Einflussnahme dritter Mächte freie Entscheidung über die innere Organisation seines Staates, mithin Verfassungsautonomie.[237] Dadurch sollen alle Völker frei über ihren politischen Status entscheiden können und die Berechtigung haben, die innere Ordnung ihres Staates und seine Entwicklung nach ihrem Willen zu gestalten und Eingriffe in den selbst gewählten Status abzuwehren.[238]

Das innere Selbstbestimmungsrecht besteht im Wesentlichen aus zwei Aspekten. Zum einen stellt es sich als Abwehrrecht gegenüber einem Staat dar, wonach Völker oder Teile eines Volks nicht ihrer eigenen Identität beraubt werden dürfen, sondern gerade dazu berechtigt sind, ihre individuellen Eigenarten zu bewahren und zu pflegen. Dieser Teil des inneren Selbstbestimmungsrechts, welcher vom Staat zu garantieren ist, gleicht im Umfang den Rechten, auf die

---

232 Kempen/Hillgruber, S. 287–288.

233 Thürer, S. 111; Stein/v. Buttlar, S. 261; Kau, in: Graf Vitzthum/Proelß (Hrsg.), S. 185; Heintze, in: Ipsen (Hrsg.), Völkerrecht, S. 361.

234 Klein, S. 57; Heintze, in: Ipsen (Hrsg.), Völkerrecht, S. 346; Rumpf, in: Blumenwitz/Meissner, S. 48.

235 Stein/v. Buttlar, S. 248; Heintze, in Hilpold (Hrsg.), S. 56–57.

236 Kau, in: Graf Vitzthum/Proelß (Hrsg.), S. 185; Heintze, in: Ipsen (Hrsg.), Völkerrecht, S. 362.

237 Gornig, in: Politische Studien 1993, S. 21.

238 Kempen/Hillgruber, S. 282; Kau, in: Graf Vitzthum/Proelß, S. 185; Heintze, in Hilpold (Hrsg.), S. 56, hebt hervor, dass das innere Selbstbestimmungsrecht aus dem Umstand resultiere, dass sich das Selbstbestimmungsrecht nicht mit dem einmaligen Akt der Staatsgründung verbrauche, sondern permanent existiere.

sich auch Angehörige von Minderheiten berufen können. Der andere Aspekt des inneren Selbstbestimmungsrechts zielt auf die Teilhabe an staatlichen Entscheidungen ab. Begründet wird dieser Teilhabeanspruch mit den entsprechenden Bestimmungen in der „Allgemeinen Erklärung der Menschenrechte" von 1948 und dem „Internationalen Pakt über bürgerliche und politische Rechte" von 1966.[239]

3. *Träger des Selbstbestimmungsrechts*

Nicht immer leicht zu benennen ist der Träger des Selbstbestimmungsrechts. Was ist ein „Volk" und damit Rechtsträger des Selbstbestimmungsrechts?[240] Abgesehen von den Staatsvölkern, die sich durch die Staatsangehörigkeit definieren, stößt die Identifikation eines Volkes mitunter auf Abgrenzungsschwierigkeiten.[241]

a. Der Begriff des „Volkes" im Sinne des Selbstbestimmungsrechts

Grundsätzlich sind zunächst Rechtsträger alle bereits staatlich organisierten, durch gemeinsame Staatsangehörigkeit konstituierten Völker.[242] Dies folgt nicht zuletzt daraus, dass Art. 1 der Menschenrechtspakte das Selbstbestimmungsrecht allen Völkern unabhängig von ihrem internationalen politischen Status gewährt.[243]

Der Begriff „Volk" ist jedoch nicht immer leicht zu definieren.[244] Es stellt sich insbesondere die Frage, ob Subjekt des Selbstbestimmungsrechts auch

---

239 Stein/v. Buttlar, S. 261.

240 Zwischen (Rechts-)Trägerschaft und Inhalt des Selbstbestimmungsrechts besteht ein wechselseitiges Abhängigkeitsverhältnis; daher ist nicht immer klar zu differenzieren zwischen der Trägerschaft und dem sachlichen Gewährleistungsbereich des Selbstbestimmungsrechts.

241 Gornig, in: Schriftenreihe Europäische Studien, Band 7, S. 22; Irmscher, in: Schöbener (Hrsg.), S. 368; Thürer, in Politische Studien 1993, S. 34; Franz, S. 98.

242 Doehring, Völkerrecht, S. 340; Heintze, in: Ipsen (Hrsg.), Völkerrecht, S. 338; nach dem Wortlaut in der Friendly-Relations-Declaration sowie in den Menschenrechtspakten sind Träger des Selbstbestimmungsrechts „alle Völker", A/RES/252625 vom 24.10.1970; Internationaler Pakt über wirtschaftliche soziale und kulturelle Rechte (BGBl. 1973 II, S. 1570) und Internationaler Pakt über bürgerliche und politische Rechte (BGBl. 1973 II, S. 1534).

243 Hillgruber, in: Gornig/Horn/Murswiek (Hrsg.), S. 77; Cassese, S. 37 ff.; Krajewski, Völkerrecht, S. 164.

244 Gornig, in: Schriftenreihe Europäische Studien, Band 7, S. 22; Irmscher, in: Schöbener (Hrsg.), S. 368; Thürer, in Politische Studien 1993, S. 34; Franz, S. 98; Krajweski, Völkerrecht, S. 164; v. Arnauld, S. 30.

und gerade die (noch) nicht staatlich organisierten Völker sein können.[245] „Volk" könnte insoweit in einem objektiven, territorialen oder auch ethnischen Zusammenhang zu sehen sein oder sich aber rein subjektiv auf den Willen von Menschen zur gemeinsamen Lebensumfeldgestaltung beziehen.[246] Es dürfte wohl von objektiven, einheitsstiftenden Momenten auszugehen sein, die um das subjektive Element eines notwendigen Zusammengehörigkeitsgefühls und Identitätsbewusstsein zu ergänzen sind.[247] Danach kann ein Volk als Gruppe von Menschen definiert werden, „die sich durch Merkmale wie die räumliche Geschlossenheit des Siedlungsgebietes, gemeinsame Abstammung, Sprache, kulturelle Tradition, Geschichte, besondere psychische Wesensart und Gemeinschaftsbewusstsein von anderen menschlichen Gemeinschaften unterscheidet und den Willen besitzt, eine dauerhafte selbstständige Existenz zu führen, über deren Form sie selbst entscheidet und die sich in der Bereitschaft der Angehörigen dieser Gemeinschaft ausdrückt, Opfer für sie zu bringen."[248]

Dabei ist aber zu berücksichtigen, dass der Stellenwert der jeweiligen objektiven Kriterien nicht generell-abstrakt bestimmt werden kann, sondern stets dem Einzelfall entsprechend zu bewerten ist. Es können dabei einige der genannten Aspekte fehlen und dennoch in der notwendigen Gesamtbetrachtung eine durch allgemeine Merkmale hinreichend bestimmte und abgegrenzte und ihrer selbst bewusste Menschengruppe als „Volk" anzuerkennen sein.[249] Fehlen dürfen objektive Bestimmungsfaktoren aber nicht vollständig. Diese sind unverzichtbar, damit sich eine Menschengruppe nicht willkürlich als Volk präsentieren kann. Ein Volk kann nicht durch bloße Willensübereinstimmung gegründet werden, wie das z. B. bei einem eingetragenen Verein der Fall ist. Das Selbstbestimmungsrecht steht nur existierenden Völkern zu und nicht Individuen zum Zwecke der Gründung von Völkern.[250]

Wie bereits hervorgehoben, sind nach stark überwiegender Auffassung in der Völkerrechtslehre zumindest Staatsvölker stets Subjekte des Selbstbestimmungsrechts.[251] Wäre aber das Staatsvolk das einzige Subjekt des Selbstbestimmungsrechts, wäre das Selbstbestimmungsrecht wohl kaum von der dem jeweiligen

245 Hillgruber, in: Gornig/Horn/Murswiek (Hrsg.), S. 78; Brühl-Moser, S. 17; v. Arnauld, S. 25.
246 Gornig, in: Schriftenreihe Europäische Studien, Band 7, S. 22–23.
247 Hillgruber, in: Gornig/Horn/Murswiek (Hrsg.), S. 80.
248 Decker, S. 63.
249 Hillgruber, in: Gornig/Horn/Murswiek (Hrsg.), S. 80–81.
250 Murswiek, in: Der Staat, Band 23, S. 530.
251 Doehring, Völkerrecht, S. 340.

Staat ohnehin zustehenden Souveränität zu unterscheiden. Daraus folgt konsequenterweise, dass auch auf dem Staatsgebiet lebende Völker und Volksgruppen Subjekte des Selbstbestimmungsrechts sein müssen. Ferner besteht noch der Ansatz, das Volk nach der „Uti-possidetis“-Regel[252] zu bestimmen. Nach diesem Grundsatz fand in vielen ehemaligen Kolonien die Dekolonisierung statt. Dabei bildeten die Kolonialvölker unabhängige Staaten in den Grenzen der bestehenden Kolonie, ohne Rücksicht auf ihre ethnische Zusammensetzung,[253] so dass sich die Frage stellt, ob diese Völker in den willkürlichen Grenzen nun zu einem Volk zusammengewachsen sind, etwa weil sie ein Zusammengehörigkeitsgefühl in ihren neuen Grenzen entwickelt haben. Obwohl die Völker im Nordkaukasus keine unabhängigen Staaten bilden, so ist dennoch eine Parallele erkennbar. Aufgrund der noch zu erläuternden vielfachen Grenzänderungen in den Nordkaukasusrepubliken wurden mehrfach verschiedene Kaukasusvölker zu einer Republik zusammengefasst, ohne dass dabei auf die ethnische Zusammensetzung oder Zusammengehörigkeit geachtet wurde. Als Beispiel können hier die Republiken Karatschai-Tscherkessien oder auch Kabardino-Balkarien dienen.

b. Subsumtion unter den Begriff des „Volkes“

Es kann also hinsichtlich der Trägereigenschaft des Selbstbestimmungsrechts grundsätzlich festgehalten werden: Kraft seines Selbstbestimmungsrechts identifiziert sich ein Volk zunächst selbst, indem es ein politisches Selbstbewusstsein entwickelt und artikuliert. Findet eine erhobene politische Selbstbestimmungsforderung hinreichenden Rückhalt in der Menschengruppe, für die sie erhoben wird, kann an der Existenz eines Volkes als Inhaber des Selbstbestimmungsrechts wohl kaum gezweifelt werden.[254] Die Selbstbestimmungsforderung kann

252 Dazu u. a. Weber und Simmler, jeweils m. w. N.

253 Thürer, S. 126–127; vgl. dazu weiter auch die 1964 von den Staats- und Regierungschefs der Organisation of African Unity (OAU) angenommene „Kairoer Erklärung“ (abgedruckt in Brownlie, S. 10 f.), in der diese sich zu der „Uti-possidetis“-Doktrin bekennen. Bereits bei den Vorarbeiten zur GA Res. 1514 (XV) der Generalversammlung betonten die gerade unabhängig gewordenen Staaten, die zu den entschiedensten Anhängern des Selbstbestimmungsrechts zählten, dass die von den Kolonialmächten gezogenen Grenzen unantastbar seien. Sowohl die sozialistischen als auch die westlichen Staaten widersprachen dem nicht; siehe dazu: Cassese, S. 72 f. und auch IGH, Kammerurteil vom 22.12.1986, Differend frontalier, ICJ Reports 1986, S. 567.

254 Hillgruber, in: Gornig/Horn/Murswiek (Hrsg.), S. 82.

nun nicht einfach mit der Negation der Existenz eines Volkes abgewiesen, sondern nur noch aufgrund des Inhalts zurückgewiesen werden.[255]

Für die Definition des Begriffes „Volk“ hat die Anknüpfung an ethnische Merkmale, an demographische oder auch wirtschaftliche Gesichtspunkte und an die politische Zugehörigkeit zu keiner einheitlichen Handhabung in der internationalen Staatenpraxis geführt.[256] Generell werden in der Völkerrechtslehre zwei abstrakte Ansätze sowie deren Kombination vertreten.[257] Während nach der subjektiven Theorie maßgeblich das Selbstverständnis, also die Eigenidentifikation einer Menschengruppe als „Volk“ heranzuziehen ist, knüpft dagegen der objektive Ansatz hauptsächlich an das Existieren gemeinsamer Merkmale an, die insbesondere Territorium, Rasse, Sprache, Kultur, Religion, Mentalität und Historie beinhaltet.[258]

Ausschlaggebend für die völkerrechtliche Begriffsbestimmung des „Volkes“ ist foglich eine Kombination beider Ansätze, denn weder kann die Volksqualität an den bloßen Willen einer beliebigen Menschengruppe gebunden werden, noch kann ein Träger des Selbstbestimmungsrechts ohne ein gewisses Gemeinsamkeitsgefühl auskommen. Danach ist also eine Menschengruppe dann als „Volk“ im Sinne des Selbstbestimmungsrechts anzusehen, wenn es auf einem zusammenhängenden Gebiet ansässig ist, ethnische, kulturelle und sonstige Gemeinsamkeiten aufweist und durch ein entsprechendes Zusammengehörigkeitsgefühl miteinander verbunden ist.[259]

I. Der grundsätzliche Disput zwischen dem Sezessionsrecht als Ausfluss des Selbstbestimmungsrechts der Völker und der staatlichen Integrität[260]

Das Sezessionsrecht bewegt sich im Spannungsfeld des Selbstbestimmungsrechts der Völker und der territorialen staatlichen

255 Kempen/Hillgruber, S. 281.

256 Thürer, in Politische Studien 1993, S. 32 f.; Gornig, in: Schriftenreihe Europäische Studien, Band 7, S. 23.

257 Stein/v. Buttlar, S. 241.

258 Dahm/Delbrück/Wolfrum, Völkerrecht, Band I Teilband 2, S. 5; Heintze, in: Ipsen (Hrsg.), Völkerrecht, S. 340.

259 Stein/v. Buttlar, S. 241–242.

260 Murswiek, in: Archiv des Völkerrechts 31 (1993), S. 307, hebt in diesem Zusammenhang wie folgt hervor: „Ohne ein Recht auf Sezession gibt es kein Selbstbestimmungsrecht der Völker, jedoch würde Selbstbestimmung in jedem Fall die Möglichkeit der Sezession umfassen, könnte es ein Recht auf Selbstbestimmung nicht geben.“

Integrität.[261] Auf der Konferenz von San Francisco wurde am 15. Mai 1945[262] das Selbstbestimmungsrecht der Völker intensiv erörtert und als Ergebnis herausgehoben, dass der Grundsatz des Selbstbestimmungsrechts den Zielen und Zwecken der Charta nur genüge, wenn es das Recht der Völker auf Selbstregierung garantiere, nicht aber auch das Recht auf Abtrennung.[263] Diese Schlussfolgerung konnte sich jedoch in der Folgezeit nicht uneingeschränkt durchsetzen. In der Erklärung über die Gewährung der Unabhängigkeit an koloniale Länder und Völker vom 14. Dezember 1960[264] wurde erstmals das Verhältnis von Selbstbestimmungsrecht zur Staatensouveränität angesprochen. Gemäß der Erklärung sollen Völker die Gewährleistung ihrer „souveränen Rechte" und ihrer „territorialen Integrität" verlangen können. Daraus ergibt sich zwar bereits eine gegenseitige Anerkennung der Beziehung zwischen staatlicher Souveränität und Selbstbestimmungsrecht der Völker, jedoch wird kein Lösungsvorschlag für die widerstreitenden Interessen angeboten. Ein solcher Lösungsansatz musste sich erst im Laufe der Zeit entwickeln.

Rechtsgrundlage der territorialen Integrität und politischen Unabhängigkeit bestehender Staaten ist das Prinzip der souveränen Gleichheit, das in Art. 2 Nr. 1 UN-Charta niedergelegt ist. Die fundamentale Bedeutung wird auch in Art. 2 Nr. 4 UN-Charta unterstrichen, in dem neben der territorialen Unversehrtheit das universelle Gewaltverbot normiert ist. Die territoriale und staatliche Integrität ist eine dem Selbstbestimmungsrecht der Völker gleichrangige völkerrechtliche Norm. Durch die Absicherung des territorialen Bestandes der Staaten soll nicht zuletzt die Stabilität der internationalen Ordnung gesichert werden.[265]

Unter Sezession (Abtrennung) dagegen versteht man, wie bereits kurz angesprochen, einen Fall der Staatennachfolge, bei dem ein Teilgebiet eines Staates, wenn es sich nicht einem anderen Staat anschließt, unabhängig wird und der alte Staat mit nunmehr verkleinertem Staatsgebiet als Völkerrechtssubjekt bestehen bleibt.[266] Es entsteht also auf dem Staatsgebiet des Altstaates ein neuer

---

261 Doehring, Völkerrecht, S. 345; Heintze, in: Ipsen (Hrsg.), Völkerrecht, S. 321; Thürer, in Politische Studien 1993, S. 33; Rill, in: Politische Studien 1993, S. 4; Bruha, in: Spiegel Online vom 25.08.2008, S. 1.

262 Vgl. Summary Report of the 6th Meeting of Committee I/1: UNICIO, Band 6, S. 296 (Doc. 343 I/1, I 1/16, 16. May 1945).

263 Heidelmeyer, S. 176; Gornig, in: Schriftenreihe Europäische Studien, Band 7, S. 30.

264 Resolution der Generalversammlung 1514 (XV).

265 Heintze, in: Ipsen (Hrsg.), Völkerrecht, S. 317.

266 Dahm/Delbrück /Wolfrum, Völkerrecht, Band I Teilband 1, S. 151.

unabhängiger Staat.[267] Der Staat mit nunmehr verkleinertem Hoheitsgebiet ist damit als Rechtssubjekt mit dem ursprünglichen Staat identisch und setzt somit auch seine Rechtsbeziehungen zu Drittstaaten unverändert fort. Für alle dieser Drittstaaten bleibt ihr Vertragspartner also erhalten, nur der territoriale Anwendungsbereich der Verträge und Vereinbarungen verkleinert sich entsprechend dem Grundsatz der beweglichen Vertragsgrenzen.[268]

Fraglich ist nun, wie der Widerstreit des Selbstbestimmungsrechts der Völker mit der territorialen Integrität aufzulösen ist.[269]

Die Eigenstaatlichkeit ist die intensivste Form des (offensiven) Selbstbestimmungsrechts. Das Völkerrecht schützt jedoch auch die territoriale Integrität der Staaten (auch von Staatsverbänden), um eine Fragmentierung der Staatengemeinschaft zu verhindern, was zu einer Destabilisierung der Völkerrechtsordnung insgesamt führen könnte. Bei diesem Widerstreit handelt es sich vom rechtstheoretischen Standpunkt aus gesehen um eine Kollision von Rechtsprinzipien, nicht von Rechtsregeln.[270] Eine solche Kollision von Prinzipien kann folglich nicht pauschal gelöst werden, sondern erfordert eine Messung der Prinzipien an den Umständen des Einzelfalls.[271]

In der Völkerrechtslehre steht man einem Sezessionsrecht überwiegend distanziert gegenüber[272], da man der territorialen Integrität, also dem Bestandsschutz von Staaten im Sinne der Kontinuität und Stabilität, eine höhere Bedeutung zumisst. Dahinter steckt auch die Sorge vor neuen Minderheitsproblemen in den durch Abspaltung neu entstandenen Staaten.[273] So ging man im Schrifttum mitunter sogar davon aus, dass das Souveränitätsprinzip das Selbstbestimmungsrecht zwingend ausschließe[274], da das Selbstbestimmungsrecht immer die Forderung gegen einen existierenden Staat auf Einschränkung oder

267 Bleckmann, S. 227.

268 Heintschel von Heinegg, in: Ipsen (Hrsg.), Völkerrecht, Der Geltungsbereich von Verträgen, S. 417 ff.

269 Rill, in: Politische Studien 1993, S. 4; Gornig/Horn/Murswiek, in: Gornig/Horn/Murswiek (Hrsg.), S. 5.

270 Sauer/Wagner, in: Archiv des Völkerrechts 2007, S. 57.; Buchheit, S. 7.

271 Gornig, in: Politische Studien 1993, S. 23.

272 Vgl. etwa Ambruster, in: Strupp/Schlochauer, S. 253; Thürer, S. 190; Kau, in: Graf Vitzthum/Proelß, S. 186; Herdegen, S. 279–280; Heintze, in: Ipsen (Hrsg.), Völkerrecht, S. 354.

273 Herdegen, S. 280.

274 So etwa Krüger, Heiko, Kosovo, Abchasien, Südossetien und das internationale Sezessionsrecht, S. 12.

gar Aufgabe seiner Hoheitsrechte beinhalte.[275] Obwohl diese Auffassung wohl zu weit geht, so muss dennoch stets auf einen Ausgleich zwischen Souveränität und Selbstbestimmungsrecht geachtet werden.[276] Vom Charakter her kann ein Sezessionsrecht also bestenfalls ein Notrecht sein.[277] Dafür, dass im Ausnahmefall ein Sezessionsrecht gegeben sein kann, spricht zum einen die „Friendly-Relations-Declaration", nach der aus dem Selbstbestimmungsrecht keine gegen die territoriale Integrität von Staaten gerichtete Handlung abzuleiten ist. Auch geht das Wiener Übereinkommen über die Staatennachfolge implizit von völkerrechtsmäßigen Sezessionen aus, da es den Staatennachfolgetyp der Separation regelt.[278] Geht man dagegen davon aus, dass es grundsätzlich kein Sezessionsrecht geben kann[279], würde man in Kauf nehmen, dass das Selbstbestimmungsrecht in seinem eigentlichen Wesensgehalt untergeht. Somit scheint es plausibel, dass in bestimmten Situationen das Selbstbestimmungsrecht den betroffenen Völkern ein Recht zur Sezession ermöglichen kann.[280] Grundsätzlich werden zwei Voraussetzungen anerkannt, in denen ein Sezessionsrecht in Betracht gezogen wird: Einmal, wenn die Diskriminierung einer Minderheit unter Verletzung fundamentaler Menschenrechte erfolgt, und zum anderen, wenn der Bevölkerungsteil vollständig vom politischen Willensprozess ausgeschlossen wird.[281] Dieser Ausschluss einer Bevölkerungsgruppe vom politischen Willensprozess

275 Ambruster, in: Strupp/Schlochauer, S. 253.

276 Krieger, S. 104, betont in diesem Zusammenhang die Wichtigkeit der Wechselwirkung zwischen dem Erfordernis effektiver Souveränität und dem Selbstbestimmungsrecht der Völker.

277 Krüger, Heiko, Kosovo, Abchasien, Südossetien und das internationale Sezessionsrecht, S. 12–13; Ott, S. 461–462; Kimminich/Hobe, S. 118; Klein, S. 48; Herdegen, S. 280; Heintze, in: Ipsen (Hrsg.), Völkerrecht, S. 353–354; Stein/v. Butlar, S. 247; Wodarz, S. 182; Rauert, S. 207; Murswiek, in: Archiv des Völkerrechts 31 (1993), S. 314; Oeter, in: ZaöRV 52 (1992), S. 765; Röben, in: Friedens-Warte 84 (2009), S. 44.

278 Sauer/Wagner, in: Archiv des Völkerrechts 2007, S. 57–58.

279 Heidelmeyer, S. 251.

280 Müller, in: FAZ.NET vom 11.08.2008, S. 1; Heintze, in: Ipsen (Hrsg.), Völkerrecht, S. 354–355.

281 Herdegen, S. 280; Kau, in: Graf Vitzthum/Proelß, S. 186; Krüger, Heiko, Kosovo, Abchasien, Südossetien und das internationale Sezessionsrecht, S. 13; Ott, S. 461–462; Kimminich/Hobe, S. 118; Klein, S. 48; Heintze, in: Ipsen (Hrsg.), Völkerrecht, S. 353–354; Stein/v. Butlar, S. 247; Wodarz, S. 182; Rauert, S. 207; Murswiek, in: Archiv des Völkerrechts 31 (1993), S. 314; Oeter, in: ZaöRV 52 (1992), S. 765; Röben, in: Friedens-Warte 84 (2009), S. 44; Zygojannis, S. 258.

muss zudem über einen längeren Zeitraum hinweg erfolgen und darf nicht nur kurzfristiger Natur sein.[282]

Aber auch diese Voraussetzungen taugen nicht als allgemeingültige Maßstäbe.[283] Für welche Situationen dies konkret gilt und ob die jeweiligen Voraussetzungen im Einzelfall vorliegen, ist für jede einzelne Republik des Föderationskreises „Südrussland" separat zu beurteilen.

Ungeachtet dessen, dass die Völkerrechtslehre ganz überwiegend ein Sezessionsrecht nicht vollständig ablehnt, steht außer Frage, dass das souveränitätsorientierte Völkerrecht grundsätzlich sezessionsfeindlich ist.[284] Dies wird auch durch die völkerrechtliche Praxis der Staaten belegt, die sich hinsichtlich der Akzeptanz einseitiger Sezessionen außerhalb des Entkolonialisierungsprozesses stark zurückhielten.[285] Denn es existiert nach wie vor keine völkerrechtliche Norm, die ein Sezessionsrecht ausdrücklich bejahen (oder auch verbieten) würde. Dass die Sezession an sich nicht völkerrechtswidrig sein kann, folgt aus den Konventionen zur Staatensukzession im Wiener Übereinkommen zur Staatennachfolge. Sie beinhaltet den Nachfolgetyp der Separation, der die Sezession mit umfasst.[286] Da die Konventionen nur auf Staatennachfolgeereignisse

---

282 Schaller, in: SWP-Studien, S 33/Dezember 2009, S. 15; Kau, in: Graf Vitzthum/Proelß, S. 186; Heintze, in: Ipsen (Hrsg.), Völkerrecht, S. 353–354.

283 Der IGH, Corfu Channel Case, Judgement, I.C.J. Reports 1949, S. 244–266, hat in seiner Entscheidung zum Korfu-Kanal-Fall hinsichtlich der Verletzung „fundamentaler Menschenrechte angedeutet, dass es unabhängig von der Gültigkeit völkerrechtlicher Vertragswerke menschenrechtliche Verpflichtungen gebe, die auf grundlegenden humanitären Verpflichtungen beruhen und absolute Geltung beanspruchen würden.

284 So u. a. Armbruster, in: Strupp/Schlochauer, S. 253–254; Hampson, in: Heintze (Hrsg.), S. 63; nach Thürer, S. 190, geht sogar das Souveränitätsprinzip dem Selbstbestimmungsrecht in Konfliktfällen vor.

285 Thürer, S. 126–127; Kau, in: Graf Vitzthum/Proelß, S. 186; Heintze, in: Ipsen (Hrsg.), Völkerrecht, S. 354.

286 Auch die Wiener Erklärung der Weltkonferenz der Vereinten Nationen über Menschenrechte vom 25.06.1993, abgedruckt in EuGRZ 20 (1993), S. 520 f., bestätigt in Absatz 2, dass aufgrund der Garantie des Selbstbestimmungsrechts keine „Handlungsweise erlaubt sei, (…) die die territoriale Integrität oder politische Einheit souveräner Staaten (…) zerstören oder beeinträchtigen könnte. Nach Schira, S.153, ergebe sich daraus eine Forderung nach einer Regierung, die die gesamte Bevölkerung eines Gebietes vertritt. Sie geht aufgrund einer Bezugnahme der Wiener Erklärung auf die Friendly-Relations-Declaration davon aus, dass eine Leseart der Wiener Erklärung geboten sei, die auch außerhalb des kolonialen Kontextes ein Sezessionsrecht anerkennt; so auch Ott, S. 199.

anwendbar sind, welche mit dem geltenden Völkerrecht konform waren, ist aus der Implementierung der Separation in diesen Konventionsdokumenten zu schlussfolgern, dass es grundsätzlich die völkerrechtsgemäße Sezession geben kann, obwohl vereinzelt in der Literatur noch die Forderung erhoben wird, die Sezession völkerrechtlich zu verbieten.[287]

Dass diese Forderung nach dem Völkerrecht nicht haltbar ist, ergibt sich bereits aus den in der Literatur anerkannten Fallgruppen, in denen das Selbstbestimmungsrecht der Völker zum Sezessionsrecht erstarken kann.[288] Ferner basiert die Forderung nach einem Verbot der völkerrechtlichen Sezession auf der (fälschlichen) Annahme, dass grundsätzlich jede Sezession die Stabilität der internationalen Staatengemeinschaft gefährde.[289] Dabei wird jedoch verkannt, dass wirkliche Stabilität eines Staates nur aus der Verwirklichung des Selbstbestimmungsrechts resultieren kann, so dass im Einzelfall bei Vorliegen der oben genannten Voraussetzungen theoretisch eine Sezession auch im Interesse der Staatengemeinschaft liegen kann.[290]

Es besteht in der Literatur weitgehend Konsens darüber, dass das Selbstbestimmungsrecht kein taugliches Mittel ist, um seit Jahrhunderten gefestigte Strukturen in Frage zu stellen und gegebenenfalls wieder aufzubrechen.[291] In diesem Zusammenhang wird oft auf die deutsche Teilung und die Wiedervereinigung hingewiesen. Man geht davon aus, dass der in der Deutschen Demokratischen Republik zusammengefasste Teil des deutschen Volkes aufgrund der politischen Unterdrückung zu einer freien Willensbetätigung jahrzehntelang nicht fähig war und erst in der zur Wiedervereinigung führenden Phase erstmals imstande war, von seinem Selbstbestimmungsrecht Gebrauch zu machen und dies mit der Forderung nach einer staatlichen Einheit zwischen Ost-und Westdeutschland auch getan hat.[292]

---

287 Dazu u. a. Heintze, S. 423; Doehring, in: BDGV, S. 49.

288 Doehring, in: BDGV, S. 33; Kimminich, in Blumenwitz/Meissner (Hrsg.), S. 41; Klein, S. 48 f.; Zieger, in: Blumenwitz/Meissner, S. 86; Heintze, in: Ipsen (Hrsg.), Völkerrecht, S. 353–354.

289 Ott, S. 462, betont in diesem Zusammenhang, dass es jede Regierung selbst in der Hand habe, eine Sezession zu verhindern, indem es eine am Menschen- und Minderheitenschutz orientierte Politik ausübe; in diesem Sinne auch Murswiek, in: Archiv des Völkerrechts 31 (1993), S. 332.

290 Heintze, S. 424; Murswiek, in: Archiv des Völkerrechts 31 (1993), S. 329.

291 Zusammenfassend auch Herdegen, S. 281.

292 Herdegen, S. 281; Kau, in: Graf Vitzthum/Proelß, S. 186.

Es bleibt jedoch nochmals festzuhalten, dass ein Großteil der Literatur dem Sezessionsrecht sehr skeptisch gegenübersteht und auch die betroffenen Staaten im konkreten Einzelfall einen Sezessionsanspruch zumeist bestreiten und ablehnen.[293] Dies gilt vor allem für Staaten, die Angst haben, einen Teil ihres Hoheitsgebietes zu verlieren. Als Beispiele können Russland, China, Spanien, Frankreich und Marokko herangezogen werden.[294]

Umstritten ist ferner im Rahmen des Selbstbestimmungsrechts der Völker, ob das Selbstbestimmungsrecht durch die Akzeptanz eines einmal herbeigeführten Zustandes „aufgebraucht" werden kann oder ob es sich immer wieder neu zu aktualisieren vermag.[295] Man ist sich in der Literatur weitgehend einig, dass das Selbstbestimmungsrecht eines Volkes oder einer Volksgruppe nicht ein für alle Mal durch die Gewährung eines Autonomiestatus oder einer föderalen Struktur konsumiert werden kann. Denn diejenige Situation, die nach geltendem Völkerrecht die betreffende Volksgruppe zur Ausübung des Selbstbestimmungsrechts der Völker berechtigt, kann jederzeit durch repressive Maßnahmen des Gesamtstaates erneut herbeigeführt werden. In einer solchen Situation würde es dem Selbstbestimmungsrecht zuwiderlaufen, wenn man dem Gesamtstaat nun gestatten würde, auf den Verbrauch des Selbstbestimmungsrechts durch frühere verfassungsrechtliche Akte seitens der Volksgruppe hinzuweisen. Es ist anerkannt, dass in dieser Lage das Selbstbestimmungsrecht erneut ausgeübt werden kann.[296]

Das Sezessionsrecht als intensivste Form des Selbstbestimmungsrechts der Völker und seine praktische Existenz bleibt in der Literatur stark umstritten. Dem Anspruch der Staaten auf staatliche Integrität wird in den meisten Fällen der Vorrang eingeräumt. Ob jedoch im Nordkaukasus einzelne Republiken wie Tschetschenien oder Dagestan ein Recht zur Sezession von Russland haben und ob sie berechtigt sind, einen eigenen, unabhängigen Staat zu gründen, wird jeweils im Rahmen der völkerrechtlichen Würdigung der Situation in den einzelnen Kaukasusrepubliken zu beurteilen sein.

---

293 Heintze, S. 423–424; Armbruster, in: Strupp/Schlochauer, S. 253–254;Hampson, in: Heintze (Hrsg.), S. 63; Ott, S. 460, geht zwar von einem Sezessionsrecht als Ultima Ratio aus, fordert jedoch enge Voraussetzungen (wie das Abhalten eines Referendums) für die Ausübung des Sezessionsrechts; so auch Röben, in Friedens-Warte 84 (2009), S. 47.

294 Gornig, in: Politische Studien 1993, S. 24.

295 Herdegen, S. 281.

296 Hobe, S. 116; Herdegen, S. 281.

II. Ausübung des Selbstbestimmungsrechts durch sämtliche im russischen Nordkaukasus ansässigen Völker

Durch die Ausübung des Selbstbestimmungsrechts aller Völker des russischen Nordkaukasus könnte Russland unter Druck geraten. Den Anlass, ein solches Szenario zu erörtern, lieferte die Krimkrise im Jahr 2014. Die völkerrechtlich zur Ukraine gehörende Krim erklärte unter Berufung auf das Selbstbestimmungsrecht der Völker seine Abspaltung von der Ukraine und wünschte eine Aufnahme in die RF.[297] Der gesamte Geschehensablauf sowie die aus völkerrechtlicher Sicht relevanten Aspekte können im Rahmen dieser Arbeit nicht ausführlich bearbeitet werden. Da allerdings Russland sich dort, ähnlich wie in Georgien im Jahr 2008, in Angelegenheiten eines anderen Staates einmischte und eine Volksgruppe zur Ausübung des Selbstbestimmungsrechts zumindest ermutigte, muss kurz auf die Kernproblematik auf der Krim eingegangen werden.

1. Die Krimkrise und ihre Auswirkungen auf die Ausübung des Selbstbestimmungsrechts innerhalb der RF

Im Februar 2014 begann der politische Umsturz in der Ukraine, in dessen Folge der amtierende ukrainische Präsident Wiktor Janukowytsch abgesetzt wurde. Aufgrund der Tatsache, dass auf der Krim über die Hälfte der Bevölkerung ethnische Russen sind[298], kam es zu schweren Auseinandersetzungen zwischen russischen Separatisten, die nun ihre Chance auf Loslösung von der Ukraine witterten, und dem ukrainischen Militär bzw. Sicherheitskräften. Diese Auseinandersetzungen eskalierten immer mehr, bis es schließlich im Jahr 2014 zu der Abspaltung der Krim von der Ukraine kam.

a. Die zugrunde liegende Situation auf der Krim unter Berücksichtigung der historischen Zugehörigkeit zu Russland

Die Halbinsel Krim, die vor der Eroberung durch das Osmanische Reich im Jahre 1375 unter mongolischer Herrschaft stand, fiel nach dem Russisch-Türkischen Krieg (1768–1774) an Russland und blieb mit kurzen Unterbrechungen bis 1991 unter russischer Kontrolle. Nach der Auflösung der Sowjetunion wurde die Krim als Teil der Ukrainischen Sozialistischen Republik in den bestehenden Grenzen Bestandteil des unabhängigen Staates Ukraine. [299]

297 Suksi, in: Hilpold (Hrsg.), S. 88
298 Müllerson, in Hilpold (Hrsg.), S. 77.
299 Michel, in: Schriftenreihe Europäische Studien, Band 7, S. 112–117.

Nach der russischen Eroberung gegen Ende des Russisch-Türkischen Krieges siedelten auf der Krim hauptsächlich Angehörige des Stammes der Tataren, die späteren Krimtataren[300]. Auch sie wurden jedoch unter der Herrschaft von Stalin Opfer von dessen Deportationen, so dass fast die Hälfte der Krimtataren ums Leben kam.[301] Erst 1988 durften die Überlebenden und deren Angehörige auf die Krim zurückkehren, wo sie mit weiteren ethnischen Russen mit ca. 60 % die mit Abstand größte Volksgruppe auf der Halbinsel stellen. Demgegenüber stehen nicht einmal 25 % ethnische Ukrainer.[302]

Eine weitere Besonderheit der Krim ist deren militär-strategische Bedeutung für Russland.[303] So befindet sich in Sewastopol an der Südwestspitze der Krim seit 1783 der Stützpunkt der russischen Schwarzmeerflotte.[304] Nach der Auflösung der Sowjetunion schlossen Russland und die Ukraine ein Pachtabkommen, das es Russland auch weiterhin gestattet, den Hafen für seine Flotte militärisch zu nutzen.[305] Der aktuelle Pachtvertrag hat zwar noch eine Laufzeit bis 2042, jedoch kam es in den vergangenen Jahren immer wieder zu Streitereien im Zusammenhang mit Stationierung russischer Streitkräfte auf der Krim. Während des Kaukasuskrieges zwischen Russland und Georgien im Jahre 2008 drohte der damalige ukrainische Präsident Juschtschenko aus Protest über das russische Vorgehen in Georgien mehrfach die Sperrung des Hafens von Sewastopol an. Dies hätte de facto die Lahmlegung eines bedeutsamen Teils des gesamten russischen Flottenverbandes bedeutet. Auch diese Bedrohung für die Flotte war sicherlich ein Anlass für Russland, darauf zu drängen, dass die Krim wieder zur RF gehören sollte.

Ausgangspunkt für das Referendum auf der Krim waren innenpolitische Unruhen in der Ukraine, die hier im Einzelnen nicht näher dargestellt werden sollen. Wichtigstes Ereignis war jedoch als Eskalation der „Euromaidan"-Proteste die Absetzung des amtierenden Präsidenten Janukowytsch durch das ukrainische Parlament am 21. Februar 2014. Gleichzeitig übernahm eine

---

300 Die Krimtataren stammen ursprünglich von der Halbinsel Krim und sind eine turksprachige Ethnie. Die Krimtataren sind überwiegend Muslime und trugen in nicht unerheblicher Weise zur Verbreitung des Islams in den Gebieten der heutigen Ukraine und Südrusslands bei. Für weitere Informationen siehe etwa Fisher, The Crimean Tatars.

301 Halbach, in: Ukraine-Analysen Nr. 141, S. 1–2.

302 Kostiv, in: Schriftenreihe Europäische Studien, Band 7, S. 95–97.

303 Müllerson, in Hilpold (Hrsg.), S. 77.

304 Gurkowitsch, in: Wostok Reisespezial Nr. 1 2000, S. 25.

305 Kostiv, in: Schriftenreihe Europäische Studien, Band 7, S. 93–94.

Übergangsregierung, der auch der mehrmalige Boxweltmeister Vitali Klitschko angehörte, die politischen Geschäfte des Landes. Russland lehnte die Anerkennung der Übergangsregierung ab und sah zunehmend seine wirtschaftlichen Interessen in der Ukraine bedroht. Russische Medien propagierten aufziehende Gefahren für die russische Bevölkerung auf der Krim durch die neue Regierung, wobei auf den tatsächlichen Wahrheitsgehalt der russischen Meldungen in dieser Arbeit nicht genauer eingegangen werden soll. Ende Februar begannen russische Truppen offiziell zum Schutz der auf der Krim lebenden Russen, ukrainische Kasernen zu umstellen und in den Straßen zu patrouillieren. Um eine Beteiligung Russlands zu verdecken, trugen die eingesetzten Soldaten keine Hoheitsabzeichen.[306]

Anfang März kam es schließlich unter Ausschluss der Beteiligung der Öffentlichkeit zu einem Machtwechsel in der Autonomen Republik Krim. Diese neue, demokratisch nicht legitimierte Regierung bestritt zusammen mit Russland nun offiziell die Rechtmäßigkeit der ukrainischen Übergangsregierung in Kiew. Aufgrund des russischen Einflusses auf das neue Parlament auf der Krim sprach sich dieses am 6. März 2014 für einen Anschluss an Russland aus.[307] Im Zuge dieses Entschlusses erfolgte unter dem 11. März 2014[308] die Unabhängigkeitserklärung der Autonomen Republik Krim, ferner hielt man auf der Krim eilig am 16. März 2014[309] ein Referendum ab, bei dem sich angeblich fast 97 % der beteiligten Wähler für einen Beitritt der Krim zur RF entschieden. Bereits einen Tag später stellte die Autonome Republik Krim einen Beitrittsantrag an die RF. Dies führte am 18. März 2014 zur Unterzeichnung der Verträge über den Beitritt der Krim und der Stadt Sewastopol als 84. bzw. 85. Föderationssubjekt zum Staatenverband der RF. Seit der anschließenden Ratifikation der Verträge sieht Russland die Krim als Teil der RF an, während die Ukraine das Referendum nicht anerkennt und die Krim nach wie vor als Teil des eigenen Staatsgebietes betrachtet.[310]

Russland verhinderte anschließend durch sein Veto einen Beschluss des UN-Sicherheitsrates, der die internationale Staatengemeinschaft verpflichtet hätte,

306 Kostiv, in: Schriftenreihe Europäische Studien, Band 7, S. 93–94.

307 http://www.unn.com.ua/uk/news/1311267-rnbo-rozglyadaye-povernennya-ukrayiniyadernogo-statusu-i-zaprovadzhennya-yiyskovogo-stanu-politolog.

308 Malek, in: Osteuropa 64 (2014), S. 103; Peters, Anne, in: Plädoyer 2014, S. 19; Porsche-Ludwig, S. 14.

309 Peters, Anne, in: Plädoyer 2014, S.19; Malek, in: Osteuropa 64 (2014), S. 103; Halbach, in: Ukraine-Analysen Nr. 141, S. 2; Porsche-Ludwig, S. 14.

310 Kostiv, in: Schriftenreihe Europäische Studien, Band 7, S. 99–100.

das Referendum nicht anzuerkennen. Die UN-Vollversammlung erklärte das Referendum jedoch mit der Resolution 68/262 für ungültig.

b. Rechtmäßige Ausübung des Selbstbestimmungsrechts durch die Krimrussen?

Die Abspaltung der Halbinsel Krim von der Ukraine muss völkerrechtlich unter mehreren Aspekten betrachtet werden: der Frage nach der Rechtmäßigkeit des Referendums, der Präsenz russischer Militäreinheiten auf ukrainischem Staatsgebiet und des damit zusammenhängenden Einsatzes der Truppen auf der Krim sowie der auf das Referendum hin erklärten Sezession der Krim von der Ukraine und des Beitritts zur RF.[311]

An dieser Stelle soll der Schwerpunkt auf der Betrachtung der völkerrechtlichen Zulässigkeit des Referendums, der Abspaltung von der Ukraine und des Beitritts zur RF unter dem Gesichtspunkt des Selbstbestimmungsrechts der Völker liegen.

Russland vertritt die Auffassung, sowohl das Referendum hinsichtlich der Abspaltung der Krim als auch der Beitritt der Krim zu der RF seien aufgrund des Selbstbestimmungsrechts der Völker zulässig. Die Bevölkerung auf der Krim habe von dem ihr zustehenden Recht auf Selbstbestimmung Gebrauch gemacht und dieses dahingehend ausgeübt, dass sie nicht mehr zur Ukraine gehören wolle, sondern zu Russland.

Dieser Auffassung muss mit größten Bedenken entgegengetreten werden. Zunächst ist festzuhalten, dass die Abhaltung des Referendums gegen Artikel 2 der ukrainischen Verfassung verstieß.[312] Nach dieser Vorschrift ist die Ukraine ein Einheitsstaat, die Krim hat also einen Autonomiestatus, ist aber kein Gliedstaat wie z. B. ein Bundesland der Bundesrepublik Deutschland. Die Krim darf zwar nach Artikel 138 grundsätzlich Referenden abhalten, jedoch nur über regionale Fragen. Fragen des territorialen Bestands können nur in nationalen Referenden oder Beschlüssen des nationalen Parlaments der Ukraine geklärt werden.[313] Jedoch bedeutet ein Verstoß gegen die ukrainische Verfassung nicht automatisch einen Bruch des Völkerrechts, da dies insoweit eine innerstaatliche Angelegenheit ist.

Es dürfte jedoch auch bereits an einer Grundvoraussetzung für die Ausübung des Selbstbestimmungsrechts fehlen, nämlich der Eigenschaft der

311 Merkel, in: FAZ.NET vom 07.04.2014.
312 Malek, in: Osteuropa 43 (1993), S. 558.
313 von Marschall, in: Der Tagesspiegel Online vom 16.03.2014.

Krimbevölkerung als ein Staatsvolk. Zwar wurde zuvor bereits festgestellt, dass eine Selbstbestimmungsforderung nicht nur aufgrund der Verneinung der Existenz eines Volkes zurückgewiesen werden kann, sondern dabei auch auf den Inhalt der Forderung eingegangen werden muss. Um aber überhaupt einen Anspruch auf völkerrechtliche Überprüfung der Forderung zu haben, ist also zu determinieren, ob die Gruppe dazu berechtigt ist, die Forderung zu stellen. Nach der genannten Definition ist eine Volksgruppe dann als „Volk" im Sinne des Selbstbestimmungsrechts einzustufen, wenn sie auf einem zusammenhängenden Gebiet ansässig ist, ethnische, kulturelle und sonstige Gemeinsamkeiten aufweist und durch ein entsprechendes Zusammengehörigkeitsgefühl miteinander verbunden ist.[314] Daran fehlt es bei der Krim-Bevölkerung.[315] Dort leben zahlreiche verschiedene Ethnien, die auch untereinander nicht durch ein Zusammengehörigkeitsgefühl verbunden sind. Im Gegenteil, die Krimrussen vertreten hinsichtlich eines Anschlusses an die RF völlig andere Auffassungen als die dort lebenden Ukrainer. Man kann auch nicht die Krimrussen separat betrachten, da diese lediglich ein Teil der Bevölkerung auf der Krim sind. Den Krimrussen kommt daher allenfalls der Status einer Minderheit zu.[316] Der völkerrechtliche Minderheitenschutz wird an späterer Stelle noch umfassend thematisiert. Hier soll, ohne vorwegzugreifen, nur darauf verwiesen werden, dass die Russen in der Ukraine in der Gesamtrelation zahlenmäßig in der Minderheit sind. Sie haben daher einen Anspruch auf Wahrung der eigenen Identität und Kultur, nicht aber auf Sezession.[317] Schon aus diesem Grund dürfte vorliegend nicht von der Möglichkeit einer Ausübung des Selbstbestimmungsrechts auszugehen sein.

Aber selbst wenn man den Krimrussen grundsätzlich das Recht auf Selbstbestimmung zusprechen wollte, wäre inhaltlich ein Anspruch auf Sezession nicht gegeben. Ein solcher kann nur dann bestehen, wenn das Volk gravierenden Menschenrechtsverletzungen ausgesetzt wäre. Davon kann hinsichtlich der auf

---

314 Stein/v. Buttlar, S. 241–242.

315 Peters, Anne, in: Plädoyer 2014, S. 19, hält es für fraglich, ob die Bevölkerung der Krim überhaupt Träger des Selbstbestimmungsrechts ist bzw. ob sie als „Volk" im Sinne des Völkerrechts angesehen werden kann. Letztendlich lässt Peters diese Frage jedoch offen, da sie zu dem Ergebnis gelangt, dass jedenfalls keine schwerwiegende Diskriminierung des russischsprachigen Bevölkerungsteils der Krim vorliegt und aus diesem Grund die Voraussetzungen für die Ausübung des Selbstbestimmungsrechts fehlen.

316 Riesbeck/Heintze, in: Frankfurter Rundschau Online vom 18.03.2014.

317 Riesbeck/Heintze, in: Frankfurter Rundschau Online vom 18.03.2014.

der Krim lebenden ethnischen Russen in keiner Weise ausgegangen werden[318], zumal man der Krim seitens der Ukraine sogar gewisse Autonomierechte eingeräumt hatte. Auch sonst ist von Menschenrechtsverletzungen gegenüber den Krimrussen nichts bekannt, obwohl Russland dies in diversen Medienberichten stets glaubhaft machen wollte, um seine Militärpräsenz auf der Halbinsel zu rechtfertigen.

Schließlich kann auch aufgrund des Umstandes, dass während des Referendums russische Truppen die Abstimmung überwachten und dabei Druck auf die Bevölkerung ausübten, ohnehin schon nicht von einer wirksamen Abstimmung ausgegangen werden. Menschen, die sich womöglich für einen Verbleib der Krim in der Ukraine ausgesprochen hätten, sahen sich oftmals angesichts der starken Präsenz russischer Truppen veranlasst, für eine Sezession der Krim zu stimmen. Russland hat daher gegen das völkerrechtliche Gewaltverbot verstoßen. Abstimmungen, die unter Anwendung oder auch nur Androhung von Gewalt durchgeführt werden, sind unter Berücksichtigung der Stimson-Doktrin völkerrechtlich nicht anerkennungsfähig.[319]

Es bleibt daher festzuhalten, dass die Krimrussen ihre Sezession von der Ukraine nicht auf das Selbstbestimmungsrecht der Völker stützen können, da die Voraussetzungen für die Anwendung des Rechts nicht vorlagen.[320]

2. *Die Option der Provokation eines Referendums[321] zu Lasten Russlands im russischen Nordkaukasus*

Es stellt sich die Frage, ob es angesichts des auf der Krim durchgeführten Referendums für die Kaukasusvölker die Möglichkeit gäbe, eine ähnliche Abstimmung durchzuführen und sich von der RF abzuspalten.

Dies dürfte jedoch schon aus völkerrechtlichen Gesichtspunkten nicht möglich sein. Nach obigen Ausführungen ist davon auszugehen, dass eine Sezession unter Berufung auf das Selbstbestimmungsrecht der Völker nur unter sehr engen Voraussetzungen in Betracht kommt. Es sei an dieser Stelle noch einmal[322] darauf hingewiesen, dass das Sezessionsrecht lediglich ein Notrecht sein kann und

---

318 Kau, in: Graf Vitzthum/Proelß, S. 187.

319 Saxer, in: NZZ Online vom 18.03.2014.

320 So auch Kau, in: Graf Vitzthum/Proelß, S. 188.

321 Ott, S. 460, und auch Röben, in: Friedens-Warte 84 (2009), S: 47, fordern für das Recht auf Sezession grundsätzlich zuvor das Abhalten eines Unabhängigkeitsreferendums der betroffenen Gebietsbevölkerung.

322 Siehe hierzu Ausführungen unter D. II.

nur in zwei Situation zur Anwendung kommen kann: einmal, wenn die Diskriminierung einer Minderheit unter Verletzung fundamentaler Menschenrechte erfolgt, und zum anderen, wenn der Bevölkerungsteil vollständig vom politischen Willensprozess ausgeschlossen wird.[323]

Betrachtet man die Nordkaukasusbevölkerung in ihrer Gesamtheit, kann nicht davon ausgegangen werden, dass eine Minderheit unter Verletzung von Menschenrechten diskriminiert wird. Die Verweigerung eines autonomen Staates seitens des Mutterlandes stellt noch keine Diskriminierung dar. Auch kann hinsichtlich der Gesamtheit der Kaukasusvölker wohl nicht festgestellt werden, dass ein vollständiger Ausschluss von der politischen Willensbildung vorliegt. Der Maßstab, der an einen Ausschluss von politischer Mitsprache zu legen ist, muss sehr streng ausgelegt werden, denn sonst würde jedes Volk, das sich in seinem Herkunftsland in seinen politischen Rechten beeinträchtigt sieht, unter Berufung auf das völkerrechtliche Selbstbestimmungsrecht die Sezession fordern. Wie sich aus der territorialen Gliederung der RF ergibt, stehen den Volksgruppen in den einzelnen Republiken zwar sehr eingeschränkte, aber dennoch präsente Autonomierechte zu. Der Kaukasusbevölkerung als Gesamtheit steht daher durchaus die Möglichkeit der politischen Mitsprache zu. Ein Ausschluss von der politischen Mitwirkung liegt nicht vor.

Ferner ist zu konstatieren, dass längst nicht alle Kaukasusvölker tatsächlich eine Sezession von Russland wollen. Wie die einzelnen Ethnien zu einer Abspaltung von Russland und zu einem unabhängigen „Kaukasus-Staat" stehen, wird im Rahmen der Abhandlung der jeweiligen Teilrepublik erörtert.

Es kann jedenfalls nicht von einer gemeinsamen Willensbildung eines zusammenhängenden Staatsvolkes ausgegangen werden, die jedoch zwingende Voraussetzung für die Ausübung des Selbstbestimmungsrechts wäre. Darüber hinaus kann auch aus noch auszuführenden Gründen nicht von einem Zusammengehörigkeitsgefühl der einzelnen Ethnien im Nordkaukasus gesprochen werden. Das Fehlen dieser Prämissen für die Ausübung des Selbstbestimmungsrechts führt von vornherein dazu, dass ein Referendum unter Berufung auf das

323 Herdegen, S. 280; Kau, in: Graf Vitzthum/Proelß, S. 186; Krüger, Heiko, Kosovo, Abchasien, Südossetien und das internationale Sezessionsrecht, S. 13; Ott, S. 461–462; Kimminich/Hobe, S. 118; Klein, S. 48; Heintze, in: Ipsen (Hrsg.), Völkerrecht, S. 353–354; Stein/v. Butlar, S. 247; Wodarz, S. 182; Rauert, S. 207; Murswiek, in: Archiv des Völkerrechts 31 (1993), S. 314; Oeter, in: ZaöRV 52 (1992), S. 765; Röben, in: Friedens-Warte 84 (2009), S. 44; Zygojannis, S. 258

Selbstbestimmungsrecht der Völker unzulässig wäre und das Ergebnis von Russland nicht anerkannt werden müsste.

Aber auch aus tatsächlichen Gründen kommt ein Referendum sämtlicher Nordkaukasusvölker zu Lasten Russlands nicht in Betracht. So sind viele der Republiken trotz aller Antipathie gegenüber Russland von finanziellen Subventionen aus Moskau abhängig. Dieser Umstand der wirtschaftlichen Abhängigkeit ist den meisten Kaukasusbewohnern bewusst. Sie sind sich darüber im Klaren, dass ohne russische Hilfe ihre jeweilige Republik wohl kaum fähig wäre, eine funktionierende Wirtschaft aufzubauen oder genügend Mittel zur Verfügung stellen könnte, um das Überleben der Bevölkerung zu sichern.

Auch darf nicht verkannt werden, dass es zwischen den einzelnen Ethnien in den Republiken mitunter erhebliche Spannungen gibt. Beispielhaft können hier die Kabardiner und Balkaren sowie die Karatschaier und Tscherkessen erwähnt werden. Ihr primäres Bestreben ist nicht, von Russland losgelöst zu leben, sondern vornehmlich eine eigene, von der jeweils anderen Volksgruppe getrennte Teilrepublik zu bekommen. Und die betroffenen Völker sind sich bewusst, dass ihr Wunsch nach einer autonomen Teilrepublik nur innerhalb der RF und mit Hilfe von Russland realisiert werden könnte. Mitunter stehen sich die Ethnien untereinander so feindselig gegenüber, dass an eine gemeinsame Willensbildung hinsichtlich einer Sezession von Russland nicht zu denken ist.

Schließlich muss betont werden, dass Russland realistischerweise einem Referendum sämtlicher Kaukasusethnien niemals tatenlos zusehen und abwarten würde, wie sich der Nordkaukasus von der RF abspaltet. Es wäre anzunehmen, dass Russland eine geplante Abstimmung bereits im Vorfeld durch entsprechende militärische Präsenz unterbindet. Selbst wenn es gelingen sollte, das Referendum abzuhalten, würde Russland die Entwicklung einer unabhängigen Kaukasusrepublik nicht zulassen. Diese Hypothesen lassen sich aufstellen, weil Russland bis heute jede Art von Autonomie-Bestrebungen im Nordkaukasus durch Anwendung politischer Sanktionen oder sogar von Waffengewalt bereits im Keim erstickt hat.[324]

---

324 So hat sich Russland stets restriktiv hinsichtlich des Bestehens eines völkerrechtlichen Sezessionsrechtes positioniert, insbesondere in seiner Erklärung vor dem IGH aus dem Jahre 2009. Dort hatte Russland geäußert, dass ein Sezessionsrecht nur in dem ganz extremen Fall denkbar sei, in welchem das betreffende Volk zum Ziel eines seine Existenz bedrohenden bewaffneten Angriffs durch den Mutterstaat geworden sei.

E. Der Minderheitenschutz im Völkerrecht

Im Nordkaukasus leben zahlreiche verschiedene Ethnien, die sich über alle Republiken und Oblaste verteilen. Viele der Völker wurden mehrfach umgesiedelt oder sogar deportiert. So kommt es im Nordkaukasus vor, dass einzelne Republiken von größeren Volksgruppen beherrscht werden. In diesem Zusammenhang besteht die Gefahr, dass kleinere Volksgruppen unterdrückt werden und sich nicht frei in ihrer Kultur entfalten können. Um dies zu verhindern, existiert der völkerrechtliche Minderheitenschutz.[325] Im Folgenden werden die Begrifflichkeit des Minderheitenschutzes sowie dessen Voraussetzungen und Kriterien erläutert. Auch ist eine Abgrenzung zum Selbstbestimmungsrecht der Völker geboten.[326]

I. Allgemeine Aspekte

Erforderlich wurde der Minderheitenschutz im Völkerrecht durch die Bildung von Nationalstaaten, da diese das Bewusstsein der nationalen Identität steigerten.[327] Oftmals führte diese Stärkung bis hin zu einer übersteigerten Form des Nationalismus. Jedoch kann nicht jedes Volk einen eigenen Staat haben.[328] Der Nationalstaat dient der Selbstbestimmung der in seinen Grenzen organisierten Nation, neigt aber in diesem Zusammenhang dazu, die Selbstverwirklichung der innerhalb der Staatsgrenzen lebenden ethnischen Minderheiten zu verhindern oder zumindest zu erschweren. An dieser Stelle kommt der völkerrechtliche Minderheitenschutz zur Geltung. Seine Aufgabe ist es, der Unterdrückung von Selbstverwirklichung einzelner Minderheiten entgegenzuwirken.[329]

Es ist allerdings insoweit klarzustellen, dass selbstverständlich die Schutzbedürftigkeit von Minderheiten nicht ausschließlich in Nationalstaaten besteht, sondern vor allem auch in multiethnischen Staaten.[330] Hier besteht besonders die Gefahr, dass eine oder mehrere Volksgruppen versuchen, alle übrigen Volksgruppen zu unterdrücken. Obwohl man im Nordkaukasus bei den Republiken

---

325 Hillgruber, in: Blumenwitz/Gornig/Murswiek (Hrsg.), S. 37; Kau, in: Graf Vitzthum/Proelß, S. 242.

326 Ipsen, in: Ipsen (Hrsg.), Völkerrecht, Zum völkergewohnheitsrechtlichen Mindeststandard des Individualschutzes, S. 858.

327 Pan, in: Blumenwitz/Gornig (Hrsg.), Band 14, S. 49.

328 Pan, in: Blumenwitz/Gornig/Murswiek (Hrsg.), Band 20, S. 105.

329 Murswiek, in: Isensee/Kirchhof (Hrsg.), S. 663–665; v. Arnauld, S. 322.

330 Pan, in: Blumenwitz/Gornig (Hrsg.), Band 14, S. 49–50; Kau, in: Graf Vitzthum/Proelß, S. 243.

mangels Vorliegen der bereits angesprochenen Voraussetzungen nicht von multiethnischen „Staaten" sprechen kann, so wird doch deutlich, dass dem Minderheitenschutz eine besondere Bedeutung zukommt. An kaum einem anderen Ort der Welt leben so viele verschiedene Volksgruppen auf so engem Raum zusammen.

Eine erste Schwierigkeit im Nordkaukasus besteht darin, das ursprüngliche Siedlungsgebiet des jeweiligen Volkes zu bestimmen. Denn in der Regel bietet nur das angestammte Siedlungsgebiet die faktischen Voraussetzungen für die Ausübung der Minderheitenrechte. Unter das angestammte Siedlungsgebiet fällt grundsätzlich die Region oder Landschaft, in der sich über längere Zeit die kulturelle und historische Verankerung herauskristallisiert hat. Meist wird dort auch die gegebenenfalls existierende eigene Religion oder Sprache von Generation zu Generation weitergegeben. Diese Determinierung fällt im russischen Teil des Nordkaukasus deswegen schwer, weil es im Laufe der Jahrhunderte zu mehrfachen Deportationen von ganzen Volksgruppen aus dem Kaukasus nach Asien oder Sibirien gekommen ist. Darauf wird im Folgenden noch näher eingegangen.

Man spricht immer dann von Minderheitenschutz, wenn der Minderheit besondere Rechte zugestanden werden sollen, die über eine Gleichbehandlung mit dem Volk, welches sich in der Mehrheit befindet, hinausgeht. Die Problematik, die sich durch Existenz einer Minderheit auf einem bestimmten Gebiet ergibt, wird oftmals dadurch zu umgehen versucht, dass man schlicht und einfach die Minderheit eliminiert. Die diesbezüglichen Methoden reichen von völkerrechtlich nicht zu beanstandenden Praktiken wie der Assimilierung[331] des betroffenen Volkes bis hin zur verbotenen Methode der körperlichen Vernichtung des Minderheitenvolkes.[332] Auch wird das Minderheitenvolk zu einer mehr oder weniger freiwilligen Aufgabe der angestammten Heimat bewegt.

Zu den zulässigen Methoden, die das Völkerrecht im Umgang mit Minderheiten bietet, zählt die vollständige Integration der Minderheit.[333] Dies führt in letzter Konsequenz dazu, dass die Minderheit nach einiger Zeit nicht mehr als selbstständige Gruppe auftritt und auch in der Regel nicht mehr als solche wahrgenommen werden will.[334] Auch ist es rechtmäßig, eine Minderheit auf einem Territorium dadurch aufzulösen, dass man ihren Mitgliedern systematisch und kontrolliert die (freiwillige) Auswanderung in eine andere Region oder

331 Lange, in: Blumenwitz/Gornig/Murswiek (Hrsg.), Band 21, S. 35–36.
332 du Buy, S. 92.
333 Lange, in: Blumenwitz/Gornig/Murswiek (Hrsg.), Band 21, S. 35.
334 Gornig, in: Blumenwitz/Gornig/Murswiek (Hrsg.), Band 19, S. 19 ff.

ein anderes Land ermöglicht.[335] Dies kann nicht zuletzt auch ein Land sein, in dem die Minderheit als Mehrheitsvolk ansässig ist. Voraussetzung für die völkerrechtliche Rechtmäßigkeit der Ermöglichung der Auswanderung ist jedoch, dass die Auswanderung ausschließlich auf einem freien Willensentschluss der Minderheit beruht und keinerlei Zwang ausgeübt wird. In der Praxis findet man diese Konstellation eher selten, da grundsätzlich zumindest inoffiziell ein gewisser politischer oder sogar physischer Druck auf die Minderheit aufgebaut wird. Denn Zwangsumsiedlungen, wie sie in der Geschichte auch im Nordkaukasus schon vorgenommen wurden, begegnen großen völkerrechtlichen Bedenken und werden als rechtswidrig angesehen.[336] Wenn nämlich Mitglieder einer Minderheit verstreut angesiedelt oder bewusst in ein Siedlungsgebiet gebracht werden, in dem sie von einem Mehrheitsvolk beherrscht werden, ist die Aufrechterhaltung einer eigenen Gruppenidentität praktisch unmöglich.[337]

II. Begrifflichkeit der Minderheit

1. Grundsätzliche Ansatzpunkte

Bereits vorab muss man festhalten, dass es dem Völkerrecht bis heute nicht gelungen ist, sich auf einen einheitlichen Begriff der „Minderheit" zu einigen.[338] Dies verwundert umso mehr, da man seit der Wiener Schlussakte von 1815[339] mit intensiven Bemühungen versucht, den Schutz von Minderheiten zu gewährleisten. Allerdings waren schon damals und auch in der Folgezeit die Auffassungen hinsichtlich der Ausdehnung des Minderheitenschutzes sehr kontrovers. Man fürchtete die negativen Auswirkungen, die eine zu weite Auslegung des Minderheitenbegriffes haben könnten. Daher begnügte man sich damals jeweils damit, festzustellen, dass es sich im Einzelfall bei einer bestimmten Volksgruppe um eine Minderheit handelte.

Einig war und ist man sich hingegen bei Relativierung einer Minderheit. Dies bedeutet, dass es sich bei einer Minderheit stets um eine Gruppe von Menschen

335 Gornig, in: Blumenwitz/Gornig/Murswiek (Hrsg.), Band 19, S. 19 ff.

336 Gornig, in: Blumenwitz/Gornig (Hrsg.), Band 14, S. 33–34; Kimminich, S. 155.

337 Gornig, in: Blumenwitz/Gornig (Hrsg.), Band 14, S. 40.

338 Doehring, Völkerrecht, Rn. 1017; Kau, in: Graf Vitzthum/Proelß, S. 243; Pircher, S. 24 ff.

339 Art. 1 Abs. 2 der Schlussakte des Wiener Kongresses im Zusammenhang mit der Behandlung der Folgen der letzten Teilung Polens. Russland, Österreich und Preußen erklärten sich bereit, den Polen zwecks Erhaltung ihrer Nationalität gewisse Rechte und Möglichkeiten einzugestehen.

handeln muss, die rein zahlenmäßig einer Mehrheit gegenübersteht.[340] Dies lässt sich schon aus dem Begriff „Minorität“ herleiten.[341] Aus völkerrechtlicher Sicht mussten für eine Minderheit bestimmte Merkmale hinzutreten, die die kleinere Gruppe von der Mehrheit unterscheidet oder abhebt.

Eine sicherlich zutreffende Definition der Minderheit lieferte der italienische Jurist Francesco Capotorti[342]: „Eine Minderheit ist eine der übrigen Bevölkerung eines Staates zahlenmäßig unterlegene Gruppe, die keine herrschende Stellung einnimmt, deren Angehörige Bürger dieses Staates in ethnischer, religiöser oder sprachlicher Hinsicht Merkmale aufweisen, die sie von der übrigen Bevölkerung unterscheiden, und die zumindest implizit ein Gefühl der Solidarität bezeigen, das auf die Bewahrung der eigenen Kultur, der eigenen Traditionen, der eigenen Religion oder der eigenen Sprache gerichtet ist.“[343] Allerdings ist anzumerken, dass diese Definition keine Allgemeingültigkeit besitzt, da sie von Capotorti ursprünglich lediglich verfasst wurde, um den Begriff der Minderheit in Art. 27 IPbürgR (Internationaler Pakt über bürgerliche und politische Rechte) vom 16. Dezember 1966 zu umreißen. Jedoch kann die von Capotorti vorgenommene Unterscheidung zwischen objektiven und subjektiven Kriterien des Minderheitenbegriffes weiterverfolgt werden. In Art. 27 IPbürgR findet der Minderheitenschutz[344] seine gesetzliche Normierung.[345]

2. *Objektive Komponenten*

Zu den objektiven Unterscheidungsmerkmalen einer als Minderheit zu klassifizierenden Personengruppe zählen zunächst individuelle objektive Merkmale und generelle objektive Merkmale. Letztere setzen sich zusammen aus nummerischer Inferiorität, machtmäßiger Unterlegenheit, Staatsangehörigkeit des Wohnsitzstaates, Stabilität und territorialbezogener Akte. Entscheidend ist, dass

340 Gornig, in: Schriftenreihe Europäische Studien, Band 3, S. 94.

341 Der Begriff stammt vom lateinischen Wort „minor“, was „kleiner“ bedeutet.

342 Francesco Capotorti war ein Juraprofessor in Italien. Er wurde 1971 von der Unterkommission der Vereinten Nationen für die Verhinderung von Diskriminierung und für den Schutz von Menschen zum „Special Rapporteur“ ausgewählt.

343 Capotorti, in: Vereinte Nationen 1980, S. 118, Anm. 30 (deutsche Übersetzung).

344 Werden der Minderheit besondere Rechte eingeräumt, die über die Gleichbehandlung mit dem jeweiligen Mehrheitsvolk hinausgehen, so handelt es sich um Rechte für die Minderheit, also Minderheitenschutz.

345 Gornig, in: Blumenwitz/Gornig/Murswiek (Hrsg.), Band 21, S. 169–70; Kau, in: Graf Vitzthum/Proelß, S. 244; Herdegen, S. 282.

die objektiven Komponenten kumulativ vorliegen, damit die Personengruppe als Minderheit im Sinne des Völkerrechts bestimmt werden kann.[346]

a. Individuelle Merkmale

Erste Voraussetzung für eine Behandlung als Minderheit ist, dass sich eine Gruppe vom Rest der Bevölkerung unterscheidet.[347] Die Schwierigkeit dabei ist, einen Maßstab zu finden, der exakt Auskunft darüber gibt, bis zu welcher Grenze eine Unterschiedlichkeit zu vernachlässigen ist und ab wann die Unterschiedlichkeit ein wesentliches Kriterium der Abgrenzung ist.[348] Dabei reicht es aus, dass die jeweilige Minderheit sich in einem einzigen Punkt von der Mehrheitsbevölkerung unterscheidet. Diese Unterscheidbarkeit in einem bestimmten Lebensbereich stellt sich dann als das wesentliche Kriterium der jeweiligen Minderheit heraus.[349]

Aus völkerrechtlicher Betrachtungsweise müssen Mitglieder einer Volksgruppe, welche den Status einer Minderheit erreichen wollten, stets vor allem sprachliche, religiöse oder ethnische Eigenschaften vorweisen.[350]

Eine sprachliche Minderheit zeichnet sich dadurch aus, dass sie sich im Alltag einer Sprache bedient, die nicht von der Mehrheit der Bevölkerung in ihrem territorialen Lebensraum gesprochen wird und daher diese Sprache meist auch nicht offizielle Nationalsprache ist.[351]

Eine religiöse Minderheit umfasst die Personen, die sich wegen ihrer Glaubensrichtung von der Mehrheitsbevölkerung unterscheiden, wobei diese Überzeugung nicht zwingendend christlicher Natur sein muss.[352] Eine religiöse Gruppe oder Glaubensgemeinschaft stellt folglich dann eine Minderheit dar, wenn sie sich zu religiösen Überzeugungen bekennt, die sich von der Staatsreligion oder dem religiösen Bekenntnis der Mehrheit der Bevölkerung unterscheidet.[353]

Zu den Merkmalen der ethnischen Herkunft hingegen zählen Komponenten wie Abstammung des Volkes, Geschichte, Kultur, Rasse und Stammeszugehörigkeit.[354] Die sich ethnisch abhebenden (oder abhebungswilligen)

---

346 Despeux, S. 63.
347 Doehring, Völkerrecht, Rn. 1017.
348 Gornig, in: Schriftenreihe Europäische Studien, Band 3, S. 111.
349 Despeux, S. 52; Gornig, in: Schriftenreihe Europäische Studien, Band 3, S. 111.
350 Hillgruber, in: Blumenwitz/Gornig/Murswiek (Hrsg.), S. 36.
351 Gonschior, in: Blumenwitz/Gornig/Murswiek (Hrsg.), S. 140; Ermacora, S. 46.
352 Ermacora, S. 45.
353 Despeux, S. 74; Gornig, in: Schriftenreihe Europäische Studien, Band 3, S. 112.
354 Gonschior, in: Blumenwitz/Gornig/Murswiek (Hrsg.), S. 143; Herdegen, S. 282.

Personengruppen sind in der Regel in lange zurückliegenden Wanderbewegungen begründet. Dies trifft auch auf einige Völker im russischen Nordkaukasus zu. Völker, die vor vielen Jahrhunderten ihre ursprünglichen Siedlungsgebiete verlassen haben, sind nun in ihrem heutigen Siedlungsraum zahlenmäßig unterlegen. Dies ist nicht zuletzt auf mehr oder minder freiwillige Volkswanderungen zurückzuführen. Man versteht den Begriff „ethnisch" heute vor allem als „kulturell", aber streng genommen könnte man auch sprachliche oder religiöse Aspekte unter der ethnischen Herkunft zusammenfassen.[355] Ethnische Abgrenzungskriterien sind daher eher kulturelle Bräuche und Gepflogenheiten sowie historisch begründete Volkstraditionen. Auch zur ethnischen Minderheit zählt die rassische Minderheit. Die Definition der Rasse ist jedoch noch enger gefasst, ist daher also von der ethnischen Minderheit mit umfasst.[356]

Mitunter wird als Synonym für eine ethnische Minderheit der Begriff der nationalen Minderheit verwendet. Dieser Begriff geht jedoch ein kleines Stück weiter als der der ethnischen Minderheit, da zu der nationalen Minderheit auch Personengruppen zählen, die in einem anderen Staat das Staatsvolk stellen.[357]

b. Generelle Merkmale

aa. Zahlen- und machtmäßige Unterlegenheit

Ausgehend von der Definition Capotortis[358] muss die Minderheit numerisch kleiner sein als der Rest der Staatsbevölkerung.[359] Der numerische Vergleich ist dabei mit der vollständigen restlichen Bevölkerung vorzunehmen und nicht nur mit anderen Bevölkerungsgruppen.[360]

---

355 Gornig, in: Schriftenreihe Europäische Studien, Band 3, S. 114.

356 Gornig, in: Schriftenreihe Europäische Studien, Band 3, S. 113.

357 Ermacora, S. 46, definiert die nationale Minderheit als Gruppe von Menschen, welche „neben den bereits für eine ethnische Minderheit genannten Merkmalen den Willen besitzt, als Gruppe jene Rechte wahrzunehmen, die eine Teilnahme am politischen Entscheidungsprozess entweder eines bestimmten Gebietes oder sogar auf nationaler Ebene ermöglichen, ohne dadurch anderen Ethnien in diesem Staat gleichgestellt zu sein".

358 Capotorti, in: EPIL, Vol. 8, S. 385 f.

359 Hillgruber/Jestaedt, S. 90.

360 Gornig, in: Schriftenreihe Europäische Studien, Band 3, S. 115.

Des Weiteren wäre die zahlenmäßig unterlegene Gruppe dann nicht schutzwürdig, wenn sie in ihrem Staat die Macht ausüben würde.[361] Daher ist als weiteres generell objektives Merkmal einer Minderheit zu fordern, dass die Gruppe nicht eine dominierende Staatsrolle ausübt. Am Beispiel Südafrika während der Apartheid wird besonders deutlich, dass das Kriterium der fehlenden Staatsgewalt eine exponierte Stellung einnimmt. Denn die weiße Bevölkerung war zwar gegenüber der dunkelhäutigen Bevölkerung zahlenmäßig deutlich unterlegen, bedurfte allerdings nicht des völkerrechtlichen Minderheitenschutzes, da von ihr sämtliche Staatsgewalt ausging.[362] Insofern mag es auf den ersten Blick merkwürdig erscheinen, dass die dunkelhäutige Bevölkerung keinen Schutz genoss, obwohl sie unterdrückt wurde. Der Minderheitenschutz knüpft jedoch an objektive Merkmale an. Dazu gehört auch der numerische Vergleich mit der restlichen Bevölkerung. In Südafrika ergab sich aus diesem zahlenmäßigen Vergleich eine eindeutige Mehrheit der dunkelhäutigen Bevölkerung.[363] Aufgrund der objektiven Bedingungen, die an den Minderheitenschutz geknüpft sind, konnte sich daher die dunkelhäutige Bevölkerung in Südafrika aufgrund ihrer zahlenmäßigen Mehrheit nicht auf den Minderheitenschutz berufen.[364]

bb. Staatsangehörigkeit des Wohnsitzstaates

Weiteres wichtiges Merkmal für einen Angehörigen einer Minderheit ist der Besitz der Staatsangehörigkeit[365] des Staates, in welchem er seinen Wohnsitz hat.[366] Dabei ist es aber nicht erforderlich, dass die Minderheit ausschließlich aus Staatsangehörigen besteht. Insoweit ist es unschädlich, wenn sich einzelne Nichtstaatsangehörige der Minderheit anschließen. So wird der möglichen

361 Capotorti, in: EPIL, Vol. 8, S. 410, begründet dies damit, dass die dominante Minorität gegenüber der nicht dominanten Majorität nicht der Gefahr der Unterdrückung ausgesetzt sei und somit auch nicht des internationalen Schutzes bedürfe.

362 Doehring, Völkerrecht, Rn. 1017.

363 Capotorti, in: EPIL, Vol. 8, S. 410–411.

364 Gornig, in: Schriftenreihe Europäische Studien, Band 3, S. 115.

365 Die Definition des Begriffes der Minderheit der fünften Sitzungsperiode der Unterkommission für die Verhinderung von Diskriminierung und für den Schutz von Minderheiten verlangte zwar nicht die Staatsangehörigkeit der Mitglieder, die Minderheiten sollten jedoch ihrem Wohnsitzstaat gegenüber Loyalität aufbringen. Vgl. UN Doc. E/CN.4/Sub. 2/149.

366 Gornig, in: Blumenwitz/Gornig/Murswiek (Hrsg.), Band 19, S. 19 ff.; Gornig, in: Schriftenreihe Europäische Studien, Band 4, Völkerrechtliche Vorgaben zur Regelung der Staatsangehörigkeit, S. 72–73.

Konstellation Rechnung getragen, dass Angehörige einer tatsächlich bestehenden Minderheit trotz ihrer Anträge in willkürlicher Art und Weise nicht eingebürgert werden oder aber Angehörigen einer Minderheit die Staatsangehörigkeit völkerrechtswidrig[367] entzogen wird.[368]

cc. Stabilität

Um zu verhindern, dass eine sich nur zeitweise in einem bestimmten Lande aufhaltende Gruppe mit Hilfe des Völkerrechts den Status einer Minderheit sichern will, ist als weiteres Merkmal einer Minderheit eine gewisse Stabilität innerhalb der den Minderheitenschutz beanspruchenden Volksgruppe zu fordern.[369] Dies soll unkontrollierbare und missbräuchliche Forderungen nach völkerrechtlichem Minderheitenschutz verhindern.[370] Die Stabilität wurde besonders von Ländern gefordert, die sich in der Zeit nach dem Zweiten Weltkrieg einer großen Zahl von Immigranten gegenübersahen. Die Länder hegten die Befürchtung, dass durch eine rasche bzw. zu schnelle Anerkennung von Minderheiten die nationale Einheit ihres jeweiligen Staates gefährdet werden könnte. Besonders Länder in Südamerika und Westeuropa sahen sich von einer Ausdehnung des Minderheitenschutzes bedroht. Jedoch ist ihre Sorge größtenteils unbegründet gewesen, da es sich bei zuziehenden Volksgruppen hauptsächlich um Gastarbeiter, Flüchtlinge oder Asylbewerber handelte. Diese besitzen aber in der Regel nicht die Staatsangehörigkeit des Gastlandes und gelangten schon aus diesem Grund nicht in den Geltungsbereich des Minderheitenschutzes aus Art. 27 IPbürgR.[371]

Allerdings darf das Kriterium der Stabilität auch nicht so weit gehen, dass faktische Minderheiten, die durch völkerrechtswidrige Maßnahmen (z. B. Deportationen) ihre Stabilität verloren haben, dann auch den Minderheitenschutz durch

---

367 Art. 15 Ziff. 2 Allgemeine Erklärung der Menschenrechte vom 10.12.1948, abgedruckt in Sartorius II, Nr. 19. Hiernach sind willkürliche Entziehungen der Staatsangehörigkeit unzulässig. Darüber hinaus verbietet Art. 9 der UN-Konvention über die Verminderung der Staatenlosigkeit vom 30.08.1961 (Text: BGBl. 1977 II, S. 598 ff.) die Entziehung der Staatsangehörigkeit aus rassischen, religiösen oder politischen Gründen.

368 Gornig, in: Schriftenreihe Europäische Studien, Band 3, S. 119.

369 Nowak, Art. 27 IPbürgR, Rn. 20.

370 Gornig, in: Schriftenreihe Europäische Studien, Band 3, S. 120.

371 Nowak, Art. 27 IPbürgR, Rn. 16, sieht in dem in Art. 27 IPbürgR statuierten Minderheitenschutz sogar schon ein Menschenrecht; Gornig, in: Schriftenreihe Europäische Studien, Band 3, S. 121.

das Völkerrecht verlieren würden. In einem solchen Fall ist darauf abzustellen, ob eine Stabilität innerhalb der Minderheit zuvor bestanden hat und ob sie diese unverschuldet verloren hat.[372]

dd. Akte mit territorialem Bezug

Eine weitere Komponente des Minderheitenschutzes ist es, nur Personengruppen zu schützen, die durch einen völkerrechtlichen Akt zu einer Schicksalsgemeinschaft wurden. Daher ist der völkerrechtliche Minderheitenschutz auf Gruppen beschränkt, die durch völkerrechtliche Vorgänge überhaupt erst zu Minderheiten wurden.[373] Solche Vorgänge können Staatsgründungen eines Mehrheitsvolkes unter Einbeziehung von Siedlungsgebieten einer sich davon unterscheidenden Volksgruppe sein, aber auch Grenzverschiebungen, z. B. durch Zession oder Sezession.[374] Ferner kommen noch Zwangsumsiedlungen bzw. Deportation, Flucht oder Vertreibung als mögliche völkerrechtliche Akte in Betracht, die den Minderheitenschutz auslösen können.[375] Insoweit besteht ein Berührungspunkt zum Selbstbestimmungsrecht der Völker, worauf noch einzugehen sein wird.

Entscheidender Punkt ist dabei, dass die Gruppe, die den Status einer Minderheit für sich beansprucht, gegen ihren Willen in das jeweilige Staatsgebiet gelangt ist. Denn bei einem freiwilligen Umzug oder einer Umsiedlung aus freien Stücken besteht verständlicherweise keine Schutzbedürftigkeit.[376]

Es bleibt festzuhalten, dass der Minderheitenschutz sich nur auf Personengruppen bezieht, die durch einen völkerrechtlichen Akt und insbesondere nicht aus freiem Entscheidungswillen in ein Staatsgebiet gedrängt wurden.

---

372 Doehring, Völkerrecht, Rn. 1017.

373 Gornig, in: Schriftenreihe Europäische Studien, Band 3, S. 123; Kau, in: Graf Vitzthum/Proelß, S. 243.

374 Es ist in diesem Zusammenhang ohne Relevanz, dass Grenzverschiebungen aufgrund bewaffneter Konflikte heute völkerrechtswidrig sind. Entscheidend ist, dass in der Definition auch diejenigen Gruppen Berücksichtigung finden, die zu einem Zeitpunkt in ein anderes Staatsgebiet gelangt sind, als die Annexion noch nicht völkerrechtswidrig war; Gornig, in: Schriftenreihe Europäische Studien, Band 4, Völkerrechtliche Vorgaben zur Regelung der Staatsangehörigkeit, S. 90–91.

375 Gornig, in: Blumenwitz/Gornig (Hrsg.), Band 14, S. 40–41.

376 Gornig, in: Schriftenreihe Europäische Studien, Band 3, S. 123.

3. *Subjektive Komponenten*

a. *Zugehörigkeitsgefühl*

Zu den aufgezählten objektiven Kriterien müssen ferner subjektive Komponenten hinzutreten, damit festgelegt werden kann, ob einer Gruppe die Eigenschaft einer völkerrechtlichen Minderheit zugesprochen werden darf.[377] Damit wird dem Willen eines jeden Einzelnen Rechnung getragen, sich auch zur Gruppe zu bekennen.[378] Es kommt also maßgeblich auf das Zugehörigkeitsgefühl des Individuums an.[379] Jeder Mensch soll und darf alleine entscheiden, ob er einer Minderheit angehören will.[380] Keiner Person darf unter Verletzung ihrer freien Entscheidungsgewalt die Zugehörigkeit zu einer Minderheit aufgedrängt werden. Dies gilt auch dann, wenn die Person grundsätzlich die (objektiven) Kriterien für eine Zugehörigkeit zu der Minderheit erfüllen würde.[381]

In der Konsequenz bedeutet das Erfordernis eines Zugehörigkeitsgefühls, dass sich auch Minderheiten auflösen bzw. an Mehrheiten angleichen können. Denn es kann durchaus passieren, dass sich eine existierende Minderheit im Laufe der Zeit immer mehr an Traditionen, Lebensweisen oder Kultur des aktuellen Aufenthaltsstaates anpasst und somit ihre eigenen kulturellen oder traditionellen Besonderheiten aufgibt.[382] Auch kann es vorkommen, dass eine Volksgruppe den Willen verliert, sich als Minderheit zu präsentieren. In den beiden eben angesprochen Fällen macht es dann keinen Sinn mehr, die Minderheit weiterhin unter den Schutz des Völkerrechts zu stellen, selbst wenn die objektiven Kriterien für eine Einordnung als Minderheit nach wie vor vorliegen würden. Es würde faktisch ein Assimilationsprozess verhindert, den die Minderheit

---

377 Luchterhandt, S. 69–70.

378 Hillgruber/Jestaedt, S. 97–98.

379 Gornig, in: Blumenwitz/Gornig/Murswiek (Hrsg.), Band 19, S. 19 ff.

380 Schon das Memorandum des UN-Generalsekretärs vom 27.12.1949, welches in der dritten Sitzungsperiode der von den Vereinten Nationen eingerichteten Unterkommission für die Verhinderung von Diskriminierung und für den Schutz von Minderheiten präsentiert wurde, schlug vor, die Minderheit im Sinne des Völkerrechts als Gemeinschaft mit gewissen charakteristischen Eigenschaften zu definieren, deren Mitglieder ein Zusammengehörigkeitsgefühl besitzen; UN Doc. E/CN. 4/Sub. 2/ 85: Definition et classification des minorites (Memorandum presente par le Secretaire General), 1950.

381 Gornig, in: Schriftenreihe Europäische Studien, Band 3, S. 125.

382 Luchterhandt, S. 23.

selbst anstrebt. Wie bereits angesprochen, muss der freie Wille der Individuen an vorderster Stelle stehen.

b. Solidaritätsgefühl

Eng mit dem Zugehörigkeitsgefühl verbunden ist das Solidaritätsgefühl. Dies bedeutet, dass bei der Minderheit auch der Wille vorhanden sein muss, die Zugehörigkeit bzw. die Identität zu konservieren, zu schützen und auch zu fördern.[383] Somit ist für die Bejahung des Solidaritätsgefühls bei einer Volksgruppe Voraussetzung, dass überhaupt zunächst ein Zugehörigkeitsgefühl bei der Gruppe besteht.[384]

Ein erheblicher Unterschied besteht jedoch zwischen dem Zugehörigkeitsgefühl und dem Solidaritätsgefühl: Das Solidaritätsgefühl muss kollektiv bei einer Personengruppe vorliegen, während das Zugehörigkeitsgefühl sowohl beim Individuum als auch bei einer Gruppe zum Ausdruck kommen kann. Es kommt folglich entscheidend darauf an, ob ein Solidaritätsgefühl prinzipiell vorhanden ist, nicht aber, ob jeder einzelne Angehörige der Minderheit dieses Gefühl tatsächlich auch für sich entwickelt hat.[385]

4. Einzelne Ausprägungen des Minderheitenschutzes

Der völkerrechtliche Minderheitenschutz soll grundsätzlich die Angehörigen einer Minderheit so stellen, dass auch für sie die Menschenrechte garantiert werden. Für die Minderheit ist es von besonderer Bedeutung, dass ihr Recht auf Existenz gestärkt wird, da sie gefährdeter als eine Mehrheitsgruppe ist, vernichtet zu werden. Die physische Existenz wird dadurch gestärkt, dass auch ein Diskriminierungsverbot dafür sorgen soll, dass der Minderheit im Alltag keine Nachteile aufgrund ihrer Zugehörigkeit zu der Gruppe entstehen.[386] Da

---

383 Capotorti, in: EPIL, Vol. 8, S. 410–411.

384 Vgl. Steiner, in: Blumenwitz/Gornig (Hrsg.), S. 37; er stellt dar, dass das Solidaritätsgefühl auch schon aus Ziffer 32.1 der Kopenhagener Dokumente vom 26.06.1990 hervorgeht und auch durch die Rechtsprechung des Ständigen Internationalen Gerichtshof (StIGH) bestätigt wurde. Aber auch in den Ausarbeitungen des Europarates wird wesentliches Gewicht auf dieses Kriterium gelegt. So wurde beispielsweise im Entwurf des Zusatzprotokolls zur EMRK eines eingesetzten Expertenkomitees als weiteres Merkmal einer nationalen Minderheit verlangt, dass die Personengruppe von dem Wunsch geprägt sein müsste, die für ihre Identität charakteristischen Merkmale, vor allem Kultur, Tradition, Religion und Sprache, bestmöglich zu erhalten.

385 Despeux, S. 70.

386 Hillgruber/Jestaedt, S. 98.

Minderheiten oft eigene Glaubensrichtungen verfolgen, ist für sie die Religionsfreiheit ebenfalls von exponierter Bedeutung.

Wie eben dargestellt, müssen Volksgruppen eine eigene kulturelle Identität aufweisen, um als Minderheit anerkannt zu werden. Daher ist ein weiteres wichtiges Recht der Minderheit, eben diese Identität auch zu bewahren und auszuleben. Eng damit verknüpft ist das Recht, an staatlichen Schulen in ihrer eigenen Minderheitensprache unterrichtet zu werden, um sicherzustellen, dass auch die nächste Generation die kulturelle Identität wird weitergeben können. Auch soll grundsätzlich die Minderheit politische Beteiligung erlangen, zumindest in den Fragen, von denen sie selbst betroffen ist.[387] Aus Sicht der Minderheit wäre wohl die politische Autonomie oder Selbstverwaltung die ideale Lösung, da diese grundsätzlich Abspaltungsbestrebungen entgegenwirken würde. Dies ist aber nur ein theoretischer Ansatz, da diese Lösung nur in Betracht käme, wenn die Minderheit in einem in sich geschlossenen Gebiet lebt. [388] Daher ist eine gewisse kulturelle Autonomie, in welcher die Minderheit verschiedene Bereiche des täglichen Lebens wie Schulen oder religiöse Einrichtungen selbst verwaltet[389], eher zu realisieren.[390]

Schließlich bedarf es für den effektiven Schutz einer Minderheit noch einer besonderen Behandlung durch den beherbergenden Staat. Denn aufgrund ihrer Eigenarten als Minderheit kann die Volksgruppe nicht einfach nur gleich behandelt werden wie die übrige Bevölkerung. Die Minderheit muss besonders finanziell unterstützt werden, um den Fortbestand ihrer kulturellen Errungenschaften und Traditionen zu sichern.[391]

---

387 Pan, in: Blumenwitz/Gornig/Murswiek (Hrsg.), Band 20, S. 106.

388 Pan, in: Blumenwitz/Gornig (Hrsg.), Band 14, S. 56.

389 Entsprechend dem UNO-Entwurf über die Rechte eingeborener Völker von 1992 (Teil V, Art. 23) würde Autonomie eine Reihe von Lebensbereichen betreffen, wie „Unterricht, Information, Kultur, Religion, Gesundheit; Wohnbau, soziale Fürsorge, traditionelle und andere wirtschaftliche Tätigkeiten, Verwaltung des Bodens und der natürlichen Reichtümer, und Umwelt ebenso wie die interne Besteuerung zur Finanzierung dieser autonomen Wirkungsbereiche". Die inoffizielle Vorlage für diesen Entwurf war die dänische „Home Rule"-Gesetzgebung für Grönland (Gesetz vom 29.11.1978, Nr. 577).

390 Pan, in: Blumenwitz/Gornig (Hrsg.), Band 14, S. 56–57.

391 Gornig, in: Schriftenreihe Europäische Studien, Band 3, S. 132.

5. *Abgrenzung zum Selbstbestimmungsrecht der Völker*

Da auf den ersten Blick die Unterschiede zwischen Minderheitenschutz und Selbstbestimmungsrecht nicht immer klar zum Vorschein kommen, ist eine Abgrenzung zwischen den beiden völkerrechtlichen Instituten geboten.[392]

So lässt sich prinzipiell konstatieren, dass sich das Selbstbestimmungsrecht der Völker letztlich auf Ausübung der Selbstbestimmung eines bestimmten Volkes durch einen eigenen Staat bezieht, der Minderheitenschutz hingegen richtet sich auf besondere Förderung und Selbstbestimmung einer ethnischen Gruppierung innerhalb eines nicht von ihr selbst dominierten Staates.[393] Selbstbestimmungsrecht und Minderheitenschutz haben also identische Ziele. Dazu gehört die Wahrung kultureller und sprachlicher Besonderheiten einer spezifischen Volksgruppe, die ethnische und nationale Identität sowie die Wahrung sprachlicher Besonderheiten verbunden mit individueller Freiheit.[394]

Ein bedeutender Unterschied zwischen Minderheitenschutz und Selbstbestimmungsrecht ist, dass der Minderheitenschutz auf die Erhaltung aller Freiheits- und Gleichheitsrechte abzielt, damit die zu schützende Gruppe erhalten bleibt.[395] So geht es beim Minderheitenschutz auch darum, dass das Individuum in der Ausübung oder Wahrung seiner Menschenrechte nicht aus dem Grund beschränkt wird, weil er Angehöriger einer Minderheitengruppe ist.[396] Der Minderheitenschutz kann folglich nicht nur als Gruppenrecht, sondern auch als Individualrecht angesehen werden. Das Selbstbestimmungsrecht hingegen ist auf die Gestaltung des politischen Status einer Gruppe in einem Staat oder einer räumlich abgrenzbaren Region gerichtet. Das Selbstbestimmungsrecht lässt sich in Abgrenzung zum Minderheitenschutz daher als Kollektivrecht einordnen. Ein weiterer Unterschied zwischen den beiden Rechten besteht hinsichtlich der inanspruchnehmenden Personen. Ein Volk, welches sich auf das (defensive) Selbstbestimmungsrecht berufen will, muss zwingend auf einem geschlossenen Territorium siedeln.[397] Für die Ausübung des offensiven Selbstbestimmungsrechts kann sich das Siedlungsgebiet aber auch über mehrere Grenzen hinweg

392 So u. a. auch Schira, S. 136.

393 Vgl. zur völkerrechtlichen Debatte zwischen den Weltkriegen Verdross, S. 162; siehe weiter Gornig, in: Blumenwitz/Gornig/Murswiek, Band 21, S. 161; Hobe, S. 446.

394 Murswiek, in: Blumenwitz/Gornig/Murswiek (Hrsg.), S. 86; Hobe, S. 446.

395 Thürer, in: Politische Studien 1993; S. 33–34; Schira, S. 136.

396 Gornig, in: Blumenwitz/Gornig/Murswiek, Band 21, S. 162.

397 Thürer, in: Politische Studien 1993; S. 38–39.

erstrecken. Anders sieht es für eine Minderheit aus. Bei dieser soll es stets ausreichen, dass sie verteilt über ein Staatsgebiet lebt.[398]

Bevölkert also ein Volk ein Grenzterritorium mehrerer Staaten (also einen geschlossenen Raum, der eben nur nicht innerhalb eines Staates liegt), so kann es zwar nicht Minderheit im Lichte des Minderheitenschutzes sein, wohl aber als gesamtes Volk Subjekt des Selbstbestimmungsrechts der Völker.

Der Begriff der Minderheit ist (wie bereits dargelegt) dagegen immer in einer zahlenmäßigen Relation zu einem Mehrheitsvolk in einem bestimmten Staat zu sehen.[399] Ein Volk kann dann keine Minderheit im Sinne des Minderheitenschutzes in dem jeweiligen Staat sein, wenn es auf diesem Staatsgebiet die Mehrheitsbevölkerung stellt. Gleichzeitig kann die Minderheit in dem von einer Mehrheit beherrschten Staat aber auch Subjekt des Selbstbestimmungsrechts sein. Ebenso kann ein Volk, das Subjekt des (offensiven) Selbstbestimmungsrechts ist, genauso eine Minderheit darstellen.[400]

Es bleibt daher festzuhalten, dass sich Selbstbestimmungsrecht und Minderheitenschutz nicht gegenseitig ausschließen, sondern sich überschneiden[401] und sogar ergänzen.[402] Die Begrifflichkeiten der Minderheit sowie des Volkes haben also gemeinsame Merkmale, aber eben auch Unterscheidungskriterien. Auch der Minderheitenschutz hat ferner ebenso wie das Selbstbestimmungsrecht einen Kollektivbezug. Er steht also in der Mitte zwischen dem Freiheitsrecht des Individuums und dem auf politische Gestaltung des Status quo gerichteten Selbstbestimmungsrecht der Völker.[403]

III. Generelle Wahrung des Minderheitenschutzes im russischen Nordkaukasus

Es soll an dieser Stelle nicht die konkrete Bewertung der Situation der einzelnen Minderheiten in den jeweiligen Republiken vorweggenommen werden, sondern ausgeführt werden, wie grundsätzlich der russische Umgang mit Minderheiten im Nordkaukasus zu beurteilen ist. Insoweit ist allerdings zu differenzieren

398 Gornig, in: Schriftenreihe Europäische Studien, Band 3, S. 119.
399 Gornig, in: Schriftenreihe Europäische Studien, Band 3, S. 94.
400 Murswiek, in: Archiv des Völkerrechts 31, S. 328.
401 Murswiek, in: Blumenwitz/Gornig/Murswiek (Hrsg.), S. 92; Cassese, S. 348 ff.; Stein/v. Buttlar, S. 264 ff.
402 Schira. S. 136.
403 Niewerth, S. 55–56.

zwischen der Wahrung des Minderheitenschutzes in der aktuellen Situation und der Wahrung der Rechte einzelner Minderheiten in der Vergangenheit.

1. Generelle Wahrung des Minderheitenschutzes in der Gegenwart

Zunächst besteht die bereits angesprochene Schwierigkeit darin, die Minderheit, die unter Schutz zu stellen ist, zu definieren. So dürfte es bei zahlreichen Volksgruppen im Nordkaukasus bereits am erforderlichen Zugehörigkeitsgefühl zu der jeweiligen Minderheit fehlen. Denn viele Angehörige einer Ethnie sehen sich nicht unbedingt als dieser Ethnie zugehörig, sondern ihrer Nationalität entsprechend als Russen. In einem solchen Fall fehlt es an den Voraussetzungen für das Greifen des Minderheitenschutzes.

Wiederum bei anderen Volksgruppen besteht die Problematik, dass es an der Anforderung des Solidaritätsgefühls mangelt. So gehören zwar zahlreiche Kaukasier nominell der gleichen ethnischen Gruppe an, identifizieren sich aber nicht mit dieser. Oftmals herrschen sogar innerhalb der einzelnen Ethnien unüberbrückbare Differenzen zwischen den Angehörigen, so dass die Entwicklung eines prinzipiellen Solidaritätsgefühls nicht möglich ist. Auch in diesem Fall ist der Gruppe dann der Minderheitenschutz grundsätzlich versagt.

Eng damit verbunden ist das Definitionsmerkmal der Stabilität innerhalb der Minderheit. Ist eine Volksgruppe innerlich so zerstritten, dass eine gemeinsame und nach außen geäußerte Willensbildung nicht möglich ist, so kann ihr auch schwerlich der völkerrechtliche Minderheitenschutz zustehen, da schon nicht klar ist, welche Minderheit bzw. welche Auffassung nun geschützt werden soll. Insoweit muss nochmals klargestellt werden, dass es sich bei dem Minderheitenschutz um ein Gruppenrecht handelt, das besonders die Entfaltung der Gemeinschaft schützen soll. Ist eine solche stabile Gemeinschaft nicht vorhanden, besteht für das Völkerrecht auch kein Anlass, dieser einen besonderen Schutz zuteilwerden zu lassen.

Dazu kommt der generelle Umstand, dass viele der Volksgruppen auch eng beieinander siedeln und daher in diesen Fällen von einem abgeschlossenen Territorium ausgegangen werden kann. Wenn sie in ihrem unmittelbaren Lebensumfeld bzw. Siedlungsraum die Möglichkeit der freien Lebensentfaltung haben, ohne dass sie unterdrückt oder sonst wie an der Ausübung ihrer politischen Meinung gehindert werden, dann kann nicht davon ausgegangen werden, dass die jeweilige Gruppe noch des besonderen Schutzes des völkerrechtlichen Minderheitenschutzes bedarf.

Schließlich bleibt festzuhalten, dass viele der im Kaukasus siedelnden Volksgruppen schon deshalb nicht dem Minderheitenschutz unterliegen können, da sie in ihrer jeweiligen Republik zahlenmäßig nicht die Minderheit darstellen, sondern die Mehrheit.[404] So können sich z. B. die Tschetschenen nicht auf den Minderheitenschutz berufen, da sie in der Republik Tschetschenien fast 95 % der Bevölkerung stellen. Auch muss konstatiert werden, dass allein der Umstand, dass der russische Teil des Nordkaukasus in einzelne autonome Republiken unterteilt ist, den einzelnen Ethnien die zumindest theoretische Möglichkeit bietet, auf kleinerem Territorium ihre individuellen Besonderheiten zu konservieren; zumindest auf dem Papier bedeutet das einen höheren Schutz der Minderheiten, als dies anderenorts der Fall ist. Es ist faktisch auch nicht möglich, jeder noch so kleinen Volksgruppe in jeder Kaukasusrepublik volle Entfaltungsmöglichkeiten zu gewähren. Im Kaukasus gibt es dazu einfach zu viele verschiedene Völker. So kam man in Moskau nicht umhin, im Kaukasus zwei oder mehreren Ethnien ein gemeinsames Territorium zuzuweisen. Dabei bekamen eng verbundene Gruppen wie die nordwestkaukasischen Völker der Adygier, Tscherkessen und Kabardiner allerdings kein gemeinsames Territorium, sondern mussten sich ihr Gebiet jeweils mit stammesfremden Völkern wie den Karatschaiern oder Balkaren teilen. Dies hatte nicht nur politische Gründe, auch siedlungsgeographische Strukturen und wirtschaftliche Aspekte spielten bei Zuweisung der Territorien eine gehobene Rolle.[405] So konnten die neu geschaffenen Gebietseinheiten nicht immer den historischen Siedlungsräumen entsprechen. Oft wurden auch nachträglich Grenzen verlegt oder der Autonomiestatus auf- bzw. abgewertet. Dies führte dazu, dass zusammengehörige Ethnien aufgespalten wurden oder dass namensgebende Völker in ihrem Territorium die Minderheit der Bevölkerung stellten.[406]

Dabei muss jedoch der Schutz der Minderheit im Grundsatz gewahrt werden. Ob dies in den einzelnen Republiken der Fall ist, wird bei der jeweiligen Würdigung der Situation in den Teilrepubliken erörtert.

2. Berücksichtigung des Minderheitenschutzes in der Vergangenheit

An dieser Stelle sei nur kurz angemerkt, dass insbesondere in der Zeit der Sowjetunion unter Josef Stalin der Minderheitenschutz im Nordkaukasus oftmals überhaupt nicht beachtet wurde. So wurden, wie bereits erwähnt, mehrere Ethnien vollständig und unter Gewaltanwendung aus ihren ursprünglichen Siedlungsräumen im Kaukasus vertrieben und nach Sibirien bzw. Asien deportiert. Damit

404 Müllerson, in Hilpold (Hrsg.), S. 69.
405 Sidorko, in: Chiari (Hrsg.), S. 124.
406 Sidorko, in: Chiari (Hrsg.), S. 124–125; Müllerson, in Hilpold (Hrsg.), S. 70.

wurde selbstverständlich gegen den völkerrechtlichen Minderheitenschutz verstoßen. Da solchem physischen Zwang unterliegende Umsiedlungen aber in erster Linie auch einen Verstoß gegen das völkerrechtliche Vertreibungsverbot darstellen, erscheint es angebracht, die von Stalin vorgenommenen Deportationen von Kaukasusvölkern im Rahmen des Rechts auf die Heimat zu würdigen.

F. Das Recht auf die Heimat und das Vertreibungsverbot

Ebenfalls eng verbunden mit dem Selbstbestimmungsrecht der Völker ist das Recht auf die Heimat sowie das damit verknüpfte Vertreibungsverbot. Da im Nordkaukasus viele Ethnien aus ihren ursprünglichen Siedlungsgebieten deportiert wurden, ist es unerlässlich, auch auf diesen Aspekt des Völkerrechts einzugehen.

So können die heutigen ethnischen Verhältnisse weitgehend als Produkt der zaristischen und sowjetischen Kolonialzeit betrachtet werden. So wanderte im nordwestlichen Teil des Kaukasus unmittelbar nach der Eroberung durch das russische Zarenreich im Jahre 1864 ein Großteil der dort ansässigen Völker, die man damals als Tscherkessen bezeichnete, in das Osmanische Reich aus.[407] Ihren Platz in den Bergregionen nahmen hauptsächlich turksprachige Volksgruppen ein, die heutigen Balkaren und Karatschaier. In den Vorgebirgszonen siedelten sich meist slawische Völker an.

I. Definition

Eine allgemeingültige juristische Definition des Begriffes der „Heimat" ist nicht leicht zu finden.[408] Dies liegt nicht zuletzt daran, dass es schwierig ist, ein entsprechendes Äquivalent zu dem Begriff in anderen internationalen Sprachen zu determinieren. So wird zum Beispiel sowohl in der englischen als auch in der französischen Sprache auf das deutsche Wort „Heimat" zurückgegriffen, wenn es darum geht, eine besondere Beziehung von Menschen zu ihrer unmittelbaren Umgebung zu schildern.[409] In Deutschland hat man sich bisher sehr intensiv mit dem „Recht auf die Heimat" beschäftigt und viele ausländische Schriftsteller nehmen Bezug auf den deutschen Begriff der „Heimat", so dass es geboten erscheint, sich im Rahmen dieser Arbeit ausschließlich mit dem deutschen Wort „Heimat" auseinanderzusetzen.[410] Obwohl der Begriff von einer emotional

407 Sidorko, in: Chiari (Hrsg.), S. 123.
408 Murswiek, in: Gornig/Murswiek (Hrsg.), S. 19.
409 Kimminich, S. 23; du Buy, S. 15–16.
410 Murswiek, in: Gornig/Murswiek (Hrsg.), S. 20–21; Kimminich, S. 18 f.

geprägten Wortherkunft ausgeht, soll an dieser Stelle die juristische Bedeutung im Vordergrund stehen.

Juristische Definitionen stellen zunächst die räumliche Komponente des Wortes heraus. „Heimat" wird umschrieben als die örtliche Herkunft nach Geburt oder Ansässigkeit.[411] Ebenso wird stets herausgestellt, dass es sich bei dem Ort der „Heimat" um einen räumlichen Punkt handelt, zu dem Menschen eine besondere Beziehung haben, wobei Raum und Mensch durch die Beziehung näher bestimmt werden.[412] Der Begriff „Beziehung" ist schließlich juristischer Natur, so dass juristische Methoden zur Untersuchung herangezogen werden können.[413]

Die Beziehung kann sowohl durch Geburt als auch nachträgliche Ortsansässigkeit begründet sein.[414] Emotionen stellen lediglich eine Folge der juristischen Begriffsbestimmung dar und sind für die eigentliche Definition des Begriffes „Heimat" ohne Bedeutung. Dagegen spielt aber die zeitliche Komponente für die Prägung der „Heimat" eine wichtige Rolle.[415] Dies soll aber nicht heißen, dass es eine „Heimat" für einen bestimmten Zeitraum geben kann. Bei der zeitlichen Komponente geht es weniger um die zeitliche Begrenzung der „Heimat", sondern um die historische Eingliederung der Raum-Mensch-Beziehung.[416]

Es bleibt also zunächst festzuhalten, dass für die Definition des Begriffes „Heimat" räumliche, zeitliche und persönliche Aspekte eine Rolle spielen.

II. Träger und Inhalt des Rechts auf die Heimat

Rechtsträger können das Volk, die Volksgruppe und auch das einzelne Individuum sein.

Der Inhalt des Rechts auf die Heimat lässt sich in zwei Hauptaspekte aufgliedern: Die Rechtsträger haben zum einen das Recht, in der Heimat unbehelligt zu verweilen, und zum anderen können sie jederzeit in die Heimat zurückkehren. Dies bedeutet, dass durch das Recht, in der Heimat zu bleiben, jede Vertreibung oder Zwangsumsiedlung als völkerrechtswidrig einzustufen ist. Das Recht, jederzeit zurückkehren zu können, hat zur Folge, dass die Träger des Rechtes

411 Dürig, in: Maunz/Dürig/Herzog/Scholz (Hrsg.), Rn. 75.

412 Kimminich, S. 41.

413 Kimminich, S. 43; Veiter, in: Das Parlament, S. 17.

414 du Buy, S. 18; Blumenwitz, in: Blumenwitz (Hrsg.), Recht auf die Heimat im zusammenwachsenden Europa, S. 41.

415 Stavenhagen, S. 106.

416 Kimminich, S. 38; du Buy, S. 29.

jederzeit in ihre ursprüngliche Heimat zurückkommen und sich dort erneut ansiedeln können.[417]

Eng mit dem Recht auf die Heimat verknüpft ist das Vertreibungsverbot.[418] Unter Vertreibung versteht man die mit Gewalt oder sonstigen Zwangsmitteln bewirkte Aussiedlung der Bevölkerung aus ihrer Heimat.[419] Dabei kann als Charakteristikum der Vertreibung auf den behördlichen Ausweisungsbefehl abgestellt werden. Demgegenüber liegt eine Flucht der Bevölkerung vor, wenn diese durch ein sonstiges Tun oder eine Unterlassung der lokalen Machtpräsenz genötigt wird, die Heimat zu verlassen.[420] Völkerrechtlich ist die Flucht, wenn sie aufgrund staatlichen Drucks erfolgt, der Vertreibung gleichzusetzen.[421] Das Vertreibungsverbot ist völkergewohnheitsrechtlich verankert. Eine Vertreibung von Menschen von ihrem Wohnsitz ist nicht zulässig. Dies ergibt sich bereits für den Fall des Kriegszustandes aus Art. 43, 46, 47 und 55 der Haager Landkriegsordnung (HLKO) vom 18. Oktober 1907.[422] Nimmt man ein Vertreibungsverbot sogar für den Kriegsfall an[423], so ergibt sich daraus im Umkehrschluss, dass eine Vertreibung von Menschen im Friedenszustand nach dem Völkerrecht erst recht verboten sein muss. Schließlich ergibt sich das völkerrechtliche Verbot der Vertreibung daraus, dass kein Staat aufgrund seiner Souveränität in irgendeiner Weise gezwungen oder verpflichtet werden kann, Staatsangehörige anderer Staaten aufzunehmen. Das Recht auf die Heimat lässt sich ebenfalls mit dem völkerrechtlich anerkannten Verbot der Massenausweisung untermauern.[424]

Das Recht eines Volkes, auf seinem eigenen Grund und Boden zu siedeln und zu leben, existiert seit jeher. Die Verbindung von Mensch und Heimat wurde deshalb nirgends gesondert erwähnt, weil man diese Verknüpfung als selbstverständlich erachtete. So kamen in der Historie Vertreibungen von Volksgruppen sehr selten vor, erst im Zweiten Weltkrieg wurden solche Maßnahmen des Öfteren praktiziert. Auch im Nordkaukasus kam es zu Vertreibungen von Völkern. Aufgrund der Tatsache, dass die angesprochenen Vertreibungen international

417 Blumenwitz, in: Blumenwitz (Hrsg.), Recht auf die Heimat im zusammenwachsenden Europa, S. 43.

418 de Zayas, in: Archiv des Völkerrechts, Band 35, S. 35.

419 Gornig, in: AWR-Bulletin 1991, S. 76; de Zayas, in: Archiv des Völkerrechts, Band 35, S. 32; du Buy, S. 43.

420 Blumenwitz, in: Blumenwitz (Hrsg.), Flucht und Vertreibung, S. 13.

421 de Zayas, in: Archiv des Völkerrechts, Band 35, S. 35–37.

422 RGBl. 1910, S. 107 ff.

423 du Buy, S. 93.

424 Gornig, in: AWR-Bulletin 1991, S. 77.

als Unrecht eingestuft wurden, kann man durchaus berechtigterweise von einer völkergewohnheitsrechtlichen Verankerung des Vertreibungsverbots ausgehen.

III. Abgrenzung zu anderen Völkerrechtsinstituten

Obwohl das Recht auf die Heimat einigen weiteren anerkannten Rechtsinstituten ähnelt bzw. eine ähnliche Schutzrichtung aufweist, ist es geboten, eine Abgrenzung zu anderen Rechten vorzunehmen, soweit dies möglich ist.

1. Das Recht auf die Heimat und das Selbstbestimmungsrecht der Völker

Die Anerkennung des Selbstbestimmungsrechts kann nicht mit der Anerkennung des Rechts auf die Heimat gleichgesetzt werden, das Selbstbestimmungsrecht und das Recht auf die Heimat stehen sich aber auch nicht völlig ohne Zusammenhang gegenüber.[425] Das Selbstbestimmungsrecht gibt Völkern und Volksgruppen die Möglichkeit, frei über ihren politischen Status sowie ihre kulturelle, wirtschaftliche und soziale Entwicklung zu entscheiden.[426] Daher wird man konsequenterweise auch ihre Bindung an den heimatlichen Grund und Boden anerkennen müssen.[427] Das lässt sich nicht zuletzt daraus herleiten, dass das Selbstbestimmungsrecht einem Volk das Recht zugesteht, in der ursprünglichen Heimat in Freiheit zu leben.[428] Somit ist ein Teilaspekt des Rechts auf die Heimat darin mit verwirklicht, nämlich das Recht, in der Heimat zu leben.[429] Das Selbstbestimmungsrecht ist daher die umfassendere Rechtsgarantie, das Recht auf die Heimat ist als Komponente des Selbstbestimmungsrechts mit verwirklicht.

---

425 du Buy, S. 83, geht sogar von einer „engsten Verbindung" zwischen Selbstbestimmungsrecht und dem Recht auf die Heimat aus.

426 Art. 1 Abs. 1 des Internationalen Paktes über bürgerliche und politische Rechte, abgedruckt in: BGBl. 1973 II, S. 1534 ff.

427 Kimminich, S: 65.

428 Blumenwitz, in: Blumenwitz (Hrsg.), Recht auf die Heimat im zusammenwachsenden Europa, S. 51.

429 Murswiek, in: Gornig/Murswiek (Hrsg.), S. 27.

2. *Das Recht auf die Heimat und Minderheitenschutz*

Der Minderheitenschutz verwirklicht ebenfalls Teile des Rechts auf die Heimat.[430] Minderheitenschutzregelungen, die anlässlich von Grenzverschiebungen getroffen werden, beinhalten zumeist das Recht für die betroffenen Völker, in ihrem angestammten Siedlungsraum zu bleiben.[431] Dies gilt auch für grundsätzliche Minderheitenschutzgarantien.[432] Daraus ergibt sich, dass das Recht eines Volkes, in seiner Heimat zu bleiben und zu siedeln, die Grundlage des Minderheitenschutzes und der damit verbundenen Regelungen ist.[433]

3. *Deportation und Vertreibung*

Da das Recht auf die Heimat auch mit dem Verbot der Vertreibung einhergeht, sind an dieser Stelle die Begrifflichkeiten „Deportation" und „Vertreibung" voneinander abzugrenzen.[434]

Deportation bedeutet im völkerrechtlichen Sinne[435] die mit körperlichem Zwang ausgeführte Entfernung von Menschen aus ihrem ursprünglichen Wohngebiet in ein anderes Territorium, welches zum Staatsgebiet des deportierenden Staates gehört oder welches von diesem Staat zuvor okkupiert wurde.[436] Dabei spielt es keine Rolle, ob der den Zwang ausübende Staat der Heimatstaat der Deportierten ist oder nicht.[437] Ob eine Deportation vorliegt, bemisst sich allein danach, ob die betroffenen Menschen auch nach der Deportation noch im Machtbereich des ausführenden Staates verbleiben.[438]

Eine Vertreibung hingegen liegt vor, wenn ein Staat Menschen aus ihrem angestammten Siedlungsgebiet in ein Territorium umsiedelt, welches nicht der Herrschaftsgewalt des vertreibenden Staates unterliegt.[439] Durch diesen Vorgang

---

430 Blumenwitz, in: Blumenwitz (Hrsg.), Recht auf die Heimat im zusammenwachsenden Europa, S. 50.

431 du Buy, S. 84; Murswiek, in: Gornig/Murswiek (Hrsg.), S. 21–22.

432 Blumenwitz, S. 42.

433 Kimminich, S. 169.

434 Blumenwitz, in: Blumenwitz (Hrsg.), Recht auf die Heimat im zusammenwachsenden Europa, S. 42–43.

435 Kimminich, S. 187, stellt insoweit klar, dass das Deportationsverbot eindeutig im Völkerrecht verankert ist.

436 du Buy, S. 43.

437 Murswiek, in: Gornig/Murswiek (Hrsg.), S. 24.

438 Blumenwitz, in: Blumenwitz (Hrsg.), Recht auf die Heimat im zusammenwachsenden Europa, S. 42.

439 Gornig, in: IFLA 1997, S. 123; Murswiek, in: Gornig/Murswiek (Hrsg.), S. 23–24.

werden die betroffenen Menschen aus dem Machtbereich ihres Heimatstaates entfernt und in den Herrschaftsbereich eines anderen Staates überführt.[440]

Daher bleibt festzuhalten, dass die Deportation zunächst ein innerstaatlicher Vorgang ist, sofern sie nicht in einer Besatzungssituation geschieht und auf dem Gebiet eines einzigen Staates vonstattengeht. Die Vertreibung hingegen hat einen internationalen Bezug, da sie grenzüberschreitend abläuft.[441]

IV. Die Geltendmachung des Rechts auf die Heimat durch die folgende Generation

Eine Frage, die immer wieder zu erheblichen Kontroversen führt, ist, ob auch noch die folgenden Generationen das Recht auf die Heimat ihrer Eltern und Großeltern geltend machen dürfen oder aber ob das Recht auf die Heimat mit dem Tod der jeweiligen Person endet. In der Bundesrepublik Deutschland ist in § 1 des Gesetzes über die Angelegenheiten der Vertriebenen und Flüchtlinge (Bundesvertriebenengesetz – BFVG)[442] gesetzlich geregelt, wer als Vertriebener gilt. Nach Abs. 1 dieser Vorschrift ist Vertriebener, „wer als deutscher Staatsangehöriger oder deutscher Volkszugehöriger seinen Wohnsitz in den ehemals unter fremder Verwaltung stehenden deutschen Ostgebieten oder in den Gebieten außerhalb der Grenzen des Deutschen Reiches nach dem Gebietsstande vom 31. Dezember 1937 hatte und diesen im Zusammenhang mit den Ereignissen des Zweiten Weltkriegs infolge Vertreibung, insbesondere durch Ausweisung oder Flucht, verloren hat."[443]

Dieses Gesetz dient vor allem dem Lastenausgleich und der Schaffung von Rechtssicherheit. Aber wenn man nach dem Wortlaut geht, ist eine Einbeziehung von Kindern und Enkeln in die Definition „Vertriebener" nicht gewollt.[444]

Im Ergebnis kann es jedoch offenbleiben, ob unter der Definition des BFVG auch die folgenden Generationen zählen. Denn das Recht auf die Heimat ist ein höchstpersönliches Recht, das nur dem Individuum selbst zusteht.[445] Als ein solches Recht kann es keiner Vererbung oder Weitergabe

440 Blumenwitz, in: Blumenwitz (Hrsg.), Recht auf die Heimat im zusammenwachsenden Europa, S. 43; Murswiek, in: Gornig/Murswiek (Hrsg.), S. 24.

441 Blumenwitz, in: Blumenwitz (Hrsg.), Recht auf die Heimat im zusammenwachsenden Europa, S. 43–44; de Zayas, in: Archiv des Völkerrechts, Band 35, S. 43 f.

442 Fassung in der Bekanntmachung vom 10. August 2007, BGBl. I S. 1902.

443 Vgl. § 1 Abs. 1 BFVG.

444 Gornig, in: IFLA 1997, S. 121 ff.

445 Kimminich, S. 19, macht hinsichtlich der Rechtsträgereigenschaft darüber hinaus deutlich, dass Gruppenrechte die gleichzeitige Existenz von Individualrechten nicht

unterliegen.[446]

Es ist jedoch stets zu beachten, dass Vertreiberstaaten für ihr völkerrechtswidriges Verhalten haften.[447] Den Vertriebenen stehen folglich völkerrechtliche Ansprüche[448] auf Naturalrestitution[449] zu, also die Wiederherstellung des Zustandes vor der völkerrechtswidrigen Vertreibung.[450] Dazu gehören auch der Anspruch auf Rückkehr in die Heimat[451] und der Anspruch auf Wiedereinräumung der ursprünglichen Eigentumsverhältnisse.[452] Gerade in den Fällen, in denen bereits dritte Personen Rechte an den privaten Gegenständen oder Grundstücken erworben haben, kann es zu erheblichen Problemen kommen. Es gilt nämlich der Grundsatz, dass die völkerrechtliche Pflicht zur Wiederherstellung des früheren Zustandes nicht durch die privaten Rechte Dritter untergehen kann.[453] Der vertreibende bzw. enteignende Staat ist verpflichtet, ungeachtet bestehender neuer Rechte, sich durch Enteignung das jeweilige Gut zu verschaffen und so die Naturalrestitution zu erfüllen.[454]

---

ausschließen, und dass umgekehrt Gruppeninteressen auch durch Individualrechte geschützt werden können; vgl. auch Pernthaler; weiter auch du Buy, S. 130; so auch Murswiek, in: Gornig/Murswiek (Hrsg.), S. 21.

446 Gornig, in: IFLA 1997, S. 123 f.; Murswiek, in: Gornig/Murswiek (Hrsg.), S. 23–24; du Buy, S. 127–128, stellt unter Bezugnahme auf die Ergebnisse der 2. Tagung der Völkerrechtswissenschaftler in Bonn 1965 dar, dass hingegen die sich aus einer Verletzung des Rechts auf die Heimat ergebenen Entschädigungsansprüche von den Berechtigten auch auf deren Rechtsnachfolger übergehen sollen.

447 Siehe UN-Völkerrechtskommission über die Haftung von Staaten für Völkerrechtsverletzungen, International Law Commission, Study on State Responsibility ILC Reports to the General Assembly, insbesondere 1997 und 1998; de Zayas, Heimatrecht ist Menschenrecht, S. 113.

448 Blumenwitz, in: Blumenwitz (Hrsg.), Recht auf die Heimat im zusammenwachsenden Europa, S. 57.

449 du Buy, S. 128, bezieht sich auf die Ergebnisse der 2. Tagung der Völkerrechtswissenschaftler am 24./25.04.1964 in Bonn. Die Ergebnisse dieser Tagung wurden niemals in gedruckter Form veröffentlicht. Die von Kimminich wiedergegebenen Feststellungen stammen aus einer hektographierten Fassung, welche damals vom Bund der Vertriebenen – Vereinigte Landsmannschaften und Landesverbände in Bonn zusammengestellt worden ist.

450 de Zayas, Heimatrecht ist Menschenrecht, S. 115.

451 de Zayas, Heimatrecht ist Menschenrecht, S. 121.

452 Blumenwitz, in: Blumenwitz (Hrsg.), Recht auf die Heimat im zusammenwachsenden Europa, S. 64; siehe auch van Boven, in: UN Doc. E/CN.4/Sub.2/1992/9.

453 Gornig, in: IFLA 1997, S. 121 ff.

454 de Zayas, Heimatrecht ist Menschenrecht, S. 131.

Erst wenn eine Sache nicht mehr zurückgegeben werden kann, kommt ein Anspruch auf Schadensersatz in Betracht.[455] Dieser ist jedoch subsidiär zu dem Anspruch auf Wiederherstellung des Zustandes zum Zeitpunkt der Vertreibung.

Derartige Ansprüche können aber nicht von den betroffenen Personen selbst geltend gemacht werden. Aufgrund der im Völkerrecht geltenden Mediatisierung des Bürgers müssen die jeweiligen Heimatstaaten der Betroffenen auf zwischenstaatlicher Ebene eine Lösung finden.[456] Dabei ist zu beachten, dass Ansprüche selbstverständlich der völkerrechtlichen Verjährung unterworfen sind.[457]

Der Umstand, dass Privatpersonen bei der Durchsetzung ihrer Ansprüche aufgrund von rechtswidriger völkerrechtlicher Vertreibung auf die Mithilfe ihrer Heimatstaaten angewiesen sind, führt oftmals dazu, dass es zu keiner Geltendmachung von Ansprüchen kommt.[458] Ein Grund hierfür könnte sein, dass Staaten nur ungern gewachsene diplomatische Beziehungen durch die Geltendmachung von Rechten einzelner Personen riskieren. Ferner sind sich die Staaten der Schwierigkeit einer Durchsetzung eines Anspruchs auf Naturalrestitution bewusst.[459] Sie scheuen dabei offensichtlich auch die Folgeproblematik: Denn für den Fall, dass bereits wiederum Privatpersonen Rechte an den in Frage stehenden Sachen erworben haben, müssten diese Personen von dem Staat enteignet werden, damit die Sache dem ursprünglichen Eigentümer zurückgegeben werden kann.

Im Nordkaukasus kommt das Recht auf die Heimat hauptsächlich in der Konstellation vor, dass deportierte Ethnien ihren Anspruch auf Rückkehr in ihre ursprünglichen Siedlungsgebiete durchsetzen wollen. Russland weigert sich aber, diesen Forderungen nachzukommen. Man verweist dabei stets auf die oben skizzierte Problematik, dass sich in den jeweiligen Gebieten schon neue Volksgruppen niedergelassen haben. Diese müssten also wiederum umgesiedelt werden, um den vormals deportierten Ethnien die Rückkehr zu ermöglichen. Zu beachten ist aber in diesem Zusammenhang, dass das Recht auf die Heimat nur den Vertriebenen selbst zusteht und nicht vererbbar ist. So könnten also überhaupt nur diejenigen eine Rückkehr in ihre Heimat fordern, die tatsächlich Opfer der Deportationen unter Stalin waren.

---

455 du Buy, S. 128.

456 du Buy, S. 128–129.

457 Seidl-Hohenveldern, in: Seidl-Hohenveldern (Hrsg.), S. 349.

458 du Buy, S. 129.

459 de Zayas, Heimatrecht ist Menschenrecht, S. 115.

Ob und inwieweit den einzelnen Ethnien ein Recht auf die Heimat zusteht, wird im Rahmen der völkerrechtlichen Abhandlung über die jeweilige Republik zu erörtern sein.

V. Die Vertreibungen einzelner Kaukasusvölker in der Sowjetzeit unter Josef Stalin

Bereits in den 1920er Jahren wurden die ethnischen Strukturen im Nordkaukasus durch systematische Umsiedlungen verändert.[460] Die gravierendsten Bevölkerungsveränderungen ergaben sich jedoch unter der Führung von Josef Stalin, der 1944 ganze Volksgruppen nach Zentralasien deportieren ließ. Dies begründete Stalin damit, dass die betroffenen Kaukasier mit der Deutschen Wehrmacht kooperiert hätten. Nach ihrer Rehabilitation im Jahre 1957 kehrten viele der Deportierten zurück, wurden allerdings nicht mehr in ihren ursprünglichen Gebieten angesiedelt.[461]

So wurden zwischen 1943 und 1944 hauptsächlich Tschetschenen, Inguscheten, das Turkvolk der Karatschaier sowie die Balkaren aus dem Kaukasus deportiert.[462] Schätzungen zufolge soll mindestens ein Drittel der deportierten Völker bei den Zwangsumsiedlungen ums Leben gekommen sein, denn an den meist unwirtlichen und im Winter bitterkalten Zielorten in Sibirien und Zentralasien waren praktisch keine Vorkehrungen für die Ankunft einer so großen Zahl an Menschen getroffen worden.[463]

Wie bereits angesprochen lautete die offizielle Begründung für die Deportation auf kollektiven Hochverrat, meist in der Form der Kollaboration mit den deutschen Besatzern. Angesichts des traditionellen Widerstands in der Region gegen Russland gab es in der Tat kleinere Verbände, die mit der deutschen Besatzungsmacht zusammenarbeiteten. Allerdings gab es auch im übrigen Russland überall kleinere Gruppen, die mit den Deutschen kooperierten. Ferner hatten deutsche Truppen das Siedlungsgebiet der Tschetschenen und Inguscheten überhaupt nicht erreicht, eine Kollaboration dieser Volksgruppen war also faktisch überhaupt nicht möglich. Zudem befanden sich fast alle Männer im wehrfähigen Alter der betroffenen Ethnien zum Zeitpunkt der Deportationen auf russischer Seite an der Front und kämpften gegen die Wehrmacht. Auch unter

---

460 Blumenwitz, in: Blumenwitz (Hrsg.), Recht auf die Heimat im zusammenwachsenden Europa, S. 43.

461 Sidorko, in: Chiari (Hrsg.), S. 125.

462 de Zayas, Heimatrecht ist Menschenrecht, S. 122.

463 Pabst, in: NZZ Online vom 20.02.2014.

diesem Gesichtspunkt erscheint der Kollaborationsvorwurf nur vorgeschoben. Vielmehr diente der Vorwurf an die betroffenen Völker Stalin, der sich bereits unter Lenin als Volkskommissar für Nationalitätenfragen mit Minderheiten beschäftigt und auch schon vor dem Zweiten Weltkrieg größere Umsiedlungen angeordnet hatte, als Vorwand, um sich der aufgrund der historischen Situation bei ihm unbeliebten kaukasischen Bergvölker zu entledigen.[464]

Diese Vertreibungen sollen an dieser Stelle vor allem unter dem Gesichtspunkt des Vertreibungsverbots völkerrechtlich bewertet werden.

1. Würdigung der Vertreibungen unter dem Aspekt des völkerrechtlichen Vertreibungsverbots

Zunächst ist klarzustellen, dass es sich bei den Umsiedlungen der betroffenen Kaukasusvölker in den zentralasiatischen Teil Russlands nach der Definition des Völkerrechts um Deportationen handelte, nicht um Vertreibungen. Wie zuvor ausgeführt[465], ist eine Deportation ein innerstaatlicher Vorgang, dies bedeutet, die umgesiedelte Volksgruppe bleibt im Machtbereich des deportierenden Staates Russland. Für eine Vertreibung hätte ein grenzüberschreitender Vorgang stattfinden müssen. Ein solcher war nicht gegeben, da die Zielgebiete zum Zeitpunkt der Deportationen Teil von Russland bzw. der Sowjetunion waren und die Völker auch nach der Deportation noch der Machtausübung der Sowjets unterlagen.

Es wurde mit Waffengewalt sowie mit Androhung von Erschießungen und Verschleppungen die Aussiedlung der betroffenen Kaukasusvölker aus ihrer Heimat bewirkt. Es liegt somit nach der völkerrechtlichen Definition ein Verstoß gegen das Vertreibungsverbot vor.

Die Frage, ob die von Stalin vorgenommenen Deportationen im „Kriegszustand" durchgeführt wurden, lässt sich nicht eindeutig beantworten. In der Regel muss der Kriegszustand zwischen dem die Deportation ausführenden Staat und der deportierten Volksgruppe bestehen.[466] Vorliegend geschahen die Deportationen zwar während des Zweiten Weltkriegs, also im Kriegszustand, allerdings waren die betroffenen deportierten Volksgruppen nicht Konfliktpartei. Vielmehr kämpften die meisten Angehörigen der Volksgruppen sogar auf Seiten der ausführenden Sowjetunion. Im Ergebnis kann die Frage, ob ein „Kriegszustand"

---

464 Pabst, in: NZZ Online vom 20.02.2014.

465 Siehe Ausführungen unter „Deportation und Vertreibung", Teil 1.F.III.3.

466 Vgl. Kimminich, S. 184–185.

vorgelegen hat, offenbleiben, da, wie bereits dargelegt, das Vertreibungsverbot erst recht auch für Friedenszeiten bzw. für Situationen gelten muss,[467] in denen der ausführende Staat und die betroffenen Ethnien sich nicht in einer kriegerischen Auseinandersetzung gegeneinander befinden.

Russland hat folglich mit der Deportation der Tschetschenen, Inguscheten, Karatschaier und Balkaren aus ihren Siedlungsgebieten im Nordkaukasus gegen das völkergewohnheitsrechtlich verankerte Vertreibungsverbot verstoßen.

2. *Entschädigungsansprüche der Vertriebenen*

Es stellt sich nun die Frage, ob den vertriebenen Volksgruppen irgendwelche Ansprüche aufgrund der völkerrechtswidrigen Deportationen zustehen.

Grundsätzlich haften Vertreiberstaaten für ihr völkerrechtswidriges Verhalten.[468] Problematisch könnte sich in diesem Zusammenhang bereits die Frage nach dem Vertreiberstaat stellen. Denn ausführender Staat der Deportationen war die Sowjetunion, aus der nach ihrem Zusammenbruch zahlreiche unabhängige Staaten hervorgingen. Angesichts der Tatsache, dass Russland nach eigener Sichtweise zumindest „Fortsetzerstaat" bei den Vereinten Nationen einschließlich des Sicherheitsrates wurde, dürfte insoweit feststehen, dass Russland auch hinsichtlich des völkerrechtswidrigen Verhaltens der Sowjetunion als „Fortsetzerstaat" zur Verantwortung gezogen werden kann.[469] Die Unterscheidung zwischen „Rechtsnachfolger" und „Fortsetzerstaat" ist von entscheidender Bedeutung für die generelle Haftungsfrage, weil es für einen Rechtsnachfolger im Völkerrecht keine Haftungsübernahme gibt und Russland daher schon aus diesem Grund nicht belangt werden könnte.

Fraglich ist ferner der Umfang etwaiger Ansprüche der Vertriebenen. Generell stehen den Vertriebenen völkerrechtliche Ansprüche auf Naturalrestitution zu, also Wiederherstellung des ursprünglichen Zustandes. Dazu gehört auch die Wiederherstellung der ursprünglichen Eigentumsverhältnisse.[470] Der vertreibende Staat ist verpflichtet, sich gegebenenfalls durch Enteignung das Eigentum der Vertriebenen wieder zu beschaffen und dieses an die Vertriebenen zurückzugeben. Erst wenn diese Wiederherstellung unter keinen zumutbaren Umständen möglich ist, kommt ein Anspruch auf finanziellen Schadensersatz in Betracht.

---

467 Siehe Ausführungen unter „Träger und Inhalt des Rechts auf die Heimat", Teil 1.F.II.

468 de Zayas, Heimatrecht ist Menschenrecht, S. 113; Gornig, in: IFLA 1997, S. 121 ff.

469 Willershausen, Claudia, Zerfall der Sowjetunion, S. 358 f.

470 Siehe Ausführungen unter „Die Geltendmachung des Rechts auf die Heimat durch die folgende Generation", Teil 1.F.IV.

Zu beachten ist dabei, dass diese Ansprüche aus Verletzung des Vertreibungsverbots und des Rechts auf die Heimat nur der Generation der Vertriebenen zusteht, nicht deren Nachkommen. Jedoch liegen die Deportationen mittlerweile über 70 Jahre zurück, so dass der Kreis derer, die diesbezüglich Ansprüche stellen könnten, relativ überschaubar sein dürfte. Aus Enteignung hingegen stehen jedoch grundsätzlich auch den Nachkommen der Betroffenen, die rechtlich wegen Völkerrechtswidrigkeit der Enteignung noch Eigentümer sind, Ansprüche auf Entschädigung zu.

Das größte Problem für die Betroffenen dürfte jedoch sein, dass Ansprüche auf Entschädigung aus völkerrechtswidriger Vertreibung nicht von den Individuen selbst geltend gemacht werden können, sondern aufgrund der im Völkerrecht geltenden Mediatisierung des Bürgers die jeweiligen Heimatstaaten auf zwischenstaatlicher Ebene eine Lösung finden müssen.[471] Diese Regelung zielt aber speziell auf die Vertreibung ab, also eine zwanghafte Umsiedlung mit internationalem Bezug. In einem solchen Fall existieren (mindestens) zwei Staaten, die über Entschädigungsansprüche von Vertriebenen verhandeln können. Hier ist jedoch Heimatstaat der Vertriebenen und Vertreiberstaat identisch. Dies würde bedeuten, dass Russland mit sich selbst über die Rückgabe der ursprünglichen Siedlungsgebiete an die Vertriebenen bzw. über eine Entschädigungszahlung verhandeln müsste. In der Konsequenz müsste sich Russland also aus eigenem Antrieb dazu entschließen, die Einstandspflicht für die Deportationen der Kaukasusvölker und daraus resultierenden Ansprüche der Vertriebenen anzuerkennen. Dies wird mit hoher Wahrscheinlichkeit nicht geschehen.

Dies würde jedoch ein unbilliges Ergebnis darstellen und würde in letzter Konsequenz dazu führen, dass Opfern von „Deportationen“ ohne Involvierung eines weiteren unabhängigen Staates niemals Ansprüche zustehen würden bzw. es für sie keine Möglichkeit gäbe, Ansprüche geltend zu machen. Daher wäre für eine solche Konstellation anzudenken, dass man die grundsätzliche Mediatisierung des Individuums im Völkerrecht auflockert und dem einzelnen Betroffenen das Recht der individuellen Geltendmachung seiner Ansprüche einräumt. Bisher steht jedem Vertriebenen zwar das Recht zu, im Vertreiberstaat Klage vor den nationalen Gerichten einzureichen und seine zivilrechtlichen Ansprüche geltend zu machen, jedoch sind solche Klagen sehr häufig bereits unzulässig und/oder unbegründet, da die meisten Staaten in ihren Rechtsordnungen den Vertriebenen keine Kompensationen aufgrund des erlittenen Unrechts gewähren.

---

471 Siehe Ausführungen unter „Die Geltendmachung des Rechts auf die Heimat durch die folgende Generation“, Teil 1.F.IV.

Ungeachtet der fraglichen Aktivlegitimation der Vertriebenen fehlt es insoweit auch in vielen Rechtsordnungen an einer Anspruchsgrundlage.

Um zu vermeiden, dass in verschiedenen Einzelfällen unterschiedliche Entscheidungen getroffen werden, könnte man die Geltendmachung der Ansprüche durch einen gemeinsamen Interessenverband der Betroffenen vornehmen lassen, der stellvertretend für die Individuen auftritt und eine einheitliche Entscheidung für alle Betroffenen herbeiführt.

Doch selbst wenn man im Nordkaukasus den Betroffenen die Möglichkeit einer individuellen Geltendmachung ihrer Ansprüche gegenüber Russland zugestehen würde, dürfte dies nichts an der tatsächlichen Situation ändern. Es ist kaum vorstellbar, dass Russland sich Entschädigungsansprüchen von Vertriebenen beugt, dies schon allein aus dem Grund, dass Russland befürchten müsste, für weitere andere Völkerrechtsverletzungen gegenüber dem eigenen Volk zur Verantwortung gezogen zu werden.

Im Übrigen muss noch einmal betont werden, dass es unwahrscheinlich ist, dass ein einzelner Geschädigter vor dem nationalen Gericht seines eigenen Staates (im vorliegenden Fall auch Verletzerstaat) überhaupt gehört wird. Dabei kann sogar offenbleiben, ob das Vertreibungsverbot als ius cogens anzusehen ist, da jedenfalls nicht Inhalt des Vertreibungsverbotes ist, überall durchgesetzt zu werden. Es existiert noch nicht mal eine konkrete Norm, die das völkerrechtliche Vertreibungsverbot gesetzesmäßig verankert.[472]

Auch ein Gang vor den Europäischen Gerichtshof für Menschenrechte (EGMR) dürfte für die Betroffenen wenig erfolgversprechend sein. Der EGMR würde die Sache schon deshalb nicht zur Verhandlung annehmen, weil Russland zum Zeitpunkt der Vertreibungen kein Mitgliedsstaat war. Darüber hinaus ist schon fraglich, ob der Einzelne insoweit überhaupt beteiligtenfähig ist, oder aber sein jeweiliger Heimatstaat die Ansprüche geltend machen müsste. Jedenfalls kann aufgrund des Umgangs Russlands mit internationalen Urteilssprüchen nicht davon ausgegangen werden, dass Russland ein mögliches, den Anspruch zusprechendes Urteil anerkennt.

Es bleibt daher zu konstatieren, dass den betroffenen Kaukasusvölkern zwar grundsätzlich Ansprüche aufgrund der unter Stalin erlittenen Deportationen zustehen, es jedoch an der tatsächlichen Möglichkeit scheitert, diese auch geltend zu machen bzw. durchzusetzen.

---

472 Siehe Ausführungen unter „Träger und Inhalt des Rechts auf die Heimat", Teil 1.F.II.

G. Die Rolle des Islam und sein möglicher Einfluss auf die Konflikte

I. Theologisches Fundament des Islam

1. Entstehung des islamischen Glaubens

Vom Standpunkt der Religionswissenschaften aus stellt der Islam eine Glaubensgemeinschaft dar, deren Prophet Mohammed (ca. 570–632 n. Chr.) sich mit seiner koranischen Lehre als Reformator bzw. Neubegründer der früheren Offenbarungsreligion verstand. Mohammed selbst verstand sich nicht als unfehlbarer Übermensch, sondern als Abgesandter Gottes und als Botschafter für dessen Wort.[473] Erst später schrieben die Gläubigen seiner Person verschiedene Wundertaten zu. Das Bekenntnis zu Allah als dem einen Gott und zu Mohammed, seinem Propheten, ist die erste von fünf Säulen des Islam.[474] Die weiteren vier Säulen sind das Gebet, die Gewährung von Almosen an Bedürftige, die Einhaltung der Fastengebote und die Pilgerreise nach Mekka, zu dem zentralen Heiligtum der Muslime, der „Kaaba".[475]

Der Islam hat durchaus Gemeinsamkeiten mit Judentum und Christentum, deren Propheten wie Abraham, Moses und Jesus auch von den Muslimen verehrt werden. Im achten und neunten Jahrhundert zogen muslimische Gelehrte aus Disputen mit dem Judentum diverse Folgerungen und entwickelten eine eigene islamische Theologie mit dem Ziel, eine Antwort auf die Frage nach dem Wesen Gottes und seinem Verhältnis zu den Menschen zu erlangen. Auch wollten die Gelehrten ein einheitliches islamisches Recht formulieren, welches dem Menschen in jeder Lebenssituation einen Leitfaden bietet.[476] Auf dieser Suche nach dem „Göttlichen" Recht gingen im sunnitischen Islam vier große Rechtsschulen hervor, die sich allerdings gegenseitig anerkennen und nur durch Nuancen unterscheiden. Im Kaukasus sind zwei der vier Rechtsschulen vertreten, und zwar die hanafitische und die schafiitische (diese vor allem in Dagestan und Tschetschenien).[477] Als Gründer gelten die Gelehrten Abu Hanifa

---

473 http://www.islamisches-zentrum-muenchen.de/html/islam_-_der_prophet_mohamed.html.

474 http://www.islamicbulletin.org/german/german.htm.

475 Kemper, in: Chiari (Hrsg.), S. 205.

476 Kemper, in: Chiari (Hrsg.), S. 204.

477 Iskenderjan, in: Wostok Nr. 6 1998, S. 20.

(699–767 n. Chr.) und Muhammad ibn Idris al-Schafii (767–820 n. Chr.)[478] Für die Weitergabe des islamischen Wissens und den Erhalt der Religion kommt den „Maktabs“, den sog. „Koranschulen“, welche meistens der lokalen Moschee angeschlossen sind, zentrale Bedeutung zu. Dort bringt der „Imam“, der Gebetsleiter, kleinen Kindern den Koran bei.[479]

Das Wort „Imam“ hat je nach Kontext unterschiedliche Bedeutungen, die im Folgenden jeweils deutlich gemacht werden. Zum einen bezeichnet der Begriff einen „religiösen und politischen Führer“ und ist teilweise identisch mit „Kalif“ (geistiges Oberhaupt der Muslime). Die gebräuchlichste Bedeutung von „Imam“ ist jedoch „Gebetsleiter einer Moschee“ – eine Funktion, die im Prinzip jeder Muslim ausüben darf. Daneben kann „Imam“ im schiitischen Kontext auch „erwarteter Messias“ meinen.[480] Ein „Kalif“ hingegen ist weltlich-religiöser Herrscher in der muslimischen Welt. „Kalif“ bedeutete ursprünglich „Vertreter des Gesandten Gottes“, später und auch noch heute wurde die Bedeutung „Vertreter Gottes“ formuliert. Der „Kalif“ war bzw. ist für die Durchsetzung der Gesetze, die Verteidigung und Vergrößerung des Herrschaftsgebietes, die Verteilung von Almosen sowie die Überwachung der Regierenden zuständig. Er selbst ist als Wächter des islamischen Glaubens nur an die „Scharia“ gebunden, die von Gott gesetzte Ordnung.[481]

Das ernsthafte Studium des Islam mit seiner Geschichte und Traditionen findet allerdings nicht in den Koranschulen statt, sondern an den sog. „Madrasas“.

Neben dem sunnitischen Islam gibt es noch das Schiitentum. Etwa 20 % aller Muslime weltweit gehören ihm an. Das Schiitentum entstand als Oppositionsbewegung gegen die arabische bzw. sunnitische Dynastie der Umayyaden (662–750 n. Chr.), welche die politische und geistige Nachfolgeschaft Mohammeds (Kalifat) an sich gerissen hatte.[482] Der schiitischen Überzeugung zufolge gebührte die Herrschaft jedoch nicht den Umayyaden, sondern den blutsverbundenen Nachkommen Mohammeds.[483] Diese Nachfahren wurden jedoch allesamt nach und nach ermordet. Sie bildeten eine Kette von zwölf Imamen (Gemeindeführern), deren letzter, Imam Mohammed al-Mahdi, dem schiitischen Glauben

478 http://www.islamisches-zentrum-muenchen.de/html/islam_-_der_prophet_mohamed.html.

479 Kemper, in: Chiari (Hrsg.), S. 204–205.

480 Kemper, in: Chiari (Hrsg.), S. 204.

481 Kemper, in: Chiari (Hrsg.), S. 207.

482 http://www.islamisches-zentrum-muenchen.de/html/islam_-_der_prophet_mohamed.html.

483 http://www.islamicbulletin.org/german/german.htm.

zufolge irgendwann zurückkehren wird und die Muslime in die anstehende Entscheidungsschlacht gegen alle Ungläubigen führen wird, bevor Gott das Ende der Welt herbeiführt. Diese „Zwölfer-Schia“ ist der größte Glaubenszweig im Schiitentum.[484]

Das Schiitentum birgt ein gewisses aufrührerisches Potenzial, das sich in zahlreichen Aufständen über die Jahrhunderte entlud und auch heute noch z. B. bei den politischen Unruhen im Nahen Osten und in Nordafrika zu sehen ist.

Muslime entwickelten ferner eine mystische Bewegung im Glauben, den „Sufismus“.[485] Dieser kennzeichnet den spirituellen Weg, auf dem der Gläubige durch verschiedene Rituale und Meditation versucht, die Nähe zu Gott emotional zu erfahren. Die Orte, an denen sich die Mystiker versammeln, nennt man „Tariqat“. Einige Sufi-Bruderschaften sind vergleichbar mit christlichen Mönchen und ziehen sich weitgehend aus dem öffentlichen Leben und der Gesellschaft zurück. Die bedeutendste sunnitische Bruderschaft im Kaukasus sind die „Nakschbandiyya“.[486]

2. *Religiöse Identität und Fundamentalismus*

Aus der ethnologischen Perspektive kann die Identität einer Religion als Stabilisator der Gesellschaft dienen, besonders in Krisenzeiten. Der Islam verkörpert eine Vielzahl traditioneller Lebensformen, in denen sich über die Jahrhunderte religiöse Bräuche und Ideologien mit lokalen bzw. regionalen Elementen vermischt haben.[487] Dabei ist unerheblich, was vom historischen Standpunkt aus wirklich „islamisch“ ist. Die Republiken im Nordkaukasus, die eine besondere Islamprägung aufweisen wie Kabardino-Balkarien, Inguschetien oder Tschetschenien, weisen eine große räumliche Distanz zu den Bildungszentren des Islam auf.[488] Dies bedeutet allerdings nicht, dass die Muslime in diesen Gebieten deswegen schlechtere oder weniger gläubige Muslime sind. Muslim ist, wer sich als solcher bezeichnet, und der Islam ist, was der jeweilige Muslim und seine örtliche Gemeinschaft selbst als solchen definieren und vorleben.[489] Die angesprochene ethnologische Perspektive geht über die Einteilung des Islam in seine verschiedenen Rechtsschulen weit hinaus.[490]

---

484 Kemper, in: Chiari (Hrsg.), S. 206.
485 Glintschikowa, in: Wostok Nr. 2004, S. 49.
486 Kemper, in: Chiari (Hrsg.), S. 208.
487 Osthold, in: BpB 2016.
488 Iskenderjan, in: Wostok Nr. 6 1998, S. 20.
489 http://www.islamicbulletin.org/german/german.htm.
490 Kemper, in: Chiari (Hrsg.), S. 208–210.

Den „fundamentalistischen“ Islamisten ist aber neben der vermeintlichen westlichen Dominanz in der islamischen Welt besonders die eben angesprochene Vermischung von lokalen Brauchtümern und der Religion des Islam ein Dorn im Auge. Für diese Fundamentalisten zählt nur ein politisches und gesellschaftliches System, das ausschließlich auf dem Koran basiert und vor allen nicht-islamischen Einflüssen geschützt werden muss. Auch lehnen sie neuere islamische Traditionen ab, die nicht dem Modell der islamischen Frühzeit von Mohammed und seinen direkten Nachfolgern entsprechen.[491] Fundamentalismus gilt in erster Linie als eine religiöse Überzeugung, die oftmals mit einem Rückzug aus der Gesellschaft verbunden ist, da diese nicht mehr den islamischen Anforderungen genügt.[492] Obwohl militante Auswüchse des Fundamentalismus gemessen an den vielen friedlichen Muslimen weltweit nur sehr selten sind, kann man aber auf der anderen Seite auch nicht sagen, dass der Islam vollständig gewaltfrei ist oder Gewalt generell ausschließt.[493]

Es kann an dieser Stelle festgehalten werden, dass der Islam eine komplexe Religion ohne einheitlichen Block darstellt. So passen auch die nicht differenzierenden Klischees der „muslimischen Fanatiker“ oder „religiösen Fundamentalisten“, die westliche Kritiker gerne anführen, auf keines der Kaukasusvölker, auch nicht auf die Tschetschenen oder Dagestaner. Jedoch gab es immer wieder einige religiöse Autoritäten im 18. und 19. Jahrhundert[494] wie der tschetschenische Scheich Mansur oder der Dagestaner Imam Schamil, welchen es gelang, auf der Basis des Islam über die regionalen Grenzen hinweg eine Widerstandsgemeinschaft gegen die damalige russische koloniale Expansion zu mobilisieren.[495]

II. Der Islam in Russland und im Nordkaukasus

Ethnizität und die damit verbundene Territorialität ist eines der grundlegenden Identitätsmuster der Kaukasier. Daneben treten aber noch weit bedeutendere andere Faktoren, welche die Identität und die Gruppenbildung der Völker bestimmen. So spielen lokale und soziale Herkunft oder wirtschaftliche und gesellschaftliche Interessen eine große Rolle.[496]

491 Kemper, in: Chiari (Hrsg.), S. 210.

492 Wagensohn, Russland nach dem Ende der Sowjetunion, S. 97.

493 Kemper, in: Chiari (Hrsg.), S. 211.

494 Iskenderjan, in: Wostok Nr. 6 1998, S. 20, weist zutreffend darauf hin, dass der Islam schon seit dem Kaukasischen Krieg im 19. Jahrhundert Teil des nationalen Selbstbewusstseins aller islamischen Völker des Nordkaukasus ist.

495 Halbach, in: BIOst 1996, S. 28.

496 Sidorko, in: Chiari (Hrsg.), S. 132.

Dies wird durch den in allen Kaukasusgegenden ausgeprägten Klientelismus deutlich: Verknüpfungen auf verwandtschaftlicher, regionaler, beruflicher oder ideologischer Basis werden genutzt, um politische und wirtschaftliche Ziele zu erreichen. Im muslimisch geprägten Nordkaukasus haben ethnische Interessenverbände weitgehend an Einfluss verloren, während muslimische Gruppen regen Zulauf erfahren.[497]

In der Russischen Föderation stellt der Islam die zweitgrößte Glaubensrichtung nach der russisch-orthodoxen Kirche dar. Aktuelle Prognosen für die Bevölkerungsentwicklung im 21. Jahrhundert gehen davon aus, dass der muslimische Einfluss noch weiter wachsen wird, während die russisch-orthodoxe Kirche zunehmend an Mitgliedern und damit an Einfluss verlieren wird.[498]

Besonders hoch ist der Anteil der Muslime im Nordkaukasus. Eine genaue Zahl kann dabei nicht genannt werden, da keine offiziellen Statistiken über die Religionszugehörigkeit in der RF existieren.[499] In den Föderationsrepubliken im Nordkaukasus bewegt sich der Anteil der muslimischen Glaubensangehörigen Schätzungen zufolge zwischen 89 % in Dagestan, 78 % in Inguschetien, 57 % in Kabardino-Balkarien, 40 % in Karatschai-Tscherkessien, 23 % in Adygeja und 19 % in Nordossetien.[500] Ferner hat Moskau mit etwa zwei Millionen Muslimen eine der größten städtischen Muslimgemeinden Europas.

Besonders im Nordkaukasus wird der Zwiespalt zwischen integrativen und desintegrativen Tendenzen des Islam in Russland besonders deutlich.[501] Integrative Strömungen sind insoweit erkennbar, als sich eine muslimische Gesamtgemeinde Russlands als Partner für den Erhalt der staatlichen Einheit und die Festigung der RF anbietet. Ihr Ziel ist ein religionspolitisch tolerantes Russland in der Post-Kommunismus-Ära.[502]

Jedoch entwickeln sich auch autonomistische und separatistische Bewegungen eines Ethno-Nationalismus. Als Extremfall kann hier Tschetschenien genannt werden, da hier die Religion des Islam gar als politisches Legitimationselement

497 Sidorko, in: Chiari (Hrsg.), S. 133.
498 Halbach, in: BIOst 1996, S. 3.
499 Für den Islam gibt es keine Trennung nach den Nationalitäten (so die Auslegung der Sure 49:13), so dass auch aus diesem Grund keine genauen Zahlen über den Anteil der Muslime im Nordkaukasus genannt werden können; Bekkin, in: Wostok Nr. 3 2005, S. 58.
500 Halbach, in: BIOst 1996, S. 5.
501 Halbach, in: Russland-Analysen 316/16, S. 3–4.
502 Halbach, in: BIOst 1996, S. 8.

für eine Sezessionsbewegung diente.[503] Die tschetschenische Sezessionsbewegung sowie die daraus resultierende brutale und rücksichtslose Kriegsführung der russischen Armee wurden zur größten Belastung für die integrativen Tendenzen des Islam in der RF.[504] Der islamische Fundamentalismus, der den Sezessionsbewegungen in Tschetschenien zugrunde lag und liegt, begann seine Eigendynamik mit dem Zusammenbruch der Sowjetunion im Jahre 1991 zu entfalten.[505]

Die Sezessionserklärung Tschetscheniens lief den Bemühungen zuwider, eine landesweite russische Muslimgemeinschaft zu etablieren und stieß folglich bei den meisten religiösen muslimischen Führern in Russland als auch in den Föderationsrepubliken im Nordkaukasus auf wenig Zustimmung. Andererseits brachte die rigorose russische Kriegsführung gegen die Separatisten die Muslime gegen die Staatsgewalt auf, zumal sich der damalige höchste muslimische Geistliche in Russland, der Mufti Tadschuddin, kurz vor Ausbruch des Konfliktes im Herbst 1994 stark darum bemühte, durch Verhandlungen an höchster Stelle mit der Regierung in Moskau eine Konflikteskalation zu verhindern und zu einer friedlichen Lösung beizutragen.[506]

Der Islam im Nordkaukasus kann besonders durch folgende Eigenschaften charakterisiert werden: ethnische Zersplitterung der Bevölkerung, eine besondere Mentalität der Bergvölker wie Kampfbereitschaft und Verteidigungsmentalität, Ethno-Zentrismus und eine relativ junge Zugehörigkeit zum islamischen Kulturkreis.[507] Dies führt dazu, dass von allen Gebietsteilen der RF mit islamischem Kultur- und Geschichtshintergrund dieses Gebiet sicherlich das komplizierteste ist.

Wie bereits kurz angesprochen, ist die Region ethnisch sehr vielfältig. Etwa zwei Drittel der Bevölkerung des gesamten Nordkaukasus sind zwar Russen, sind aber selten konzentriert angesiedelt und bilden in manchen Föderationsrepubliken wie Dagestan oder Inguschetien gar eine Minderheit. Die nicht-russischen Völker stehen unter verschiedensten kulturellen Einflüssen wie kaukasischen, indo-europäischen oder türkischen Komponenten.[508] Die Aufteilung am

503 Osthold, in: BpB 2016.

504 Halbach, in: BIOst 1996, S. 8–9.

505 Wagensohn, Russland nach dem Ende der Sowjetunion, S. 97-98; Iskenderjan, in: Wostok Nr. 6 1998, S. 20.

506 Halbach, in: BIOst 1996, S. 9.

507 Halbach, in: BIOst 1996, S. 19; Dschemal, in: Segbers (Hrsg.), S. 235.

508 Tschinarichina, in: Wostok Nr. 2 1993, S. 15.

Reißbrett in der Sowjetzeit in nationale Gebietseinheiten führte zu einer Vermischung dieser unterschiedlichen Kulturkreise, so dass zum Beispiel in Dagestan über 30 Ethnien auf einem Gebiet von der Größe der Schweiz zusammenleben. Oftmals werden in aneinander angrenzenden Bergdörfern so unterschiedliche Sprachen bzw. Dialekte gesprochen, dass eine Verständigung unter den Nachbarn teilweise unmöglich ist.[509] Durch den Krieg in Tschetschenien kam es zusätzlich zu zahlreichen Fluchtbewegungen aus Inguschetien, Dagestan und Tschetschenien selbst, was zu einer weiteren Vermischung von Volksgruppen führte.

Auch ist die besondere geographische Lage des Nordkaukasus herauszustellen. Die historisch bedeutsame Lage des Kaukasus zwischen dem christlich-orthodoxen Russland und den zwei miteinander konkurrierenden islamischen Imperial-Mächten, dem sunnitischen Osmanischen Reich und dem seit dem 16. Jahrhundert schiitischen Persien, birgt auch für die heutige Zeit eine gewisse Brisanz.[510]

Ferner ist der Islam im Nordkaukasus von Sezessionsbestrebungen einzelner Republiken geprägt. Es bildeten sich vor allem in Tschetschenien Nationalbewegungen, die sich von Moskau separieren wollten. Dies ist nicht zuletzt darauf zurückzuführen, dass viele Muslime die sowjetische Ära, in der der Islam wie alle anderen Religionen gleichermaßen unterdrückt und reglementiert wurde, als gottlose Fremdherrschaft empfanden, die es nun zu beseitigen galt.[511] Auch gab es ethno-territoriale Konflikte wie den Krieg zwischen Inguscheten und Osseten im Jahr 1992. Als Versuch transethnischer Integration hatte sich seit 1989 eine Konföderation kaukasischer Völker mit halbstaatlichen und paramilitärischen Strukturen gebildet, die als erklärtes und angestrebtes Ziel eine unabhängige Republik der Bergvölker nach historischem Vorbild ausgab.[512]

Auch wirtschaftliche Aspekte spielen bei den Besonderheiten des Islam im Nordkaukasus eine hervorgehobene Rolle. Der Nordkaukasus zählt zu den wirtschaftsschwächsten und damit ärmsten Regionen der RF. Ein Großteil der Bevölkerung lebt von der Landwirtschaft und ist von den Subventionen aus Moskau abhängig.[513] Konfliktpotenzial birgt zudem die wachsende Bedeutung

509 Halbach, in: BIOst 1996, S. 23–24.
510 Kemper, in: Chiari (Hrsg.), S. 212; Halbach, in: Russland-Analysen 316/16, S. 3.
511 Kemper, in: Chiari (Hrsg.), S. 212.
512 Halbach, in: BIOst 1996, S. 24.
513 Halbach, in: BIOst 1996, S. 24.

der Erdölvorkommen im Nordkaukasus und politische Uneinigkeiten über die Transportkanäle bzw. den Verlauf einer Pipeline für das geförderte Öl.

Schließlich herrscht eine Konfrontation zwischen der russisch-orthodoxen Kultur und der vom Islam und besonders vom traditionellen Gewohnheitsrecht geprägten Kultur kaukasischer Bergvölker.[514] Zwar existierten und existieren zahlreiche friedliche Kulturkontakte, allerdings ist besonders das Verhältnis zwischen Kosaken und den kaukasischen Bergvölkern angespannt. Seit jeher galten die Kosaken für die Nordkaukasier als Vorhut russischer Kolonialpolitik.[515] Die Streitigkeiten reichen von Diskursen über Bodenbesitz und territoriale Besitzansprüche bis hin zu militärischer Beteiligung und Unterstützung der Kosaken für die russische Armee bei ihrem Einmarsch in die tschetschenische Stadt Grosny im Dezember 1994.[516]

Es bleibt allerdings festzuhalten, dass es sicherlich zu kurz gegriffen wäre, würde man die diversen und diffizilen Konflikte und Krisenherde lediglich auf konfessionelle Weltanschauungen zurückführen.[517] Viel stärkeren Einfluss auf die Auseinandersetzungen als die Religion haben vor allem politische, territoriale sowie wirtschaftliche Interessen. Der russischen Führung in Moskau ist es zu keiner Zeit gelungen, diesem Spannungsfeld aus historischen, demographischen, ethnographischen, wirtschaftlichen und geostrategischen Faktoren Herr zu werden.[518]

Die anfänglichen Befürchtungen Moskaus, dass nach den Sezessionsbestrebungen in Tschetschenien andere Föderationsrepubliken nun ebenfalls Abspaltungstendenzen an den Tag legen könnten, haben sich jedoch nicht vollständig bewahrheitet. So gab es zwar in Kabardino-Balkarien und auch in Karatschai-Tscherkessien nationale Bewegungen, die mit einer Abspaltung von der RF sympathisierten, diese konnten jedoch bis jetzt nicht genügend regionale Anhänger für die politische Verwirklichung dieses Ziels mobilisieren.[519]

III. Religionsgeschichte im Nordkaukasus

Die Kompliziertheit des Ethnogramms spiegelt die diffizile Religionshistorik der Region seit dem 18. und 19. Jahrhundert wider.[520] Durch Völkerwanderungen

514 Iskanderjan, in: Wostok Nr. 3 1999, S. 28–29.
515 Siehe hierzu auch Ausführungen unter Teil 4.B.I.2.
516 Halbach, in: BIOst 1996, S. 25.
517 Osthold, in: BpB 2016.
518 Halbach, in: BIOst 1996, S. 26.
519 Halbach, in: BIOst 1996, S. 26–27.
520 Osthold, in: BpB 2016.

und den wechselnden Einfluss ausländischer Mächte existierten im Kaukasus zahlreiche religiöse Einflüsse. So gab es Christen, Juden und Muslime. Allerdings konnte kein Religionsgesetz die lokalen und stammesmäßigen Gewohnheitsrechte der Bergvölker in den Hintergrund drängen. Diese Gewohnheitsrechte behielten bis heute die Oberhand im Alltag.[521]

1. Islam in Tschetschenien im Kontext der Tschetschenienkriege und des „Dschihad"

Beide Tschetschenienkriege werden in der Berichterstattung immer wieder als „Religionskriege" bezeichnet. Dabei waren es zu Beginn der Eskalation zwischen Moskau und Grosny im Herbst 1994 vor allem Geistliche beider Seiten, die dem Eindruck, die Religion spiele bei dem Konflikt eine entscheidende Rolle, entgegengetreten waren.[522]

Im weiteren Verlauf der Kriege, insbesondere im Zweiten Tschetschenienkrieg, nahm die Religion jedoch an Bedeutung zu.[523] Obwohl die am stärksten vom Islam geprägte Republik Dagestan versuchte, sich zunächst möglichst aus dem Krieg zwischen Moskau und Tschetschenien herauszuhalten (bevor es nach dem Zweiten Tschetschenienkrieg auch zu Sezessionsbestrebungen Dagestans kam), wurde der Erste Tschetschenienkrieg in den Medien auch deshalb als „Religionskrieg" bzw. „Glaubenskrieg" tituliert, weil der tschetschenische Rebellenführer Dudajew eine gewisse Unterstützung aus dem islamischen Ausland erhielt.[524] So kämpften einige islamische Fundamentalisten aus Afghanistan, Saudi-Arabien und Jordanien auf Seiten der tschetschenischen Freiheitskämpfer. Auch versuchte Dudajew insbesondere mit islamischen Parolen neue Anhänger um sich zu scharen und hoffte dadurch, durch den Islam den Nationalismus zu stärken und damit die Aussicht auf eine erfolgreiche Sezession zu erhöhen. Hinter Dudajew und seiner radikalen Nationalbewegung standen auch islamische Parteien wie die „Muslimbrüder" oder „Islamischer Weg".[525] Diese Parteien wollten einen unabhängigen Staat, in welchem die Scharia, also das islamische Recht, das herrschende Rechtssystem prägt. Allerdings kann in diesem Zusammenhang gesagt werden, dass sowohl die ideologischen Grundgedanken als auch die propagandistische Hauptunterstützung für Dudajew nicht von einer

---

521 Halbach, in: Russland-Analysen 316/16, S. 3–4.
522 Halbach, in: BIOst 1996, S. 30.
523 Halbach, in: Russland-Analysen 316/16, S. 4.
524 Halbach, in: BIOst 1996, S. 31.
525 Halbach, in: Russland-Analysen 316/16, S. 3.

der islamischen, sondern von einer nationalistischen Partei, der „Vainachischen Demokratischen Partei", kam.[526]

Allerdings hielt sich die Solidarität von islamischen Staaten mit der abtrünnigen Kaukasus-Republik in Grenzen; kein Staat wagte es, die russische Regierung mit der Anerkennung eines eigenständigen tschetschenischen Staates zu brüskieren. Dies konnten sich die meisten Staaten schon deshalb nicht erlauben, da sie auf ihre eigene territoriale Integrität achten mussten und daher keinerlei Interesse an einem möglichen Präzedenzfall im Nordkaukasus hatten, welcher möglicherweise als Beispiel für andere Separatisten hätte dienen können.[527]

Das Sezessionsregime in Tschetschenien versuchte, mit dem Islam als zentralem Element der nationalen Selbstbestimmung die Festigung einer staatlichen Souveränität und damit natürlich auch seiner eigenen politischen und militärischen Machtstellung zu erreichen.[528] Dudajew selbst begnügte sich damit aber nicht: Er appellierte an das Unabhängigkeitsstreben aller kaukasischen Bergvölker, ohne Rücksicht auf deren konfessionelle Zugehörigkeit.[529] Es ging ihm weniger um die Religion als um die „Negation des russischen Imperialismus", welche die Basis für einen eigenständigen Staat im Nordkaukasus sein sollte. Im Bewusstsein der kaukasischen Widerstandstraditionen bemächtigte er sich der Symbolik der ersten bedeutenden tschetschenischen bzw. kaukasischen Widerstandskämpfer, des Scheichs Mansur sowie des Imam Schamil.[530]

Im Zweiten Tschetschenienkrieg spielte der Islam sowohl auf russischer Seite als auch auf tschetschenischer Seite zumindest vordergründig eine größere Rolle für die kriegerischen Auseinandersetzungen.[531] Offiziell ausgerufenes Ziel der militärischen Operation Russlands war es, im Rahmen einer „Antiterror-Operation" den „tschetschenisch-islamischen Terrorismus" zu zerschlagen.[532] Nach dem Einmarsch russischer Truppen in Tschetschenien am 1. Oktober 1999 rief der damalige Präsident der Republik Aslan Alijewitsch Maschadow, welcher im Ersten Tschetschenienkrieg Oberbefehlshaber der tschetschenischen Streitkräfte war und in der Folgezeit als Präsident Tschetscheniens von der russischen Regierung geduldet wurde, den „Dschihad" aus.

---

526 Halbach, in: BIOst 1996, S. 31.
527 Halbach, in: BIOst 1996, S. 30.
528 Halbach, in: Russland-Analysen 316/16, S. 3–4.
529 Halbach, in: Russland-Analysen 316/16, S. 3–4.
530 Halbach, in: BIOst 1996, S. 30–31.
531 Glintschikowa, in: Wostok Nr. 2004, S. 49.
532 Pahl, in: Chiari (Hrsg.), S. 114.

Der Dschihad (arabisch „jihad“, wörtliche Bedeutung im Arabischen: sich bemühen) bildet neben den fünf klassischen Säulen des Islam (Glaubensbekenntnis, Gebet, Fasten, Almosen, Pilgerfahrt) ein weiteres wichtiges Prinzip.[533] Die klassische juristisch-moralische Lehre des Islam unterscheidet dabei zwei Formen des „Dschihad“. Der „große Dschihad“ meint das Streben, die eigenen Schwächen und Laster zu überwinden, ein gottgefälliges Leben zu führen und den islamischen Glauben durch Wort und vorbildliches Verhalten zu verbreiten. Der „kleine Dschihad“ verlangt von den Gläubigen, das Gebiet des Islam zu schützen, zu verteidigen und auszudehnen. Dies kann auch durch Gewaltanwendung innerhalb der von den muslimischen Juristen gesetzten Grenzen erfolgen, wenn es sonst nicht anders möglich wäre.[534] Ein Koranvers, welcher oftmals als Grundlage der kriegerischen Form des „Dschihad“ herangezogen wird, lautet: „Kämpft gegen diejenigen, die nicht an Allah und an den Jüngsten Tag glauben, und die das nicht für verboten erklären, was Allah und Sein Gesandter für verboten erklärt haben, und die nicht dem wahren Glauben folgen - von denen, die die Schrift erhalten haben –, bis sie eigenhändig den Tribut in voller Unterwerfung entrichten.“ (Sure 9, 29)[535]

Aber auch hier lässt sich sagen, dass der Islam oftmals von beiden Seiten nur aufgrund propagandistischer Zwecke in den Mittelpunkt des Konfliktes gestellt wurde. So machte die russische Propaganda keinen Unterschied zwischen nationalistischen Truppen und islamischen Gruppierungen. Auf Seiten der Tschetschenen wurde versucht, durch die Ausrufung des „Dschihad“ zusätzliche ausländische Kämpfer sowie finanzielle Mittel und Kampfausrüstungen von islamistischen Organisationen zu bekommen. Wie stark der Einfluss der Religion auf den Krieg tatsächlich war, darauf wird später noch einzugehen sein.

2. *„Wahhabiten“ im Kaukasus*

Der Begriff „Wahhabismus“ stammt von „Wahhabiyah“, einer Islamvariante, die in Saudi-Arabien zur Staatsreligion wurde. Dabei spielt der Begriff auf die Steuerung der Bewegung durch das islamische Ausland an. „Wahhabiyah“ basiert auf den Lehren von Muhammad Ibn' Abd-al Wahhab (1703–1771), die sich in einigen Punkten von anderen islamischen Strömungen unterscheiden.[536] Dazu

533 Pahl, in: Chiari (Hrsg.), S. 115.

534 Pahl, in: Chiari (Hrsg.), S. 115.

535 Pahl, in: Chiari (Hrsg.), S. 115.

536 Halbach, in: Zeitschrift Osteuropa 2006, S. 26; Iskenderjan, in: Wostok Nr. 6 1998, S. 20–21.

gehört die strikte Ablehnung jeglicher Einmischung und Zwischenschaltung in die Beziehung zu Gott, insbesondere von Heiligtümern, sowie die Anfeindung sämtlicher Neuerungen, die den Islam in seiner ursprünglichen Form verändern könnten. Dies führt zu einer extrem puristischen Ausrichtung des Wahhabismus, der damit in einem krassen Gegensatz zu der sonstigen Islamtradition im Nordkaukasus, die sich immer wieder für Neuerungen öffnete und diverse Heiligtümer verehrte, stand.[537]

Die Bezeichnung „Wahhabiten" für islamische Bewegungen innerhalb der Sowjetunion kristallisierte sich in den 1980er Jahren heraus.[538] Diente lange Zeit „Sufismus" als Schlagwort für politisch suspekte, antisowjetische Erscheinungen eines „inoffiziellen" bzw. „parallelen" Islam, wurde dieser nun durch „Wahhabismus" abgelöst.[539]

Seit dieser Zeit haftet der Begrifflichkeit des „Wahhabismus" ein negatives Image an, das die islamische Strömung bis heute nicht mehr loswurde. So werden seitens Russlands alle islamischen Traditionalisten im Kaukasus als Wahhabiten bezeichnet.[540]

Auch wenn der Islam im Nordkaukasus in der Vergangenheit eine wichtige Rolle spielte und auch bei den jüngsten Konflikten nicht ohne Bedeutung blieb, so ist der Auslöser für die Sezessionsbestrebungen nicht allein in der Mentalität des Islam zu sehen. Vielfach wurden konfessionelle Aspekte vorgeschoben, um von den wahren Intentionen, die von Nationalismus und Machtstreben einzelner politischer Gruppen geprägt sind, abzulenken.[541]

IV. Die Entwicklung der Politisierung des Islam

Der Islam in Russland musste in dem letzten Jahrhundert schwierige Zeiten durchleben. Während des Stalin-Regimes wurde die islamische Infrastruktur in Russland vollständig zerschlagen, lediglich während des Zweiten Weltkriegs war Stalin zu einigen Zugeständnissen bereit, da er die Unterstützung der Muslime im Kampf gegen Deutschland benötigte.

Unter dem Sowjet-Regime hatten die Muslime ebenfalls keine Besserung erfahren. Sämtliche Gebete und religiöse Treffen mussten heimlich stattfinden, die intellektuellen Kreise des Islam wurden nahezu vollständig aufgelöst. Es

---

537 Halbach, in: BIOst 1998 Nr. 19, S. 2.

538 Halbach, in: Russland-Analysen 316/16, S. 3–4.

539 Glintschikowa, in: Wostok Nr. 2004, S. 49; Halbach, in: BIOst 1996, S. 2.

540 Halbach, in: Zeitschrift Osteuropa 2006, S. 27.

541 Glintschikowa, in: Wostok Nr. 2004, S. 48–49.

entstand dadurch eine große Lücke auf dem Gebiet der modernen Islambildung in Russland, die verschiedene (teilweise radikale) Gruppierungen nach dem Zusammenbruch der Sowjetunion zu füllen versuchten.[542]

Nach 1991 musste der Islam daher von Grund auf neu aufgestellt werden, so dass auch neue religiöse Strömungen ihre Beachtung fanden. In diesem Zusammenhang mussten auch grundlegende Aspekte wie die Finanzierung der Moscheen oder die Bezahlung der Imame insbesondere im Nordkaukasus völlig neu geregelt werden.[543] So bekam jede Republik der RF ein eigenes „Muftiyat", eine islamische Regionalverwaltung, so auch die Republiken im Nordkaukasus.[544] Nach anfänglichen Freiheiten für die Muslime in den einzelnen Republiken versuchen die Regierungen der Republiken etwa seit der Jahrtausendwende wieder, die Moscheegemeinschaften stark zu überwachen und auch zu schließen.[545] Dadurch wird eine enge Verbindung von Staat, Politik und Islam geknüpft, die sehr viele Nachteile mit sich bringt. So wird das Recht auf freie Religionsausübung in vielen Republiken eingeschränkt und damit werden viele Glaubensgemeinschaften in den Untergrund gedrängt.[546] Auch sind die staatlich ausgesuchten Islam-Lehrer oft nicht genügend qualifiziert auf dem Gebiet der Religion und stark geprägt von dem jeweiligen Regime und dessen Weltanschauung. Junge Männer, die ursprünglich in den Republiken der RF lebten und aufwuchsen und nun im Ausland eine moderne islamische Ausbildung genossen haben, haben keine Chance auf eine Rückkehr und damit auf die Weitergabe ihres erworbenen Wissens, da die Regierungen alle, die im Ausland studiert haben, unter den Generalverdacht des „Wahhabismus" stellt, einer Form des religiösen Extremismus.[547] Dies führt dann dazu, dass frustrierte Heimkehrer sich tatsächlich radikalen Extremisten-Gruppierungen anschließen.[548]

Besonders die Islamisierung des Tschetschenienkonflikts führte dazu, dass seit Mitte der 1990er Jahre auch in den Nachbarrepubliken Tschetscheniens Splittergruppen des tschetschenischen Widerstands auftraten und für Unruhe sorgten.[549] Besonders betroffen sind die Republiken Inguschetien, Kabardino-Balkarien und vor allem Dagestan. In Dagestan gingen in den letzten Jahren

542 Kemper, in: Chiari (Hrsg.), S. 214.
543 Bekkin, in: Wostok Nr. 4 2004, S. 60.
544 Melvin, in: SIPRI Nr. 16/2007, S. 19; Kemper, S. 330.
545 Halbach, in: Russland-Analysen 316/16, S. 4.
546 Osthold, in: BpB 2016; Kemper, in: Chiari (Hrsg.), S. 215.
547 Kemper, in: Chiari (Hrsg.), S. 215.
548 Osthold, in: BpB 2016.
549 Iskenderjan, in: Wostok Nr. 6 1998, S. 21.

zahlreiche Angriffe auf russische Militärposten und Anschläge auf öffentliche Gebäude auf das Konto der „Dschamaat Schariat", einer Gruppe, die sich auf ihren Websites zum fundamentalistischen Islam bekennt. Im Gegensatz zu Tschetschenien halten sich in Dagestan jedoch die Unabhängigkeitsbestrebungen in Grenzen.[550]

Auch in den Nachbarrepubliken Tschetscheniens entwickelte sich der Fundamentalismus vor allem als Auflehnung gegen den aus Sicht der Muslime gottlosen und korrupten Staat. Anhänger finden sich vor allem in bäuerlichen Dorfgemeinschaften. Dieser Fundamentalismus, der sich aus der Islamisierung des Tschetschenienkonflikts ergründete, führte besonders in Tschetschenien und Dagestan zu einer Form des islamischen Terrorismus, der allerdings in der breiten Bevölkerung wenig Akzeptanz findet.[551]

Die Gründe, dass der Islam im Nordkaukasus politisiert wurde, liegen nicht nur an den Tschetschenienkriegen, sondern auch darin, dass in den Kaukasusrepubliken sowjetische Herrschaftsmuster hinsichtlich der Behandlung des Islam nicht abgelegt wurden.[552] So wird verhindert, dass die muslimischen Gesellschaften des Kaukasus zu einer gewissen Normalität finden, in der alle Involvierten den persönlichen Glauben, Meinungsfreiheit, soziales Engagement sowie politische Opposition nicht mit Terrorismus assoziieren.[553]

550 Kemper, in: Chiari (Hrsg.), S. 216.
551 Kemper, in: Chiari (Hrsg.), S. 217; Iskenderjan, in: Wostok Nr. 6 1998, S. 21.
552 Osthold, in: BpB 2016.
553 Kemper, in: Chiari (Hrsg.), S. 219.

Teil 2 Republiken des Föderationskreises „Nordkaukasus“

A. Republik Tschetschenien[554]

Die Autonome Republik Tschetschenien wird einen Schwerpunkt der Bearbeitung einnehmen. Tschetschenien kann angesichts der Kriege von 1994 bis 1996 und 1999 bis 2002 als Auslöser der Instabilität in der Nordkaukasus-Region angesehen werden. Auch waren die Tschetschenen das erste Volk im Nordkaukasus, die ihre Abspaltung von Russland erklärten. In der völkerrechtlichen Würdigung ist sowohl auf das Selbstbestimmungsrecht der Tschetschenen einzugehen, als auch das Recht Russlands auf staatliche Integrität. Diese widerstreitenden Interessen sind gegeneinander abzuwägen. Dabei müssen die Motive Russlands, eine Sezession Tschetscheniens zu verhindern, ebenso gewürdigt werden wie das Bestreben der Tschetschenen, einen eigenen, völkerrechtlich unabhängigen Staat zu erlangen.

Auch wird dabei auf die Hintergründe und Entstehung des Konfliktes zwischen Russland und Tschetschenien, den Ausbruch der ersten militärischen Auseinandersetzung sowie den Verlauf des Ersten Tschetschenienkrieges von 1994 bis 1996, die Menschenrechtsverletzungen in den kaukasischen Gebietsräumen und die Mündung der fortwährenden Streitigkeiten in den Zweiten Tschetschenienkrieg von 1999 bis 2002 einzugehen sein.

I. Die Republik und seine Bewohner

1. Geschichte, Kultur, Wirtschaft und Bevölkerung

Tschetschenien (russisch Tschetschnja) ist ein vergleichsweise kleines Gebiet mit ca. 15.700 qkm, etwa von der Größe Schleswig-Holsteins, und liegt innerhalb Russlands an den Nordosthängen des Großen Kaukasus-Gebirgsrückens.[555] Nördlich des Gebirgsmassivs erstreckt sich die Niederung von Terek und Kuma, im Westen ein Mittelgebirge zwischen Terek und Sunscha. Die Flüsse Terek, Sunscha, Argun und Assa gehören zum Terek-Becken und entspringen der Gletscherregion.[556] Anhand dieser geographischen Bedingungen lässt sich bereits

554 Teile dieses Kapitels wurden im Rahmen der Seminararbeit des Verfassers als Beitrag veröffentlicht in Hartmann, in: Gornig (Hrsg.), Krisengebiete der Welt, S. 33–84.

555 Politovskaya, S. 314.

556 Wagensohn, in: Aktuelle Analysen 2000, S. 10.

erahnen, wie schwer ein Gebiet wie dieses militärisch zu besetzen ist, begünstigt doch eine Landschaft, welche mit hohen Gebirgen und breiten Flüssen durchsetzt ist, eher ortskundige und partisanenartige Verteidiger, die sich nach Vorstößen schnell wieder ins Hochland zurückziehen können.

Bis etwa 1991 hatte die binationale Gebietseinheit Tschetscheno-Inguschetien eine Einwohnerzahl von 1,35 Mio. Einwohner, darunter 735.000 Tschetschenen, 164.000 Inguscheten, 290.000 Russen und 15.000 Armenier.[557]

Die Nachbarrepublik Inguschetien trennte sich 1992 friedlich von Tschetschenien. Die Tschetschenen und die Inguschen bilden eine gemeinsame Sprachgruppe, den „vajnachischen Zweig“ der kaukasischen Sprachgruppen. In Inguschetien liegt der Anteil der Tschetschenen mittlerweile bei etwa 20 %, da die benachbarte Republik im Zuge der Tschetschenienkriege die Hauptlast der Flüchtlingsströme zu tragen hatte und sich viele Tschetschenen aufgrund der engen Verbindung zu den Inguscheten dort auch willkommen fühlten.[558]

Im Jahre 2000 hatte Tschetschenien noch etwa 920.000 Einwohner, was angesichts der Einwohnerzahl von 1,275 Mio. Anfang der 1990er Jahre[559] ein Rückgang von weit über 300.000 Menschen bedeutet. Die Bevölkerung setzt sich zusammen aus 75 % Tschetschenen, 20 % Russen, 1 % Armenier und 1 % Ukrainer. Darüber hinaus leben Angehörige verschiedenster kaukasischer Völker in Tschetschenien, z. B. Osseten und Awaren.[560] Diese Vielfalt an Volksgruppen und Stämmen lässt darauf schließen, wie schwierig es ist, sämtliche politische Interessen und Bestrebungen zu berücksichtigen und sich als Repräsentant aller zu deklarieren.

In der Republik Tschetschenien besteht die Zivilbevölkerung nach den Kriegen jedoch fast nur noch aus Tschetschenen. Dies ist eine der Kriegsfolgen, da jeder, der nur irgendwie konnte, aus der Republik flüchtete. Nur langsam kehren Vertriebene und Flüchtlinge in ihre alte Heimat zurück.[561]

Die Hauptstadt Tschetscheniens ist Grosny, welche sich bereits zu sowjetischer Zeit zu einer Hauptproduktionsstätte für Erdöl entwickelte. Daher lebten in Grosny hauptsächlich Russen, weniger als 10 % der in Grosny arbeitenden Bevölkerung waren Tschetschenen. Weitere größere Städte in Tschetschenien sind: Gudermes, Argun, Schali und Urus-Martan.[562]

557 Wolf, in: Europäische Sicherheit 11/1995, S. 48.
558 Sidorko, in: Chiari (Hrsg.), S. 128.
559 Wolf, in: Europäische Sicherheit 11/1995, S. 48.
560 Wagensohn, in: Aktuelle Analysen 2000, S. 11.
561 Sidorko, in: Chiari (Hrsg.), S. 128.
562 Wagensohn, in: Aktuelle Analysen 2000, S. 11.

Die Tschetschenen, die sich selbst als „Nochtscho" (Leute des Volkes) bezeichnen, gehören zu den ältesten Völkern im Kaukasus. Sie lassen sich schon in der Antike in dem Gebirge lokalisieren.[563] Die soziale Basis der Tschetschenen ist der sog. „tejp", eine Sippeneinheit mit zwei bis drei Siedlungen, die sich auf einen gemeinsamen Ahnen zurückführt. Die gesellschaftlichen Strukturen waren weitgehend egalitär, es existierte keine Obrigkeit. Die politische Gewalt lag bei Volksversammlungen, die soziale Organisation beruhte auf Clan- und Sippenstrukturen. Die im Tal lebenden Sippen sind weniger angesehen als die Berg-Sippen.[564]

Wie bei vielen im Nordkaukasus ansässigen Völkern bilden vor allem Siedlungs- und Stammesstrukturen die Grundlagen der gesellschaftlichen Organisation. Entscheidend für die jeweilige Identität war und ist das Dorf oder die Region, der man entstammte. Für die Bergvölker ist zudem der eben angesprochene Familienstammbaum bzw. der Clan prägend.[565]

Die Gesellschaft ist nach wie vor geprägt von den Prinzipien der Blutrache und des Gastrechts. Die Rechtskultur ist stark von den Normen des Stammesgewohnheitsrechts, dem sog. „Adat", bestimmt. Nach dem Untergang der Sowjetunion haben sich diese Prinzipien und Bräuche wieder stärker fundamentiert. Die Bevölkerung identifiziert sich stark mit lokalen Gemeinschaften wie Sippe, Dorf oder örtlichen religiösen Institutionen, aber kaum mit der Nation.[566] Auch dieser Aspekt wird später bei der Beurteilung, ob den Tschetschenen ein Sezessionsrecht zusteht, von Bedeutung sein.

Die tschetschenische Sprache ist eine kaukasische Sprache, die lange Zeit nicht als Schriftsprache kodifiziert wurde; erst im 19. Jahrhundert wurde aus ihr auch eine Literatursprache mit damals noch arabischen Lettern. Für nahezu alle in Tschetschenien geborenen Menschen blieb tschetschenisch die Muttersprache und wurde nicht durch das Russische verdrängt, wie es in einigen anderen Teilen der ehemaligen Sowjetunion der Fall war.[567] Auch am Beispiel der Sprache zeigt sich die Vielfalt der Kulturen, die auf die Entwicklung Tschetscheniens Einfluss genommen haben.

Auch wirtschaftliche Faktoren könnten ein Grund sein, warum es zu Spannungen zwischen Russland und Tschetschenien kam. Seit etwa 100 Jahren

563 Krech, Der russische Krieg in Tschetschenien, S. 5.
564 Wagensohn, in: Aktuelle Analysen 2000, S. 11.
565 Sidorko, in: Chiari (Hrsg.), S. 123.
566 Wagensohn, in: Aktuelle Analysen 2000, S. 11.
567 Krech, Der russische Krieg in Tschetschenien, S. 6.

fördert Tschetschenien Erdöl. Auf dem Höhepunkt der Förderung wurden 20 Mio. Tonnen Erdöl im Jahr gewonnen.[568] Seit über zwei Jahrzehnten ist jedoch ein ständiger Förderrückgang zu verzeichnen. In den Jahren der hohen Fördermengen hatte Grosny allerdings Raffinerie-Kapazitäten für rund 16 Mio. Tonnen Erdöl aufgebaut, die in den 1970er Jahren zudem noch modernisiert wurden. Nun reichte die eigene Fördermenge nicht mehr aus, um eine Auslastung dieser Kapazitäten zu gewährleisten. Als Folge dessen wurde auch aus den Gebieten Dagestan, Sewastopol, Kuban und Tjumen geliefertes Öl verarbeitet. Aber auch die Lieferung aus diesen Gebieten ging seit Anfang der 1990er Jahre mehr und mehr zurück.[569]

Tschetschenien, das früher nahezu 90 % des sowjetischen Flugbenzins raffinierte und auch Russland bis 1991 versorgte, erhält nun überhaupt keine Aufträge mehr aus Russland, obwohl fast 75 Prozent der in der Erdölproduktion tätigen Arbeiter Russen waren.[570] Die Erdölförderung und Verarbeitung als ehemaliger Hauptzweig der tschetschenischen Industrie bietet nun noch geringe Beschäftigungsmöglichkeiten. Die Arbeitslosigkeit trifft etwa zwei Drittel der dort lebenden Menschen.[571]

Die komplette Industrie in Tschetschenien leidet unter dem gravierenden Mangel, dass sie vollständig auf Zulieferung von Metallen, Rohstoffen usw. aus Russland angewiesen war. Da Russland seine Lieferung vor Beginn des 1. Krieges einstellte und zudem veraltete und im Krieg zerstörte Produktionsanlagen und Fabriken nicht mehr repariert werden konnten, ist die Industrie in Tschetschenien fast vollständig zum Erliegen gekommen.[572] Die gravierendste soziale Folge des wirtschaftlichen Niedergangs der Republik war die Tatsache, dass seit langer Zeit Löhne und Rente nicht ausgezahlt wurden.[573] Dies hat wiederum eine totale Verarmung der Bevölkerung und zunehmende Kriminalität sowie Korruption zur Folge, welche sicher nicht dazu beitragen, die Region nach den Folgen der kriegerischen Auseinandersetzung mit Russland wieder zu stabilisieren.

Das wirtschaftliche Interesse Russlands an der nach Unabhängigkeit strebenden Republik wird also wohl weniger an dem zerrütteten Erdölsektor

568 Halbach, in: BIOst 1994, S. 11.
569 Wagensohn, in: Aktuelle Analysen 2000, S. 13.
570 Krech, Der russische Krieg in Tschetschenien, S. 26.
571 Wagensohn, in: Aktuelle Analysen 2000, S. 14.
572 Wagensohn, in: Aktuelle Analysen 2000, S. 14.
573 Halbach, in: BIOst 1994, S. 12.

liegen, als an ihrer verkehrstechnischen Bedeutung und Anbindung an das Ölversorgungsnetz.

Zum einen verläuft durch Tschetschenien die bedeutendste Überlandverbindung nach Transkaukasien, nämlich die Eisenbahnlinie von Rostow über Grosny zu den Ölfeldern von Baku.[574] Zum anderen, und das wird für Russland eine weit größere Bedeutung haben, spielt Tschetschenien als Transitland für das Erdöl vom Kaspischen Meer in Richtung Westen einen bedeutenden Part. Es existiert eine Pipeline, die von Baku an Grosny vorbei quer durch tschetschenisches Gebiet zum russischen Erdölhafen Noworossik am Schwarzen Meer führt. Ihr jährliches Durchlassvermögen beträgt um die 10 Mio. Tonnen. Durch die neuentdeckten Ölfelder im Kaspischen Meer und an dessen Ufern ist die Region zu Beginn der 1990er Jahre zu einem der wichtigsten Fördergebiete der Welt geworden. Die Kaspischen Ölfelder könnten etwa noch 25 bis 30 Jahre lang ausgebeutet werden, dann werden alle Erdöllagerstätten außerhalb der Region Persischer Golf, wo etwas 60 % der Weltölreserven lagern, weitgehend erschöpft sein.[575] Damit steigt natürlich in gleichem Maße die Bedeutung der Pipeline durch Tschetschenien, und Russland möchte sich nicht von der ergiebigen Quelle am Kaspischen Meer abschneiden lassen. Allerdings wurden mittlerweile auch Pipelines um tschetschenisches Gebiet herum gebaut.

2. *Religion*

Bezüglich der Religionsfrage vollzog sich im Laufe der tschetschenischen Geschichte ein Wandel: Unter dem Einfluss Georgiens wurden die Tschetschenen zunächst zwischen dem zehnten und 13. Jahrhundert zum Christentum bekehrt. Aus Dagestan im Osten und der Kabardei im Westen setzte sich seit dem 16. Jahrhundert jedoch mehr und mehr der Islam durch, der sich ab dem 18. Jahrhundert auch wegen des Widerstands gegen die russische Kolonialmacht (worauf gleich noch eingegangen wird) etablierte.[576]

Heute sind die Tschetschenen sunnitische Muslime, ihr Gewohnheitsrecht wurde aber nur wenig von der Scharia geprägt, sondern hauptsächlich von den bereits erwähnten Bräuchen und der Tradition der Sippen und Stämme. Die tschetschenischen Frauen tragen keinen Schleier und waren in der Geschichte häufig und auch in den russischen Tschetschenienkriegen ab 1994 als angesehene Kämpferinnen an den Gefechten beteiligt. Auch an der Rolle der Frau

574 Halbach, in: BIOst 1994, S. 11.
575 Krech, Der russische Krieg in Tschetschenien, S. 26–27.
576 Wagensohn, in: Aktuelle Analysen 2000, S. 12.

zeigt sich, dass sich bisher fundamentalistische islamische Strömungen bei den Tschetschenen nicht haben durchsetzen können.[577] Obwohl die Scharia erst 1997 eingeführt wurde, war ab dem 16. Jahrhundert der Islam eine Art einigendes Band zwischen den tschetschenischen Sippen und den benachbarten islamischen Kaukasus-Völkern.[578] Damit spielte der Islam im Freiheitskampf gegen die Russen eine hervorstechende Rolle, weil er die religiösen Unterschiede besonders betonte und damit als Motivation der Krieger sehr wichtig war.[579] Folglich wehren sich die Tschetschenen seit mehr als 400 Jahren im Namen des Islam gegen die russischen Angriffe, um ihre erstrebte Unabhängigkeit zu erreichen.[580] Die Tschetschenen sind also keineswegs islamische Fundamentalisten, sie nutzen den Islam vielmehr politisch in allererster Linie zur Abgrenzung von Russland, wo sich die russisch-orthodoxe Religion durchgesetzt hat und damit zur Stärkung der eigenen nationalen und kulturellen Identität beiträgt. Zusammenfassend lässt sich sagen, dass die Tschetschenen in ihrer Mehrheit nicht als ein besonders strenggläubiges islamisches Volk gelten.[581]

II. Die historische Aufarbeitung des Konfliktes mit Russland vor dem Hintergrund der Entwicklung und der Geschichte des tschetschenischen Volkes

Die beiden Tschetschenienkriege 1994–1996 und 1999–2002 stellen bei weitem nicht die erste direkte militärische Konfrontation zwischen den Tschetschenen und Russland dar. Die Historie kennt zahlreiche bewaffnete Zusammenstöße zwischen den Kaukasusvölkern und Russland. Dabei standen oft die Tschetschenen im Vordergrund.[582] Die Ursachen der gegenseitigen Spannungen und Antipathie sind daher wesentlich früher zu ergründen.

Die Tschetschenen gelten seit jeher als ein sehr freiheitsliebendes Volk im Kaukasus, was auch an einer weitverbreiteten Begrüßungsformel deutlich wird, die lautet: „Sei frei“. Selbst aus Sicht der Russen gelten die Tschetschenen als das Volk, das sich über Jahrhunderte am härtesten der russischen Vorherrschaft widersetzt und dabei auch am blutigsten gekämpft hat.[583]

---

577 Iskenderjan, in: Wostok Nr. 6 1998, S. 20–21.
578 Iskenderjan, in: Wostok Nr. 6 1998, S. 20–21.
579 Halbach, in: Russland-Analysen 316/16, S. 4.
580 Iskenderjan, in: Wostok Nr. 6 1998, S. 20–21.
581 Krech, Der russische Krieg in Tschetschenien, S. 7–8.
582 Tschinarichina, in: Wostok Nr. 2 1993, S. 12.
583 Krech, Der russische Krieg in Tschetschenien, S. 5–9.

Mitte des 16. Jahrhunderts gab es erste Berührungen zwischen Russland und Nordkaukasien. Russland errichtete 1559 die Festung Tarki am Fluss Sunscha und damit den ersten Stützpunkt in Tschetschenien, 1587 entstand eines der ersten Kosakenheere in der Region. Russische Kosaken und die Bergvölker in der Gegend lebten lange Zeit friedlich nebeneinander. Dies änderte sich erst Ende des 18. Jahrhunderts: Die Siedlungen der russischen Kosaken wurden immer größer, gegenseitige Scharmützel und Überfälle nahmen in gleichem Maße zu wie die Dichte der russischen Stützpunkte in Kaukasien. Dies gipfelte zunächst darin, dass zusammengeschlossene tschetschenische Stämme die Festung Tarki zerstörten.[584]

1. *Tschetschenien und seine Rolle in Kaukasuskrieg von 1817 bis 1864*

Der Konflikt der Kaukasus-Völker mit Russland begann Ende des 18. Jahrhunderts und fand seinen vorläufigen Höhepunkt im Kaukasuskrieg, welcher von 1817 bis 1864 andauerte.

Unter Führung des heute als Nationalhelden gefeierten Scheichs Mansur Uschurma, der sich selbst zum „Mahdi", zum „Erlöser", ernannte, lehnten sich die tschetschenischen Bergsippen zum Unabhängigkeitskrieg gegen die russischen Eindringlinge auf.[585] Dieser von 1785 bis 1792 andauernde Krieg gilt als erster „Dschihad" (Heiliger Krieg), zu dem Mansur aufgerufen hatte. In diesem Krieg ging es nicht nur um Landnahme, sondern auch um ökonomische Interessen. Russland hatte 1785 im Kaukasus ein System von Grenzbefestigungen errichtet; diese „Kaukasus-Linie" reichte vom heutigen Baku bis ans Schwarze Meer. Und nun begann es, die fruchtbaren Ländereien zu besetzen und Zölle auf die über tschetschenisches Gebiet transportierten Waren zu erheben.[586]

Scheich Mansur ist neben Imam Schamil der bedeutendste tschetschenische Nationalheld. Er sah seinen Lebensinhalt darin, mit ihm als „Propheten" an der Spitze einen Kampf gegen die Ungläubigen zu führen und die nordkaukasischen Bergvölker im Krieg gegen das Zarenreich zu vereinen. 1791 geriet er in russische Gefangenschaft und starb 1794.[587] Er ist nach wie vor so populär, dass General Dshochar Dudajew 1991 seinen Namen und sein geistiges Vermächtnis zur Durchsetzung der „tschetschenischen Revolution" nutzte, die Dudajew selbst an

584 Wagensohn, in: Aktuelle Analysen 2000, S. 12.
585 Souleimanov, S. 47–48.
586 Politovskaya, S. 315.
587 Krech, Der russische Krieg in Tschetschenien, S. 11.

die Macht führte und in der Ausrufung eines von Moskau unabhängigen Tschetscheniens gipfelte.[588] Die Bevölkerung ist von Scheich Mansurs anti-russischer Ideologie nach wie vor so fasziniert, dass sie Dudajew in dem Kampf gegen Moskau (zunächst) bedingungslos unterstützte.

Nun folgte eine lange Phase russischer Kolonialpolitik und tschetschenischen Widerstandes. Unter dem bereits angesprochenen Imam Schamil, der sich selbst als „Anführer der Bergvölker“ bezeichnete, beteiligten sich die Tschetschenen am sog. „Muridenkrieg“ von 1832 bis 1859. Schamil gründete in dieser Zeit ein „Imamat“, eine Art stammesübergreifenden islamischen Staat, in Nordkaukasien.[589] Dies kann als der erste Versuch gewertet werden, einen eigenen, von Russland unabhängigen Staat zu schaffen. Dabei konnte er fast alle islamischen Bergvölker zum Abwehrkampf gegen Russland vereinen und damit die militärische Schlagkraft seiner Truppenverbände erhöhen. Er hatte zeitweise bis zu 20.000 Mann unter Waffen.[590] Schamil galt als begnadeter Feldherr, der den russischen Truppen viele Niederlagen zufügen konnte. Russland musste zeitweise ein Sechstel seines Staatshaushalts für den Krieg gegen Imam Schamil aufwenden; dies zeigt, welchen unglaublichen Widerstand die russischen Soldaten in den Schlachten um die Vorherrschaft im Kaukasus-Gebirge zu brechen hatten. Auch damals schon wurde der Kampf von beiden Seiten mit unvorstellbarer Grausamkeit geführt und schon zu dieser Zeit wandten die Russen die auch in der neueren Geschichte gefürchtete Taktik der „verbrannten Erde“ an.[591] Trotz allen Widerstands wurde Schamil 1859 gefangen genommen und Tschetschenien erobert.[592] 1861 erklärte die Zarenregierung den Kaukasus für endgültig befriedet. Der Kaukasuskrieg des 19. Jahrhunderts kostete rund ein Drittel der tschetschenischen Bevölkerung das Leben. Nach Kriegsende kam es zu ersten Deportationen, denen im Laufe der Geschichte weitere folgen sollten: Die Zarenregierung zwang die überlebenden Tschetschenen, die fruchtbaren Regionen im Nordkaukasus zu verlassen und siedelte dort eigene Leute wie Soldaten und Bauern aus Zentralrussland an. Zwischen 1861 und 1865 verließen etwa 25.000 bis 50.000 Tschetschenen ihre Heimat in Richtung Türkei; bei einigen erfolgte die Aussiedlung auch mehr oder weniger freiwillig und sie bekamen von der russischen Regierung sogar finanzielle Unterstützung und Hilfe beim Abtransport.

---

588 Politovskaya, S. 315.
589 Osthold, in: BpB 2016.
590 Krech, Der russische Krieg in Tschetschenien, S. 11.
591 Krech, Der russische Krieg in Tschetschenien, S. 12.
592 Osthold, in: BpB 2016.

Gleichzeitig wurden in den frei gewordenen Gebieten knapp 14.000 Kosakenfamilien[593] angesiedelt.[594]

Trotzdem kam es in den besetzten Gebieten immer wieder zu kleineren Aufständen und Auflehnung gegen die Invasoren, allerdings ohne Anführer und folglich auch ohne größere Struktur.[595]

2. Die Oktoberrevolution von 1917 und ihre Auswirkungen auf das tschetschenische Volk

Der 1917 in Russland ausgebrochene Bürgerkrieg in Folge der Oktoberrevolution brachte die Gewalt in großem Ausmaß auch wieder in den Nordkaukasus. Jedoch gelang es den Tschetschenen, da sie mit keinen der sich gegenüberstehenden Weißgardisten (die zaristischen Truppen) und Bolschewiki sympathisierten, sich aus dem Konflikt weitgehend herauszuhalten.[596]

Jedoch resultierten aus der Oktoberrevolution von 1917 auch für die Tschetschenen weitreichende Folgen: Im Vielvölkerstaat Sowjetunion schuf man für jede ethnische Gruppe, die als eigene Nationalität anerkannt wurde, ein ihr zugehöriges Territorium, welches nach der jeweiligen ethnischen Gruppe benannt wurde. Diesen Gebieten wurde eine gewisse Autonomie gewährt, wobei es dabei große Abstufungen gab. Die Ukrainer und Kasachen erhielten ihre eigene Sowjetrepublik, wodurch es ihnen möglich wurde, nach dem Zusammenbruch der Sowjetunion eine vollständige Autonomie zu erlangen.[597]

Nach der Revolution erfolgte so 1921 die Gründung der „Sowjetischen Bergrepublik“[598] (russisch: Gorskaja Respublika), der auch Tschetschenien beitrat, allerdings nur unter der Bedingung, dass die vom Zarenreich annektierten Gebiete wieder den Tschetschenen zufallen. Doch war dies nur von kurzer Dauer: Schon vor der endgültigen Liquidierung 1924 war die Bergrepublik in

---

593 Zur Geschichte der Kosaken siehe auch Ausführungen unter Teil 4.B.I.2.

594 Politovskaya, S. 318–319.

595 Halbach, in: BIOst 1994, S. 18.

596 Krech, Der russische Krieg in Tschetschenien, S. 12.

597 Schweisfurth, in: ZaöRV, S. 545–546.

598 ASSR Gorskaja ist eine andere Bezeichnung für die Autonome Sowjetische Sozialistische Gebirgsrepublik (GASSR) bzw. „Sowjetische Bergrepublik“. Die GASSR war ebenfalls eine autonome Teilrepublik innerhalb der RSFSR. Aus der GASSR gingen später die Kabardino-Balkarische ASSR, die Karatschajewo-Tscherkessische ASSR, die Tschetscheno-Inguschische ASSR sowie die Nordossetische ASSR hervor. Für weitere Informationen siehe u. a. Akiner, Islamic Peoples Of The Soviet Union.

sechs autonome Regionen zerfallen, eine davon war Tschetschenien im Jahre 1922.[599] Damit verfügten die Tschetschenen erstmals in der Geschichte der Unterwerfung durch Russland über eine Autonomie. Zusammen mit Inguschien, welches 1924 geschaffen worden war, wurden die Tschetschenen dann 1934 in dem „Tschetschenisch-Inguschischen Autonomen Gebiet“ zusammengefasst, aus dem Ende 1936 die „Tschetschenisch-Inguschische Autonome Sozialistische Sowjetrepublik (ASSR)“ wurde.[600]

Jedoch begann in dieser Zeit auch ein neuer Akt russischer Unterdrückungspolitik. Bereits 1925 fand unter dem Stalin-Regime eine Reihe von Operationen gegen die führenden nichtkommunistischen Intelligenzler und gegen muslimische Geistliche statt.[601] In den 1930er Jahren wurden die islamischen Institutionen in der neu gegründeten UdSSR aufgelöst, der Islam systematisch unterdrückt und die Moscheen weitgehend geschlossen. Zudem geht man in Tschetschenien davon aus, dass das Jahrzehnt der Repressionen zwischen 1928 und 1938 mehr als 250.000 Menschen das Leben kostete, die meisten stammten aus der sozialen Bildungsschicht oder waren wohlhabende Bauern.[602] Bei Tschetschenen und Inguscheten stieß stalinistischer Terror aber auch wegen der Kollektivierung der Landwirtschaft auf heftigen Widerstand. Ganze Regionen befanden sich ab 1929/30 im Kriegszustand gegen die Sowjetmacht.[603] Besonders die letzte große Verhaftungs- und Hinrichtungswelle des Jahrzehnts der Repressionen im Jahre 1937 trieb eine Vielzahl von Tschetschenen und Inguschen einer regelrechten Guerilla zu.[604]

3. *Die Rolle der Tschetschenen im Zweiten Weltkrieg und Stalins Abstrafung durch Deportation*

Mit Ausbruch des Zweiten Weltkriegs und vor allem mit Beginn des deutschen Angriffs auf die Sowjetunion 1941 verschärfte sich die Polarisierung zwischen der Sowjetmacht und dem tschetschenischen Widerstand. Sie gipfelte in der größten Tragödie für Tschetschenen und Inguscheten in neuerer Zeit. Obwohl etwa 29.000 tschetschenische Soldaten, darunter viele Freiwillige, auf russischer Seite gegen die deutschen Invasoren kämpften[605], schlossen sich andererseits

599 Politovskaya, S. 320.
600 Krech, Der russische Krieg in Tschetschenien, S. 13.
601 Endres, S. 42.
602 Politovskaya, S. 321.
603 Halbach, in: BIOst 1994, S. 19.
604 Wagensohn, in: Aktuelle Analysen 2000, S. 12.
605 Politovskaya, S. 321.

etwa 250.000 Angehörige kaukasischer und islamischer Völker des sowjetischen Mittelasiens der deutschen Wehrmacht an und kämpften in Legionen gegen die Sowjetmacht.[606] Die islamischen Völker der Sowjetunion befürchteten durch die andauernden antiislamischen Kampagnen der Kommunisten einen Verlust ihrer nationalen und kulturellen Identität. Daher unterstützten sie teilweise die deutsche Wehrmacht, weil sie sich von ihr eine Befreiung von der kommunistischen Unterdrückung erhofften.[607] Das nationalsozialistische Deutschland dagegen suchte die direkte Zusammenarbeit mit den islamischen Völkern im Nordkaukasus und unterstützte den tschetschenischen Widerstand durch den Geheimdienst, welcher die Widerstandskämpfer waffentechnisch ausbildete und mit Informationen versorgte. Man erhoffte sich dadurch eine Bindung möglichst vieler russischer Truppen abseits der Hauptkriegsschauplätze, was zeitweise auch gelang. Die Deutschen gaben den Bergvölkern in den eroberten Gebieten die von ihnen erhoffte lokale Selbstverwaltung und stellten ihre religiöse Freiheit wieder her.[608]

Die Unterstützung der deutschen Truppen erwies sich jedoch für die Tschetschenen als fatal: Auf Anordnung des kommunistischen Diktators Stalin wurden die Tschetschenen und Inguscheten wegen der Kollaboration mit Deutschland am 23. Februar 1944 ohne Vorwarnung fast vollständig nach Zentralasien deportiert.[609] An diesem einen Tag wurden mehr als 300.000 Tschetschenen und 93.000 Inguscheten in Viehwaggons abtransportiert; 180.000 von ihnen starben in Zentralasien.[610] Auch die Familien der tschetschenischen Führer im Ersten Tschetschenienkrieg 1994, Chasbulatow und Dudajew, gehörten zu den Deportierten.[611] Die Bewohner der unzugänglichen Bergregionen, die der Deportation entgingen, fielen nachfolgenden Vernichtungsaktionen der Roten Armee zum Opfer. Zudem versuchte man, sämtliche Erinnerungen an die Präsenz der betreffenden Volksgruppen auf ihrem Heimatterritorium auszulöschen. Ganze Ortschaften wurden gesprengt, nationale Gebietskörperschaften aufgelöst und sogar die Geschichte umgeschrieben.[612] Auch war die tschetschenische Sprache 13 Jahre offiziell verboten. Folglich wurde auch die Autonome Bergrepublik

606 Krech, Der russische Krieg in Tschetschenien, S. 14.
607 Krech, Der russische Krieg in Tschetschenien, S. 14.
608 Krech, Der russische Krieg in Tschetschenien, S. 14.
609 Malek, in: FAZ.Net vom 16.02.2014.
610 Malek, in: FAZ.Net vom 16.02.2014.
611 Mamilow, in: FAZ vom 23.02.1995.
612 Malek, in: FAZ.Net vom 16.02.2014.

ASSR aufgelöst.[613] Angesprochen werden muss an dieser Stelle nochmals der Grund für die Deportation: Zwar ist es wohl als erwiesen anzusehen, dass einige Tschetschenen mit den Deutschen in Kontakt standen und dass Widerstandsgruppen mit deutscher Unterstützung ins Feld geführt wurden[614], jedoch traf dies auf fast alle Volksgruppen in der Sowjetunion zu. Wenn man wirklich die hier ins Feld geführte Kollaboration mit den Deutschen als Maßstab genommen hätte, dann hätten auch die Ukrainer, die Balten und einige andere deportiert werden müssen. Neben möglicherweise strategischen Aspekten bezüglich des Zugangs zu sowjetischen Krimhäfen muss wohl der Umstand zählen, dass die Tschetschenen aufgrund ihres Jahrhunderte langen Widerstands und ihrer Sezessionsbestrebungen Stalin ein besonderer Dorn im Auge waren und er nur einen Grund suchte, sich dafür zu rächen.[615]

4. Die Begnadigung und die Rückkehr des tschetschenischen Volkes

Nach dem Tod Stalins 1953 hofften die vertriebenen Tschetschenen und Inguscheten auf eine Rückkehr in ihre nordkaukasischen Siedlungsgebiete und begannen 1956 ohne behördliche Genehmigung mit der Rückwanderung. Erst 1957 wurden sie offiziell rehabilitiert und durften in ihre Heimat zurückkehren.[616] Allerdings blieb eine vollständige territoriale Rehabilitation aus und so wurde die Tschetschenisch-Inguschische ASSR mit verkleinertem Territorium wiederbegründet. Auch wurde der Islam als offizielle Religion der Republik nur sehr rudimentär wiederhergestellt, was zur Folge hatte, dass der Wirkungskreis der islamischen Organisationen im Untergrund immer größer wurde.[617]

Die Folgen der Deportation waren für die soziale und wirtschaftliche Entwicklung der betroffenen Völker immens. Die Zahl der Tschetschenen verringerte sich zwischen 1939 und 1959 um fast 25 %.[618] Darüber hinaus war den Tschetschenen in der Verbannung der Weg zu einer höheren Bildung versperrt. So blieb das wirtschaftliche und auch politische Leben unter der Dominanz der russischen Bevölkerung. Die Parteiorgane standen unter strikter russischer Kontrolle.[619] Erst 1989 trat mit Doku Zavgaev ein Tschetschene an die Spitze des

613 Halbach, in: BIOst, S. 19.
614 Malek, in: FAZ.Net vom 16.02.2014.
615 Endres, S. 46.
616 Krech, Der russische Krieg in Tschetschenien, S. 16.
617 Wagensohn, in: Aktuelle Analysen 2000, S. 13.
618 Krech, Der russische Krieg in Tschetschenien, S. 16.
619 Halbach, in: BIOst 1994, S. 20.

lokalen Parteiapparats. Zudem wuchs in den 1980er Jahren die tschetschenische Emigration. Viele Tschetschenen zogen die Konsequenzen aus der tristen Lage der einheimischen Wirtschaft und begaben sich nach Südrussland oder nach Sibirien (Erdölindustrie) in der Hoffnung, dort wieder erwerbstätig werden zu können.[620]

Trotz der bestehenden Spannungen zwischen russischen Kommunisten und tschetschenischen Nationalisten und immer wieder aufflackernden Gewaltausbrüchen wie einem dreitägigen Pogrom der russischen gegen die tschetschenische Bevölkerung 1958 in der Hauptstadt Grosny oder Demonstrationen der Inguschen 1970 für einen eigenen unabhängigen Staat blieb die Zeit zwischen 1957 bis zum Ende der 1980er Jahre vergleichsweise ruhig.[621] Auch deswegen gilt diese Zeit für viele Tschetschenen als eine der besten in der Geschichte.[622] Erst zu Beginn der 1990er Jahre erhielt der Konflikt wieder neue Nahrung und erreichte vorerst mit dem Ersten Tschetschenienkrieg seinen traurigen Höhepunkt.

III. Der Erste Tschetschenienkrieg (1994–1996) und seine Vorgeschichte

Die ausgerufene Perestroika[623] unter dem Präsidenten der Russischen Föderation (RF) Michail Gorbatschow bot den Tschetschenen erneut eine Chance, ihre nationale Unabhängigkeit wiederzuerlangen, und sie waren entschlossen, diese zu nutzen. Insbesondere nach dem Ende der UdSSR und der Gründung der GUS im Dezember 1991 häuften sich die Auseinandersetzungen wieder.[624]

1. Die tschetschenische Politik unter Dudajew und die direkte Konfrontation mit Russland

Der 1944 geborene Dschochar Dudajew, ein Generalmajor der sowjetischen Luftstreitkräfte, der 1990 den Dienst quittierte und nach Grosny zurückkehrte, wuchs 1990/91 in die Rolle des Führers der Unabhängigkeitsbewegung hinein. Er genoss bereits allein aufgrund seines militärischen Ranges ein hohes Ansehen bei der tschetschenischen Bevölkerung.[625] Der Erste Tschetschenische

620 Halbach, in: BIOst 1994, S. 20.
621 Krech, Der russische Krieg in Tschetschenien, S. 16.
622 Politovskaya, S. 321.
623 Siehe Ausführungen unter Teil 2.C.I.2.b. mit weiteren Informationen in der entsprechenden Fußnote.
624 Kalt, S. 202.
625 Politovskaya, S. 322.

Nationalkongress beriet Ende 1990 über die tschetschenische Unabhängigkeit, was bei den fast 1.000 Delegierten hohen Zuspruch fand. Im Juni 1991 wurde dann bei einer weiteren Tagung der Machtanspruch dieses Kongresses über Tschetschenien unter der Führung Dudajews deklariert. Bereits im November 1991 erfolgte schließlich die „Erklärung über die staatliche Souveränität der Tschetscheno-Inguschetischen Republik".[626] Die offizielle Regierung Tschetscheniens unter der Führung des Obersten Sowjets[627] in Tschetschenien war allerdings nach wie vor kommunistisch geprägt. Der Oberste Sowjet in Tschetschenien unterstützte auch den kommunistischen Putschversuch im August 1991 gegen Präsident Gorbatschow, der allerdings scheiterte. Auf der anderen Seite unterstützten die russischen demokratischen Kräfte um Boris Jelzin und Gorbatschow den Nationalkongress und die Dudajew-Anhänger in ihrer Forderung nach einem Rücktritt der kommunistischen Regierung in Tschetschenien.[628] Der Gesamtnationale Kongress des tschetschenischen Volkes hatte ein Exekutivkomitee unter dem Vorsitz Dudajews gebildet, das am 1. September 1991 den Obersten Sowjet per Dekret auflöste. Dudajew stand somit an der Spitze eines am selben Tag in Kraft getretenen Provisorischen Republikkomitees.[629]

Auf Moskauer Betreiben wurde dagegen ein provisorischer Oberster Sowjet geschaffen, welche aber von Dudajew nicht anerkannt wurde und auch sonst kaum Unterstützung seitens der Tschetschenen erwarten konnte; die Bevölkerung hatte genug von der kommunistischen Regierung.[630] Dieser antikommunistische Staatsstreich war nur möglich, weil Dudajew-Anhänger eine starke Nationalgarde aufgestellt hatten, die zumindest zum Teil über Waffen und Kriegsgerät verfügte und wichtige Gebäude wie Hörfunk und Fernsehen sowie Ministerien in der Hauptstadt Grosny besetzt hatte. Ein Eingreifen russischer Verbände musste nicht erwartet werden, da Moskau zunächst auf Seiten Dudajews stand und eine Absetzung der kommunistischen Kräfte befürwortete.[631]

Durch diese Nichtanerkennung des Obersten Sowjets zog Dudajew sich erstmals den Unmut Moskaus zu, denn dort war erwartet worden, dass nach dem Sturz der kommunistischen Regierung in der ASSR eine Regierung gebildet

626 Krech, Der russische Krieg in Tschetschenien, S. 17.

627 Siehe Ausführungen unter Teil 4.C.II.4. mit weiteren Informationen in der entsprechenden Fußnote.

628 Iskenderjan, in: Wostok Nr. 6 1994/ Nr. 1995, S. 9.

629 Krech, Der russische Krieg in Tschetschenien, S. 18.

630 Iskenderjan, in: Wostok Nr. 6 1994/ Nr. 1995, S. 9.

631 Kalt, S. 202–203.

würde, deren Ziel ein Verbleib in der Russischen Sozialistischen Föderativen Sowjetrepublik (RSFSR) war. Dudajew und seine tschetschenischen Nationalisten unterzeichneten jedoch nicht den neuen Föderationsvertrag. Am 5. Oktober 1991 stürmte die Nationalgarde auch das KGB-Hauptquartier.[632]

Nun verschlechterten sich die Beziehungen zwischen Russland und Tschetschenien zusehends. Denn der Oberste Sowjet der RSFSR ergriff demonstrativ am 8. Oktober 1991 Partei für den von Jelzin eingesetzten Provisorischen Sowjet, der als die alleinige Regierung in Tschetschenien bezeichnet wurde. Zudem stellte Jelzin ein Ultimatum an Dudajew und verlangte die Entwaffnung der etwa 60.000 Mann starken Nationalgarde, die Grosny längst kontrollierte.[633] Binnen drei Tagen sollten sämtliche Waffen abgegeben werden. Dudajew und sein Kongress werteten dies als eine „grobe, und provokative Einmischung in die inneren Angelegenheiten der Tschetschenischen Republik" und ließen die Situation weiter eskalieren, indem sie die Generalmobilmachung aller verfügbaren, kampffähigen Männer anordneten, die Nationalgarde in Gefechtsbereitschaft versetzten und zur bewaffneten Machtergreifung aufriefen. Zu diesem Zeitpunkt rechnete man in Tschetschenien ernsthaft mit dem Ausbruch kriegerischer Auseinandersetzungen.[634] Dudajew gelang es, die tschetschenischen Sippen hinter sich zu einen, indem er die kaukasische Widerstandstradition unter Scheich Mansur und Imam Schamil wieder beschwörte.[635]

2. *Die Unabhängigkeitserklärung Tschetscheniens und Jelzins Gegenmaßnahmen*

Am 27. Oktober 1991 strebte Dudajew in seinem Machtkampf mit Jelzin dem Höhepunkt entgegen und ließ in Tschetschenien Wahlen durchführen. Er wurde mit großer Mehrheit gewählt. Sein erklärtes Ziel war nunmehr die völlige Abspaltung Tschetscheniens von der Föderation und die tschetschenische Eigenstaatlichkeit als Garantie dafür, dass die Bergrepublik vor neuerlichen Kolonialambitionen Russlands sicher sein könnte.[636] Jedoch nahmen die Inguscheten an dieser Wahl nicht teil und auch nicht die Anhänger Jelzins und des Provisorischen Sowjets, die zwei Tage später selber Parlamentswahlen hatten durchführen wollen. Als logische Konsequenz erkannte Moskau die Wahlen nicht an.[637]

---

632 Krech, Der russische Krieg in Tschetschenien, S. 19.
633 Wagensohn, in: Aktuelle Analysen 2000, S. 21.
634 Wagensohn, in: Aktuelle Analysen 2000, S. 21.
635 Halbach, in: BIOst 1994, S. 22.
636 Politovskaya, S. 323.
637 Iskenderjan, in: Wostok Nr. 6 1994/ Nr. 1995, S. 9–10.

Präsident Dudajew ließ sich davon nicht beirren und erklärte am 8. November 1991 Tschetschenien für souverän und von der RSFSR unabhängig. Am selben Tag verhängte er das Kriegsrecht über das Land und ließ drei Tage später knapp 70.000 Soldaten und freiwillige Kämpfer der Nationalgarde auf seinen Namen vereidigen. Bereits am 7. November hatte Jelzin den Ausnahmezustand über das Land verhängen lassen.[638] Jedoch führte dies zu Spannungen zwischen Jelzin und seinem Parlament; dieses bestand nach wie vor auf einer politischen Lösung der Probleme in Tschetschenien.[639] Jelzin jedoch wollte sich keine Schwäche eingestehen und schickte 2.000 Soldaten nach Grosny, um die Wiedereinsetzung des Provisorischen Sowjets durchzusetzen. Die tschetschenische Bevölkerung stellte sich diesen Truppen jedoch mit Massendemonstrationen in den Weg. So mussten die Soldaten den Rückzug antreten, nachdem sie mit ihrer Aufgabe, die „Wiederherstellung der Ordnung" gescheitert waren. Der Provisorische Sowjet stellte Mitte November 1991 seine Arbeit ein, der Vertreter des russischen Präsidenten und Leiter der Sonderverwaltung in Tschetschenien, Achmed Arsanow, trat zurück.[640]

Gleichzeitig legte sich Dudajew dahingehend fest, dass erst, wenn die RSFSR die Souveränität Tschetscheniens anerkannt hat, es Verhandlungen mit Moskau geben werde. Nachfolgend wird noch genauer zu erörtern sein, dass der Austritt Tschetscheniens aus der RSFSR formal nicht rechtsgültig war, weil das Föderationsrecht der Verfassung der RSFSR vom 12. April 1978[641] den Austritt autonomer Republiken nicht erlaubte. Dieses Austrittsrecht stand lediglich Unionsrepubliken zu.[642] Auch wird auszuführen sein, ob der Austritt Tschetscheniens aus der RSFSR völkerrechtlich unter Berücksichtigung des Selbstbestimmungsrechts[643] rechtmäßig war.

Insgesamt betrachtet können die Ereignisse im Herbst 1991 als erste schwere persönliche Niederlage für Jelzin und seine auf Konfrontationskurs ausgerichtete Politik angesehen werden.[644] Allerdings lassen sich die Ereignisse auch dahingehend deuten, dass das russische Parlament, indem es seine Zustimmung

---

638 Krech, Der russische Krieg in Tschetschenien, S. 19; Iskenderjan, in: Wostok Nr. 6 1994/ Nr. 1995, S. 10.

639 Borowoi, in: Wostok Nr. 6 1994/ Nr. 1 1995, S. 8.

640 Bischof, S. 4.

641 Verfassung (Grundgesetz) der RSFSR vom 12.04.1978, deutsche Fassung abrufbar unter www.verfassungen.de.

642 Krech, Der russische Krieg in Tschetschenien, S. 19.

643 Siehe hierzu auch Ausführungen unter Teil 1.D.III.

644 Borowoi, in: Wostok Nr. 6 1994/ Nr. 1 1995, S. 8.

zur Verhängung des Ausnahmezustands verweigerte, das Ansehen Jelzins in der Welt als leidenschaftlicher Verfechter der Demokratie rettete.[645] Nach dem Scheitern der Wiederherstellung einer Moskau-freundlichen Regierung zog Jelzin seine Truppen aus Tschetschenien zurück und löste die dortigen Militärbasen auf. Dies war von erheblicher Bedeutung für Dudajew und seine nur spärlich ausgerüstete Nationalgarde. Bei ihrem hastigen Rückzug ließen die Russen nämlich beträchtliche Waffenlager zurück, aus deren Beständen die Tschetschenen nun ihren Bedarf decken konnten.[646] So verfügten sie von nun an über leichte Panzer, Handfeuerwaffen im Überfluss und, was vielleicht in dem späteren Krieg von größter Bedeutung war, über zahlreiche Panzerabwehrraketen.

Unmittelbar nach diesen Ereignissen versuchte Jelzin, diese politische Niederlage zu kaschieren, und startete in Moskau eine konzentrierte Medienkampagne gegen die Tschetschenen. Die Medien in Moskau begannen nun die aus ihrer Sicht unbotmäßige tschetschenische Regierung regelrecht zu verteufeln und schürten das Misstrauen der Moskowiter gegenüber der starken tschetschenischen Diaspora in der Stadt.[647] Der Bevölkerung wurde suggeriert, dass nicht die russische Mafia eine Bedrohung für die Bürger und die öffentliche Ordnung sei, sondern die tschetschenische. Jedoch machten die Aktivitäten der tschetschenischen Mafia nur einen Bruchteil der viel mächtigeren russischen Mafia aus.[648] Gleichzeitig versuchte Moskau Dudajews Regierung zu destabilisieren, indem es die russische Bevölkerung und die Terek-Kosaken in Tschetschenien aufstachelte. Sie sollten Territorialforderungen an Tschetschenien stellen und so die Bevölkerung entzweien.[649] Doch auch diese vom russischen Geheimdienst initiierten Operationen schlugen allesamt fehl. Denn trotz all dieser lokalen Konflikte der Kaukasus-Völker untereinander schienen sich diese in einem Punkt einig zu sein, nämlich der Unterstützung des tschetschenischen Widerstands gegen Russland.[650] Präsident Dudajew gelang es, zu allen wichtigen Anführern benachbarter Regionen oder Ländern, darunter Georgien und Aserbaidschan sowie Dagestan, enge Kontakte zu knüpfen und sie auf seine Seite zu ziehen.[651]

645 Bischof, S. 5.
646 Halbach, in: BIOst 1994, S. 23.
647 Krech, Der russische Krieg in Tschetschenien, S. 19–20.
648 Bischof, S. 5.
649 Krech, Der russische Krieg in Tschetschenien, S. 20.
650 Bischof, S. 5.
651 Bischof, S. 5.

Anfang 1992 kam es zur Trennung der Inguscheten von den Tschetschenen. In der Folge kam es vornehmlich zu Auseinandersetzungen von Inguscheten und Nord-Osseten, die um das Gebiet von Prigorodni[652] stritten. Die Inguscheten unterzeichneten am 31. März 1992 den Föderationsvertrag und Jelzin erklärte die Inguschische Republik zum Mitglied der RF.[653]

Bereits am 12. März 1992 hatte Tschetschenien seine erste eigene Verfassung in Kraft gesetzt, in der sich die Tschetschenische Republik zum unabhängigen Staat erklärte und Dudajew auch das Amt des Regierungschefs zuschrieb. Sofort versuchte die Opposition gegen Dudajew eine Gegenregierung mit Hilfe Moskaus zu bilden.[654] Am 31. März 1992, am Tag der Unterzeichnung des Föderationsvertrags in Moskau (Tschetschenien unterzeichnete diesen nicht), unternahm diese Opposition einen Putschversuch gegen Dudajew in Grosny, der jedoch kläglich scheiterte.[655] Dies hatte zur Folge, dass Jelzin seine stets kompromissbereite Beraterin für Nationalitätenpolitik Starowojtowa entließ und sie durch Sergej Schachrai ersetzte, welcher einen wesentlich härteren Kurs gegenüber Tschetschenien einschlug.[656]

Anfang Mai 1992 verhängte die Russische Föderation eine Wirtschaftsblockade gegen Tschetschenien. Alle Zufahrtsstraßen nach Tschetschenien wurden gesperrt, tschetschenische Konten auf russischen Banken wurden eingefroren, der Flughafen Grosny wurde nicht mehr angeflogen, alle Wirtschaftskontakte wurden abgebrochen und alle Ersatzteillieferungen eingestellt. Es entstand ein großer Ersatzteil- und Bargeldmangel. Sogar die Raffinerien in Grosny mussten ihre Arbeit einstellen.[657] Unter dem Wirtschaftsboykott hatte in allererster Linie die Bevölkerung zu leiden, die ohne Bargeld und ohne eingeführte Lebensmittel zurechtkommen musste.

Aufgrund der Verschlechterung der wirtschaftlichen Lage zeigte sich Dudajew um die Jahreswende 1992/93 bereit, obwohl er zuvor im März 1992 den Föderationsvertrag nicht unterzeichnet hatte, doch der RF und der Ende 1991 gegründeten Gemeinschaft Unabhängiger Staaten (GUS) beizutreten und Teile der Souveränität Tschetscheniens freiwillig der RF abzutreten, so die Verantwortlichkeit für die Landesverteidigung, die Außenpolitik und die

652 Siehe hierzu auch Ausführungen unter Teil 2.D.II.1.b.bb.
653 Bischof, S. 6.
654 Krech, Der russische Krieg in Tschetschenien, S. 20.
655 Wagensohn, in: Aktuelle Analysen 2000, S. 22.
656 Bischof, S. 6.
657 Krech, Der russische Krieg in Tschetschenien, S. 20.

Außenwirtschaftsbeziehungen.[658] Sergey Schachraj[659], der neue außenpolitische Berater Jelzins, bestand jedoch auf der vollständigen Unterwerfung der Regierung Dudajews. Offensichtlich wollte er unbedingt eine neue, weniger nationalistische Regierung in Grosny einsetzen. Warum genau Moskau auf die von Dudajew vorgeschlagene Kompromisslösung nicht einging und Schachraj auf seiner Position der Stärke beharrte, kann nicht endgültig geklärt werden.[660]

3. *Politischer Widerstand gegen Dudajew innerhalb Tschetscheniens*

Doch auch Dudajews Position im Inneren bröckelte. Die Wirtschafts- und Finanzblockade hatte Anfang 1993 zu einer erheblichen Verschlechterung der ohnehin schon dürftigen Lebensbedingungen in Tschetschenien geführt, wofür viele Dudajew verantwortlich machten.[661] Auch die Tatsache, dass die dringend notwendigen Wirtschaftsreformen nicht in Angriff genommen wurden, rief schließlich eine innertschetschenische Opposition gegen den Präsidenten auf den Plan.[662] Zu der Opposition gehörten einerseits die alte lokale Nomenklatura der Partei- und Verwaltungsbürokratie und die 1990 gewählten Abgeordneten der ASSR für den Volksdeputiertenkongress in Moskau (auch der damalige Parlamentspräsident Ruslan Chasbulatow) und andererseits Teile der nationalen Bewegung und Mitstreiter für die Unabhängigkeit Tschetscheniens, die sich von Dudajew getrennt hatten. Dudajew auf der anderen Seite stützte sich auf den von ihm geführten Volkskongress der Tschetschenen und die Demokratische Partei der Wainachen.[663]

Am 17. April 1993 löste Dudajew das Parlament und die Regierung auf, verhängte den Ausnahmezustand und erklärte die Präsidialherrschaft.[664] Dudajew wollte damit einer Amtsenthebung zuvorkommen. Das Parlament beantwortete diesen Schritt mit der Verabschiedung eines Referendums über die Fortsetzung der Herrschaft Dudajews und die Festsetzung von Neuwahlen. Dudajew

---

658 Bischof, S. 6.

659 Sergey Schachraj, geboren am 30. April 1956, ist ein russischer Politiker. Er gehörte nach seinem Jurastudium zunächst zum erweiterten Beraterstab von Boris Jelzin, bevor dieser ihn zum persönlichen außenpolitischen Berater machte, https://www.munzinger.de/search/portrait/Sergej+M+Schachraj/0/20496.html.

660 Krech, Der russische Krieg in Tschetschenien, S. 21.

661 Iskenderjan, in: Wostok Nr. 6 1994/ Nr. 1995, S. 10.

662 Bischof, S. 7.

663 Bischof, S. 7.

664 Bischof, S. 8.

kündigte seinerseits Neuwahlen für September an; bis dahin wollte er im Amt bleiben.[665]

Im Mai 1993 bildeten sich jedoch zwei Regierungen. Präsident Dudajew ernannte ein neues Kabinett und bestimmte Mugadajew zum neuen Regierungschef. Das Parlament wählte eine eigene „Parlamentsregierung" unter Ex-Regierungschef Mamodajew, der inzwischen zur Opposition übergewechselt war. Soslambekow wurde neuer Parlamentspräsident. Das Problem der Opposition war, dass sie keine einheitliche Front gegen Dudajew aufbauen konnte. Wie bereits erwähnt, setzte sich die Opposition aus den verschiedensten Gruppierungen und Schichten zusammen.[666] Das gemeinsame Kampfziel des Sturzes von Dudajew verband sie nur locker und konnte nicht über die sehr unterschiedliche politische Grundorientierung der einzelnen Gruppierungen und Sippen hinwegtäuschen. Wichtig für Moskau war jedoch, dass der russische Geheimdienst erreicht hatte, dass sich überhaupt eine tschetschenische Opposition gegen Dudajew gebildet hatte, die nun zusammengefasst werden sollte, um mit russischer Geheimdienstunterstützung und der Bereitstellung großer Geldbeträge die Macht in Grosny zu ergreifen.[667]

Dieser Konflikt zwischen Präsident und Parlament fand seine Eskalation darin, dass Dudajew, nachdem die Opposition das Rathaus und die Polizeihauptbehörde besetzt hatte, diese Einrichtungen von seiner bewaffneten Nationalgarde stürmen ließ und seine politischen Gegner gewaltsam (es gab 14 Todesopfer) vertrieb. Die Oppositionsführer flohen aus Grosny in ihre Hochburgen in der Provinz oder nach Moskau. Somit trat eine vorübergehende Kampfpause ein und es vergingen einige Monate, bis ein erneuter Umsturzversuch durchgeführt wurde.[668]

Erst im Dezember 1993 startete die Opposition einen erneuten Putschversuch. Die im Frühjahr 1993 vom Parlament gebildeten bewaffneten Einheiten unter dem Verteidigungsminister der Gegenregierung, Generalmajor Sulejmenow, besetzten den Präsidentenpalast, um Dudajew zum Rücktritt zu zwingen. Aber auch diese Aktion misslang und Dudajew blieb im Amt.[669]

Präsident Dudajew blieb dadurch zwar in Tschetschenien an der Macht, aber die Verhältnisse in den Nachbarstaaten hatten sich grundlegend zu seinen

---

665 Bischof, S. 8.

666 Iskenderjan, in: Wostok Nr. 6 1994/ Nr. 1995, S. 11.

667 Krech, Der russische Krieg in Tschetschenien, S. 23.

668 Bischof, S. 8.

669 Krech, Der russische Krieg in Tschetschenien, S. 23.

Ungunsten verändert. Die nationalistischen und antikommunistischen Präsidenten Georgiens und Aserbaidschans, potenzielle Verbündete Dudajews, wurden inzwischen gestürzt und durch neue pro-russische Machthaber ersetzt.[670] Nachdem sich Jelzin im Oktober 1993 des widerspenstigen Parlaments entledigt hatte, war kaum noch damit zu rechnen, dass sich Moskau auf eine friedliche Lösung des Tschetschenienkonflikts durch Verhandlungsdiplomatie einlassen würde.[671] Denn die neue von Jelzin eingesetzte Staatsduma setzte sich hauptsächlich aus Nationalisten und Kommunisten zusammen. Der Machtkampf im Inneren in Moskau dauerte an und der Spielraum für eine auf Ausgleich ausgerichtete Politik war eng. Die Lösung des Tschetschenienkonflikts war Sergej Schachraj[672] überlassen, demjenigen, der bereits das bedingte Angebot Dudajews auf Tschetscheniens Beitritt zur RF und GUS abgelehnt hatte. Seine Konzeption zur Lösung des Konfliktes ließ keinen Frieden oder Zugeständnisse erwarten: Er wollte eine pro-russische Opposition mit Moskaus Hilfe aufbauen, um unter Inkaufnahme eines Krieges Präsident Dudajew aus dem Amt zu vertreiben und die Macht wieder in Russlands Hände zu legen.[673]

4. *Die politische Haltung in Moskau gegenüber der Lage in Tschetschenien und das Scheitern der Verhandlungen*

An dieser Stelle muss auch kurz die innenpolitische Situation in Moskau beleuchtet werden. Obwohl Schachrajs Einstellung zu Tschetschenien offen auf Eskalation ausgelegt war, gab es immer noch einige Jelzin-Anhänger, darunter der Vorsitzende des Föderationsrates Schumejko, die weiterhin für die Fortsetzung des politischen Dialogs mit Dudajew eintraten. Bis ins Frühjahr 1994 hinein zeigte sich Jelzin nicht abgeneigt, mit Tschetschenien einen Vertrag über die gegenseitige Abgrenzung von Vollmachten der Organe der jeweiligen Staatsmacht zu vereinbaren. Dann jedoch wurde der ohnehin schon radikale Schachraj im Amt als Minister für Nationalitätenpolitik von dem „Hardliner" Nikolaj Jegorow abgelöst. Es wurde nun immer deutlicher, dass es wohl keine friedliche Einigung geben würde. Obwohl Schachraj zunächst als stellvertretender Ministerpräsident die Verantwortung für den Tschetschenienkonflikt behielt, begann Russland von nun an nach demselben Muster vorzugehen wie in den Konflikten

---

670 Bischof, S. 8.

671 Bischof, S. 8.

672 Siehe Ausführungen unter Teil 2.A.III.3. mit weiteren Informationen in der entsprechenden Fußnote.

673 Bischof, S. 9.

in den anderen GUS-Staaten, was bedeutet, dass die Konflikte so lange geschürt werden, bis sie eskalieren und ein militärisches Eingreifen Russlands nach Moskauer Ansicht auch außenpolitisch vertretbar wird.[674]

Somit stellten sich die Weichen Ende Mai/Anfang Juni immer offensichtlicher in Richtung Krieg.[675] Nachdem der Tschetschenien-Beauftragte Schachraj Anfang Mai nochmals für eine Kompromisslösung plädiert hatte und die Duma auch bereits im März 1994 eine Resolution über die friedliche Lösung des Tschetschenienkonflikts ausgearbeitet hatte, ernannte Jelzin völlig überraschend Jegorow, der Schachraj bereits als Minister für Nationalitätenpolitik ersetzt hatte, auch zum Koordinator der Tschetschenien-Politik. Wie bereits erwähnt, war Jegorow ein Verfechter eines harten Kurses gegenüber Dudajew, der erklärte, dass Russland keinerlei Zugeständnisse ihm gegenüber machen würde und seine Macht, gestützt auf die tschetschenische Opposition, durchsetzen werde. So ignorierte er auch Gesprächsangebote Dudajews, in denen dieser sogar seinen Rücktritt ankündigte, sollte Russland die Souveränität Tschetscheniens anerkennen.[676]

Ende August 1994 soll Jegorow die Entscheidung gefällt haben, die Regierung Dudajews mit Waffengewalt zum Sturz zu bringen. Er verschärfte die russische Propagandakampagne gegen Tschetschenien, um in der russischen Bevölkerung ein tschetschenisches Feindbild zu etablieren. Auch erklärte er offen die Unterstützung der tschetschenischen Gegenregierung.[677] Zu diesem Zeitpunkt war der Aufbau der bewaffneten Opposition, welcher Ende 1993 begonnen wurde, so gut wie abgeschlossen. So wurde im November 1994 ein letzter Umsturzversuch der inneren, mittlerweile gut bewaffneten, Opposition mit offener russischer Unterstützung gestartet. Am 18. November 1994 versuchten russische Panzer, unterstützt durch Luftlandeeinheiten, Grosny einzunehmen. Dieser Versuch misslang und mehrere russische Soldaten gerieten in tschetschenische Gefangenschaft.[678] Es wurde deutlich, dass die bewaffnete Opposition nicht in der Lage sein würde, Dudajew zu stürzen, woran auch die massive russische Unterstützung nichts ändern konnte. Im Gegenteil, durch den Einsatz russischer Streitkräfte wuchs Dudajews militärische Schlagkraft durch den Solidarisierungseffekt der tschetschenischen Sippen mit ihm noch weiter an.[679] Damit stand Moskau vor der

674 Bischof, S. 9.
675 Borowoi, in: Wostok Nr. 6 1994/ Nr. 1 1995, S. 8.
676 Krech, Der russische Krieg in Tschetschenien, S. 33.
677 Krech, Der russische Krieg in Tschetschenien, S. 34.
678 Bischof, S. 11.
679 Krech, Der russische Krieg in Tschetschenien, S. 35.

Entscheidung über Krieg oder Frieden, über militärische Intervention oder Anerkennung der Unabhängigkeit Tschetscheniens. Man entschied sich jeweils für die erstere Option.

IV. Der Verlauf des Ersten Tschetschenienkrieges (1994–1996)

1. Der Einmarsch russischer Truppen in Tschetschenien im Dezember 1994

Am 1. Dezember 1994 unterzeichnete Jelzin ein Dekret über die Maßnahmen zur Festigung von Gesetz und Ordnung im Nord-Kaukasus, worin auch eine Amnestie für die Truppen Dudajews enthalten war, die bis zum 15. Dezember ihre Waffen niederlegten. Gleichzeitig ließ er russische Truppen an den Grenzen Tschetscheniens aufmarschieren. Am 7. Dezember fällte dann der russische Sicherheitsrat die Entscheidung zum direkten militärischen Eingreifen der Streitkräfte.[680] Die endgültige Legitimierung des Eingreifens erfolgte am 9. Dezember durch ein weiteres Dekret des Präsidenten Jelzin über die „Entwaffnung illegaler Formationen und die Wiederherstellung der verfassungsmäßigen Ordnung" in Tschetschenien.[681] Am 11. Dezember 1994 erfolgte schließlich die Invasion russischer Armee-Einheiten: Etwa 40.000 Mann drangen aus drei Richtungen vor, um die Hauptstadt Grosny einzukreisen. Jelzin begründete den sowohl innenpolitisch als auch international heftig diskutierten Einmarsch in einem Appell an die russische Bevölkerung damit, dass man versuche, eine politische Lösung zu finden.[682] Auch der Vorsitzende des Föderationsrates Schumejko, der sich bis dahin vehement für politische Verhandlungen eingesetzt hatte, solidarisierte sich mit Jelzin und bezeichnete die Intervention als notwendig. So versperrte Moskaus Verzicht auf Verhandlungen ohne Vorbedingungen den Weg zu einer friedlichen Lösung des Konfliktes.[683]

2. Überblick über die entscheidenden Kriegsereignisse

An dieser Stelle soll kurz ein Überblick über die wichtigsten Schlachten und Daten des Ersten Tschetschenienkrieges verschafft werden. Alle Details und Einzelheiten zu den jeweiligen Offensiven und Gegenoffensiven sind für eine völkerrechtliche Betrachtung des Konfliktes nicht von oberster Priorität.

---

680 Krech, Der russische Krieg in Tschetschenien, S. 63.
681 Krech, Der russische Krieg in Tschetschenien, S. 63.
682 Bischof, S. 12.
683 Bischof, S. 12.

Die tschetschenischen Kämpfer ließen das am 17. Dezember 1994 auslaufende Ultimatum verstreichen, worin Jelzin Amnestie für die Truppen Dudajews ankündigte, die ihre Waffen niederlegen würden.[684] Daraufhin marschierten ca. 40.000 Mann in Tschetschenien ein, denen etwa 13.000 tschetschenische Widerstandskämpfer (nach russischer Schätzung) gegenüberstanden. In den beginnenden Kämpfen um Grosny endeten die ersten russischen Vorstöße trotz personeller und technischer Überlegenheit im Desaster.[685] Nun rächte sich, dass die Russen beim Verlassen ihrer Stützpunkte zahlreiche Panzerabwehrwaffen zurückgelassen hatten. Zudem waren die russischen Soldaten schlecht ausgebildet, unmotiviert, weil der Konflikt auf russischem Terrain stattfand und die meisten nicht wussten, worum es in dem Krieg ging. Auch waren die Einheiten taktisch falsch zusammengesetzt und die strategischen Pläne unzureichend ausgearbeitet und fast nicht zu gebrauchen.[686] Dennoch gelang es ihnen, im Februar 1995 Grosny einzunehmen. Den Tschetschenen wurde klar, dass mit regulären militärischen Kräften der Krieg nicht zu gewinnen war und so marschierte Dudajews Leibwächter Bassajew mit einer Handvoll Nationalgardisten im Juni 1995 im russischen Budjonnowsk[687] ein und nahm zwischen 1.000 bis 2.000 Geiseln. Bassajew forderte die Beendigung der Bombardierung Grosnys, freies Geleit zurück nach Tschetschenien und die Aufnahme von Friedensverhandlungen.[688] Am 30. Juli kam unter Vermittlung der OSZE ein Waffenstillstandsabkommen zustande, das aber von beiden Seiten immer wieder gebrochen wurde.[689] Zum endgültigen Bruch der Waffenruhe seitens der Tschetschenen kam es Mitte Dezember: Am 1. November hatte Moskau Doku Savgajev zum tschetschenischen Ministerpräsidenten eingesetzt, welcher in den Präsidentschaftswahlen (neutrale Beobachter bewerteten die Wahl als nicht regulär) am 17. Dezember auch mit großer Mehrheit gewählt wurde. Daraufhin griffen die Rebellen wieder zu den Waffen.[690] Unter der Führung von Radujew, dem Schwiegersohn Dudajews, kam es in der dagestanischen Stadt Kisljar zu einer erneuten Geiselnahme von ca. 3.000 Zivilisten in einem Krankenhaus. Radujew forderte wiederum den Abzug der russischen Truppen, schließlich zogen sich die Geiselnehmer mit

684 Grobe-Hagel, S. 121.
685 Grobe-Hagel, S. 121.
686 Wagensohn, in: Aktuelle Analysen 2000, S. 29.
687 Budjonnowsk liegt im Gebiet der heutigen Region Stawropol.
688 Wagensohn, in: Aktuelle Analysen 2000, S. 29.
689 Wagensohn, in: Aktuelle Analysen 2000, S. 29.
690 Krech, Der russische Krieg in Tschetschenien, S. 98.

einigen wenigen freiwilligen Geiseln ins tschetschenische Dorf Pervomaiskoje zurück. Die russischen Einheiten erhielten am 10. Januar 1996 den Befehl, alle Geiselnehmer zu töten. Am 15. Januar zerstörten russische Bomber und Artillerie Pervomaiskoje völlig; neben fast allen Geiselnehmern kamen auch zahlreiche Zivilisten ums Leben, Radujew jedoch konnte entkommen.[691]

Im März tobten in Grosny schwere Schlachten, nachdem tschetschenische Widerstandskämpfer einen überraschenden Sturmangriff auf die Hauptstadt unternommen hatten. Als sie am 13. März 1996 große Teile Grosnys zurückerobert hatten[692], ordnete Jelzin einen erneuten Waffenstillstand an und erklärte sich am 31. März 1996 zu Friedensverhandlungen bereit.[693] Ihre Luftangriffe setzten die Russen ungeachtet dessen weiter fort und trafen Dudajew am 22. April mit einer Rakete tödlich; sein Nachfolger wurde der wesentlich moderatere Selimchan Jandarbijev. Dieser handelte im Mai 1996, zwei Wochen vor den russischen Präsidentschaftswahlen in der RF, mit Jelzin ein Waffenstillstandsabkommen aus.[694] Nach den Wahlen flammten die Kämpfe jedoch erneut auf und es kam zu intensiv geführten Kampfhandlungen. Am 6. August 1996, drei Tage, bevor Jelzin als wiedergewählter Präsident der RF vereidigt werden sollte, griffen tschetschenische Freiheitskämpfer Grosny an und vertrieben in den darauf folgenden Gefechten fast sämtliche russischen Streitkräfte aus der Stadt. Jelzin sandte den Ex-General der Kaukasus-Streitmacht und jetzigen Sicherheitsberater Alexander Lebed nach Tschetschenien, welcher mit dem tschetschenischen Stabschef Maschadow eine Beendigung der Kämpfe vereinbarte. Am 31. August unterzeichneten beide Seiten ein Friedensabkommen, in welchem die Einstellung aller Kampfhandlungen und der Austausch der Kriegsgefangenen vereinbart wurden. Die Verhandlungen über den Status von Tschetschenien innerhalb der RF wurden verschoben, sie sollten aber binnen fünf Jahren abgeschlossen werden.[695]

Insgesamt hat der Erste Tschetschenienkrieg nach offiziellen Angaben mindestens 80.000 Todesopfer auf beiden Seiten gefordert, fast sämtliche Ortschaften, insbesondere die Hauptstadt Grosny, waren völlig zerbombt und unbewohnbar.[696]

---

691 Krech, Der russische Krieg in Tschetschenien, S. 98.
692 Cheterian, S. 269.
693 Wagensohn, in: Aktuelle Analysen 2000, S. 32.
694 Krech, Der russische Krieg in Tschetschenien, S. 99.
695 Krech, Der russische Krieg in Tschetschenien, S. 124.
696 Wagensohn, in: Aktuelle Analysen 2000, S. 35.

V. Drei Jahre des offiziellen Friedens und das erneute Aufflammen der kriegerischen Auseinandersetzungen

Auch nach dem offiziellen Ende der Kampfhandlungen konnte man keineswegs von stabilen Verhältnissen in Tschetschenien sprechen, obwohl zunächst einiges für eine Annäherung der beiderseitigen Interessen sprach.[697] So fanden am 27. Januar 1997 in Tschetschenien unter Kontrolle der OSZE freie Wahlen statt, bei denen sich Maschadow klar gegen seine Konkurrenten Jandarbijew und Bassajew durchsetzen konnte. Zu diesem Zeitpunkt war dieser auch aus Moskauer Sicht die optimale Lösung. Am 12. Mai 1997 unterzeichneten Maschadow und Jelzin einen Friedensvertrag, der festlegte, dass alle Konflikte politisch und nach den Regeln des Völkerrechts zu lösen sein sollten.[698] Im Vorfeld hatte es jedoch wieder einige Unstimmigkeiten gegeben, denn Jelzin ließ alle finanziellen Unterstützungen zum Wiederaufbau aussetzen, um die tschetschenische Führung zu einer Unterzeichnung eines Abkommens über die Eingliederung Tschetscheniens in die RF zu bewegen.[699] Maschadow auf der anderen Seite bestand darauf, dass die Föderation sein Land in die Unabhängigkeit entlassen sollte, und erließ ein Gesetz, das besagte, dass allen Bürgern, die sich für einen Verbleib in der RF aussprachen, das Wahlrecht entzogen wurde. Der Friedensvertrag vom Mai enthielt jedoch keinen Passus über den Status von Tschetschenien innerhalb der RF.[700]

Auch gelang es Maschadow mit seinen hauptsächlich militärisch geprägten Gefolgsleuten nicht, eine politische Elite zu bilden, die in der Lage gewesen wäre, das Land auch wirtschaftlich zu sanieren.[701] In den folgenden Monaten wuchs der Widerstand gegen Maschadow. Am 9. Juli 1997 führte er in Tschetschenien offiziell die islamische Scharia ein. Doch auch das führte zu keiner innenpolitischen Stabilisierung der Lage.[702] Die Kommandeure der einzelnen Rebellen-Garnisonen diktierten in ihren jeweiligen Regionen die Lebensregeln, welche oftmals von radikal-islamistischer Prägung waren, und gründeten Ausbildungslager für Terroristen. Die Islamisten strömten daraufhin ins Land, um den nach ihrer Auffassung „Heiligen Krieg" gegen Russland fortzuführen

---

697 Koslatschkow, in: Wostok Nr. 1 2000, S. 102, ist sogar der Auffassung, dass der Krieg seit 1996 faktisch ununterbrochen weiterging.

698 Krech, Der russische Krieg in Tschetschenien, S. 125.

699 Krech, Der russische Krieg in Tschetschenien, S. 125.

700 Krech, Der russische Krieg in Tschetschenien, S. 125.

701 Politovskaya, S. 325.

702 Krech, Der Zweite Tschetschenien-Krieg, S. 33.

oder sich hierfür ausbilden zu lassen, um dann so gerüstet in ihrem Heimatland zu den Waffen zu greifen. Zudem wollten die ins Land gekommenen Islamisten auch in Tschetschenien die radikalislamische Kultur einführen.[703] Geiselnahmen mit anschließenden Lösegeldforderungen (welche häufig nicht gezahlt wurden und in Ermordungen mündeten) und Überfälle waren mittlerweile an der Tagesordnung, auch begünstigt dadurch, dass die Mehrheit der Tschetschenen nun über Waffen verfügte.[704] Tschetschenien wurde ein Tummelplatz russischer, tschetschenischer und auch internationaler Unterwelt-Größen[705], die bei ihren Machenschaften wie Drogen- und Waffenhandel, Öldiebstahl und Finanzmanipulationen leichtes Spiel hatten. Diese Kriminalität hatte hauptsächlich auch wirtschaftliche Gründe: Die Industrie war komplett zerstört, es wurden kaum noch Löhne gezahlt und das Land verarmte immer mehr. Maschadow und seine Sicherheitskräfte waren machtlos gegen die Machenschaften der kriminellen Vereinigungen. Er hätte einen harten Kurs gegen den verheerenden Einfluss radikaler Islamisten fahren müssen, was er nicht tat.[706]

Auch kam es neben kleineren Konfrontationen am 22. Dezember 1997 zu einem Angriff tschetschenischer Mudjahedin auf russische Truppen in Dagestan. Dies war die blutigste Auseinandersetzung seit dem Friedensvertrag.[707] Der innenpolitische Widerstand gegen Maschadow war mittlerweile so groß, dass am 23. Juli 1998 ein Attentat auf ihn verübt wurde, welches er aber überlebte. Der Disput zwischen Maschadow, seinen Anhängern und der Opposition, angeführt von Bassajew, hatte mittlerweile fast bürgerkriegsähnliche Ausmaße angenommen.[708] Zu einer Verschärfung der Lage mit Moskau kam es, als im Februar 1999 General Schpigun, der Vertreter des russischen Innenministers, auf dem Flughafen in Grosny aus dem Flugzeug heraus entführt wurde. Auch hier war Maschadow machtlos.[709] Auch fortwährende Übergriffe tschetschenischer Rebellen auf russische Grenzposten, woraufhin Russlands Innenminister Ruschailo am 4. Juli 1999 Tschetschenien mit Präventivschlägen aus der Luft drohte, führten nicht zu einer Deeskalation der Lage.[710] Anfang August kam es zudem in Dagestan zu zahlreichen Gefechten zwischen russischen Truppen und

703 Hassel, in: Hassel (Hrsg.), S. 39–40.
704 Politovskaya, S. 325.
705 Koslatschkow, in: Wostok Nr. 1 2000, S. 103.
706 Hassel, in: Hassel (Hrsg.), S. 46.
707 Krech, Der Zweite Tschetschenien-Krieg, S. 37.
708 Politovskaya, S. 325.
709 Hassel, in: Hassel (Hrsg.), S. 47.
710 Krech, Der Zweite Tschetschenien-Krieg, S. 38.

muslimischen Extremisten aus Tschetschenien.[711] Der Zweite Tschetschenienkrieg stand nun unmittelbar bevor.

VI. Der Verlauf des Zweiten Tschetschenienkrieges (1999–2002)

Am 7. August 1999 kam es zu einem ersten konzentrierten Angriff auf dagestanische Grenzorte durch tschetschenische Kämpfer, die einmal mehr von Schamil Bassajew, zusammen mit dem jordanischen Feldkommandeur Amir Al-Chattab[712], angeführt wurden. Daraufhin machte Moskau seine Drohungen wahr und bombardierte tschetschenische Dörfer. Diese Angriffe wurden vom neuen russischen Ministerpräsidenten und früheren Geheimdienstchef (FSB) Putin angeordnet, der Nachfolger des von Jelzin entlassenen Stepaschin wurde. Die Situation spitzte sich weiter zu, als im September innerhalb von zwei Wochen in Moskau und anderen Städten bei Bombenanschlägen etwa 400 Menschen ums Leben kamen. Angeblich hatten sich tschetschenische Rebellen zu den Anschlägen bekannt, was aber nie bestätigt werden konnte. Auch rückte Bassajew erneut mit seinen Truppen in Dagestan ein.[713]

Bezüglich dieser Vorfälle gibt es jedoch divergierende Bewertungen, die von offiziellen russischen Angaben abweichen. Es gibt Anzeichen dafür, dass sowohl bei den Bombenanschlägen als auch bei den Übergriffen auf Dagestan der russische Geheimdienst FSB involviert war. So wird spekuliert, dass Bassajew, dem als taktisch erfahrenen Kämpfer klar gewesen sein musste, dass sein Vorstoß auf Dagestan militärisch ohne Erfolg und Zweck bleiben musste, von Moskau durch Geldzahlungen angeheuert wurde. Hierfür spricht, dass er bei allen Vorstößen unbehelligt abziehen konnte und russische Soldaten gar davon sprachen, instruiert worden zu sein, nicht zu feuern. Auch tschetschenische Augenzeugen bestätigten dies.[714]

---

711 Wagensohn, in: Aktuelle Analysen 2000, S. 38.

712 Emir Ibn al-Chattab, geboren 1969 in Arar (Saudi-Arabien) und gestorben am 19. März 2002 in Tschetschenien, war ein islamistischer Feldkommandeur. Er kämpfte zunächst in Afghanistan gegen die sowjetische und russische Armee, später führte er Rebelleneinheiten in Tschetschenien und Dagestan an. Al-Chattab war an zahlreichen Überfällen und Angriffen islamistischer Separatisten beteiligt, http://news.bbc.co.uk/2/hi/europe/1952053.stm; http://www.kavkaz.org.uk/eng/photo/amir_khattab/page1.shtml.

713 Krech, Der Zweite Tschetschenien-Krieg, S. 39.

714 Hassel, in: Hassel (Hrsg.), S. 49–51.

Zur Beantwortung der Frage, warum Moskau offensichtlich einen erneuten Krieg in Tschetschenien lancierte, muss die innenpolitische Situation in Russland herangezogen werden. Jelzin durfte nach zwei Amtsperioden nicht erneut zur Wahl des Staatspräsidenten antreten und musste einen Nachfolger installieren. Ein Sieg in einem militärischen Konflikt war nach Ansicht der russischen Führungsspitze der beste Weg, Russlands Bevölkerung hinter einem starken und damit populären Führer zu einen: Wladimir Putin.[715] Auch seien die Sprengstoffanschläge im September 1999 vom FSB initiiert gewesen,[716] um einen Krieg zu rechtfertigen, da allein die Übergriffe Bassajews auf Dagestan hierfür nicht ausgereicht hätten. Auch für diese These gibt es durchaus Anhaltspunkte: Es stellt sich die Frage, welches Interesse Tschetschenien an der Zerstörung ziviler Häuser hatte. Darüber hinaus wurden angeblich FSB-Agenten gesehen, wie sie mit Sprengstoff in die Keller der betroffenen Gebäude gingen.[717] Obwohl diese Spekulationen nie bewiesen worden sind, erhärtet sich aber auf jeden Fall der Verdacht, Putin habe den Krieg zur Aufpolierung seines Images genutzt, um schließlich aus den Präsidentschaftswahlen am 26. März 2000 als Sieger hervorzugehen.[718]

Im weiteren Kriegsverlauf zog Putin nach wochenlangen Luftangriffen auf tschetschenische Dörfer in der Grenzregion zu Dagestan und später auch auf die Hauptstadt Grosny seine Truppen (ca. 60.000 Mann) an der tschetschenischen Grenzregion zusammen und riegelte das Land vollständig ab. Am 1. Oktober 1999 überschritten dann die Truppen die Grenze und rückten auf Grosny vor.[719] Gegen Ende des Jahres waren große Teile Tschetscheniens unter russischer Kontrolle und Grosny war umzingelt; die Stadt wurde nach wochenlangen Kämpfen schließlich eingenommen. Eine Woche vor den Präsidentschaftswahlen im März 2000 verkündete Putin den Krieg als erfolgreich beendet. Doch war dies nur das Ende des Aufeinandertreffens regulärer Kampfverbände; die tschetschenischen Rebellen gingen nun zu der bereits im Ersten Krieg gewählten Taktik über, die des Guerilla-Krieges.[720] Ortschaften und Dörfer wurden von den dort wohnhaften tschetschenischen Kämpfern oftmals „bis zum letzten Mann“ verteidigt, obwohl die russische Armee waffentechnisch weit überlegen war.[721] Der

715 Mommsen/Nußberger, S. 36.
716 Hassel, in: Hassel (Hrsg.), S. 60.
717 Hassel, in: Hassel (Hrsg.), S. 60.
718 Politovskaya, S. 326.
719 Krech, Der Zweite Tschetschenien-Krieg, S. 49.
720 Iskenderjan, in: Wostok Nr. 3 2000, S. 7.
721 Kabanow, in: Wostok Nr. 4 2000, S. 50–51.

tschetschenische Präsident Maschadow erklärte offiziell den Partisanenkrieg.[722] Putin ernannte nach seinem Wahlsieg den Mufti von Tschetschenien Achmed Kadyrow zum Chef der pro-russischen Übergangsverwaltung und stellte Tschetschenien unter die direkte Verwaltung des Kremls.[723] Zu dieser Zeit kam es zu schwersten Menschenrechtsverletzungen, auf die nachfolgend eingegangen wird. Russische Truppen zogen plündernd und mordend durch die Straßen, die Tschetschenen folterten und töteten kriegsgefangene Soldaten.[724]

Dessen ungeachtet wurde im Januar 2001 im Europarat Russland erneut das Stimmrecht gewährt. Im September kam es nach den Terroranschlägen vom 11. September zu einem Treffen zwischen US-Präsident Bush und Putin, in denen Putin Bush volle Unterstützung im Kampf gegen den Terror zusagte.[725] Zu Beginn des Jahres 2002 zeichnete sich eine russische Niederlage immer deutlicher ab. Durch den Einsatz neuer STINGER-Luftabwehrraketen und durch gezieltes Abhören des russischen Funkverkehrs gelang es den tschetschenischen Rebellen, den Nachschub der Russen aus der Luft (hauptsächlich per Hubschrauber) immer öfter empfindlich zu stören. Zahlreiche Luftfahrzeuge gingen verloren, die Verluste an Menschenleben stiegen drastisch.[726] Als Rache für den vom FSB am 19. April 2002 getöteten tschetschenischen Mudjahedin-Führer Al-Chattab[727] attackierten die Rebellen am 3. Mai 2002 einen Konvoi der Russen und verwundeten den Oberkommandierenden der Streitkräfte, General Moltenskoi, so schwer, dass er wenig später verstarb. Dem folgte unmittelbar die Entscheidung der russischen Führung zur Tschetschenisierung des Tschetschenienkrieges. Der pro-russische Administrator Kadyrow kündigte am 6. Mai 2002 die Einführung der Wehrpflicht in Tschetschenien an. Die Wehrpflichtigen sollten unter dem Befehl des pro-russischen Innenministers Kadyrow nach und nach die russischen Soldaten ablösen, die zunehmend aus dem Kampfgebiet abgezogen werden sollten. Zudem wurde der Feuerbefehl für die Soldaten verschärft, was zur Folge hatte, dass mehrfach unbeteiligte Zivilisten zu Schaden kamen.[728]

---

722 Hassel, in: Hassel (Hrsg.), S. 69.
723 Tschetschenien-Komitee, S. 170.
724 Krech, Der Zweite Tschetschenien-Krieg, S. 95; Franke/Wollenweber, in: Wostok Nr. 1 2003, S. 8; Koslatschkow, in: Wostok Nr. 1 2000, S. 103.
725 Tschetschenien-Komitee, S. 170.
726 Krech, Der Zweite Tschetschenien-Krieg, S. 138.
727 Siehe Fußnote oben in diesem Kapitel.
728 Krech, Der Zweite Tschetschenien-Krieg, S. 138.

Die „Tschetschenisierung" des Krieges war ein offenes Eingeständnis der russischen Führung, dass der Krieg in Tschetschenien militärisch nicht mehr zu gewinnen war. Die russischen Truppen taten sich sehr schwer, die im Untergrund kämpfenden tschetschenischen Widerstandskämpfer dauerhaft und nachhaltig auszuschalten.[729] Angesichts der drohenden vernichtenden Niederlage, vergleichbar mit der Schlacht um Grosny im Sommer 1996, zogen die Russen ihre Truppen bedingungslos aus Tschetschenien ab.[730]

Jedoch war dieser schrittweise Truppenabzug längst nicht das Ende der Gewalt. Sowohl Russen als auch tschetschenische Rebellen ließen die Waffen nicht ruhen. So nahmen etwa 50 Rebellen am 26. Oktober 2002 in einem Moskauer Theater zahlreiche Geiseln;[731] diese Geiselnahme endete mit der Erstürmung durch russische Spezialeinheiten und dem Tod aller Geiselnehmer und vieler Geiseln. Bevor Kadyrow am 5. Oktober 2003 durch eine Scheinwahl offizieller Präsident von Tschetschenien wurde, gab es im Sommer 2003 zahlreiche Anschläge in Moskau und auf das Hauptquartier des FSB in Snamenskoje. Kadyrow seinerseits wurde am 9. Mai 2004 bei einem Attentat tschetschenischer Rebellen in Grosny getötet.[732] Sein Sohn Ramsan Kadyrow trat seine Nachfolge an.

VII. Die Erklärung über das offizielle Ende des Tschetschenienkonfliktes im Jahre 2009

Am 16. April 2009 erklärte Moskau den als „Anti-Terror-Aktion" deklarierten Konflikt mit Tschetschenien für beendet.[733] Obwohl es nach wie vor Widerstandsgruppen gibt, die sich immer noch für Anschläge und Überfälle verantwortlich zeigen, ist es dem von Moskau eingesetzten tschetschenischen Präsidenten Ramsan Kadyrow gelungen, den separatistischen Untergrund weitgehend niederzukämpfen. Kadyrow selbst hat dem Separatismus abgeschworen und liefert in Wahlen zur russischen Staatsduma stets Ergebnisse von nahezu einhundert Prozent für die Partei „Einiges Russland" ab.[734]

---

729 Iskenderjan, in: Wostok Nr. 3 2000, S. 8.

730 Krech, Der Zweite Tschetschenien-Krieg, S. 160.

731 Siehe auch Ausführungen unter Teil 2.B.I. mit weiteren Informationen in der entsprechenden Fußnote.

732 Tschetschenien-Komitee, S. 170–172.

733 Wostok Nr. 1 2009, S. 5.

734 Ludwig, in: FAZ vom 20.04. 2009, S. 1.

Seine persönliche Macht baute Kadyrow in Tschetschenien ständig weiter aus. Er betrieb eine Islamisierung des Landes und verschaffte sich dadurch Rückhalt in der Bevölkerung. Allerdings ist sein Regime auch für rücksichtslose Gewalt und massive Menschenrechtsverletzungen bekannt. Russische Menschenrechtler fürchten daher, dass das Ende der „Anti-Terror-Aktion“ nicht mit einem Ende des seit Jahren herrschenden Staatsterrors gleichzusetzen ist.[735]

Russland begann Ende 2009 mit dem Abzug der Hälfte seiner in Tschetschenien stationierten Truppen. Die andere Hälfte verblieb weiterhin in der Region, um Kadyrow und seine Truppen, die „Kadyrowzy[736]“, im Kampf gegen Terroristen zu unterstützen. Nur schrittweise wurden diese Truppenkontingente weiter reduziert. Moskau befürchtet stets eine Wiedererstarkung der Untergrundbewegung, würde man die russischen Truppen vollständig abziehen. Ein Terroranschlag am Tag des offiziellen Endes der „Anti-Terror-Aktion“ unterstreicht diese Befürchtung. Für die tschetschenische Bevölkerung bedeutet das Ende der Aktion, dass sie sich etwas freier bewegen kann und weniger Angst vor Übergriffen der Sicherheitsorgane haben muss.[737] Ein endgültiges Ende der Gewalt ist durch die Beendigung der „Anti-Terror-Aktion“ allerdings nicht zu erreichen. Denn noch immer gibt es in Tschetschenien und den angrenzenden Republiken zahlreiche Rebellen, wobei die genaue Anzahl der Terroristen nur vage geschätzt werden kann.[738]

VIII. Tschetschenien unter Präsident Ramsan Kadyrow

1. Politische Strukturen

a. Der Weg der Kadyrows in die tschetschenische Politik

Die Dynastie der Kadyrows begann im Jahr 2000, als Moskau Ahmad Kadyrow, den Vater von Ramsan, als neuen Verwaltungsleiter in Tschetschenien installierte. Ahmad Kadyrow hatte im Ersten Tschetschenienkrieg noch als Feldkommandeur auf Seiten der tschetschenischen Rebellen gegen die russischen Streitkräfte gekämpft. Erst als seine früheren Mitstreiter, Schamil Bassajew[739]

735 Ludwig, in: FAZ vom 17.04.2009, S. 2

736 Die „Kadyrowzy“ sind paramilitärische Kämpfer, die vom tschetschenischen Präsidenten Ramsan Kadyrow angeführt werden, Klußmann, in: Der Spiegel Online vom 18.06.2007.

737 Ludwig, in: FAZ vom 20.04.2009, S. 1.

738 Iskenderjan, in: Wostok Nr. 3 2000, S. 7.

739 Siehe auch Ausführungen unter Teil 2.B.I. mit weiteren Informationen in der entsprechenden Fußnote.

und Amir Al-Chattab[740], den Konflikt mit Russland zunehmend islamisierten und einen radikalislamischen Flügel innerhalb der Rebellengruppe bildeten, wandte sich Ahmad Kadyrow von ihnen ab. Bereits 1995 wurde Ahmad Kadyrow zum Mufti und damit zum religiösen Führer der Tschetschenen gewählt. Die Distanzierung von der radikalislamischen Terrorgruppe um Bassajew und Chattab, die ab 1999 auch vermehrt begann, Nachbarrepubliken wie Dagestan durch militärische Übergriffe in die Auseinandersetzung mit Russland hineinzuziehen, brachte Ahmad Kadyrow in der Bevölkerung Tschetscheniens viel Respekt und Anerkennung ein, was auch Moskau nicht verborgen blieb.[741]

Doch nachdem ihn die russische Regierung als Verwaltungsleiter in Grosny installiert hatte, begann Ahmad Kadyrow zunehmend seine eigenen Interessen zu verfolgen.[742] So gründete er eine eigene Leibgarde, die „Kadyrowzy[743]", die er von seinem Sohn Ramsan kommandieren ließ, und rekrutierte dafür die Mitglieder aus den Kreisen ehemaliger Rebellen. Jeder Widerstandskämpfer bekam von den Kadyrows Straffreiheit zugesichert, wenn dieser sich freiwillig für die Leibgarde meldete.[744] So leitete Ahmad Kadyrow die bereits angesprochene „Tschetschenisierung" des Konfliktes ein. Die zunehmende Gewalt der Leibgarde Kadyrows gegenüber der tschetschenischen Bevölkerung führte allerdings bald dazu, dass sein Rückhalt innerhalb des tschetschenischen Volkes rapide sank.[745] Jedoch konnte sich Ahmad Kadyrow trotz zunehmender Kritik seitens einzelner Politiker der Unterstützung des Kremls sicher sein. Kadyrow wurde an die Partei „Einiges Russland" gebunden in der Hoffnung, er würde der Partei den Sieg bei den Präsidentschaftswahlen in Tschetschenien im Jahr 2003 sichern.[746]

Je näher die Wahlen vom 5. Oktober 2003 rückten, desto weniger Anhänger hatte Ahmad Kadyrow in der Republik. Die Wahl zum Präsidenten schien für ihn immer schwieriger zu werden, zumal sich mit dem Moskauer Geschäftsmann Malik Saidullajew, dem russischen Duma-Abgeordneten Aslanbek Aslachanow, dem Moskauer Hotelier Hussein Dschabrailow sowie dem ehemaligen russischen Parlamentspräsidenten und schärfstem Kritiker Kadyrows Ruslan

---

740 Siehe auch Ausführungen unter Teil 2.A.VI. mit weiteren Informationen in der entsprechenden Fußnote.

741 Halbach, in: SWP-Studien 2004, S. 21–22.

742 Franke/Wollenweber, in: Wostok Nr. 1 2003, S. 8.

743 Siehe Ausführungen unter Teil 2.A.VII. mit weiteren Informationen in der entsprechenden Fußnote.

744 Franke/Wollenweber, in: Wostok Nr. 1 2003, S. 8.

745 Franke/Wollenweber, in: Wostok Nr. 1 2003, S. 8–9.

746 Halbach, in: SWP-Studien 2004, S. 22.

Chasbulatow prominente und aussichtsreiche Gegenkandidaten zur Wahl aufstellen ließen. Jedoch blieb am Wahltag nicht ein einziger der populärsten Gegenkandidaten übrig, so dass sich Kadyrow nur noch mit chancenlosen Wettbewerbern messen musste. So hatte Chasbulatow seine Kandidatur zurückgezogen, da er meinte, die Wahlen seien nicht frei und würden die Kluft zwischen den Tschetschenen und Russland nur noch verschärfen. Von da an unterstützte er Dschabrailow, welcher aber ebenfalls kurz vor dem Wahltermin aus dem Rennen ausstieg, da er die Bedingungen für einen „echten" Wahlkampf in der Republik als zu schwierig erachtete.[747] Später holte Kadyrow den Bruder von Hussein Dschabrailow, Umar Dschabrailow, in sein Regierungskabinett und ernannte ihn zum Repräsentanten für Tschetschenien im Föderationsausschuss. Viele vermuteten, dies sei zum Ausgleich für den Rückzug der Präsidentschaftskandidatur von Hussein Dschabrailow geschehen.[748] Aslachanow dagegen wurde von der russischen Regierung aus dem Wahlkampf gezogen, indem man ihm den Posten des Beraters von Präsident Putin für den Nordkaukasus als Gegenleistung für seinen Rückzug aus dem Wahlkampf anbot. Schließlich wurde Saidullajew vom Obersten Gerichtshof in Russland wegen formaler Fehler bei der Registrierung der Kandidatur von der Wahl ausgeschlossen.[749]

So wurde Ahmad Kadyrow mit dem offiziellen Ergebnis von 85 % der abgegebenen Stimmen zum neuen Präsidenten von Tschetschenien gewählt. Die Wahlbeteiligung lag nach offiziellen Angaben bei rund 80 % aller Wahlberechtigten. Einheimische Beobachter dagegen sprachen von einer extrem niedrigen Wahlbeteiligung von höchstens 20 %. Es blieben somit erhebliche Zweifel an dem Wahlsieg von Ahmad Kadyrow, wobei Moskau keinerlei Anstalten machte, diese auszuräumen. Im Kreml hatte man sich sehr früh auf den Kandidaten Ahmad Kadyrow festgelegt und nun kein Interesse an dem erheblichen Organisationsaufwand, welcher bei einem Austausch des unterstützten Kandidaten entstanden wäre.[750]

b. Die Übernahme der politischen Ämter durch Ramsan Kadyrow und sein Streben nach Stabilität in der Region

Die Amtszeit von Ahmad Kadyrow währte allerdings nicht lange, denn bereits im Jahr 2004 fiel er einem Bombenattentat zum Opfer. Sein Sohn und bisheriger

747 Halbach, in: SWP-Studien 2004, S. 23.
748 Nichol, in: CRS Report for Congress February 2005, S. 8.
749 Halbach, in: SWP-Studien 2004, S. 23–24.
750 Halbach, in: SWP-Studien 2004, S. 24–25.

Kommandeur seiner „Kadyrowzy" Ramsan Kadyrow übernahm zunächst alle Regierungsämter und wurde Anfang des Jahres 2007 vom russischen Präsidenten Putin zum tschetschenischen Präsidenten ernannt. Das tschetschenische Parlament bestätigte Ramsan Kadyrow kurz darauf in seinem Amt.[751]

Seit 2007 werden deshalb politische Entwicklungen in Tschetschenien als „Kadyrowisierung" oder „Ramsanisierung" etikettiert. Damit gemeint ist die zunehmende Privatisierung der politischen Gewalt durch den Präsidenten Ramsan Kadyrow.[752] Auf der einen Seite stehen die Schlagworte für den Wiederaufbau der von zwei Kriegen arg gebeutelten Republik. Überall ist in Grosny erkennbar, dass versucht wird, alle Kriegsschäden schnellstmöglich zu beseitigen.[753] Auf der anderen Seite stehen die Begriffe für eine fortgesetzte Gewaltherrschaft, welche mit dem friedlichen Bild von Tschetschenien, welches man in der Öffentlichkeit zu suggerieren versucht, nicht vereinbar ist. Obwohl die Gewalt gegenüber Zivilisten, das massenhafte ungeklärte Verschwinden junger Männer und die Anzahl an Anschlägen deutlich abnahm, basiert die Macht Kadyrows zu einem gewissen Teil auf der Anwendung von Gewalt. Immer wieder wird Ramsan Kadyrow vorgeworfen, er würde sich seiner politischen Gegner durch Mord oder Verhaftung entledigen. Allerdings existieren hierfür lediglich Anhaltspunkte, konkrete Beweise konnten bisher nicht vorgelegt werden.[754]

Kadyrow selbst gibt an, dass Tschetschenien mittlerweile keinerlei Unabhängigkeitsbestrebungen mehr hege, der Kampf mit Russland sei vorbei. Mittlerweile stehe man fest zur Mitgliedschaft in der RF, solange man die Politik Kadyrows in „seiner" Republik toleriere. Kadyrow betont stets, dass er und seine Gefolgsleute gemäß den Gesetzen der RF und der tschetschenischen Tradition regieren würden. Jedoch erscheinen Kadyrows Methoden selbst einigen russischen Politikern im Kreml als zweifelhaft.[755] Außer Frage steht allerdings, dass sich die Situation in der Nordkaukasus-Republik beruhigt hat, zumal der aktuelle Zustand für die Bevölkerung als tragbarer erscheint als eine Rückkehr zu der Zeit mit Aufstand, Terror und ständiger gegenseitiger Vergeltung. So hatte auch im Juni 2008 der Berichterstatter des Europarates für die Menschenrechtssituation im Nordkaukasus erklärt, dass sich die Lage in Tschetschenien verbessert habe, jedoch noch längst nicht den Standards des Europarates entspreche.[756]

751 Perthes, in: Neue Zürcher Zeitung vom 08.10.2008, S. 44.
752 Klußmann, in: Der Spiegel Online vom 18.06.2007.
753 Diethelm, in: Financial Times Deutschland vom 08.05.2010.
754 Halbach, in: SWP-Studien 2010, S. 30.
755 Klußmann, in: Der Spiegel Online vom 18.06.2007.
756 Perthes, in: Neue Zürcher Zeitung vom 08.10.2008, S. 44–45.

Tschetschenien unter Präsident Ramsan Kadyrow steht für eine besondere Ausprägung des subnationalen Autoritarismus in Russland. Auf fast allen staatlichen Ebenen wie Kultur, Religion, Wirtschaft und Sicherheitspolitik demonstriert die Republik Tschetschenien Eigenständigkeit gegenüber Russland.[757] Man wird in Tschetschenien aber dabei nicht müde, die vollständige Loyalität gegenüber Russland und seinem Präsidenten Putin zu betonen. Russische Beobachter stellten teilweise fest, dass es dem moskautreuen Ramsan Kadyrow gelungen sei, eine effizientere Separation von Russland zu erlangen als den bewaffneten Rebellengruppen.[758] Dies wird an zahlreichen Punkten seiner Politik deutlich. Nachdem für Tschetschenien der Status einer „Sonderzone der Terrorismusbekämpfung" im April 2009 aufgehoben wurde, sicherte sich Kadyrow sicherheitspolitisch eine gewisse Eigenständigkeit, indem er sich gegen eine Entsendung von Polizeieinheiten aus verschiedenen Teilen Russlands nach Tschetschenien aussprach und darauf hinwies, dass die Republik über ausreichende eigene Sicherheitsstrukturen verfügen würde.[759]

Auch auf religionspolitischem Terrain gelang es Ramsan Kadyrow, eigene Strukturen zu schaffen und zu etablieren. Er betreibt eine zunehmende Islamisierung des öffentlichen Lebens, um seinen Machtanspruch in Tschetschenien ideologisch zu untermauern und gegenüber militanten, radikalen Islamisten abzusichern. Ramsan Kadyrow will verhindern, dass sich externe islamische Einflüsse in Tschetschenien durchsetzen.[760] Im Rahmen dieses Islamisierungsprogramms errichtete er in Grosny die größte Moschee Russlands und benannte sie nach seinem Vater Ahmad, welcher auch ehemaliger Mufti von Tschetschenien war. Ferner setzt Kadyrow auf einen im Nordkaukasus weitverbreiteten Sufi-Orden, den Qadiriyya-Orden, um eine mit der Zugehörigkeit zu Russland kompatible eigene Identität Tschetscheniens auf nationaler und religiöser Ebene zu erreichen.[761] Der frühere Führer des Ordens Kunta Hadschi hatte nach der Niederlage der nordkaukasischen muslimischen Bergvölker in dem Krieg von 1834 bis 1859[762] mit dem zaristischen Russland die Unterordnung der Tschetschenen unter die Herrschaft des Zaren mit religiösen Motiven legitimiert, um die muslimischen Bergvölker von einer Fortführung des Krieges abzuhalten,

757 Klußmann, in: Der Spiegel Online vom 18.06.2007.
758 Halbach, in: SWP-Studien 2010, S. 31.
759 Halbach, in: SWP-Studien 2010, S. 31.
760 Halbach, in: Russland-Analysen 316/16, S. 4.
761 Halbach, in: SWP-Studien 2010, S. 21; Halbach, in: Russland-Analysen 316/16, S. 4.
762 Siehe auch Ausführungen unter Teil 2.A.II.1.

welcher die vollständige Vernichtung der unterlegenen Bergvölker bedeutet hätte. Unter Berufung auf diesen ideologischen Rahmen bekundet nun auch heute die islamische Geistlichkeit in Tschetschenien Loyalität zu Russland. [763]

Trotz aller Loyalität auf religiöser und politischer Ebene kommt es aber auch immer wieder zu vereinzelten Spannungen mit Russland. Denn Ramsan Kadyrow betreibt durchaus eine eigenständige Außenpolitik und unterscheidet sich damit erheblich von anderen Föderationsrepubliken. Moskau war stets darauf bedacht, die außenpolitische Souveränität seiner Föderationssubjekte zu kontrollieren und gestattete nur sehr eingeschränkten Kontakt und Verhandlungen mit ausländischen Regierungen. Da Tschetschenien dabei eine Ausnahme bildet, wurde Ramsan Kadyrow seitens des Kremls im Zusammenhang mit seinen Staatsbesuchen im Mittleren Osten nahegelegt, sich darauf zu besinnen, dass er Russland repräsentiere und nicht seinen eigenen Staat.[764]

Aber auch innerhalb Tschetscheniens muss sich Ramsan Kadyrow seines Machtanspruches immer aufs Neue erwehren, wie die Anschläge auf das Parlament in Grosny und in seiner Heimatstadt Zenteroi im August 2010 zeigten.[765]

2. *Außendarstellung Tschetscheniens unter Ramsan Kadyrow*

Präsident Ramsan Kadyrow ließ nichts unversucht, um Tschetschenien in der internationalen Aufmerksamkeit in positivem Licht darzustellen. So verpflichtete er im Januar 2011 in seiner Funktion als Präsident des Fußballklubs Terek Grosny den ehemaligen holländischen Weltklassespieler und Europameister von 1988 Ruud Gullit als Trainer. Gullit unterschrieb einen Vertrag über 18 Monate und sollte das ehrgeizige Ziel Kadyrows vorantreiben, Terek Grosny in den Europa-Cup zu bringen.[766] Zudem versuchte Kadyrow, dem damals bereits vom aktiven Fußball zurückgetretenen brasilianischen Ex-Nationalspieler Ronaldo ein Comeback in der tschetschenischen Hauptstadt schmackhaft zu machen.[767] Auch diese Nachricht brachte der Region Tschetschenien positive Wahrnehmung in der Weltöffentlichkeit ein.

Sogar der deutsche Rekordnationalspieler und frühere Nationaltrainer von Bulgarien Lothar Matthäus besuchte Grosny. Im Zuge eines Freundschaftsspiels

763 Halbach, in: SWP-Studien 2010, S. 21.
764 Halbach, in: SWP-Studien 2010, S. 31.
765 Halbach, in: SWP-Studien 2010, S. 31–32.
766 https://www.theguardian.com/football/2011/jan/19/ruud-gullit-terek-grozny.
767 https://www.tz.de/sport/fussball/ruecktritt-ruecktritt-mega-offerte-ronaldo-zr-1138408.html.

zwischen einer von Kadyrow zusammengestellten Auswahl und eines „All-Star-Teams" aus Brasilien trat Matthäus in dem Team von Kadyrow an. Brasilien, das mit 6:4 gewann, stellte diverse Spieler aus den Weltmeisterschaftsteams von 1994, 1998 und 2002 wie Bebeto, Romario und Dunga sowie den ehemaligen Bundesliga-Spieler Giovane Elber.[768]

Ein weiterer Coup Kadyrows war der Besuch des französischen Schauspielers Gerald Depardieu in der Hauptstadt Grosny. Kadyrow ist mit Depardieu seit längerem persönlich bekannt und so stattete Depardieu seinem Freund bei seinem Russland-Aufenthalt einen kurzen Besuch ab. Kadyrow empfing den Schauspieler unter den Augen zahlreicher ausgewählter Journalisten bereits am Flughafen und hielt einen Empfang für ihn ab, der normalerweise nur politischen Staatsgästen zuteilwird.[769]

All diese Aktionen Kadyrows dienen natürlich einerseits dazu, politische Werbung in eigener Sache zu machen, andererseits aber auch dazu, zumindest ein Gefühl von Normalität in der von Kriegen gebeutelten Region einkehren zu lassen und den öffentlichen Fokus weg von den immer noch stattfindenden zahlreichen Anschlägen zu lenken.

IX. Völkerrechtliche Würdigung der Ereignisse in Tschetschenien

Es wird nun geprüft, wie der Konflikt zwischen Russland und Tschetschenien aus völkerrechtlicher Sicht zu beurteilen ist. Hierbei stellt sich auch die Diskussion nach der Rechtmäßigkeit der russischen Intervention in der Krisenregion. Denn beide Konfliktparteien beriefen sich auf geltende Normen des Völkerrechts: Russland machte sein Recht auf territoriale Integrität geltend, während die Tschetschenen anführten, ihr Recht auf Selbstbestimmung durchzusetzen. Auch wird auf die Menschenrechtslage in Tschetschenien unter Berücksichtigung der Verurteilungen Russlands durch den EGMR einzugehen sein. Schließlich muss noch erörtert werden, ob die internationale Staatengemeinschaft möglicherweise zu einem Eingriff in den Konflikt berechtigt oder gar verpflichtet war.

---

768 https://www.welt.de/sport/fussball/article12737488/Matthaeus-laeuft-in-Tschetschenien-fuer-Kadyrow-Elf-auf.html.

769 https://www.welt.de/politik/ausland/gallery113886333/Depardieu-trifft-umstrittenen-Tschetschenen-Fuehrer.html.

1. *Tschetscheniens Unabhängigkeitsbestrebungen im Gegensatz zur territorialen Integrität Russlands. Ist eine Sezession Tschetscheniens völkerrechtlich zulässig?*

Ausgangspunkt für die völkerrechtliche Bewertung einer Abspaltung Tschetscheniens ist das Selbstbestimmungsrecht der Völker, welches heutzutage als fester Bestandteil geltenden Völkerrechts anzusehen ist.[770] Wie bereits dargelegt, findet das Selbstbestimmungsrecht seine konstitutionelle Verankerung in Art. 1 Nr. 2 UN-Charta, ist darüber hinaus in den UN-Menschenrechtspakten niedergelegt und findet auch eine nähere Ausgestaltung in der „Friendly-Relations-Declaration" der UN-Generalversammlung.[771] Zudem ist anerkannt, dass das Selbstbestimmungsrecht zumindest unter Völkergewohnheitsrecht,[772] nach weiterer Auffassung sogar unter zwingendes Völkerrecht fällt.[773] Der genaue Inhalt des Selbstbestimmungsrechts ist jedoch umstritten: Wann kann von einem Selbstbestimmungsrecht eines Volkes gesprochen werden und welche Auswirkungen hat es, wenn einem Volk weniger an Selbstbestimmung gewährt wird, als diesem zusteht?

Es wurde bereits erläutert, dass ein Sezessionsrecht in der Völkerrechtslehre allenfalls als ein hinter dem Recht auf staatliche Integrität zurücktretendes „Notrecht" angesehen wird,[774] das allerdings in Ausnahmefällen durchaus zum

---

770 Sauer/Wagner, in: Archiv des Völkerrechts 2007, S. 56; Seidl-Hohenveldern/Stein, S. 929; Heintze, in: Ipsen (Hrsg.), Völkerrecht, S. 318; Stein/v. Buttlar, S. 240; Doehring, Völkerrecht, S. 337; Hafner, in: Hilpold, S. 135; Potier, S. 21ff.; Crawford, in BYIL, S. 141; Shaw, S. 256.

771 Geistlinger, S. 270; siehe im Übrigen hierzu Ausführungen unter Teil 1. D.I.2.

772 Vergleiche etwa Herdegen, S. 278; Doehring, Völkerrecht, S. 347; Seidl-Hohenveldern/Stein, S. 929; Heintze, in: Ipsen (Hrsg.), Völkerrecht, S. 318; Stein/v. Buttlar, S. 240; Doehring, Völkerrecht, S. 337; Hafner, in: Hilpold, S. 135; Potier, S. 21 ff.; Crawford, in BYIL, S. 141; Shaw, S. 256.

773 Kadelbach, S. 264 ff.; Stein/v. Buttlar, S. 240; Müller, Der „2+4"-Vertrag und das Selbstbestimmungsrecht der Völker, S. 109; Hafner, in: Hilpold, S. 136 f.; Klein, S. 56 f.; Peters, Anne, Völkerrecht, S. 125; Kempen/Hillgruber, S. 42; Zweifel an der Einordnung des Selbstbestimmungsrechts als zwingendes Recht äußert hingegen Kimminich, in: Blumenwitz/Meissner, S. 46; Heintze, in: Ipsen (Hrsg.), Völkerrecht, S. 320, wiederum ist der Auffassung, dass das Selbstbestimmungsrecht nur im Zusammenhang mit Kolonialvölkern als zwingendes Recht einzustufen sei; ähnlicher Ansicht ist auch Seiffert, S. 54.

774 Krüger, Heiko, Kosovo, Abchasien, Südossetien und das internationale Sezessionsrecht, S. 12–13; Ott, S. 461–462; Kimminich/Hobe, S. 118; Klein, S. 48; Herdegen, S. 280; Heintze, in: Ipsen (Hrsg.), Völkerrecht, S. 353–354; Stein/v. Butlar, S. 247;

Tragen kommen kann, da sonst das Selbstbestimmungsrecht der Völker in seinem eigentlichen Wesensgehalt untergehen würde.[775]

Bezüglich der Situation in Tschetschenien ist daher die wichtigste Frage zugleich die umstrittenste: Kann aus dem Selbstbestimmungsrecht der Völker ein Recht zur Sezession abgeleitet werden und wenn ja, unter welchen Voraussetzungen?[776]

2. *Zulässigkeit der tschetschenischen Abspaltung unter Berücksichtigung der Situation in Russland*

a. *Existenz einer vertraglichen Regelung zum Sezessionsrecht*

Möglicherweise existiert eine vertragliche Vereinbarung zwischen Tschetschenien und Russland,[777] die eine Sezession rechtfertigen könnte. Denn in Art. 72 der UdSSR-Verfassung hieß es im Wortlaut: „Jeder Unionsrepublik bleibt das Recht auf freien Austritt aus der UdSSR gewahrt.“[778] Gewährt eine Staatsverfassung ein Sezessionsrecht, ist dies von völkerrechtlich höchster Relevanz. Auch wenn das Völkerrecht der Abspaltung von Staaten grundsätzlich ablehnend gegenübersteht, so kann das Völkerrecht nicht mehr an Souveränitätsschutz aufdrängen, als die Staaten selbst gewollt und vereinbart haben. Daher kann es nicht sein, ein vom Staat für seine Teilvölker gewährtes Recht zur Abspaltung als völkerrechtswidrig anzusehen. Insoweit muss das Sezessionsrecht als einseitig verfassungsakzessorisch klassifiziert werden. Ein einseitiges verfassungsrechtliches Verbot des Sezessionsrechts seitens des Ursprungsstaats hingegen ist jedoch nicht völkerrechtskonform.

Wodarz, S. 182; Rauert, S. 207; Murswiek, in: Archiv des Völkerrechts 31 (1993), S. 314; Oeter, in: ZaöRV 52 (1992), S. 765; Röben, in: Friedens-Warte 84 (2009), S. 44; so auch Doehring, in: Politische Studien 1993, S. 51.

775 Für die grundsätzliche Ablehnung eines Sezessionsrechts siehe etwa Heidelmeyer, S. 251 ff.; ein Sezessionsrecht als Regelfall wird dagegen kaum vertreten, so aber Buchheit, S. 223 ff.

776 Sauer/Wagner, in: Archiv des Völkerrechts 2007, S. 56.

777 Mammadov, S. 94, mit dem Hinweis, dass der UdSSR-Verfassung nach Art. 173 die höchste Bedeutung in der gesamten sowjetischen Gesetzeshierarchie zukam.

778 Krech, Der russische Krieg in Tschetschenien, S. 19; Verfassung der Union der Sozialistischen Sowjetrepubliken vom 07.10.1977, deutsche Fassung abrufbar unter http://www.verfassungen.de. Zumeist wird allerdings darauf hingewiesen, dass das verfassungsrechtliche Sezessionsrecht nur auf dem Papier existierte, so etwa Cassese, S. 264.

Im konkreten Fall kann Art. 72 der Verfassung der UdSSR jedoch nicht zugunsten eines tschetschenischen Abspaltungsrechts angeführt werden, denn dieses Loslösungsrecht galt nur für die Unionsrepublik, also die RSFSR im Ganzen.[779] Tschetschenien war als ASSR aber lediglich ein Teil dieser russischen Unionsrepublik.[780]

b. Zugeständnisse von Jelzin

Die von den Tschetschenen als Einladung zur Unabhängigkeit angeführte Aussage von Jelzin 1991 („Nehmt so viel Souveränität, wie ihr tragen könnt")[781] scheidet ebenfalls als Rechtfertigung der tschetschenischen Loslösung aus, da die Erklärung an die ASSR Tatarstan, aber nicht an Tschetschenien gerichtet war.[782] Die Sezession Tschetscheniens war somit unter Berücksichtigung besonderer Umstände und vertraglicher Vereinbarungen nicht zulässig; es bleibt bei der Frage nach einem Notrecht zur Loslösung vom Staatsverband.

3. Die Voraussetzungen zur Ableitung eines Notrechts auf Sezession aus dem Selbstbestimmungsrecht der Völker unter Berücksichtigung der konkreten Situation in Tschetschenien

a. Zusammenfassung der Voraussetzungen[783]

Da in keiner anderen Teilrepublik des russischen Nordkaukasus Sezessionsbestrebungen so offensiv bekundet wurden (und auch immer noch werden) wie in Tschetschenien, soll an dieser Stelle noch einmal kurz zusammenfassend auf die bereits ausführlich erörterten und hier relevanten Voraussetzungen eingegangen werden.

Die Abspaltung als Ultima Ratio ist völkerrechtlich dann zulässig, wenn das Selbstbestimmungsrecht so missachtet wird, dass keinerlei Selb-

779 Zimmermann, S. 85 ff.; Sauer/Wagner, in: Archiv des Völkerrechts 2007, S. 58; Mammadov, S. 95–96.

780 Sauer/Wagner, in: Archiv des Völkerrechts 2007, S. 58.; Zimmermann, S. 379, ist sogar der Auffassung, dass sich der Staatenpraxis keine eindeutigen Anhaltspunkte entnehmen ließen, dass die GUS-Staaten automatisch in die völkerrechtlichen Verpflichtungen der ehemaligen UdSSR sukzedieren.

781 Näher dazu Halbach, in: Zürcher Beiträge zur Sicherheitspolitik und Konfliktforschung, S 108; Bischof, in: Wostok Nr. 2 1999, S. 53.

782 Bischof, S. 14.

783 Siehe im Übrigen hierzu Ausführungen unter Teil 1.D.II.

stbestimmungsmöglichkeiten mehr gewährt werden.[784] Von Fällen einer gravierenden Verletzung ist dann auszugehen, wenn das Selbstbestimmungsrecht in seinem Wesenskern angetastet wird.[785] Dies kann dann der Fall sein, wenn schwerwiegende Menschenrechtsverletzungen gegenüber dem sezedierenden Volk vorliegen. Im Falle eines gewissen Restbestands an Selbstbestimmung als Folge eines Eingriffs in das Selbstbestimmungsrecht stellt sich die Abwägung zwischen selbigem und territorialer Integrität als besonders schwierig dar. Es fehlt an Maßstäben, die zum Ergebnis des Überwiegens des Selbstbestimmungsrechts führen. Hier liegt es nahe, auf das Institut der Anerkennung zurückzugreifen. Nachdem die Anerkennung von Staaten jedoch nunmehr nur noch deklaratorischen Charakter hat, ist für die Staatswerdung entscheidend, ob sich ein Staatsvolk unter effektiver Staatsgewalt auf einem abgegrenzten Gebiet vereinigt hat.[786] Dafür spricht, dass ein Staat erga omnes feststehen muss, nicht nur gegenüber einigen ihn anerkennenden Staaten.[787]

Im Falle einer Verletzung des Selbstbestimmungsrechts in seinem zwingenden Gehalt ohne vollständigen Rechtsuntergang kann aber die Anerkennung eines Staates ausnahmsweise konstitutive Wirkung entfalten, nämlich in dem Sinne, dass die Anerkennung durch einen Großteil der Staatengemeinschaft Zweifel am Vorliegen aller eben genannten Staatselemente kompensieren kann.[788] Für das Ziel eines sezedierenden Volkes, einen eigenen Staat zu gründen, ist es erforderlich, dass effektive eigene Staatsgewalt ausgeübt wird.[789] Dieser Aspekt allein kann aber nicht entscheidend für die Zulässigkeit der Sezession sein, denn

---

784 Sauer/Wagner, in: Archiv des Völkerrechts 2007, S. 59; Herdegen, S. 280; Kau, in: Graf Vitzthum/Proelß, S. 186; Krüger, Heiko, Kosovo, Abchasien, Südossetien und das internationale Sezessionsrecht, S. 13; Ott, S. 461–462; Kimminich/Hobe, S. 118; Klein, S. 48; Heintze, in: Ipsen (Hrsg.), Völkerrecht, S. 353–354; Stein/v. Butlar, S. 247; Wodarz, S. 182; Rauert, S. 207; Murswiek, in: Archiv des Völkerrechts 31 (1993), S. 314; Oeter, in: ZaöRV 52 (1992), S. 765; Röben, in: Friedens-Warte 84 (2009), S. 44; Zygojannis, S. 258.

785 Herdegen, S. 280; Kau, in: Graf Vitzthum/Proelß, S. 186; Krüger, Heiko, Kosovo, Abchasien, Südossetien und das internationale Sezessionsrecht, S. 13; Ott, S. 461–462; Kimminich/Hobe, S. 118; Klein, S. 48; Heintze, in: Ipsen (Hrsg.), Völkerrecht, S. 353–354; Stein/v. Butlar, S. 247; Wodarz, S. 182; Rauert, S. 207; Murswiek, in: Archiv des Völkerrechts 31 (1993), S. 314; Oeter, in: ZaöRV 52 (1992), S. 765; Röben, in: Friedens-Warte 84 (2009), S. 44; Zygojannis, S. 258; Müller, in: FAZ.NET vom 11.08.2008, S. 2.

786 So die immer noch gültige „Drei-Elemente-Lehre" von Jellinek, S. 355 ff.

787 Sauer/Wagner, in: Archiv des Völkerrechts 2007, S. 59.

788 Herdegen, S. 72–73.

789 Richter, N., in: Süddeutsche.de vom 15.02.2008, S. 1–2.

wäre dies der Fall, müsste der Ursprungsstaat lediglich die Ausübung effektiver Staatsgewalt verhindern, um die Entstehung eines neuen Staates zu blockieren. Es scheint daher angebracht, den Zusammenhang zwischen Staatswerdung und Sezessionsrecht über das Kriterium des eigenen Staatsgebiets herzustellen: Das sezedierende Volk kann nämlich in dem Fall, in welchem die Abspaltung völkerrechtswidrig war, kein eigenes Staatsgebiet wirksam erwerben, so dass auch bei Ausübung der Staatsgewalt keine Staatswerdung möglich ist.[790]

Ist keinerlei Rechtsausübung des sezedierenden Volkes mehr möglich und fehlt es daher an einem Sezessionsrecht, ist es folgerichtig überzeugend, der Anerkennung konstitutive Wirkung zuzumessen: Die Drittstaaten können so mit ihrer Anerkennungspraxis über die Zulässigkeit der Sezession und damit auch über die Staatsqualität entscheiden. Dies hätte den Vorteil, dass die Sezession auch von anderen Gesichtspunkten aus als aus der Perspektive des Ursprungsstaats und der abspaltungswilligen Region beleuchtet wird und man so zu einem objektiveren Ergebnis kommen kann. Allerdings wirft das die Frage auf, ob eine Anerkennung in einer Situation, in der noch nicht geklärt wurde, ob die Staatswerdung des sezedierenden Volks erfolgreich war, eine unzulässige Einmischung in die inneren Angelegenheiten des Ursprungsstaats und somit einen Verstoß gegen das Interventionsverbot darstellt.[791]

Genau dies ist eine auch entscheidende Frage im Tschetschenienkonflikt, da Moskau und auch westliche Großmächte die Situation als eine „innere Angelegenheit“ der Russischen Föderation darstellten.[792] Das Institut der konstitutiven Anerkennung[793] kommt aber nur dann zum Zug, wenn eine Verletzung des Selbstbestimmungsrechts in seinem zwingenden Wesensgehalt festgestellt wurde, bei der sich nun nur noch die Frage stellt, ob die Verletzung auch so schwerwiegend war, dass sie ein Sezessionsrecht nach sich zieht. Wie bereits erwähnt, ergeben sich aus dem Selbstbestimmungsrecht Verpflichtungen erga omnes.[794] Folglich würde aufgrund der Verletzung zwingenden Völkerrechts die Sezessionsfrage keine innere Angelegenheit mehr darstellen, sondern eine

790 Sauer/Wagner, in: Archiv des Völkerrechts 2007, S. 60.

791 Sauer/Wagner, in: Archiv des Völkerrechts 2007, S. 61.

792 Bischof, S. 14; Bischof, in: Wostok Nr. 2 1999, S. 53.

793 Epping, in: Ipsen (Hrsg.), Völkerrecht, Der Staat als die „Normalperson“ des Völkerrechts, S. 134–136.

794 Der IGH hat insoweit klargestellt, dass sich aus dem Selbstbestimmungsrecht der Völker auch Verpflichtungen erga omnes ergeben, vgl. IGH, Case Concerning East Timor, Portugal vs. Australia, Urteil vom 30.06.1995, ICJ-Reports 1995, S. 89–90, Nr. 29.

Problematik der Staatengemeinschaft werden, die nun eine Beurteilung über die Verletzungsintensität und die Zumutbarkeit ihrer Erduldung abzugeben hätte. Der Einwand der unzulässigen Einmischung könnte demnach schwerlich in einem solchen Fall erhoben werden.

Zusammenfassend kann also ergänzend zu den obigen Ausführungen unter D.II. Folgendes festgehalten werden: Der Widerstreit zwischen Selbstbestimmungsrecht und territorialer Integrität löst sich zugunsten eines Notrechts auf Sezession auf, wenn das Selbstbestimmungsrecht in seinem zwingenden Gehalt verletzt ist *und zusätzlich* der sezedierende Teil eine effektive Staatsgewalt ausübt und dieser Teil auch von anderen Staaten anerkannt wird. Liegen jedoch keine der gerade genannten Begebenheiten vor, so ist der territorialen Integrität der Vorrang zu gewähren und eine Sezession wäre unzulässig.[795]

b. Konkrete Anwendung auf den Fall „Tschetschenien"

Es ist nun zu untersuchen, wie diese abstrakten Kriterien und Voraussetzungen auf Tschetschenien übertragen werden können bzw. ob eine der beiden Alternativen eines Sezessionsrechts gegeben sind.

aa. Untergang des Selbstbestimmungsrechts in Tschetschenien?

Zu prüfen ist zunächst, ob es zu einem Untergang des Selbstbestimmungsrechts in Tschetschenien gekommen ist. Nach dem russischen Verfassungsrecht zu UdSSR-Zeiten hatte die ASSR eine eigene Verfassung (Art. 78 III RussVerf), eigene Zuständigkeiten (Art. 78 II RussVerf) sowie Beteiligungsrechte bei Angelegenheiten, die die UdSSR oder RSFSR betrafen (Art. 79 I RussVerf). Zwar bestand an der Fremdsteuerung Tschetscheniens durch Russland kein ernsthafter Zweifel, doch kann von einer völligen Missachtung des Selbstbestimmungsrechts der Tschetschenen keine Rede sein.[796] Es stellt sich die Frage, ob überhaupt die Mehrheit der Tschetschenen für eine Abspaltung von Russland war.[797] Es darf als gesichert gelten, dass das Vorgehen der Führungsriege um Präsident Dudajew jedenfalls bis einschließlich des ersten Krieges nicht dem Mehrheitswillen der Tschetschenen entsprach.[798] Die Unabhängigkeitserklärung und die nachfolgende Politik des Regimes konnten daher nicht im Namen des Selbstbestimmungsrechts erfolgt sein. Außerdem unternahm die

795 Bruha, in: Spiegel Online vom 25.08.2008, S. 1.
796 Sauer/Wagner, in: Archiv des Völkerrechts 2007, S. 62.
797 Bischof, in: Wostok Nr. 2 1999, S. 53.
798 Ott, S. 283.

tschetschenische Führung weder zur Zeit der Sezession noch in den folgenden Jahren den Versuch, auf der Verhandlungsebene zu einer Lösung unterhalb der Sezessionsschwelle zu kommen.[799] Denn seit 1991 hat die RF bei der Errichtung eines multinationalen Staates Zugeständnisse gemacht und ein föderales System eingeführt, das neben Tschetschenien weitere 20 Republiken mit substantieller Selbstregierung ausstattet. Die Einigung Russlands mit Tatarstan zeigt, dass eine Verhandlungslösung, auch wenn diese mit Sicherheit schwierig und langwierig gewesen wäre, nicht außerhalb jeder Wahrscheinlichkeit stand.[800] Zudem gab es im Zeitpunkt der tschetschenischen Unabhängigkeitserklärung keine Anzeichen über systematische oder gravierende Menschenrechtsverletzungen seitens der Russen.[801]

bb. Erstarkung des Selbstbestimmungsrechts zum Sezessionsrecht durch Menschenrechtsverletzungen und Verstöße gegen das humanitäre Völkerrecht?[802]

Zunächst ist zu erörtern, ob im Tschetschenien-Konflikt internationale Menschenrechte und das humanitäre Völkerrecht überhaupt Anwendung finden. Denn formal betrachtet, handelte es sich bei dem Konflikt um eine innerstaatliche Auseinandersetzung, da sowohl Tschetschenien als auch Russland zur RF gehören und sich der Konflikt innerhalb der Grenzen der RF abspielt. Humanitäres Völkerrecht und Menschenrechte sind zunächst nicht voneinander abzugrenzen, denn beide Institute ergänzen sich gegenseitig.[803] Sowohl das humanitäre Völkerrecht als auch die Menschenrechte streben den Schutz des menschlichen Lebens, der Gesundheit und der menschlichen Würde an. Das humanitäre Völkerrecht soll unter anderem den besonderen Schutz der Menschen in bewaffneten Konflikten gewährleisten, die nicht oder nicht mehr unmittelbar an den Kampfhandlungen teilnehmen (Nicht-Kombattanten) und damit als Erweiterung der Menschenrechte fungieren, welche den Schutz des Einzelnen jederzeit,

---

799 Ott, S. 283.

800 Ott, S. 283–284.

801 Ott, S. 284; auf der anderen Seite merkt Iskenderjan, in: Wostok Nr. 6 1994/ Nr. 1995, S. 12, an, dass nach seiner Auffassung Russland schon deshalb zu einer militärischen Intervention berechtigt war, da in Tschetschenien seitens der Führung um Dudajew die Menschenrechte nicht beachtet wurden. Auch seien die Machtstrukturen in Tschetschenien unter Dudajew illegitim gewesen, was für sich genommen ebenfalls schon das militärische Eingreifen gerechtfertigt hätte.

802 Zu den weiteren Voraussetzungen siehe Ausführungen unter Teil 1.D.II.

803 Ipsen, in: Heintze/Ipsen, S. 11.

also in Kriegs- wie in Friedenszeiten, garantieren sollen.[804] Auf die Unterschiede zwischen Menschenrechten und humanitärem Völkerrecht wird nachfolgend noch genauer eingegangen.

Grundsätzlich ist jedoch Voraussetzung für die Anwendung des humanitären Völkerrechts, dass es sich um einen internationalen bewaffneten Konflikt handelt.[805] Die Formulierung „international“ wiederum verlangt, dass es sich um eine zwischenstaatliche Angelegenheit handeln muss, also um die Auseinandersetzung zweier unterschiedlicher, unabhängiger Staaten. So erstreckte sich das Völkerrecht bis zum Spanischen Bürgerkrieg (1936–1939) auch ausschließlich auf zwischenstaatliche Konflikte, während innerstaatliche Auseinandersetzungen nicht Gegenstand des Völkerrechts waren. Erst nach Ende des Zweiten Weltkriegs kam die internationale Staatengemeinschaft zu der Erkenntnis, dass es auch Regelungen für Konflikte innerhalb eines Staates geben muss.

Sofern allerdings der Staat, innerhalb dessen Territorium ein bewaffneter Konflikt stattfindet, Vertragsstaat eines menschenrechtlichen oder humanitärrechtlichen Vertrages ist, gelten die hierin verankerten Regelungen auch bei innerstaatlichen Konflikten.[806] Der Staat ist gegenüber den auf seinem Hoheitsgebiet lebenden Menschen sowohl durch humanitärrechtliche als auch menschenrechtliche Verträge verpflichtet.[807] Allerdings sind nicht nur die Staaten obligiert, das humanitäre Völkerrecht zu beachten, denn in innerstaatlichen Konflikten verpflichten die Regelungen des humanitären Völkerrechts auch nicht-staatliche Akteure.[808] Gemäß Art. 1 Abs. 1 ZP II[809] sind in nicht-internationalen bewaffneten Konflikten auch nicht-staatliche Protagonisten Konfliktpartei, soweit für diese die Möglichkeit besteht, die Regelungen des humanitären Völkerrechts tatsächlich zu beachten. Die genauen Voraussetzungen der Möglichkeit einer Achtung des humanitären Völkerrechts werden ebenfalls noch thematisiert.

Es bleibt an dieser Stelle festzuhalten, dass die nicht-staatlichen Konfliktparteien insoweit auch Normadressaten des humanitären Völkerrechts sind.[810]

---

804 Spieker, in: Heintze/Ipsen, S. 33.

805 Ipsen, in: Heintze/Ipsen, S. 11.

806 So auch schon der zweite Erwägungsgrund des 2. Zusatzprotokolls zum Genfer Abkommen vom 08.06.1977: „... Eingedenk dessen, dass die internationalen Übereinkommen über die Menschenrechte der menschlichen Person einen grundlegenden Schutz bieten.“

807 Spieker, in: Heintze/Ipsen, S. 33–34.

808 Matthiesen, S. 36.

809 2. Zusatzprotokoll zum Genfer Abkommen vom 08.06.1977.

810 Matthiesen, S. 36.

Da sich der Tschetschenien-Konflikt auf dem Territorium der RF abspielte und Russland Vertragsstaat der Genfer Konvention ist, ist von einer grundsätzlichen Geltung des humanitären Völkerrechts und der Menschenrechte auszugehen.

Die Frage ist, inwieweit nun Verstöße gegen das humanitäre Völkerrecht und gegen Menschenrechte unter Berufung auf das Selbstbestimmungsrecht der Völker ein Sezessionsrecht nach sich ziehen kann. Eine Ansicht will die massiven Menschenrechtsverletzungen und Verstöße gegen das humanitäre Völkerrecht durch die russische Armee im späteren Kriegsverlauf als eine Erstarkung des Selbstbestimmungsrechts zum Sezessionsrecht in Betracht ziehen.[811] Dies ist, wie bereits dargelegt, hoch umstritten.[812] Würde man grundsätzlich im Fall von Menschenrechtsverletzungen eine Erstarkung des Selbstbestimmungsrechts zum Sezessionsrecht annehmen, bestünde die Gefahr, die Völker und Volksgruppen zu begünstigen, die solche Verletzungen bewusst in Kauf nehmen, um dann ein gültiges Abspaltungsrecht vom Verletzerstaat zu erlangen. Jede nach Unabhängigkeit strebende Region könnte streng genommen ihre Autonomie erklären, obwohl sie weiß, dass sie kein Sezessionsrecht innehat, und darauf bauen, dass der Ursprungsstaat im Zuge der (berechtigten) militärischen Intervention Menschenrechte verletzt. Die Tatsache, dass das Verhalten einzelner Soldaten oder Truppenteile gegen gültige Menschenrechte verstößt, wird nie ganz verhindert werden können.[813] Dies würde wiederum das Problem aufwerfen, in welcher Intensität die Menschenrechtsverletzungen stattfinden müssten, um eine Erstarkung des Selbstbestimmungsrechts zum Sezessionsrecht herbeizuführen. Im Tschetschenienkonflikt stellt sich zudem die Schwierigkeit, wie denn die Tatsache zu würdigen ist, dass beide Parteien gegen Menschenrechte verstoßen haben. Russland würde für seine Verstöße dadurch bestraft, dass Tschetschenien ein Sezessionsrecht zugesprochen wird. Tschetschenien würde nach dieser Ansicht ungestraft davonkommen. Russische Soldaten in Tschetschenien gaben zu, dass Grausamkeiten gegen die Zivilbevölkerung oder gegen gefangene Kämpfer nie direkt von oben befohlen wurden, sondern der Lage im Gefecht entsprangen.[814] Die Soldaten gaben an, dass die meisten Aktionen eine Art Rache für ihre gefallenen Kameraden seien. Zwar ist Russland dazu verpflichtet, das Völkerrecht zu achten und das unabhängig von den Vergehen der anderen

811 Vgl. an dieser Stelle nur Herdegen, S. 280; Heintze, S. 21.
812 Vgl. an dieser Stelle nur Richter, N., in: Süddeutsche.de vom 15.02.2008, S. 3; Ott, S. 282; Deppe, S. 111.
813 Reynolds, in: Hassel (Hrsg.), S. 125.
814 Reynolds, in: Hassel (Hrsg.), S. 124.

Seite. Die Erfahrung zeigte jedoch, dass in der Hitze des Krieges diese Standards nicht immer einzuhalten sind.[815]

Die Situation in Tschetschenien, in der es zu massiven Menschenrechtsverletzungen gegenüber der tschetschenischen Zivilbevölkerung kam, wurde durch die Politik des tschetschenischen Regimes mit herbeigeführt.[816] Der tschetschenischen Führung war nie daran gelegen, zu einer friedlichen Lösung unterhalb der Schwelle der vollständigen Sezession von Russland zu kommen. Auch kam es von tschetschenischer Seite zu Menschenrechtsverletzungen gegenüber russischen Soldaten und Zivilisten.[817] Somit ist eine Erstarkung des Selbstbestimmungsrechts zum Sezessionsrecht im Tschetschenienkonflikt aus den genannten Gründen zu verneinen.[818]

cc. Wirksame Sezession Tschetscheniens durch Anerkennung von Drittstaaten?

Möglicherweise wäre die Abspaltung durch die konstitutiv wirkende Anerkennung von Drittstaaten zulässig.[819] Jedoch gab es keine Anerkennung Tschetscheniens als Staat.[820] Somit kann im Tschetschenienkonflikt die Frage, ob eine Verletzung des zwingenden Gehalts des Selbstbestimmungsrechts vorliegt, offenbleiben. Folglich ist es auch keine Problematik der Staatengemeinschaft, sondern eine innerrussische Angelegenheit.

---

815 Reynolds, in: Hassel (Hrsg.), S. 127–128.

816 Ott, S. 284; Mammadov, S. 180–181, vertritt andererseits die Auffassung, dass massive Menschenrechtsverletzungen und Verstöße gegen das humanitäre Völkerrecht durch russische Soldaten das Selbstbestimmungsrecht der Tschetschenen tatsächlich zu einem Sezessionsanspruch erstarken ließen. Bei dieser Ansicht wird jedoch u. a. verkannt, dass die Situation von der tschetschenischen Führung in gewisser Weise provoziert wurde. Darüber hinaus gab es auch zahlreiche Verstöße gegen das humanitäre Völkerrecht seitens tschetschenischer Kämpfer.

817 Ott, S. 283–285.

818 Im Ergebnis ebenso Laniger, S. 59.

819 Starovoitova, S. 37, weist darauf hin, dass Russland durch sein Außenministerium unmittelbar nach dem Ende des Ersten Tschetschenienkrieges ankündigen ließ, zu jedem Land die internationalen Beziehungen abzubrechen, falls dieses die Souveränität Tschetscheniens anerkennen würde.

820 Rosskopf, in: Abhandlungen zu Migration und Flüchtlingsfragen 2004, S. 264; Evangelista, S. 142, verweist in diesem Zusammenhang darauf, dass Anfang 1995 das estnische Parlament die Regierung dazu aufgefordert hat, die Unabhängigkeit Tschetscheniens anzuerkennen. Die Regierung lehnte jedoch die Aufforderung ab.

Tschetschenien hat demnach nicht wirksam Staatsgebiet Russland entrissen, so dass es zu keiner Zeit ein eigenständiger Staat im völkerrechtlichen Sinne geworden ist.

Tschetschenien war daher weder zur Abspaltung vom russischen Staatsverband berechtigt, noch wurde sie de facto verwirklicht.

4. *Überprüfung der Rechtmäßigkeit der russischen Militärintervention in Tschetschenien im Ersten Tschetschenienkrieg 1994 besonders unter dem Gesichtspunkt eines möglichen Verstoßes gegen das völkerrechtliche Gewaltverbot*

Da festgestellt wurde, dass die tschetschenische Abspaltung völkerrechtlich nicht zulässig war, lässt sich auch die Frage nach der Rechtmäßigkeit des russischen Vorgehens beantworten. Nach dem bisher Gesagten wird man die Rechtmäßigkeit des russischen Eingreifens in Tschetschenien grundsätzlich bejahen müssen.

Der Militäreinsatz Russlands könnte allerdings gegen das Gewaltverbot gemäß Art. 2 Nr. 4 UN-Charta verstoßen haben. Es ist aber schon fraglich, ob das Gewaltverbot im Tschetschenien-Konflikt überhaupt greift. Denn dieses Verbot ist nur auf zwischenstaatliche Konflikte anwendbar. Das Gewaltverbot entfaltet als Teil des Völkerrechts Rechte und Pflichten für Staaten als klassische Völkerrechtssubjekte.[821] Einzelne innerstaatliche regionale Verwaltungskörperschaften wie Unionsrepubliken besitzen grundsätzlich keine Völkerrechtssubjektivität.[822] Es ist nochmals zu betonen, dass Tschetschenien den völkerrechtlichen Status einer Republik innerhalb der RF innehat. Es handelt sich daher bei den Konfliktparteien nicht um zwei souveräne Staaten bzw. Völkerrechtssubjekte. Der vorliegende Konflikt ist daher kein zwischenstaatlicher Konflikt, sondern ein innerstaatlicher Konflikt der RF. Art. 2 Nr. 4 UN-Charta ist also auf den Tschetschenienkonflikt nicht anzuwenden. Ein Verstoß gegen das Gewaltverbot seitens Russlands muss daher verneint werden. Es muss insoweit eine andere Betrachtungsweise an den Tag gelegt werden. Das humanitäre Völkerrecht greift aus diesem Grund ebenfalls nicht. Es befasst sich nicht mit der Frage, ob ein Staat zu Gewaltmaßnahmen greifen darf oder nicht. Es regelt lediglich die Situation, in der es trotz des Gewaltverbotes bereits zu kriegerischen Auseinandersetzungen gekommen ist.

---

821 Krüger, Heiko, Der Berg-Karabach-Konflikt, S. 96.

822 Hobe, S. 120.

Es bleibt daher festzuhalten, dass Russland vom völkerrechtlichen Standpunkt aus befugt war, seinen Anspruch auf Verbleib Tschetscheniens im Staatenverband der RF auch gewaltsam durchzusetzen.[823] Die russische Intervention 1994 in Tschetschenien war unter dem Aspekt eines möglichen Verstoßes gegen Art. 2 Nr. 4 UN-Charta dem Grunde nach nicht völkerrechtswidrig.[824]

5. *Überprüfung der Rechtmäßigkeit der russischen Militärintervention in Tschetschenien im Zweiten Tschetschenienkrieg 1999*

Das Ergebnis hinsichtlich der Rechtmäßigkeit der zweiten militärischen Intervention Russlands in Tschetschenien kann unter dem Gesichtspunkt des Sezessionsrechts zu keiner anderen Schlussfolgerung kommen; die Intervention war von daher gerechtfertigt. Hinzu kommen aber zusätzliche Aspekte:

a. *Der Friedensvertrag zwischen Russland und Tschetschenien 1997*

Im Jahr 1997 wurde zwischen Russland und Tschetschenien neben einem Waffenstillstandsabkommen auch ein Friedensvertrag geschlossen, in welchem Russland Tschetschenien zwar nicht als Staat, aber als völkerrechtsfähiges Objekt anerkannte, so dass nun die gegenseitigen Zusicherungen des Gewaltverzichts verbindlich wurden.[825] Nach dem Grundsatz „inadimplenti non est adimplendum“, hergeleitet aus Art. 60 I, III b WVRK, ist allerdings eine Vertragspartei nicht mehr an das Abkommen gebunden, wenn es von der anderen Seite ebenfalls nicht mehr respektiert wird. In der Tat kam es nach dem Friedensvertrag immer wieder zu Anschlägen und Militäraktionen, bei denen nicht mit Sicherheit festgestellt werden konnte, welche Seite nun zuerst vertragswidrige Gewalt angewendet hat.[826] Da somit auch ins Kalkül gezogen werden muss, dass die

---

823 Auch eine Verhältnismäßigkeitsschranke, welche etwa im Rahmen des Selbstverteidigungsrechts nach Art. 51 der UN-Charta gegeben ist (dazu Heintschel von Heinegg, in: Ipsen (Hrsg.), Völkerrecht, Ausnahmen vom Gewaltverbot, S. 1091; weiter dazu auch IGH, Legality of the Threat or Use of Nuclear Weapons, Advisory Opinion vom 08.07.1996, ICJ-Reports 1996, S. 225 Nr. 41 ff.) existiert im internen völkerrechtlichen Konflikt jedenfalls nicht in dem Sinne, dass eine unverhältnismäßige Gewaltanwendung die durchgeführte militärische Operation in seiner Gesamtbetrachtung rechtswidrig werden ließe.

824 Sauer/Wagner, in: Archiv des Völkerrechts 2007, S. 63.

825 Zu einer russischen Anerkennung der Tschetschenen als kriegsführende Partei im Sinne des Völkerrechts mit der Folge einer Internationalisierung des Konfliktes (dazu Heintze, in: Ipsen (Hrsg.), Völkerrecht, S. 325–326) kam es jedoch nicht.

826 Sauer/Wagner, in: Archiv des Völkerrechts 2007, S. 64.

Waffenruhe zuerst von tschetschenischer Seite gebrochen wurde, kann man Russland für seine Militärintervention 1999 aus vertraglicher Sicht keinen Vorwurf machen. Danach war das Vorgehen Russlands völkerrechtlich zulässig.

b. Russland und der „Kampf gegen den internationalen Terrorismus" – Selbstverteidigung gegen Terroranschläge im Lichte des Völkerrechts

Nun muss noch darauf eingegangen werden, dass Moskau die Intervention offiziell nicht vor dem Hintergrund der Verhinderung der Sezession durchführte, sondern um den internationalen Terrorismus zu bekämpfen. Nach den Anschlägen vom 11. September 2001 in New York sicherte Putin sogar dem US-amerikanischen Präsidenten Bush Unterstützung im Kampf gegen den islamistischen Terror zu.

Fraglich ist, ob Russland zu einem solchen Einsatz berechtigt war. Wie bereits dargestellt, ist es nicht bewiesen, dass die Anschläge in Moskau und anderen russischen Städten tatsächlich von tschetschenischen Rebellen verübt wurden. Darüber hinaus muss die Tatsache berücksichtigt werden, dass die Anschläge, unterstellt sie wurden von Tschetschenen verübt, nur schwerlich dem gesamten Volk oder der Regierung zugerechnet werden können. Auch ist darauf einzugehen, ob Terroranschläge tatsächlich einen bewaffneten Angriff[827] nach Art. 51 UN-Charta darstellen und ein Selbstverteidigungsrecht des betroffenen Staats nach sich ziehen. Denn eigentlich kennt die UN-Charta den Begriff des „Internationalen Terrorismus"[828] nicht, auf den Putin sich beruft. Die „Friendly-Relations-Declaration" vom 24. Oktober 1970 allerdings enthält die Verpflichtung eines jeden Staates, „die Organisierung, Anstiftung oder Unterstützung von Bürgerkriegs- oder Terrorakten in einem anderen Staat oder die Teilnahme daran oder die Duldung organisierter Aktivitäten, die auf die Begehung solcher Akte gerichtet sind, in seinem Hoheitsgebiet zu unterlassen."[829]

Im Jahre 1985 qualifizierte die Generalversammlung „alle terroristischen Handlungen" als „kriminelle Akte, gleich wo und von wem sie begangen werden".[830] Aber auch aus dieser Resolution ließ sich keine allgemeingültige und

---

827 Nußberger, Das Völkerrecht, S. 67–68.

828 Finke/Wandscher, in: Vereinte Nationen 2001, S. 168, setzen sich mit der Begrifflichkeit auseinander, stellen aber klar, dass das Völkerrecht keine klare Definition liefert; Nußberger, Das Völkerrecht, S. 67.

829 Erklärung über völkerrechtliche Grundsätze für freundschaftliche Beziehungen und Zusammenarbeit zwischen den Staaten im Sinne der Charta der Vereinten Nationen, Resolution 2625 (XXV) der Generalversammlung.

830 Resolution 40/61 vom 09.12.1985, abgedruckt in Vereinte Nationen 1986, S. 182 f.

umfassende Definition des „Internationalen Terrorismus“ ableiten, ebenso wenig aus dem „Internationalen Übereinkommen zur Bekämpfung terroristischer Bombenanschläge“. Erst das „Internationale Übereinkommen zur Bekämpfung der Finanzierung des Terrorismus“ aus dem Jahr 1999[831] versucht, unter Artikel 2 lit. 1 b eine abstrahierende Umschreibung zu liefern. Terrorismus sei jede „Handlung, die den Tod oder eine schwere Körperverletzung einer Zivilperson oder einer anderen Person, die in einem bewaffneten Konflikt nicht aktiv an den Feindseligkeiten teilnimmt, herbeiführen soll, wenn diese Handlung aufgrund ihres Wesens oder der Umstände darauf abzielt, eine Bevölkerungsgruppe einzuschüchtern oder eine Regierung bzw. eine internationale Organisation zu einem Tun oder Unterlassen zu nötigen.“[832]

Diese Definition deutet einen Gegensatz zwischen „Terrorismus“ und bewaffnetem Konflikt im Sinne von Art. 39 und Art. 51 der UN-Charta an und unterscheidet damit implizit auch zwischen strafrechtlichen Sanktionen auf Terrorakte und militärischen Selbstverteidigungsmaßnahmen gegen „bewaffnete Angriffe“ im Sinne des Art. 51 der UN-Charta.[833] Allerdings bleibt dabei offen, ob die „Einschüchterung“ eine politische Motivierung voraussetzt[834] oder ob z. B. religiöse Motive ausreichend sein können.[835]

Da die Abgrenzung zwischen den Begrifflichkeiten im Einzelfall sehr schwierig bis unmöglich erscheint, wird nunmehr der Ansatz vertreten, den „Internationalen Terrorismus“ als „kriegsgleiche Friedensbedrohung“ zu klassifizieren.[836] Dies löst freilich auch nicht die Problematik, inwieweit eine solche Friedensbedrohung ein Notwehrrecht auslöst.[837]

Zudem stellt sich hier das Problem, dass streng genommen die Angriffe aus dem eigenen Land herrühren, obwohl Moskau Tschetschenien durch den Friedensvertrag eine gewisse völkerrechtliche Subjektivität einräumte.

Vom theoretischen Standpunkt aus müsste wohl zumindest an der Rechtmäßigkeit eines Einsatzes gegen den Terror gezweifelt werden. Jedoch gibt die Staatenpraxis und nicht zuletzt auch das Vorgehen der USA in ähnlichen

---

831 Verabschiedet mit der Resolution 54/109 der Generalversammlung vom 09.12.1999. Der Text ist abgedruckt in Vereinte Nationen 2001, S. 21 ff.

832 Verabschiedet mit der Resolution 54/109 der Generalversammlung vom 09.12.1999. Der Text ist abgedruckt in Vereinte Nationen 2001, S. 21 ff.

833 Kotzur, in: Archiv des Völkerrechts 2002, S. 458.

834 Finke/Wandscher, in: Vereinte Nationen 2001, S. 168.

835 Kotzur, in: Archiv des Völkerrechts 2002, S. 458.

836 Kotzur, in: Archiv des Völkerrechts 2002, S. 463.

837 Nußberger, Das Völkerrecht, S. 68.

Fällen offensichtlich Russland Recht. Die USA sowie ihre Verbündeten Vereinigtes Königreich Großbritannien und Nordirland, Australien und Usbekistan (Deutschland beteiligte sich ab Dezember 2001 an der Operation) marschierten am 07. Oktober 2001 unter der Proklamation des Kampfs gegen den Terror im Irak und in Afghanistan ein.[838] Auch in diesen Fällen ist es zweifelhaft, ob tatsächlich die Regierungen in die Terroranschläge vom 11. September 2001 involviert waren. Ebenfalls stellt sich die Frage nach der Anwendbarkeit von Art. 51 UN-Charta. Das Vorgehen der USA wurde jedoch international weitgehend gebilligt. Daher ist im Sinne der Gleichbehandlung von Staaten unter Berücksichtigung der Tatsache, dass die USA offensichtlich berechtigt war, sogar in fremden Staaten militärisch zu intervenieren, nicht einzusehen, warum Russland nicht auf eigenem Hoheitsgebiet gegen Terroristen vorgehen dürfe.

Denn setzt man voraus, dass es tatsächlich Tschetschenen waren, die die Anschläge in Russland verübten, liegen die Voraussetzungen für eine Selbstverteidigung vor. Ein Terroranschlag wird seit dem Anschlag auf das World Trade Center am 11. September 2001 von der NATO, der Organisation Amerikanischer Staaten, dem UN-Generalsekretär und einer Vielzahl von Regierungen als bewaffnete Gewalt im Sinne von Art. 51 UN-Charta angesehen.[839]

Dabei ist allerdings zu berücksichtigen, dass nicht jede Ausübung bewaffneter Gewalt unter Verletzung von Art. 2 Abs. 4 UN-Charta zugleich auch als bewaffneter Angriff gemäß Art. 51 UN-Charta zu klassifizieren ist, sondern dass weitere Kriterien wie großer Umfang und hohe Intensität der Gewalthandlungen hinzukommen müssen.[840] Dies gilt erst recht bei der Gewaltanwendung durch nicht-staatliche Organisationen wie terroristische Gruppierungen. Denn der denkbare Umschlag von terroristisch motivierten Straftaten wie Geiselnahme etc. zu einer kriegsgleichen Friedensbedrohung verlangt enge Abgrenzungskriterien, sonst würde das Selbstverteidigungsrecht uferlos ausgedehnt werden.[841]

Notwendig ist eine zweifache Verhältnismäßigkeitsprüfung. In einem ersten Schritt ist zu prüfen, ob die nicht-staatlichen Terrorakte einer staatlichen Gewaltanwendung gleichstehen. Anhaltspunkte hierfür sind die Anzahl der Täter, die Intensität des Vorgehens, die Anzahl der Opfer, das Ausmaß der Zerstörung

838 Zekri, in: Süddeutsche.de vom 15.08.2008, S. 2.

839 Kotzur, in: Archiv des Völkerrechts 2002, S. 472.; ausführlich und mit Einzelnachweisen dazu Krajewski, in: Archiv des Völkerrechts 2002, S. 198.

840 Ruffert, in: Zeitschrift für Rechtspolitik 2002, S. 247; Randelzhofer, in: Simma (Hrsg.), Art. 51 Rn. 19.

841 Kotzur, in: Archiv des Völkerrechts 2002, S. 472–473.

und die Zielrichtung der Anschläge gegen ein ganzes Volk[842] (in Abgrenzung zu vereinzelten Bombenanschlägen). Ebenfalls zu berücksichtigen sind die institutionelle Struktur, die Organisation und die Infrastruktur der Terrorgruppe. Auf einer zweiten Stufe ist dann die Verteidigungshandlung ihrerseits am Verhältnismäßigkeitsgebot zu messen.[843]

Hält man sich vor Augen, dass bei den Anschlägen in der Moskauer U-Bahn, im Moskauer Theater, auf verschiedene Wohnblocks usw. zahlreiche Menschen ums Leben kamen, dabei Sprengstoff in großen Mengen eingesetzt wurde und die tschetschenischen Rebellen exzellent ausgerüstet und strukturiert vorgegangen waren, so kann man durchaus von einem bewaffneten Angriff gemäß Art. 51 UN-Charta sprechen.

Ebenso waren die Angriffshandlungen gegenwärtig, denn zwischen den Verteidigungsmaßnahmen Russlands und den Anschlägen lag keine größere zeitliche Zäsur. Hierbei wird die Parallele zur strafrechtlichen Notwehr besonders deutlich.

Die Verteidigungshandlungen waren ferner hinsichtlich der Zielgruppe[844] nach dem Völkerrecht verhältnismäßig. Denn das Völkerrecht sieht vor, dass die Verteidigungsmaßnahmen regional beschränkt sein müssen und sich dabei gegen den Herkunftsstaat bzw. die Herkunftsregion der Terrorgruppe sowie die terroristische Vereinigung selbst richten müssen.[845] Russland intervenierte ausschließlich im Nordkaukasus und somit in der Region, in der die tschetschenischen (kaukasischen) Rebellen ihre Zufluchtsorte sowie ihre infrastrukturelle Organisation haben.

Die Verhältnismäßigkeit hinsichtlich der Verteidigungshandlungen bemisst sich am Maßstab des humanitären Völkerrechts.[846] Folgende Aspekte können für die Verhältnismäßigkeitsprüfung angeführt werden: die Unterscheidung

842 Krajewski, in: Archiv des Völkerrechts 2002, S. 200–201; anders dagegen Pellet, in: EJIL World Trade Center Forum, http://ejil.org/forumWTC/index.html, er hält das Erfordernis des Angriffs gegen ein ganzes Volk für nicht gegeben.

843 Kotzur, in: Archiv des Völkerrechts 2002, S. 473.

844 Krajewski, in: Archiv des Völkerrechts 2002, S. 202 ff. legt dar, dass sich die Selbstverteidigung mit militärischen Mitteln selbstverständlich nur gegen den Angreifer richten darf.

845 Kotzur, in: Archiv des Völkerrechts 2002, S. 474–475.

846 Die Verhältnismäßigkeit ist eine gewohnheitsrechtliche Schranke legitimer Selbstverteidigung (siehe Nicaragua-Entscheidung des IGH, ICJ-Reports 1984, S. 94 Ziffer 176) und zugleich ein allgemeiner Rechtsgrundsatz des Völkerrechts im Sinne des Art. 38 Abs. 1 lit. c IGH Statut.

zwischen Kombattanten und Zivilpersonen, die Differenzierung nach militärischen und nicht-militärischen Zielen, die Versorgungslage der Zivilbevölkerung, zu erwartende Flüchtlingsströme, die voraussichtliche Dauer der Intervention oder auch die Art und Intensität des Waffeneinsatzes.[847] Die Verhältnismäßigkeit der russischen Intervention in Tschetschenien wird im Folgenden einer menschenrechtlichen und völkerstrafrechtlichen Würdigung unterzogen.

Für das Bestehen eines Notwehrrechts ist die Verhältnismäßigkeit der Verteidigungshandlung zunächst nicht relevant, so dass an dieser Stelle festgehalten werden kann, dass Russland grundsätzlich berechtigt war, sich unter Berufung auf das Notwehrrecht gegen den bewaffneten Angriff zu verteidigen.

X. Menschenrechtliche und völkerstrafrechtliche Würdigung sowie Aspekte des humanitären Völkerrechts als Schranken der russischen Intervention

1. Aktuelle Lage

Obwohl sich die Situation in der Republik Tschetschenien nach der Machtübernahme von Präsident Ramsan Kadyrow zumindest äußerlich etwas beruhigt hat, ist nach wie vor die Menschenrechtslage in Tschetschenien äußerst bedenklich. Die Kampfhandlungen in beiden Kriegen beschränkten sich zu keiner Zeit auf die Kombattanten, sondern wurden auch auf die Zivilbevölkerung ausgedehnt. Willkürliche Verhaftungen und Gewaltmaßnahmen waren ebenso an der Tagesordnung wie das Entführen von Personen und Bombardierungen von Flüchtlingskonvois.[848] Sowohl Russen als auch Tschetschenen haben sich schuldig gemacht, wobei mit der zunehmenden russischen Kontrolle der Region der tschetschenische Widerstand sich auf Anschläge außerhalb Tschetscheniens konzentrierte und russische Soldaten mit Säuberungsaktionen in Tschetschenien im Vordergrund standen.[849]

2. Einbeziehung und Verletzung humanitärer Völkerrechtsnormen

Die grundsätzliche Legitimation Russlands, gegen die tschetschenischen Abspaltungsbestrebungen auch mit militärischer Gewalt vorzugehen, rechtfertigt nicht eine grenzenlose Gewaltanwendung. Die Genfer Konventionen von 1949 und

847 Kotzur, in: Archiv des Völkerrechts 2002, S. 476.
848 Amnesty International, S. 9.
849 Amnesty International, S. 3.

ihre Zusatzprotokolle von 1977[850] regeln im humanitären Völkerrecht den Schutz der Zivilbevölkerung im bewaffneten Konflikt.[851] Einen Mindeststandard im nicht-internationalen Konflikt sieht Art. 3 der Genfer Abkommen vor: Hiernach sind Tötungen, Geiselnahmen, Folter und andere entwürdigende Handlungen von Zivilisten verboten. Beide Konfliktparteien haben diesen Standard bis heute immer wieder verletzt.[852] Die RF als Fortsetzerstaat der Sowjetunion ist Vertragspartei der Genfer Übereinkommen und ihrer Zusatzprotokolle. Somit findet das Übereinkommen auch auf die Tschetschenienkriege, und zwar für beide Konfliktparteien, Anwendung.[853] Der Schutzstandard für nicht-internationale bewaffnete Konflikte wurde im II. Zusatzprotokoll zu den Genfer Konventionen erweitert.[854] Dessen Schutzbestimmungen sind nach Art. 1 I dann anwendbar, wenn die nicht-staatliche Konfliktpartei unter einer verantwortlichen Führung eine solche Kontrolle über einen Teil des Hoheitsgebiets ausübt, dass sie koordinierte Kampfhandlungen durchführen und dieses Protokoll anwenden kann.[855] Zumindest im Zweiten Tschetschenienkrieg kann von keiner einheitlichen Führung und schon gar nicht von koordinierten Handlungen gesprochen werden. Im Ersten Krieg ist dies zumindest nach der Änderung in eine Guerilla-Taktik fraglich, wobei dort wohl noch von einer einheitlichen Führung ausgegangen werden kann, obwohl Präsident Dudajew mit starken Oppositionsbewegungen zu kämpfen hatte.

Diese Problematik könnte die Schwierigkeiten, die das humanitäre Völkerrecht mit innerstaatlichen bewaffneten Konflikten hat, nicht besser aufzeigen. Es gibt nur wenige und leider sehr allgemein formulierte Regeln.[856] Es ist zu überprüfen, ob speziellere Menschenrechte existieren, die diese Lücke schließen können.

---

850 Genfer Abkommen Nr. I bis IV vom 12.08.1949, BGBl. 1954 II, S. 781 (für die UdSSR in Kraft getreten am 10.11.1954); Zusatzprotokolle I und II zu den Genfer Abkommen vom 08.06.1977, BGBl. 1990 II, S. 1550, 1637 (für die UdSSR in Kraft getreten am 29.03.1990).

851 Posor, in: Gornig (Hrsg.), Krisengebiete der Welt, S. 470–471.

852 Sauer/Wagner, in: Archiv des Völkerrechts 2007, S. 65.

853 Amnesty International, S. 31.

854 Bothe, in: Graf Vitzthum/Proelß, S. 676.

855 Zu den Voraussetzungen siehe Junod., in Sandoz, Y. u. a. (Hrsg.), Rn. 4459 ff.; Bothe, in: Graf Vitzthum/Proelß, S. 677.

856 Nußberger, Das Völkerrecht, S. 71–72.

3. Menschenrechte und ihre Verletzung in den Tschetschenienkriegen

a. Zur Anwendbarkeit und der Konkurrenz zum humanitären Völkerrecht

Die RF ist im Wege der Staatennachfolge in die Stellung der UdSSR gerückt und Vertragspartei bei wichtigen Menschenrechtspakten[857] wie dem IPbpR und der UN-Konvention gegen Folter geworden. 1996 trat die RF dem Europarat bei und ratifizierte die EMRK.[858] Es bedarf keiner näheren Darlegung, dass die beschriebenen Gewaltmaßnahmen wie Entführungen oder Folter gravierende Verletzungen dieser Menschenrechtspakte in ihren fundamentalsten Garantien bedeuten.[859] Nun stellt sich die Frage zum Verhältnis der Menschenrechte im bewaffneten Konflikt zu dem eigentlich dafür vorgesehenen humanitären Völkerrecht.

Der Internationale Gerichtshof vertritt die Auffassung, dass das humanitäre Völkerrecht spezieller sei als die allgemeingültigen Menschenrechte, obwohl die Menschenrechte mit ihren Durchsetzungsmechanismen die eben angesprochenen Probleme des humanitären Völkerrechts lösen könnten, zumindest im internen bewaffneten Konflikt.[860] Hierfür spricht, dass in den Menschenrechtsverträgen nichts über eine generelle Nichtanwendung im Kriegsfall steht. Jedoch besitzen die Konfliktparteien die Möglichkeit, durch Erklärung des Notstands im Kriegsfall die Geltung der Menschenrechte weitgehend auszusetzen und die Geltung der Mindeststandards des humanitären Völkerrechts zu vereinbaren. Im Tschetschenien-Fall ist, obwohl umstritten, der Notstand nicht erklärt worden.[861] Somit müsste sich der Vertragsstaat Russland an den Garantien der

---

857 Der IPbpR (BGBl. 1973 II, S. 1534) ist für die UdSSR am 23.07.1976 in Kraft getreten; Übereinkommen gegen Folter und andere grausame, unmenschliche oder erniedrigende Behandlung oder Strafe vom 10.12.1984, BGBl. 1990 II, S. 246 (für die UdSSR in Kraft getreten am 26.06.1987); Europäische Konvention zum Schutze der Menschenrechte und Grundfreiheiten vom 04.11.1950, BGBl. 1952 II, S. 685 (für die UdSSR in Kraft getreten am 05.05.1998).

858 Amnesty International, S. 31–32.

859 Siehe etwa Art. 6,7,9 und 10 IPbpR; Art. 2 und 12 der Antifolterkonvention; Art. 2,3,5 und 13 EMRK (das Folterverbot gehört stets zu den in keinem Fall derogierbaren Rechten). Eine Erklärung des Notstandes nach Art. 4 Abs. 3 IPbpR, 15 Abs. 3 EMRK, die Russland zur Einschränkung bestimmter Garantien berechtigt hätte, wurde zu keinem Zeitpunkt abgegeben.

860 IGH, Legality of the Threat of Use of Nuclear Weapons, Gutachten vom 08.07.1996, ICJ-Reports 1996, S. 225, Nr. 25.

861 Sauer/Wagner, in: Archiv des Völkerrechts 2007, S. 67.

Menschenrechte messen lassen. Die Präambel des erwähnten II. Zusatzprotokolls weist sogar explizit auf die Menschenrechte hin. So ist auch nicht ersichtlich, aus welchem Grunde Art. 3 der Genfer Konvention spezieller sein soll als Art. 2, 3 EMRK. Auch der EGMR hat trotz geäußerter Bedenken bezüglich der Vereinbarkeit von Menschenrechten und humanitärem Völkerrecht in bewaffneten Konflikten implizit beides kombiniert.[862]

Nur so kann möglicherweise mit den Menschenrechten (vor allem mit den Durchsetzungsmechanismen wie der Anrufungsmöglichkeit des EGMR) der Schutz der Zivilbevölkerung in internen bewaffneten Konflikten gewährleistet werden.[863]

b. Russland vor dem EGMR

Vor dem EGMR sind zahlreiche von tschetschenischen Zivilisten angestrengte Verfahren gegen die RF anhängig, wobei es u. a. um Erschießungen beim Sturm auf Grosny sowie Bombardierungen von Flüchtlingskonvois geht.[864] Zuletzt wurde die RF wegen festgestellten Verstößen gegen die EMRK verurteilt.[865] Es soll jedoch nur auf die wichtigsten Punkte der Urteile eingegangen werden:

Eine wichtige Frage ist, ob die RF berechtigt war, mit Waffengewalt gegen Tschetschenien vorzugehen. Der Gerichtshof legt dar, dass nach seiner Auffassung die Gewaltanwendung grundsätzlich zulässig war.[866]

Für die Beantwortung der Frage, ob durch Bombardierungen, bei denen auch Zivilisten getötet wurden,[867] das Recht auf Leben nach Art. 2 EMRK verletzt

---

862 Irmscher, in: EuGRZ 2006, S. 16 ff.; Sauer/Wagner, in: Archiv des Völkerrechts 2007, S. 67.

863 Christophe, in: Süddeutsche.de vom 12.08.2008, S. 3.

864 Behr, in: Die Zeit Online vom 04.10.2008, S. 2.; EGMR, Imakayeva v. Russia, Zulässigkeitsentscheidung vom 24.02.2005, Beschwerde-Nr. 7615/02, abrufbar – wie alle weiteren Entscheidungen des Gerichtshofs – unter http://www.echr.coe.int. Siehe auch die spätere Zulässigkeitsentscheidung vom 20.10.2005 (Bitiyeva v. Russia, Beschwerde-Nr. 57953/00 und Iduyeva-Bisiyeva v. Russia, Beschwerde Nr. 37392/03) betreffend die Erschießung einer Beschwerdeführerin und ihrer Familie.

865 So wurde die RF mit Urteil vom 27.07.2006 (Bazorkina v. Russia, Beschwerde-Nr. 69481/01) wegen des Verschwindens eines Häftlings u. a. wegen der Verletzung von Art. 2 EMRK verurteilt.

866 Sauer/Wagner, in: Archiv des Völkerrechts 2007, S. 69; siehe auch den Wortlaut des Urteils in dem Verfahren Isayeva v. Russia, Urteil vom 24.02.2005, Beschwerde 57950/00, Ziffer 180.

867 So etwa in dem Verfahren vor dem EGMR, Isayeva v. Russia, Urteil vom 24.02.2005, Beschwerde 57950/00.

wird, kommt es darauf an, ob die nicht absichtliche Tötung durch eine Gewaltanwendung nach Art. 2 II a EMRK verursacht wurde, die unbedingt erforderlich war, um jemanden gegen rechtswidrige Gewalt zu verteidigen. Der EGMR prüfte sehr streng, ob bei der Bombardierung eines Konvois tatsächlich, wie von den Russen vorgebracht, tschetschenische Kämpfer präsent waren und ob die Bombardierung eine „unbedingt erforderliche" Gewaltanwendung war.[868] Insbesondere wurde geprüft, ob bei dem Einsatz Schutzvorkehrungen getroffen wurden, um die Gefährdung von Zivilisten zu minimieren.[869] Aufgrund des massiven Bombardements trotz Anwesenheit von Zivilisten muss dies verneint werden. Dadurch wird das Recht auf Leben zu einer Korrektivmaßnahme der Gewaltanwendung und damit zu einer Schutzfunktion für die Zivilbevölkerung bei unabsichtlichen, aber vorhersehbaren Lebensbedrohungen, was deutlich über den humanitären Mindeststandard hinausgeht.

Schließlich muss der Tenor des EGMR bezüglich der Verpflichtungen Russlands im Bereich der Sachaufklärung betrachtet werden. Hier kam der Gerichtshof zu dem Schluss, dass Tatsachenungewissheiten in Bezug auf das Folterverbot nach Art. 3 EMRK zu Lasten des beklagten Staats gehen und einer Verurteilung nicht im Wege stehen. Russland hätte Vorkehrungen treffen müssen, um die Todesursache der betroffenen Personen zu klären.[870] Hierbei wird das gängige Verfahrensprinzip, nach dem das Gericht zu einer völligen Überzeugung bezüglich der Schuld des Angeklagten kommen muss, außer Kraft gesetzt und zum Schutz der wehrlosen Opfer in der Zivilbevölkerung in eine Exkulpationspflicht zu Lasten des intervenierenden Staates umgekehrt.

c. *Zur individuellen Verantwortlichkeit einzelner Personen nach dem Völkerstrafrecht*

Durch das Völkerstrafrecht wird auch eine individuelle völkerrechtliche Verantwortlichkeit begründet. Das materielle Völkerstrafrecht ist im Statut von Rom kodifiziert. Im Tschetschenienkonflikt kommen hauptsächlich Verbrechen gegen die Menschlichkeit nach Art. 7 I a, e, f, g, i Römisches Statut und

868 Sauer/Wagner, in: Archiv des Völkerrechts 2007, S. 69; siehe hierzu auch das Urteil im Verfahren Isayeva v. Russia.

869 Irmscher, S. 12, kritisiert in diesem Zusammenhang nicht zu Unrecht, dass in Art 2. Abs. 2 lit. c) EMRK überhaupt nicht erwähnt wurde, wonach das rechtmäßige Niederschlagen eines bewaffneten Aufstandes einen Rechtfertigungsgrund für Tötungen darstellen kann.

870 Sauer/Wagner, in: Archiv des Völkerrechts 2007, S. 70.

Kriegsverbrechen nach Art. 8 II c Römisches Statut, begangen von Kämpfern beider Seiten, in Betracht.[871]

Fraglich ist, welche Auswirkungen die Nichtratifizierung auf die begangenen Taten haben könnte. Die eben aufgezählten Verbrechenstatbestände waren schon Grundlage der „Nürnberger Prozesse“ und wurden über die Jahre nur konkretisiert. Sie stellen in ihrem Kern somit Völkergewohnheitsrecht dar, so dass die Nichtratifizierung für die Strafbarkeit der Verbrechen auf beiden Seiten keine Rolle spielt.[872] Jedoch könnte die fehlende Bindung Russlands an das Statut für die Strafverfolgung von Bedeutung sein. Nach Art. 12 II, 13 des Statuts ist der IStGH nur für ein Verbrechen zuständig, wenn entweder der Staat, auf dessen Hoheitsgebiet das Verbrechen verübt wurde, oder der Staat, dem der Täter angehört, Vertragspartei ist. Da Tschetschenien nie als eigenständiger Staat angesehen wurde, kommt es in beiden Fällen auf die (nicht vorliegende) Mitgliedschaft Russlands an. Eine Möglichkeit, diese fehlende Zuständigkeit zu kompensieren, wäre die Unterbreitung durch den Sicherheitsrat der UN gemäß Art. 13 II b des Statuts. Allerdings kann Russland als ständiges Mitglied dies jederzeit verhindern und somit kann Art. 13 II b ebenso nicht als Rechtsgrundlage herangezogen werden.[873] Folglich kann es zu keiner völkerstrafrechtlichen Ahndung der Verbrechen im Tschetschenienkrieg kommen.[874]

Zu einer Verurteilung eines Kriegsverbrechens, allerdings durch ein russisches Gericht, kam es jedoch 2003: Der russische Offizier Juri Budanow wurde, zunächst 2002 noch freigesprochen, wegen Entführung und Ermordung einer

---

871 Römisches Statut des Internationalen Strafgerichtshofes vom 10.12.1998, BGBl. 2000 II, S. 1394 (von der RF unterzeichnet am 13.09.2000, bislang aber nicht ratifiziert).

872 Dabei wird auch keineswegs außer Acht gelassen, dass eine völkergewohnheitsrechtliche Geltung von Verbrechenstatbeständen vor dem Hintergrund des Grundsatzes „nullum crimen sine lege“ durchaus problematisch ist (siehe hierzu Werle/Jeßberger, Rn. 21 ff. m. w. N.); angesichts der Entwicklung im Völkerrecht seit Errichtung der Ad-hoc-Tribunale haben Einwände hinsichtlich mangelnder Bestimmtheit und Vorhersehbarkeit mittlerweile wesentlich geringere Bedeutung.

873 Sauer/Wagner, in: Archiv des Völkerrechts 2007, S. 72.

874 Vergleiche aber die Resolution 1323 der Parlamentarischen Versammlung des Europarates vom 02.04.2003, „The Human Rights Situation in the Chechen Republic“, Ziffer 10 III (Vorschlag eines internationalen Ad-hoc-Strafgerichts für Tschetschenien): „The Assembly considers that, if the efforts to bring to justice those responsible for human rights abuses are not intensified, and the climate of impunity in the Chechen Republic prevails, the international community should consider setting up an ad hoc tribunal to try war crimes and crimes against humanity committed in the Chechen Republic“.

Zivilistin verurteilt. Die Strafe wurde jedoch gemessen an der Schwere des Vergehens sehr niedrig angesetzt. Der Verdacht liegt nahe, dass dieser Prozess lediglich zur Beruhigung des internationalen Interesses dienen sollte. Denn in allen sonstigen Fällen wurden die Klagen tschetschenischer Zivilisten vor russischen Gerichten abgewiesen.[875]

XI. Pflichten und Möglichkeiten der internationalen Staatengemeinschaft zur Intervention aufgrund der Menschenrechtsverletzungen

Fraglich ist nun noch, ob Drittstaaten oder internationale Organisationen aufgrund der vom EGMR festgestellten Menschenrechtsverletzungen eine völkerrechtliche Pflicht trifft, Schutzmaßnahmen zugunsten der tschetschenischen Bevölkerung zu ergreifen, und wie diese aussehen könnten.

1. *Internationale Organisationen und ihre Handlungsmöglichkeiten*

Bei der Frage nach den Handlungsoptionen verschiedener internationaler Organisationen muss zunächst zwischen rechtlichen (theoretischen) Befugnissen und politischen Realisierungschancen unterschieden werden.

Eine Möglichkeit wären gewaltlose Sanktionen des UN-Sicherheitsrates gegen die RF nach Art. 41 UN-Charta.[876] Hierzu wird es allerdings nicht kommen, da Russland als ständiges Mitglied des Sicherheitsrates diese nach Art. 27 III UN-Charta blockieren kann.

Die Optionen des Europarates sind ebenfalls beschränkt. Es wurde zwar durch die Parlamentarische Versammlung eine einjährige Suspendierung des Stimmrechts Russlands durchgesetzt,[877] allerdings hat der Europarat nicht die

---

875 Mommsen/Nußberger, S. 151–156.

876 Hierfür müsste allerdings der Sicherheitsrat nach Art. 39 UN-Charta die Bedrohung oder den Bruch des Friedens feststellen. Aufgrund des weit gefassten Beurteilungsspielraums, welcher dem Sicherheitsrat hierbei zuteilwird, ist dies auch im bewaffneten internen Konflikt bzw. im Fall schwerster Menschenrechtsverletzungen möglich (zur Praxis des Sicherheitsrats, auch im Fall innerstaatlicher Konflikte eine Bedrohung des Friedens anzunehmen bzw. festzustellen, siehe Heintschel von Heinegg, in: Ipsen (Hrsg.), Völkerrecht, Wahrung und Wiederherstellung des Weltfriedens und der internationalen Sicherheit durch Systeme kollektiver Sicherheit, S. 1109).

877 Recommendation 1456/2000 vom 06.04.2000: „Conflict in the Chechen Republic – Implementation by the Russian Federation of Recommendation 1444/2000", Ziffer 25: „The Assembly concludes that the conduct oft he Russian Federation in the Chechen Republic in the past few months up until the present time constitutes such a grave

Befugnis, darüber hinausgehende verbindliche Zwangsmaßnahmen gegen seine Mitglieder durchzusetzen.[878]

Lediglich der EU gelang es, eine Verurteilung des russischen Vorgehens durch die UN-Menschenrechtskommission zu erreichen, allerdings auch nur insoweit, als der Inhalt der Resolution von der russischen Seite mitbestimmt wurde.[879]

Es bleibt festzuhalten, dass internationale Organisationen praktisch kaum realisierbare Maßnahmen zur Sanktionierung Russlands treffen können.

2. *Einzelne Staaten und ihre Optionen*

a. *Grundsätzliche Befugnisse der Staaten*

Vorstehend wurde festgestellt, dass der Konflikt ein innerer Konflikt der RF ist. Eine innere Angelegenheit eines Staates hätte zur Folge, dass das Interventionsverbot nach Art. 2 I, VII UN-Charta greifen würde und ein Drittstaat sich nicht unter Anwendung irgendeiner Form von Zwang einmischen dürfte.[880] Jedoch bezog sich die vorhin festgestellte innere Angelegenheit lediglich auf die Frage der Rechtmäßigkeit der Sezession. Gravierende Menschenrechtsverletzungen stellen jedoch keine innere Angelegenheit eines Staates dar, da gerade diese Regeln das Vorgehen eines Staates einschränken sollen. Somit wird das Verhalten Russlands aus dem innerstaatlichen Bereich herausgehoben und dem Einfluss der Staatengemeinschaft unterstellt. Folglich sind Drittstaaten handlungsbefugt.[881]

Neben stets möglichen Maßnahmen wie Retorsion besteht für Drittstaaten im Rahmen der EMRK die Möglichkeit der Staatenklage nach Art. 34 EMRK.

---

violation of Article 3 of the Statute oft he Council of Europe, that the use of all of the possibilities afforded by the Statute and the Rules of Procedure of the Parliamentary Assembly would be fully justified“.

878 Sauer/Wagner, in: Archiv des Völkerrechts 2007, S. 73.

879 Sauer/Wagner, in: Archiv des Völkerrechts 2007, S. 74.; insoweit ist noch anzumerken, dass die geforderte Anwendung des humanitären Völkerrechts sowie die Forderung nach einer Untersuchungskommission von internationalem Format und ungehindertem Zugang zu Tschetschenien für UN-Sondermissionare nicht gegenüber Russland durchgesetzt werden konnten.

880 Die unter Anwendung oder Androhung von Zwang erfolgende Einmischung wird vom völkerrechtlichen Interventionsverbot umfasst (vgl. IGH, Military and Paramilitar Activities in and against Nicaragua; Nicaragua vs United States of America, Urteil vom 27.06.1986, ICJ-Reports 1986, 13 Nr. 205).

881 Doehring, in: Politische Studien 1993, S. 51.

Dies wäre aufgrund der Verbindlichkeit eines Urteils nach Art. 46 I EMRK eine effektive Option. Bisher hat noch kein Mitgliedsstaat diese genutzt.[882]

Am wichtigsten ist die Frage nach der Ergreifung von Repressalien gegen Russland. Hierzu wäre Voraussetzung, dass die Menschenrechtsverletzungen gegenüber den einzelnen Opfern auch Völkerrechtsverletzungen gegenüber anderen Staaten sind. Träger der Menschenrechte können aber nur Einzelpersonen sein, nicht die Vertragsparteien (Staaten). Anders stellt sich die Situation im Falle einer Verletzung zwingenden Völkerrechts dar: Für die internationale Gemeinschaft ist die Beachtung von ius cogens (zwingendes Völkerrecht) so wichtig, dass es eine Verpflichtung erga omnes (gegenüber der gesamten Staatengemeinschaft) darstellt.[883] Ein Bruch des ius cogens stellt also einen Bruch gegenüber jedem einzelnen Staat dar.[884] Ein Repressalienrecht als Reaktionsmöglichkeit auf eine solche Verletzung ist nach überwiegender Meinung[885] gegeben.[886] Die Staatenpraxis stützt ein solches Repressalienrecht als Antwort auf eine Verletzung zwingenden Völkerrechts.[887] Nun müsste Russland in Tschetschenien durch seine Menschenrechtsverletzungen zwingendes Völkerrecht verletzt haben. Zumindest das Recht auf Leben und das Folterverbot werden als solches eingestuft. Der EGMR hat bereits mehrfach festgestellt, dass Russland gegen diese Garantien verstoßen hat. Somit hat Russland ius cogens verletzt, was eine Verletzung gegenüber jedem Staat darstellt. Drittstaaten hätten also das Recht, mit Repressalien auf das russische Vorgehen in Tschetschenien zu reagieren.[888] Jedoch hat kein Staat bisher zu solchen Maßnahmen gegriffen

882 Sauer/Wagner, in: Archiv des Völkerrechts 2007, S. 75.

883 So etwa Ragazzi, S. 189 ff., zum Verhältnis des ius cogens und der Verpflichtung erga omnes; auch Tams, S. 138 ff.

884 Es entspricht einer weitverbreiteten Auffassung, dass die Konzepte des ius cogens und der Verpflichtung erga omnes insoweit aufeinander bezogen sind, dass aus zwingendem Völkerrecht stets auch Verpflichtungen erga omnes folgen, so etwa Herdegen, S. 278; Kimminich/Hobe, S. 174.

885 Herdegen, S. 454–455; Kimminich/Hobe, S. 174.

886 Sauer/Wagner, in: Archiv des Völkerrechts 2007, S. 75.

887 Tams, S. 207 ff.

888 Tams, S. 297 ff., geht allerdings davon aus, dass dem Repressalienrecht von Vertragsparteien der EMRK die Möglichkeit der Staatenbeschwerde nach Art. 34 EMRK entgegenstehe: So könne in Anbetracht des effektiven Straßburger Kontrollmechanismus wegen einer Verletzung eines auch von der Konvention garantierten Rechts so lange nicht zu repressiven Maßnahmen gegriffen werden, wie noch kein Verfahren gegen die RF angestrengt worden sei.

und auch in Zukunft ist damit nicht zu rechnen,[889] so dass auf die Grenzen und Regelungen des Repressalienrechts nicht genauer eingegangen werden muss.[890]

b. Interventionspflicht der Gemeinschaft

Nun muss noch untersucht werden, ob gegebenenfalls eine völkerrechtliche Pflicht seitens dritter Staaten besteht, Maßnahmen zum Schutz der tschetschenischen Bevölkerung[891] zu treffen. Wäre dies der Fall, könnte die eben festgestellte Untätigkeit der Staatengemeinschaft einen Verstoß gegen das Völkerrecht darstellen.[892] Das moderne internationale Recht weist in beschränktem Maße Züge einer Verfassung der internationalen Gemeinschaft auf. Ein Verstoß durch einen Staat gegen zwingende Bestimmungen dieser Verfassung, wie eben elementare Menschenrechte, wird damit zur gemeinsamen Angelegenheit aller Staaten. Hier stellt sich der Fall so dar, dass das Opfer, die Zivilbevölkerung Tschetscheniens in seiner Gesamtheit, keine Möglichkeit hat, sich zu wehren. Der Adressat, der zur Einhaltung der menschenrechtlichen Bestimmungen verpflichtet ist, hier die russische Regierung, hat durch ihr aggressives Verhalten deutlich gemacht, dass man zwingendes Völkerrecht nicht mehr beachten wird. Der Schutz der Menschenrechte würde in einem solchen Fall leerlaufen, würde man nicht die internationale Gemeinschaft dazu verpflichten, in die Bresche zu springen und für die schutzlose Bevölkerung einzustehen.

Allerdings unterliegen die Bürger Tschetscheniens nicht der Hoheitsgewalt der Drittstaaten. Die Sachlage wäre anders zu werten, wenn auch Staatsangehörige eines Drittstaats betroffen wären. Denn nach Art. 1 EMRK haben Staaten die menschenrechtlichen Garantien nur denjenigen Personen zugesichert, die ihrer Hoheitsgewalt unterstehen, weil sie nur deren Rechtsstellung durch Ausübung ihrer Hoheitsgewalt beeinflussen können. Im Fall Tschetscheniens könnte die Rechtsstellung der Bürger des Verletzerstaats, also der Tschetschenen, durch

889 Sauer/Wagner, in: Archiv des Völkerrechts 2007, S. 76; Koslatschkow, in: Wostok Nr. 1 2000, S. 105, merkt an, dass die USA lediglich ein Ultimatum an Russland gestellt haben, die Kampfhandlungen in Tschetschenien einzustellen, jedoch keine weiteren Konsequenzen gezogen haben.

890 Ipsen, in: Ipsen (Hrsg.), Völkerrecht, Anwendungsbereiche und Grundstruktur des Rechts des bewaffneten Konflikts, S. 1201, zu den Grenzen des Rechts, Repressalien zu ergreifen.

891 Es kommt vorliegend nur eine Schutzpflicht gegenüber der tschetschenischen Bevölkerung in Betracht, da Tschetschenien selbst kein Staat ist und darüber hinaus noch mit seinen Abspaltungsbestrebungen die Integrität Russlands verletzt hat.

892 Sauer/Wagner, in: Archiv des Völkerrechts 2007, S. 77.

die Hoheitsgewalt von Drittstaaten nicht unmittelbar beeinflusst werden; vielmehr müsste erst der Heimatstaat Russland veranlasst werden, sein Verhalten zu ändern und die Verletzungshandlungen einzustellen. Würde man hier eine Schutzpflicht annehmen, wäre diese wirkungslos, vielleicht sogar die Situation verschlimmernd: Denn ein mächtiger Verletzerstaat, wie es Russland zweifelsohne ist, wird sich von Maßnahmen, die darauf angelegt sind, das Verhalten des Verletzerstaats zu ändern, wenig beeindrucken lassen.[893] Die zu ergreifenden Maßnahmen müssten so von immer härterer Natur sein und die Gefahr einer Eskalation würde in gleichem Maße steigen. Eine Interventionspflicht birgt somit die Gefahr, die Völkerrechtsordnung zu destabilisieren.[894] Darüber hinaus muss berücksichtigt werden, dass im Falle einer Interventionspflicht nicht alle Staaten die gleichen Einflussmöglichkeiten hätten, sei es aufgrund ihres internationalen Status oder ihrer militärischen Voraussetzungen. Aus Gründen der souveränen Gleichheit der Staaten dürften aber keine unterschiedlichen Maßstäbe angelegt werden.[895] All dies spricht eher gegen eine völkerrechtliche Interventionspflicht von Drittstaaten.[896]

Dies führt dazu, dass die Staaten immer frei zu entscheiden haben, in welcher Form sie auf die Verletzung von zwingendem Völkerrecht reagieren wollen. Es muss dabei auch die völlige Untätigkeit eines Staates hingenommen werden.[897]

XII. Der russische Standpunkt zum Tschetschenienkonflikt unter Berücksichtigung des sowjetischen Völkerrechtsverständnisses und des „Tschetschenien-Urteils“

Abschließend soll der Tschetschenienkonflikt kurz auch aus russischer Sicht betrachtet werden, um so eventuell die teilweise fragwürdige Vorgehensweise der RF nachvollziehen zu können.

893 Nass, in: Die Zeit Online vom 24.08.2008, S. 2.
894 Doehring, in: Politische Studien 1993, S. 49.
895 Sauer/Wagner, in: Archiv des Völkerrechts 2007, S. 81.
896 Doehring, in: Politische Studien 1993, S. 49–50.
897 Nass, in: Die Zeit Online vom 24.08.2008, S. 1.

1. Das Verständnis von Völkerrecht, Souveränität und Selbstbestimmung zu Zeiten der Sowjetunion

In Moskau ging man zu Zeiten der Sowjetunion von einer „Sozialistischen Form des Völkerrechts“ aus.[898] In dieser sowjetischen Völkerrechtslehre wurden die Staaten als Hauptsubjekte des Völkerrechts angesehen. Dabei bezeichnete man die Souveränität als eine unabdingbare Eigenschaft eines Staates als Völkerrechtssubjekt.[899] Jede Beschränkung der Souveränität sei als Sieg der kapitalistischen Welt über das sozialistische Gesellschaftswesen zu bewerten und damit nicht hinzunehmen.[900] Die Souveränität sei ferner ein zuverlässiges Mittel, schwache Staaten gegen Versuche zu schützen, sie einem Diktat der imperialistischen Großmächte zu unterwerfen.[901]

Ein Wandel in der sowjetischen Völkerrechtslehre wurde spätestens durch die „Breschnew-Doktrin“ des damaligen sowjetischen Staatschefs Leonid Breschnew deutlich. Man ging nun von einer „beschränkten Souveränität“ und einem „beschränktem Selbstbestimmungsrecht“ aller anderen sozialistischen Staaten aus. Daraus leitete die Sowjetunion das Recht zur Intervention ab, falls der Sozialismus in einem dieser Staaten bedroht schien. Dabei wurde der Grundsatz angeführt, dass die Souveränität der einzelnen sozialistischen Staaten ihre Grenzen in den Interessen der sozialistischen Gemeinschaft an sich findet. So begründete man u. a. das militärische Eingreifen in der damaligen Tschechoslowakei 1968 und in Afghanistan 1979.[902]

Dabei finden sich Parallelen zum Tschetschenienkonflikt. Moskau sah in der Abspaltung der Republik zwar keine Gefahr für den Sozialismus, allerdings fürchtete man einen Präzedenzfall und wollte einem drohenden Macht- und Einflussverlust mit der militärischen Intervention entgegenwirken.

2. Das „Tschetschenien-Urteil“ des Verfassungsgerichts der RF

a. Urteilstenor des Verfassungsgerichts

Anfang 1995 beantragten beide Kammern der russischen Bundesversammlung vor dem Verfassungsgericht der RF, die Verfassungsmäßigkeit der Rechtsakte des Präsidenten und der Regierung der RF, die den Einsatz der Föderationsstreitkräfte

898 Meissner, S. 23.
899 Kaljushnaja, S. 113.
900 Meissner, S. 116.
901 Jewgenjew, S. 95.
902 Meissner, S. 147–148.

auf dem Territorium der Republik Tschetschenien herbeigeführt hatten, zu überprüfen.[903] Dabei ging das Gericht, wenn auch sehr kurz, auf das Sezessionsrecht der Tschetschenen ein. Es wurde darauf verwiesen, dass der Status eines Subjekts der RF nach dem Verfassungsrecht nur im gegenseitigen Einvernehmen der RF mit dem betreffenden Subjekt geändert werden kann.[904] Weiterhin führte das Gericht aus, dass das Selbstbestimmungsrecht der Völker „nicht als Ermächtigung zu Maßnahmen verstanden werden kann, welche die territoriale Unversehrtheit souveräner und unabhängiger Staaten, die sich von dem Grundsatz der Gleichberechtigung und Selbstbestimmung leiten lassen, teilweise oder vollständig auflösen oder beeinträchtigen würden."[905] Laut Verfassungsrecht geht die territoriale Integrität der RF dem Selbstbestimmungsrecht der Tschetschenen schon deshalb vor, weil die RF ihren Völkern die Ausübung des Selbstbestimmungsrechts in den Grenzen der föderalen Staatsordnung grundsätzlich gestatte.[906] Zudem stellt das Gericht in seinem Urteil vom 31. Juli 1995 fest, dass die faktische Trennung der Republik Tschetschenien von der RF nicht rechtmäßig war. Weder die Verfassung der RSFSR von 1978 noch die neue Verfassung der RF von 1993 würden den autonomen Republiken ein Recht zur einseitigen Loslösung von der RF gewähren.[907]

Mit den Menschenrechtsverletzungen setzte sich das Gericht nicht näher auseinander, sondern erklärte sie zur Angelegenheit anderer Gerichtsverfahren. Es wurde allerdings ausdrücklich festgestellt, dass man diesbezügliche Klagen für legitim halten würde.[908]

b. Sondervotum des Verfassungsrichters Viktor Lucin

Die Entscheidung des Verfassungsgerichts wurde jedoch nicht einstimmig gefällt. Richter Lucin sah den Einsatz russischer Streitkräfte als nicht verfassungsgemäß an.[909] Zudem führte er an, dass Russland zwar das Recht habe, seine territoriale Integrität zu schützen, im Tschetschenienkrieg aber angesichts der Zerstörungen die eingesetzten Mittel unverhältnismäßig waren. Darüber hinaus bekräftigt er, dass das „Recht auf Leben" nach Art. 2 der Föderationsverfassung „höchsten

903 Deppe, in: Osteuropa-Archiv 1999, S. 114.
904 Nußberger, in: FAZ.NET vom 28.08.2008, S. 2.
905 Deppe, in: Osteuropa-Archiv 1999, S. 118.
906 Deppe, in: Osteuropa-Archiv 1999, S. 118.
907 Deppe, in: Osteuropa-Archiv 1999, S. 110–111.
908 Deppe, in: Osteuropa-Archiv 1999, S. 133–134.
909 Deppe, in: Osteuropa-Archiv 1999, S. 127.

Verfassungswert“ habe. Deshalb hielt Lucin Kompensationsansprüche geschädigter Zivilisten gegen die RF nach Art. 53 RF-Verfassung für rechtens.[910]

c. Bewertung der Entscheidung

Dieses Urteil zeigte, dass die militärische Intervention in Tschetschenien innerhalb der RF keineswegs unumstritten war. Obwohl letztlich das russische Vorgehen als verfassungsgemäß deklariert wurde, ging das Gericht in dem Prozess auf wichtige Rechtsfragen wie das Selbstbestimmungsrecht nur sehr kurz ein. Zudem wurde der Status Tschetscheniens in der RF nicht geklärt.[911]

XIII. Fazit zur völkerrechtlichen Bewertung der Ereignisse in Tschetschenien

Die völkerrechtliche Lage wird abschließend dahingehend bewertet, dass eine Sezession Tschetscheniens unzulässig war. Ein Austrittsrecht aus der RSFSR bestand für Tschetschenien nicht, da dieses gerade nicht für „Autonome Sozialistische Sowjetrepubliken“ bestand, zu denen Tschetschenien zählte.[912] Auch bestand für die Republik Tschetschenien kein aus dem Selbstbestimmungsrecht der Völker hergeleitetes Sezessionsrecht, da vorliegend dem Interesse Russlands am Bestand der staatlichen Integrität aus den oben genannten Gründen der Vorrang einzuräumen ist.

Russlands Militärinterventionen in beiden Kriegen waren grundsätzlich nicht rechtswidrig. Im Zuge der Interventionen wurde jedoch gegen verschiedene Menschenrechtsgarantien verstoßen.[913] Für eine rechtliche Argumentation gegen das mitunter brutale Vorgehen Russlands in Tschetschenien scheidet jedoch ein Rückgriff auf ein vermeintliches Sezessionsrecht Tschetscheniens aus, da dieses, wie bereits erwähnt, nicht besteht und daher zu keinen Sanktionsmöglichkeiten führt. Es könnte insoweit größeren Erfolg versprechen, Russland an die Einhaltung der zahlreichen internationalen Deklarationen und Verträge zu erinnern, in denen sich die RF im eigenen Namen oder aber als Fortsetzer der UdSSR (z. B. noch während des Ersten Tschetschenienkriegs am 5./6. Dezember 1994 in Budapest in dem dort beschlossenen Schlussdokument der KSZE) verpflichtet hat, die Menschenrechte zu beachten und zu garantieren.[914]

---

910 Malek, in: Osteuropa-Archiv 1996, S. 556.
911 Deppe, in: Osteuropa-Archiv 1999, S. 111.
912 Heinzig, BIOst 1995, S. 4–5.
913 Ott, S. 284.
914 Heinzig, BIOst 1995, S. 5–6.

Allerdings muss an dieser Stelle noch einmal angemerkt werden, dass sich auch die tschetschenischen Kombattanten nicht von Verstößen gegen die Menschenrechte freisprechen können und sie ebenfalls in ihrem Vorgehen gegen russische Soldaten äußerst brutal waren. Schließlich ist noch festzuhalten, dass eine völkerrechtliche Schutzpflicht von Drittstaaten im Tschetschenienkonflikt nicht besteht.

B. Das Kaukasus-Emirat

Mit der Ausrufung eines Kaukasus-Emirats im November 2007 besiegelten die Protagonisten des bewaffneten Untergrundkampfs im Nordkaukasus, allen voran ihr Anführer Doku Chamatowitsch Umarow[915], einen Prozess, der gut zehn Jahre zuvor begonnen hatte. Eine nationale Widerstandsbewegung gegen die russische Oberherrschaft im Nordkaukasus, hervorgegangen aus dem tschetschenischen Kampf um Unabhängigkeit, ist zu einem regionsweiten Widerstand geworden.[916] Streng genommen muss man noch ein kleines Stück weiter zurückgehen, um zum Beginn der kaukasischen Unabhängigkeitsbestrebungen zu gelangen. Denn das Kaukasus-Emirat ist im Wesentlichen ein Nachfolge-„Staat" der „Tschetschenischen Republik Itschkeria"[917], welche bereits im Jahr 1991 ausgerufen wurde.

915 Doku Chamatowitsch Uwarow, geboren am 13. April 1964 in Charsenoi (damalige Sowjetunion) und gestorben am 7. September 2013, war ein islamischer tschetschenischer Separatistenführer. Er kämpfte bereits in beiden Tschetschenienkriegen gegen Russland. Umarow proklamierte das Kaukasus-Emirat und setzte sich selbst an die Spitze des Emirats. Umarow wird für die Tötung hunderter russischer Soldaten und Zivilisten verantwortlich gemacht, http://www.aktuell.ru/russland/menschen/kurzbiographie/doku_umarow_172.html; http://ria.ru/spravka/20071031/86077954.html; http://chechenpress.info/events/2007/12/24/01.shtml; http://www.chechenpress.co.uk/english/news/2006/06/23/01.shtml.

916 Halbach/Logvinov, in: SWP-Studien 2012, S. 1.

917 Die Tschetschenische Republik Itschkeria ist eine 1991 ausgerufene, international jedoch nicht anerkannte Republik innerhalb der RF. Obwohl die Republik Itschkeria mit der Gründung des Kaukasus-Emirats als aufgelöst galt, führten einige ihrer Anhänger, die mit der ideologischen Ausrichtung des Kaukasus-Emirats nicht einverstanden waren, den Namen im Rahmen ihrer Exilbewegung fort, Rezvani, S. 238; Schlage, S. 76.

I. Die „Tschetschenische Republik Itschkeria“[918]

Kurz vor dem offiziellen Ende der Sowjetunion am 21. Dezember 1991, als bereits abzusehen war, dass die Union der Sozialistischen Sowjetrepubliken keine Zukunft mehr haben würde, erklärte der damalige Präsident der ASSR Tschetschenien, Dschohar Dudajew[919], am 1. November 1991 seine Republik für unabhängig und rief die „Tschetschenische Republik Itschkeria“ aus. Diese wurde allerdings, wie bereits zuvor geschildert, weder von dem damals noch amtierenden sowjetischen Präsidenten Michail Gorbatschow noch von seinem Nachfolger, dem russischen Präsidenten Boris Jelzin, als unabhängiger Staat anerkannt. Auch international erfuhr die Unabhängigkeit der Republik Itschkeria keine Anerkennung. Die einzigen Ausnahmen bildeten dabei Georgien, allerdings nur unter Präsident Swiad Gamsachurdia[920] in der Zeit von 1991 bis 1992, und das „Islamische Emirat Afghanistan“[921], wobei dessen Taliban-Regierung wiederum nicht von Itschkeria anerkannt wurde.[922]

918 Siehe Fußnote zuvor.

919 Dschohar Dudajew, geboren am 15. Februar 1944 in Perwomaiskoje (damalige Tschetschenisch-Inguschetische ASSR) und gestorben am 21. April 1996, diente bis zu dem Zerfall der Sowjetunion als sowjetischer Offizier. Danach schloss er sich dem tschetschenischen Widerstand an und erklärte schließlich 1991 die Republik Tschetschenien als „Tschetschenische Republik Itschkeria“ für unabhängig, Grobe-Hagel, S. 206–208; Eintrag „Dudajew, Dschochar“ in Munzinger Online/Personen – Internationales Biographisches Archiv, URL: http://www.munzinger.de/document/00000021275; Scholl-Latour, S. 240 f.

920 Swiad Gamsachurdia, geboren am 31. März 1939 in Tiflis (Georgien) und gestorben am 31. Dezember 1993, war ein georgischer Politiker. Bereits zu Zeiten der Sowjetunion strebte er einen Austritt Georgiens aus der Sowjetunion an. Im Mai 1991 wurde Gamsachurdia zum Präsidenten Georgiens gewählt. Im Dezember 1993 kam er durch bisher ungeklärte Umstände während eines Umsturzversuches ums Leben, https://web.archive.org/web/20071217141117/http://www.geocities.com/z_g.geo/z_g.html; https://web.archive.org/web/20030129025906/http://rustaveli.tripod.com/gelati/spiritualmission.html; https://old.civil.ge/eng/article.php?id=6320; Gamsachurdia, m. w. N.; Nodia, in: Coppiters (Hrsg.), S. 73–89.

921 Die Regierung der Taliban rief im Oktober 1997 das „Islamische Emirat Afghanistan“ aus. Zum Staatsoberhaupt bestimmte sich Muhammad Omar. Internationale Beziehungen wurden jedoch so gut wie nicht aufgenommen, lediglich mit Saudi-Arabien, Pakistan und den Vereinigten Arabischen Emiraten bestand eine diplomatische Beziehung. Im Dezember stürzten das US-Militär sowie afghanischen Oppositionsgruppen die Taliban, so dass sich das Emirat auflöste, Ewans, S. 196.

922 Halbach, in: BIOst 1998 Nr. 49, S. 1.

Nach dem Ende des Ersten Tschetschenienkrieges 1996 unterzeichnete die RF einen Friedensvertrag, in welchem zwar nicht die Eigenstaatlichkeit Tschetscheniens bestätigt wurde, jedoch die Rebellen als Vertragspartner anerkannt wurden, da es an legitimierten Parteien für Friedensverhandlungen mangelte.

Es entbrannte ein Machtkampf innerhalb der Republik zwischen dem gewählten Präsidenten Aslan Maschadow,[923] der einen säkularen Nationalismus repräsentierte, und radikalen Feldkommandeuren wie Schamil Bassajew[924], welche sich mit islamistischen Kampftiraden zu profilieren versuchten und ihren Aktionsradius über die Grenzen von Tschetschenien hinaus auf Nachbarrepubliken wie Dagestan ausdehnten.[925]

Der bereits angesprochene[926] Überfall des Feldkommandeurs Schamil Bassajew auf Dagestan beendete jedoch den Waffenstillstand vom 12. Mai 1997 abrupt und mit dem Einmarsch russischer Truppen am 1. Oktober 1999 endete de facto die Anerkennung der Regierung der Rebellen als Vertragspartei. Zwar hielten noch einige Rebellen in Tschetschenien eine Zeit lang an der Begrifflichkeit „Republik Itschkeria"[927] fest und auch die Machtkämpfe im Untergrund setzten sich fort.[928] Dies änderte sich aber, als der Nachfolger des im März 2005 getöteten Maschadow, Scheich Abdul Halim Sadulajew[929], bei einer Operation des

923 Siehe auch Ausführungen unter Teil 2.A.III.1.

924 Schamil Salmanowitsch Bassajew, geboren am 14. Januar 1965 in Dyschne-Wedeno (Republik Tschetschenien) und gestorben am 10. Juli bei Ekaschwo (Republik Inguschetien), war ein islamistischer Widerstandskämpfer und Terrorist, der sich für zahlreiche Anschläge und Überfälle verantwortlich zeichnete. Nachdem er in beiden Tschetschenien-Kriegen tschetschenische Rebellen gegen die russische Armee angeführt hatte, galt er danach bis zu seinem Tod als einer der meistgesuchten Verbrecher in Russland. Bassajew gilt als Drahtzieher des Anschlags auf das Moskauer Dubrowka-Theater im Jahre 2002, des tödlichen Attentats auf den damaligen tschetschenischen Präsidenten Achmat Kadyrow im Jahre 2004 sowie der Geiselnahme von Beslan, ebenfalls im Jahre 2004, Quiring, in: Die Welt Online vom 06.09.2004; http://web.stanford.edu/group/mappingmilitants/cgi-bin/groups/view/397; http://eng.kavkaz.memo.ru/persontext/engperson/id/558638.html; https://www.rferl.org/a/1069740.html; https://www.wsws.org/de/articles/1999/08/dage-a19.html.

925 Siehe Ausführungen unter Teil 2.A.V.

926 Siehe Ausführungen unter Teil 2.A.V.

927 „Itschkerien" ist ein Synonym zu der Bezeichnung der Republik als „Tschetschenien" und geht auf den turksprachigen Namen „Itsch-Geri" zurück, v. Erckert, S. 130–132.

928 Koslatschkow, in: Wostok Nr. 6 1998, S. 23.

929 Abdul Halim Sadulajew, geboren 1967 in Argun (Republik Tschetschenien) und dort auch am 17. Juni 2006 gestorben, war ein tschetschenischer Untergrundführer und Widerstandskämpfer, der im Ersten Tschetschenienkrieg als Feldkommandeur

russischen Militärs am 17. Juni 2006 getötet wurde. Der Untergrundpräsident Sadulajew hatte bereits seit 2005 begonnen, eine Kaukasus-Front im Untergrund zu bilden und damit den Kampf über die Grenzen Tschetscheniens hinaus in den gesamten Nordkaukasus zu tragen. Der als Nachfolger von Sadulajew geltende Doku Umarow hatte noch weiterreichende eigene Pläne und seit seiner Proklamation eines Kaukasus-Emirats[930] wird der Begriff „Tschetschenische Republik Itschkeria" kaum noch verwendet, da das Emirat sich auf den gesamten Nordkaukasus und sogar darüber hinaus beziehen soll.[931]

II. Das Kaukasus-Emirat als Nachfolger der Republik Itschkeria

1. Entstehungsgeschichte des Emirats

Als prägende Kraft im Kampf der nordkaukasischen Völker gegen die russischen Truppen kam dem Islam schon immer eine exponierte Stellung zu. Im Ersten Tschetschenienkrieg[932] diente er als Mobilisierungsfaktor für den Kampf um einen unabhängigen Staat. Ganz entscheidend war dabei die Instrumentalisierung des Islam durch die Protagonisten des Konfliktes.[933] Der damalige Präsident Dudajew nutzte den Islam für eine nationale Kampagne der Mobilmachung. Schamil Bassajew, eine weitere Leitfigur der Rebellengruppe, die nach Unabhängigkeit strebte, setzte sich vehement für eine islamische Agenda ein.[934] Somit gelang es den beiden, zwei wichtige Faktoren zu vereinen, die der Bevölkerung den Mut und Willen geben sollten, sich gegen die russische Armee aufzulehnen: Nationalgefühl, hervorgerufen durch nationalistische Propaganda, und die islamistische Werteordnung. Den Nationalisten und den Islamisten gelang damit ein Schulterschluss im Ersten Tschetschenienkrieg, welcher sich im Zweiten Tschetschenienkrieg nicht wiederholen sollte.[935] Denn in der Zwischenkriegszeit entfachte der eben bereits angesprochene Machtkampf zwischen dem tschetschenischen Nationalisten und Präsidenten Maschadow und Bassajew

---

gegen die russische Armee gekämpft hat. Nach dem Tod Maschadows übernahm Sadulajew die oberste Führung der noch existierenden tschetschenischen Rebellengruppen, http://news.bbc.co.uk/2/hi/europe/4336445.stm; https://www.theguardian.com/world/2006/jun/19/chechnya.nickpatonwalsh.

930 Siehe Ausführungen unter Teil 2.B.I. und Teil 2.B.II.

931 Halbach/Logvinov, in: SWP-Studien 2012, S. 2.

932 Siehe Ausführungen unter Teil 2.A.III.

933 Siehe Ausführungen unter Teil 2.A.III.

934 Halbach, in: BIOst 1998 Nr. 49, S. 3–4.

935 Logvinov, in: KAS Auslandsinformationen 2012, S. 88.

sowie seinen arabischen Gefährten, die einen salafistischen Staat anstrebten. In diesem zähen Ringen um die ideologische Ausrichtung der Unabhängigkeitsbestrebungen ging der dschihadistisch-salafistische Flügel um Bassajew als Sieger hervor, was zur Folge hatte, dass die Nationalisten um Maschadow zunehmend isoliert wurden.[936]

Eine Verfassungsänderung aus dem Jahr 2002 beinhaltete schließlich, dass Tschetschenien zu einem islamischen Staat erklärt wurde, in dem die Gesetzgebung vom Koran und der Sunna abgeleitet werden sollte. Im Rahmen der Verfassungsänderung hegten die Islamisten die Hoffnung auf einen Friedensvertrag mit Russland, weshalb sie die politische Ordnung unter Präsident Maschadow offiziell noch akzeptierten. Die im Frühjahr 2005 von Sadulajew ins Leben gerufene „Kaukasus-Front"[937] diente als Vorstufe für die Verwirklichung ihres Ziels, nämlich die Gründung eines eigenen Islam-Staates. Allerdings erkannten die Salafisten, dass die Ausrufung eines Emirats als eigenständiges Staatsgebilde noch nicht umsetzbar war.[938]

2. *Proklamation des Emirats*

Die größte interne Problematik, mit der die „Kaukasische Front"[939] ab dem Jahr 2005 zu kämpfen hatte, war weiterhin die Frage, ob der Kampf gegen Russland ein „Heiliger Krieg (Dschihad)" sein sollte oder nicht. Vertreter des Nationalismus bemängelten schon länger, dass der Auseinandersetzung mit Moskau die religiöse Grundlage fehle und der Unterschied zu dem „Dschihad" unter Scheich Mansur[940] im 19. Jahrhundert sei, dass nun das tschetschenische Volk nicht mehr von der Vernichtung durch Russland bedroht sei. Man stand innerhalb der „Kaukasischen Front" also vor der Wahl, den „Dschihad" einzustellen oder dessen Ziele neu zu definieren und in der Bevölkerung zu verbreiten. Begleitet wurde diese ideologische Neuausrichtung der Unabhängigkeitskämpfer durch weitere theologische Grundsatzdebatten, die sich hauptsächlich um die Frage drehten, ob zuerst ein eigener Staat ausgerufen werden sollte und danach das islamische Recht eingeführt werden sollte oder umgekehrt.[941]

---

936 Logvinov, in: KAS Auslandsinformationen 2012, S. 88–89.

937 Sadulajew gründete diese Gruppe bestehend aus lokalen und regionalen Sektoren, um bereits die Grundstrukturen für die von ihm avisierte Gründung eines eigenen Staates zu schaffen, Halbach/Logvinov, in: SWP Studien 2012, S. 2.

938 Logvinov, in: KAS Auslandsinformationen 2012, S. 89.

939 Auch „Kaukasus-Front" genannt, siehe dazu Fußnote zuvor.

940 Zu Scheich Mansur siehe Ausführungen unter Teil 2.A.II.1.

941 Logvinov, in: KAS Auslandsinformationen 2012, S. 89.

In der Folge setzte sich in allen streitigen Fragen der militante Flügel durch, der sich für den „Dschihad" einsetzte. Den Anhängern gelang es, den Untergrund der Aufständischen neu zu formieren und vor allem die jüngeren Generationen von Muslimen zu überzeugen, dass nun der richtige Zeitpunkt gekommen sei, sich gegenüber Moskau mit Waffengewalt zu erwehren.[942]

Gegen Ende des Jahres 2007 veröffentlichte die Internetpräsenz der Untergrundkämpfer einen Artikel, in dem das Prozedere für die Ausrufung des Emirats geschildert wurde.[943] Ideologische Richtlinien wurden hervorgehoben und die Ablehnung des auf Volkssouveränität basierenden Regierungssystems als bisher größte Errungenschaft der Bewegung dargestellt. Denn die einzige Quelle der Macht sei Allah und nicht das Volk. Ferner wurde dem Feldkommandeur Umarow in dem Artikel nahegelegt, das Emirat ohne vorherige Abstimmung mit anderen Kommandeuren auszurufen, da eine Abstimmung ein Ausfluss von Volkssouveränität sei und damit nicht mit der einzigen Machtquelle Allahs vereinbar sei.[944]

In der kurz darauf veröffentlichten „Offiziellen Erklärung über die Ausrufung des Kaukasus-Emirats"[945], in welcher der kaukasische Untergrund das „Kaukasus-Emirat"[946] offiziell proklamierte, wurde die radikale Orientierung des Emirats noch deutlicher. Umarow äußerte sich in der Erklärung dahingehend, dass er alles ablehne, was mit dem „Taghut" (Götzendienst) in Verbindung stehe. Dazu zählte er alle Gesetze und politischen Systeme im Nordkaukasus, die nicht auf den Islam zurückgehen. Auch stufte Umarow alle Nicht-Muslime als Ungläubige ein und forderte deren vollständige Vernichtung.[947] Sicherheitsbehörden, Regionalbeamte und russische Soldaten im Nordkaukasus sollten dabei nach seiner Sichtweise oberste Priorität haben.[948]

---

942 Logvinov, in: KAS Auslandsinformationen 2012, S. 89–90.

943 Im Originaltext wurde klargestellt, dass Allah die einzige Quelle der Macht sein soll: „Menschenrechte, internationales Recht, Referendum, Meinungs- und Religionsfreiheit, Volkswille – alle diese mit unserer Religion unvereinbaren Begriffe haben mit den kaukasischen Mudschaheddin nichts zu tun.", http://kavkazcenter.com/russ/content/2007/11/20/54479.shtml; Logvinov, in: KAS Auslandsinformationen 2012, S. 90.

944 Halbach/Logvinov, in: SWP-Studien 2012, S. 2.

945 Logvinov, in: KAS Auslandsinformationen 2012, S. 90.

946 Siehe Ausführungen unter Teil 2.B.II.1.

947 So heißt es im Koran u. a. unter Sure 8, 39: „Kämpft gegen die Ungläubigen, bis es keine Verfolgung mehr gibt und der Glaube an Allah vorherrscht."

948 Logvinov, in: KAS Auslandsinformationen 2012, S. 90.

Umarow beansprucht insgesamt sechs „vilayet“[949] (Regionalgebilde) für das Kaukasus-Emirat: Dagestan, Tschetschenien/Itschkeria, Inguschetien, Region Stawropol, Ossetien sowie Kabardino-Balkarien/Karatschai-Tscherkessien. Weitere „vilayet“[950] sollen in der Türkei und in weiteren muslimisch geprägten Ländern entstehen. Zur Hauptstadt dieses Regionalgebildes wurde Dschochar ausgewählt; so nennen die Rebellen die tschetschenische Hauptstadt Grosny. Dschochar ist der Vorname des ersten tschetschenischen Präsidenten Dudajew, ein ehemaliger sowjetischer Luftwaffengeneral, der im Ersten Tschetschenienkrieg von einer russischen Fernlenkrakete getötet wurde, als er gerade in seinem Auto über Satellitentelefon sprach.[951]

3. *Doku Umarow[952] als „Emir des Nordkaukasus“*

Doku Umarow bezeichnet sich selbst als „Emir“[953] des Kaukasus-Emirats.[954] Er wurde 1964 im Rayon Schatoi in den tschetschenischen Bergen geboren und bereits im Ersten Tschetschenienkrieg als Feldkommandeur der Rebellen bekannt.[955] Er diente in dem tschetschenischen Spezialregiment „Bors“ (Wolf), das von Ruslan Gelajew[956] befehligt wurde, einem der damals bekanntesten tschetschenischen Militärführer. Gelajew fiel im Winter 2004 bei Gefechten mit der russischen Armee in Dagestan. Nach dem Ersten Tschetschenienkrieg wurde Umarow zum Brigadegeneral ernannt, ferner machte ihn der damalige tschetschenische Präsident Maschadow im Jahr 1997 zum Sekretär des tschetschenischen Sicherheitsrates.[957] Aufgrund der bereits angesprochenen

---

949 Die Bezeichnung „vilayet“ stammt ursprünglich aus der osmanischen Sprache und bezeichnet eine Großprovinz des Osmanischen Reiches ab 1864, Adanir, S. 2.

950 Siehe Fußnote zuvor.

951 Quiring, Pulverfass Kaukasus, S. 106.

952 Siehe auch Ausführungen unter Teil 2.B. und Teil 2.B.I.

953 „Emir“ bedeutet so viel wie „Fürst“, „Stammesfürst“ oder auch „Gouverneur“, https://de.wiktionary.org/wiki/Emir; Peters, Crime and Punishment in Islamic Law, S. 120–125.

954 Ludwig, in: FAZ. NET vom 03.04.2010.

955 Mauder, in: Frankfurter Rundschau Online vom 01.04.2010.

956 Ruslan Gelajew, geboren am 16. April 1964 und gestorben am 28. Februar 2004, war ein tschetschenischer Widerstandskämpfer und kämpfte in beiden Tschetschenienkriegen gegen die russischen Truppen. Auch in der Folgezeit führte er weiter tschetschenische Rebellen im Untergrund an und setzte den Kampf gegen Russland fort, https://www.rferl.org/a/1053527.html; http://www.watchdog.cz/?show=000000-000005-000004-000158&lang=1.

957 Pfohl, in: Stern Online vom 31.03.2010, Die Bombe Umarow tickt.

Machtkämpfe innerhalb der tschetschenischen Rebellen verlor er diesen Posten aber nach kurzer Zeit wieder. Im Zweiten Tschetschenienkrieg[958] befehligte Umarow eine Abteilung von Rebellen, die ebenfalls wieder dem Kommando von Gelajew unterstand. Vermutlich während der Gefechte um Grosny, als die Rebellen den Belagerungsring der russischen Armee um die Stadt durchbrachen, wurde Umarow schwer verwundet und unter angeblich falschem Namen in einem russischen Lazarett behandelt.[959] Im Jahr 2002 stieg er zum Befehlshaber der westlichen Front der tschetschenischen Streitkräfte und zum Direktor des Ministeriums für Staatssicherheit in Tschetschenien auf.[960] All dies geschah selbstverständlich im Untergrund, da zu diesem Zeitpunkt sich die Republik Tschetschenien bereits weitgehend unter der Kontrolle des russischen Militärs befand.[961]

Nach dem Tod von Aslan Maschadow im Frühjahr 2005[962] rückte Abdul Salim Sadulajew in das Amt des Präsidenten nach und erklärte Umarow zu seinem Stellvertreter. Ein Jahr später kam Sadulajew zu Tode und Umarow schwang sich zum Präsidenten auf, vollzog aber nur wenige Monate später die vollständige Wende, ernannte sich zum „Emir aller Mudschaheddin (Gotteskrieger) des Kaukasus“ und rief das kaukasische Emirat aus.[963] Dieser Akt spaltete, wie bereits geschildert, den tschetschenischen Widerstand vollends.[964]

Umarow wurde bereits mehrfach für tot erklärt, allerdings meldete er sich jedes Mal kurz danach per Videobotschaft zurück. Umarow gilt als Drahtzieher für zahlreiche Terroranschläge innerhalb Russlands. So bekannte er sich zu dem Anschlag auf die Moskauer Metro im Jahr 2010[965] mit über 40 Toten sowie zu dem Bombenattentat auf den Moskauer Flughafen Domodedowo im Jahr 2011 mit 38 Toten.[966]

---

958 Siehe Ausführungen unter Teil 2.A.VI.

959 http://www.aktuell.ru/russland/menschen/kurzbiographie/doku_umarow_172.html; https://web.archive.org/web/20060707092252/; http://www.chechenpress.co.uk/english/news/2006/06/23/01.shtml.

960 https://www.profil.at/ausland/wolgograd-terror-russland-the-making-doku-umarow-371224.

961 Quiring, Pulverfass Kaukasus, S. 106–107.

962 https://www.dw.com/de/tschetschenenführer-maschadow-getötet/a-1512524.

963 http://iyfnzgb.com/?pid=9PO1H9V71&dn=chechenpress.info.

964 Quiring, Pulverfass Kaukasus, S. 107.

965 http://www.spiegel.de/politik/ausland/videobotschaft-tschetschenischer-rebellenchef-bekennt-sich-zu-anschlaegen-in-moskau-a-686803.html.

966 http://www.handelsblatt.com vom 29.03.2011: Russische Spezialkräfte töten Top-Terroristen.

Umarow lebt vermutlich im Untergrund in den tschetschenischen und dagestanischen Gebirgswäldern. Unklar ist auch die Zahl der Kämpfer, die er noch um sich hat. Experten gehen dabei von bis zu 500 gut ausgebildeten und schwer bewaffneten Kriegern aus.[967]

4. *Ideologische Ausrichtung des Emirats und ein erneuter Interessenkonflikt zwischen Nationalisten und Islamisten*

In der Zeit von August 2010 bis Juli 2011 kam es erneut zu einem Aufkeimen der Machtkämpfe innerhalb der Untergrundbewegung. Anlass war eine Videobotschaft Umarows am 1. August 2010, in der er seinen Rücktritt als Emir ankündigte. Designierter Nachfolger sollte Aslanbek Wadalow[968] werden.[969] Kurze Zeit später wurde die Rücktrittsankündigung wieder zurückgenommen. Es wurde vermutet, dass der Grund darin liegen könnte, dass Umarows Nachfolger Wadalow keine Unterstützung bei den transnational orientierten Dschihadisten fand.[970] Auch soll die Machtübergabe an Wadalow nach Scharia-Maßgaben fehlerhaft gewesen sein. Wadalow pochte jedoch zunächst auf seinen Führungsanspruch, bis die Angelegenheit vor einem Scharia-Gericht des Emirats zugunsten Umarows geklärt wurde.[971] Internationale Beobachter vermuteten hinter dem Disput neuerliche strategische und ideologische Differenzen zwischen Islamisten und tschetschenischen Nationalisten.[972]

Ferner scheint auch die Person Umarows zunehmend umstritten zu sein. Die anderen Feldkommandeure aus dem Lager der Nationalisten bezeichneten seinen Führungsstil als autoritär und wenig konsultativ. Zudem waren viele Kämpfer nicht mit der Aushebelung der traditionellen Konsultationsgremien (sog. „Medschlis“[973]) einverstanden, in denen jeder Anführer noch seine Meinung

967 Mauder, in: Frankfurter Rundschau Online vom 01.04.2010.

968 Singhofen, in: Jahrbuch Terrorismus 2011/2012, S. 237 f.; https://deutsch.rt.com/der-nahe-osten/39284-kadyrow-ruft-ankara-auf-in/.

969 Scholz, in: Wiener Zeitung Online vom 02.08.2010.

970 Singhofen, in: Jahrbuch Terrorismus 2011/2012, S. 237 f.; Logvinov, in: KAS Auslandsinformationen 2012, S. 92; Halbach/Logvinov, in: BIOst 2012, S. 3.

971 Singhofen, in: Jahrbuch Terrorismus 2011/2012, S. 237 f.; Logvinov, in: KAS Auslandsinformationen 2012, S. 92; Halbach/Logvinov, in: BIOst 2012, S. 3.

972 Halbach/Logvinov, in: BIOst 2012, S. 3.

973 Als „Medschlis“ wurden ursprünglich die zentralen Exekutivkörperschaften der Krimtartaren bezeichnet. Diese traditionellen Gremien setzten ihre Tätigkeit im Kaukasus bis ins Jahr 2016 fort, bis sie innerhalb der RF als „extremistische Organisationen“ verboten wurden, http://tass.ru/en/politics/872453; http://qtmm.org/en; https://www.gfbv.de/de/news/diskriminierung-von-krimtatarischen-politikern-7730/.

kundtun durfte und Emire sogar abgewählt werden durften. Umarow hatte auch diese mit dem Hinweis abgeschafft, dass demokratische Strukturen nicht dem Willen Allahs[974] entsprächen. Aber auch die Nationalisten stellen den Kampf für die Religion Allahs als Kampf für die Unabhängigkeit des gesamten Nordkaukasus nicht in Frage, sie weigern sich jedoch zunehmend, sich dem Emirat unterzuordnen, solange es von Doku Umarow geführt wird. Dagegen stehen die ausländischen Islamisten, die immer mehr in den Kaukasus strömen, sowie die jüngeren Kaukasier mehrheitlich hinter Umarow.[975]

Aus zahlreichen Internetauftritten oder Foren[976] lässt sich ein ziemlich exaktes Bild entnehmen, an welche Ideologie sich das Emirat anlehnt. So lassen sich in transnationalen Dschihad-Internetpräsenzen Video-Botschaften von nordkaukasischen Kämpfern finden, die stets ihrem Emir die volle Unterstützung für einen islamischen Staat im Nordkaukasus aussprechen. In den gleichen Foren werden auch regelmäßig Pressemitteilungen[977] oder Kampfberichte aus dem Krisengebiet veröffentlicht. Zudem stellen die Dschihadisten die Meldungen gezielt in russischer Sprache ins Netz, um ihren potenziellen Hauptgegner wissen zu lassen, dass der Kampf um Unabhängigkeit weitergeht.[978]

In der internationalen Dschihad-Bewegung nehmen der Nordkaukasus und speziell Tschetschenien und Dagestan einen besonderen Platz ein.[979] Der

---

974 So heißt es im Koran u. a. unter Sure 3, 110: „Ihr seid die beste Gemeinschaft, die für die Menschen geschaffen wurde. Ihr gebietet, was Recht ist, und ihr verbietet, was Unrecht ist, und ihr glaubt an Allah.“

975 Logvinov, in: KAS Auslandsinformationen 2012, S. 92.

976 Die Stanford University berichtet auf ihrer Homepage „Mapping Militant Organizations“ regelmäßig über Aktivitäten von internationalen Terror- und Widerstandsgruppen, so auch über das Kaukasus-Emirat, http://web.stanford.edu/group/mappingmilitants/cgi-bin/groups/view/255; auch berichten russische Informationsportale über die Aktivitäten von Rebellen und Terroristen im Nordkaukasus; http://voiceofrussia.com/news/2014_04_08/Activities-of-Caucaus-emirate-terrorist-leader-Doku-Umarov-neutralized-FSB-; https://web.archive.org/web/20080804141054/http://www.chechenpress.co.uk/english/news/2007/10/31/05.shtml.

977 Auch hierüber berichten sodann wieder russische und mitunter auch internationale Informationsportale, http://rt.com/news/russia-volgograd-trolley-blast-957/>; http://www.rferl.org/content/balkar_kabardian_insurgent_leaders_reported_killed/; es darf jedoch nicht unerwähnt bleiben, dass insbesondere russische Quellen teilweise zu Übertreibungen neigen, um die Abneigung gegen die Separatisten und Terroristen im Nordkaukasus innerhalb der russischen Bevölkerung und auch bei internationalen Beobachtern zu schüren.

978 Logvinov, in: KAS Auslandsinformationen 2012, S. 92–93.

979 Singhofen, in: Jahrbuch Terrorismus 2011/2012, S. 237 f.

Kaukasus gilt als Teil der vordersten Front des Dschihad, der von den radikalen Islamisten zu „einer der zentralen Säulen des Islam" erklärt wurde. Russland gilt als einer der Hauptgegner, da es sich dem Streben der Islamisten im Nordkaukasus nach einem Gottesstaat in den Weg stellt. Daher ruft die internationale Dschihad-Allianz immer wieder dazu auf, sich auf die Seite der Kämpfenden zu stellen und diese im Kampf zu unterstützen, um „die Ungläubigen in einen Krieg zu zwingen und zu bestrafen".[980] Nach Umarow gelten neben Russland auch die USA und die EU als Feinde des Islam. Diese Sichtweise führt innerhalb der Islamistengruppierung immer wieder zu Diskussionen. Einige Kommandeure sehen in dem Krieg gegen den Rest der Welt keinen Sinn und wollen sich lieber auf den „nahen Feind"[981], nämlich Russland, konzentrieren.[982]

Entscheidend für die erfolgreiche Verbreitung und Implementierung der Trägerideologie des Emirats ist nicht zuletzt die aktive Einbindung der muslimischen Jugend in der Region. Sie spielt in der Neuausrichtung des bewaffneten Konfliktes – weg vom von Nationalgefühl geprägten Widerstand gegen russische Besatzer – eine bedeutende Rolle. Die jungen Kaukasier stellen eine neue Generation dar, die noch nicht vom jahrelangen Abwehrkampf gegen vermeintliche russische Invasoren geprägt wurde und damit ideell und kulturell keinerlei Verbindungen mehr zur früheren Sowjetunion hat.[983] Für sie steht der Islam an oberster Stelle und sie sind bereit, die Religion als Ideologie für das Streben nach einem eigenen (Islam-)Staat zu akzeptieren.[984] Etwa ein Fünftel aller in Dagestan lebenden Jugendlichen zählen sich selbst zu den Salafisten und sprechen sich für die Einführung der Scharia aus.[985]

Als historische Vorbilder für das zu etablierende pankaukasische Gebilde mit religiöser Identität dienen hierbei die islamischen Imamate bzw. Emirate[986], welche unter Scheich Mansur im 18. Jahrhundert, unter Imam Schamil[987] zwischen

---

980 Musharbash, in: Spiegel Online vom 29.03.2010.

981 Diese Formulierung ist geographisch zu betrachten. Manche Kämpfer sind trotz islamistischer Gesinnung immer noch auf den Unabhängigkeitskrieg gegen Russland fokussiert. Insofern vertreten diese die Auffassung, sich zunächst aufgrund der räumlichen Nähe und der angestrebten Unabhängigkeit auf Russland zu konzentrieren, bevor ein Konflikt mit den übrigen Weltmächten provoziert wird.

982 Halbach/Logvinov, in: BIOst 2012, S. 3.

983 Quiring, Pulverfass Kaukasus, S. 109.

984 Singhofen, in: Jahrbuch Terrorismus 2011/2012, S. 237 f.

985 Logvinov, in: KAS Auslandsinformationen 2012, S. 94.

986 So werden die islamischen Herrschaftsbereiche eines Emirs bezeichnet. Emirate bzw. Imamate sind in weltlicher Anschauung vergleichbar mit Provinzen.

987 Siehe Ausführungen unter Teil 2.A.II.1.

1832 und 1859 sowie unter Scheich Kunta Hadschi[988] in den Jahren 1919 und 1920 im Nordkaukasus existiert haben.[989] Die Historie des nordkaukasischen Dschihad gegen den russischen Feind, sei es in Gestalt des Zarenreiches oder der Sowjetunion, gilt den Ideologen des Kaukasus-Emirats als kulturelles Vorbild, während der Islam als dominanter Mobilisierungsmechanismus dient.[990] Das von Umarow aufgegriffene islamistische Prinzip lautet dabei: „Es gibt keine Religionsvielfalt, es gibt nur zwei Religionen – den Islam und das Heidentum. Ebenso gibt es keine Vielfalt von Staatsformen, sondern lediglich zwei Typen – ein auf der Gottesmacht beruhender Staat und ein Staat, der auf der Macht des ‚Taghut‘ (also alles was außer/neben Allah angebetet wird; gleichzusetzen mit Götzenanbetung) basiert.“[991]

III. Verbindung mit dem internationalen „Dschihad“ und die daraus resultierende Gefahr für die internationale Staatengemeinschaft

Die verschiedenen Webseiten des Kaukasus-Emirats verbreiten, teilweise auch in englischer Sprache,[992] Propaganda-Nachrichten der globalen Dschihad-Bewegung.[993] Die Schilderung der dschihadistischen Aktivitäten beschränkt sich nicht auf eine Berichterstattung aus dem Kaukasus, sondern greift Ereignisse aus der gesamten islamischen Welt auf. Auch griffen führende Al-Qaida-Akteure den zum Dschihad deklarierten Widerstand in Tschetschenien auf, um Krieger auf der ganzen Welt zu mobilisieren. So rief Ayman al-Zawahiri[994],

988 Kunta Haddschi Kischijew; genannt Kunta Hadschi, wurde ca. 1830 in Tschetschenien geboren und starb im Mai 1867. Er wurde dadurch bekannt, dass er während des Kaukasuskrieges (1817–1864) für Frieden zwischen den Kaukasusvölkern und Russland eintrat. Seine von ihm ins Leben gerufene sufische Bewegung innerhalb des Islam gilt noch heute als ein Vorbild für gewaltlose Strömungen im Islam; Gammer, S. 74–78, S. 81; https://www.thenation.com/article/islams-nonviolent-tradition/.

989 Siehe auch Ausführungen unter Teil 2.A.II.1.

990 Logvinov, in: KAS Auslandsinformationen 2012, S. 94–95.

991 Logvinov, in: KAS Auslandsinformationen 2012, S. 95.

992 Vgl. etwa https://www.rferl.org/a/1079060.html; https://www.rferl.org/a/north-caucasus-insurgency-selects-new-leader/27043027.html; https://web.archive.org/web/20080804141054/; http://www.chechenpress.co.uk/english/news/2007/10/31/05.shtml.

993 Siehe auch Ausführungen unter Teil 2.B.II.4.

994 Ayman al-Zawahiri, geboren am 19. Juni 1951 in Maadi (Ägypten), ist seit dem Tod von Osama bin Laden im Mai 2011 als neuer Führer des Terrornetzwerkes Al-Qaida einer der meistgesuchten internationalen Terroristen. Bisher gelang es nicht, ihn zu

später Nachfolger von Osama bin Laden[995] an der Spitze von Al-Qaida, bereits im Jahr 2001 unter dem Titel „Ritter unter dem Banner des Propheten“[996] die Mudschahedin dazu auf, Afghanistan und Tschetschenien „als das wahre Kapital des Islam“ zu verteidigen.[997]

Wie stark die Vernetzung von Umarow und seinen Gefolgsleuten mit dem internationalen Terrorismus tatsächlich ist, lässt sich nur schwer einschätzen. Einige Experten wie Mamuka Areschidse glauben, dass das Emirat eine durchaus ernstzunehmende Organisation ist, die in ihren Möglichkeiten noch weiter wachsen wird.[998] Die Historikerin Irina Babitsch[999] dagegen ist der Ansicht, dass die radikalen Muslime in aller Welt dieses kaukasische Emirat sicherlich gerne hätten, aber die Pläne würden oft nur in ihren Köpfen existieren. Auch gäbe es im Nordkaukasus mit Sicherheit enge Strukturen und sogar Netzwerke, die bis ins Ausland reichen würden, diese seien aber eher informell und würden weitgehend nur über das Internet und nicht über direkten Kontakt aufrechterhalten. Sie glaubt, dass die schlimmsten Zeiten, wie sie Russland in den 90er Jahren des vergangenen Jahrhunderts und nach dem Jahr 2000 erlebt habe, vorläufig vorbei seien. Ein Hauptgrund dafür sei nach ihrer Meinung, dass in den letzten Jahren die meisten Anführer des islamischen Widerstands durch russische Sicherheitsorgane ins Ausland gezwungen worden seien und diese daher nicht mehr entscheidend im Nordkaukasus eingreifen könnten.[1000]

Außer Frage steht jedoch die Tatsache, dass der kaukasische Untergrund in den vergangenen Jahren immer in der Lage war, sich des Drucks durch russische

fassen. Sein derzeitiger Aufenthaltsort ist trotz einer ausgesetzten Belohnung von 25 Millionen US-Dollar unbekannt, https://rewardsforjustice.net/german/ayman_zawahiri.html; https://www.liveleak.com/view?i=dc3_1181469312; https://www.webcitation.org/62I0kqNH3?url=http://latimesblogs.latimes.com/world_now/2011/10/iraq-us-al-qaeda-reward.html.

995 Osama bin Laden, geboren vermutlich 1957/1958 in Riad (Saudi-Arabien) und gestorben am 2. Mai 2011 in Abbottabad (Pakistan), war bis zu seiner Erschießung der meistgesuchte Terrorist der Welt. Er war Anführer des international operierenden Terrornetzwerkes Al-Qaida, https://www.fbi.gov/news/stories/2011/may/binladen_050211/binladen_050211; https://www.defense.gov/news/d20080509Mohammed.pdf; http://news.bbc.co.uk/2/hi/americas/4511943.stm.

996 al-Zawahiri, in Kepel/Milleli (Hrsg.), S. 352–368.

997 Halbach/Logvinov, in: BIOst 2012, S. 3.

998 Quiring, Pulverfass Kaukasus, S. 107.

999 Quiring, Pulverfass Kaukasus, S. 107–108, hat die russische Historikerin und Kaukasusexpertin Irina Babitsch hierzu befragt.

1000 Quiring, Pulverfass Kaukasus, S. 108.

Spezialkräfte zu erwehren und Terroranschläge innerhalb des Kaukasus und in Russland zu verwirklichen. Es wurden bereits die Anschläge auf die U-Bahn in Moskau und den Moskauer Flughafen erwähnt.[1001] Im Jahr 2010 wurden im Nordkaukasus nach offiziellen Angaben fast 2.000 Menschen durch Bombenanschläge getötet oder verwundet.[1002] Im Jahr 2011 gingen die Zahlen zwar leicht zurück, aber noch immer wurden fast 1.200 Menschen Opfer von Attentaten.[1003] Bemerkenswert ist ferner, dass pro Jahr etwa 300 Kämpfer durch russische Truppen getötet und eine etwa gleiche Anzahl festgenommen werden, die Untergrundbewegung es aber offensichtlich immer wieder schafft, neue Freiwillige zu rekrutieren.[1004]

Bisher kam es in Europa noch zu keinen Anschlägen der Emirats-Gruppierung. Allerdings birgt der tschetschenische Widerstand auch für Europa die Gefahr einer zunehmenden Radikalisierung der muslimischen Gruppierungen. Zudem gibt es Spekulationen um finanzielle Unterstützung des Emirats aus dem Ausland.[1005] Auch gibt es Meldungen des Inlandsgeheimdienstes in Deutschland, dass sich mittlerweile rund 200 Anhänger von Umarow als Flüchtlinge in Deutschland befinden.[1006]

Auch das Attentat auf den Boston-Marathon im Frühjahr 2013[1007] geht auf nordkaukasische Terroristen zurück. Dabei wurden mehrere Menschen getötet und schwer verletzt. Die Täter waren zwei aus Dagestan stammende radikale Islamisten, die wohl der Gruppe um Doku Umarow angehörten. Offensichtlich schafft es das Netzwerk aus dem Nordkaukasus auch, Anschläge außerhalb der RF zu planen und durchzuführen. Die Vernetzung zu anderen international operierenden islamistischen Terrororganisationen wird nicht zuletzt dadurch deutlich, dass die hauptsächlich in Syrien und im Irak präsente Gruppierung „Islamischer

1001 Siehe Ausführungen unter Teil 2.A.IX.5.b.

1002 http://www.kavkaz-uzel.ru/rubric/1103.

1003 Logvinov, in: KAS Auslandsinformationen 2012, S. 95; http://www.kavkaz-uzel.ru/rubric/1103.

1004 Logvinov, in: KAS Auslandsinformationen 2012, S. 95–96.

1005 Logvinov, in: KAS Auslandsinformationen 2012, S. 97.

1006 Flade/Lutz, in: Die Welt Online vom 08.08.2013.

1007 Der Boston-Marathon findet jährlich statt. Im Jahre 2013 wurden durch selbstgebaute Sprengsätze drei Menschen getötet und 264 weitere Personen verwundet. Die Täter stammten aus dem Nordkaukasus, https://de.nachrichten.yahoo.com/suche-hintergründen-anschlags-boston-060606938.html?guccounter=1; https://www.nytimes.com/2013/04/16/us/explosions-reported-at-site-of-boston-marathon.html.

Staat“ (IS)[1008] nun auch offensichtlich im Nordkaukasus Einzug gehalten hat. So hat im Juni 2015 ein IS-Sprecher via Internet die Gründung eines islamischen Staates im Kaukasus ausgerufen.[1009] Zuvor wurden bereits Audiobotschaften veröffentlicht, in der kaukasische Untergrundkämpfer den Anhängern des IS die Treue schwören.[1010] Es wird gemutmaßt, dass die IS-Kämpfer im Nordkaukasus von einem Mann namens Abu Muhammad al-Qadari[1011] angeführt wurden, der schon seit längerem dem nordkaukasischen radikalislamischen Untergrund angehörte.[1012]

Das Kaukasus-Emirat und seine internationalen Kontakte zu Terrororganisationen sollten spätestens nach dem Anschlag in Boston in keiner Weise mehr unterschätzt werden. Russlands Präsident Putin forderte bereits in einer mehrstündigen Ansprache das gemeinsame Vorgehen von USA und Russland gegen den internationalen Terror.[1013]

IV. Kann das Emirat unter völkerrechtlichen Gesichtspunkten rechtmäßig anerkannt werden?

Zunächst ist noch einmal klarzustellen, dass kein offizieller Staat das Emirat dauerhaft anerkannt hat. Tatsächlich liegen die Voraussetzungen für eine

1008 Der Islamische Staat (IS) ist eine seit ca. 2003 operierende islamistisch-radikale Terrormiliz. Sowohl vom Sicherheitsrat der Vereinten Nationen als auch von Deutschland wird der IS als Terrororganisation eingestuft. Obwohl in der jüngsten Vergangenheit immer wieder militärische Erfolge gegen den IS erzielt werden konnten, hält der IS noch immer zahlreiche Kämpfer in verschiedenen Ländern unter Waffen, http://web.stanford.edu/group/mappingmilitants/cgi-bin/groups/view/1; https://www.3sat.de/page/?source=/kulturzeit/themen/184702/index.html; https://www.verfassungsschutz.de/embed/vsbericht-2013.pdf; https://web.archive.org/web/20140819224243/http://www.un.org/News/Press/docs//2014/sc11495.doc.htm.

1009 https://www.rferl.org/a/islamic-state-north-caucasus-insurgency-commanders-allegiance/26773615.html; Hackensberger/Smirnova, in: Die Welt Online vom 24.06.2015.

1010 Hackensberger/Smirnova, in: Die Welt Online vom 24.06.2015.

1011 Abu Muhammad al-Qadari, auch bekannt als Rustam Asildarov, wurde am 9. März 1981 geboren und starb am 3. Dezember 2016. Es wird vermutet, dass er die nordkaukasische Einheit des IS angeführt hat, http://iswresearch.blogspot.com/backgrounder/isis-declares-governorate-russia%E2%80%99s-north-caucasus-region; https://www.rt.com/news/369124-caucasus-isis-leader-killed-fsb/.

1012 Smirnova, in: Die Welt Online vom 25.06.2015.

1013 https://de.sputniknews.com/panorama/20130425266012115-Nach-Boston-Anschlag-Putin-hofft-auf-engere-Kooperation-mit-USA/.

internationale Anerkennung nicht vor. Es sind nämlich die drei Grundelemente eines Staates, Staatsgebiet, Staatsvolk und Staatsgewalt, nicht gegeben.

Das Emirat verfügt über kein eigenes Staatsgebiet. Offiziell gehört das seitens des Emirats beanspruchte Territorium zum Hoheitsgebiet der RF. Zudem ist das beanspruchte Gebiet noch nicht einmal von den Anhängern des Emirats eindeutig umrissen. Es ist unter keinen Umständen anzunehmen, dass Russland den Unterstützern des Emirats das von ihnen beanspruchte Gebiet für die Gründung eines unabhängigen Staates zur Verfügung stellen wird.

Auch verfügt das Emirat nicht über ein Staatsvolk. Auf den von den Islamisten beanspruchten Gebieten leben zahlreiche andere Völker, die mit der Gründung eines unabhängigen Islam-Staates im Nordkaukasus nichts zu tun haben wollen. Die Zahl der Anhänger des Emirats fällt gegenüber diesem Bevölkerungsteil nicht zwingend ins Gewicht. Das Emirat selbst ist nicht in der Lage, klar zu definieren, wer denn das Staatsvolk sein soll.

Schließlich ist auch nicht von einer effektiven Staatsgewalt auszugehen. Dies allein schon deshalb nicht, weil das beanspruchte Territorium zur RF gehört und nicht gegen den Willen der RF unter eine fremde Staatsgewalt gestellt werden kann. Aber auch faktisch hat das Emirat das Gebiet nicht unter seiner Kontrolle. Es gibt zu viele Einwohner in den Gebieten, die sich nicht der Führung des Emirats unterstellen wollen und den Herrschaftsanspruch der Islamisten nicht anerkennen.

Es ist daher festzuhalten, dass das Kaukasus-Emirat völkerrechtlich nicht als unabhängiger Staat anerkannt werden kann. Es fehlen hierfür sämtliche Voraussetzungen. Zudem dürfte es auch an einflussreichen Fürsprechern für ein unabhängiges Emirat fehlen, die Russland zur Gewährung der Eigenstaatlichkeit bringen könnten. International wird das Kaukasus-Emirat als terroristische Vereinigung eingestuft, nicht als staatliches Gebilde.

C. Republik Dagestan

Die Republik Dagestan grenzt unmittelbar an Tschetschenien an und war die erste Republik, auf die sich die kriegerischen Auseinandersetzungen in Tschetschenien ausdehnten.[1014] Spätestens seit Mitte der 1990er Jahre bestimmten auch in Dagestan Geiselnahmen, Terroranschläge und Säuberungsaktionen von Regierungstruppen den Alltag. Obwohl in Tschetschenien die Lage mittlerweile als einigermaßen beruhigt angesehen wird, ist die Situation in Dagestan wohl schlimmer als je zuvor. Man vermutet, dass der radikale Kurs des

1014 Koslatschkow, in: Wostok Nr. 6 1998. S. 25.

tschetschenischen Präsidenten Kadyrow in seiner Republik gegenüber Terroristen und Separatisten dazu geführt hat, dass diese Kämpfer nun jenseits der Grenze in Dagestan Unterschlupf suchen und dort für zahlreiche Anschläge und Überfälle verantwortlich sind.[1015]

I. Land, Einwohner und ihre Geschichte

1. Die Republik und ihre ethnische Vielfalt

Die Republik Dagestan hat ihren Namen nicht von einer Volksgruppe, ist sie doch mit mehr als 30 unterschiedlichen Sprachgruppen ein Vielvölkerkosmos. Bisher kam es in der Republik jedoch kaum zu größeren ethnischen Konflikten, obwohl hier zahlreiche ethnische Interessenverbände aufeinandertreffen, deren Ziele und Gebietsansprüche eigentlich nicht miteinander zu vereinbaren sind.[1016] Die Lage gilt aber als sehr angespannt und die scheinbare Stabilität liegt gerade in der ethnischen Fragmentierung der Republik. So haben die kleineren Volksgruppen eine stillschweigende Koalition mit der bevölkerungsreichsten Ethnie der Awaren[1017] geschlossen, Politfunktionäre werden von jeder Ethnie gestellt und diese unterliegen zumindest offiziell dem Rotationsprinzip,[1018] so dass ein gewisses politisches Mitspracherecht für jede Volksgruppe zumindest im Ansatz gewährleistet sein soll.[1019] Darauf wird im Folgenden noch einzugehen sein.

Die Republik Dagestan bildet den südlichsten Punkt der RF und liegt direkt am Kaspischen Meer, an welches das Land im Osten grenzt. Im Süden der Republik liegt Aserbaidschan, im Südwesten grenzt Dagestan an Georgien. Im Norden grenzt die Republik an Kalmückien[1020] und die Region Stawropol[1021], im Westen besteht eine Grenze zur Republik Tschetschenien.[1022]

Die Republik gilt als Ebenbild des gesamten Kaukasus, nur eben in kleinerem Format: Auf einer Fläche von 50.000 qkm (etwa die Größe von Niedersachsen)

1015 Iskenderjan, in: Wostok Nr. 4 1999, S. 19–20.

1016 Auf die bestehenden Unterschiede zwischen den einzelnen Volksgruppen und kaum vereinbaren Interessen wies Luchterhand, in: IFSH 1999, S. 33–38, hin.

1017 Die Awaren beherrschten im Frühmittelalter nahezu das gesamte Gebiet der Pannonischen Tiefebene. Heute sind die Awaren als Volksstamm praktisch untergegangen, Pohl mit weiteren Ausführungen, https://austria-forum.org/af/AEIOU/Awaren.

1018 Siehe dazu Ausführungen unter Teil 2.C.I.3.

1019 Sidorko, in: Chiari (Hrsg.), S. 129.

1020 Siehe Ausführungen unter Teil 4.C.

1021 Siehe Ausführungen unter Teil 2.H.

1022 International Crisis Group, in: Europe Report 2008, S. 1.

leben 14 Nationalitäten mit rund 50 verschiedenen ethnischen Untergruppen, wobei teilweise die offiziellen Angaben sogar von über 100 unterschiedlichen Volksgruppen ausgehen.[1023]

Dagestan zählt rund 2,9 Millionen Einwohner. Davon leben etwa eine halbe Million in der Hauptstadt Machatschkala[1024]. Weitere größere Städte sind Chassawjurt[1025] nahe der tschetschenischen Grenze und Derbent am Kaspischen Meer, früher die wichtigste Stadt in der Republik und aufgrund seines Zugangs zum Meer immer noch für Russland von strategischer Bedeutung.

Die größten Volksgruppen Dagestans sind die Awaren[1026] (ca. 29 % der Gesamtbevölkerung), die Darginer[1027] (ca. 17 %), die Kumyken[1028] (ca. 15 %), die Lesginer/Lesgier[1029] (ca. 13 %) und die Laken[1030] (ca. 5,5 %). Dazu kommen noch Russen (ca. 3,5 %), Aserbaidschaner[1031] (ca. 4,5 %) und Tabassaranen[1032] (ca. 4 %).[1033]

Die geographischen Voraussetzungen der Region, deren gebirgige Gebiete nur schwer zugänglich sind, haben geholfen, diese ethnische Vielfalt über die

---

1023 Quiring, Pulverfass Kaukasus, S. 115; Koslatschkow, in: Wostok Nr. 6 1998. S. 25.

1024 Für weitere Informationen siehe u. a. http://www.mojgorod.ru/r_dagestan/mahachkala/index.html.

1025 Für weitere Informationen siehe u. a. http://www.mojgorod.ru/r_dagestan/hasavjurt/index.html.

1026 Siehe Ausführungen unter Teil 2.C.I.1.

1027 Für weitere Informationen siehe u. a. Luchterhand, in: IFSH 1999; Rau, Politik und Islam in Nordkaukasien; https://de.sputniknews.com/meinungen/2005061040506489/; http://www.gks.ru/free_doc/new_site/perepis2010/perepis_itogi1612.htm.

1028 Für weitere Informationen siehe u. a. Kemper, Herrschaft, Recht und Islam in Dagestan; Luchterhand, in: IFSH 1999; Rau, Politik und Islam in Nordkaukasien; http://www.gks.ru/free_doc/new_site/perepis2010/perepis_itogi1612.htm.

1029 Für weitere Informationen zu den Bevölkerungszahlen und dem Verbreitungsraum siehe u. a. http://www.gks.ru/free_doc/new_site/perepis2010/perepis_itogi1612.htm; https://de.sputniknews.com/meinungen/2006020243290891/.

1030 Für weitere Informationen siehe u. a. Kemper, Herrschaft, Recht und Islam in Dagestan; Luchterhand, in: IFSH 1999; Rau, Politik und Islam in Nordkaukasien; http://www.gks.ru/free_doc/new_site/perepis2010/perepis_itogi1612.htm.

1031 Für weitere Informationen siehe u. a. Altstadt, The Azerbaijani Turks; https://web.archive.org/web/20120218044618/; http://www.riadagestan.ru/news/2007/06/06/28600/.

1032 Für weitere Informationen siehe u. a. Kemper, Herrschaft, Recht und Islam in Dagestan, S. 44; http://www.gks.ru/free_doc/new_site/perepis2010/perepis_itogi1612.htm.

1033 Grobe-Hagel, S. 25.

Jahrhunderte zu konservieren. Das Land unterscheidet sich dadurch von allen anderen russischen Autonomien, dass es keine Titularnation einer Bevölkerungsgruppe gibt, sondern einfach nach seiner Lage als „Bergland"[1034] (= Dagestan) bezeichnet wird. Die Bewohner eines jeden Bergdorfes sind stolz darauf, dass sie quasi eine eigene „Nation" mit eigener Sprache seien. Dadurch, dass die Gebirgspässe schon im Sommer schwer begehbar sind und im Winter unpassierbar werden, haben sich zahlreiche unterschiedliche Dialekte[1035] gebildet, so dass sich teilweise Nachbardörfer nur mit Schwierigkeiten miteinander verständigen können.[1036]

Die sprachliche Vielfalt in Dagestan geht über die ethnische noch weit hinaus. Neben den verbreiteten Verkehrssprachen Russisch, Türkisch und Iranisch sowie als Religionssprache Arabisch gibt es mindestens 70 weitere Sprachen oder auch nur Dialekte[1037], wovon einige wie eben erwähnt nur auf ein einziges Dorf beschränkt sind. Dementsprechend ist es sehr schwierig, bei den Einwohnern der Republik ein gewisses Zusammengehörigkeitsgefühl zu entdecken.[1038] Als Verbindungsglied zwischen den verschiedenen Völkern dient einzig der Islam.

2. *Ethnien in Dagestan*

a. *Allgemeines*

aa. *Die Nogaier*

Eine der Ethnien, die zunehmend in Dagestan in Vergessenheit geraten, sind die Nogaier. Mit nicht einmal 2 % der Bevölkerung schwindet ihr Einfluss immer mehr. Traditionell bevölkern sie den Norden der Republik unweit der Küste. Ihre Volksgruppe wurde 1957 zerrissen, als die von ihnen bewohnten Landstriche zwischen den Republiken Tschetschenien und Dagestan sowie der Region Stawropol aufgeteilt wurden.[1039] Seit dieser Zeit fordert das kleine Volk

1034 In den Turksprachen bedeutet der Name „Dagestan" so viel wie „bergiges Land", http://www.e-dag.ru/.

1035 Schätzungen zufolge gibt es in Dagestan bis zu 80 verschiedene Dialekte, welche sich mitunter stark voneinander abheben; Halbach/Isaeva, in: SWP Studien 2015, S. 12–14; http://www.e-dag.ru/.

1036 Quiring, Pulverfass Kaukasus, S. 115–116.

1037 Halbach/Isaeva, in: SWP Studien 2015, S. 12–14; http://www.e-dag.ru/.

1038 Grobe-Hagel, S. 25.

1039 Für weitere Informationen siehe u. a. Kemper, Herrschaft, Recht und Islam in Dagestan; Luchterhand, in: IFSH 1999.

eine Wiedervereinigung ihrer Ethnie, da sie ab dem Tag der Trennung in keiner Republik aufgrund ihrer geringen Zahl politisches Gehör fänden.[1040]

bb. Die Lesginen[1041]

Ganz ähnlich erging es den Lesginen. Diese Ethnie bewohnt seit Jahrhunderten den Süden der Republik Dagestan. Im Jahr 1921 fiel ein Großteil ihres Siedlungsgebietes an Aserbaidschan und das Volk wurde gespalten. Auch nach dem Ende der Sowjetunion blieben die Gebiete in aserbaidschanischer Hand. Zudem siedelten die aserbaidschanischen Behörden seit Ende der 1980er Jahre immer mehr aus Armenien vertriebene Aserbaidschaner in dem Gebiet der Lesginen an. Die Zahl der Lesginen in ihrem ursprünglichen Siedlungsraum nimmt immer weiter ab.[1042] Da Aserbaidschan nach 1991 seine Unabhängigkeit von Russland erlangte, wurde es für die Lesginer noch schwerer, ihre Identität zu bewahren, da ihr Volk nun in zwei verschiedenen Ländern lebt.[1043]

cc. Die Kumyken[1044]

Eine andere Problematik trifft hingegen die Kumyken, die seit langem die Ebene und die Küstengebiete in Mittel-Dagestan bewohnen. Zwischen Anfang der 1950er Jahre und Ende der 1970er Jahre wurden zehntausende Awaren und Darginer aus dem Gebirge von den Sowjets in ihren Siedlungsraum umgesiedelt.[1045] Um den Neuankömmlingen ihre Ankunft zu erleichtern, genossen diese von Anfang an ökonomische Vorteile wie Subventionen oder geringere Steuern. Das schürte den Neid bei den Kumyken, denen das Überleben dadurch erschwert wurde. Seit der Ansiedlung der Awaren und Darginer fordern die Kumyken ihren eigenen Siedlungsraum zurück. Diese Forderung zieht aber die Schwierigkeit nach sich, dass die Awaren und Darginer nicht einfach wieder zurückgeschickt werden können.[1046]

1040 Watschnadse, S. 194–195.

1041 Siehe auch Ausführungen und Fußnoten unter Teil 2.C.I.1.

1042 http://www.gks.ru/free_doc/new_site/perepis2010/perepis_itogi1612.htm.

1043 Watschnadse, S .195.

1044 Siehe auch Ausführungen und Fußnoten unter Teil 2.C.I.1.

1045 Für weitere Informationen siehe u. a. Kemper, Herrschaft, Recht und Islam in Dagestan; Luchterhand, in: IFSH 1999.

1046 Watschnadse, S. 195–196.

dd. Die Laken[1047]

Dass manchmal die Völker untereinander auch zu gegenseitiger Rücksichtnahme bereit sind, zeigt das Beispiel der Laken. Im Jahr 1947 wurde das Volk gewaltsam von der russischen Sowjetregierung aus dem Hochgebirge in das Gebiet nordwestlich der Stadt Chassawjurt an der Grenze zu Tschetschenien umgesiedelt.[1048] Dort lebten bis 1944 Akkiner-Tschetschenen, die aber den stalinistischen Deportationen zum Opfer fielen.[1049] Im Jahr 1992 fassten die Laken nach dreijähriger Beratungszeit den Entschluss, diese Region den Tschetschenen wieder zur Rückkehr zu überlassen und verließen geschlossen ihre Häuser und Dörfer. Sie zogen weiter in das flache Küstengebiet in der Nähe der Hauptstadt Machatschkala. Dieser Vorgang war bisher einzigartig auf dem Gebiet der RF.[1050]

b. Spannungen zwischen den Ethnien

Die multi-ethnische Bevölkerungsstruktur der Republik birgt natürlich auch Risiken für die innenpolitische Stabilität der Region. Die Besonderheit in Dagestan ist, dass keine der dort heimischen Volksgruppen jemals einen eigenen Staat besaßen, lediglich die Kumyken[1051] und die Awaren[1052] konnten vor der russischen Imperialisierung ein eigenes Siedlungsgebiet aufweisen. Auch leben im Gegensatz zu den anderen Teilrepubliken im Nordkaukasus kaum Russen in Dagestan. Obwohl viele Ethnien eng aneinander leben, so sind die ursprünglichen Siedlungsräume sehr unterschiedlich: Die Lesgier[1053] sind hauptsächlich im Süden konzentriert, die Nogaier bewohnen die nördliche Steppe, die Kumyken besiedelten die zentralen Ebenen, Darginer[1054] und Awaren sind Bergvölker und die Laken hatten ursprünglich ihr Gebiet an der Grenze zu Tschetschenien. Trotz dieser ethnischen Vielfalt kam es lange Zeit zu keinen nennenswerten Auseinandersetzungen zwischen den Völkern.[1055]

1047 Siehe auch Ausführungen und Fußnoten unter Teil 2.C.I.1.

1048 Für weitere Informationen siehe u. a. Kemper, Herrschaft, Recht und Islam in Dagestan; Luchterhand, in: IFSH 1999.

1049 Falkowski, in: CES-Studies 2004, S. 48.

1050 Watschnadse, S.196.

1051 Siehe Ausführungen unter Teil 2.C.I.2.a.cc.

1052 Siehe Ausführungen unter Teil 2.C.I.1. mit weiteren Nachweisen in den Fußnoten.

1053 Siehe Ausführungen unter Teil 2.C.I.2.a.bb.

1054 Siehe Ausführungen unter Teil 2.C.I.1. mit weiteren Nachweisen in den Fußnoten.

1055 International Crisis Group, in: Europe Report 2008, S. 2.

In der Sowjetzeit teilten die größten Ethnien die politischen und zivilen Ämter untereinander auf. Erst als der damalige sowjetische Präsident Gorbatschow „Perestroika[1056] und Glasnost[1057]“ ausrief, kam es zu ersten Spannungen in Dagestan. Die Awaren, die traditionell den Obersten Sowjet der Kommunisten in Dagestan stellten, konnten diese Vormachtsposition plötzlich nicht mehr für sich beanspruchen. Kurzzeitige Unruhen zwischen Awaren und Darginern waren die Folge.[1058]

Zwischen den Tschetschenen-Akkinern und den Laken kam es im Mai 2007 zu gewalttätigen Auseinandersetzungen.[1059] Die Abneigung der beiden Völker resultiert aus der Zeit der Rückkehr der von Stalin deportierten Völker. Die Akkiner lebten an der Grenze zu Tschetschenien, bevor sie 1944 deportiert wurden.[1060] In ihrer Abwesenheit siedelte Stalin in ihren alten Dörfern die Volksgruppe der Laken an. Zwar entschieden sich die Laken 1992 dafür, die Siedlungsräume wieder den Akkinern zur Verfügung zu stellen, aber längst nicht alle lakischen Familien haben das Grenzgebiet verlassen, so dass zahlreiche Tschetschenien-Akkiner noch auf der Suche nach einer neuen Heimat sind.[1061]

Zu einem größeren Konflikt kam es ebenfalls im Jahre 2007 im Rahmen der Parlamentswahlen.[1062] Dies war die erste offizielle Wahl, bei der die Dagestaner Einfluss auf die Politik in ihrem Land nehmen konnten, denn das Republikoberhaupt wurde von der russischen Führung in Moskau bestimmt. Im März/April 2007 kamen Meinungsverschiedenheiten unter den zahlenmäßig stärksten Ethnien über den Führungsanspruch in der Republik auf, welche schließlich in der

1056 Als Perestroika (russisch für „Umstrukturierung“ oder „Umbau“) bezeichnet man die politische Umstrukturierung des Systems der Sowjetunion, welche von Michail Gorbatschow 1986 eingeleitet wurde, Gorbatschow, Erinnerungen; http://andreykomov.blog.de/2008/02/11/freiheit_svoboda_a_1089_a_1074_a_1086_a_~3709806; http://www.dhm.de/lemo/html/DieDeutscheEinheit/WandelImOsten/glasnostUndPerestroika.html.

1057 Glasnost (russisch für „Offenheit“oder „Transparenz“) steht als Schlagwort für die von Michail Gorbatschow im Jahre 1985 eingeleitete Politikänderung hin zu mehr Offenheit/Transparenz gegenüber der russischen Bevölkerung, Gorbatschow, Erinnerungen; http://www.ib.hu-berlin.de/~pbruhn/glasnost.htm; http://andreykomov.blog.de/2008/02/11/freiheit_svoboda_a_1089_a_1074_a_1086_a_~3709806.

1058 International Crisis Group, in: Europe Report 2008, S. 2–3.

1059 Halbach/Isaeva, in: SWP Studien 2015, S. 13; Tatunz, in: Hettlage/Wagner/Deger (Hrsg.), S. 223.

1060 Halbach, in: BIOst 1997, S. 4; Halbach/Isaeva, in: SWP Studien 2015, S. 13.

1061 Neef, S. 27.

1062 Halbach/Isaeva, in: SWP Studien 2015, S. 13–14.

Anwendung von Gewalt endeten.[1063] Vor allem die Darginer fühlten sich in der Vergangenheit oft benachteiligt, wenn es um die Besetzung politisch wichtiger Ämter ging. Die Partei „Einiges Russland“[1064], die hauptsächlich Awaren und Darginer vereinte, kristallisierte sich nicht zuletzt durch russische Unterstützung aus Moskau als Favorit heraus. In der Partei selbst kam es zum persönlichen Machtkampf zwischen dem damals amtierenden Präsidenten Alijew (ein Aware) und dem Bürgermeister der Hauptstadt Machatschkala Said Amirow (ein Darginer).[1065]

Das neue Wahlgesetz von 2006 sah vor, dass es eine Partei nur dann auf die Liste für die Parlamentswahlen schaffte, wenn sie mindestens einen Kandidaten in jedem der 53 Wahlbezirke aufstellen konnte. Dies benachteiligte vor allem kleinere Parteien, da es diesen nicht möglich war, überall präsent zu sein. Schließlich traten im März 2007 fünf Parteien zur Wahl an:[1066]

Der Wahltag war geprägt von gegenseitigen Vorwürfen des Wahlbetrugs und der Stimmenmanipulation. Im Vorfeld kam es zu gewalttätigen Übergriffen auf einige Spitzenkandidaten der Parteien. Am Tag vor der Wahl gerieten jeweils rund 3.000 Anhänger der Kommunisten und der Partei „Einiges Russland“ aneinander und prügelten mit Holzknüppeln aufeinander ein, ehe die Polizei die Demonstranten trennen konnte.[1067] Aus der Wahl ging die Partei „Einiges Russland“ als klarer Sieger hervor, sie sicherte sich 47 der 72 Parlamentssitze.[1068]

Konfliktpotenzial birgt zudem die Lage an der dagestanischen Grenze zu Aserbaidschan in der sog. „lesginischen Frage“[1069]. Das Siedlungsgebiet der

---

1063 International Crisis Group, in: Europe Report 2008, S. 4; Halbach/Isaeva, in: SWP Studien 2015, S. 13–14.

1064 Die Partei „Einiges Russland“ stellt derzeit den Ministerpräsidenten der RF Dmitri Medwedew und ist schon seit längerem die mitgliederstärkste Partei in der RF. Sie ist allen Regionen und Republiken innerhalb der RF vertreten, so auch in der Republik Dagestan, https://er.ru/; https://er.ru/party/program/; https://web.archive.org/web/20080119151442/http://www.kas.de/proj/home/pub/49/1/year-2005/dokument_id-7299/index.html.

1065 International Crisis Group, in: Europe Report 2008, S. 4.

1066 International Crisis Group, in: Europe Report 2008, S. 4–5.

1067 International Crisis Group, in: Europe Report 2008, S. 5.

1068 International Crisis Group, in: Europe Report 2008, S. 6.

1069 Für die Lesginen stellt sich die Problematik, dass ihre Volksgruppe durch die nunmehr geltende Staatsgrenze zwischen der RF und Aserbaidschan gespalten wurde, Stöger, S. 48; Halbach, in BIOst 1997, S. 5; Tatunz, in: Hettlage/Wagner/Deger (Hrsg.), S. 223.

Lesginer, einer dagestanischen Volksgruppe, wurde von der Staatsgrenze zwischen der RF und Aserbaidschan gespalten.[1070] Zu Zeiten der Sowjetunion stellte diese Grenze lediglich eine administrative Linie dar, mittlerweile wurde daraus eine reale Trennlinie durch das Volk. Die Nationalbewegung der Lesginer[1071] setzt sich daher für eine Aufhebung dieser Trennung in zwei Varianten ein: in Form national-territorialer Autonomie der lesginischen Siedlungsgebiete beiderseits der Staatsgrenze oder durch Bildung eines vereinigten „Lesgistan“, welches entweder zu einem Föderationssubjekt Dagestans oder unmittelbar in die RF eingehen würde.[1072] Der radikale Flügel der Nationalbewegung kämpft für letzteres Ziel, repräsentiert dabei aber nur eine Minderheit der Lesginer. Auf aserbaidschanischer Seite wurde die Nationalbewegung mit staatlichen Sanktionen belegt, zudem wurde eine Sperrzone von fünf Kilometern an der Grenze eingerichtet, um der steigenden Gewaltbereitschaft der Bewegung Herr zu werden.[1073]

Spannungen gibt es ebenfalls zwischen Dagestan und Tschetschenien.[1074] Nachdem Ramsan Kadyrow[1075] im März 2007 das Präsidentenamt in Tschetschenien übernommen hatte, kam es ständig zu persönlichen Animositäten zwischen dem damaligen Präsidenten Dagestans Alijew[1076] und Kadyrow. Kadyrow war und ist dafür bekannt, gegenüber Terroristen eine knallharte Linie zu verfolgen. Seine Spezialeinheiten interessierten sich bei der Jagd nach ihnen nicht für Republiksgrenzen, so dass öfter tschetschenische Spezialkräfte in Dagestan gegen Rebellen kämpften.[1077] Alijew warf seinem Amtskollegen mehrfach vor, die Lage in Dagestan gezielt zu destabilisieren, um von eigenen Problemen in Tschetschenien abzulenken. Kadyrow hingegen wies auf die Notwendigkeit der Terroristenbekämpfung hin und unterstellte Alijew, dass Dagestan den Untergrundkämpfern Unterschlupf gewähren würde.[1078]

1070 Halbach, in: BIOst 1997, S. 5.

1071 Siehe Ausführungen unter Teil 2.C.I.2.a.bb.

1072 Stöger, S.48; Halbach, in BIOst 1997, S. 5.

1073 Halbach, in: BIOst 1997, S. 5.

1074 Tatunz, in: Hettlage/Wagner/Deger (Hrsg.), S. 223.

1075 Siehe Ausführungen unter Teil 2.A.VII.1.b.

1076 Muchu Gimbatowitsch Alijew, geboren am 6. August in Tanussi (Dagestanische ASSR/Sowjetunion), war von 2006 bis 2010 Präsident der Teilrepublik Dagestan, http://www.president.e-dag.ru/.

1077 Siehe hierzu auch Ausführungen unter Teil 2.A.VII.1.b.

1078 International Crisis Group, in: Europe Report 2008, S. 10–11.

3. *Das ethnische Konkordanzmodell, das Rotationsprinzip bei der Wahl des Staatsratsvorsitzenden und das Scheitern des Modells*

Als besondere Ausnahme unter den insgesamt 21 nationalen Teilrepubliken der RF hob sich Dagestan bis vor kurzem mit einem besonderen Staatsmodell hervor. Damit versuchte die Republik seiner ethnischen Vielfalt gerecht zu werden, wie es sie in diesem Ausmaße sonst nirgendwo in der RF gibt. Lange Zeit war Dagestan aufgrund seines unüblichen Ensembles politischer Organe ein Vorbild für alle multi-ethnischen Republiken in der RF, obwohl Dagestan aufgrund seiner ausgeprägten Vielvölkerstruktur beim Übergang in die post-sowjetische Periode als Kandidat für interethnische Konflikte galt. Mit der Einführung einer nachsowjetischen Republikverfassung im Jahre 1994[1079] folgte die Politik den Anforderungen einer segmentierten Gesellschaft, in der Macht ethnisch und tribal ausgehandelt wurde.[1080]

Nach der Auflösung der sowjetischen Machtstrukturen innerhalb der Republik kleidete Dagestan seine ethnische Vielfalt politisch in eine Konkordanzoligarchie[1081] ein, in der ein Staatsrat aus Mitgliedern der 14 Hauptnationalitäten als kollektives Staatsoberhaupt fungierte.[1082] Auf das Amt eines Präsidenten wurde aus ethno-politischen Gründen verzichtet, welches in den meisten nationalen Teilrepubliken der RF bestand. Das höchste politische Amt in der Republik war das des Staatsratsvorsitzenden, welches unter namhaften Repräsentanten der ethnischen Gruppen rotieren sollte.[1083]

Diese politische Struktur sollte den Zusammenhalt der Republik fördern und ihre Integration in die RF gewährleisten. Das Arrangement war aber so sehr vom Neben-, Mit- und Gegeneinander ethnischer Parteien bestimmt, dass die Politiker fast ausschließlich mit dem Ausbalancieren von Clan- und Ethnie-Interessen beschäftigt waren und sich kaum noch den Herausforderungen der nachsowjetischen Epoche widmeten.[1084] Die sich zuspitzenden sozialökonomischen Probleme konnten daher nicht im Ansatz bewältigt werden.[1085]

1079 In dieser Verfassung wurde Dagestan als „souveräner, einheitlicher und demokratischer Staat innerhalb der RF" definiert, Halbach, in: BIOst 1997, S. 2.

1080 Halbach, in: SWP-Studien 2010, S. 32.

1081 Unter „Konkordanzoligarchie" versteht man als eine Alternative der Mehrheitsherrschaft den fortlaufenden Interessenausgleich zwischen den Eliten bzw. Volksgruppen eines Regierungsbereiches, Maull, in: Maull (Hrsg.), S. 96.

1082 Halbach, in: BIOst 1997, S. 2.

1083 Halbach, in: v. Gumppenberg/Steinbach (Hrsg.), S. 78.

1084 Magomedov, in: Russian analytical digest/Länder-Analysen 2009, S. 11.

1085 Halbach, in: SWP-Studien 2010, S. 32.

Als Anfang vom Ende des Konkordanzmodells erwies sich, dass das geplante Rotationsprinzip bei der Besetzung des Staatsratsvorsitzenden nie wirklich zur Geltung kam. Der erste Vorsitzende, der zur Volksgruppe der Darginer gehörende Magomedali Magomedow[1086], hielt sich 13 Jahre lang als Präsidentenersatz auf dem Posten des Staatsratsvorsitzenden. Dann allerdings griff Moskau im Zuge des Terroranschlags von Beslan[1087] im Jahre 2004 in die politische Struktur der Teilrepubliken ein. Auf Initiative des damaligen (und heutigen) Präsidenten Putin verabschiedete das russische Parlament ein föderales Gesetz über die Ernennung der Regions- und Republikoberhäupter. Damit musste auch Dagestan ein Präsidialsystem wie in den anderen Teilrepubliken der RF einführen, das ethnische Konkordanzmodell war damit am Ende, ohne dass es jemals wirklich begonnen hatte.[1088]

Im Februar 2006 machte Präsident Putin erstmals von seinem Recht zur Präsidentenernennung in Dagestan Gebrauch und setzte Muchu Alijew, zuvor Parlamentsvorsitzender in Dagestan, als ersten Präsidenten der Republik ein. Um einen Machtkampf zu verhindern, wurde der Magomedow-Clan dadurch entschädigt, dass ein Sohn des ehemaligen Republikführers, Magomed Magomedow[1089], den Vorsitz des Parlaments übernahm. Dieser institutionelle und personelle Wechsel, ermöglicht durch die Verlagerung der politischen Macht nach Moskau durch das Gesetz über die Ernennung der Republikoberhäupter, kam zu einem Zeitpunkt, als sich Dagestan immer mehr zu einem Krisenherd im Kaukasus entwickelte und dabei sogar die Geschehnisse in der Nachbarrepublik Tschetschenien in den Hintergrund drängte.[1090]

Der neue Präsident Alijew (ein Angehöriger der Volksgruppe der Awaren) erkannte viele der Probleme in Dagestan wie Zunahme von radikalislamischen

---

1086 Magomedali Magomedow war von 1987 bis 2006 Staatsratsvorsitzender der Republik Dagestan. Er ist der Vater des späteren Präsidenten von Dagestan Magomed (Magomedsalam) Magomedov, https://www.independent.co.uk/news/world/europe/road-to-peace-blocked-for-chechen-president-740215.html; http://www.president.e-dag.ru/.

1087 Siehe für weitere Informationen Ausführungen unter Teil 2.G.I.2.

1088 Halbach, in: v. Gumppenberg/Steinbach (Hrsg.), S. 78.

1089 Magomed (Magomedsalam) Magomedov ist ein Sohn von Magomedali Magomedow. Er war Präsident der Teilrepublik Dagestan von Februar 2010 bis Januar 2013, http://news.bbc.co.uk/2/hi/europe/country_profiles/3659904.stm#leaders; http://www.eng.kavkaz-uzel.eu/articles/12456/; https://www.rt.com/russia/sacks-head-south-russian-898/.

1090 Halbach, in: v. Gumppenberg/Steinbach (Hrsg.), S. 78–79.

Kräften, Überfälle von tschetschenischen Rebellen unter der Führung von Schamil Bassajew im Grenzgebiet von Dagestan und Tschetschenien, Verteilungskämpfe zwischen politischen und wirtschaftlichen Machteliten, interethnische Konflikte oder sozialökonomische Krisenerscheinungen.[1091] Alijew kündigte tiefgreifende Strukturreformen an, konnte aber letztlich eine weitere Destabilisierung der Region nicht verhindern und fiel dadurch bei Putin in Ungnade. Folgerichtig scheiterte er Anfang des Jahres 2010 mit dem Versuch, sich in Moskau für eine weitere Amtsperiode zu empfehlen.[1092]

So kam es im Februar 2010 zu Spannungen zwischen Moskau und Machatschkala.[1093] Es war klar, dass ein neuer Präsident benötigt wurde. Die Tatsache aber, dass der neue Präsident mehrere tausend Kilometer von Dagestan in Moskau bestimmt wurde, sorgte für Unruhe in der Republik. In Dagestan kämpften die rivalisierenden Ethnien und Clans mit Gewalt um das Amt des neuen Republikchefs. Schließlich bestimmte Moskau den bisherigen Parlamentsvorsitzenden und Sohn des ehemaligen Staatsratsvorsitzenden Magomedsalam Magomedow zum neuen Präsidenten. Auf ihm ruhten die Hoffnungen, die ethnische Machtbalance zu wahren und die politischen Ämter zumindest zwischen den größten Volksgruppen der Awaren, der Darginer und Kumyken gleichmäßig zu verteilen.[1094]

Magomedsalam Magomedow versuchte, die notwendigen Reformen auf den Weg zu bringen und Dagestan wieder zu stabilisieren. Jedoch konnte auch er nicht die Gewalt in der Republik beseitigen. Moskau sah sich Anfang 2013 daher veranlasst, Magomedow abzusetzen und einen neuen Präsidenten zu bestimmen. Seit Januar 2013 ist der ethnische Aware Ramasan Abdulatipov[1095] Präsident von Dagestan. An seiner Auswahl ist das Bemühen Moskaus zu erkennen, bei der Präsidentenernennung zwischen den beiden größten Ethnien der Republik, den Awaren und Darginern, zu alternieren. Von ihm erwartet Moskau,

---

1091 Halbach, in: v. Gumppenberg/Steinbach (Hrsg.), S. 79.

1092 https://www.rt.com/russia/sacks-head-south-russian-898/.

1093 https://www.rt.com/russia/sacks-head-south-russian-898/; Halbach, in: SWP-Studien 2010, S. 32.

1094 Halbach, in: SWP-Studien 2010, S. 32.

1095 Ramasan Gadzhimuradovich Abdulatipov, geboren am 4. August 1946 in Dagestan/Sowjetunion, war Nachfolger von Magomedsalam Magomedov als Präsident der Teilrepublik Dagestan. Er war von Januar 2010 bis Oktober 2017 im Amt, http://www.abdulatipov.ru/; https://www.rt.com/russia/sacks-head-south-russian-898/; https://archive.is/20130417061823/; http://www.nasledie.ru/naslHTTP/cs/OUT_DOC/ID/55.

dass er die unruhige Region und die Extremisten in den Griff bekommt, auch vor dem Hintergrund, dass die Olympischen Winterspiele im Kaukasus immer näher rückten.[1096]

Die Einrichtung einer präsidialen Machtvertikalen hat Dagestan keineswegs zu politischer Konsolidierung oder Befriedung verholfen. Bei genauer Betrachtung muss man sogar konstatieren, dass die Situation hinsichtlich politischer Stabilität und Gewalt seit Einführung des Präsidialsystems noch schlimmer geworden ist. Keiner der Präsidenten hat es bislang geschafft, die Lage in der Region zu beruhigen.[1097] Noch immer gilt Dagestan als eine der gefährlichsten Republiken im Nordkaukasus.[1098]

Die gegenwärtige Situation in Dagestan lässt sich in mehrere Hauptproblemzonen einteilen. Die Überfälle tschetschenischer Untergrundkämpfer auf die Dörfer Karamachi und Tschabanmachi haben die anti-tschetschenische Stimmung, die durch die Streitigkeiten um das Siedlungsgebiet der Tschetschenen-Akkiner ohnehin schon vorhanden war, noch weiter verstärkt.[1099] Gleichzeitig bedroht die fortschreitende Radikalisierung der islamistischen Kräfte die politische Stabilität in der Republik, die unglaublich hohe Zahl der terroristischen Anschläge in Dagestan unterstreicht dies.[1100] Ohnehin erscheinen die politischen Strukturen in Dagestan korrupt und aufgrund der Vielfalt der Ethnien wenig repräsentativ.[1101] Die Entwicklung der Zivilgesellschaft stagniert seit längerem auf sehr niedrigem Niveau, eine Besserung ist aufgrund ökonomischer Probleme nicht in Sicht.[1102] Zudem ist die Gesellschaft stark kriminalisiert, Waffen sind leicht zu beschaffen und alte brutale Rechtsformen wie die Blutrache[1103] leben unter dem Rechtsregime der Scharia wieder auf.[1104] Schließlich kommt es zwischen den vielen Ethnien in der Republik regelmäßig zu Unstimmigkeiten, die

---

1096 Nienhuysen, in: Süddeutsche.de vom 17.02.2013.

1097 Tatunz, in: Hettlage/Wagner/Deger (Hrsg.), S. 223–224; Halbach, in: SWP-Studien 2010, S. 33.

1098 Halbach, in: SWP-Studien 2010, S. 33.

1099 Siehe auch Ausführungen unter Teil 2.C.II.1.a.

1100 Halbach/Isaeva, in: SWP Studien 2015, S. 17–22

1101 Neef, S. 25.

1102 Neef, S. 25.

1103 Die Blutrache (oder auch Vendetta) ist die höchste Form der Eskalationsstufe im Rahmen einer Familienfehde. Bei Anwendung der Blutrache werden Tötungen oder Ehrverletzungen durch Tötung bzw. in der gleichen Weise gerächt, https://oe1.orf.at/artikel/212752; http://www.zeno.org/Meta/Blutrache.

1104 Grobe-Hagel, S. 27.

zwar nur selten in Gewalt gipfeln, aber eine gemeinsame politische und gesellschaftliche Entwicklung der Volksgruppen und damit der Republik behindern.

4. Islam in Dagestan und seine Besonderheiten

Der Islam in Dagestan unterscheidet sich in vielen Punkten von dem in den anderen Föderationsrepubliken. Dazu zählt vor allem die arabische Tradition, die in Dagestan so ausgeprägt ist wie in sonst keiner anderen Kaukasusrepublik.[1105] Zudem ist auch der Anteil der Muslime, die größtenteils dem nicht unbedingt als liberal geltenden Ritus der Schafiiten angehören, in Dagestan mit fast 90 % besonders hoch.[1106]

Ähnlich wie Tschetschenien ließ sich Dagestan in der Sowjetzeit nur oberflächlich durch Bildung der „Dagestanischen ASSR“[1107] im Jahre 1921 in den Staatenverbund integrieren.

Ein wichtiger Unterschied zu den Tschetschenen bestand allerdings in der Sowjetzeit: Die Dagestaner wurden im Gegensatz zu vielen tschetschenischen Volksgruppen nicht von den Sowjets in den Ural deportiert und waren damit auch weniger mit der Immigration russischer Zuwanderer konfrontiert.[1108]

Die Postsowjetzeit ist geprägt von einer „islamischen Wiedergeburt“.[1109] Jedoch vereint der Islam die vielen unterschiedlichen dagestanischen Völker nicht zu einer einheitlichen religiös orientierten Nation, auch kann der Islam nicht einzelne Konflikte zwischen den verschiedenen Volksgruppen verhindern.[1110]

Hinzu kommt das zunehmende Auftreten radikaler islamistischer Gruppierungen auf lokaler Ebene ab Mitte der 1990er, die sich als religiös-politische Kräfte generieren und immer öfter auch als Gewaltakteure in Erscheinung treten.[1111] Diesen Gruppierungen gelang es ab 1998/1999, Gemeinden vor allem in den Bergregionen dazu zu bringen, ihr alltägliches Leben unter die „Scharia“[1112]

1105 Iskenderjan, in: Wostok Nr. 4 1999, S. 19.

1106 Halbach, in: BIOst 1996, S. 33.

1107 Ähnlich wie andere heutige Republiken im Nordkaukasus war auch Dagestan in der Sowjetzeit eine Autonome Sozialistische Sowjetrepublik.

1108 Halbach, in: BIOst 1996, S. 34.

1109 Halbach, in: SWP-Studien 2003, S. 33; Iskenderjan, in: Wostok Nr. 4 1999, S. 19.

1110 Halbach, in: BIOst 1996, S. 34–35.

1111 Souleimanov, S. 144.

1112 Bei der „Scharia“ handelt es sich um ein Rechtssystem, welches dem Islam entspringt. Bei der Scharia handelt es sich im Gegensatz zu vielen anderen Rechtsordnungen um kein kodifiziertes Rechtssystem, sondern es handelt sich um „ein Regelwerk, welches sich stets im Wandel befindet.“ Die Scharia ließe sich nach der islamischen

als gesetzliche Grundlage zu stellen. [1113] Obwohl der Einmischung von islamistischen Feldkommandeuren in Dagestan zunächst deutlicher Widerstand der dagestanischen Bevölkerung entgegenschlug, da die Mehrheit der Dagestaner nicht dem „Dschihad“ zugeneigt war, bildet heute die „Dagestanische Front Scharia“[1114] einen wesentlichen Bestandteil der Untergrundstruktur des „Kaukasus-Emirats“.[1115]

5. Dagestan und seine Historie

An dieser Stelle soll kurz die Entwicklung der Republik Dagestan geschildert werden. Dabei soll vornehmlich die Geschichte des Landes dokumentiert werden, auf erwähnenswerte Aspekte hinsichtlich der Historie der zahlreichen einzelnen Volksgruppen wird in einem gesonderten Punkt eingegangen.

a. Entwicklung von der Frühzeit bis zur Oktoberrevolution 1917

Schon im achten Jahrhundert v. Chr. war die Region der heutigen Republik Dagestan besiedelt, Römer und Perser stritten um die Vorherrschaft.[1116] Im fünften Jahrhundert n. Chr. fiel die Region unter die Herrschaft der Sassaniden.[1117] Allerdings wurde nur das Flachland zur persischen Provinz, die Bewohner des Berglandes blieben freie Bergvölker mit eigenen Anführern, den sog. „Khanen“[1118]. Die Sassaniden erkannten die strategisch wichtige Lage Dagestans und

---

Auslegung auch nur verstehen lassen, wenn man die „Rechtsquellen- und Rechtsfindungslehre“ statt „inhaltlicher Einzelregelungen“ betrachte, Rohe, Das Islamische Recht, S. 5 f., S. 9; https://www.dw.com/de/zwischen-scharia-und-russischem-recht/a-18524725.

1113 Halbach, in: v. Gumppenberg/Steinbach (Hrsg.), S. 79.

1114 Halbach/Isaeva, in: SWP Studien 2015, S. 18–21; http://dagestan.kavkaz-uzel.ru/articles/.

1115 Halbach, in. SWP-Studien 2010, S. 33; Halbach/Isaeva, in: SWP Studien 2015, S. 18–21.

1116 Quiring, Pulverfass Kaukasus, S. 114.

1117 Die Dynastie des zweiten persischen Großreichs des Altertums wird auch als Sassanidenreich bezeichnet. Für weitere Informationen siehe u. a. https://www.sasanika.org/; http://www.dr-ursula-weber.de/Prosopographie/.

1118 „Khan“ ist eine alte Bezeichnung für einen Herrschaftstitel, welche sehr häufig von mongolischen Nomadenstämmen verwendet wurde. „Khan“ bedeutet „Herrscher“ oder auch „Anführer/Befehlshaber“, http://www.iranicaonline.org/articles/altaic-the-altaic-peoples-and-languages-are-distributed-around-45-north-latitude-from-eastern-europe-to-the-pacific-ocean; https://de.wiktionary.org/wiki/Khan.

errichteten zahlreiche Festungen, die sog. „Kaukasische Mauer“[1119], um das Gebiet gegen Norden abzusichern. Die Festung Naryn-Kala[1120], erbaut im fünften Jahrhundert, steht noch heute in den Bergen über der Stadt Derbent und zählt zum Weltkulturerbe.[1121]

Die Stadt Derbent war aufgrund seiner strategischen Bedeutung in den folgenden Jahrhunderten sehr umkämpft. Im achten Jahrhundert gelang es den Arabern erst nach mehrjähriger Belagerung, die Stadt und ihren Hafen einzunehmen. Die Herrscher wechselten in schneller Abfolge und alle Besatzer versuchten, so viel wie möglich in dem besetzten Land zu erbeuten.[1122] Besonders zu leiden hatte die einheimische Bevölkerung unter den Schlachten zwischen dem Mongolen[1123] Timur Lenk[1124], ein zentralasiatischer Eroberer islamischen Glaubens, und der mongolischen „Goldenen Horde“[1125]. Viele Ortschaften wurden Ende des 14. Jahrhunderts durch die Gefechte zerstört.[1126]

Nach den Mongolen eroberten erneut die Perser die Region, ehe sie im Zeitraum von 1578 bis 1606 von den Osmanen abgelöst wurden.[1127] Aber auch die Präsenz der Osmanen überdauerte nur ein Jahrhundert. Im Zuge der

---

1119 Für weitere Informationen siehe u. a. http://peter-hug.ch/lexikon/Kaukasische+Mauer; http://www.zeno.org/Pierer-1857/A/Kaukasische+Mauer.

1120 Für weitere Informationen siehe u. a. https://www.russlandjournal.de/russland/derbent-zitadelle-altstadt-festung/; https://de.rbth.com/reisen/79909-naryn-kala-festung-derbent-kaukasus-russland.

1121 Quiring, Pulverfass Kaukasus, S. 114.

1122 Quiring, Pulverfass Kaukasus, S. 114–115.

1123 Die Mongolen sind ein nordost-asiatischer Volksstamm, welcher insbesondere durch weitreichende Eroberungen im 13. Jahrhundert bekannt wurde. Ein Großteil der weltweit lebenden Mongolen lebt in der Mongolei, Weiser, Die Geschichte der Mongolen.

1124 Timur Lenk, auch bekannt unter dem Namen Tamerlan, wurde am 8. April 1336 in Kesch geboren und starb am 19. Februar 1405 in Schymkent. Timur Lenk war ein mongolischer Heerführer und Eroberer, welcher dem islamischen Glauben angehörte, Gronke, Geschichte Irans, S. 60 f.; http://depts.washington.edu/silkroad/texts/clavijo/cltxt1.html.

1125 Als „Goldene Horde“ bezeichnet man ein mongolisches Khanat, welches im Spätmittelalter als Großmacht im heutigen Osteuropa galt. Für weitere Informationen siehe u. a. Spuler, Die Goldene Horde. Mongolen in Russland; Nagel, Timur der Eroberer und die islamische Welt des Spätmittelalters.

1126 Quiring, Pulverfass Kaukasus, S. 114–115.

1127 Für weitere Informationen siehe u. a. Kemper, Herrschaft, Recht und Islam in Dagestan; Nansen, Durch den Kaukasus zur Wolga.

russisch-osmanischen Kriege[1128] wurden diese 1723 von der russischen Zaren-Armee vertrieben. 1735 zogen sich die Russen jedoch wieder aus dem Land zurück und zum wiederholten Male übernahmen die Perser die Oberhoheit.[1129] Es bildeten sich mehrere Khanate (Fürstentümer)[1130], die zwar offiziell unabhängig waren, jedoch unter starkem persischen Einfluss standen. Gegen Ende des 18. Jahrhunderts machte sich das zaristische Russland erneut auf, den gesamten Kaukasus unter russische Kontrolle zu bringen.[1131] Nach langen und blutigen Schlachten befand sich 1813 das heutige Dagestan vollständig in russischer Hand.[1132]

Allerdings war damit die Zeit des Widerstands gegen das Zarenreich nicht vorbei. Unter dem bereits erwähnten Widerstandskämpfer Imam Schamil organisierte sich eine Gruppe von Bergvölkern im gesamten Nordkaukasus, die gewillt war, die Truppen des Zaren wieder aus ihrer Heimat zu vertreiben. Dabei machte sich Schamil die fortschreitende Verbreitung des „Muridismus"[1133] zu Nutzen und konnte so immer mehr Kämpfer für sich gewinnen.[1134] Der „Muridismus" ist eine religiöse Bewegung unter starkem Einfluss der islamistischen Sufi-Bruderschaft der „Naqschbandiyya" und später auch der „Qadiriyya".[1135] Daher wird der Widerstand unter Imam Schamil auch als „Muridenkrieg" bezeichnet.[1136] Da das Zarenreich gleichzeitig in einen Krieg mit dem türkischen

---

1128 Die russisch-osmanischen bzw. russisch-türkischen Kriege bezeichnen die zwischen dem Zarenreich Russland bzw. Russischen Kaiserreich und dem Osmanischen Reich bzw. der Türkei ab 1676 geführten militärischen Auseinandersetzungen. Für weitere Informationen siehe u. a. Ungermann, Der Russisch-türkische Krieg 1768–1774; https://web.archive.org/web/20070929101943/; http://www.rustrana.ru/rubrics.php?sq=19,27,63,77,2245&crypt=; http://hrono.info/dokum/1700dok/1774ru_tur.php.

1129 Für weitere Informationen siehe u. a. Kemper, Herrschaft, Recht und Islam in Dagestan; Nansen, Durch den Kaukasus zur Wolga.

1130 Als „Khanat" bezeichnet man den Herrschaftsbereich eines Khans, siehe dazu auch Ausführungen unter Teil 2.C.I.5.a., Fußnote zum Begriff „Khan".

1131 Für weitere Informationen siehe u. a. Kemper, Herrschaft, Recht und Islam in Dagestan; Nansen, Durch den Kaukasus zur Wolga.

1132 Quiring, Pulverfass Kaukasus, S. 115.

1133 Siehe Ausführungen unter Teil 2.A.II.1.

1134 Krech, Der russische Krieg in Tschetschenien, S. 11.

1135 Halbach, in: SWP-Studien 2003, S. 28.

1136 Krech, Der russische Krieg in Tschetschenien, S. 11–12; siehe auch Ausführungen unter Teil 2.A.II.1.

Reich (1828–1829)[1137] verwickelt war, musste man die Bergvölker zunächst vernachlässigen und so konnten diese ihre Position in den dagestanischen Bergen vorübergehend festigen.[1138] Erst nachdem zwischen Russland und der Türkei Frieden herrschte, konnte Zar Nikolaus I. seine Truppen unter dem Befehl von Feldmarschall Iwan Paskewitsch[1139] verstärkt gegen die kaukasischen Völker einsetzen. Doch den Muriden unter Schamil, der sich selbst an die Spitze des Stammes der Awaren gesetzt hatte (der damals größten Volksgruppe in Dagestan), gelang es immer wieder, durch schnelle Überfälle aus den Bergen die Armee des Zaren zurückzuschlagen. Erst als die Truppen von Schamil stark dezimiert waren, konnte Russland 1859 Dagestan endgültig unterwerfen.[1140] Dagestan blieb bis zum Ende des Zarenreiches bzw. bis zur Gründung der Sowjetunion ein Teil des russischen Zarenreiches.[1141]

b. Dagestan in der Sowjetzeit und in der RF

Mit der Gründung der Sowjetunion entstand 1921 die ASSR Dagestan[1142]. Die Folgejahre waren für die von ständigen Kriegen gebeutelte Region vergleichsweise ruhig. Erst 1944 geriet die Kaukasus-Region in den stalinistischen Fokus. Vielen Kaukasus-Völkern wurde von Stalin vorgeworfen, sie hätten mit den deutschen Besatzern kollaboriert.[1143] Als Strafe ließ er ganze Ethnien aus dem Kaukasus nach Mittelasien oder Sibirien deportieren.[1144] Zwar blieben die dagestanischen Völker weitgehend von den sowjetischen Sanktionen verschont,

---

1137 Für weitere Informationen siehe u. a. Ungermann, Der Russisch-türkische Krieg 1768–1774; http://hrono.info/dokum/1700dok/1774ru_tur.php; https://web.archive.org/web/20070929101943/http://www.rustrana.ru/rubrics.php?sq=19,27,63,77,2245&crypt=.

1138 Für weitere Informationen siehe u. a. Kemper, Herrschaft, Recht und Islam in Dagestan; Nansen, Durch den Kaukasus zur Wolga.

1139 Iwan Fjodorowitsch Paskewitsch, geboren im Mai 1782 in Poltawa und gestorben im Januar 1856 in Warschau, war ein Marschall in der russischen Zarenarmee. Er galt als Eroberer des nördlichen Kaukasus, http://www.zeno.org/Herder-1854/A/Paskewitsch; http://anno.onb.ac.at/cgi-content/anno?apm=0&aid=ibn&datum=18540727&seite=2; http://eng.kavkaz.memo.ru/persontext/engperson/id/565136.html.

1140 International Crisis Group, in: Europe Report 2008, S. 1.

1141 Für weitere Informationen siehe u. a. Kemper, Herrschaft, Recht und Islam in Dagestan; Nansen, Durch den Kaukasus zur Wolga.

1142 Siehe Ausführungen unter Teil 2.C.I.1.

1143 Siehe Ausführungen unter Teil 2.A.II.4.

1144 Siehe Ausführungen unter Teil 2.A.II.4.

dennoch hatten die Vertreibungen Einfluss auf die weitere Zukunft der Region. Denn die Volksgruppe der Tschetschenen-Akkiner[1145] lebte vor ihrer Deportation im Raum der dagestanischen Stadt Chassawjurt. Wie alle anderen Völker Tschetscheniens wurden auch die Akkiner Opfer von Stalins Deportationen.[1146] Nach ihrer Rehabilitation im Jahr 1957 konnten die Akkiner[1147] nicht in ihre ursprünglichen Siedlungsräume Chassawjurt und Nowolakskoje zurückkehren, da hier von der sowjetischen Regierung mittlerweile die Völker der Laken[1148] und Awaren[1149] angesiedelt wurden.[1150] Obwohl den Akkinern neue Dörfer zugewiesen wurden, konnten sich zahlreiche Familien nicht damit abfinden, dass sie nicht mehr in ihre alte Heimat zurückkehren konnten. Sie gelangten nach und nach auf eigene Faust wieder in die Region um Chassawjurt. Dort kam es immer wieder zu Spannungen zwischen den Tschetschenen-Akkinern und Awaren sowie dem Stamm der Kumyken[1151]. Gegenseitig beschuldigten sich die Völker der Wahlmanipulation, um jeweils den eigenen Einfluss in der Region zu sichern.[1152]

Mit der Auflösung der Sowjetunion 1991 wurde (ähnlich wie die anderen ASSR im Nordkaukasus) auch die ASSR Dagestan aufgelöst.[1153] Dagestan bekam den Status einer Republik innerhalb der RF verliehen und genoss weiterreichende Autonomie-Rechte, als dies unter der Sowjet-Herrschaft der Fall gewesen war.[1154] Dabei kristallisierte sich ein im Nordkaukasus einmaliges Staatsmodell heraus, in welchem bis vor kurzem den zahlreichen verschiedenen Ethnien in Dagestan Rechnung getragen wurde. In diesem Modell sollte die politische Mitsprache möglichst aller Volksgruppen gewährleistet werden.[1155]

1145 Die Tschetschenen-Akkiner sind ein ursprünglich aus Tschetschenien stammender Volksstamm; Luchterhand, in: IFSH 1999, S. 18; Halbach, in: BIOst 1999, S. 5.

1146 Falkowski, in: CES Studies 2004, S. 48–49.

1147 Siehe Ausführungen zu „Tschetschenen-Akkiner“ und entsprechende Fußnote unter Teil 2.C.I.5.b.

1148 Siehe Ausführungen unter Teil 2.C.I.2.a.dd.

1149 Siehe Ausführungen unter Teil 2.C.I.1.

1150 Grobe-Hagel, S. 26.

1151 Siehe Ausführungen unter Teil 2.C.I.2.a.cc.

1152 Grobe-Hagel, S. 26–27.

1153 Luchterhand, in: IFSH 1999, S. 14.

1154 Luchterhand, in: IFSH 1999, S. 12–14.

1155 Halbach, in: v. Gumppenberg/Steinbach (Hrsg.), S. 78; Koslatschkow, in: Wostok Nr. 6 1998. S. 25.

Dieses Staatsmodell und sein Scheitern werden im Rahmen der völkerrechtlichen Würdigung noch genauer dargelegt.

6. *Doku Umarow und sein Einfluss in Dagestan*

Nachdem Schamil Bassajew und seine Kämpfer 1999 beim Versuch scheiterten, in Dagestan unabhängige islamische Gebiete mit Gewalt zu etablieren, nahm Doku Umarow[1156] im Oktober 2007 mit der Proklamation des „Kaukasus-Emirats“[1157] einen neuen Anlauf. Obwohl sich die russischen Behörden bemühen, die von Umarow und seinen Gefolgsleuten ausgehende Gefahr in Dagestan kleinzureden, darf der Einfluss der islamistischen Kräfte um Umarow nicht unterschätzt werden.[1158] Die dagestanische Gruppierung „Schariat“ (oder auch „Dagestanische Front Scharia“), die sich im Rahmen des Überfalls von Bassajaw auf Dagestan im August 1999 formierte,[1159] unterhält seit dem Zweiten Tschetschenienkrieg[1160] beste Verbindungen zu der kaukasischen Widerstandsgruppe „Nordkaukasische Front“, die für zahlreiche Anschläge in Tschetschenien verantwortlich war. Das „Schariat“, gegründet von Rasul Makasaripov, verbreitet via Internet islamistische Propagandanachrichten von Doku Umarow und anderen Anführern der Gruppe.[1161] Viele der Anhänger von Umarow haben aufgrund des Verbotes des „Wahhabismus“[1162] in Dagestan bereits Haftstrafen verbüßt, was den Hass auf die russische Staatsautorität noch weiter schürte. Andere wiederum sehen in Umarow die einzige Hoffnung auf ein würdigeres Leben.[1163] Auffallend ist dabei, dass sich der Anhängerkreis nicht auf bestimmte Ethnien begrenzen lässt. So zählen Darginer, Laken, Awaren und auch Kumyken[1164] zu den Gefolgsleuten Umarows. Als kritischer Umstand für die russischen Sicherheitskräfte stellt sich dabei die Tatsache heraus, dass die Untergrundkämpfer, obwohl sie in letzter Zeit einige Schwierigkeiten hatten, sich zu finanzieren, dennoch nicht an

---

1156 Siehe auch Ausführungen unter Teil 2.B.I.3.

1157 Siehe Ausführungen unter Teil 2.B.

1158 International Crisis Group, in: Europe Report 2008, S. 8.

1159 International Crisis Group, in: Europe Report 2008, S. 8–9; Halbach/Isaeva, in: SWP Studien 2015, S. 17–22.

1160 Siehe Ausführungen unter Teil 2.A.VI.

1161 International Crisis Group, in: Europe Report 2008, S. 8–9; Halbach/Isaeva, in: SWP Studien 2015, S. 17–22.

1162 Siehe Ausführungen unter Teil 1.G.III.2.

1163 Tscherkassow, in: Focus Online vom 01.04.2010.

1164 Siehe zu den einzelnen Ethnien auch Ausführungen unter Teil 2.C.I.2.a.

einem Mangel an Waffen leiden. Seit den Tschetschenienkriegen lagern in den Wäldern an der Grenze zwischen Tschetschenien und Dagestan Unmengen an Gewehren, Handfeuerwaffen sowie Munition. Die tschetschenischen Rebellen haben dort ihre Ausrüstung versteckt, die nun den islamistischen Untergrundkämpfern in Dagestan zur Verfügung steht. Zudem floriert in der Republik der Schwarzmarkt.[1165]

Die Situation in Dagestan hinsichtlich des Einflusses von Doku Umarow ist vergleichbar mit den Nachbarrepubliken Tschetschenien[1166] oder Inguschetien[1167]. Die islamistischen Rebellen verbreiten mit Anschlägen und Übergriffen auf militärische Einrichtungen Angst und Schrecken, werden aber durch russische Spezialeinheiten wie die OMON[1168] gnadenlos verfolgt und verlieren viele Kämpfer. Nach offiziellen Angaben sinkt die Zahl der Untergrundkämpfer um Doku Umarow auch in Dagestan, dennoch finden sie stets neue Anhänger, die sich ihm anschließen und an seiner Seite kämpfen wollen.[1169]

7. *Auswirkungen der bewaffneten Auseinandersetzungen in der Nachbarrepublik Tschetschenien auf Dagestan*

a. *Die Ausdehnung des Zweiten Tschetschenienkriegs (1999–2002) auf Dagestan*

Die größte Gefahr für die Stabilität Dagestans ging von den Unruhen im benachbarten Tschetschenien aus.[1170] Obwohl sich die islamische Solidarität Dagestans mit Tschetschenien in Grenzen hielt,[1171] fanden sich auch in Dagestan einzelne Gruppen, die bereit waren, an der Seite der Tschetschenen gegen Moskau in den Krieg zu ziehen.[1172] Bereits nach dem Ende des ersten Tschetschenienkriegs

1165 International Crisis Group, in: Europe Report 2008, S. 10.
1166 Siehe dazu Ausführungen unter Teil 2.A.
1167 Siehe dazu Ausführungen unter Teil 2.D.
1168 Die OMON (auf Deutsch: „Mobile Einheit besonderer Bestimmung“) ist ein Spezialkommando der russischen Polizei. Die Mitglieder dieser Einheit gelten als hervorragend ausgebildet und kommen in besonderen Extremsituationen wie bei Geiselnahmen, Terrorbekämpfung oder organisierter Kriminalität zum Einsatz, https://fas.org/irp/world/russia/mvd/spetsnaz.htm; https://lenta.ru/news/2012/01/11/omon/.
1169 Halbach/Isaeva, in: SWP Studien 2015, S. 17–22.
1170 Siehe dazu Ausführungen unter Teil 2.A.
1171 Koslatschkow, in: Wostok Nr. 1 2000, S. 103.
1172 Halbach, in: BIOst 1996, S. 36.

tauchten in Dagestan bewaffnete islamistische Formationen auf.[1173] Im Krieg sind Verbindungen zwischen tschetschenischen und dagestanischen Islamisten geknüpft worden. Junge Dagestaner waren in Militärlagern in der Nachbarrepublik von tschetschenischen und arabischen Rebellen ausgebildet worden und versuchten nun, in ihrer Heimatrepublik islamistische Zellen aufzubauen.[1174] Es entstanden Gemeinden („Jamaat“[1175]) mit einer Orientierung an der Scharia, die sich gegenüber den lokalen Machtbehörden zunehmend konfrontativ verhielten.[1176] So formierten die „Jamaate“ eigene Gerichtsbarkeiten und Polizeitrupps. Diese „Wahhabiten“ gerieten auch mit Vertretern des traditionellen Islam aneinander.[1177]

Der Zweite Tschetschenienkrieg[1178] verschlimmerte die Lage in Dagestan noch weiter. Ein erklärtes strategisches Ziel der tschetschenischen Separatisten war es, die Republik Dagestan aus der RF herauszubrechen.[1179] Um dieses Ziel zu erreichen, hatten sich die tschetschenischen Untergrundkämpfer verschiedene Mittel zurechtgelegt, die von der gewaltsamen Veränderung der politischen Machtstruktur bis hin zur Vernichtung geistlicher und gesellschaftlicher Autorität pro-russischer Orientierung gingen.[1180]

Ein Teil dieses Planes verwirklichte sich in dem tschetschenischen Überfall auf Dagestan unter der Führung der Feldkommandeure Schamil Bassajew und Al-Chattab.[1181] Unter dem bereits angesprochenen Vorwand, den abtrünnigen Islamisten zu Hilfe zu eilen, planten die tschetschenischen Separatisten durch den Übergriff den Krieg auch nach Dagestan hinüberzutragen, was ihnen letztlich auch gelang.[1182] Die russische Armee sah sich genötigt, nicht nur in Tschetschenien, sondern auch auf dagestanischem Boden gegen die Untergrundkämpfer

---

1173 Iskenderjan, in: Wostok Nr. 4 1999, S. 20.

1174 Halbach/Isaeva, in: SWP Studien 2015, S. 17–20.

1175 Ein „Jamaat“ ist eine islamische Religionsgemeinde, wie man sie heute z. B. noch in Ägypten kennt. Die Mitglieder orientieren sich zumeist stark an der islamischen Rechtsordnung, der Scharia, http://www.bpb.de/nachschlagen/lexika/islam-lexikon/21478/jamaat.

1176 Halbach, in: BIOst 2003, S. 34.

1177 Halbach, in: BIOst 2003, S. 34.

1178 Siehe Ausführungen unter Teil 2.A.VI.

1179 Koslatschkow, in: Wostok Nr. 6 1998, S. 25.

1180 Proskurjakov, in: Zeitschrift Osteuropa Heft 7/Juli 2006, S. 59–60.

1181 Souleimanov, S. 147; Iskenderjan, in: Wostok Nr. 4 1999, S. 20.

1182 Halbach/Isaeva, in: SWP Studien 2015, S. 17–22; Koslatschkow, in: Wostok Nr. 1 2000, S. 103.

vorzugehen und hinterließ dabei eine Spur der Verwüstung.[1183] Zahlreiche Dörfer wurden dem Erdboden gleichgemacht und das politisch ohnehin fragile Staatssystem in Dagestan geriet ins Wanken. Wie von Bassajew und seinen Anhängern beabsichtigt, führte das rücksichtslose Vorgehen des russischen Militärs gegen die Rebellen zu zahlreichen zivilen Opfern.[1184] Die Bevölkerung in den betroffenen Gebieten lief nun den Separatisten in Scharen zu. Der Hass über die russischen Bombardierungen und die einsetzende Perspektivlosigkeit machte viele Dagestaner zu Anhängern der tschetschenischen Separatisten.[1185] Ferner setzten die Untergrundkämpfer immer wieder gezielt Anschläge auf Politiker oder hochrangige Polizeioffiziere bzw. Militärs ein, um durch Ausschaltung der politischen Strukturen eine weitere Destabilisierung der Republik zu erreichen.[1186]

In den letzten Jahren stellte sich immer mehr heraus, dass die langjährigen Kampfhandlungen in der Republik Tschetschenien zu einer unausweichlichen Kettenreaktion führten, durch welche sich die anfangs lokalen Unruhen auch in den anderen Regionen des Nordkaukasus wie Dagestan oder Inguschetien ausweiteten.[1187] Die Konfrontation zwischen den bewaffneten Kämpfern der islamistischen Separatisten und den offiziellen Machtorganen nahm zusehends den Charakter eines aktiven Guerillakriegs[1188] einerseits und Anti-Terror-Operationen andererseits an. Die Situation in Dagestan nach Ausbruch des

1183 Koslatschkow, in: Wostok Nr. 1 2000, S. 103–104.

1184 Halbach/Isaeva, in: SWP Studien 2015, S. 17–21; Koslatschkow, in: Wostok Nr. 1 2000, S. 103–104.

1185 Halbach, in: BIOst 2003, S. 34–35; Halbach/Isaeva, in: SWP Studien 2015, S. 17–22; Koslatschkow, in: Wostok Nr. 1 2000, S. 103.

1186 Halbach, in: BIOst 2003, S. 34–35.

1187 Iskenderjan, in: Wostok Nr. 4 1999, S. 19–20.

1188 Die Operationen der Widerstandskämpfer lassen sich als Guerilla-Aktionen einstufen. Da die kaukasischen Separatisten aufgrund ihrer numerischen Untergelegenheit gegenüber den russischen Einheiten keine Konfrontation in einer „offenen“ Schlacht suchen können, ziehen sich die Einheiten immer wieder in die schwer zugänglichen Wälder der Gebirgsregionen zurück, um von dort massiert und konzentriert ausgewählte Ziele anzugreifen. Um sich der sodann drohenden Vergeltung bzw. Verfolgung durch russische Kampfeinheiten zu entziehen, rücken die kaukasischen Separatisten unmittelbar nach Abschluss der Aktion wieder vom Angriffsort ab. Dies macht es den russischen Einheiten sehr schwer, die Angriffe abzuwehren oder ganz zu verhindern.

Zweiten Tschetschenienkriegs im Jahre 1999 stellt ein anschauliches Beispiel für einen sich schleichend ausweitenden Bürgerkrieg dar.[1189]

b. Dagestan als eigener Kriegsschauplatz und Moskaus Einschätzung der Lage

Durch die eben angesprochene Entwicklung der Ereignisse in Dagestan und Tschetschenien ist die Lage in der Republik mittlerweile so angespannt, dass man Dagestan als eigenen, von den Kämpfen in Tschetschenien völlig losgelösten Kriegsschauplatz betrachten muss.[1190]

Fast täglich berichten russische Beobachter über Schießereien, Verhaftungen und groß angelegte Militäroperationen von Spezialeinheiten.[1191] Jedes Jahr werden zahlreiche Terroranschläge verübt, deren Anzahl in den vergangenen Jahren sogar höher war als in Tschetschenien. Dabei ist allerdings unklar, wie viele der Terroraktionen tatsächlich auf das Konto von islamistischen Gruppierungen gehen.[1192] Denn nicht immer lässt sich herausfinden, ob radikale Islamisten hinter den Anschlägen stecken oder ob es sich um Auseinandersetzungen zwischen rivalisierenden kriminellen Organisationen bzw. ethnischen Clans handelt. Offizielle Stellen sind bestrebt, Terroristen für die alltägliche Gewalt verantwortlich zu machen, um von anderen innenpolitischen Problemen abzulenken, aber gerade in Dagestan, wo die Gesellschaft mittlerweile stark kriminalisiert ist, sind die Grenzen zwischen Terrorismus und Kriminalität oft fließend.[1193]

Wie stark der islamistisch dominierte Widerstand in Dagestan tatsächlich ist, lässt sich schwer einschätzen. Ging man in den Jahren 2006/2007 von einer Zahl von etwa 1.000 bis 2.000 Mitgliedern terroristischer Vereinigungen aus, so schätzt man heute die Lage als etwas entschärft ein.[1194] Dabei variieren die Schätzungen zwischen weniger als 500 und annähernd 1.000 Kämpfern.[1195]

1189 Proskurjakov, in: Zeitschrift Osteuropa Heft 7/Juli 2006, S. 61.

1190 Koslatschkow, in: Wostok Nr. 6 1998, S. 25–26.

1191 In Dagestan wurden zahlreiche Truppenteile verschiedener Spezialkräfte aus Militär und Polizei eingesetzt. Zu den am häufigsten eingesetzten Spezialeinheiten gehörten die zuvor bereits erwähnten OMON-Kommandos, siehe dazu auch Ausführungen unter Teil 2.C.I.6.

1192 Perovic, in: ISN-Center for Security Studies ETH Zürich 2006, S. 18; Halbach/Isaeva, in: SWP Studien 2015, S. 17–22.

1193 Perovic, in: ISN-Center for Security Studies ETH Zürich 2006, S. 18; Halbach/Isaeva, in: SWP Studien 2015, S. 17–22.

1194 Perovic, in: Zeitschrift Osteuropa Heft 7/Juli 2006, S. 41.

1195 https://www.kavkaz-uzel.eu/articles/315125/.

Moskau ist sich dabei der Gefährlichkeit der Situation in Dagestan und im gesamten Nordkaukasus durchaus bewusst. Man hat die identischen Probleme wie in der Zwischenkriegszeit von 1997 bis 1999 in der Republik Tschetschenien ausgemacht. Die Lage ist gekennzeichnet von unklaren politischen Machtverhältnissen, einer stets zunehmenden Radikalisierung und Islamisierung von Teilen der Gesellschaft, einer grassierenden Korruption in der staatlichen Verwaltung, steigender Kriminalität, unkontrolliertem Banditentum sowie einer aussichtslosen Wirtschaftslage.[1196] Eine Studie im Jahr 2005[1197] hat ergeben, dass fast 10 % der dagestanischen Bevölkerung zu Waffengewalt bereit ist und sogar ein Drittel der Bevölkerung würde an illegalen Protestaktionen teilnehmen.[1198] Dabei spielte Moskau bei der Fehlentwicklung in Dagestan eine unglückliche Rolle. Jahrelang konzentrierte sich die russische Führung auf Tschetschenien und den Anti-Terror-Kampf, so dass die Strukturen sich in Dagestan ungehindert in die falsche Richtung entwickeln konnten.[1199]

Beobachter schätzen die Lage in Dagestan so ein, dass eine weitere Eskalation bis hin zu einem offiziellen, groß angelegten Krieg nicht unbedingt zu befürchten ist. Allerdings erkennt man an, dass die Spirale der Gewalt sich noch weiter drehen und dabei viele weitere Opfer fordern wird.[1200] Zudem geht man in Moskau davon aus, dass sich derzeit zahlreiche islamistische Krieger aus dem Kaukasus in Syrien aufhalten, um die dortigen Aufständischen gegen den amtierenden Präsidenten Baschar al-Assad zu unterstützen. Experten befürchten, dass im Falle der Rückkehr der Kämpfer die Gewalt in Dagestan erneut ansteigen könnte.[1201]

II. Völkerrechtliche Würdigung der gegenwärtigen Situation

Die Lage in Dagestan wird von der internationalen Staatengemeinschaft mit großer Sorge beobachtet. Obwohl es keinen offiziellen Krieg zwischen Russland

---

1196 Perovic, in: ISN-Center for Security Studies ETH Zürich 2006, S. 19; Halbach/Isaeva, in: SWP Studien 2015, S. 17–22.

1197 Es muss natürlich hinterfragt werden, wie repräsentativ diese Studie war bzw. auf welchen Fakten diese beruht. Es ist schwerlich vorstellbar, dass dagestanische Bürger offen zugeben würden, gewaltbereit zu sein.

1198 Perovic, in: Zeitschrift Osteuropa Heft 7/Juli 2006, S. 42.

1199 Perovic, in: Zeitschrift Osteuropa Heft 7/Juli 2006, S. 43; Halbach/Isaeva, in: SWP Studien 2015, S. 17–22.

1200 International Crisis Group, in: Europe Report 2008, S. 17.

1201 Kireev, in: DIE ZEIT Online vom 04.09.2013.

und der Republik gibt, ähneln die Zustände in der Region einem bewaffneten Konflikt. Viele junge Dagestaner haben sich den Untergrundkämpfern um Doku Umarow und seinen Rebellen angeschlossen und kämpfen für einen unabhängigen Gottesstaat. Viele Politiker sehen die Tschetschenienkriege als Auslöser der Unruhen in Dagestan. Neben den Gefechten zwischen radikalen Islamisten und russischen Sicherheitskräften gibt es in der Republik noch weitere Konfliktpunkte. So gibt es mehrere Streitigkeiten zwischen den vielen verschiedenen Ethnien um politische Teilhabe und Siedlungsräume. All dies führt zu einer aus völkerrechtlicher Sicht sehr angespannten Lage. Auch ist der Minderheitenschutz in der Republik relevant, da nirgendwo im russischen Nordkaukasus mehr verschiedene Ethnien[1202] in einer Republik zusammenleben (müssen), als dies in Dagestan der Fall ist.

1. Sezession

a. Sezessionstendenzen innerhalb Dagestans

Grundsätzlich brachten die Dagestaner den Sezessionsbestrebungen der tschetschenischen Nachbarn nicht sonderlich viel Sympathie entgegen.[1203] Der Hauptunterschied hinsichtlich des Sezessionspotenzials der Republiken Dagestan und Tschetschenien liegt in der Bevölkerungsstruktur. Die Tschetschenen sind geprägt von jahrhundertelangem Kampf gegen Russland, hatten unter den stalinistischen Deportationen zu leiden und konnten ein nationales Einheitsgefühl entwickeln. Die Dagestaner dagegen setzen sich aus einem bunten Völkergemisch zusammen, eine umfassende Nationalbewegung existiert nicht und die Bevölkerung ist weniger antirussisch geprägt.[1204] Bevor islamistische „Wahhabiten“[1205] nach dem ersten Tschetschenienkrieg begannen, auch in Dagestan ihr Unwesen zu treiben, gab es in der Republik Dagestan kaum Intentionen, sich aus der RF zu separieren. Erst durch die islamistische Unterwanderung verbreiteten sich zunehmend Abspaltungstendenzen von Russland. So versuchten im Mai 1998 die Brüder Chatschilajew[1206]

1202 Zu den einzelnen Ethnien und Volksgruppen siehe Ausführungen unter Teil 2.C.I.2.

1203 Siehe hierzu u. a. Halbach/Isaeva, in: SWP Studien 2015, S. 13.

1204 Halbach, in: BIOst 1999, S. 4

1205 Siehe Ausführungen unter Teil 1.G.III.2.

1206 Die Brüder Magomed Chatschilajew und Nadir Chatschilajew, welcher zuvor Duma-Abgeordneter in Moskau war, pflegten enge Kontakte zum Feldkommandeur Bassajew. Im Jahre 1998 stürmten die Brüder samt ihren Anhängern das

mit ihren Anhängern einen Putsch gegen die Republikregierung, wurden aber zurückgeschlagen.[1207]

Bereits 1997 hatten sich die Dörfer Karamachi und Tschabanmachi im Südwesten von Machatschkala zwar langsam, aber wild entschlossen von den staatlichen Verwaltungsstrukturen verabschiedet, da sie diese als „KGB-verseucht“ ansahen.[1208] Die beiden Dörfer galten als Hochburg der dagestanischen „Wahhabiten“ und zählten etwa 12.000 Einwohner. Zur Konfrontation mit staatlichen Sicherheitskräften kam es, als die Bewohner der Dörfer die örtliche Miliz entwaffneten und eine eigene Selbstverteidigungstruppe aufbauten. Danach deklarierten sie die Dörfer zu „unabhängigen islamischen Territorien“.[1209] Die dagestanischen Behörden ließen die Dorfbewohner zunächst gewähren, fürchteten dann aber doch, dass weitere Rebellen in die Region strömen könnten und dass die Unabhängigkeitserklärung anderen Regionen als Vorbild dienen könnte. Also mobilisierten sie die russische Armee, die mit Panzern und Luftstreitkräften eingriff.[1210] Nach mehrwöchigem Widerstand der Dorfbewohner wurde ein Friedensabkommen[1211] geschlossen, das den Einwohnern weitgehende Sicherheit vor staatlichen Eingriffen bot, wenn sie selbst nicht weiter die Strukturen der Republik Dagestan untergraben. Die Gemeinden leben seither im Rechtsregime der islamischen Scharia nahezu unbehelligt von dagestanischen Behörden.[1212]

Einen vorläufigen Höhepunkt erreichten die Sezessionsbestrebungen im August 1999, allerdings hauptsächlich verursacht von tschetschenischen Rebellen. Wie bereits kurz erwähnt,[1213] hatte die Republikführung kein großes Problem mit sich selbstständig verwaltenden islamischen Gemeinden, solange diese keine Bedrohung für die öffentliche Ordnung der Republik darstellten. Doch dann drangen am 6. August 1999 der tschetschenische Feldkommandeur Schamil Bassajew und sein Weggefährte Al-Chattab[1214] mit starken Kampfverbänden

---

Parlamentsgebäude in Machatschkala, wurden jedoch blutig zurückgeschlagen, http://www.aktuell.ru/rupol0010/morenews.php?iditem=918; http://www.aktuell.ru/russland/politik/ex-abgeordneter_chatschilajew_in_dagestan_ermordet_1803.html; http://library.fes.de/fulltext/id/01352.htm

1207 Halbach, in: BIOst 1996, S. 34.

1208 Quiring, Pulverfass Kaukasus, S. 121–122.

1209 Halbach, in: BIOst 1999, S. 2.

1210 Quiring, Pulverfass Kaukasus, S. 122.

1211 Halbach, in: BIOst 1999, S. 2; Halbach/Isaeva, in: SWP Studien 2015, S. 17–22.

1212 Halbach, in: BIOst 1999, S. 2.

1213 Siehe Ausführungen unter Teil 2.C.I.7.a.

1214 Für weitere Informationen siehe Ausführungen unter Teil 2.A.VI. mit entsprechenden Fußnoten.

nach Dagestan vor.[1215] Sie riefen einen pankaukasischen Dschihad[1216] gegen die russische Oberherrschaft aus und griffen in den „unabhängigen islamischen Territorien“[1217] in den Kampf ein.[1218] Da Moskau und auch die dagestanische Regierung diesen Konfliktherd durch das Friedensabkommen eigentlich als beseitigt angesehen hatten, waren sie nun gezwungen zu handeln. Russland schickte zur Unterstützung der dagestanischen Sicherheitskräfte Panzerverbände, Artillerie und Kampfflugzeuge, um der Bedrohung Herr zu werden. Schätzungen zufolge hatte Bassajew etwa 3.000 Mann unter seinem Kommando, die sich aus Tschetschenen, arabischen Söldnern, aber auch aus Jugendlichen aus der Region zusammensetzten. Es gelang ihm, elf Dörfer besetzt zu halten. Die Truppen Bassajews waren größtenteils schlachterprobt aus dem Ersten Tschetschenienkrieg und mit Panzerabwehrwaffen, Boden-Luft-Raketen und Maschinenkanonen bestens ausgerüstet.[1219]

Das russische Militär nutzte seine überlegene Waffentechnik aus und radierte die Siedlungen Karamachi und Tschabanmachi, mit denen man vor Bassajews Ankunft ein Friedensabkommen ausgehandelt hatte, fast vollständig aus.[1220] Nach knapp zwei Wochen zogen sich Bassajew und seine Kämpfer zunächst aus Dagestan nach Tschetschenien zurück, um im September erneut nach Dagestan vorzurücken. Bei dem erneuten Vorstoß wurden mehrere hundert Menschen getötet.[1221]

Diese Überfälle, die die tschetschenischen Rebellen offiziell unter dem Vorwand führten, um den „islamischen Territorien“ zur Unabhängigkeit zu verhelfen,[1222] waren der Auslöser für den Zweiten Tschetschenienkrieg.[1223] Russland sah sich nicht nur genötigt, die Rebellen aus Dagestan zurückzutreiben, sondern erneut in Tschetschenien militärisch zu intervenieren.

Für die Regierung in Machatschkala war der Krieg im August 1999 der Anlass dafür, den „Wahhabismus“ zu verbieten. Dabei bedachte man nicht, dass der islamistische Fundamentalismus dadurch lediglich in die Illegalität getrieben wird, dort aber munter weiter existiert. Durch das Verbot besteht nun die Problematik,

---

1215 Iskenderjan, in: Wostok Nr. 4 1999, S. 20.
1216 Halbach/Isaeva, in: SWP Studien 2015, S. 17.
1217 Halbach, in: BIOst 2003, S. 34; Halbach/Isaeva, in: SWP Studien 2015, S. 17.
1218 Halbach, in: BIOst 2003, S. 34.
1219 Halbach, in: BIOst 1999, S. 2–3.
1220 Quiring, Pulverfass Kaukasus, S. 122.
1221 Quiring, Pulverfass Kaukasus, S. 122.
1222 Halbach/Isaeva, in: SWP Studien 2015, S. 17–18.
1223 Siehe Ausführungen unter Teil 2.A.VI.

dass die Strukturen der islamischen Gemeinden noch undurchsichtiger wurden und für die Behörden praktisch nicht mehr kontrollierbar geworden sind.[1224] Viele moderate junge Muslime wurden durch das Gesetz zum Verbot des „Wahhabismus" und vor allem durch seine ungleiche, willkürliche Auslegung kriminalisiert.[1225]

Zahlreiche junge Männer schließen sich auch aus Verzweiflung und in der Hoffnung auf ein besseres Leben den Rebellen an.[1226] Der Bildungslevel in Dagestan gehört zu den schlechtesten der gesamten RF, entsprechend perspektivlos sehen viele junge Dagestaner in ihre Zukunft. Sie glauben an den islamischen Rechtsstaat, haben aber sonst kaum Vorstellungen von der realen Welt.[1227] Das macht sie zu geeigneten Empfängern von radikalen Lehren, die den Menschen ein besseres Leben in einem islamischen Gottesstaat vorspielen.[1228] In vielen Gegenden sind die Islamschulen mit ihren oftmals „wahhabitischen" Lehren die einzigen Schulen, die überhaupt existieren. Die Regierung hat das Problem der mangelnden Bildung zu lange vernachlässigt. Nun scheint das Land die Quittung dafür zu bekommen.[1229]

Zudem hat Dagestan noch weniger als Tschetschenien die wirtschaftliche Stabilität für eine Sezession von der RF. Es ist zu 90 % auf Subventionen angewiesen, um seinen Republikhaushalt zu bestreiten. Ferner gibt es in Dagestan fast keinerlei Wirtschaftsressourcen wie Erdöl oder ähnliche Rohstoffe.[1230]

b. Zulässigkeit einer Sezession Dagestans von der RF

Obwohl bereits klargestellt wurde, dass in Dagestan die Sezessionsbestrebungen längst nicht so stark ausgeprägt sind wie in der Nachbarrepublik Tschetschenien, so ist dennoch von Interesse, ob eine etwaige Sezession Dagestans völkerrechtlich zulässig wäre. Diese Frage stellt sich auch vor dem Hintergrund, dass der islamische Einfluss auf die Bevölkerung in Dagestan in den vergangenen Jahren zugenommen hat und immer mehr Einwohner mit der Idee eines unabhängigen Islamstaates sympathisieren.

1224 Halbach/Isaeva, in: SWP Studien 2015, S. 18; Quiring, Pulverfass Kaukasus, S. 122.

1225 Quiring, Pulverfass Kaukasus, S. 122.

1226 Halbach/Isaeva, in: SWP Studien 2015, S. 17–22; Iskenderjan, in: Wostok Nr. 4 1999, S. 19–20.

1227 Iskenderjan, in: Wostok Nr. 4 1999, S. 19–20.

1228 Halbach/Isaeva, in: SWP Studien 2015, S. 22.

1229 Magomedov, in: Russian analytical digest/Länder-Analysen 2009, S. 12.

1230 Halbach, BIOst 1996, S. 36.

Wie zuvor ausgeführt,[1231] kann es keinen völkerrechtlich anerkannten „Gottesstaat“ des Islam, wie es z. B das Kaukasus-Emirat[1232] zum Ziel hat, geben, weil die Voraussetzungen für einen eigenständigen Staat nicht vorliegen. Es ist an dieser Stelle in der gebotenen Kürze zu prüfen, ob grundsätzlich die Voraussetzungen für eine Sezession Dagestans vorliegen. Es kann insoweit grundsätzlich auf die Ausführungen hinsichtlich einer völkerrechtlich unzulässigen Abspaltung Tschetscheniens verwiesen werden.

Von einer vollständigen Nichtbeachtung des Selbstbestimmungsrechts kann auch in Dagestan nicht ausgegangen werden. So leben zwar sehr viele Ethnien in der Republik zusammen und nicht jeder kann politisches Mitspracherecht in der Weise gewährt werden, wie es die jeweilige Volksgruppe für sich beansprucht. Jedoch haben die Einwohner Dagestans allein anhand des Umstandes, dass sie eine Teilrepublik der RF bilden, wohl so viel politische Mitbestimmung, dass von einer vollständigen Missachtung des Rechts auf Selbstbestimmung, wie es für eine Sezession gefordert wird, in keiner Weise ausgegangen werden kann. Eine Erstarkung des Selbstbestimmungsrechts zum Sezessionsrecht anhand von Menschenrechtsverletzungen oder Verstößen gegen das humanitäre Völkerrecht[1233] kann in Dagestan ebenfalls nicht angenommen werden. So muss für Dagestan festgestellt werden, dass die Voraussetzungen für eine völkerrechtlich zulässige Abspaltung von der RF nicht vorliegen.

Russland wird ferner nicht von sich aus die Autonomiebestrebungen einer Teilrepublik fördern, da sich Moskau sonst mit der Problematik konfrontiert sähe, dass alle anderen Teilrepubliken in der RF (nicht nur im Nordkaukasus) auch mehr Eigenständigkeit oder sogar vollständige Unabhängigkeit fordern würden.

2. *Gewährleistung des Minderheitenschutzes in Dagestan unter dem Aspekt der Konflikte zwischen den einzelnen Ethnien*

Dagestan gilt als Spiegelbild der ethnischen Verhältnisse im Kaukasus. In der kleinen Kaukasusrepublik leben zahlreiche Volksgruppen vereint[1234] unter dem Dach einer Teilrepublik der RF. Bei so vielen, mitunter auch sehr kleinen Bevölkerungsgruppen kommt dem völkerrechtlichen Minderheitenschutz eine besondere Stellung zu.

1231 Siehe Ausführungen unter Teil 2.B.IV.

1232 Siehe Ausführungen unter Teil 2.B.

1233 Siehe hierzu Ausführungen unter Teil 1.D.II.

1234 Siehe Ausführungen unter Teil 2.C.I.1. und Teil 2.C.I.2.

Das ethnische Konkordanzmodell[1235], welches einen Ausgleich zwischen den einzelnen Ethnien der Republik sowie die Wahrung des politischen Mitspracherechts aller Volksgruppen gewährleisten sollte, ist gescheitert. Seitdem wird auch in Dagestan das Präsidialsystem praktiziert, dies bedeutet, dass der jeweilige Republikpräsident von der Duma in Moskau bestimmt wird. Russland ist dabei ersichtlich bemüht, bei der Wahl des Präsidenten auf die Interessen der beiden größten Ethnien in Dagestan (Awaren und Darginer) Rücksicht zu nehmen.[1236] Jedoch fühlen sich dadurch andere Gruppen wie die Lesginer oder die Kumyken benachteiligt. Allein dieses Beispiel zeigt, wie schwer es in Dagestan für Moskau ist, allen Interessen gerecht zu werden.[1237]

Insoweit muss man feststellen, dass es unmöglich ist, die Interessen und Ansprüche jeder noch so kleinen Ethnie in Dagestan zu befriedigen. Die Frage nach der Wahrung des Minderheitenschutzes kann also nicht so weit gehen, dass verlangt wird, dass jede einzelne Volksgruppe ihren Anspruch auf politische Mitsprache durchsetzen kann. Aufgrund der bereits herausgestellten unterschiedlichen Interessen der Volksgruppen ist dies schlicht nicht möglich. In diesem Zusammenhang ist klarzustellen, dass sich ohnehin nur die Volksgruppen auf den Minderheitenschutz berufen könnten, die in Dagestan tatsächlich auch in der (zahlenmäßigen) Minderheit sind. Das Volk der Awaren, welches die größte Ethnie in Dagestan darstellt, könnte sich schon allein deshalb nicht auf den Minderheitenschutz innerhalb Dagestan berufen.

In Dagestan behindern die dargestellten zwischenethnischen Spannungen[1238] die politische Entwicklung der Republik. Zudem herrschen auch innerhalb der einzelnen Volksgruppen nur selten Einigkeit und gemeinsame Willensbildungsstrukturen, so dass der Minderheitenschutz nicht zur Anwendung kommen kann, da schon nicht klar ist, welche Interessenäußerung der jeweiligen Volksgruppe denn nun geschützt werden soll. Die besonders in Dagestan immer noch bestehenden Clan-Strukturen erschweren die Entwicklung eines Solidaritäts- und Zusammengehörigkeitsgefühls innerhalb der Volksgruppen.

Zudem gilt auch in Dagestan, dass zumindest die kleineren Ethnien wie die Laken oder Lesgier auf einem relativ abgeschlossenen Territorium vornehmlich in den Bergregionen leben. Dies bedeutet, sie können in ihrem engeren Lebensraum ohne größere Beeinträchtigungen leben und aufgrund der Clan-Struktur

1235 Siehe Ausführungen unter Teil 2.C.I.3.

1236 Siehe Ausführungen unter Teil 2.C.I.3.

1237 Siehe Ausführungen unter Teil 2.C.I.3.

1238 Siehe Ausführungen unter Teil 2.C.I.2.b.

ist auch innerhalb dieses nach außen hin weitgehend abgeschlossenen Siedlungsgebietes ihr politisches Recht auf Mitbestimmung zumindest nicht völlig untergegangen. Es bedarf für diese Volksgruppen nicht des weitergehenden völkerrechtlichen Minderheitenschutzes.

Darüber hinaus dürfte es für die meisten Volksgruppen an der für das Eingreifen des völkerrechtlichen Minderheitenschutzes notwendigen Voraussetzung des territorialen Aktes fehlen. Minderheiten unterstehen nur dann dem besonderen Schutz des Völkerrechts, wenn sie durch einen völkerrechtlichen Akt überhaupt erst zur Minderheit wurden. Dazu gehören Grenzverschiebungen oder auch Staatengründungen. Die in Dagestan lebenden Volksgruppen sind aber gerade nicht durch die Gründung der Teilrepublik zu einer Minderheit geworden, sie lebten bereits vorher nicht in einem eigenen Staat und hätten folglich in keinem staatlichen Konstrukt die Mehrheit dargestellt.

Im Ergebnis lässt sich sagen, dass in Dagestan sicherlich nicht jede Ethnie das politische Mitspracherecht innehat, wie es sich die Gruppe vorstellen dürfte. Dies hat jedoch nicht automatisch zur Folge, dass der Minderheitenschutz nicht gewahrt wird. Aus den hervorgehobenen Aspekten wird deutlich, dass grundsätzlich in Dagestan nicht von einem Verstoß gegen den völkerrechtlich garantierten Minderheitenschutz auszugehen ist.

D. Republik Inguschetien (Inguschien)

I. Land, Einwohner und Historie

1. Die Republik und ihre Bevölkerung

Die Republik Inguschetien ist die flächenmäßig kleinste Republik innerhalb der RF.[1239] Knapp eine halbe Million Menschen leben dort, wobei mehr als 90 % der Bevölkerung dem Volksstamm der Inguschen angehören, weitere 5 % sind Tschetschenen und nicht einmal 1 % der Bevölkerung in Inguschetien sind Russen.[1240] Die vorherrschende Religion in Inguschetien ist der Islam in seiner traditionellen nordkaukasischen Ausprägung, aber auch die russisch-orthodoxe Kirche ist in der Republik präsent.[1241] Die größte Stadt der Republik ist Nasran, welche früher auch die Hauptstadt der Republik war und schließlich durch die

---

1239 http://www.gks.ru/doc_2010/demo.pdf.

1240 http://www.ethno-kavkaz.narod.ru/rningushetia.html; http://www.gks.ru/free_doc/new_site/population/demo/per-itog/tab7.xls.

1241 http://www.ingushetia.ru/.

neu errichtete Stadt Magas als Hauptstadt abgelöst wurde. Auch nach der offiziellen Ernennung von Magas zur Hauptstadt im Dezember 2002 blieb Nasran noch mehrere Jahre der Regierungssitz und die Verwaltungshochburg.[1242]

Wirtschaftlich gehört Inguschetien zu den ärmsten Regionen der RF. Einzige nennenswerte Einnahmequelle der Republik ist die Landwirtschaft sowie geringfügige Ölförderungen.[1243] Der Tourismus ist in Inguschetien aufgrund der hohen Kriminalitätsrate[1244] und der unmittelbaren Nachbarschaft zu der Krisenrepublik Tschetschenien praktisch nicht existent; alle bisher von der russischen Regierung in Gang gesetzten Subventionsprogramme hinsichtlich der Förderung des Tourismus scheiterten.[1245] Die Arbeitslosigkeit in der Region ist extrem hoch, die meisten erwerbstätigen Menschen sind im Sektor der Landwirtschaft beschäftigt, wobei oftmals diese Tätigkeit nur zur Selbstversorgung ausgeübt wird (Subsistenzwirtschaft).[1246]

2. Die Geschichte der Inguscheten (Inguschen)

Als frühe Vorfahren der Inguscheten (und auch der Tschetschenen) gelten die Wainachen[1247], deren erste Erwähnung in der Geschichte auf das achte Jahrhundert n. Chr. datiert. Im Zeitraum des achten bis zwölften Jahrhunderts besiedelten diese die Region der heutigen Republiken Tschetschenien und Inguschetien sowie Teile der benachbarten georgischen Gebirgsregionen. Der Volksstamm der Wainachen gehörte zwar dem Christentum an, jedoch war diese Christianisierung nicht sehr tiefgründig. Wie damals bei vielen kaukasischen Bergvölkern üblich, folgten auch die Wainachen ihren eigenen Riten und Bräuchen, auch verehrten sie oftmals Naturerscheinungen und andere Gottheiten. Im 13. Jahrhundert erreichten die Mongolen[1248] unter der Führung von Batu

---

1242 http://www.d-k-g.de/inguschetien.html.

1243 https://deutsch.rt.com/europa/73686-reisebericht-inguschetien-kleine-republik-im-kaukasus/.

1244 http://www.3sat.de/page/?source=/kulturzeit/themen/136402/index.html.

1245 https://deutsch.rt.com/europa/73686-reisebericht-inguschetien-kleine-republik-im-kaukasus/.

1246 http://www.d-k-g.de/inguschetien.html.

1247 Der Volksstamm der Wainachen gehört zu den ältesten Bevölkerungsgruppen des Nordkaukasus. Zu dieser antiken Ethnie gehören neben den Inguscheten auch die Tschetschenen, https://www.welt.de/print-welt/article322840/Volk-der-Wainachen.html; Jaimoukha, S. 31–32; Mark, Die Völker der ehemaligen Sowjetunion.

1248 Siehe Ausführungen unter Teil 2.C.I.5.a.

Khan[1249], dem Enkel von Dschingis Khan[1250], das Siedlungsgebiet der Wainachen. Diejenigen, die sich nicht den mongolischen Horden unterwerfen oder gar anschließen wollten, mussten ihre ursprüngliche Heimat verlassen und zogen aus dem Bergland hinab in die flacheren Gebiete der heutigen Nordteile von Tschetschenien und Inguschetien.[1251]

Die Gesellschaftsordnung der Wainachen war von georgischer, feudaler Prägung. An der Spitze der Hierarchie stand ein Fürst, gefolgt von niederem Adel bis hinunter zu Führern in den kleinsten Siedlungsräumen. Im 14. Jahrhundert wurde diese Gesellschaftsordnung durch den Mongolen Timur Lenk[1252] (besser bekannt als Tamerlan) vernichtet. Anders als vor ihm Batu Khan[1253] stieß der mongolische Kriegsherr, der in die Sippe des Dschingis Khan[1254] bzw. in die Familie seiner Nachfahren eingeheiratet hatte, nun auch in die Ebenen des Nordkaukasus vor, wo ein Jahrhundert zuvor die Wainachen Schutz gesucht hatten. Die Führungsschicht der Wainachen wurde weitgehend getötet oder versklavt, die Überlebenden zogen sich wieder in die Berge des Nordkaukasus bzw. an die Hänge des Vorgebirges zurück.[1255]

Aus der ehemaligen Feudalgesellschaft[1256] begann sich nun eine kriegerische Stammesgesellschaft zu entwickeln, bestehend aus etwa zehn Stämmen und über 100 sog. „Taips"[1257], was ungefähr so viel bedeutet wie Familienclan. Fürsten oder

---

1249 Batu Khan, geboren 1205 und gestorben 1255, war ein mongolischer Teilherrscher und gilt heute als Begründer der „Goldenen Horde". Er griff 1236 das russische Imperium an und eroberte zahlreiche russische Städte, Spuler, Die Goldene Horde. Mongolen in Russland.

1250 Dschingis Khan war ein mongolischer Herrscher, welcher die meisten der mongolischen Stämme zusammenführte und mit ihnen weite Teile Zentralasiens eroberte, Mackenzie, Dschingis Khan; Neumann-Hoditz, Dschingis Khan.

1251 Jaimoukha, S. 31.

1252 Siehe Ausführungen unter Teil 2.C.I.5.a.

1253 Siehe Ausführungen zuvor in diesem Kapitel bzw. in der entsprechenden Fußnote.

1254 Siehe Ausführungen zuvor in diesem Kapitel bzw. in der entsprechenden Fußnote.

1255 Jaimoukha, S. 33.

1256 Eine Feudalgesellschaft kennzeichnet sich dadurch, dass der Feudalherr (meist Adel oder geistliche Obrigkeit) Eigentümer über sämtlichen Grund und Boden in seinem Herrschaftsbereich ist. Darüber hinaus hat der Feudalherr die Verfügungsgewalt über sämtliche auf seinem Land lebenden Personen, was nicht selten zu einer Ausbeutung der Bevölkerung geführt hat, Berman; Recht und Revolution. Die Bildung der westlichen Rechtstradition.

1257 „Taips" sind Familienclans in der Gesellschaftsstruktur der Bergvölker im Nordkaukasus; http://waynakh.com/de/tschetschenen/tschetschenische-stammesverbande-tukhum-und-klans-taips/; http://www.shamsali.org/taj/chechnat.html#demo.

höherer Adel existierten nicht mehr. Damit waren die Wainachen nun eine Ausnahme unter den großen nordkaukasischen Völkern, denn diese Gesellschaftsstruktur mit Stämmen und Taips war eher unter den Völkern im damals recht dünn besiedelten Hochgebirge des Kaukasus verbreitet. Bei den meisten anderen Ethnien, die im flacheren Vorland des Kaukasus siedelten, existierte nach wie vor die Struktur, die auch die Wainachen vor dem Feldzug der Mongolen auswiesen, nämlich an der Spitze ein Fürst, gefolgt von Adel. Der Grund für diese Veränderung lag zum einen darin, dass viele der Adligen und Stammesführern den Krieg nicht überlebten und ganze Adelsfamilien einfach ausgelöscht wurden, zum anderen erkannten die Wainachen, dass die Stammesgesellschaft im Ernstfall eine bessere Wehrstruktur bietet. Man muss nun nicht mehr die Führung durch die Adligen abwarten, jeder Stamm kann im Angriffsfall selbst seine Verteidigung organisieren.[1258]

Zum Schutz vor weiteren Übergriffen der Mongolen begannen die Wainachen und auch andere kaukasische Bergvölker mit der Errichtung von zahlreichen Wehrtürmen[1259], die zum Teil heute noch erhalten sind. Die Republik Inguschetien brachte den kaukasischen Wehrturm als Nationalsymbol sogar auf ihr Wappen.[1260]

Erst im 15. und 16. Jahrhundert wagten sich die Wainachen[1261] wieder aus dem Bergland in die nördlicheren Steppen des Vorkaukasus und gliederten oft auch andere dort lebende Stämme in ihre Gesellschaft ein.[1262]

Ende des 17. Jahrhunderts und zu Beginn des 18. Jahrhunderts gerieten die Wainachen, die am Oberlauf des Flusses Terek siedelten, und die, die im Gebiet des heutigen Inguschetien siedelten, unter die Herrschaft der kabardinischen Tscherkessen[1263], während die Wainachen in anderen Siedlungsgebieten unabhängig blieben. Erst jetzt begann die getrennte Entwicklung der Tschetschenen und der Inguscheten.[1264]

Gleichzeitig verbreitete sich vom Volksstamm der Kumyken[1265] ausgehend zunehmend der Islam im Nordkaukasus. Ursprung dieser Islamisierung war die

1258 Jaimoukha, S. 35.

1259 Wehrtürme sind im Nordkaukasus weitverbreitet. Sie dienten der Verteidigung von ansässigen Familienclans und zum Schutz ganzer Siedlungen, Jaimoukha, S. 165 ff.; https://sputnik-georgia.com/interview/20160128/229941721.html.

1260 Jaimoukha, S. 34.

1261 Siehe Ausführungen oben mit entsprechender Fußnote.

1262 Quiring, Pulverfass Kaukasus, S. 129.

1263 Siehe Ausführungen unter Teil 2.E.I.1.

1264 Quiring, Pulverfass Kaukasus, S. 129.

1265 Siehe Ausführungen unter Teil 2.C.I.2.a.cc.

Region des heutigen Dagestans. Bis zum Ende des 18. Jahrhunderts waren die meisten Tschetschenen[1266] zum Islam konvertiert, auf der anderen Seite blieben noch bis Mitte des 19. Jahrhunderts viele der Inguscheten bei ihrem christlichen Glauben.[1267]

Um 1800 kam es zu ersten Kontakten mit Russland. Im Jahre 1784 gründeten die Russen in Wladikawkas[1268] eine Festung, die das südliche Russland vor den kaukasischen Bergvölkern schützen sollte. Bereits zuvor existierten dort einzelne russische Siedlungen sowie Feldlager der russischen Zarenarmee.[1269]

Im Jahr 1810 schlossen mehrere dominierende Stämme der Inguschen, die im nördlichen Teil der Region siedelten, eine Bündnisverpflichtung mit dem Russischen Reich, in der sie sich verpflichteten, dem russischen Zaren gegen alle Feinde des Landes beizustehen und dazu eine Zahl von 1.000 Mann an Truppen abzustellen.[1270] Gleichzeitig wurde in dem Vertrag die Errichtung der russischen Militärfestung Nasran geregelt, deren Bau die Inguschen zu unterstützen hatten. Offiziell diente diese Festung nach dem Vertrag zum Schutz der Inguschen, aber angesichts der Tatsache, dass es der russischen Armee nun ermöglicht wurde, dort eine bedeutende Zahl an Truppen in der Festung zu stationieren, diente dieser Posten sicherlich auch der Kontrolle der Inguschen, die ihre Loyalität zu dem Zarenreich noch nicht unter Beweis gestellt hatten. Die Festung Nasran wurde Teil der sog. „Kaukasuslinie", einer Reihe von Festungen, die Russland in Richtung Süden absichern sollte.[1271]

1816 verlegte die russische Armee die Kaukasuslinie an die Sunscha[1272], einem Nebenfluss des Terek. Im Zuge dieser Verlegung wurde den Inguschen ein sog. „Pristav" an die Hand gegeben, ein Verbindungsoffizier zum russischen Militär, der aber gleichzeitig die Aufgabe hatte, die Inguschen zu beaufsichtigen und auch zu kontrollieren, ob diese ihre Verpflichtung gegenüber dem Zarenreich auch einhalten würden.[1273]

1266 Siehe Ausführungen unter Teil 2.A.I.1.
1267 Quiring, Pulverfass Kaukasus, S. 130.
1268 Siehe Ausführungen unter Teil 2.G.I.
1269 http://german.ruvr.ru vom 29.09.2009: Inguschetien.
1270 Gammer, Muslime Resistance to the Tsar, S. 69–70.
1271 http://german.ruvr.ru vom 29.09.2009: Inguschetien; Gammer, Muslime Resistance to the Tsar, S. 69–70.
1272 Sunscha ist sowohl der Name einer Stadt als auch der Name eines kleinen Flusses in der russischen Teilrepublik Inguschetien.
1273 Gammer, Muslime Resistance to the Tsar, S. 69–70.

Obwohl es dadurch nicht gelang, die zunehmende Intensivierung der Inguschen einzudämmen, schlossen sich dennoch nur wenige Inguschen den Tschetschenen und Dagestanern an, die unter Imam Schamil[1274] von 1817 bis 1864 im Kaukasuskrieg gegen Russland[1275] zu Feld zogen. Viele Inguschen verhielten sich in dem Kaukasuskrieg neutral, jedoch gab es auch eine bedeutende Anzahl Inguschen, die die Russen in dem Krieg unterstützten. Die meisten dieser Unterstützer rekrutierten sich aus dem Raum um die Festung Nasran, wo sich die Inguschen offensichtlich aufgrund der Verträge von 1810 besonders den Russen zur Unterstützung verpflichtet sahen.[1276]

Nachdem Russland 1863/1864 den Krieg im Kaukasus an allen Fronten für sich entschieden hatte,[1277] wollte man weiteren Konflikten mit der islamischen Bevölkerung vorbeugen, indem man die besonders aufständischen Völker zur Auswanderung bewegte oder deportierte. Nach Abschluss der Deportationen waren die eng verwandten Völker der Inguschen und der Tschetschenen nun durch einen kosakischen Siedlungsriegel voneinander getrennt.[1278] Dies war ein weiterer Schritt in der Geschichte der Teilung und getrennten Entwicklung der Inguschen und Tschetschenen.[1279]

Mit Beginn der 1850er Jahre verbreitete sich zunehmend eine neue Form des Islamismus im Nordkaukasus und insbesondere in Inguschetien.[1280] Die „Qadiriyya"[1281], eine sufische Strömung des Islam unter der Führung von Scheich Kuntha Hadschi[1282], hielt Einzug in den Nordkaukasus. Durch die extensive Anbetung Allahs durch das „Dhikr", ein tägliches Gebet, welches sich grundlegend von der üblichen fünfmaligen Gebetszeit unterscheidet, geriet diese neue Form des Islamismus auch schnell in den Fokus der russischen Regionalverwaltung, die Moskau Bericht erstattete.[1283] Obwohl der Begründer dieser Ausprägung des Islam im Nordkaukasus, Kuntha Hadschi, seinen Anhängern den

1274 Siehe Ausführungen unter Teil 2.A.II.1.
1275 Siehe Ausführungen unter Teil 2.A.II.1.
1276 Gammer, Muslime Resistance to the Tsar, S. 71.
1277 Siehe Ausführungen unter Teil 2.A.II.1.
1278 Halbach, in: v. Gumppenberg/Steinbach (Hrsg.), S. 138.
1279 Halbach, in: v. Gumppenberg/Steinbach (Hrsg.), S. 138.
1280 Osthold, in: BpB 2016.
1281 Siehe Ausführungen unter Teil 1.G.I.
1282 Siehe Ausführungen und weitere Informationen in der entsprechenden Fußnote unter Teil 2.C.I.5a.
1283 Gammer, The Lone Wolf and the Bear, S. 68–69.

„quietistischen Islam"[1284] propagierte, kam es nun vermehrt zu gewalttätigen Zusammenstößen zwischen seinen Anhängern und Spähtrupps der russischen Armee. Um dieser neuen Bedrohung Herr zu werden, ließ Russland Kuntha Hadschi 1864[1285] verhaften, da sie ihn als Initiator des Widerstands ansahen. Die Fehleinschätzung, dass die Gewalttätigkeiten seiner Anhänger in der Region auf Hadschis Anweisung geschahen, wurde den russischen Behörden 1864 vor Augen geführt, als dessen Anhänger einen Aufstand gegen Russland anzettelten, welcher bis 1865 andauerte.[1286] Denn ohne die besänftigende Einwirkung Hadschis auf seine Gefolgsleute wurde die Glaubensrichtung zunehmend radikaler.[1287] Die meisten Aufständischen waren dabei Inguscheten. Im Zuge des Aufruhrs konvertierten nahezu alle verbliebenen Inguscheten ebenfalls zum Islam.[1288]

Inguschetien gehörte ab der Eingliederung in das „Gouvernement Kaukasus" im Jahr 1785 offiziell zum Russischen Zarenreich. 1822 wurde das Gouvernement in einen „Oblast"[1289] umgewandelt. Der Verwaltungssitz befand sich zunächst in Stawropol, bevor das Gebiet in „Oblast Stawropol"[1290] umbenannt wurde. Im Jahre 1860 wurde das „Oblast Terek" gegründet, zu welchem auch die Region um Inguschetien gehörte.[1291]

Nach dem Zusammenbruch des Zarenreiches wurde die „Tschetschenisch-Inguschetische Autonome Teilrepublik"[1292] gegründet und Inguschetien eingegliedert. Die Bevölkerung dieser ASSR wurde zunehmend alphabetisiert, dabei existierte sowohl eine tschetschenische Schriftsprache als auch eine inguschetische, was ebenfalls nicht dazu beitrug, dass diese beiden Völker sich wieder annäherten.[1293]

1284 Diese Form des Islam steht für das Heraushalten der Religion aus Angelegenheiten des Staates und der Politik.

1285 Siehe Ausführungen und weitere Informationen in der entsprechenden Fußnote unter Teil 2.C.I.5a.

1286 Siehe Ausführungen unter Teil 2.A.II.1.

1287 Gammer, The Lone Wolf and the Bear, S. 80.

1288 Gammer, The Lone Wolf and the Bear, S. 80–81.

1289 „Oblast" ist eine Verwaltungseinheit in Russland, siehe hierzu auch Ausführungen unter Teil 1.

1290 Siehe Ausführungen unter Teil 2.G.

1291 http://www.ingushetia.ru/culture/index.shtml.

1292 Die „Tschetscheno-Inguschische Sozialistische Autonome Sowjetrepublik" war eine Teilrepublik innerhalb der RSFSR.

1293 http://www.ingushetia.ru/culture/index.shtml.

Im Zweiten Weltkrieg erreichte 1943 die Deutsche Wehrmacht den Kaukasus und besetzte dabei auch Teile von Tschetscheno-Inguschetien.[1294] Die Tschetschenen und die Inguscheten wurden nach dem Zurückweichen der deutschen Truppen kollektiv der Kollaboration mit den Deutschen beschuldigt.[1295] Als Strafe wurden beide Volksgruppen fast vollständig zu Beginn des Jahres 1944 nach Kasachstan deportiert.[1296]

Erst 1957 wurden die beiden Völker rehabilitiert und durften zumindest teilweise in ihre alte Heimat zurückkehren.[1297] Die Rückkehr in den Rayon Prigorodni, zu welchem mit dem Dorf Anguscht auch die Ursprungsstätte der Inguscheten gehört, wurde den Inguscheten jedoch verweigert und mit Gebieten nördlich des Terek kompensiert.[1298] Diese Gebiete gehören heute aber ausschließlich zu Tschetschenien. Der Rayon Prigorodni[1299] wurde später Nordossetien zugesprochen, was zu schweren Auseinandersetzungen zwischen Osseten und Inguscheten führen sollte, worauf im Rahmen der völkerrechtlichen Beurteilung noch zurückgekommen wird.[1300]

Noch während des Bestehens der Sowjetunion wurde am 1. Oktober 1992 vom Obersten Sowjet der RSFSR die Teilung von Tschetscheno-Inguschetien beschlossen.[1301] Diese Teilung wurde aber erst nach dem Ende der UdSSR (21. Dezember 1991) am 10. Dezember 1992 vollzogen. Durch eine Verfassungsänderung wurde Inguschetien zu einer eigenständigen Republik innerhalb der RF.[1302]

1294 Siehe Ausführungen oben mit entsprechender Fußnote.

1295 Die Inguscheten teilten insoweit das Schicksal zahlreicher anderer Kaukasusvölker. Siehe hierzu auch Ausführungen unter Teil 2.A.II.3.

1296 Halbach, in: v. Gumppenberg/Steinbach (Hrsg.), S. 138.

1297 Siehe hierzu auch Ausführungen unter Teil 2.A.II.3.

1298 Halbach, in: v. Gumppenberg/Steinbach (Hrsg.), S. 138–139.

1299 Der Rayon Prigorodni ist eine Verwaltungseinheit in der Teilrepublik Nordossetien-Alanien innerhalb der RF. In dieser Verwaltungseinheit leben noch heute mehrheitlich Inguschen, was zu fortlaufenden Spannungen zwischen den beiden Teilrepubliken Inguschetien und Nordossetien-Alanien führt, http://www.policy.hu/sokirianskaia/research.html; https://www.rand.org/pubs/conf_proceedings/CF129.html.

1300 Halbach, in: v. Gumppenberg/Steinbach (Hrsg.), S. 138–139.

1301 Halbach, in: v. Gumppenberg/Steinbach (Hrsg.), S. 142.

1302 Halbach, in: v. Gumppenberg/Steinbach (Hrsg.), S. 142.

3. *Innenpolitische Entwicklung*

Inguschetien bildete bis zum Jahr 1992 mit der Nachbarrepublik Tschetschenien eine binationale Gebietseinheit. Im Juni 1992 konstituierte sich Inguschetien als eigene Gebietseinheit und löste sich damit aus dem Bündnis mit den eng verwandten Tschetschenen. In Abgrenzung zu dem tschetschenischen Separatismus erklärten die Inguscheten im Frühjahr 1993 demonstrativ ihre Zugehörigkeit zur RF. Dies war eine der ersten politischen Amtshandlungen des damaligen Präsidenten Ruslan Auschew[1303].[1304]

Aufgrund der seitens Moskau vermuteten Sympathie von Präsident Auschew für die Tschetschenen[1305] löste Präsident Wladimir Putin ihn schließlich im Dezember 2001 ab und ersetzte ihn durch Murat Sjasikow[1306], der allerdings ebenfalls die Moskauer Erwartungen im Endeffekt nicht erfüllen konnte.[1307] Präsident der Republik ist seit dem 30. Oktober 2008 Junus-Bek Jewkurow[1308].

1303 Ruslan Sultanowitsch Auschew, geboren am 29. Oktober 1954 in Wolodarskoje/Sowjetunion, war ein sowjetischer Politiker. Er bekleidete das Amt des Präsidenten der Teilrepublik Inguschetien von 1993 bis 2001. Dieser ist wohl immer noch der beliebteste Politiker in der Republik seit ihres Bestehens. Denn während der beiden Tschetschenienkriege hielt Auschew sein Land geschickt aus dem Konflikt heraus, obwohl Moskau sich nur zu gerne eine Positionierung auf Seiten der russischen Streitkräfte gewünscht hätte. So aber nahm Auschew hunderttausende Flüchtlinge aus dem benachbarten Tschetschenien auf und tolerierte dabei auch, dass sich tschetschenische Rebellen in Inguschetien aufhielten und neu organisieren konnten, ohne diese dabei aber aktiv zu unterstützen, Berie, in: Berie/Kobert/Ulrich;Franke/Wollenweber, in: Wostok Nr. 1 2003, S. 10; Grobe-Hagel, S. 21.

1304 Halbach, in: v. Gumppenberg/Steinbach (Hrsg.), S. 76.

1305 Siehe Ausführungen in der Fußnote zu Ruslan Auschew.

1306 Murat Magometowitsch Sjasikow, geboren am 10. September in Osch/Sowjetunion, war von April 2002 bis Oktober 2008 Präsident der Teilrepublik Inguschetien. Menschenrechtsorganisationen werfen ihm vor, die Gewalt und Korruption in Inguschetien nicht ausreichend bekämpft zu haben, https://www.hrw.org/legacy/english/docs/2008/06/24/russia19194.htm.

1307 Quiring, Pulverfass Kaukasus, S. 152.

1308 Junus-Bek Bamatgirejewitsch Jewkurow, geboren am 29. Juli 1963 in Tarskoje/Nordossetien, ist seit dem 31.Oktober 2008 Präsident der russischen Teilrepublik Inguschetien. Er ist ein ehemaliger Oberst des Geheimdienstes GRU. Der zum Zeitpunkt der Amtsübernahme 45-Jährige wurde für seine Einsätze im Zweiten Tschetschenienkrieg mit dem Titel „Held der Russischen Föderation“ ausgezeichnet. Weitere Meriten verdiente sich der Oberst durch seinen militärischen Erfolg während der Kosovo-Krise. Als Kommandeur einer Fallschirmjägereinheit erlangte Jewkurow landesweite Aufmerksamkeit, als er mit seiner 200 Mann starken Truppe im Jahr

Der wohl schlimmste Vorfall in der Republik ereignete sich am Rande des Zweiten Tschetschenienkrieges im Juni des Jahres 2004. Am 21. Juni /22. Juni 2004 griffen etwa 200 tschetschenische Widerstandskämpfer die Stadt Nasran an, die damalige Hauptstadt der Inguschetischen Republik.[1309]

1999 den Flughafen von Pristina im Kosovo eingenommen hatte und damit den NATO-Truppen zuvorkam, die es ebenfalls auf die Sicherung des Flughafens abgesehen hatten. Eines der Hauptprobleme, mit dem Jewkurow in Inguschetien zu kämpfen hat, ist die hohe Arbeitslosigkeit von über 50 % und dem damit entstehenden Missverhältnis zwischen Arm und den ganz wenigen Superreichen. Diese bestehende Hoffnungs- und Perspektivlosigkeit spielt natürlich den militanten Gruppen in die Karten, die Kämpfer für den Feldzug gegen Moskau suchen, dabei auch in Inguschetien unterwegs sind und kriegswilligen Männern und Frauen oftmals ein für dortige Verhältnisse hohes Anwerbungsgeld bieten, http://www.ingushetia.ru/president/; http://www.warheroes.ru/hero/hero.asp?Hero_id=7669; Bidder, in: Spiegel Online vom 22.06.2009; Ackeret, in: NZZ Online vom 28.03.2009.

1309 Der Rebellen-Angriff zielte besonders auf das Regierungsviertel der Stadt Nasran. Die Rebellen blieben lange unentdeckt, da sie zunächst nach und nach sämtliche Wachposten auf der Straße nach Nasran ausschalteten, zudem starteten sie gleichzeitig Ablenkungsvorstöße auf die Städte Karabulak und Sleptosowsk, um die russischen Streitkräfte in der Region zu verwirren. Als sie dann Nasran erreichten, rückten die Rebellen zunächst auf Polizeiwachen und russische Armeeposten vor und versuchten, diese zu stürmen. Dann begann der Vorstoß auf das Regierungsviertel. Dabei steckten sie das Innenministerium und weitere Gebäude in Brand. Als russische Sicherheitskräfte und Truppen das Gebiet erreichten, kam es zu einem erbitterten Schusswechsel, welcher sich über die ganze Nacht hinzog. Bei den nächtlichen Feuergefechten wurden über 90 Menschen getötet. Im Morgengrauen des 22. Juni 2004 zogen sich die tschetschenischen Angreifer zurück. Die russische Armee verfolgte die abziehenden Widerstandskämpfer mit Kampfhubschraubern und stellte diese auf ihrem Rückzug an der tschetschenischen Grenze, wo es wiederum zu längeren Feuergefechten kam, bei denen mehrere Rebellen ums Leben kamen. Die Verantwortlichkeit für diesen Angriff auf Nasran konnte bis heute nicht endgültig geklärt werden. Zunächst lagen dem russischen Geheimdienst Informationen vor, dass der tschetschenische Rebellenführer Schamil Bassajew den Vorstoß geplant habe. Jedoch ging man auch davon aus, dass Bassajew nicht ohne Einverständnis des damaligen tschetschenischen Präsidenten Maschadow, den Russland nicht anerkannte, gehandelt habe. So musste zumindest von einer indirekten Beteiligung Maschadows ausgegangen werden. Für eine Unterstützung der Angriffspläne durch Maschadow spricht die Tatsache, dass sich dieser kurz vor dem Übergriff auf Inguschetien in einem Radiointerview dahingehend äußerte, dass die tschetschenischen Widerstandskämpfer eine Taktikänderung planten. Laut seiner Aussage wollte man nun auf große Angriffe anstatt auf kleinere Sabotageakte setzen, Ackeret, in: NZZ

Der damalige Präsident Inguschetiens Sjasikow[1310] vertrat die Ansicht, der Angriff sollte dazu dienen, um die gesamte Region zu destabilisieren und die russische Armee dazu zu zwingen, ihre Truppen nicht nur auf Tschetschenien selbst zu konzentrieren. Tatsächlich sah sich Moskau in der Folgezeit gezwungen, tausende Soldaten nach Inguschetien zu verlegen, um dort weiteren Angriffen tschetschenischer Rebellen entgegentreten zu können.[1311]

An der heiklen Sicherheitslage in der Republik Inguschetien hat sich auch seit der Amtsübernahme von Jewkurow[1312] nur wenig verändert. Von einer kurzfristigen Besserung gehen die Behörden eher nicht aus, im Gegenteil, sie befürchten eine weitere Zunahme der Gewalt, gerade in den Sommermonaten. In der wärmeren Jahreszeit sei es für die Untergrundaktivisten noch leichter, sich in Inguschetien zu verschanzen, da man nun auch leicht im Freien in den Wäldern kampieren könne und nicht mehr auf Wohnsiedlungen oder Dörfer angewiesen sei, so ein Regierungssprecher.[1313]

II. Rechtliche Würdigung der innerrussischen Konflikte

In Inguschetien stehen unter rechtlichen Gesichtspunkten vor allem die Problematik hinsichtlich des Konfliktes Inguschetiens mit den Nachbarrepubliken, die sezessionistischen Tendenzen innerhalb der Republik, die Deportation der Inguscheten im Zweiten Weltkrieg sowie die Frage nach der Wahrung des Minderheitenschutzes bezüglich der in Inguschetien lebenden Tschetschenen im Fokus.

1. Konflikte mit den Republiken Tschetschenien und Nordossetien

a. Spannungen mit Tschetschenien

Es kommt immer wieder zu Auseinandersetzungen mit der Nachbarrepublik Tschetschenien.[1314] Obwohl die Völker der Tschetschenen und der Inguscheten ethnisch eng miteinander verwandt sind und beide Völker auch bis Mitte 1992

Online vom 28.03.2009; Quiring, Pulverfass Kaukasus, S. 150; http://www.rp-online.de vom 22.06.2004.

1310 Siehe Ausführungen zuvor in diesem Kapitel mit entsprechender Fußnote.

1311 http://www.rp-online.de vom 22.06.2004

1312 Siehe Ausführungen zuvor in diesem Kapitel mit weiteren Informationen in der Fußnote.

1313 Ackeret, in: NZZ Online vom 28.03.2009.

1314 Tatunz, in: Hettlage/Wagner/Deger (Hrsg.), S. 223.

eine binationale Gebietseinheit bildeten, ist diese frühere Verbundenheit mittlerweile den Streitigkeiten über Gebietszugehörigkeiten gewichen.[1315]

Der tschetschenische Präsident Ramsan Kadyrow[1316] hat den Kreis Sunschenskoje und große Teile des Kreises Malgobekski für seine Republik beansprucht, obwohl beide Gebiete offiziell der Autonomen Republik Inguschetien zugehörig sind.[1317] Kadyrow betont, dass er nicht zurückstecken werde, was den Anspruch auf tschetschenisches Territorium betrifft. Allerdings werde er auch keinen fremden Boden für Tschetschenien proklamieren. Er könne historische Dokumente vorlegen, die beweisen sollen, dass die fraglichen Gebiete Teil der Republik Tschetschenien seien. Gleichzeitig bezichtigt er den inguschetischen Präsidenten Jewkurow[1318], zur Spaltung der tschetschenischen und der inguschetischen Völker beizutragen.[1319]

Streitigkeiten über die Zugehörigkeit von einzelnen Gebieten oder ganzen Landstrichen sind im Nordkaukasus nicht unüblich. Sie resultieren daher, dass bei der Gründung der autonomen Republiken zu Sowjetzeiten keinerlei Rücksicht auf Volkszugehörigkeiten genommen wurde und die Grenzen zwischen den Republiken meist willkürlich am Reißbrett gezogen wurden.[1320] Mitsprache oder Anhörungen der Kaukasusvölker wurde dabei nur sehr selten gewährt. Diese Territorialkonflikte flammten in den letzten Jahren immer wieder auf.[1321] Meistens berufen sich beide Seiten auf angeblich historische Dokumente, bei welchen es oftmals sehr schwer ist zu erkennen, ob diese echt oder gefälscht sind.

1315 Endres, S. 120.

1316 Siehe Ausführungen unter Teil 2.A.VII.

1317 Ballin, in: Russland-Heute Online vom 04.09.2012.

1318 Siehe Ausführungen unter Teil 2.D.I.3. mit weiteren Informationen in der entsprechenden Fußnote.

1319 Ballin, in: Russland-Heute Online vom 04.09.2012.

1320 Tschinarichina, in: Wostok Nr. 2 1993, S. 13, weist darauf hin, dass zum Beispiel das Territorium Nordossetiens nach 1944 auf Kosten Tschetscheno-Inguschetiens, Kabardino-Balkariens und der Region Stawropol vergrößert wurde.

1321 Tatunz, in: Hettlage/Wagner/Deger (Hrsg.), S. 223; Malek, in: FAZ.NET vom 16.02.2014.

b. *Bewaffnete Auseinandersetzungen mit Nordossetien bis zum Ende der Sowjetunion unter besonderer Berücksichtigung der Deportation des inguschetischen Volkes*

aa. *Politische Entwicklung*

Ebenso führt die Grenze zum benachbarten Nordossetien zu Streitigkeiten.[1322] Der Bezirk Prigorodni (Vorstadtbezirk) zwischen der Hauptstadt Nordossetiens Wladikawkas und Nasran, der größten Stadt Inguschetiens, ist der zentrale Punkt der Spannungen zwischen Inguschetien und Nordossetien.[1323] Diesen Bezirk proklamiert Inguschetien für sich, obwohl er offiziell der Republik Nordossetien zugehörig ist. Die Besitzproklamation stützen die Inguscheten hauptsächlich auf die Tatsache, dass nach der Aufteilung der binationalen Gebietseinheit im Jahr 1992 mit Tschetschenien von dort über 60.000 Inguscheten vertrieben wurden, denen fast allen bis heute die Rückkehr verweigert oder erschwert wird.[1324]

Der Konflikt um Prigorodni zwischen Nordossetien und Inguschetien ist der einzige offizielle zwischennationale Konflikt auf dem Territorium der RF.[1325] Der Rayon (Bezirk) Prigorodni gilt historisch als von Inguscheten besiedeltes Gebiet.[1326] Ab 1922 gehörte der Bezirk des damaligen Autonomen Gebietes Inguschetien an. Im Januar 1934 wurde Prigorodni in die wiederbegründete Autonome Sowjetrepublik (ASSR) der Tschetschenen und Inguscheten eingegliedert.[1327] Nachdem Stalin im Jahr 1944 viele Tschetschenen und Inguscheten als Bestrafung für eine vermeintliche Kollaboration mit der Deutschen Wehrmacht nach Sibirien und Kasachstan hatte deportieren lassen, wurde der Rayon der Nordossetischen ASSR angeschlossen und mit ossetischen Familien und Volksstämmen besiedelt.[1328] Im November 1956 beschloss das Zentralkomitee der Kommunistischen Partei der Sowjetunion, dass die nationale Autonomie des tschetschenischen und inguschetischen Volkes wiederhergestellt werden sollte

---

1322 Tatunz, in: Hettlage/Wagner/Deger (Hrsg.), S. 223; Malek, in: FAZ.NET vom 16.02.2014.

1323 Malek, in: FAZ.NET vom 16.02.2014; http://www.policy.hu/sokirianskaia/research.html.

1324 Ackeret, in: NZZ Online vom 28.03.2009.

1325 Halbach, in: v. Gumppenberg/Steinbach (Hrsg.), S. 138–139.

1326 Siehe auch Ausführungen unter Teil 2.D.I.2.

1327 Endres, S. 121.

1328 Siehe auch hierzu Ausführungen unter Teil 2.D.I.2., Malek, in: FAZ.NET vom 16.02.2014; https://de.qantara.de/inhalt/konflikt-im-nordkaukasus-welche-rolle-spielt-die-religion.

und dass die 1944 deportierten Völker in ihre alte Heimat zurückkehren durften.[1329] Dieser Beschluss sah allerdings auch vor, dass der Rayon Prigorodni im Territorium der Nordossetischen ASSR verbleiben sollte. Als Entschädigung für den Gebietsverlust an die Osseten wurden der tschetschenisch-inguschetischen ASSR drei Bezirke aus dem Territorium der benachbarten Region Stawropol zugesprochen.[1330] Die Inguscheten versuchten, dennoch wieder in ihrer alten Heimat in Prigorodni zu siedeln, aber die nordossetischen Behörden taten alles, um ihnen die Rückkehr so schwer wie möglich zu machen.[1331] Die getroffenen Maßnahmen reichten von Nichterteilung von Aufenthaltsgenehmigungen an Inguscheten bis hin zum Arbeitsverbot für die Heimkehrer.[1332]

Im April 1991 schließlich verabschiedete der Oberste Sowjet der Russischen Sozialistischen Föderativen Sowjetrepublik (RSFSR) das Gesetz „Über die Rehabilitierung der repressierten Völker"[1333], in welchem neben anderen Bestimmungen die vollständige territoriale Rehabilitierung der Inguscheten geregelt wurde. Im Juni 1992 erging das Gesetz „Über die Bildung der Republik Inguschetien im Bestand der Russischen Föderation"[1334]. Allerdings legte dieses Gesetz noch keine Demarkationslinien für die Grenzen der Republik fest.[1335]

bb. Rechtliche Betrachtung

Die von Stalin durchgeführte Deportation des inguschetischen Volkes[1336] verstieß gegen das völkerrechtliche Vertreibungsverbot.[1337] Grundsätzlich stünde den damals vertriebenen Inguscheten das Recht zu, wieder in ihre alten

1329 Malek, in: FAZ.NET vom 16.02.2014.

1330 Wassiljewa, in: Untersuchungen des FKKS 7/1995, S. 20.

1331 Tatunz, in: Hettlage/Wagner/Deger (Hrsg.), S. 223.

1332 Cheterian, S. 235.

1333 Artikel 6 des Gesetzes „Über die Rehabilitierung der repressierten Völker" sieht eine „territoriale Rehabilitierung" vor. Daraus leiten die Inguscheten (zum Unmut der Nordosseten) einen Anspruch auf Rückgliederung des Rayons Prigorodni in die Republik Inguschetien ab, Malek, in: FAZ.NET vom 16.02.2014.

1334 In dem Gesetz kam auch der überwiegende Wille der Inguscheten zum Ausdruck, im Staatsverband der RF zu verbleiben, anstatt die tschetschenischen Bestrebungen nach Sezession und völliger Eigenständigkeit zu unterstützen, http://www.fr.de/politik/spezials/chronik-des-tschetschenischen-konflikts-a-1203401; http://de.rian.ru vom 28.10.2006.

1335 http://de.rian.ru vom 28.10.2006.

1336 Siehe Ausführungen unter Teil 2.D.I.2.

1337 Siehe Ausführungen unter Teil 1.F.

Siedlungsgebiete zurückkehren.[1338] Die folgenden Generationen können dieses Recht nicht mehr für sich beanspruchen.[1339] Da heute nicht mehr viele der damals Vertriebenen am Leben sind, ist die Zahl derer, die rechtmäßigerweise einen Anspruch auf Rückkehr in die ursprüngliche Heimat erheben könnte, überschaubar.

Hier ist jedoch klar zu differenzieren zwischen der Geltendmachung des Rechts auf die Heimat[1340] und den seitens der Republik Inguschetien erhobenen Ansprüchen auf die Zugehörigkeit des Rayons Prigorodni. Der von Inguschetien geäußerte Gebietsanspruch muss losgelöst von dem Recht auf die Heimat betrachtet werden. Schon die Schutzrichtung des Rechts auf die Heimat differiert von den staatlichen Interessen Inguschetiens. So soll das Recht auf die Heimat dem Individuum, welcher aus seinem Siedlungsgebiet vertrieben/deportiert wurde, die Möglichkeit eröffnen, dorthin zurückzukehren. Inguschetien hingegen versucht, ein Gebiet, welches im Zuge von Grenzverschiebungen in der Sowjetunion an eine andere autonome Teilrepublik fiel, wieder einzugliedern. Ein solches Bestreben wird nicht vom Recht auf die Heimat geschützt.

Inguschetien hat ein Teil seines Gebietes an Nordossetien verloren, wobei man sagen muss, dass der Rayon Prigorodni zum Staatsgebiet der RF gehört. So ist schon fraglich, ob Inguschetien als Teilrepublik, der lediglich einige Autonomierechte gewährt werden, sich überhaupt eines Anspruchs auf ein bestimmtes Gebiet berühmen kann oder ob nicht Russland als Völkerrechtssubjekt seine Verwaltungseinheiten beliebig aufteilen kann. Dies muss jedoch vorliegend nicht abschließend geklärt werden, da jedenfalls Inguschetien im Zuge des Verlustes des Rayons Prigorodni durch drei Bezirke aus der Region Stawropol entschädigt wurde.[1341] Es gab also das Bestreben seitens der RF bzw. der Sowjetunion, die damals bestehende ASSR für den Gebietsverlust zu entschädigen, indem man die Republik an anderer Stelle gebietsmäßig vergrößerte.

Aus dem Umstand, dass im April 1991 die vollständige territoriale Rehabilitierung Inguschetiens geregelt wurde, ließe sich zwar einerseits schließen, dass damit auch gemeint war, dass der Rayon Prigorodni zurück an Inguschetien sollte. Andererseits kann man angesichts der Tatsache, dass im Rahmen des Gesetzeserlasses keine neuen Demarkationslinien für die Republik festgelegt wurden, davon ausgehen, dass die damals geltenden Grenzen Bestand haben

1338 Malek, in: FAZ.NET vom 16.02.2014.

1339 Siehe Ausführungen unter Teil 1.F.IV.

1340 Siehe Ausführungen unter Teil 1.F.I.

1341 Malek, in: FAZ.NET vom 16.02.2014.

sollten und daher der Rayon Prigorodni bei der Republik Nordossetien verbleiben sollte. Hierfür spricht insbesondere, dass ein bereits angesprochener Beschluss aus dem Jahr 1956 festlegte, dass der Rayon zu Nordossetien gehören sollte.[1342] Da dieser Beschluss formell nie aufgehoben oder auf andere Art beseitigt wurde, besitzt dieser noch Gültigkeit. Dazu kommt noch, dass eben auch keine neuen Demarkationslinien für die Republiksgrenzen Inguschetiens festgelegt wurden.[1343] Insgesamt lässt sich daraus schließen, dass die Grenzziehung von 1956 weiterhin Bestand haben soll. Daher muss man unter Berücksichtigung des Vorstehenden zu dem Ergebnis kommen, dass Inguschetien wohl innerstaatlich keinen Anspruch auf den Rayon Prigorodni haben dürfte.

c. *Bewaffnete Auseinandersetzungen mit Nordossetien nach dem Zusammenbruch der Sowjetunion*

aa. *Politische Entwicklung*

Ungeachtet dessen kam es nach dem Zusammenbruch der Sowjetunion am 31. Oktober 1992 im Raum des Rayons Prigorodni zur bewaffneten Eskalation der Streitigkeiten zwischen den Inguscheten und den Osseten über die Zugehörigkeit des Gebietes.[1344] Inguschetische Angreifer rückten in den Rayon vor, wurden jedoch von den Osseten in den Folgetagen zurückgeschlagen. Die ossetischen Soldaten wurden dabei von über 60.000 russischen Soldaten sowie zahlreichem Kriegsmaterial unterstützt.[1345] Die russischen Streitkräfte etablierten eine provisorische Verwaltung in dem umkämpften Rayon Prigorodni. Der Krieg dauerte bis einschließlich des 4. Novembers 1992 und kostete insgesamt 583 Menschen das Leben; fast 1.000 wurden verwundet.[1346] Zudem mussten alle Inguscheten (etwa 30.000), die in dem Rayon lebten, ihre Häuser und Dörfer verlassen und auf das Territorium der Republik Inguschetien umsiedeln.[1347] Die Gebietsansprüche auf den Rayon gaben die Inguscheten allerdings bis heute nicht auf und

---

1342 http://de.rian.ru vom 28.10.2006; http://www.ag-friedensforschung.de/regionen/Russland/ossetien.html.

1343 http://de.rian.ru vom 28.10.2006; http://www.ag-friedensforschung.de/regionen/Russland/ossetien.html.

1344 Tscherwonnaja, in: Halbach/Kappeler (Hrsg.), S. 254.

1345 Tscherwonnaja, in: Halbach/Kappeler (Hrsg.), S. 256.

1346 Malek, in: FAZ.NET vom 16.02.2014; http://www.fr.de/politik/spezials/chronik-des-tschetschenischen-konflikts-a-1203401.

1347 Quiring, Pulverfass Kaukasus, S. 151.

fordern mit ständiger Regelmäßigkeit eine Wiedereingliederung Prigorodnis in die Autonome Republik Inguschetien.[1348]

Im April 2005 forderte die russische Regierung in Moskau über ihre für die autonomen Republiken im südlichen Russland zuständigen Bevollmächtigten, den damaligen Präsidenten von Inguschetien Murat Sjasikow[1349] und den damaligen Präsidenten von Nordossetien Alexander Dsassochow[1350], auf, die Streitigkeiten um Prigorodni beizulegen und zur Aufarbeitung des Krieges von 1992 das Dokument „Vorrangige gemeinsame Handlungen zur Überwindung des ossetisch-inguschetischen Konfliktes vom Oktober und November 1992"[1351] zu unterzeichnen. Dieses Schriftstück sollte genaue Fristenpläne für die Rückkehr der Flüchtlinge sowie ihre neuen Ansiedlungsorte festlegen. Ferner sollte die zuständige russische Behörde für die Gebietsstreitigkeit festgelegt und ein Mechanismus vor dem Russischen Verfassungsgericht vereinbart werden, der eine zügige Lösung der Konfliktfrage in Aussicht stellte.[1352] Der Nordossete Dsassochow verweigerte jedoch die Unterschrift mit dem Hinweis auf fehlende finanzielle Realisierbarkeit und der Befürchtung neuer Spannungen zwischen den beiden Republiken.[1353]

Erst knapp ein Jahr später und nach der Absetzung des nordossetischen Präsidenten Dsassochow konnten sich Inguschetien und Nordossetien auf einen Plan einigen, der die Beseitigung der Folgen des Konfliktes von 1992 zum Ziel hatte. Moskau billigte den Plan und stellte kurzfristig zwei Milliarden Rubel Finanzhilfe für die Rückkehr der Flüchtlinge zur Verfügung.[1354] Die zeitnahe Umsetzung der Rückkehr scheiterte allerdings an dem Veto der inguschetischen Volksversammlung, da der Plan beinhaltete, dass die geflüchteten Inguscheten

---

1348 Malek, in: FAZ.NET vom 16.02.2014; http://de.rian.ru vom 28.10.2006.

1349 Siehe Ausführungen unter Teil 2.D.I.3. mit weiteren Informationen in der entsprechenden Fußnote.

1350 Alexander Dsassochow war zu diesem Zeitpunkt noch amtierender Präsident der Teilrepublik Nordossetien. Im Juni 2005 musste Dsassochow aufgrund des politischen Drucks resultierend aus dem Attentat von Beslan zurücktreten, http://www.russland.news/schuleossetien/morenews.php?iditem=360

1351 Malek, in: FAZ.NET vom 16.02.2014; http://de.rian.ru vom 28.10.2006; http://www.ag-friedensforschung.de/regionen/Russland/ossetien.html.

1352 Malek, in: FAZ.NET vom 16.02.2014; http://de.rian.ru vom 28.10.2006; http://www.ag-friedensforschung.de/regionen/Russland/ossetien.html.

1353 http://de.rian.ru vom 28.10.2006.

1354 Malek, in: FAZ.NET vom 16.02.2014; http://de.rian.ru vom 28.10.2006; http://www.ag-friedensforschung.de/regionen/Russland/ossetien.html.

nicht in ihre alten Dörfer zurückkehren konnten, sondern neue Siedlungsgebiete erhielten.[1355] Eine vollständige Rückkehr aller damals geflüchteten Inguscheten konnte bis heute nicht realisiert werden.

Der Konflikt erhielt ständig neue Munition, nicht zuletzt durch die antiterroristischen Operationen der russischen Armee, die ab 2006 vermehrt auch auf angrenzende Republiken ausgeweitet wurden, worunter auch Inguschetien und Nordossetien fielen. Die Bevölkerung begann sich daraufhin vermehrt zu bewaffnen.[1356]

Auch der Terroranschlag auf die Schule von Beslan[1357] in Nordossetien im Spätsommer 2004 wurde seitens radikaler Nordosseten genutzt, um Friedensbestrebungen zwischen Inguschetien und Nordossetien zu untergraben. Es hatte sich im Rahmen der Ermittlungen herausgestellt, dass wohl mindestens einer der angreifenden Terroristen aus Inguschetien kam.[1358] Dies wurde von radikalen Strömungen innerhalb Nordossetiens als ein erneuter Angriff der Inguscheten auf die territoriale Integrität Nordossetiens propagiert; diese Radikalen riefen gleichermaßen zu Vergeltungsmaßnahmen gegen inguschetische Bürger auf.[1359]

bb. Rechtliche Würdigung

Ein Ende dieses innerrussischen Konfliktes ist nicht in Sicht. Die Vertreter beider Volksgruppen erzielen trotz (unregelmäßig) stattfindender Gespräche keine Annäherung, da die Osseten auf das Prinzip der Unveränderlichkeit der Grenzen verweisen und die Inguscheten dagegen die kompromisslose Rückgabe des Rayons fordern.[1360] Für die staatliche Integrität und die Harmonie unter den einzelnen Autonomen Republiken wäre eine Revision der staatlichen Grenzen zwischen Inguschetien und Nordossetien schon deshalb nicht ungefährlich, da neben aufflammenden Konflikten unter diesen beiden Republiken eine Ausweitung auf die gesamte RF zu befürchten wäre. Wie bereits mehrfach angesprochen, gibt es zwischen mehreren Autonomen Republiken untereinander Uneinigkeiten über die einzelnen Grenzverläufe, die oftmals willkürlich in der Sowjetzeit gezogen wurden. Würde man an einer Stelle anfangen, diese Grenzverläufe zugunsten einer Republik zu ändern, würde dies unweigerlich einen

1355 Endres, S. 122.
1356 http://de.rian.ru vom 28.10.2006.
1357 Siehe Ausführungen unter Teil 2.F.I.2.
1358 https://de.sputniknews.com/meinungen/2006102855200690/.
1359 https://de.sputniknews.com/meinungen/2006102855200690/.
1360 Wassiljewa, in: Untersuchungen des FKKS 7/1995, S. 29.

Präzedenzfall für die anderen Autonomen Republiken schaffen. Andere Mitglieder der RF könnten sich veranlasst fühlen, ebenfalls ihre Gebietsansprüche geltend zu machen, was Moskau in erhebliche Erklärungsnöte bringen würde, warum man in Inguschetien bzw. Nordossetien die Grenzen ändert, an anderen Stellen dies aber unterlässt.

Es ist daher zu vermuten, dass Moskau kein Interesse an einer Neuziehung der Demarkationslinien hatte, um seine innere Stabilität besonders im Nordkaukasus nicht noch mehr zu gefährden. Unter diesem Gesichtspunkt ist wohl auch das Eingreifen russischer Truppen auf Seiten der Nordosseten im Krieg von 1992 zu bewerten. Es ging Moskau nicht darum, eine der beiden Konfliktparteien aufgrund der Rechtslage zu unterstützen, sondern darum, einen Präzedenzfall für eine Neuziehung der Grenzlinien in den Autonomen Republiken zu verhindern.

2. *Sezessionsbestrebungen hinsichtlich eines Austritts aus der RF*

Die Krise in Georgien, die im August 2008 in den „Fünf-Tage-Krieg“[1361] zwischen Russland und Georgien mündete, führte zu einer Verstärkung der separatistischen Tendenzen innerhalb Inguschetiens.[1362]

Russland erkannte die völkerrechtlich zu Georgien gehörenden Provinzen Abchasien und Südossetien als unabhängige Staaten an. Fünf weitere Staaten, Venezuela, Nicaragua, Nauru, Tuvalu und Vanuatu folgten dem Beispiel Russlands und erkannten ebenfalls die Provinzen als unabhängig an.[1363] Russland schuf damit in den Augen der Sezessionsbewegungen im Nordkaukasus einen Präzedenzfall, denn sie sahen in der russischen Anerkennungserklärung die Aufgabe der bisherigen russischen Politik in Fragen der völkerrechtlichen Unabhängigkeit. Russland wehrte sich ständig gegen die Sezession russischer Autonomer Republiken innerhalb der RF. So verweigerte man der Autonomen Republik Tschetschenien den Austritt mit Waffengewalt.[1364]

Nun taten die georgischen Provinzen Südossetien und Abchasien das, was auch die Tschetschenen Jahre zuvor versucht hatten: Sie erklärten sich für völkerrechtlich unabhängig und proklamierten sich als eigene „Republiken“.[1365]

1361 Siehe Ausführungen unter Teil 3.II.

1362 Obwohl es innerhalb Inguschetiens bis dahin nur mäßige Abspaltungstendenzen gab, fühlten sich die sezessionswilligen Inguscheten durch Russlands Anerkennung von Abchasien und Südossetien in ihren Bestrebungen bestärkt, ebenfalls vollständige Autonomie von Russland zu erlangen.

1363 Siehe Ausführungen unter Teil 3.III.2.

1364 Siehe Ausführungen unter Teil 2.A.IX.4. und Teil 2.A.IX.5.

1365 Siehe Ausführungen unter Teil 3.III.

Georgien nahm eine ähnliche Haltung wie Russland in den Tschetschenienkonflikten an und verweigerte den Provinzen die Eigenständigkeit. Umso mehr verwundert es, dass Russland diese Unabhängigkeitserklärungen anerkannte und in einen Krieg mit Georgien trat. Einzelheiten dieses Konfliktes sollen aber in einem separaten Punkt abgearbeitet werden.

Die oppositionelle Gruppierung innerhalb Inguschetiens, das „Volksparlament Inguschetien"[1366], nahm die russische Anerkennung der Provinzen Abchasien und Südossetien als Anlass, um einen Austritt der Autonomen Republik Inguschetien aus der RF zu forcieren.[1367] So starteten die Mitglieder dieser politischen Fraktion eine Unterschriftensammlung, mit der sich die Bürger Inguschetiens zu einer Loslösung von Moskau und zur politischen Eigenständigkeit bekennen sollten.[1368] Wie viele Unterschriften bei dieser Aktion tatsächlich zusammenkamen, lässt sich nur sehr schwer sagen. Es muss davon ausgegangen werden, dass eine Vielzahl der Unterschriften gefälscht wurde, um ein möglichst eindrucksvolles Bild der Sezessionstendenzen abzugeben.

Allerdings stellte sich für die Inguscheten das identische Problem wie für die Tschetschenen im Jahr 1994. Die Verfassung der RF sieht kein Austrittsrecht für die Autonomen Republiken und Regionen aus der RF vor.[1369] Einzig die Genehmigung eines Austritts seitens der russischen Regierung könnte zu einer unabhängigen Republik Inguschetien führen. Dies ist aber ausgeschlossen, da Moskau wie schon in Tschetschenien befürchtet, dass es zu einer Kettenreaktion kommen wird und auch andere autonome Republiken oder Regionen ihren Austritt aus der RF deklarieren.

Folglich reagierte die russische Regierung in Moskau auf die Unterschriftenaktion praktisch nicht.[1370] Anders als im Tschetschenienkonflikt blieb es bei den Unterschriftensammlungen jedoch zumeist bei friedlichen Protestaktionen, die von der vagen Hoffnung der Sezessionsaktivisten auf Unabhängigkeit getrieben wurde. Der zu dem Zeitpunkt der Aktion noch amtierende Präsident

---

1366 Das „Volksparlament Inguschetien" ist eine der stärksten Oppositionsgruppen in Inguschetien. Die Gruppe ist maßgeblich für die aufgekommenen Sezessionstendenzen verantwortlich, Quiring, in: Berliner Morgenpost Online vom 19.10.2008.

1367 Quiring, in: Berliner Morgenpost Online vom 19.10.2008.

1368 Quiring, in: Die Welt Online vom 19.10.2008.

1369 Klußmann, in: Der Spiegel vom 08.09.2008.

1370 Quiring, in: Berliner Morgenpost Online vom 19.10.2008; Quiring, in: Die Welt Online vom 19.10.2008.

Sjasikow[1371] als auch sein Nachfolger Jewkurow[1372] machten stets deutlich, dass die politische Führung der Republik keinerlei Interesse an einem Austritt aus der RF hat.[1373]

Die Regierung in Inguschetien hatte in Zusammenarbeit mit der russischen Regierung genug zu tun, um die außer Kontrolle geratene Gewalt von Terroristen aus dem angrenzenden Tschetschenien sowie von Verbrecherbanden einzudämmen. Man ist sich in Moskau dessen bewusst, dass diese Gewalt den Boden bereiten kann für eine immer stärker werdende Sezessionsbewegung, die auch rasch die Ausmaße wie in der Nachbarrepublik Tschetschenien annehmen kann. Man ist daher bemüht, die umstrittenen Such- und Fahndungsaktionen nach Rebellen und Verbrecher nicht als Suche nach inguschetischen Separatisten aussehen zu lassen. Wie bereits angesprochen, geraten diese Fahndungen durch rücksichtslose russische Spezialeinheiten, die sich der Brisanz in der Region nicht bewusst sind, immer wieder außer Kontrolle und betreffen auch viele Unschuldige, deren Unmut gegenüber Moskau so sicherlich stets wachsen dürfte.[1374]

3. *Wahrung des völkerrechtlichen Minderheitenschutzes im Hinblick auf die in Inguschetien lebenden Tschetschenen*

Da sich bis 1992 das Volk der Inguscheten und das Volk der Tschetschenen eine Republik teilten und im Rahmen der Teilung der binationalen Einheit nicht auf Siedlungsgebiete der Tschetschenen Rücksicht genommen wurde und diese daher nicht alle zur Republik Tschetschenien gehören, stellt sich in Inguschetien die Frage nach der Wahrung der Rechte der verbliebenen Minderheit der Tschetschenen.

Es ist allerdings festzustellen, dass in den letzten Jahren fast alle Angehörigen der Ethnie der Tschetschenen die Republik Inguschetien verlassen haben. Zum gegenwärtigen Zeitpunkt befindet sich nur noch eine verschwindend geringe Zahl von Tschetschenen dort.[1375] Die übrigen sind entweder in die angestammte

---

1371 Siehe Ausführungen unter Teil 2.D.I.3. mit weiteren Informationen in der entsprechenden Fußnote.

1372 Siehe Ausführungen unter Teil 2.D.I.3. mit weiteren Informationen in der entsprechenden Fußnote.

1373 Neef, in: Der Spiegel Online vom 18.04.2010.

1374 Klußmann, in: Der Spiegel vom 08.09.2008.

1375 Nach aktuellen Zahlen beläuft sich der Bevölkerungsanteil der Tschetschenen in Inguschetien auf knapp 4,5 %, http://www.ethno-kavkaz.narod.ru/rningushetia.html.

Republik Tschetschenien gezogen oder aber sie sind aufgrund der wirtschaftlichen schlechten Situation im Nordkaukasus nach Zentralrussland gegangen.[1376] Die in Inguschetien verbliebenen Tschetschenen siedeln fast vollständig in abgeschlossenen Gebieten unmittelbar an der Grenze zu Tschetschenien. Dort besitzen die Tschetschenen eine gewisse Form der Selbstverwaltung,[1377] so dass es für sie nicht wirklich entscheidend ist, dass sie formal und offiziell auf dem Gebiet der Republik Inguschetiens siedeln und nicht in Tschetschenien selbst. Die Tschetschenen in Inguschetien bedürfen daher nicht des völkerrechtlichen Minderheitenschutzes, da ihre Interessen ausreichend gewahrt sind. Es ist ferner davon auszugehen, dass in den nächsten Jahren auch die noch in Inguschetien verbliebenen Tschetschenen ebenfalls über die Grenze hinweg in ihre Heimatrepublik ziehen werden.

E. Republik Karatschai-Tscherkessien (Karatschajewo-Tscherkessien)

I. Land, Einwohner, Geschichte und Wirtschaft

1. Region und Bevölkerung

Karatschai-Tscherkessien ist die am westlichsten gelegene Teilrepublik im Nordkaukasus und liegt am Nordabhang des Kaukasus westlich und nördlich des Berges Elbrus, welcher mit seinen 5.642 Metern der höchste Berg des Kaukasus und damit auch der höchste Berg Europas ist.[1378] Die Republik grenzt im Westen an die russische Schwarzmeerregion und die Region Krasnodar, im Süden an das abtrünnige Abchasien, welches sich von Georgien separieren möchte, im Norden an die Region Stawropol und im Osten an eine weitere sog. „Doppelnamen-Republik“, an Kabardino-Balkarien[1379]. Der größte Teil (rund 80 %) der Republik liegt im Gebirge, in Richtung Norden flacht das Land ab. Im zentralen Gebirgskamm des Großen Kaukasus entspringen zahllose Flüsse, Bäche und Wasserfälle, darunter die bekannten Flüsse Kuban, Selentschuk und Teberda.[1380]

In der Republik gibt es zahlreiche Bodenschätze: Kupferkies, Polymetallerze, Gold, Silber, Steinkohle, Granit und Marmor in verschiedenen Farben, Rohstoffe

---

1376 Klußmann, in: Der Spiegel vom 08.09.2008.

1377 Siehe Ausführungen unter Teil 2.A.I. und Teil 2.A.VIII.

1378 http://www.d-k-g.de/karatschai_tscherkessien.html.

1379 Siehe Ausführungen unter Teil 2.F.

1380 http://german.ruvr.ru vom 28.07.2009.

für die Zementherstellung, Kalkstein und mehr durchziehen den Boden der Region.[1381] Auch befinden sich dort wie in anderen Kaukasusregionen viele Mineral- und Thermalquellen, an denen sich oftmals Heilbäder und Kurorte angesiedelt haben.[1382]

Karatschai-Tscherkessien ist eine multinationale Republik. In kaum einer anderen Autonomen Republik im Nordkaukasus treffen so viele verschiedenen Ethnien und Völker aufeinander wie in Karatschai-Tscherkessien.[1383] Die etwa 500.000 Menschen, die in der Republik leben, sind auf ungefähr 80 unterschiedliche Volksgruppen verteilt. Dass dies ein gewisses Konfliktpotenzial birgt, zeigt sich an den Geschehnissen aus dem Jahr 1999, als das Land kurz vor einem Bürgerkrieg stand. Auf die Einzelheiten wird im Rahmen der völkerrechtlichen Würdigung eingegangen. Die beiden namensgebenden Völker der Republik, die Karatschaier und die Tscherkessen, sind ethnisch nicht miteinander verwandt.[1384] Dabei entstammen die Karatschaier, die zuerst in der Region der heutigen Republik siedelten, der Familie der Turkvölker[1385], während die Tscherkessen ein nordwestkaukasisches Volk sind und zum Volksstamm der Adygey[1386] gehören.[1387] Zusammen stellen die beiden Völker etwas über die Hälfte der Gesamtbevölkerung der Republik, wobei die Karatschaier mit rund 40 % der Bevölkerung gegenüber den Tscherkessen mit etwa 12 % der Bevölkerung deutlich in der Überzahl sind. Die russische Bevölkerung, von der viele Nachfahren der Kosaken sind, welche gegen Ende des 19. Jahrhunderts begannen, die Region zu besiedeln, stellt etwa 30 % der Bevölkerung.[1388] Schließlich kommen Abasinen (mit etwa 7,5 %) und Nogaier[1389] (mit rund 2,5 %) auf weitere 10 % der

1381 http://www.d-k-g.de/karatschai_tscherkessien.html.

1382 http://www.regionen.ru.

1383 Wie in Dagestan leben auch in Karatschai-Tscherkessien zahlreiche Ethnien und Volksgruppen zusammen in einer Republik. Insoweit ist auch die kulturelle Struktur (ähnlich wie in Dagestan) von verschiedenen Einflüssen der einzelnen Ethnien geprägt.

1384 Halbach, in: FAZ.NET vom 30.12.2013.

1385 Als „Turkvölker" definiert man eine Gruppe von ca. 40 Ethnien aus Asien, Sibirien und Osteuropa (Nordkaukasus), deren jeweilige Sprache zur Sprachgattung der Turksprachen gezählt wird, für weitere Information siehe etwa Findley, The Turks in World History.

1386 Siehe Ausführungen unter Teil 2.E.I.4.

1387 Halbach, in: FAZ.NET vom 30.12.2013.

1388 http://www.ethno-kavkaz.narod.ru/rnkchr.html.

1389 Siehe Ausführungen unter Teil 2.C.I.2.a.aa.

Gesamtbevölkerung.[1390]

Die weit überwiegende Mehrheit der Bevölkerung gehört dem islamischen Glauben an, während eine kleine Minderheit der russisch-orthodoxen Kirche zugehörig ist.[1391]

Offizielle Amtssprache in der Republik mit der Hauptstadt und gleichzeitig mit Abstand größten Stadt (130.000 Einwohner) Tscherkessk[1392] ist Russisch, weitere „offizielle" Sprachen sind Karatschaisch und Nogaisch aus der Sprachgruppe der Turksprachen sowie Kabardinisch als kaukasische Sprache, welche hauptsächlich von der tscherkessischen Bevölkerung gesprochen wird.[1393]

2. Geschichte der Region und der Republik

Aufgrund der unterschiedlichen Historie der Karatschaier und der Tscherkessen soll an dieser Stelle nur kurz auf die Geschichte der Republik als solche eingegangen werden. Die unabhängige Entwicklung der Völker wird separat behandelt.

Das Territorium des heutigen Karatschai-Tscherkessiens gehörte seit dem Ende des 1. Jahrtausends n. Chr. zum Staat des Volkes der Alanen, welche sich heute zusammen mit den Osseten die Republik Nordossetien-Alanien teilen müssen. Nachdem im 15. Jahrhundert langsam der Machteinfluss der mongolischen „Goldenen Horden" zu sinken begann, gründeten die Krimtataren, also die Nachfahren zahlreicher Völker, welche einmal auf der Halbinsel Krim gesiedelt hatten (z. B. Hunnen, Mongolen, Iraner usw.), das sog. „Khanat der Krim"[1394], um ihren Einfluss über das nun von ihnen besiedelte und beherrschte Gebiet nicht vollends zu verlieren. Zu diesem Khanat der Krim gehörten auch weite Teile des Gebietes des heutigen Karatschai-Tscherkessiens. In den folgenden drei Jahrhunderten erwies sich dieses Khanat als äußerst instabil und geriet zunehmend in osmanische bzw. türkische Abhängigkeit.[1395]

1390 Tscherwonnaja, in: BIOst 1999, S. 7.

1391 http://kchr.ru/.

1392 Tscherkessk ist die Hauptstadt der autonomen Republik Karatschai-Tscherkessien innerhalb der RF, http://www.mojgorod.ru/karacherk_r/cherkessk/index.html.

1393 http://german.ruvr.ru vom 28.07.2009.

1394 Das „Khanat der Krim" entstand um 1441 und bezeichnet ein Gebiet, welches zunächst die Halbinsel Krim sowie die südlichen Steppengebiete der heutigen Ukraine umfasste, http://www.zum.de/whkmla/histatlas/russia/haxcrimeantatars.html. Für weitere Informationen siehe u. a. Fisher, The Russian Annexation of the Crimea, 1772–1783.

1395 http://www.circassianworld.com/circassian-republics/karachay-cherkessia.html.

Nach dem drittletzten russisch-osmanischen Krieg 1828 bis 1829,[1396] welcher mit dem Friedensvertrag von Adrianopel[1397] im Jahr 1829 endete, konnten die siegreichen Russen die Friedensbedingungen weitgehend diktieren und vergrößerten ihr Herrschaftsgebiet erheblich. Eines der Gebiete, die die Russen in dem Friedensvertrag für sich beanspruchten, war das Territorium um das heutige Karatschai-Tscherkessien. Seit dieser Zeit ist die heutige Republik der RF unter russischer Kontrolle.[1398]

Nach der Revolution im Jahr 1917 wurde im Januar 1922 von den Sowjets das „Autonome Gebiet der Karatschaier und der Tscherkessen"[1399] gegründet und dem sog. „Krai der Südöstlichen Region"[1400], einer Verwaltungseinheit während der Sowjetzeit, unterstellt. Vier Jahre später erfolgte eine erneute Aufteilung. Ergebnis dieser Neuaufteilung waren das „Karatschaische Autonome Gebiet", der „Tscherkessische Nationalbezirk"[1401] sowie zwei kleinere Rayons (kleinere Verwaltungseinheiten).[1402]

Während des Zweiten Weltkriegs litten auch die Karatschaier und die Tscherkessen unter dem Vorwurf von Josef Stalin, die Kaukasusvölker hätten mit der Deutschen Wehrmacht kollaboriert.[1403] Im Oktober 1943 erklärte Stalin das „Karatschaische Autonome Gebiet" für liquidiert und ließ die Karatschaier nach Sibirien deportieren.[1404] Der südlich gelegene Teil des vormals autonomen Gebietes wurde an Georgien angeschlossen, der nördliche Teil wurde der Region Stawropol zugeteilt.[1405]

1396 Siehe Ausführungen unter Teil 2.A.II.1.

1397 Der „Friede von Adrianopel" wurde am 14. September 1829 im heutigen Edirne (Türkei) geschlossen und bedeutete das Ende des drittletzten russisch-osmanischen Krieges von 1828 bis 1829, https://web.archive.org/web/20030123015108/; http://www.hrono.ru/dokum/1829adrian.html. Für weitere Informationen siehe etwa Ploetz, Auszug aus der Geschichte.

1398 http://www.circassianworld.com/circassian-republics/karachay-cherkessia.html.

1399 https://www.eurasischesmagazin.de/artikel/Die-Tscherkessen-ein-unbekanntes-Volk-erwacht/20111009.

1400 https://www.eurasischesmagazin.de/artikel/Die-Tscherkessen-ein-unbekanntes-Volk-erwacht/20111009; http://www.d-k-g.de/karatschai_tscherkessien.html.

1401 http://www.reller-rezensionen.de/voelker/karatschaier.htm.

1402 http://www.d-k-g.de/karatschai_tscherkessien.html.

1403 Halbach, in: FAZ.NET vom 30.12.2013. Siehe hierzu auch Ausführungen unter Teil 2.A.II.3.

1404 Siehe Ausführungen unter Teil 2.A.II.3.

1405 https://www.eurasischesmagazin.de/artikel/Die-Tscherkessen-ein-unbekanntes-Volk-erwacht/20111009.

Bis 1957 existierte die Republik nicht. Erst nachdem 1957 die Rückkehr der Karatschaier, von denen etwa die Hälfte die Deportation nicht überlebt hatte, vom Obersten Sowjet der UdSSR gestattet wurde, gründete man die Autonome Sowjetrepublik Karatschai-Tscherkessien[1406] im Bestand der RSFSR und führte die alten Demarkationslinien wieder ein.[1407]

Nach der Auflösung der Sowjetunion erlangte Karatschai-Tscherkessien im Jahre 1992 den Status einer autonomen Republik innerhalb der Staatsgrenzen Russlands.

Die wohl größte Zerreißprobe der Republik Karatschai-Tscherkessien ereignete sich im Jahre 1999, als das Volk der Tscherkessen ihre eigene Republik forderte. Diese Forderung soll unter dem Gesichtspunkt der völkerrechtlichen Selbstbestimmung im Rahmen der völkerrechtlichen Würdigung betrachtet werden.

3. Das Volk der Karatschaier und ihre jüngere Vergangenheit

Der Stamm der Karatschaier[1408] gehört wie der Stamm der Balkaren[1409] in der benachbarten Republik Kabardino-Balkarien[1410] zur Familie der Turkvölker. Bis 1828 lebte das Volk unter dem Einfluss des Osmanischen Reiches. Nach dem Friedensvertrag von Adrianopel[1411] fielen die Gebiete Karatschaiens dem russischen Imperium zu. In der Folgezeit der Oktoberrevolution von 1917 versuchten die Karatschaier, möglichst viel Eigenständigkeit zurückzuerlangen. Die Karatschaier gehörten ab November 1920 zur ASSR Gorskaja[1412] mit Hauptstadt Wladikawkas, wobei sie allerdings ihren eigenen Bezirk erhielten und eine gewisse Selbstverwaltung genossen. Dies änderte sich allerdings keine zwei Jahre

1406 http://kchr.ru/.

1407 http://www.circassianworld.com/circassian-republics/karachay-cherkessia.html.

1408 Siehe Ausführungen unter Teil 2.E.I.1. mit ergänzenden Informationen in der entsprechenden Fußnote.

1409 Siehe Ausführungen unter Teil 2.F.I.4.

1410 Siehe Ausführungen unter Teil 2.F.

1411 Siehe Ausführungen unter Teil 2.E.I.2. mit ergänzenden Informationen in der entsprechenden Fußnote.

1412 ASSR Gorskaja ist eine andere Bezeichung für die Autonome Sowjetische Sozialistische Gebirgsrepublik (GASSR). Die GASSR war ebenfalls eine autonome Teilrepublik innerhalb der RSFSR. Aus der GASSR gingen später die Kabardino-Balkarische ASSR, die Karatschajewo-Tscherkessische ASSR, die Tschetscheno-Inguschische ASSR sowie die Nordossetische ASSR hervor. Für weitere Informationen siehe u. a. Akiner, Islamic Peoples Of The Soviet Union.

später, als im Januar 1922 von den Sowjets ohne jegliche Befragung oder Berücksichtigung des Willens der Karatschaier deren Bezirk mit dem der Tscherkessen zusammengelegt wurde.[1413] Das Karatschaisch-Tscherkessische Autonome Gebiet[1414] bestand bis 1926, bis es erneut geteilt wurde. Daraus gingen das Autonome Gebiet Karatschaien, der Tscherkessische Nationale Bezirk und der Rayon Batalpaschinsk hervor, wobei letzterer bereits 1931 wieder liquidiert wurde[1415] und das Territorium weitgehend in das Autonome Gebiet Karatschaien integriert wurde.[1416]

Die karatschaische Autonomie, die von vielen Karatschaiern heute als beste Zeit in der Geschichte des Volkes erachtet wird, dauerte bis zum Herbst 1943. Auf die Autonomie folgte das dunkelste Kapitel des karatschaischen Volkes: Josef Stalin stellte alle Karatschaier unter den Generalverdacht der Kollaboration mit den deutschen Besatzern und ließ das gesamte Volk nach Sibirien oder Kirgisien deportieren.[1417] Karatschaien wurde zwischen der Georgischen SSR, den Regionen Stawropol[1418] und Krasnodar[1419] sowie dem Tscherkessischen Autonomen Gebiet aufgeteilt.[1420] Erst nach dem Tod Stalins 1953 durften die Karatschaier 1957 wieder in ihre alte Heimat zurückkehren, wobei das Volk in der Zeit der Deportation um fast die Hälfte dezimiert wurde.[1421] Es erfolgte eine abermalige Umwandlung des ehemals karatschaischen Gebietes, welches nun den Namen „Karatschaisch-Tscherkessisches Autonomes Gebiet innerhalb der Region Stawropol" trug.[1422] Die Autonomie Karatschaiens wurde nicht wiederhergestellt, obwohl das Volk offiziell rehabilitiert wurde.[1423]

Die politische Unzufriedenheit der Karatschaier darüber staute sich über die komplette restliche Sowjetherrschaft auf und gipfelte in offenen Forderungen nach Rückerlangung der Autonomie gegen Ende der 1980er Jahre. Die von den

---

1413 Halbach, in: FAZ.NET vom 30.12.2013.

1414 https://www.eurasischesmagazin.de/artikel/Die-Tscherkessen-ein-unbekanntes-Volk-erwacht/20111009.

1415 Tscherwonnaja, in: BIOst 1999, S. 13.

1416 Tscherwonnaja, in: BIOst 1999, S. 13.

1417 Halbach, in: FAZ.NET vom 30.12.2013.

1418 Siehe Ausführungen unter Teil 2.H.

1419 Siehe Ausführungen unter Teil 4.B.

1420 https://www.eurasischesmagazin.de/artikel/Die-Tscherkessen-ein-unbekanntes-Volk-erwacht/20111009.

1421 Halbach, in: FAZ.NET vom 30.12.2013.

1422 Tscherwonnaja, in: BIOst 1999, S. 13–14.

1423 Tscherwonnaja, in: BIOst 1999, S. 13–14; Iskenderjan, in: Wostok Nr. 2 1995, S. 13.

Sowjets ausgerufene „Perestroika"[1424] nahmen die Karatschaier wie auch andere Kaukasusvölker zum Anlass, mit neu etablierten nationalen Bewegungen und Unterschriftensammlungen ihren Autonomie-Forderungen Nachdruck zu verleihen.[1425] Die wohl wichtigste Bewegung dieser Art war die im Februar 1989 gegründete Organisation „Dzhamagat"[1426], was übersetzt so viel wie „Volk" bedeutet. Die Erwartungen der Karatschaier wurden jedoch enttäuscht, denn im Juni 1991 wurde im Rahmen der Umbildung des Karatschaisch-Tscherkessischen Autonomen Gebietes nicht eine Autonome Republik Karatschaien geschaffen, sondern die „Karatschaisch-Tscherkessische Republik innerhalb der RSFSR"[1427]. Daraufhin rief die Organisation „Dzhamagat"[1428] einen „Außerordentlichen Kongress der karatschaischen Völker"[1429] zusammen, der nun eine provisorische Regierung bilden sollte und konkrete Maßnahmen ausarbeitete, um die „Republik Karatschaien" zu gründen. Dieses Vorhaben schlug jedoch fehl.[1430]

Ende des Jahres 1991 sah sich die noch im Amt befindliche sowjetische Nomenklatur aufgrund des immer größer werdenden öffentlichen Drucks genötigt, einen Beschluss über die Aufteilung der ASSR in zwei selbstständige Autonomien zu fassen und diesen dem damaligen Präsidenten der RF Boris Jelzin[1431] vorzulegen. Jelzin brachte daraufhin einen Gesetzesentwurf ein, welcher die Wiederherstellung der karatschaischen Autonomie vorsah. Zuvor wurde jedoch

---

1424 Siehe Ausführungen unter Teil 2.C.I.2.b. mit weiteren Informationen in der entsprechenden Fußnote.

1425 Iskenderjan, in: Wostok Nr. 2 1995, S. 13.

1426 „Dzhamagat" war eine Volksbewegung der Karatschaier, welche sich vehement, jedoch meist mit friedlichen Mitteln für die Wiedererlangung der Autonomie der Karatschaier einsetzte. Sämtliche Bemühungen scheiterten jedoch.

1427 Ähnlich wie in den anderen ehemaligen autonomen Sowjetrepubliken kam es auch in Karatschai-Tscherkessien nach dem Ende der Sowjetunion zur Bildung einer Teilrepublik, welche jedoch im Staatenverband der RSFSR verblieb. Die Karatschaier hatten sich allerdings eine eigene Republik erhofft und waren dementsprechend enttäuscht.

1428 Siehe Ausführungen in der entsprechenden Fußnote zuvor in diesem Kapitel.

1429 Tscherwonnaja, in: BIOst 1999, S. 14–15.

1430 Tscherwonnaja, in: BIOst 1999, S. 15.

1431 Boris Nikolajewitsch Jelzin, geboren am 1. Februar 1931 in Butka/Ural und gestorben am 23. April 2007 in Moskau, war ein russischer Politiker. Er war von 1991 bis 1999 der erste Präsident Russlands und zugleich das erste Staatsoberhaupt in der russischen Geschichte, welches in demokratischen Wahlen legitimiert wurde. Für weitere Information siehe u. a. Kerneck-Samson, Boris Jelzin. Ein Portrait.

eine Meinungsumfrage hinsichtlich der Autonomiebestrebungen in der Bevölkerung der Region durchgeführt. Diese Umfrage wurde gezielt manipuliert, sei es durch Drohgebärden mit Militärpräsenz oder durch irreführende Fragestellungen.[1432] So stimmten nach offiziellen Ergebnissen 78,5 % der Bevölkerung (darunter auch Russen und Tscherkessen in der Region, die natürlich nicht wollten, dass die Karatschaier einen eigenen Staat bekommen), gegen eine Autonomie Karatschaiens. Bis heute kann niemand glauben, dass ein solches Ergebnis wirklich zustande kommen konnte, doch konnte auch keine falsche Auszählung nachgewiesen werden.[1433]

Durch dieses Ergebnis hat die Nomenklatur ihre Machtposition gefestigt, denn der Gesetzgeber der RF zog den Gesetzentwurf[1434] zurück und eine Autonomie Karatschaiens war vom Tisch. So wurde im Dezember 1992 aus der ehemaligen ASSR die Autonome Republik Karatschai-Tscherkessien innerhalb der RF.[1435]

Die Hoffnungen der Karatschaier auf einen eigenständigen Staat waren in den folgenden Jahren praktisch auf den Nullpunkt gesunken. Erst nachdem für das Jahr 1999 Präsidentenwahlen angesetzt wurden, begannen die Karatschaier wieder lautstark ihre Forderung nach Autonomie kundzutun. Die Geschehnisse des Jahres 1999 werden im Rahmen der völkerrechtlichen Würdigung dargestellt, denn in diesem Jahr drohte der Republik ein Bürgerkrieg.

4. *Das Volk der Tscherkessen im Gebiet der heutigen Republik*

a. *Geschichte*

An dieser Stelle soll kurz die Geschichte der Tscherkessen dargestellt werden. Weitere Details in der Historie des heute über den ganzen Erdball verstreuten Volkes werden im Rahmen der Abhandlung über die Republik Adygeja behandelt.

Das Volk der Tscherkessen (sie selbst nennen sich „Adyge“) umfasst neben dem namensgebenden Stamm der Tscherkessen auch den Volksstamm der Kabardiner und den Volksstamm der Adygey[1436]. Diese beiden Stämme leben

1432 Tscherwonnaja, in: BIOst 1999, S. 15–16.

1433 Tscherwonnaja, in: BIOst 1999, S. 15–16.

1434 Gemeint ist der Gesetzesentwurf, den der damalige Präsident der RF Jelzin hinsichtlich der Wiederherstellung der Autonomie der Karatschaier vorgelegt hatte.

1435 Tscherwonnaja, in: BIOst 1999, S. 16.

1436 Siehe Ausführungen unter Teil 4.A.I.1.

vom Volksstamm der Tscherkessen getrennt in den Autonomen Kaukasus-Republiken Adygeja[1437] und Kabardino-Balkarien[1438].[1439] Sowohl sprachlich als auch historisch sind die Tscherkessen eng mit dem Volksstamm der Abchasen[1440] verwandt, welche in der aus dem Blickwinkel der meisten Staaten völkerrechtlich noch zu Georgien gehörenden Republik Abchasien[1441] um ihre Unabhängigkeit kämpfen. Die Tscherkessen unterstützen dieses Vorhaben in der Hoffnung, dadurch einen Präzedenzfall zu schaffen, um ebenfalls ihren eigenen Staat der tscherkessischen Völker zu bekommen.[1442]

Ursprünglich siedelten die Tscherkessen in den Steppen des heutigen Südrusslands bis hin zum Asowschen Meer[1443]. Im 18. Jahrhundert bildete der Fluss Kuban die nördlichste Grenze ihres Siedlungsraumes, welcher sich von der Ostküste des Schwarzen Meeres über den mittleren und unteren Kuban und dem Westufer des Flusses Terek bis hin in die Kabardei zur heutigen Stadt Mozdok erstreckte. Seit Mitte des 19. Jahrhunderts befanden sich die Tscherkessen unter russischer Herrschaft. Der kaukasische Nationalheld Imam Schamil[1444] hatte 1839 die kaukasischen Völker weitgehend vereinigt (darunter auch die Tscherkessen) und gegen die russischen Streitkräfte angeführt. Am 21. Mai 1864 ergaben sich die Kaukasier und der Kaukasus wurde von nun an von Russland beherrscht. Dieses Datum gilt offiziell als Ende der russisch-kaukasischen Kriege[1445], blieb aber auch als „Tag des Genozids“ in Erinnerung.[1446] Denn nach ihrer militärischen Niederlage wurden die Tscherkessen von den russischen Truppen aus ihrer Heimat vertrieben und ins Osmanische Reich deportiert.[1447]

1437 Siehe Ausführungen unter Teil 4.A.

1438 Siehe Ausführungen unter Teil 2.F.

1439 Iskenderjan, in: Wostok Nr. 2 1995, S. 13.

1440 Die Abchasen sind eine Ethnie aus dem nördlichen Kaukasus und überwiegend in der Region Abchasien ansässig. Für weitere Informationen siehe etwa Woronow, Abchasen – wer sind sie?

1441 Siehe Ausführungen unter Teil 3.III.2.

1442 http://www.d-k-g.de/karatschai_tscherkessien.html.

1443 Das Asowsche Meer ist ein Nebenmeer des Schwarzen Meeres. Insbesondere für die Ukraine ist das Asowsche Meer von großer wirtschaftlicher Bedeutung, was in der jüngsten Vergangenheit immer wieder zu Spannungen und Provokationen zwischen der Ukraine und Russland geführt hat, Ackeret, in: NZZ Online vom 12.07.2018.

1444 Siehe Ausführungen unter Teil 2.A.II.1.

1445 Siehe Ausführungen unter Teil 2.A.II.1.

1446 Hoppe, in: Eurasisches Magazin vom 02.10.2010.

1447 Windisch, in: Badische Zeitung vom 31.08.2012.

Geht man davon aus, dass vor der russischen Kolonisierung rund zwei Millionen Tscherkessen in der Region lebten, das Siedlungsgebiet der Tscherkessen gegen Ende des Jahres 1864 fast vollständig von den Russen entsiedelt wurde und bei den Deportationen etwa 500.000 Menschen ins Osmanische Reich und rund 150.000 Tscherkessen in andere russische Regionen geschickt wurden,[1448] so bleiben bei einer Berücksichtigung von 200.000 Tscherkessen, die bereits 1858 auswanderten, etwa eine Million Tscherkessen, bei denen das Schicksal ungeklärt ist. Zusätzlich gab es bei der Vertreibung zahlreiche Opfer. Dies bedeutet, dass von bis zu 1,5 Millionen Todesopfern im Rahmen der Deportationen auszugehen ist.[1449]

In das Gebiet der Tscherkessen rückten meist christlich-orthodoxe Bauern aus dem Landesinneren von Russland ein,[1450] welche sich mit den dort noch lebenden Turkvölkern vereinten und vermischten. Zurückkehrende Tscherkessen befanden sich nunmehr in der Minderheit. Nach dem Ende der Zarenzeit durch die Oktoberrevolution von 1917 hofften die Tscherkessen auf eine Rehabilitation und die Rückerlangung ihres Gebietes. Allerdings gründeten die Sowjets 1922 das „Karatschaisch-Tscherkessische Autonome Gebiet"[1451] und vereinten damit die beiden nicht verwandten Völker gegen deren Willen und ohne deren Meinung überhaupt gehört zu haben.[1452]

Von den stalinistischen Deportationen im Jahr 1943 waren die Tscherkessen ebenfalls betroffen, jedoch nicht annähernd so dramatisch wie ihre karatschaischen Nachbarn, die fast vollständig deportiert wurden.[1453] 1957 wurden die Karatschaier rehabilitiert und die Tscherkessen wiederum gegen ihren Willen mit ihnen vereinigt. Diese ASSR ging schließlich in die heutige Autonome Republik Karatschai-Tscherkessien[1454] über.[1455]

Ebenso wie die Karatschaier sind die Tscherkessen mit der derzeitigen Situation mehr als unzufrieden. Sie fordern immer wieder ein autonomes Tscherkessien innerhalb der RF.[1456] In den vergangenen 17 Jahren stellten die tscherkessischen

1448 Halbach, in: FAZ.NET vom 30.12.2013.

1449 Shenfield, in: CircassianWorld.com.

1450 Tscherwonnaja, in: BIOst 1999, S. 13.

1451 https://www.eurasischesmagazin.de/artikel/Die-Tscherkessen-ein-unbekanntes-Volk-erwacht/20111009.

1452 Tscherwonnaja, in: BIOst 1999, S. 13.

1453 Halbach, in: FAZ.NET vom 30.12.2013; Hoppe, in: Eurasisches Magazin vom 02.10.2010.

1454 Siehe Ausführungen unter Teil 2.E.I.3.

1455 Hoppe, in: Eurasisches Magazin vom 02.10.2010.

1456 Iskenderjan, in: Wostok Nr. 2 1995, S. 13.

Nationalbewegungen bereits drei offizielle Anträge an den Präsidenten der RF, denen jedoch nicht stattgegeben wurde. Auftrieb gab den Tscherkessen die russische Anerkennung von Abchasien und Südossetien als autonome Staaten,[1457] allerdings sind diese Republiken nicht Teil der RF, sondern Georgiens. Weiterhin verweisen die Tscherkessen auf den Volksstamm der Kalmücken[1458], die bereits seit 1992 ihre eigene Teilrepublik haben.[1459]

b. Politische Würdigung

Die Hoffnungen der Tscherkessen auf einen eigenen Staat dürften allerdings nicht sehr begründet sein. Russland befürchtet, dass ein Staat Tscherkessien die politische Stabilität im Nordkaukasus weiter unterwandern würde und den radikalen Kräften in den Nachbarrepubliken neuen Antrieb geben könnte, ebenfalls Anspruch auf einen autonomen Staat zu erheben. So versucht Moskau, die Kooperation der Volksbewegungen in den drei Staaten, in denen Tscherkessen leben (Adygeja, Kabardino-Balkarien und Karatschai-Tscherkessien), dadurch zu unterbinden, dass man 2010 auf Anordnung des damaligen Präsidenten Medwedew die Teilrepubliken Karatschai-Tscherkessien und Kabardino-Balkarien dem Föderationsbezirk „Nordkaukasus“[1460] zuteilte, die Republik Adygeja dagegen dem Föderationsbezirk „Südrussland“[1461].

II. Völkerrechtliche Würdigung der gegenwärtigen Situation

1. Der innenpolitische Konflikt zwischen Karatschaiern und Tscherkessen unter Berücksichtigung der jeweiligen Sichtweise der beiden Völker auf den Konflikt und deren rechtliche Beurteilung

a. Allgemein

Die Karatschaier und die Tscherkessen haben beide seit 1957 und dem Beginn ihres erzwungenen Zusammenlebens in der Republik kaum eine Gelegenheit verstreichen lassen, um zu betonen, dass man nicht miteinander leben will und kann.[1462]

1457 Siehe Ausführungen unter Teil 3.III.2.

1458 Siehe Ausführungen unter Teil 4.C.I.

1459 Hoppe, in: Eurasisches Magazin vom 02.10.2010.

1460 Siehe Ausführungen unter Teil 1.A.

1461 Siehe Ausführungen unter Teil 1.A.

1462 Siehe Ausführungen unter Teil 2.E.I.3. und Teil 2.E.I.4.

Die Karatschaier wissen sich zwar angesichts der ethnischen Mehrheitsverhältnisse politisch im Vorteil, fürchten aber die zunehmende tscherkessische Expansion in politischer und kultureller Hinsicht. Sie sehen ihre eigene ethnische Identität und Kultur bedroht. Ferner fürchten sie um ihr sozial-wirtschaftliches Wohlergehen und die staatliche Gleichberechtigung.[1463] In den Augen der Karatschaier sind die tscherkessischen Völker der Hauptgrund für das in der Vergangenheit erlittene Elend. Sie machen die Tscherkessen für die Deportationen der Karatschaier unter der Herrschaft der Sowjets verantwortlich, ferner beschuldigen sie die Tscherkessen, die dann leer stehenden Häuser der Karatschaier besetzt und diese nicht mehr geräumt zu haben, wodurch in der Folgezeit die Rückkehr der Karatschaier in ihre alte Heimat behindert worden sei.[1464]

Die Forderungen der karatschaischen Nationalbewegung klingen vielfältig, haben aber letztlich einen gemeinsamen Nenner. So reichen die Forderungen der Karatschaier von der Rückerlangung verloren gegangener Rayons über die Möglichkeit, einen eigenen, von den Tscherkessen unabhängigen Präsidenten zu wählen bis hin zu der Maximalforderung, der Proklamation einer eigenen Republik ohne die Tscherkessen und andere Turkvölker des Nordkaukasus.[1465] Im Kern haben diese Begehren eines gemeinsam: Sie alle implizieren eine Zukunft des Volkes der Karatschaier ohne die Tscherkessen.[1466]

Die Tscherkessen hingegen sehen sich angesichts der Tatsache, dass sie nur etwa 12 % der Bevölkerung in der Republik stellen, von den Karatschaiern politisch und kulturell unterdrückt. Sie fürchten, angesichts der divergierenden Bevölkerungsanteile hinsichtlich der Wahrung ihrer Interessen bei Wahlen zu kurz zu kommen. Aus diesem Grund hoffen die Tscherkessen auf eine Wiedervereinigung mit den verwandten Völkern der Kabardiner und der Adygej aus den benachbarten Republiken.[1467] Nach der Vorstellung der Tscherkessen würde diese Vereinigung der tscherkessischen Völker in einem „Großtscherkessien“[1468]

1463 Halbach, in: FAZ.NET vom 30.12.2013; Hoppe, in: Eurasisches Magazin vom 02.10.2010.

1464 Tscherwonnaja, in: BIOst 1999, S. 36.

1465 Halbach, in: FAZ.NET vom 30.12.2013; Hoppe, in: Eurasisches Magazin vom 02.10.2010.

1466 Tscherwonnaja, in: BIOst 1999, S. 35–36.

1467 Iskenderjan, in: Wostok Nr. 2 1995, S. 13–14.

1468 Die tscherkessischen Ethnien hegen noch immer den Traum von einer eigenen Republik mit gewissen Autonomierechten, jedoch im Staatenverbund der RF. Nach Vorstellung der Tscherkessen wären von dieser Republik alle tscherkessischen

gipfeln, wobei sich dieser neue Staat allerdings auch innerhalb der RF befinden würde.[1469] Dieses Staatskonstrukt löste bei den Karatschaiern Entsetzen aus und diese setzen dabei auf die Hilfe Russlands bei der Verhinderung der Umsetzung eines solchen „Großtscherkessiens“, wobei sich die Begeisterung der russischen Politiker in Moskau für einen eigenen Staat der Tscherkessen durchaus in Grenzen hält.[1470] Hierauf wird noch im Rahmen der Autonomiebestrebungen der Republik einzugehen sein.

b. Politische und rechtliche Würdigung

Es zeigt sich also, dass die beiden gegenläufigen Interessen der Nationalbewegungen der Karatschaier und der Nationalbewegung der Tscherkessen jeweils auf einen von der anderen Volksgruppe unabhängigen Staat hinauslaufen.[1471] Dabei berufen sich beide Volksgruppen auf das Selbstbestimmungsrecht der Völker,[1472] welches im Völkerrecht als Gewohnheitsrecht anerkannt wird und seine Verankerung hauptsächlich in Art. 1 Nr. 2 UN-Charta findet.[1473] Damit befinden sich beide Völker allerdings (wie andere Kaukasusvölker auch) im Spannungsfeld mit der territorialen staatlichen Integrität der RF, die ihre Grundlage in Art. 2 Nr. 1 UN-Charta hat. Der Unterschied zu anderen nach Eigenständigkeit verlangenden Kaukasusvölkern wie den Tschetschenen oder den Dagestanern in den Autonomen Republiken Tschetschenien und Dagestan ist, dass die Karatschaier und die Tscherkessen ihre Forderungen auf einen eigenen Staat innerhalb der RF richten und nicht aus der RF austreten wollen, wie dies die Tschetschenen und Dagestaner mit ihrer Gründung eines Kaukasus-Emirats beabsichtigen.

Dennoch ist das Selbstbestimmungsrecht der Karatschaier und Tscherkessen durch die staatliche Integrität der RF eingeschränkt. Wie bereits angesprochen, ist man in der Völkerrechtslehre geneigt, in dem geschilderten Spannungsfeld zwischen Selbstbestimmungsrecht und staatlicher Integrität dem Bestandsschutz von Staaten den Vorzug zu geben. Allerdings ist man sich auch weitgehend einig, dass in bestimmten Situationen das Selbstbestimmungsrecht zum

---

Volksgruppen im Nordkaukasus umfasst, Tscherwonnaja, in: BIOst 1999, S. 35–36; Lubova, S. 56; Halbach, in: FAZ.NET vom 30.12.2013.

1469 Iskenderjan, in: Wostok Nr. 2 1995, S. 13–14.

1470 Lubova, S. 56; Smolin/Wolkow, in: World Socialist Web Site vom 22.09.1999.

1471 Siehe Ausführungen unter Teil 2.E.I.3. und Teil 2.E.I.4.

1472 Siehe Ausführungen unter Teil 1.D.

1473 Siehe Ausführungen unter Teil 1.D.I.1.

Tragen kommen muss, da es sonst gegenüber der staatlichen Integrität völlig untergehen würde.

Es erscheint daher angesichts der Spannungen zwischen den beiden Völkern durchaus angebracht, über einen jeweils eigenen Staat für die Karatschaier und die Tscherkessen nachzudenken. Als Argument lässt sich hierfür anführen, dass beide Völker nicht miteinander verwandt sind und in der Vergangenheit es bereits sowohl ein Karatschaien als auch ein Tscherkessien gab. Zudem ist es sehr schwer, die Interessen zweier Völker mit unterschiedlichen Kulturen und Bräuchen innerhalb eines Staates zu vereinen, ohne dass sich ein Volk benachteiligt fühlt.

Gegen eine Aufteilung der Republik spricht allerdings ganz klar, dass Karatschai-Tscherkessien eine autonome Republik innerhalb der RF ist. Es gehört somit zum Territorium des Staatenverbundes der RF. Würde man jedem Volk innerhalb der RF das Recht auf Selbstbestimmung gewähren, würde die RF in einen Verband von zahllosen Kleinststaaten zerfallen, welcher nicht mehr regierbar wäre. Denn würde man den Karatschaiern und Tscherkessen das Recht auf eine eigene Republik einräumen, so müsste man dies auch bei den Kabardinern, den Balkaren, den Osseten, den Alanen und vielen anderen Völkern Russlands tun. Der Bestand der RF ist daher schutzwürdiger. Das Recht auf Selbstbestimmung kann daher nur von den Karatschaiern und Tscherkessen ausgeübt werden, wenn Moskau auf seinen Anspruch auf staatliche Integrität verzichtet und den Völkern das Recht auf Selbstbestimmung explizit einräumt. Da dies aller Voraussicht nach nicht geschehen wird, bleibt die Republik Karatschai-Tscherkessien eine „Zwei-Völker-Republik".

Ein weiteres Argument für eine Beibehaltung des Status quo ist die Tatsache, dass sich die beiden Völker in der Republik territorial vermischt haben.[1474] Es gibt zwar Regionen, in denen nur eine der beiden Volksgruppen vertreten ist, aber meist leben sie Tür an Tür wie z. B. in der Hauptstadt Tscherkessk[1475]. Eine Teilung der Republik wäre nur mit massiven Umsiedlungen möglich, welche auch große Auswirkungen auf die Nachbarrepubliken haben würden. Denn die Mehrheit der Tscherkessen lebt nicht in der namensgebenden Republik. Dies würde dazu führen, dass Regionen zugewiesen werden müssten, da die Völker oftmals das gleiche Gebiet für sich beanspruchen. Man müsste sämtliche Grenzen im Nordkaukasus neu ziehen, was aber niemals zur vollsten Zufriedenheit

---

1474 Siehe Ausführungen unter Teil 2.E.I.3. und Teil 2.E.I.4.

1475 Zur Hauptstadt Tscherkessk siehe Ausführungen unter Teil 3.E.I.1. mit weiteren Informationen in der entsprechenden Fußnote.

aller Völker wird geschehen können. Weist man einen Landstrich einer Republik zu, beansprucht es eine andere Region ebenfalls für sich (siehe der Konflikt um den Rayon Prigorodni in Inguschetien[1476]). Die Konsequenzen für die Stabilität des gesamten Nordkaukasus, die ohnehin schon erschüttert ist, wären unüberschaubar.

Schließlich ist noch zu erwähnen, dass sich sowohl die Karatschaier als auch die Tscherkessen nicht auf den völkerrechtlichen Minderheitenschutz berufen können, um ihre Vorstellung von einer eigenen Republik zu verwirklichen. So sind die Voraussetzungen für das Eingreifen des Minderheitenschutzes bei beiden Ethnien aus unterschiedlichen Gründen nicht gegeben.

Die Karatschaier können sich schon deshalb nicht auf den Minderheitenschutz berufen, da sie gegenüber den Tscherkessen deutlich in der Mehrheit sind.[1477] Die Tscherkessen hingegen leben zum einen nicht über die gesamte Republik verteilt, sondern auf einem weitgehend von den Karatschaiern abgegrenzten Territorium. Schon aus diesem Grund besteht kein Bedarf an weitergehenden Schutz durch das Völkerrecht. Zum anderen lebt das Volk der Tscherkessen über den gesamten Nordkaukasus verteilt. So stellen die Tscherkessen bzw. das zum Stamm der Tscherkessen gehörende Volk der Kabardiner in der Republik Kabardino-Balkarien die deutliche Mehrheit. Den in Karatschai-Tscherkessien lebenden Tscherkessen steht es grundsätzlich frei, in die Republik Kabardino-Balkarien umzuziehen. Daher besteht auch hinsichtlich der Tscherkessen in der Republik Karatschai-Tscherkessien keine Notwendigkeit, dieser Ethnie einen besonderen Schutz durch das Völkerrecht zuteilwerden zu lassen.[1478]

Eine Befriedung der Republik Karatschai-Tscherkessien wäre durch eine Aufteilung des Gebietes an die beiden rivalisierenden Ethnien keinesfalls zu erreichen. Der einzige Weg, den Konflikt zu lösen, besteht im Dialog zwischen den jeweiligen Nationalbewegungen um eine politische Beteiligung der sich in der Minderheit befindlichen Tscherkessen an der Machtausübung. Der Ansatz, einen Tscherkessen in das Amt des Premierministers einzusetzen, hatte sich zwischen 1999 bis 2008 zumindest in Grundzügen bewährt.

1476 Siehe Ausführungen unter Teil 2.D.I.2. und Teil 2.D.II.1.b.aa.
1477 Siehe Ausführungen unter Teil 1.E.II.2.b.aa.
1478 Siehe Ausführungen unter Teil 1.E.III.

2. *Autonomiebestrebungen der Republik hinsichtlich ihres Status in der RF – „Zwei-Völker-Staat“ als Instrument der Stabilisierung für die Republik*

a. *Allgemein*

Die Separationsbestrebungen vor allem in Tschetschenien haben große Auswirkungen auf die politische Stabilität im gesamten Nordkaukasus gehabt. In fast jeder autonomen Republik haben sich aufgrund des tschetschenischen Vorbilds radikale Oppositionen gebildet, die nun auf einmal die Chance sahen, sich von Russland loszulösen und einen eigenen Staat zu gründen.

In der Republik Karatschai-Tscherkessien ist dies jedoch anders. Bei allen gegenseitigen Ressentiments und Bestrebungen der Karatschaier, eine eigene Republik zu erhalten, fielen separatistische Tendenzen und Ideologien bei der Bevölkerung bisher nicht auf fruchtbaren Boden. Sowohl die herrschende als auch die oppositionelle politische Elite lässt kaum eine Gelegenheit aus, um zu betonen, dass ein Austritt aus der RF für die Republik undenkbar sei.[1479] Begleitet werden diese Loyalitätsbekundungen gegenüber Russland stets mit der leisen Sorge, man könnte die Republik sezessionistischer oder separatistischer Pläne verdächtigen. Diese Sorge ist natürlich auch wirtschaftlicher Natur. In der kleinen Kaukasusregion ist man sich darüber im Klaren, dass die Republik ohne die stetige finanzielle Hilfe Russlands nicht bestehen könnte und ein Versiegen der Subventionen aus Moskau unweigerlich zur Verarmung und letztlich zum Untergang der Autonomen Republik führen würde.[1480] Viele Politiker fürchten daher, dass die russische Regierung die Unterstützung einstellen könnte, sollte sie in Karatschai-Tscherkessien separatistische Bestrebungen vermuten.[1481]

Andererseits begründet sich die Loyalität gegenüber Russland auch auf historischen Erfahrungen der Tscherkessen und Karatschaier. Die beiden Völker blicken auf eine lange Zeit der Auseinandersetzungen mit Russland zurück.[1482]

1479 Halbach, in: FAZ.NET vom 30.12.2013.

1480 Tscherwonnaja, in: BIOst 1999, S. 35; Halbach, in: FAZ.NET vom 30.12.2013.

1481 Tscherwonnaja, in: BIOst 1999, S. 35. Abgesehen von radikalen, islamistischen Fanatikern ist sich die Bevölkerung in Karatschai-Tscherkessien durchaus bewusst, dass die derzeit bestehende autonome Teilrepublik nur aufgrund erheblicher russischer Unterstützung im finanziellen Bereich existieren kann.

1482 Die kaukasischen Bergvölker, zu denen auch die Karatschaier und die Tscherkessen zählen, befanden sich über die Jahrhunderte hinweg in ständigen kriegerischen Auseinandersetzungen mit Russland (bzw. dem Zarenreich oder der Sowjetunion). Wie andere Völker des Kaukasus, waren auch die Karatschaier und die Tscherkessen in den Kaukasischen Krieg von 1817 bis 1864, den Krimkrieg von 1853 bis 1856 und

Jede Auflehnung gegen Russland führte für die Völker zu schweren Niederlagen, die verbunden waren mit folgender jahrelanger Unterdrückung und teilweise Genoziden. Die Befürchtung in der Republik ist groß, dass eine weitere Konfrontation mit Russland zu einer ähnlichen Tragödie für die Völker werden könnte, von der man sich womöglich entwicklungstechnisch nicht mehr erholen würde.[1483]

b. *Politische Würdigung*

Die Karatschaier und die Tscherkessen zeigen durchaus eine gewisse Bereitschaft, sich kulturell und politisch in Russland zu integrieren, zumal sie sich wirtschaftliche Vorteile für sich selbst davon versprechen.[1484] Ebenso hat man sich an den russischen Einfluss in der Republik bereits gewöhnt; fremder Kontrolle aus dem Westen oder auch aus Georgien steht man eher skeptisch gegenüber.[1485]

Der wohl entscheidende Aspekt für die Loyalität gegenüber Russland ist allerdings die Zerstrittenheit der Karatschaier und Tscherkessen untereinander.[1486] Wie bereits angesprochen, durchzieht seit jeher eine gegenseitige, tiefe Abneigung das Verhältnis der beiden Völker zueinander. Eine der wenigen gemeinsamen Komponenten ist dabei die Einstellung gegenüber Russland. Durch alle Bevölkerungsschichten hinweg sind sowohl die Karatschaier als auch die Tscherkessen der Ansicht, dass man zwar mit den Russen leben könne, aber keinesfalls mit dem jeweils anderen Volk, mit welchem man sich die Republik teilen muss.[1487] Beide Völker hoffen in dem schwelenden Konflikt auf Russland als die schlichtende Instanz. Die Karatschaier bauen darauf, dass Russland ihre Rechte gegenüber den Tscherkessen stärken, die Tscherkessen zur Rechenschaft für ihre Verfehlungen in der Vergangenheit ziehen und letztlich den Karatschaiern ihre eigene Republik ermöglichen wird.[1488] Auf der anderen Seite denken die Tscherkessen genau umgekehrt. Sie fühlen sich von den Karatschaiern zusehends unterdrückt und sehen ihren politischen Einfluss schwinden. Daher hoffen sie ebenfalls auf einen eigenen Staat innerhalb Russlands (ein „Großtscherkessien“),

---

auch den Russischen Bürgerkrieg von November 1917 bis Juni 1923 verwickelt. Für weitere Informationen siehe etwa Gammer, Muslim Resistance to the Tsar.

1483 Tscherwonnaja, in: BIOst 1999, S. 35.

1484 Tscherwonnaja, in: BIOst 1999, S. 35–36.

1485 Gunya, S. 3.

1486 Halbach, in: FAZ.NET vom 30.12.2013. Siehe auch Ausführungen unter Teil 2.E.II.1.

1487 Halbach, in: FAZ.NET vom 30.12.2013.

1488 Halbach, in: FAZ.NET vom 30.12.2013; Tscherwonnaja, in: BIOst 1999, S. 35–36.

allerdings ohne die Karatschaier. Und auch die Tscherkessen sind der Ansicht, dass dieses Ziel nur durch Russland ermöglicht werden kann.[1489]

Gewissermaßen profitiert Russland von dem Konflikt zwischen Karatschaiern und Tscherkessen. Denn solange die beiden Völker in dem gegen jede ethnische Zugehörigkeit konstruierten Staatsgebilde leben (müssen), richten sich sämtliche Antipathien der Karatschaier und der Tscherkessen jeweils nur gegen das andere Volk und eben nicht gegen Russland. Dieser „Zwei-Völker-Staat" kann für Russland ein Schlüssel sein, die Abspaltungstendenzen wie in Tschetschenien zu unterbinden. Beide Konfliktparteien sind auf die Unterstützung aus Moskau angewiesen, möchte man seinen jeweiligen Traum von einer eigenen Autonomen Republik im Nordkaukasus weiter verfolgen.[1490] Und solange dieser Traum bzw. dieses Ziel nicht verwirklicht worden ist, ist für Moskau das Risiko, dass eines der beiden Völker Bestrebungen hinsichtlich eines Austritts aus der RF hegt, nur sehr gering. Daher ist wohl auch nicht anzunehmen, dass Russland in das Staatsgebilde eingreift oder gar die beiden Völker teilt und sowohl Karatschaiern als auch Tscherkessen eine eigene Republik gibt. Für Russland ist der Status quo in Karatschai-Tscherkessien eine Voraussetzung, um die Zersplitterung der RF gerade im Nordkaukasus zu verhindern.[1491] Es bleibt aber auch in Karatschai-Tscherkessien festzuhalten, dass ein Anspruch der beiden Titularethnien der Republik unter keinem völkerrechtlichen Gesichtspunkt gegeben ist. Insbesondere wird durch das Selbstbestimmungsrecht der Völker weder für die Karatschaier noch die Tscherkessen das Recht auf Sezession von der RF begründet. Es gibt keine Anhaltspunkte dahingehend, dass das Recht auf politische Mitbestimmung einer der beiden Volksgruppen in so gravierender Weise verletzt würde, dass der betroffenen Ethnie ein Recht auf Abspaltung von Russland zustehen könnte. Die Möglichkeit eines eigenen Staates für die Karatschaier oder aber die Tscherkessen bestünde nur dann, wenn Russland den Volksgruppen diese Möglichkeit von sich aus einräumen würde. Angesichts der eben aufgeführten Aspekte ist dies nicht realistisch.

Die Situation in Karatschai-Tscherkessien ist durchaus vergleichbar mit der nachfolgend zu erörternden Lage in Kabardino-Balkarien, wo ebenfalls zwei Völker eine eigene Republik anstreben. Ebenfalls Parallelen finden sich im Konflikt zwischen Inguscheten und Osseten um den Rayon Prigorodni.[1492] Auch in

1489 Tscherwonnaja, in: BIOst 1999, S. 35–36.

1490 Tscherwonnaja, in: BIOst 1999, S. 36.

1491 Iskenderjan, in: Wostok Nr. 2 1995, S. 15.

1492 Siehe Ausführungen unter Teil 2.D.I.2. und Teil 2.D.II.1.b.aa.

diesem Fall versucht Moskau, sich möglichst aus dem Konfliktfeld der beiden Völker herauszuhalten bzw. den Status quo zu erhalten, um keinen Präzedenzfall für eine Erneuerung der Grenzziehungen zwischen den einzelnen Völkern im Nordkaukasus zu schaffen.[1493]

F. Republik Kabardino-Balkarien

I. Land, Einwohner, Geschichte und Wirtschaft

1. Region, Bevölkerung und ihre Religion

Die Republik Kabardino-Balkarien ist mit ihren knapp 12.000 qkm etwas kleiner als Schleswig-Holstein und liegt am Nordabhang des Kaukasus.[1494] Sie grenzt im Westen an Karatschai-Tscherkessien, im Osten an Nordossetien-Alanien, im Norden an die Region Stawropol und im Süden an Georgien. Etwa 100 km südwestlich der Hauptstadt Naltschik befindet sich der Gipfel des Berges Elbrus, mit 5.642 m der höchste Berg des gesamten Kaukasus.[1495]

In der Republik leben etwa 800.000 Menschen, davon über ein Viertel in der Hauptstadt Naltschik[1496]. Präsident der Republik ist seit September 2005 Arsen Kanokow[1497]. Wie in den anderen ehemaligen autonomen Sowjetrepubliken im Nordkaukasus auch, leben in Kabardino-Balkarien zahlreiche verschiedene Nationalitäten und Volksgruppen. Die Kabardiner gehören zusammen mit den Adygiern[1498] und den Tscherkessen zu der ethnischen Gruppe der Adygej[1499]

1493 Halbach, in: FAZ.NET vom 30.12.2013. Aufgrund des zu befürchtenden „Nachahmer-Effekts" in anderen autonomen Republiken im Nordkaukasus hat Moskau kein Interesse an einer geteilten Republik und wird alles tun, um eine Aufteilung zu verhindern. Sonst würden etwa die Kabardiner und die Balkaren oder die Osseten und Alanen ebenfalls Ansprüche auf jeweils ein eigenes Staatsgebiet erheben. Eine solche Kettenreaktion würde den Bestand der RF in seiner jetzigen Form stark gefährden.

1494 https://www.abendblatt.de/politik/ausland/article107047757/Kabardino-Balkarien-Das-Armenhaus-Russlands.html.

1495 http://www.d-k-g.de/kabardino_balkarien.html.

1496 Naltschik ist mit ca. 250.000 Einwohnern die Hauptstadt der autonomen Teilrepublik Kabardino-Balkarien im russischen Teil des Nordkaukasus, http://www.mojgorod.ru/kabardbalk_r/naljchik/index.html.

1497 Arsen Baschirowitsch Kanokow, geboren am 22. Februar in Schitchala, war von 2005 bis 2013 Präsident der autonomen Teilrepublik Kabardino-Balkarien. Zuvor war Kanokow Abgeordneter der Duma in Moskau, https://www.kommersant.ru/doc/1513404.

1498 Siehe Ausführungen unter Teil 4.A.I.

1499 Siehe Ausführungen unter Teil 4.A.I.

und damit zu den Ureinwohnern des Nordkaukasus, die Balkaren dagegen sind eng mit den benachbarten Karatschaiern verwandt und der Volksgruppe der Turkvölker[1500] angehörig. So sind rund 500.000 Menschen Kabardiner, 100.000 sind Balkarier und weitere 220.000 stammen aus Russland.[1501] Dazu leben noch etwa ein Dutzend Angehörige von anderen Ethnien in der Republik.[1502] Allerdings muss man konstatieren, dass die Einwohnerzahl seit der Auflösung der Sowjetunion kontinuierlich gesunken ist, da die Wirtschaftslage im Vergleich zu anderen Teilen der RF deutlich schlechter ist und die Menschen in der Republik kaum oder nur schlecht bezahlte Arbeit finden. Kabardino-Balkarien gehört zu den ärmsten Republiken in der RF.[1503]

Wie in anderen Republiken des Nordkaukasus spielt auch in Kabardino-Balkarien der Islam eine exponierte Rolle.[1504] Nach der Unterdrückung der Religionsfreiheit zu Zeiten der Sowjetunion bekam die Republik 1991 ihre eigene geistliche Behörde, die unter staatlicher Kontrolle stand.[1505] Neben dieser offiziellen Ausrichtung des Islam bildete sich im Laufe der 1990er Jahre eine nicht-staatliche Islambewegung, welche von jungen Imamen geleitet wurde, die fast alle in Saudi-Arabien studiert hatten und nun ihre Eindrücke vom Islam in ihre Heimat brachten.[1506] Die Anhänger bezeichneten sich selbst als „neue Muslime"[1507] und es gelang ihnen, parallel zu den staatlichen Islamschulen ihre

---

1500 Siehe Ausführungen unter Teil 2.E.I.1. mit weiteren Informationen in der entsprechenden Fußnote.

1501 Waschewko, in: Gesellschaft für bedrohte Völker – Russlands Republiken; https://www.gfbv.de/de/news/kabardino-balkariens-ungewisse-zukunft-2014/.

1502 Funch Hansen/Liesl Krag, S. 142.

1503 Quiring, Pulverfass Kaukasus, S. 166.

1504 https://www.abendblatt.de/politik/ausland/article107047757/Kabardino-Balkarien-Das-Armenhaus-Russlands.html.

1505 Sagramoso/Yemelianova, in: Yemelianova (Hrsg.), S. 124.

1506 Sagramoso/Yemelianova, in: Yemelianova (Hrsg.), S. 124–125.

1507 Die Bewegung fand insbesondere bei jungen Muslimen großen Anklang, die Lehranstalten waren gut besucht. Als Ende der 1990er Jahre vereinzelt islamische Radikalisten in der Republik auftauchten, machte die kabardino-balkarische Regierung die Bewegung der „jungen Muslime" für Terroranschläge verantwortlich und verbot die Schulungszentren der Bewegung. Dieses Vorgehen der kabardino-balkarischen Regierung erwies sich allerdings als kontraproduktiv. Bisher konnten alle Aktivitäten der Bewegung überwacht und ihre religiösen Botschaften nachvollzogen werden, aber nach der Schließung der Schulen und des islamischen Zentrums gingen viele der Anhänger der „neuen Muslime" in den Untergrund und radikalisierten sich, Sagramoso/Yemelianova, in: Yemelianova (Hrsg.), S. 127–128.

eigenen Lehranstalten zu etablieren. Die Regierung von Kabardino-Balkarien ließ die „neuen Muslime" zunächst weitgehend gewähren, solange sich aus dieser Islamform keine Gefahr für die Republik ergab.[1508]

Die Schließung der muslimischen Schulungszentren[1509] aufgrund von sich häufenden Terroranschlägen führte zu einer Ausweitung der Gewalt in der bisher als friedlich geltenden Republik Kabardino-Balkarien.[1510] In der Folgezeit verschärfte die Regierung den Druck auf die Anhänger der „neuen Muslime", was zur Folge hatte, dass selbst die Gläubigen, die der Organisation von Anfang an angehört hatten und gegen jede Form von Gewalt waren, sich der militanten Gruppe „Yarmuk"[1511] anschlossen. Einer der Gründer der neuen Muslime, Anzor Astemirov[1512], soll mittlerweile gute Kontakte zu Doku Umarow[1513] aufgebaut haben, dem Führer des Kaukasus-Emirats und einer der meistgesuchten Terroristen in Russland.[1514]

2. Geschichte der Republik

Trotz der räumlichen Nähe und enger Beziehungen zu Russland wurde Kabardinien erst 1774 und Balkarien 1827 in das russische Zarenreich eingegliedert.[1515]

1508 Sagramoso/Yemelianova, in: Yemelianova (Hrsg.), S. 124–125.

1509 Siehe Fußnote zur Bewegung der „neuen Muslime".

1510 Ackeret, in: NZZ Online vom 28.01.2011.

1511 Die Gruppe leitet ihren Namen von der „Schlacht am Yarmuk" ab. In dieser Schlacht fügten die muslimischen Araber den Truppen des Oströmischen Reiches im Jahre 636 am Ufer des Flusses Yarmuk (Grenzfluss zwischen Syrien und Jordanien) eine schwere Niederlage zu. Der Sieg wird als wichtiges Ereignis im Zusammenhang mit der seinerzeitigen islamischen Expansion angesehen, weshalb radikale Islamisten diesen Namen für ihre (terroristische) Untergrundorganisation wählten. Für weitere Informationen zur Schlacht am Yarmuk siehe etwa Kaegi, Byzantium and the early Islamic conquests.

1512 Anzor Astemirov, geboren am 3. Dezember 1976 und gestorben am 24. März 2010, war Anführer der hauptäschlich in Kabardino-Balkarien tätigen Terrorgruppe „Yarmuk", https://www.rferl.org/a/Kabardian_Insurgent_Leader_Killed_In_Nalchik/1993551.html.

1513 Siehe Ausführungen unter Teil 2.B.II.3.

1514 Sagramoso/Yemelianova, in: Yemelianova (Hrsg.), S. 129–130.

1515 Waschewko, in: Gesellschaft für bedrohte Völker – Russlands Republiken; https://www.gfbv.de/de/news/kabardino-balkariens-ungewisse-zukunft-2014/.

Im Jahr 1557 wandte sich der oberste Fürst der Kabardei, Temrjuk[1516], an den damaligen russischen Zaren Iwan den Schrecklichen[1517] und bat um Schutz.[1518] Dieser Bitte kam der Zar zwar zunächst nach, in den folgenden Generationen bröckelte das Verhältnis zwischen Russen und Kabardiner. So wandten sich 1774 die Kabardiner von Russland ab und schlossen ein Bündnis mit den mit Russland im Krieg befindlichen Türken. Jedoch wurden die Türken von der russischen Zarenarmee im selben Jahr vernichtend geschlagen und mussten sich aus dem Kaukasus zurückziehen.[1519] In Russland fand die Annäherung der Kabardiner an die Türken wenig Anklang und als Rache annektierte man die kabardinischen Herrschaftsgebiete.[1520]

Etwas anders verlief die Entwicklung in den balkarischen[1521] Gebieten. Im zehnten und elften Jahrhundert stand dieser Teil des Kaukasus unter der Herrschaft des Großseldschukischen Reichs[1522], ehe die mongolisch-tatarische „Goldene Horde“[1523] den Kaukasus überrannte. Schließlich beherrschten auch die Perser und die Türken für einige Zeit den Nordkaukasus,[1524] bevor 1827 das russische Zarenreich die Region unterwarf. Es gelang aber den Balkaren, wie einigen anderen Bergvölkern unter der Führung von Imam Schamil[1525], noch

---

1516 Temrjuk Aidarowitsch war ein kabardinischer Fürst und eroberte im 16. Jahrhundert die Taman-Halbinsel. Für weitere Informationen siehe etwa Sternfeldt/Thöns, Die russische Schwarzmeerküste.

1517 Iwan IV. Wassiljewitsch, geboren am 25. August 1530 und gestorben am 28. März 1584, war ein russischer Zar. Der Beiname „der Schreckliche“ ist eigentlich eine ungenaue Übersetzung seines russischen Beinamens „grosny“, was so viel heißt wie „ der Strenge“. Iwan IV. ging bei seinen Eroberungskriegen sehr grausam vor, was ihm den Beinamen einbrachte. Für weitere Informationen siehe etwa Payne, Iwan der Schreckliche.

1518 Sternfeldt/Thöns, S. 352.

1519 Quiring, Pulverfass Kaukasus, S. 166; Sternfeldt/Thöns, S. 352.

1520 Quiring, Pulverfass Kaukasus, S. 166.

1521 Die Balkaren stammen von den Urbulgaren ab, die im sechsten Jahrhundert das spätere Siedlungsgebiet der Balkaren im Nordkaukasus unterwarfen. Die Urbulgaren wiederum wurden im neunten Jahrhundert von den Magyaren vertrieben, Quiring, Pulverfass Kaukasus, S. 167.

1522 Die Seldschuken waren eine türkische Dynastie im 10. und 11. Jahrhundert. Sie begründeten das „Großseldschukische Reich“, welches sich über ganz Mittelasien erstreckte, Matuz, S. 14.

1523 Siehe Ausführungen unter Teil 3.C.I.5.a. mit weiteren Informationen in der entsprechenden Fußnote.

1524 Siehe Ausführungen unter Teil 2.A.II.1.

1525 Siehe Ausführungen unter Teil 2.A.II.1.

einige Zeit ihre Autonomie zu wahren und sich gegen Russland im bewaffneten Konflikt aufzulehnen.[1526]

In der Sowjetzeit wurde Kabardino-Balkarien eine ASSR.[1527] Im März 1944 ereilte die Balkaren ein ähnliches Schicksal wie zahlreiche andere Kaukasusvölker: Sie wurden von der sowjetischen Führung unter Josef Stalin der Kollaboration mit der Deutschen Wehrmacht bezichtigt und vollständig nach Sibirien und Mittelasien deportiert.[1528] Ferner wurde die Kabardino-Balkarische ASSR in „Kabardinische" ASSR umbenannt und das Volk der Balkaren aus der Liste der Völker der Sowjetunion gelöscht. Teile der ehemaligen Kabardino-Balkarischen ASSR wurden an Georgien abgetreten.[1529] Die Balkaren verloren durch die Löschung aus der Liste der Sowjetvölker ihre Bürgerrechte, sie durften ihre Sprache nicht mehr sprechen und ihre Kultur nicht mehr leben. Erst 1956/1957 wurden sie während der Amtszeit von Nikita Chruschtschow[1530] rehabilitiert. Die grausame Vorgehensweise gegen die Balkaren bezeichnete man in Russland öffentlich als Fehler. Im Jahre 1967 durften die Balkaren in ihre alten Heimatgebiete zurückkehren.[1531]

Mit der Auflösung der Sowjetunion Ende 1991 wurde Kabardino-Balkarien eine Republik innerhalb der RF. An diesem Status hat sich bis heute nichts geändert, obwohl es Bestrebungen hauptsächlich seitens der Kabardiner gibt, einen eigenen Staat als „Staat der Tscherkessen"[1532] zu realisieren. Darauf wird im Rahmen der völkerrechtlichen Würdigung noch genauer einzugehen sein.

1526 Quiring, Pulverfass Kaukasus, S. 167.

1527 https://web.archive.org/web/20080622235836/http://www.kabbalk.ru/.

1528 Iskenderjan, in: Wostok Nr. 2 1995, S. 12–13; Malek, in: FAZ.NET vom 16.02.2014.

1529 Malek, in: FAZ.NET vom 16.02.2014.

1530 Nikita Sergejewitsch Chruschtschow, geboren am 3. Juli 1894 und gestorben am 11. September 1971 in Moskau, war von 1958 bis 1964 als Vorsitzender des Ministerrats Regierungschef der Sowjetunion. Er war als schwieriger Verhandlungspartner bekannt, jedoch führte seine Politik ungeachtet der Aufrüstung zu einer Annäherung an die westlichen Großmächte. Für weitere Informationen siehe etwa Chruschtschow, Skizzen zur Biographie; Medwedew, Chruschtschow. Eine politische Biographie.

1531 Waschewko, in: Gesellschaft für bedrohte Völker – Russlands Republiken.

1532 Siehe Ausführungen unter Teil 2.E.II.1.a. mit weiteren Informationen in der entsprechenden Fußnote.

3. Das Volk der Kabardiner

Die Kabardiner sind eine ethnische Volksgruppe aus der Familie der Tscherkessen. Sie sind eng mit der Ethnie der Tscherkessen in Karatschai-Tscherkessien und der Gruppe der Adygej in Adygeja[1533] verwandt.[1534] Die Geschichte des tscherkessischen Volkes wird bereits ausführlich im Rahmen der Abhandlung über die Republiken Karatschai-Tscherkessien und Adygeja dargestellt,[1535] daher sollen an dieser Stelle nur die Besonderheiten des Volkes der Kabardiner geschildert werden.

Die Kabardiner gelten in ihrem Siedlungsgebiet als Urbevölkerung, während die Balkaren erst im frühen Mittelalter in die Region zogen.[1536] Trotz erheblicher kultureller Differenzen wurden die Kabardiner 1921/1922 von Josef Stalin mit den Balkaren in einer ASSR vereinigt.[1537] Von da an kämpften die Kabardiner mit den Balkaren um das knapper werdende Acker- und Weideland. [1538]

In der Zeit von 1944 bis 1957 waren die Kabardiner wieder allein in ihrer Republik, da Stalin alle Balkaren deportieren ließ.[1539] Auch im Namen der ASSR schlug sich nieder, dass nun ausschließlich Kabardiner in der Republik lebten: Die Kabardino-Balkarische ASSR wurde in Kabardinische ASSR umbenannt.[1540] Mit der Rückkehr der Balkaren nach 1957 traten die ursprünglichen Probleme in der Zwei-Ethnien-Republik wieder auf. Man stritt sich untereinander um die Verteilung der knappen Ressourcen und landwirtschaftlich attraktive Siedlungsräume.[1541]

Die Kabardiner sind mit den anderen tscherkessischen Völkern (viele leben nicht mehr in dem Gebiet der RF) republikübergreifend organisiert und fordern immer offener ihren eigenen Staat innerhalb der RF, ein „Groß-Tscherkessien".[1542]

1533 Siehe Ausführungen unter Teil 4.A.

1534 Iskenderjan, in: Wostok Nr. 2 1995, S. 13.

1535 Siehe hierzu Ausführungen unter Teil 2.E.I.4. und Teil 4.A.I.

1536 Iskenderjan, in: Wostok Nr. 2 1995, S. 13.

1537 Windisch, in: Badische Zeitung Online vom 04.05.2010.

1538 Windisch, in: Badische Zeitung Online vom 04.05.2010.

1539 Waschewko, in: Gesellschaft für bedrohte Völker – Russlands Republiken; https://www.abendblatt.de/politik/ausland/article107047757/Kabardino-Balkarien-Das-Armenhaus-Russlands.html; Malek, in: FAZ.NET vom 16.02.2014. Für weitere Informationen zu den Deportationen siehe auch Ausführungen unter Teil 1.F.V.

1540 Windisch, in: Badische Zeitung Online vom 04.05.2010.

1541 Windisch, in: Der Tagesspiegel Online vom 08.06.2010.

1542 Iskenderjan, in: Wostok Nr. 2 1995, S. 14.

Es vergeht kaum ein Treffen oder eine Tagung der tscherkessischen Völker, an dem nicht versucht wird, ein solches Vorhaben zu realisieren.[1543]

Über die Wahrscheinlichkeit einer Gründung eines tscherkessischen Staates wurde bereits im Rahmen der völkerrechtlichen Situation in der Republik Karatschai-Tscherkessien geschrieben. Auf spezifische Einzelheiten, die Kabardino-Balkarien betreffen, wird in der völkerrechtlichen Würdigung dieser Republik später zurückzukommen sein.

4. Die Balkaren und ihr Streben nach einer eigenen Republik

Die Geschichte und die Situation der Balkaren sind ein wenig vergleichbar mit dem Schicksal der Karatschaier in der benachbarten Republik Karatschai-Tscherkessien.[1544] Die Balkaren befinden sich ebenfalls in der Minderheit gegenüber der Ethnie der Kabardiner und kämpfen verzweifelt um politische Beteiligung. Immer wieder äußern die Balkaren ihren Wunsch nach einer balkarischen Autonomie.[1545]

Jedoch dient im Fall der Karatschaier die Historie nicht unbedingt als Argument, um das Streben nach einer Sezession der Balkaren von den Kabardinern zu untermauern. Im Jahre 1921 wurden innerhalb der Gorskaja ASSR[1546] zunächst zwei nationale Bezirke gegründet, der kabardinische Bezirk mit dem Zentrum Naltschik und der balkarische Bezirk mit dem Zentrum Dolinsk[1547]. Am 6. Januar 1922 beschloss das Volkskommissariat für Nationalitäten, den balkarischen Bezirk aus der Gorskaja ASSR auszugliedern und ein eigenes autonomes Gebiet für die Balkaren zu gründen. Nur drei Tage später wurde dieser Beschluss allerdings wieder aufgehoben und weitere sieben Tage später verabschiedete das Volkskommissariat das Dekret über die Bildung eines Kabardinisch-Balkarischen autonomen Gebietes, welches 1936 in eine ASSR umgewandelt wurde.[1548]

Durch die Aufhebung des Beschlusses vom 6. Januar 1921 konnten die Balkaren auch nicht vom „Gesetz über die Rehabilitierung der repressierten Völker“

1543 Lubova, S. 56–57.

1544 Siehe Ausführungen unter Teil 2.E.I.3.

1545 Watschnadse, S. 198.

1546 Siehe Ausführungen unter Teil 2.E.I.3. mit weiteren Informationen in der entsprechenden Fußnote.

1547 Dolinsk ist eine Stadt mit ca. 12.500 Einwohnern und liegt im heutigen Oblast Sachalin, http://www.mojgorod.ru/sahalin_obl/dolinsk/index.html.

1548 Tscherwonnaja, in: BIOst 1999, S. 18.

profitieren oder darauf ihren Autonomieanspruch stützen, da es de facto diese Autonomie nie gegeben hat.[1549] Nach der Rückkehr der Deportierten aus Mittelasien und Sibirien im Jahr 1957 hatten die Balkaren zunächst andere Sorgen als ihre Eigenständigkeit. Sie waren gegenüber den Kabardiner klar in der Minderheit und mussten dafür kämpfen, überhaupt ihre alten Wohnorte und Siedlungsstreifen wiederzubekommen.[1550] Erst im März 1991 trafen sich die Balkaren zu einem ersten Kongress des balkarischen Volkes.[1551] Damals stellte sich die Frage nach einer Aufteilung der Republik noch nicht. Ziel der Balkaren war es lediglich, beim Obersten Sowjet die Einführung einer Kammer mit balkarischen Volksvertretern im Parlament der Republik einzuführen, um eine Wahrnehmung balkarischer Interessen zu sichern.[1552] Denn bei Wahlen hatten sie aufgrund ihrer Minderheit gegenüber den Kabardinern keine Chance, einen ihrer Kandidaten in ein politisches Amt zu wählen. Doch der Oberste Sowjet in Kabardino-Balkarien ignorierte die Forderung nach politischer Mitsprache der Balkaren. So wurden in der Folgezeit die Rufe nach einer eigenen Republik Balkarien immer lauter und schon der zweite Kongress im November 1991 verfasste eine Deklaration, welche die Ausrufung der Republik Balkarien innerhalb der RF vorsah.[1553]

So nahmen die Autonomiebestrebungen der Balkaren weiter ihren Lauf. Das Ende der Sowjetunion änderte aber ebenfalls nichts am Status quo der Balkaren. Am 17. November 1996 nahm der Kongress des balkarischen Volkes seine Arbeit wieder auf und arbeitete wieder an der Deklaration aus dem November 1991.[1554] Die Deklaration wurde nun konkretisiert, Grenzen wurden festgelegt und Pläne für Staatsapparate gefasst. Ferner wandte sich der Kongress an den damaligen Präsidenten der RF Jelzin und appellierte an ihn als Garanten der Rechte und Freiheiten aller Bürger in der RF.[1555]

Der Appell änderte nichts daran, dass nach Beendigung des Kongresses die Mitglieder des balkarischen Staatsrates zum Ziel von Verfolgungen durch die Regierung von Kabardino-Balkarien wurden, die ausschließlich aus Kabardinern bestand. Verhaftungen, Prügelattacken und Strafverfahren gegen die Balkaren

1549 Waschewko, in: Gesellschaft für bedrohte Völker – Russlands Republiken.

1550 Waschewko, in: Gesellschaft für bedrohte Völker – Russlands Republiken.

1551 Tscherwonnaja, in: BIOst 1999, S. 19.

1552 Tscherwonnaja, in: BIOst 1999, S. 19.

1553 Tscherwonnaja, in: BIOst 1999, S. 19.

1554 Tscherwonnaja, in: BIOst 1999, S. 20.

1555 Tscherwonnaja, in: BIOst 1999, S. 20.

waren an der Tagesordnung, da die Kabardiner ihren Führungsanspruch in der Republik bedroht sahen.[1556] Gezwungenermaßen stellte der Kongress der Balkaren seine Arbeit ein. Alle balkarischen Organisationen wurden geschlossen und ihre Büros versiegelt. Eine balkarische Opposition existierte nicht mehr.[1557] Bei den Präsidentschaftswahlen im Januar 1997 gab es mit dem damaligen amtierenden (kabardinischen) Präsidenten Kokow[1558] nur einen Kandidaten. Der Wille der Balkaren auf politische Beteiligung wurde unterdrückt, fast ein Jahr lang existierten keine balkarischen politischen Vereinigungen oder Organisationen.[1559]

Erst im Januar 1998 etablierte sich die Organisation „Stimme Balkariens“, die aber nur zum Schein gegründet wurde und nicht die Meinung der Balkaren vertrat.[1560]

Der Weg der Balkaren zu einer politischen Beteiligung erscheint noch schwieriger als für die Karatschaier im Nachbarland, die es mittlerweile wenigstens zu einer gewissen Repräsentation auf der Führungsebene der Republik geschafft haben.

II. Politische Würdigung der gegenwärtigen Situation

1. Die Spannungen zwischen Kabardinern und Balkaren innerhalb ihrer Republik unter dem Gesichtspunkt der politischen Mitbestimmung

Obwohl es in der Geschichte des Zusammenlebens von Kabardinern und Balkaren noch nie zu größeren Auseinandersetzungen gekommen ist, so betonen doch beide Völker stets, dass es man es vorziehe, nicht mit der anderen Ethnie unter dem Dach einer Republik zusammenzuleben.[1561]

Dabei deuten sich gewisse Gemeinsamkeiten zu der Situation ihrer Nachbarn in Karatschai-Tscherkessien an. Jedoch erscheint die Lage in Kabardino-Balkarien weniger dramatisch zu sein. Während in Karatschai-Tscherkessien

---

1556 Tscherwonnaja, in: BIOst 1999, S. 21.

1557 Tscherwonnaja, in: BIOst 1999, S. 24.

1558 Waleri Muchamedowitsch Kokow, geboren am 18. Oktober 1941 und gestorben am 29. Oktober 2005, war von 1990 bis 2005 Präsident der Republik Kabardino-Balkarien. Seine lange Amtszeit ist u. a. auch darauf zurückzuführen, dass es in dieser Zeit an politischen Gegenkandidaten in der Republik fehlte. Für weitere Informationen siehe etwa ein Interview mit Kokow, https://www.kommersant.ru/doc/379399.

1559 Tscherwonnaja, in: BIOst 1999, S. 24.

1560 Tscherwonnaja, in: BIOst 1999, S. 25.

1561 Watschnadse, S. 199–200.

das Land während der Präsidentschaftswahlen 1999 kurz vor einem Bürgerkrieg stand, so versuchen Kabardiner und Balkaren, ihre Differenzen auf politischem Wege zu lösen. Dabei spielt Moskau natürlich eine tragende Rolle.[1562]

Die Balkaren fürchten angesichts der Tatsache, dass in der Republik fünfmal mehr Kabardiner als Balkarier leben, vom politischen Willensbildungsprozess völlig ausgeschlossen zu werden, und drängen daher auf eine Separation von den Kabardinern. Denn obwohl traditionsgemäß der Präsident der Republik stets ein Kabardiner, der Stellvertreter ein Russe und der Premierminister ein Balkare sein sollte,[1563] sieht die Realität aus Sicht der Balkaren anders aus. Sie fühlen sich hinsichtlich der politischen Beteiligung ausgegrenzt.[1564] Die Kabardiner dagegen gehören zur Familie der Tscherkessen[1565] und streben schon seit längerem eine eigene Republik an, in der alle tscherkessischen Völker aus Adygeja, Kabardino-Balkarien und Karatschai-Tscherkessien vereinigt werden. Den Balkaren ist dieses Vorhaben deshalb ein Dorn im Auge, da dieser tscherkessische Staat nach den Plänen der tscherkessischen Völker auch Siedlungsgebiete der Balkaren umfasst. Sie fürchten daher, nach der Deportation 1944 erneut ihre Heimat verlassen zu müssen.[1566]

Nachdem im November 1996 der Plan des Kongresses der Balkaren scheiterte, durch eine Deklaration und den Appell an Moskau eine eigene Republik in der RF durchzusetzen,[1567] erlitten die Autonomiebestrebungen der Balkaren einen starken Dämpfer. Es gibt keine wirkliche politische Organisation und Struktur mehr, nachdem im Anschluss an die versuchte Proklamation einer eigenen Teilrepublik[1568] sämtliche Parteien und Gesellschaften der Balkaren von der Republik-Führung, welche fest in der Hand der Kabardiner ist, aufgelöst wurden. Es erscheint daher mehr als fraglich, ob es den Balkaren gelingen wird, sich wieder neu zu organisieren und ihre Forderungen nach mehr politischer Mitsprache zu konkretisieren.

Auf der anderen Seite ergeht es den Kabardinern mit ihrem Ziel, einen großtscherkessischen Staat zu verwirklichen, nicht wirklich besser. Zwar sind die tscherkessischen Völker in Nationalbewegungen gut organisiert und es gelingt

1562 Lubova, S. 56–57.
1563 Grobe-Hagel, S. 22.
1564 Grobe-Hagel, S. 22.
1565 Siehe Ausführungen unter Teil 2.E.I.4. mit weiteren Informationen in der entsprechenden Fußnote.
1566 Lubova, S. 57.
1567 Siehe Ausführungen unter Teil 2.F.I.4.
1568 Tscherwonnaja, in: BIOst 1999, S. 20.

ihnen auch, eine republikübergreifende Informationspolitik zu gewährleisten, jedoch zeigt Moskau bisher keinerlei Tendenzen, ihrem Wunsch nach einer Republik der Tscherkessen zu entsprechen.

Im Rahmen der Abhandlung über die Autonomiebestrebungen der Kabardiner und Balkaren wird erläutert, warum nahezu ausgeschlossen werden kann, dass Moskau den Forderungen der Tscherkessen nachkommt.

2. *Autonomiebestrebungen der Kabardiner und Balkaren hinsichtlich ihres Status in der RF*

Auch hinsichtlich der Autonomiebestrebungen gibt es deutliche Parallelen zu der Nachbarrepublik Karatschai-Tscherkessien. Sowohl die Kabardiner als auch die Balkaren hielten stets an Russland fest in der Hoffnung, dass Moskau ihnen entgegenkommt und ihre Interessen hinsichtlich einer jeweils eigenen Republik innerhalb der RF berücksichtigt.[1569] Die Kabardiner und die Balkaren sind sich darüber einig, dass ihre Hoffnung auf mehr Eigenständigkeit nur durch russische Hilfe möglich ist. Würde man Russland offen mit einem möglichen Austritt aus der RF konfrontieren, wäre sicherlich jede Chance auf eine eigene Republik vertan. Ferner ist man sich ähnlich wie die Karatschaier und die Tscherkessen darüber bewusst, dass eine von Russland komplett unabhängige Republik Kabardinien oder Balkarien nicht überlebensfähig wäre, da man wirtschaftlich auf die Subventionen aus Moskau angewiesen ist.[1570]

Zudem eint sowohl die Kabardiner als auch die Balkaren jeweils die Angst vor einem Machtzugewinn der jeweils anderen Ethnie. Die Balkaren beobachten mit großer Angst die Pläne der Kabardiner, die einen groß-tscherkessischen Staat zum Ziel haben. Dies würde eine weitere Unterdrückung der Balkaren bedeuten. Andersherum fürchten die Kabardiner, dass am Ende die Balkaren ihren Plan von einem eigenen Staat schneller als sie selbst verwirklichen können.[1571]

Moskau wird alles daransetzen, den Status quo so lange wie irgend möglich zu erhalten.[1572] Denn solange die Kabardiner und die Balkaren gezwungen sind, in dem für beide Völker unnatürlich strukturierten Staat Kabardino-Balkarien zusammenzuleben, braucht Russland um seine feste staatliche Position in dieser Region des Nordkaukasus nicht zu fürchten. Dies wird auch in den russischen Regierungsdokumenten deutlich, die die Grundprinzipien der

---

1569 Watschnadse, S. 199.
1570 Iskenderjan, in: Wostok Nr. 2 1995, S. 15.
1571 Tscherwonnaja, in: BIOst 1999, S. 35.
1572 Iskenderjan, in: Wostok Nr. 2 1995, S. 15.

russischen Nationalitätenpolitik im Nordkaukasus formulieren. Darin findet sich die Anweisung, dass die Aufteilung oder Aufsplitterung der Multi-Ethnien-Republiken wie Kabardino-Balkarien oder Karatschai-Tscherkessien unbedingt zu verhindern ist, um die staatlichen Strukturen dauerhaft zu festigen.[1573]

Ein weiterer Grund für Russland, an den derzeitigen Grenzziehungen nichts zu ändern, ist der befürchtete „Dominoeffekt".[1574] Auch hier gilt das Gleiche wie für Karatschai-Tscherkessien. Würde Russland einer Ethnie im Nordkaukasus, sei es in Kabardino-Balkarien, Karatschai-Tscherkessien oder Nordossetien-Alanien, gestatten, eine eigene Republik innerhalb der RF zu gründen, so müsste man sich in Moskau von da an mit den Forderungen all der anderen Volksgruppen auseinandersetzen, die nun auch ihre Autonomie fordern würden. Der einzige Ausweg wäre dann, allen Kaukasus-Völkern ihre eigene Republik zu geben. Und dies liegt überhaupt nicht im Interesse Moskaus.

Die Hoffnungen der Kabardiner und Balkaren auf eine jeweils eigene Republik dürften ähnlich wie in Karatschai-Tscherkessien gegen null tendieren. Russland hat schon mehrfach seinen Standpunkt deutlich gemacht, dass man keine neuen Republiken im Nordkaukasus tolerieren wird.

III. Rechtliche Würdigung

1. Selbstbestimmungsrecht und Sezession

In rechtlicher Hinsicht bleibt für Kabardino-Balkarien festzuhalten, dass ein Anspruch auf Sezession von der RF unter keinem rechtlichen Aspekt gegeben ist. Von einem vollständigen Untergang des Selbstbestimmungsrechts kann auch in dieser Teilrepublik nicht die Rede sein. Somit kommt ein Erstarken des Selbstbestimmungsrechts zum Sezessionsrecht nicht in Betracht.[1575]

2. Entschädigungsansprüche der Balkaren aufgrund ihrer Deportation

Grundsätzlich steht den Balkaren nach dem Völkerrecht das Recht zu, in ihre ursprünglichen Siedlungsgebiete nach der Deportation unter Josef Stalin zurückzukehren. Insoweit kann auf die obigen Ausführungen verwiesen werden.

1573 Tscherwonnaja, in: BIOst 1999, S. 36.
1574 Lubova, S. 57.
1575 Für die Voraussetzungen eines Sezessionsrechts siehe Ausführungen unter Teil 1.D.I.3.e.

Eine Besonderheit in Kabardino-Balkarien ist jedoch, dass anders als in vielen vergleichbaren Fällen den deportierten Balkaren nach ihrer Rückkehr unmittelbar die Möglichkeit eingeräumt wurde, in ihre alte Heimat zurückzukehren. So kehrten tatsächlich im Jahre 1957 die überlebenden Balkaren in die damalige Kabardinische ASSR zurück.[1576] Somit wurde die ASSR wieder zur binationalen Einheit, obwohl zunächst lediglich das Volk der Kabardiner in der Namensgebung der ASSR Berücksichtigung fand. Obwohl es für die Balkaren mit diversen Schwierigkeiten verbunden war, in ihre ursprünglichen Siedlungsgebiete zurückzukehren, wurde ihnen der Anspruch auf Rückkehr in die Heimat nach einem Verstoß gegen das völkerrechtliche Vertreibungsverbot[1577] somit zugesprochen.

Hinsichtlich weitergehender Ansprüche auf finanzielle Entschädigung wegen Enteignung[1578] stellt sich auf für die Balkaren die bereits erläuterte Problematik der Durchsetzbarkeit. Selbst wenn man den Balkaren das selbstständige Recht zur Durchsetzung ihrer Ansprüche gegenüber dem Verursacherstaat (also der RF als Rechtsnachfolgerin der Sowjetunion) zusprechen würde, dürfte es auch in dem Fall der Balkaren ausgeschlossen sein, dass sich Russland einem Urteil beugen würde, welches den Balkaren Entschädigungsansprüche gegen Russland zubilligen würde. Ebenso unwahrscheinlich dürfte es sein, dass sich Russland freiwillig zu einer finanziellen Kompensation für die betroffenen Balkaren entschließt oder diese in anderer Form (beispielsweise mit einer eigenen Republik) entschädigt.

G. Republik Nordossetien-Alanien

Die Region Ossetien wurde in Europa hauptsächlich durch den „5-Tage-Krieg“[1579] in Südossetien bekannt. Dieser südliche Teil von Ossetien gehört im Gegensatz zu Nordossetien nicht zur RF, sondern zu Georgien.

1576 Malek, in: FAZ.NET vom 16.02.2014.

1577 Siehe Ausführungen unter Teil 1.F.

1578 Siehe Ausführungen unter Teil 1.F.V.2.

1579 Für weitere Informationen siehe Ausführungen unter Teil 3.II.3.

I. Land, Einwohner, Geschichte und Wirtschaft

1. Historische Entwicklung der Republik

Die Osseten[1580] sind die Nachfahren der Skythen[1581], Sarmaten[1582] und Alanen[1583]. Diese iranischsprachigen Stammesgruppen hatten sich im ersten Jahrhundert nach Christus im gesamten Nordkaukasus angesiedelt und sich rasch mit den dort lebenden Bergvölkern vermischt.[1584] Daraus entstand im neunten Jahrhundert das unter byzantinischem und georgischem Einfluss stehende Erzbistum Alanien[1585], welches im 13. Jahrhundert von den mongolischen Horden niedergebrannt wurde. Die sog. „Alanen-Osseten"[1586] flohen aufgrund des drohenden mongolischen Angriffs aus dem Vorkaukasus in die schwer zugänglichen Gebirgsregionen des Zentralkaukasus.[1587] Im nördlichen Teil des Kaukasus

1580 Die Osseten gingen aus den Skythen, Alanen und Sarmaten hervor. Siehe Ausführungen in den unmittelbar folgenden Fußnoten.

1581 Die Skythen waren ein nomadischer Reiterstamm, welcher hauptsächlich in den Steppen Eurasiens lebte. Die Skythen führten keine bekannten schriftlichen Aufzeichnungen, so dass alles, was man heute über die Skythen weiß, aus mündlichen Überlieferungen und Aufzeichnungen anderer Kulturen stammt. Für weitere Informationen siehe etwa Kulke, in: Die Welt Online vom 05.07.2007, Das Gold des grausamen Reitervolkes; Wagner, in: Eurasisches Magazin Online vom 01.01.2016, Die Skythen – Geschichte, Kultur und Geheimnisse des Reitervolkes.

1582 Die Sarmaten waren ebenfalls ein nomadischer Reiterstamm aus Mittelasien und zogen durch die Steppen des heutigen Südrusslands. Die Sarmaten waren ethnisch eng mit den Skythen verwandt. Für weitere Informationen siehe etwa http://www.sarmatische-krieger.de/Sarmaten/sarmaten.html; http://www.sarmaten-in-europa.de/neue-historische-erkenntnisse/die-wanderung/.

1583 Die Alanen gehörten ethnisch zur Volksgruppe der Sarmaten und siedelten am Kaspischen Meer im heutigen Kasachstan. Die Alanen gelten ebenso wie die Skythen und Sarmaten als Vorfahren der heute noch im Nordkaukasus lebenden Osseten. Für weitere Informationen siehe etwa Alemany, Sixth Century Alania: between Byzantium, Sasanian Iran and the Turkic World.

1584 Funch Hansen/Liesl Krag, S. 176–177.

1585 Die Alanen waren ursprünglich ein christliches Volk, so dass sie sich in einem Erzbistum sammelten, Alemany, Sixth Century Alania: between Byzantium, Sasanian Iran and the Turkic World.

1586 Aus dieser Bezeichnung wird bereits die ethnische Herkunft der heutigen Osseten deutlich, nämlich die Abstammung von den Alanen.

1587 Iskanderjan, in: Wostok Nr. 3 1999, S. 30.

entstanden so vier große Volksgemeinschaften, die Digorsker[1588], die Alagirsker[1589], die Kurtanisker[1590] und die Tagaursker[1591] Gemeinschaft. Die Alanen-Osseten hingegen, die über den Gebirgskamm hinweg in Richtung Süden zogen, bildeten eine Vielzahl kleinerer Gemeinschaften, die sehr schnell unter die Herrschaft georgischer Fürsten gezwungen wurden.[1592] Zwischen dem Norden und dem Süden bestand aufgrund der Höhe der Berge nur eine einzige Verbindung, der Dariel-Pass[1593], der seit dem fünften Jahrhundert im Machtbereich Georgiens lag.[1594]

Die Osseten im Norden sahen sich zunehmend der Gefahr durch moslemische Osmanen sowie Krimtataren[1595] ausgesetzt, weshalb sie sich Mitte des 18. Jahrhunderts zu Russland hin orientierten.[1596] Im Jahr 1774 trat das damalige Ossetien dem russischen Imperium offiziell bei. Daraufhin durften die Osseten auch in den fruchtbaren Steppen des Vorkaukasus siedeln, insbesondere um die Festung Mosdok, die den Osseten Schutz bieten sollte. Durch diese Umsiedlung änderten sich die Lebensweisen der Osseten in Bezug auf ihre Arbeit. Im Hochland hatten sie sich hauptsächlich auf die Viehzucht fokussiert, während sie nun in der Steppe Ackerbau betrieben und Weizen, Mais und Getreide anbauten.[1597]

Im Gegensatz zu vielen anderen Kaukasusvölkern hatten die Osseten in der Historie[1598] meist ein gutes Verhältnis zu ihren russischen Nachbarn. Dies liegt

1588 Die Digorsker waren eine Ethnie im nördlichen Teil des Kaukasus, Quiring, Pulverfass Kaukasus, S. 156.

1589 Die Alagirsker waren ebenfalls eine kleine Volksgruppe aus dem Nordkaukasus, welche heute nicht mehr existiert, Quiring, Pulverfass Kaukasus, S. 156.

1590 Die Kurtanisker siedelten auch im Nordkaukasus und bildeten dort eine Gemeinschaft, Quiring, Pulverfass Kaukasus, S. 156.

1591 Die Tagaursker bildeten im Nordkaukasus eine kleine Volksgemeinschaft, Quiring, Pulverfass Kaukasus, S. 156.

1592 Quiring, Pulverfass Kaukasus, S. 156.

1593 Der Dariel-Pass, auch Dariel-Schlucht genannt, ist eine ca. 11 km lange Verbindung zwischen Georgien und dem russischen Teil des Nordkaukasus. Für weitere Informationen siehe etwa Alemany, Sixth Century Alania: between Byzantium, Sasanian Iran and the Turkic World.

1594 http://www.d-k-g.de/ossetien.html

1595 Siehe Ausführungen unter Teil 1.D.III.1.a.

1596 Funch Hansen/Liesl Krag, S. 176–177.

1597 Quiring, Pulverfass Kaukasus, S. 156.

1598 Im Gegensatz zu den Tschetschenen, die über die vergangenen Jahrhunderte immer wieder die direkte und auch militärische Konfrontation mit Russland suchten, zogen es die Osseten vor, sich dem Schutz Russlands zu unterstellen, Quiring, Pulverfass Kaukasus, S. 156.

auch darin begründet, dass die Osseten aktiv den Schutz Russlands vor den Osmanen suchten und diese Beziehung konservierten.[1599] Dies führte jedoch dazu, dass die anderen Kaukasusvölker den Osseten mit Skepsis begegneten. Ein weiterer Unterschied zu den anderen Kaukasusvölkern ist die Religion der Osseten: Im Gegensatz zu ihren muslimischen Nachbarn sind die Mehrheit der Osseten seit dem neunten Jahrhundert unter dem Einfluss von Byzanz und Georgien orthodoxe Christen.[1600]

Die Religion bewahrten die Osseten nur unter harten Kämpfen. Im Zusammenhang mit dem russischen Vordringen nach Ossetien im 18. Jahrhundert begann ein Kampf um die vorherrschende Religion. Seit dem 16. Jahrhundert waren im Kaukasus muslimische Missionare unterwegs, um die Bewohner für den Glauben an Allah und dessen Propheten Mohammed zu gewinnen.[1601] Zwar konvertierten einige Osseten zum Islam, behielten aber oftmals die aus Sicht der Muslime heidnischen Bräuche der Bergvölker bei. Damit hatten die islamischen Missionare einen Vorsprung gegenüber den christlich-orthodoxen, so dass die orthodoxe Kirche bis ins 18. Jahrhundert nur recht wenige Anhänger in Ossetien hatte, zumal auch der Aufstand der kaukasischen Bergvölker unter Scheich Mansur[1602] am Ende des 18. Jahrhunderts im Zeichen eines militanten Islam stand. Erst als die Osseten die Berge verließen und in die russische Steppe zogen, wurden sie wieder Christen bzw. konnten nun ihren Glauben unbedroht ausüben.[1603]

Wegbereiter der ossetischen Christianisierung war zunächst nicht die russisch-orthodoxe Kirche, sondern die georgisch-orthodoxe Kirche[1604].[1605] Im Jahre 1774 gründete sie in der Region des heutigen Kabardino-Balkarien eine christliche Residenz, in der Hoffnung, dort Jugendliche ausbilden und sie zu örtlichen Geistlichen und Missionaren heranziehen zu können. Gleichzeitig verlangten die Vertreter der georgisch-orthodoxen Kirche aber von den Einheimischen, jeglichen Handel mit Moslems in der Region einzuschränken. Dies

---

1599 Grobe-Hagel, S. 20–21; Quiring, Pulverfass Kaukasus, S. 156.

1600 Grobe-Hagel, S. 20–21.

1601 Quiring, Pulverfass Kaukasus, S. 156.

1602 Siehe Ausführungen unter Teil 2.A.II.1.

1603 http://www.d-k-g.de/christentum.html

1604 Die georgisch-orthodoxe Kirche spielte in der Historie Georgiens eine tragende Rolle. Auch heute noch kommt ihr in Georgien Steuerfreiheit und Verfassungsrang zuteil. Für weitere Informationen siehe etwa Heiser, Die georgische orthodoxe Kirche und ihr Glaubenszeugnis.

1605 Quiring, Pulverfass Kaukasus, S. 156–157.

stellte sich aber als problematisch heraus, da die gesamte Region (mit Ausnahme der Osseten) weitgehend unter osmanischem und damit muslimischem Einfluss stand. Schließlich wurde die Residenz unter Führung der Osmanen zerstört.[1606]

2. *Traditionen der Osseten*

Wie bei allen nordkaukasischen Völkern existiert auch bei den Osseten noch immer das Prinzip der Blutrache[1607]. Jegliche Streitigkeit, sei sie noch so banal, konnte und kann jahrelange blutige Fehden unter einzelnen Familien nach sich ziehen, die nur durch das Ritual des „Blut-Tisches“ beigelegt werden konnten, an dem zunächst die schuldige Seite den Betroffenen Wertgegenstände, Waffen und Vieh übergab und dann anschließend zur Feier der Versöhnung von den Betroffenen zu einem Festmahl eingeladen wurde.[1608]

Dass das Prinzip der Blutrache auch in der heutigen Zeit noch einen gewissen Stellenwert besitzt,[1609] zeigt das Beispiel des Osseten Witali Kalojew[1610] aus der nordossetischen Hauptstadt Wladikawkas. Der Familienvater verlor bei dem Flugzeugunglück am Bodensee am 1. Juli 2002, bei der eine russische Passagiermaschine mit einer Frachtmaschine der Firma DHL kollidierte, seine Frau und seine beiden Kinder. Insgesamt kamen bei dem Unglück 71 Menschen ums Leben. Das Unglück resultierte daraus, dass der dänische Fluglotse Peter Nielsen, der in dieser Nacht bei der Luftsicherung in Zürich Dienst hatte, fahrlässig nicht erkannt hatte, dass die beiden Maschinen auf Kollisionskurs waren.[1611] Der Fluglotse wurde daraufhin wegen fahrlässiger Tötung zu einer Bewährungsstrafe verurteilt; dies empfand Kalojew als völlig unzureichend. Kalojew fuhr im Februar 2004 in die Schweiz nach Genf zur Wohnung des Fluglotsen und erstach

---

1606 Quiring, Pulverfass Kaukasus, S. 156–157.

1607 Siehe Ausführungen unter Teil 2.C.I.3. mit weiteren Informationen in der entsprechenden Fußnote.

1608 Quiring, Pulverfass Kaukasus, S. 157.

1609 Siehe Ausführungen unter Teil 2.C.I.3. mit weiteren Informationen in der entsprechenden Fußnote.

1610 Witali Konstantinowitsch Kalojew, geboren am 15. Januar 1956, ist ein russischer Bauingenieur, der später zum stellvertretenden Bauminister von Nordossetien ernannt wurde. In seiner Heimat Nordossetien erlangte Kalojew dadurch Bekanntheit, dass er nach dem Flugzeugunglück von Überlingen im Jahre 2002 seine Frau und seine beiden Kinder verlor. Daraufhin erstach Kalojew den diensthabenden Fluglotsen. Für weitere Informationen siehe etwa http://archive.is/20130417063405/http://minarhstroy.ru/index.php?option=com_content&view=article&id=65&Itemid=96.

1611 http://www.spiegel.de vom 12.09.2002.

diesen dort. Dafür wurde der Nordossete von einem Schweizer Gericht zu einer Freiheitsstrafe verurteilt.[1612]

Noch in der Haft wählte ihn ein nordossetisches Online-Portal zum Mann des Jahres. Nach seiner Haftentlassung und seiner Rückkehr bekam Kalojew den Posten des stellvertretenden Bauministers von Nordossetien.[1613] Allein die Tatsache, dass sich der Mann nicht an rechtsstaatliche Urteile gebunden fühlte, sondern das traditionelle Prinzip der Blutrache einhielt, brachte ihm den Respekt sämtlicher Landsleute ein. Sogar in der Nachbarrepublik Inguschetien würdigte ihn der oberste Richter der Republik im Zusammenhang mit dem Prinzip der Blutrache und der Bewahrung der kaukasischen Traditionen.[1614]

3. *Prägende Ereignisse in der jüngeren Vergangenheit*

Das wohl tragischste Ereignis der jüngeren Geschichte Nordossetiens ist die Geiselnahme von Beslan[1615] im September 2004.

Am Morgen des 1. September 2004, der Tag des Schulbeginns nach den Sommerferien, überquerte ein alter Lkw russischen Typs die Grenze von Inguschetien nach Nordossetien und erreichte schließlich die Schule „Nummer eins" in Beslan, einer Kleinstadt in der Nähe der Hauptstadt Wladikawkas. An Bord des Fahrzeugs befanden sich über 30 Männer und Frauen, die allesamt dem tschetschenischen Widerstand angehörten. Sie waren schwer bewaffnet mit Granatwerfern, Minen, Handgranaten, Pistolen, Scharfschützengewehren und Kalaschnikow-Sturmgewehren. Die Gruppe stürmte das Schulgebäude während der Begrüßungszeremonie für das neue Schuljahr und nahm 1.127 Menschen als Geiseln, darunter Lehrer, Eltern, aber hauptsächlich junge Schüler, von denen viele noch im Grundschul- oder Vorschulalter waren.[1616]

1612 http://www.swissinfo.ch/ger/mildere-strafe-fuer-fluglotsen-moerder/5982920.

1613 https://de.sputniknews.com/panorama/20080118972552240/.

1614 Quiring, Pulverfass Kaukasus, S. 158.

1615 Bei der Geiselnahme von Beslan brachten nordkaukasische Terroristen mehr als 1.100 Schüler und Lehrer in einer Schule in ihre Gewalt; am Ende starben mehr als 330 Menschen. Für weitere Informationen siehe etwa Jusik, Beslan. Die Schule von Beslan; http://www.faz.net/aktuell/politik/tschetschenien-bassajew-bekennt-sich-zum-anschlag-von-beslan-1177069.html; https://www.reuters.com/article/idUSLS446937.

1616 Quiring, Pulverfass Kaukasus, S. 159; Jusik, Beslan. Die Schule von Beslan.

Unter den Angreifern fanden sich auch einige potenzielle Selbstmordattentäterinnen, sog. „Schwarze Witwen“[1617], die eine Weste mit einem Sprengstoffgürtel trugen und drohten, sich bei Annäherung russischer Einsatzkräfte selbst in die Luft zu sprengen, womit sie zahlreiche Geiseln ebenfalls getötet hätten. Nachdem die Rebellen die Schule besetzt hatten, verminten sie unverzüglich die Ausgänge, um eine Stürmung durch russische Spezialtruppen („Speznaz“[1618]) zu verhindern.[1619]

Die russische Führung verzichtete zunächst zur Gewährleistung der Sicherheit der Geiseln auf eine Erstürmung der Schule und kündigte an, mit den Geiselnehmern verhandeln zu wollen. Initiator der Geiselnahme[1620] war erneut der tschetschenische Feldkommandeur Schamil Bassajew[1621], der bereits den Überfall und die Geiselnahme in der Stadt Budjannowsk[1622] im Jahr 1995 durchgeführt hatte. Auch stand er hinter der Geiselnahme im Oktober 2002 im Moskauer Dubrowka-Theater, wo bei der Erstürmung durch russische Sicherheitskräfte 130 Menschen ums Leben kamen.[1623] An der Operation in Beslan war er jedoch nur planerisch tätig, selbst anwesend war er nicht. Er hatte seine Kämpfer ab dem 20. August in der menschenleeren Siedlung Psedach in Inguschetien versammelt und auf das Unternehmen eingeschworen.[1624]

Die Forderungen der Geiselnehmer lauteten offenbar wie folgt[1625]: Freilassung aller tschetschenischen Terroristen aus russischen und inguschetischen Gefängnissen, Abzug aller russischen Truppen aus Tschetschenien und der politische

1617 Als „Schwarze Witwen“ oder „Smertnizy“ bezeichnet man tschetschenische Selbstmordattentäterinnen, die sich mit Sprengstoffgürteln bewaffnet in die Luft sprengen, um möglichst viel Schaden in der näheren Umgebung hervorzurufen. Für weitere Informationen siehe etwa Jusik, Die Bräute Allahs. Selbstmord-Attentäterinnen aus Tschetschenien.

1618 Die „Speznas“ sind eine russische Sondereinheit des Militärs mit dem Einsatzschwerpunkt Terrorbekämpfung, http://www.spezialeinheiten.net/index.php?action=spetsnaz; http://weaponplace.ru/specnaz.php.

1619 Quiring, in: Welt Online vom 04.09.2004.

1620 http://www.faz.net/aktuell/politik/tschetschenien-bassajew-bekennt-sich-zum-anschlag-von-beslan-1177069.html.

1621 Siehe Ausführungen unter Teil 2.B.I. mit weiteren Informationen in der entsprechenden Fußnote.

1622 Siehe Ausführungen unter Teil 2.H.I.

1623 Ludwig, in: FAZ.NET vom 23.10.2012

1624 Quiring, Pulverfass Kaukasus, S. 159.

1625 http://www.faz.net/aktuell/politik/tschetschenien-bassajew-bekennt-sich-zum-anschlag-von-beslan-1177069.html; https://www.reuters.com/article/idUSLS446937; http://www.russland.ru/schuleossetien/.

Rücktritt von Präsident Wladimir Putin. Zu Verhandlungen kam es nur sporadisch. Lediglich eine Unterredung mit dem damaligen Präsidenten von Inguschetien Ruslan Auschew fand statt, dem es gelang, wenigstens die Freilassung einiger Kleinkinder zu bewirken.[1626]

Am Abend des 1. September 2004 fand auf Antrag Russlands eine Sondersitzung des UNO-Sicherheitsrates statt, welcher die sofortige und unbedingte Freilassung aller Geiseln forderte.[1627] Der damalige US-Präsident George W. Bush sagte Putin seine Unterstützung zu, falls Russland diese benötigen würde.[1628]

Am 3. September 2004 geriet die Lage dann außer Kontrolle. Es gab einige Explosionen in der Schule, wobei nicht geklärt werden konnte, woher diese stammten. In Folge der Explosionen stürzte die Decke der Sporthalle herunter, wo sich die Vielzahl der Geiseln aufhielt. Es konnte nicht abschließend geklärt werden, ob die Decke durch Sprengung der Terroristen herabfiel, oder ob Granaten russischer Panzer dafür verantwortlich waren. Als einige der Geiseln versuchten zu fliehen, eröffneten die Geiselnehmer das Feuer und die Situation eskalierte. Es entwickelte sich ein schweres Feuergefecht zwischen der russischen Armee, die das Schulgelände mittlerweile umstellt hatte, und den Terroristen.[1629] Im Verlauf des Gefechts stürmten russische Spezialeinheiten das Gebäude, dabei wurden nach offiziellen Angaben alle Geiselnehmer bis auf einen getötet. Unter den Geiseln gab es über 1.000 Tote und Verletzte zu beklagen. Es stellte sich später heraus, dass sich die stürmenden Einsatzkräfte offensichtlich nicht einig waren, wer denn die obere Befehlsgewalt über den Einsatz hatte.[1630]

Dem einzigen überlebenden Geiselnehmer Nurpaschi Kulajew[1631] wurde stellvertretend für alle beteiligten Terroristen der Prozess gemacht. Im Mai 2006 wurde

1626 Länderanalysen-Russland Nr. 36 vom 10.09.2004, http://www.laender-analysen.de/Russland; http://www.russland.ru/schuleossetien/.

1627 https://www.handelsblatt.com/politik/international/sondersitzung-anberaumt-sicherheitsrat-verurteilt-geiselnahme/2394808.html?ticket=ST-14271272-u3MKl7zqxuQIYkzVzcnK-ap3.

1628 Länderanalysen-Russland Nr. 36 vom 10.09.2004, http://www.laender-analysen.de/Russland.

1629 Länderanalysen-Russland Nr. 36 vom 10.09.2004, http://www.laender-analysen.de/Russland.

1630 Quiring, in: Welt Online vom 04.09.2004.

1631 Nurpaschi Kulajew überlebte als einziger Geiselnehmer die Geschehnisse auf dem Schulgelände in Beslan. Nach seiner Festnahme beteuerte er fortlaufend vor Journalisten und diversen Fernsehkameras, dass er nicht auf Geiseln geschossen habe, sondern lediglich Warnschüsse in die Luft abgegeben habe. Für weitere Informationen siehe etwa Jusik, Beslan. Die Schule von Beslan.

Kulajew zum Tode verurteilt.[1632] Das Oberste Gericht der Autonomen Republik Nordossetien änderte die Verurteilung zum Tode ab und sprach stattdessen eine lebenslange Freiheitsstrafe aus.[1633] Dazu ist anzumerken, dass in Russland und damit auch in seinen Teilrepubliken die Todesstrafe noch existiert, obwohl Russland seit 1996 Mitglied des Europarates[1634] ist und gemäß den Bestimmungen[1635] die Todesstrafe in den Mitgliedsländern abgeschafft sein müsste. Seit 1996 wird die Todesstrafe allerdings nicht mehr vollstreckt.

Eine vermeintlich ähnliche Situation gab es auch in der Bundesrepublik Deutschland. So lautete Art. 21 der Hessischen Landesverfassung: „Ist jemand einer strafbaren Handlung für schuldig befunden [...], kann er zum Tode verurteilt werden.“[1636] Dennoch kann man dies nicht mit der Gesetzeslage in Russland vergleichen. Denn in Deutschland gilt gemäß Art. 31 GG der Grundsatz: „Bundesrecht bricht Landesrecht.“ In Art. 102 GG heißt es: „Die Todesstrafe ist abgeschafft.“ Daher kommt Art. 21 der Hessischen Landesverfassung nicht zur Anwendung. Es existiert also im Gegensatz zu Russland eine gesetzliche Regelung, die die Todesstrafe außer Kraft setzt. In Russland könnte mangels einer verfassungsrechtlichen Grundlage trotz Verstoßes gegen die Zusatzprotokolle zur Europäischen Menschenrechtskonventionen[1637] die Todesstrafe jederzeit wieder vollstreckt werden.[1638]

1632 Ludwig, in: FAZ.NET vom 02.09.2009.

1633 Ludwig, in: FAZ.NET vom 02.09.2009.

1634 Der Europarat ist eine durch Vertrag von London vom 5. Mai 1949 gegründete europäische internationale Organisation. Die eigentliche Aufgabe des Europarats ergibt sich bereits aus Artikel 1 seiner Satzung, worin es heißt: „Der Europarat hat die Aufgabe, einen engeren Zusammenschluss unter seinen Mitgliedern zu verwirklichen“. Für weitere Informationen siehe etwa Brummer, Der Europarat. Eine Einführung.

1635 Das 6. Zusatzprotokoll (aus dem Jahr 1983) zur Europäischen Menschenrechtskonvention verlangt die Abschaffung der Todesstrafe außerhalb der Kriegsgerichtsbarkeit. Durch das 13. Zusatzprotokoll (aus dem Jahr 2002) zur Europäischen Menschenrechtskonvention wurde die Todesstrafe auch im Rahmen der Kriegsgerichtsbarkeit abgeschafft. Für weitere Informationen siehe etwa https://www.menschenrechtskonvention.eu/todesstrafe-9382/.

1636 In einer unter dem 28.10.2018 durchgeführten Volksabstimmung in Hessen wird die Todesstrafe nunmehr auch in Hessen aus der Verfassung gestrichen,https://www.zeit.de/gesellschaft/zeitgeschehen/2018-11/landesverfassung-hessen-todesstrafe-abschaffung-verfassungsreform-abstimmung.

1637 Siehe Ausführungen oben mit entsprechender Fußnote.

1638 Russland hat bisher das 6. Zusatzprotokoll zur Europäischen Menschenrechtskonvention nicht ratifiziert, https://www.menschenrechtskonvention.eu/todesstrafe-9382/.

Die Angehörigen der Opfer des Geiseldramas von Beslan zeigten sich mit dem Prozess unzufrieden.[1639] Sie bemängelten, dass sich die Strafverfolgungsbehörden und ihre Ermittler nur auf den einzigen überlebenden Geiselnehmer konzentrierten, ohne dabei auch in die Richtung zu ermitteln, ob die hohe Zahl an Opfern ebenso durch Inkompetenz und falsches Vorgehen der Sicherheitskräfte verursacht worden sein könnte.[1640] Viele Eltern von getöteten Kindern forderten daher, dass auch Vertreter von Behörden und Militär zur Rechenschaft gezogen werden sollten, um zu klären, wie die Geiselnehmer überhaupt unbemerkt bis zur Schule vordringen konnten und ob die Vorgehensweise der Sicherheitskräfte vor Ort nicht möglicherweise fehlerhaft war.[1641]

In der Tat gab es zahlreiche Anhaltspunkte[1642] dafür, dass von Seiten der Behörden Fehler gemacht worden waren. Die zuständigen Behörden gaben stets als Erklärung, man habe sich durch die Explosionen veranlasst gefühlt, das Gebäude zu stürmen, um die Geiseln vor weiteren Sprengsätzen zu schützen.[1643]

Diese Version wird mittlerweile durch ein im Jahr 2007 aufgetauchtes Video stark erschüttert.[1644] In diesem Video ist zu sehen, dass es innerhalb der Schule zunächst keine Explosionen gegeben hat, sondern dass die ersten Detonationen wohl von Flammenwerfern und Granaten der russischen Einsatzkräfte verursacht wurden. Darin ist auch zu sehen, dass das Feuer seitens der russischen Streitkräfte mit schweren Waffen bereits eröffnet wurde, als sich noch Geiseln in dem Gebäude befanden. Dieses Video wurde nach Angaben der russischen Zeitung „Nowaja Gaseta“ von einem Mitarbeiter der Staatsanwaltschaft von Nordossetien angefertigt, der das über drei Tage andauernde Geiseldrama vollständig gefilmt haben soll. Das Video verschwand nach Angaben der Staatsanwaltschaft zunächst auf ungeklärte Weise, erst 2007 wurde es anonym an das Komitee „Mütter von Beslan“ gesandt.[1645]

Auch soll es Untersuchungen von Minenexperten der russischen Armee gegeben haben, die gegenüber der Staatsanwaltschaft offenlegten, dass die Einschusslöcher in der Sporthalle keinesfalls von Minen oder Sprengsätzen im Inneren des Gebäudes stammen können.[1646] Die Obduktion der mehr als 100 Toten aus

---

1639 Quiring, Pulverfass Kaukasus, S. 163.
1640 Langer, in: Spiegel Online vom 19.05.2005.
1641 Langer, in: Spiegel Online vom 19.05.2005.
1642 Diese Anhaltspunkte lieferte insbesondere ein Video, auf welches in diesem Kapitel noch näher eingegangen wird.
1643 Quiring, Pulverfass Kaukasus, S. 164.
1644 https://www.zeit.de/news/artikel/2007/07/31/2349126.xml.
1645 Quiring, in: Welt Online vom 31.07.2007.
1646 Quiring, in: Welt Online vom 31.07.2007.

der Sporthalle habe zudem ergeben, dass die Leichen keinerlei Einwirkungen von Splittern aufwiesen, wie es bei einer Sprengsatzzündung direkt über ihren Köpfen an der Decke zu erwarten gewesen wäre.[1647]

Trotz dieser Erkenntnisse und bei aller Kritik am Vorgehen der Behörden und der Sicherheitskräfte wurde bislang niemand zur Rechenschaft gezogen.

Die Geiselnahme von Beslan hatte auch innenpolitische Konsequenzen. Präsident Wladimir Putin sah die Stabilität der RF gefährdet und wollte daher die Macht des Kremls vor allem in den autonomen Republiken im Nordkaukasus stärken.[1648] Auch sollte die Zusammenarbeit der russischen Sicherheitsorgane verbessert werden. Auch wurde Ende 2004 ein Gesetz verabschiedet, das es der russischen Regierung in Moskau ermöglichte, die Gouverneure der russischen Regionen bzw. die Präsidenten der autonomen Republiken vorzuschlagen, während die regionalen Parlamente und Volksvertretungen diese Kandidaten nur noch bestätigen oder ablehnen können. Damit soll verhindert werden, dass ein Kandidat Gouverneur bzw. Präsident wird, der nicht Mitglied der Regierungspartei „Einiges Russland“ ist oder dieser zumindest nahesteht.[1649]

Es kommt auch heute noch immer wieder zu Terroranschlägen in Nordossetien, meistens ist die Hauptstadt Wladikawkas das Ziel.[1650] Es ist daher oft schwierig zu klären, ob die Anschläge im Zusammenhang mit islamistischem Terror stehen oder ob es sich um Auseinandersetzungen rivalisierender Verbrecherbanden handelt. Denn Nordossetien gilt als Hochburg der illegalen Wodkaproduktion.[1651] Rivalisierende Gruppen versuchen stets, sich gegenseitig zu schwächen. Aber auch Polizeistation oder öffentliche Verwaltungsgebäude sind Ziele islamistischer Anschläge.[1652]

II. Politische und völkerrechtliche Würdigung der gegenwärtigen Situation

Die völkerrechtliche Lage der Situation wird im Wesentlichen von der Nachbarrepublik Tschetschenien geprägt. Tschetschenische Separatisten haben in den

---

1647 Quiring, in: Welt Online vom 31.07.2007.

1648 Länderanalysen-Russland Nr. 36 vom 10.09.2004, http://www.laender-analysen.de/Russland.

1649 Länderanalysen-Russland Nr. 36 vom 10.09.2004, http://www.laender-analysen.de/Russland.

1650 Ludwig, in: FAZ.NET vom 02.09.2009.

1651 Quiring, Pulverfass Kaukasus, S. 163.

1652 Quiring, Pulverfass Kaukasus, S. 163.

vergangenen Jahren immer wieder Anschläge in der Republik verübt, um die in Nordossetien stationierten russischen Streitkräfte zu binden und damit von der Verfolgung der Widerstandskämpfer und Terroristen in der Republik Tschetschenien abzuhalten.

Eigene Sezessionsbestrebungen werden von der Bevölkerung in Nordossetien-Alanien praktisch nicht gehegt. Dies liegt vor allem daran, dass die Osseten, wie bereits kurz erwähnt, historisch betrachtet ein gutes Verhältnis zu Russland haben. Damit unterscheiden sie sich von vielen anderen Ethnien im russischen Nordkaukasus. Die Osseten sind sich darüber bewusst, dass eine Sezession von Russland für die Republik nur Nachteile bringen würde und man ohne die wirtschaftliche Hilfe aus Moskau als eigenständige Republik nicht überleben könnte. Die Frage nach der völkerrechtlichen Zulässigkeit einer Abspaltung der Republik aus der RF stellt sich somit nicht.[1653]

Auch die in anderen Kaukasusrepubliken omnipräsente Problematik des Minderheitenschutzes[1654] tritt in Nordossetien nicht in den Vordergrund. Die Osseten sind in ihrer Republik eindeutig das Mehrheitsvolk. An dieser Stelle ist nochmals zu betonen, dass die Alanen keineswegs ein Minderheitsvolk in der Republik sind, sondern die Osseten die Nachfahren des Volkes der Alanen sind.[1655] Insoweit kommt es in der Republik zu keinen Auseinandersetzungen um die Machtbeteiligung der einzelnen Ethnien, da es sich überhaupt nicht um eine binationale Republik handelt, obwohl der offizielle Name der Republik etwas anderes vermuten lassen würde.[1656]

Obwohl die Osseten von den stalinistischen Deportationen nicht unmittelbar betroffen waren, so haben sie sich dennoch mit den Konsequenzen auseinanderzusetzen. Der bereits dargestellte Konflikt zwischen Nordossetien-Alanien und Inguschetien um die Zugehörigkeit des Rayons Prigorodni resultiert aus der Deportation der Inguscheten unter Stalin. Aus völkerrechtlicher Sicht haben sich

---

1653 Nordossetien-Alanien wurde insoweit auf eigenen Wunsch von Russland im Jahr 1992 als nationale Gliedrepublik in den Staatenverbund der RF eingefügt, vgl. Luchterhand, in: AVR 46 (2008), S. 441.

1654 Siehe Ausführungen unter Teil 1.E.

1655 Siehe Ausführungen unter Teil 2.G.I.1.

1656 Anders als etwa in den Republiken Karatschai-Tscherkessien oder Kabardino-Balkarien, in denen die namensgebenden Ethnien um die Ausübung der Herrschaftsgewalt in der Republik streiten, existiert eine solche Auseinandersetzung in Nordossetien-Alanien nicht, da die Osseten und die Alanen aus derselben Volksgruppen stammen und insoweit die Osseten als direkte Nachfahren der Alanen gelten.

die Osseten diesbezüglich nichts zu Schulden kommen lassen. Der Beschluss, dass das Gebiet um Prigorodni zu Nordossetien gehören sollte, wurde 1956 von der Sowjetführung in Moskau getroffen.[1657] Nordossetien hatte die Region zuvor überhaupt nicht für sich proklamiert. Angesichts des Umstandes, dass Russland eine Neuziehung der Grenzlinien im Kaukasus unbedingt vermeiden will, um einen Präzedenzfall zu verhindern, dürfte sich Nordossetien auch in den kommenden Jahren der zumindest inoffiziellen Unterstützung Russlands hinsichtlich des Konfliktes um Prigorodni gewiss sein.

H. Region Stawropol

I. Land, Einwohner und Wirtschaft

Obwohl Stawropol nicht den Status einer autonomen Republik besitzt, soll dennoch kurz auf diese Region eingegangen werden. Denn der Begriff „Kaukasus“ erstreckt sich nicht nur auf die Gebirgsregion, sondern auch auf das angrenzende, in Steppe übergehende Flachland, wo sich die Region Stawropol befindet. Zudem sind im Nordkaukasus sehr viele verschiedene Völker miteinander vermischt, so dass eine klare Trennung zwischen diesen in diesem Gebiet fast unmöglich wird. Auch im Hinblick auf jenen Aspekt soll Stawropol in dieser Arbeit thematisiert werden.

Bereits in sehr früher Zeit existierte eine ständige Bewegung zwischen den Bergen und der Steppe. Die Völker im Kaukasus wechselten ihr Siedlungsgebiet unter dem Gesichtspunkt der Nutzbarkeit von Landwirtschaftsflächen, aber oftmals auch aus Gründen der Sicherheit, z. B. für den Fall eines drohenden Überfalls oder Ähnlichem.[1658] Drohte eine solche Gefahr, boten die Berge mit beinahe unüberwindlichen Schluchten eine perfekte Bastion. Auch später, als Russland versuchte, sich des Kaukasus zu bemächtigen und zu diesem Zweck starke Truppenverbände u. a. in die Gegend des heutigen Stawropol verlegte, verteidigten sich die Kaukasusvölker durch einzelne, schnelle Vorstöße und zogen sich wieder in das sichere Hochland zurück.[1659]

In der Region Stawropol leben heute zwar mehrheitlich Russen, allerdings sind auch noch zahlreiche Vertreter kaukasischer Völker dort angesiedelt, so

---

1657 Siehe Ausführungen unter Teil 2.D.II.1.b.bb.

1658 Auch die Ethnien der Inguscheten oder der Darginer zogen sich bei Gefahr immer wieder in höher gelegene Regionen zurück, die teilweise auch durch Befestigungsanlagen geschützt wurden. Siehe hierzu auch Ausführungen unter Teil 2.D.I.2.

1659 Quiring, Pulverfass Kaukasus, S. 175.

etwa Dagestaner[1660]. Insgesamt leben in der Region ungefähr 2,8 Millionen Menschen.[1661]

Bekannt ist die Region Stawropol vor allem für seine zahlreichen Mineralölquellen.[1662] Die Kurorte Pjatigorsk (Fünfberge), Kislowodsk (Sauerwasser), Schelesnowodsk (Eisenwasser) und Jessentuki wurden 2007 Teil einer Wirtschaftssonderzone für Kurorte in der Region.[1663]

Schon im 19. Jahrhundert existierten Kurorte für die russische Aristokratie und andere Russen, die es sich leisten konnten. Nach der Revolution von 1917 genoss nun die sowjetische Parteielite, die Nomenklatura, die heilende Wirkung der Quellen. Michail Gorbatschow, letzter Partei- und Staatschef der Sowjetunion, war in den 1970er Jahren Parteichef in der Region Stawropol und begrüßte bzw. betreute in dieser Funktion stets die Parteispitzen bei ihren Kuraufenthalten.[1664] Der damalige KGB-Chef Juri Andropow[1665] ließ sich wegen einer Nierenerkrankung behandeln und traf dort erstmals auf Gorbatschow. Später holte Andropow ihn nach Moskau und ebnete Gorbatschow im Jahre 1985 so den Weg zum sowjetischen Staatschef.[1666]

Wirtschaftlich ist die Stadt Stawropol das Zentrum der gleichnamigen Region.[1667] Auch hier ist die Landwirtschaft der Hauptwirtschaftszweig, der die meisten Beschäftigten zählt.[1668]

Aber auch Stawropol wird immer wieder in den Konflikt zwischen kaukasischen (vor allem tschetschenischen) Separatisten und Russland hineingezogen. So geriet die Region im Jahr 1995 in den Fokus der internationalen Öffentlichkeit im Zusammenhang mit den Sezessionsbestrebungen der Tschetschenen.[1669]

1660 Siehe Ausführungen unter Teil 2.C.I.

1661 http://www.regionen-russland.de/regionen-auf-einen-blick/nordkaukasus/stawropol/.

1662 https://www.stavkray.ru/.

1663 https://www.investinregions.ru/de/regions/stavropol/.

1664 Quiring, Pulverfass Kaukasus, S. 176.

1665 Juri Wladimirowitsch Andropow, geboren am 2. Juni 1914 in Stawropol und gestorben am 9. Februar 1984 in Moskau, war ein sowjetischer Politiker, der von 1967 bis 1982 den Geheimdienst KGB leitete. Für weitere Informationen siehe Wolkogonow, Die Sieben Führer.

1666 Quiring, Pulverfass Kaukasus, S. 176.

1667 http://www.regionen-russland.de/regionen-auf-einen-blick/nordkaukasus/stawropol/.

1668 https://www.investinregions.ru/de/regions/stavropol/.

1669 Zu den Sezessionsbestrebungen der Tschetschenen im Jahre 1995 siehe Ausführungen unter Teil 2.A.III.

Allerdings hatte die Region an sich damit eigentlich nichts zu tun: In der zur Region Stawropol gehörigen Kleinstadt Budjonnowsk verschanzte sich der damalige tschetschenische Rebellen- und Separatistenführer Schamil Bassajew[1670] mit etwa 100 schwerbewaffneten Gefolgsleuten in dem örtlichen Krankenhaus.[1671] Im Juni 1995 drang dieser mit seinen Leuten aus Tschetschenien in die Stadt ein und nahm praktisch die ganze Stadt als Geisel. Etwa 1.500 Menschen trieben sie als Gefangene in das Krankenhaus und hielten sie dort fest. Von dort beschossen die tschetschenischen Kämpfer jede Person und jedes Fahrzeug, das sich dem Krankenhaus näherte.[1672] Russische Anti-Terror-Kräfte sowie die Armee ausgerüstet mit Panzern und Kampfhubschraubern versuchten mehrfach, das Gebäude zu stürmen, aber scheiterten zunächst.[1673] Der damalige russische Präsident Boris Jelzin lehnte es strikt ab, mit den Rebellen zu verhandeln, und ließ das Krankenhaus direkt angreifen.[1674] Dies führte zu zahlreichen Opfern unter den Geiseln. Genaue Zahlen über die Todesopfer gibt es bis heute nicht. Offiziellen Angaben zufolge gab es etwa 200 zivile Opfer, Augenzeugen sprachen jedoch von erheblich mehr Toten.[1675] Bassajew konnte damals mit einigen überlebenden Rebellen entkommen.[1676]

Aufgrund dieses tragischen Ereignisses waren der Region Stawropol über mehrere Tage und Wochen die Schlagzeilen auch im Ausland sicher.

II. Rechtliche Stellung Stawropols innerhalb der RF

Die Region Stawropol besitzt nicht den Status einer autonomen Republik. Deshalb ist die Region als Mitglied im Föderationskreis Nordkaukasus ein Subjekt der RF. An der Spitze der russischen Verwaltungseinheit steht derzeit Gouverneur Wladimir Wladimirow[1677].[1678]

Dadurch, dass die Region lediglich eine Verwaltungseinheit ist, stellt sich in Stawropol aktuell auch nicht die Frage nach einer politischen Loslösung von Russland. Dies wäre nach innerrechtlichen Aspekten nicht möglich, ohne dass

1670 Siehe Ausführungen unter Teil 2.B.I.
1671 Neef, in: Der Spiegel vom 26.06.1995.
1672 Mrozek/Althof, in: Focus Magazin Nr. 25/1995.
1673 Neef, in: Der Spiegel vom 26.06.1995.
1674 www.welt.de vom 02.09.1996.
1675 www.welt.de vom 02.09.1996.
1676 Neef, in: Der Spiegel vom 26.06.1995.
1677 Zum Stand Dezember 2018.
1678 https://www.stavkray.ru/.

dabei das russische Recht auf staatliche Integrität[1679] verletzt würde. Ungeachtet dessen gibt es aber auch in der Region keinerlei Tendenzen, die auf eine Abspaltung von Russland abzielen würden. Dies liegt schon allein daran, dass in Stawropol fast ausschließlich ethnische Russen leben.[1680]

1679 Zum Recht auf staatliche Integrität siehe Ausführungen unter Teil 1.D.II.

1680 http://www.regionen-russland.de/regionen-auf-einen-blick/nordkaukasus/stawropol/.

Teil 3 Der Krieg in Georgien und sein Einfluss auf den russischen Teil des Nordkaukasus

Der Krieg in Georgien im südlichen Teil des Kaukasus jenseits der Grenze der Russischen Föderation im August des Jahres 2008 zwischen Russland und Georgien ist auch für die aktuelle Lage im Nordkaukasus von Bedeutung. Der „ 5-Tage-Krieg" war der sechste Krieg im Kaukasus seit 1991 und dauerte vom 7. August bis zum 12. August.[1681] Diese bewaffnete Auseinandersetzung verursachte eine scharfe Krise zwischen Russland und der westlichen Welt, die den russischen Übergriff zunächst scharf verurteilte.[1682]

Die Bedeutung für die Situation im russischen Teil des Nordkaukasus resultiert nicht zuletzt auch daher, dass Russland die von Georgien abtrünnigen Teil-Republiken Abchasien und Südossetien in ihrem Streben nach Unabhängigkeit insoweit unterstützte, als dass man die beiden Republiken als souverän anerkannte. Damit verhielt sich Russland offensichtlich widersprüchlich zu der bisher gehandhabten Praxis, da man Tschetschenien mit dem Argument des Vorrangs der staatlichen Integrität die Unabhängigkeit verwehrte.[1683] Schon aufgrund der geographischen Nähe Georgiens zu den Republiken des Föderationskreises Nordkaukasus ist es angebracht, an dieser Stelle den Konflikt zwischen Georgien und Russland zu behandeln.

I. Geschichte Georgiens und das angespannte Verhältnis zu Russland

An dieser Stelle soll kurz auf das Land Georgien und die Entwicklung des seither schwelenden Konfliktes mit Russland[1684] eingegangen werden, bevor dann der Krieg von 2008 betrachtet wird.

1681 Sapper/Weichsel, in: Zeitschrift Osteuropa Heft 11/November 2008, S. 3.

1682 de Waal, S. 213.

1683 Siehe Ausführungen unter Teil 2.A.IX.

1684 Gegeschidse, in: Wostok Spezial Nr. 3 2008, S. 22.

1. Historische Entwicklung Georgiens

Georgien (in der Landessprache „Sakartwelo“ und auf Russisch „Grusinien“ genannt) wird oftmals auch als die „Kaukasische Perle am Schwarzen Meer“ bezeichnet.[1685] Die Größe des Landes von knapp 70.000 qkm entspricht etwa der Fläche von Bayern. Im Nordkaukasus grenzt Georgien an die RF, im Osten an Aserbaidschan, im Süden an die Türkei und Armenien sowie im Westen an das Schwarze Meer.[1686]

Rund 4,7 Millionen Menschen leben in Georgien,[1687] wobei sich die Einwohner des Landes in 26 verschiedene Volksgruppen unterteilen. Etwa 1 Million lebt in der Hauptstadt Tiflis. Der Anteil der Georgier an der Gesamtbevölkerung liegt bei über 80 %. 6,5 % der Menschen in Georgien sind Aserbaidschaner, knapp 6 % Armenier und gerade einmal 1,5 % der Bevölkerung sind russischer Herkunft. Die Georgier gehören überwiegend dem Christentum an, dagegen sind die Abchasier im Westen und die Südosseten im Norden innerhalb Georgiens größtenteils Muslime.[1688]

Die ethnische Aufteilung und Zersplitterung in Georgien hat ähnlich wie in dem russischen Teil des Nordkaukasus historische Wurzeln. Im Laufe der Jahrhunderte prägten verschiedene Kulturen und Ethnien das Land.[1689] Allerdings ist offensichtlich, dass im Gegensatz zu den Bergvölkern des Nordkaukasus in Georgien das Christentum eine entscheidende Rolle in der Entwicklung spielte. So ist Georgien neben Armenien das erste Land, in dem das Christentum aufgrund der römischen Herrschaft im vierten Jahrhundert Staatsreligion wurde.[1690] Danach wurde Georgien zuerst von den Persern und dann von den Byzantinern erobert. Es existierten einzelne kleine Königreiche, die erst gegen Ende des zehnten Jahrhunderts im sog. „Goldenen Zeitalter“ vereint wurden. Die langjährige Abhängigkeit von Byzanz wurde damit beendet, Georgien erlangte seine Unabhängigkeit. Unter seinem König „David dem Erbauer“ und später der einflussreichen Königin Tamara wurde Georgien zwischen dem 11. und 13. Jahrhundert die stärkste Macht in Transkaukasien.[1691]

1685 https://www.georgienseite.de/.

1686 Reisner, in: v. Gumppenberg/Steinbach (Hrsg.), S. 34.

1687 http://geostat.ge/cms/site_images/_files/english/population/Population%20press_30.04.2015_Final_eng.pdf.

1688 Quiring, Pulverfass Kaukasus, S. 42; Wostok Nr. 3 1996, S. 38.

1689 Gegeschidse, in: Wostok Spezial Nr. 3 2008, S. 22–23.

1690 Toidse, in: Wostok Nr. 3 1996, S. 36.

1691 Quiring, Pulverfass Kaukasus, S. 42.

Dieses Zeitalter wurde durch die Invasion der Mongolen unter Timur Lenk[1692] beendet. Im 16. Jahrhundert zerfiel das Königreich Georgien in die Königreiche Imeretien, Kachetien und Kartlien. Außerdem kristallisierten sich fünf Fürstentümer heraus, die allerdings unter Fremdherrschaft standen und von osmanischem bzw. persischem Einfluss geprägt wurden.[1693]

2. Das Verhältnis von Georgien und Russland

Die ersten Berührungspunkte von Georgien und Russland datieren aus dem Jahr 1783.[1694] Um sich dem immer stärker werdenden militärischen Druck der Perser zu erwehren, schlossen die Königreiche Kachetien und Kartlien in Ostgeorgien einen Schutzvertrag mit Russland ab, in dem sich Zar Alexander I. verpflichtete, Georgien gegen die Perser im Falle eines direkten Angriffs zu verteidigen. Doch Alexander I. hatte eigene Pläne und beließ es nicht bei der Rolle des Zarenreiches als Schutzmacht.[1695] So annektierte er im Jahre 1801 Georgien und entthront das gesamte Königshaus Ostgeorgiens, während die angrenzenden Regionen und Fürstentümer zunächst russische Protektorate blieben und ihre Eigenstaatlichkeit wahren konnten, bevor sie nach und nach ebenfalls durch das Zarenreich unterworfen wurden.[1696] Allerdings war die Gegenwehr der georgischen Fürstentümer und Königreiche sehr heftig, so dass es über 50 Jahre dauerte, bis Russland ganz Georgien erobert hatte. Imeretien fiel nach Ostgeorgien im Jahr 1810 als zweites Gebiet unter russische Herrschaft, die Region Gurien wurde 1828 abgeschafft. Das gleiche Schicksal ereilte die Region Mingrelien im Jahr 1857. Schließlich wurden Swanetien 1859 und das Fürstentum Abchasien 1864 annektiert. Der westliche Teil des ehemaligen Königreichs Georgien wurde im Zarenreich in das Gouvernement Kutaissi eingegliedert, der östliche Teil in das Gouvernement Tiflis.[1697] Besonders die Abchasen wollten sich nicht mit der russischen Oberherrschaft anfreunden und so gab es bereits ab dem Jahr 1890 die

1692 Siehe Ausführungen unter Teil 2.C.I.5.a. mit weiteren Informationen in der entsprechenden Fußnote.

1693 Reisner, in: v. Gumppenberg/Steinbach (Hrsg.), S. 38.

1694 Toidse, in:Wostok Nr. 3 1996, S. 36; Iskanderjan, in: Wostok: Nr. 3 1996, S. 40; Müllerson, in Hilpold (Hrsg.), S. 77.

1695 Mammadov, S. 32.

1696 Toidse, in:Wostok Nr. 3 1996, S. 36; Mammadov, S. 32; Logvinov, S. 1 (http://news-effect.com/fulltextde.php?aid=70).

1697 Quiring, Pulverfass Kaukasus, S. 42.

ersten kleineren Untergrundbewegungen, die für ein unabhängiges Abchasien eintraten.[1698]

Georgien blieb bis zur Oktoberrevolution 1917 unter russischer Herrschaft.[1699] Am 26. Mai 1918 erklärte sich das Land dann für unabhängig und rief die Demokratie aus.[1700] Doch diese hielt nur drei Jahre, denn am 16. Februar 1921 wurde die ausgerufene „Demokratische Republik Georgien" von der sowjetrussischen Armee erneut besetzt und der Sowjetunion einverleibt.[1701] In der Zeit von 1922 bis 1936 existierte Georgien als Teil der Transkaukasischen SFSR, welche aber 1936 aufgelöst wurde. Georgien bestand nun als Georgische (Grusinische) SSR innerhalb der Sowjetunion bis zum Ende der SU im Jahre 1991.[1702]

Doch bereits gegen Ende der 1980er Jahre strebten viele Georgier nach Unabhängigkeit und formierten sich zu starken Massenbewegungen, welche 1988 in einer Massendemonstration für die Souveränität Georgiens in der Hauptstadt Tiflis gipfelte.[1703] Der damalige Kommandeur des zuständigen kaukasischen Wehrbezirks für Georgien Igor Rodionow[1704] ließ die Demonstration von Soldaten brutal zerschlagen. Rodionow machte später politische Karriere im Kreml und wurde unter Präsident Boris Jelzin Verteidigungsminister und anschließend Duma-Abgeordneter der Kommunistischen Partei.[1705]

Diese Niederschlagung der Versammlung verschlechterte das Verhältnis zwischen Russland und Georgien drastisch. Noch vor dem offiziellen Ende der Sowjetunion im Dezember 1991 erklärte die georgische Nationalbewegung unter der Führung von Swiad Gamsachurdia[1706] am 9. April 1991 Georgien für unabhängig.[1707] Kurz darauf wurde Gamsachurdia zum ersten Präsidenten Georgiens nach der Unabhängigkeitserklärung gewählt.[1708] Die Nationalbewegung hatte

1698 Menteshashvili, S. 1.

1699 Toidse, in: Wostok Nr. 3 1996, S. 37.

1700 Mammadov, S. 33.

1701 Toidse, in: Wostok Nr. 3 1996, S. 38.

1702 Quiring, Pulverfass Kaukasus, S. 42–43; Iskanderjan, in: Wostok: Nr. 3 1996, S. 40; Mammadov, S. 35.

1703 Quiring, Pulverfass Kaukasus, S. 43.

1704 Igor Nikolajewitsch Rodionow war ein russischer General und nahm u. a. auch am Krieg in Afghanistan teil. Für weitere Informationen siehe etwa http://fmso.leavenworth.army.mil/documents/rodionov.htm.

1705 Quiring, Pulverfass Kaukasus, S. 43.

1706 Siehe Ausführungen unter Teil 2.B.I. mit weiteren Informationen in der entsprechenden Fußnote.

1707 Toidse, in: Wostok Nr. 3 1996, S. 40; Schira, S. 22.

1708 Reisner, in: v. Gumppenberg/Steinbach (Hrsg.), S. 40.

allerdings verkannt, dass ein Vielvölkerstaat wie Georgien zahlreiche Probleme birgt. Die Idee der nationalen Einheit entpuppte sich rasch als Fiktion, bereits nach wenigen Monaten waren die Georgier hinsichtlich ihres Präsidenten tief gespalten.[1709] Denn neben den Abchasiern und Adschariern erklärten nach dem Zusammenbruch der Sowjetunion auch die Südosseten, dass sie nicht Teil eines georgischen Gesamtstaates sein wollen.[1710] Die Abchasier und Südosseten argumentierten dahingehend, dass sie nie dem neuen georgischen Staat beigetreten seien, sondern mit der Unabhängigkeitserklärung[1711] eine eigenständige Souveränität erlangt hätten.[1712]

Die neu gewählte Regierung in Tiflis versuchte, mit militärischer Gewalt die Kontrolle über die abtrünnigen Regionen Abchasien und Südossetien zu erlangen.[1713] Dies führte zum Bürgerkrieg.[1714] Sowohl in Abchasien als auch in Südossetien gelang es den Georgiern nicht, die Gebiete militärisch zu erobern, und so mussten sie sich aus den Regionen zurückziehen, zumal die Abchasier und Südosseten auch noch von russischen Soldaten und der „Konföderation der Kaukasusvölker“, einem Interessenverband für Unabhängigkeit, der nach dem Zerfall der Sowjetunion im Kaukasus entstanden ist, unterstützt wurden.[1715]

1992 beendete ein Putsch die Amtszeit des Präsidenten Gamsachurdia.[1716] Ihn ersetzte Eduard Schewardnadse[1717], der frühere sowjetische Außenminister.[1718] Doch auch unter dem neuen Präsidenten tat sich Georgien schwer, einen funktionierenden demokratischen Staatsapparat aufzubauen. Zunächst musste sich Schewardnadse des einflussreichen georgischen Unterweltbosses Dschaba

1709 Reisner, in: v. Gumppenberg/Steinbach (Hrsg.), S. 40.

1710 Abajewa, in: Wostok Spezial Nr. 3 2008, S. 20–21; Mammadov, S. 39–40; Schira, S. 25.

1711 Südossetien erklärte im Dezember 1991 seine Unabhängigkeit, Abchasien folgte im Juli 1992, vgl. Schira, S. 22–23.

1712 Quiring, Pulverfass Kaukasus, S. 43.

1713 Abajewa, in: Wostok Spezial Nr. 3 2008, S. 21.

1714 Mammadov, S. 41.

1715 Quiring, Pulverfass Kaukasus, S. 43–44.

1716 Toidse, in: Wostok Nr. 3 1996, S. 40; Schira, S. 26.

1717 Eduard Schewardnadse, geboren am 25. Januar 1928 und gestorben am 7. Juli 2014, war ein sowjetischer bzw. georgischer Politiker. Im Zeitraum 1985–1990 sowie Ende des Jahres 1991 war Schewardnadse sowjetischer Außenminister, später war er von 1995 bis 2003 Präsident Georgiens, https://www.chronikderwende.de/lexikon/biografien/biographie_jsp/key=schewardnadse_eduard.html. Für weitere Informationen siehe etwa Machnik, Eduard Schewardnadse – Baumeister eines menschlichen Europas der Zukunft.

1718 Luchterhand, in: AVR 46 (2008), S. 441–445, Schira, S. 26.

Josseliani erwehren, der eine paramilitärische Einheit von beträchtlicher Stärke anführte, die „Georgischen Ritter (Sakartwelos Mchedrioni)".[1719] Erst nach der Verhaftung Josselianis, der wohl für drei Anschläge auf Schewardnadse verantwortlich war, konnte die paramilitärische Bedrohung zerschlagen und das Land etwas stabilisiert werden. Dies brachte Schewardnadse großes Ansehen in der Bevölkerung, so dass er 1995 offiziell zum Präsidenten gewählt wurde, dessen Amt er nach dem Putsch de facto ohnehin schon bekleidete. Kurz nach seiner Wahl brachte er einige Reformen auf den Weg, die das Prinzip der Gewaltenteilung stärken sollten. Dadurch gelang es ihm zwar, theoretisch eine gewisse Stabilität des Landes zu suggerieren. Praktisch jedoch blieb die Macht des Präsidenten fast unbeschränkt. Ferner blieb die Wirtschaftskraft des Landes auf sehr niedrigem Niveau. Auch gelang es ihm nicht, die Korruption in den Behörden des Landes auszumerzen.[1720]

Einer der jüngeren Nachwuchspolitiker, die Schewardnadse in seine Führungsriege geholt hatte, war Michail Saakaschwili[1721]. Anfangs stand Saakaschwili voll hinter seinem Präsidenten, rückte aber im Verlauf der zweiten Amtszeit von Schewardnadse seit dem Jahr 2000 zusehends von diesem ab. Grund dafür war neben der stagnierenden Wirtschaft die Manipulation der Parlamentswahlen zugunsten der Partei von Schewardnadse im November 2003. Als diese publik wurde, wurde Schewardnadse von seinen ehemaligen Anhängern (darunter auch Saakaschwili) in der sog. „Rosenrevolution" des Amtes enthoben.[1722] Der Begriff „Rosenrevolution" stammt aus einem früheren Zitat des ersten georgischen Präsidenten Gamsachurdia, der damals sagte: „Wir werden Rosen statt Kugeln auf unsere Feinde werfen." Die Begrifflichkeit sollte als Synonym für eine unbewaffnete Revolution stehen.[1723] Die „Rosenrevolution" war ein Teil von mehreren politischen Umbrüchen zu der Zeit, den sog. „Farbrevolutionen".[1724]

1719 Reisner, in: v. Gumppenberg/Steinbach (Hrsg.), S. 40.

1720 Reisner, in: v. Gumppenberg/Steinbach (Hrsg.), S. 40–41.

1721 Michail Saakaschwili war von 2004 bis 2013 Präsident Georgien und damit auch aktiv in den „5-Tage-Krieg" mit Russland involviert. Kritiker werfen ihm vor, die militärische Auseinandersetzung mit Russland provoziert zu haben. Mittlerweile wurde Saakaschwili die georgische Staatsbürgerschaft entzogen, so dass er staatenlos ist, https://www.rferl.org/a/saakashvili-stripped-ukraine-citizenship-georgia-odesa/28641522.html; https://iwpr.net/global-voices/how-georgian-war-began.

1722 Rothacher, S. 216; Abajewa, in: Wostok Spezial Nr. 3 2008, S. 21.

1723 Kandelaki, in: United States Institute of Peace, S. 2–3.

1724 Rothacher, S. 14.

Diese erstreckten sich neben Georgien auch auf die Ukraine, den Libanon, Kirgistan und Weißrussland.[1725]

Saakaschwili wurde nach der Revolution im Januar 2004 zum neuen georgischen Präsidenten gewählt[1726], wobei dabei auch die Vereinigten Staaten Einfluss auf die Wahl nahmen. Der US-amerikanische Sondergesandte in Tiflis Richard Miles unterstützte den politischen Werdegang von Saakaschwili nach Kräften, da die USA in Saakaschwili, der in den Vereinigten Staaten studiert hatte, einen Hoffnungsträger für ihren politischen Einfluss in Georgien sah.[1727] Allerdings gab es schon damals einige kritische Stimmen, die befürchteten, dass die offen zur Schau gestellte nationalistische Haltung Saakaschwilis[1728] das ohnehin schon angespannte Verhältnis zu den abtrünnigen Provinzen Abchasien und Südossetien noch weiter verschärfen würde.[1729]

Obwohl diese Stimmen letztlich durch die Eskalation im Jahr 2008 bestätigt wurden, ging es mit Georgien zunächst aufwärts. Dies lag vor allem daran, dass die USA finanzielle Mittel[1730] zur Verfügung stellten, um die marode Armee zu modernisieren, die brachliegende Wirtschaft anzukurbeln und auch um die bereits angesprochene korrupte Polizei komplett neu aufzubauen. Nachdem aber die anfängliche Euphorie innerhalb der Bevölkerung verflogen war, stellte man nach etwa zwei Jahren fest, dass sich die Situation für die Menschen in Georgien nicht wesentlich verbessert hatte.[1731] Zurückgekehrte qualifizierte Arbeitskräfte wurden in ihren Erwartungen hinsichtlich eines Wirtschaftsaufschwungs enttäuscht, das Lebensniveau für die breite Masse blieb weiter schlecht.[1732]

Zudem hemmte das schlechte Verhältnis zu Russland den Aufschwung in Georgien. Saakaschwili strebte offensiv eine NATO-Mitgliedschaft Georgiens an, was Russland unter seinem damaligen Präsidenten Putin missfiel.[1733] Ferner entwickelte sich auch eine persönliche Fehde zwischen Saakaschwili und Putin. So ließ Saakaschwili vier russische hochrangige Offiziere als vermeintliche Spione

---

1725 Flottau/Follath/Klußmann/Mascolo/Mayr/Neef, in: Der Spiegel Nr. 46/2005 vom 14.11.2005.

1726 Vgl. IIFFMCG-Report, Vol. II, S. 7 ff.; ICJ, Order (Fn. 44), para. 62; Luchterhand, in: AVR 46 (2008), S. 449–450.

1727 Kandelaki, in: United States Institute of Peace, S. 10.

1728 Mammadov, S. 51–52.

1729 Quiring, Pulverfass Kaukasus, S. 46–47.

1730 Kussenkow, in: Wostok Nr. 2 2003, S. 18–19.

1731 Papava, in: Wostok Spezial Nr. 2008, S. 12–13.

1732 Quiring, Pulverfass Kaukasus, S. 47.

1733 Gegeschidse, in: Wostok Spezial Nr. 3 2008, S. 23.

öffentlich verhaften und abführen. Dabei setzte er als Eskorte junge Polizistinnen ein. Das reizte Putin so sehr, dass er einen Einfuhrstopp für alle georgischen Güter nach Russland verhängte und sämtliche Flugverbindungen nach Georgien stoppte. Schließlich bezeichnete Saakaschwili den russischen Präsidenten als „Liliputin".[1734]

Als im November 2007 der öffentliche Druck auf Saakaschwili zu groß wurde, erklärte dieser seinen sofortigen Rücktritt, um den Weg für Neuwahlen frei zu machen. Aus diesen Wahlen ging Saakaschwili mit 53,47 % der ausgezählten Wählerstimmen als Sieger hervor.[1735]

Die Eskalation der Zwistigkeiten mit Russland mag auch darauf zurückzuführen sein, dass Saakaschwili nach seiner erneuten Wahl seinen Kritikern beweisen wollte, dass er ein „starker" Präsident sei, der in der Lage ist, dem übermächtigen Nachbarn Russland die Stirn zu bieten. Vielleicht verließ er sich aber auch zu sehr auf die Rückendeckung der USA und schätzte die brisante Lage innerhalb der abtrünnigen Republiken falsch ein.[1736] Fest steht jedoch, dass Saakaschwili in dem Jahr seiner Wiederwahl wenig dafür tat, um die Konfliktsituation mit Abchasien, Südossetien und auch mit Russland zu entschärfen.

II. Der jüngste Konflikt mit Russland in der Chronologie

Obwohl das Verhältnis der beiden Staaten Georgien und Russland seit dem Ende der Sowjetunion stets angespannt war, fanden die Politiker beider Länder in den Jahren vor dem Ausbruch des Krieges immer wieder eine Lösung, die eine bewaffnete Eskalation verhinderte. Erst im April des Jahres 2008 verschärfte sich die Lage zusehends, so dass eine friedliche Beilegung der Auseinandersetzung nicht mehr möglich war.[1737]

1. Phase kurz vor der Eskalation

Am 3. April 2008 geriet die Auseinandersetzung zwischen Georgien und Russland in eine neue Phase, die schließlich im Krieg endete.[1738] An diesem Tag wurde auf dem NATO-Gipfel in Bukarest/Rumänien sowohl Georgien als auch der Ukraine eine Beitrittsperspektive in die NATO zugebilligt, ohne jedoch

---

1734 Quiring, Pulverfass Kaukasus, S. 48.

1735 http://www.civil.ge/eng/article.php?id=16884 vom 13.01.2008.

1736 Wollenweber, in: Wostok Spezial Nr. 3 2008, S. 17.

1737 Schira, S. 32.

1738 Schira, S. 32.

ein konkretes Datum für die Aufnahme oder gar einen Zeitplan für Beitrittsverhandlungen festzulegen.[1739] Allein durch die Tatsache, dass man innerhalb der NATO überhaupt darüber nachdachte, Georgien aufzunehmen, fühlte man sich in Russland provoziert, da man im Kreml vermutete, dass die Aufnahme Georgiens allein dem Zweck dienen würde, einen Stützpunkt nahe Russland zu bekommen.[1740] Der Umstand, dass möglicherweise bald US-amerikanische Schiffe direkt vor der russischen Haustür ankern würden oder dass in Georgien NATO-Flugabwehrraketen stationiert sein würden, ließ Russland große Skepsis gegenüber Georgien aufbauen.[1741]

Am 16. April beauftragte Russlands damaliger Präsident Putin sein Außenministerium, quasi-offizielle Verhandlungen zu den von Georgien abtrünnigen Provinzen Abchasien und Südossetien aufzunehmen. Georgien wertete diese offensichtliche Provokation als Bruch des geltenden Völkerrechts.[1742]

Nach dem Abschuss einer unbemannten georgischen Aufklärungsdrohne über Abchasien durch ein russisches Jagdflugzeug[1743] entsendete Russland Mitte April 2008 weitere Truppen nach Abchasien mit der Begründung, man wolle georgische Angriffspläne vereiteln.[1744] Georgien äußerte sich daraufhin in einer offiziellen Erklärung, dass dadurch ein Krieg noch näher rücken würde. Ende Mai sah es kurzfristig nach einer Entspannung der Lage aus, als Putin, der nun Premierminister geworden war, kundgab, er würde den georgischen Vorschlag unterstützen, der eine Autonomie, aber nicht die volle Unabhängigkeit Abchasiens von Georgien vorsah. Kurz darauf konterkarierte er diese Äußerung, indem er weitere Fallschirmjägerverbände nach Abchasien verlegte.[1745] Am 4. Juli 2008 kam es anlässlich eines Anschlags auf einen südossetischen Polizeichef in der Grenzregion zwischen Südossetien und Georgien erstmals zu schwereren Schusswechseln, bei dem drei Menschen starben. Südossetien behauptete, dies sei ein georgischer Angriff gewesen und rief die Generalmobilmachung aus. Georgien dagegen verkündete, man habe sich nur gegen Rebellen verteidigen wollen.[1746] Am Folgetag mahnte der Nachfolger von Putin als Präsident, Dmitrij Medwedew, seinen Amtskollegen Michail Saakaschwili in Georgien, die

---

1739 Kunze, in: KAS Auslandsinformationen, S. 1.
1740 https://iwpr.net/global-voices/how-georgian-war-began.
1741 https://www.rferl.org/a/Did_Russia_Plan_Its_War_In_Georgia__/1191460.html.
1742 Bentlin/Hoffmann, in: Schröder (Hrsg.), S. 45.
1743 http://www.un.org/News/briefings/docs/2008/080529_Georgia.doc.htm.
1744 http://news.bbc.co.uk/2/hi/europe/7360864.stm vom 22.04.2008.
1745 Bentlin/Hoffmann, in: Schröder (Hrsg.), S. 45.
1746 Bentlin/Hoffmann, in: Russland-Analysen 169/2009, S. 8.

Aggressionen in den abtrünnigen Republiken nicht weiter zu schüren.[1747] Als mahnenden Nachdruck dieser Forderung drangen nun russische Kampfjets in den georgischen Luftraum ein, woraufhin Georgien am 10. Juli 2008 seinen Botschafter aus Moskau abzog.[1748]

Am 15. Juli 2008 führten russische Kampftruppen an der Grenze zu Georgien das Manöver „Kaukasus 2008" durch, wodurch sich Georgien erneut provoziert fühlte.[1749] Georgien antwortete mit einem eigenen Manöver, an dem sich auch das US-Militär beteiligte.[1750] Als Reaktion auf die drohende Lage im Kaukasus reiste der damalige deutsche Bundesaußenminister Frank-Walter Steinmeier sowohl nach Georgien als auch nach Abchasien und Russland. Er versuchte, die Erfolgschancen für eine Friedensinitiative der „UN-Freundesgruppe für Georgien", deren Vorsitz damals Deutschland innehatte, auszuloten, stieß damit aber auf wenig Gehör.[1751]

Am 1. August 2008 beschoss die georgische Armee südossetische Ortschaften, sechs Menschen starben durch Granaten.[1752] Die georgische Regierung behauptete erneut, dass man sich nur gegen südossetische Aggressoren verteidigt hätte.[1753] Der russische Sondergesandte für Georgien Juri Popow erklärte daraufhin, dass Russland bei einer Eskalation in der Region nicht außen vor bleiben würde.[1754] Zwar wurden am 5. August 2008 direkt Gespräche zwischen Georgien und Südossetien für den 7. August 2008 vereinbart, jedoch fanden diese nie statt.[1755]

Dies war das vorläufig letzte Stadium der Annäherung, danach eskalierte die Situation zunächst zwischen Südossetien und Georgien, bevor sich schließlich am 8. August 2008 auch Russland an den bewaffneten Auseinandersetzungen beteiligte.[1756]

1747 https://iwpr.net/global-voices/how-georgian-war-began.

1748 Svanidze, in: GeorgianDaily.com vom 14.08.2008.

1749 Schira, S. 32.

1750 https://www.army.mil/article/10953/security_cooperation_exercise_immediate_response_2008_begins_with_official_ceremony_in_republic_of_g.

1751 Bentlin/Hoffmann, in: Russland-Analysen 169/2009, S. 8–9.

1752 http://news.bbc.co.uk/2/hi/europe/7539282.stm.

1753 http://news.bbc.co.uk/2/hi/europe/7539282.stm.

1754 Bentlin/Hoffmann, in: Schröder (Hrsg.), S. 46.

1755 Bentlin/Hoffmann, in: Schröder (Hrsg.), S. 46.

1756 https://iwpr.net/global-voices/how-georgian-war-began.

2. *Die letzten drei Tage vor Kriegsbeginn (5. bis 8. August 2008)*

Am Abend des 5. August 2008 mehrten sich die Feuergefechte in Südossetien. Sowohl die georgische Armee als auch die Südosseten setzten neben kleinkalibrigen Maschinengewehren auch erstmals Granatwerfer sowie leichte Schützenpanzer ein.[1757] Gegen Mitternacht schlugen dabei auch Granaten in russische Stützpunkte ein.[1758] Im Laufe der Nacht zum 6. August 2008 wurden zahlreiche Dörfer im Grenzgebiet zwischen Südossetien und Georgien von georgischer Artillerie beschossen, die russische Friedenstruppe beschränkte sich auf Beobachtungen der gegenseitigen Truppenbewegungen.[1759] Ein Schwerpunkt der Kampfhandlungen war dabei der Bezirk um die südossetische Stadt Zchinwali.[1760] In der darauf folgenden Nacht auf den 7. August 2008 griff die georgische Luftwaffe erstmals mit Kampfjets (Suchoi Su-25) und Flugkörpern in die Bodengefechte ein.[1761]

Am Morgen des 7. August 2008 versuchte der Sondergesandte des russischen Außenministeriums, das ursprünglich für diesen Tag geplante Vermittlungsgespräch zwischen Vertretern der südossetischen Seite und der georgischen Regierung doch noch stattfinden zu lassen, hatte aber keinen Erfolg.[1762] Vielmehr setzten gegen Mittag südossetische Streitkräfte mehrere Offensiven gegen georgische Stellungen vor allem in der Nähe des Dorfes Awnewi in Gang, woraufhin Georgien schwere Artillerie und Panzer an die administrative Grenze zu Südossetien verlegte und die Ortschaft Chetagurowo unter heftigen Beschuss nahm.[1763] Gleichzeitig verließen sämtliche georgischen Offiziere den Stab der Friedenstruppen und die gemeinsamen Beobachtungsposten mit den russischen Friedenstruppen, obwohl per Vereinbarung stets die Anwesenheit von hochrangigen georgischen Militärs im Stab und in den Posten vorgesehen war. [1764]

Am Abend des 7. August 2008 bot Georgiens Präsident Saakaschwili in einer Fernsehansprache der Region Zchinwali Friedensverhandlungen an, worin

---

1757 Bentlin/Hoffmann, in: Russland-Analysen 169/2009, S. 9.

1758 Abajewa, in: Wostok Spezial Nr. 3 2008, S. 21.

1759 Miljutenko, in: Wostok Spezial Nr. 3 2008, S. 6–7.

1760 Franke/Wollenweber, in: Wostok Spezial Nr. 3 2008, S. 2.

1761 Bentlin/Hoffmann, in: Schröder (Hrsg.), S. 46–47.

1762 McElroy, in: Daily Telegraph Online vom 16.08.2008; https://www.telegraph.co.uk/news/worldnews/europe/georgia/2570754/Georgia-conflict-How-a-flat-tyre-took-the-Caucasus-to-war.html.

1763 https://iwpr.net/global-voices/how-georgian-war-began.

1764 Bentlin/Hoffmann, in: Schröder (Hrsg.), S. 47.

er Südossetien die „Autonomie nach europäischem Standard“ anbot, wobei Russland als Garantiemacht fungieren sollte. Dieses Angebot blieb allerdings unbeantwortet. Es wurde spekuliert, ob dies daran lag, dass das Angebot den russischen Sondergesandten für Georgien Popow deshalb nicht mehr vor der Feuereröffnung erreichte, weil dieser einen geplatzten Reifen an seinem Auto hatte.[1765] Denn in der Nacht auf den 8. August 2008 griffen südossetische Artillerieverbände fast alle georgisch kontrollierten Dörfer im Grenzgebiet an. Im Gegenzug belegten georgische Geschütze die Stadt Zchinwali mit schwerem Feuer und georgische Kampfjets bombardierten den Bezirk um Tkwerneti, wobei es zahlreiche zivile Opfer gab.[1766]

3. *Militärische Konfrontation zwischen Russland und Georgien (8. bis 12. August 2008)*

Gegen 10 Uhr Ortszeit am 8. August 2008 schalteten sich nun auch russische Streitkräfte in die Kämpfe ein. Russische Kampfflieger bombardierten und beschossen sowohl zivile Ziele als auch militärische Stellungen im georgischen Kernland.[1767] Gegen 11 Uhr richtete der Sicherheitsrat von Südossetien ein offizielles Hilfegesuch an Russland mit der Bitte um militärische Unterstützung im Kampf gegen Georgien.[1768] Am frühen Nachmittag nahmen georgische Truppen die umkämpften Bezirke der Stadt Zchinwali nach und nach ein. Der russische Präsident Medwedew teilte in einer Presseerklärung mit, dass sein Land nicht tatenlos zusehen werde, wie in Südossetien russische Staatsbürger getötet würden.[1769] Ferner erklärte er, dass er weitere Panzer und Truppen in die umkämpfte Region um Zchinwali schicken werde. Gleichzeitig sandte Dmitrij Rogosin, der russische Ständige Vertreter bei der NATO, eine Mitteilung an alle Vertretungen der NATO-Mitgliedsstaaten, in welcher vor weiterer Unterstützung für

---

1765 McElroy, in: Daily Telegraph Online vom 16.08.2008; https://www.telegraph.co.uk/news/worldnews/europe/georgia/2570754/Georgia-conflict-How-a-flat-tyre-took-the-Caucasus-to-war.html.

1766 Richter, in: Russland-Analysen 193/2009, S. 26.

1767 https://ria.ru/20080808/150178662.html.

1768 http://www.kremlin.ru/appears/2008/08/08/1522_type63374type63378type82634_205027.shtml.

1769 http://www.kremlin.ru/appears/2008/08/08/1522_type63374type63378type82634_205027.shtml.

Georgien gewarnt wurde. Der georgische Präsident Saakaschwili rief daraufhin den Kriegszustand mit Russland aus.[1770]

Bis zum Ende des Tages verlegte die russische Armee etwa 10.000 Mann durch den Roki-Tunnel nach Südossetien.[1771] Weitere 10.000 Soldaten wurden an der administrativen Grenze von Abchasien und Georgien aufgestellt.[1772]

In der Nacht zum 9. August 2008 griffen wiederholt russische Flugzeuge den Hafen Poti sowie die Militärbasis Senaki an.[1773] Ebenfalls in derselben Nacht folgte eine erste Reaktion der USA auf die Krise im Kaukasus; die damalige US-Außenministerin Condoleezza Rice appellierte an Russland, die staatliche Integrität von Georgien zu achten.[1774] Über den ganzen Vormittag des 9. August 2008 bombardierten russische Jagdbomber georgische Luftstützpunkte und attackierten zielgenau Stellungen der Georgier um Zchinwali. Kurz nach den Luftschlägen landeten russische Fallschirmjäger in Zchinwali und räumten die Stadt von georgischen Truppen.[1775]

In der Nacht zum 10. August 2008 reagierte auch die EU auf die bewaffnete Auseinandersetzung und appellierte ausdrücklich nicht nur an Russland, sondern auch an Georgien, die Kampfhandlungen einzustellen.[1776] Darüber hinaus gab es am 10. August 2008 bis auf die Versenkung eines georgischen Motorbootes[1777] keine nennenswerten Gefechte, der Tag stand ganz im Zeichen erster Bilanzierungen des Konfliktes sowie von Schuldzuweisungen für die Eskalation. So wies Medwedew das Ermittlungskomitee bei der Staatsanwaltschaft an, Beweise für einen Völkermord in Südossetien seitens der Georgier zu sammeln.[1778] Gleichzeitig schlug der Menschenrechtsbeauftragte der RF, Wladimir Lukin, vor, ein internationales Tribunal zur Bestrafung der Verantwortlichen für die Zerstörung der Stadt Zchinwili zu gründen.[1779] Die Nach-

---

1770 Bentlin/Hoffmann, in: Schröder (Hrsg.), S. 48; https://web.archive.org/web/20080820082618/http://newsticker.sueddeutsche.de/list/id/79118.

1771 Franke/Wollenweber, in: Wostok Spezial Nr. 3 2008, S. 3.

1772 Richter, in: Russland-Analysen 193/2009, S. 28.

1773 https://old.civil.ge/eng/article.php?id=18990.

1774 https://www.n-tv.de/Kriegsschiff_versenkt_USA_schalten_sich_ein/100820080417/1006513.html.

1775 Bentlin/Hoffmann, in: Schröder (Hrsg.), S. 49.

1776 https://de.sputniknews.com/meinungen/20080819116140896/.

1777 https://www.n-tv.de/Kriegsschiff_versenkt_USA_schalten_sich_ein/100820080417/1006513.html.

1778 http://news.bbc.co.uk/2/hi/europe/7552012.stm.

1779 https://de.sputniknews.com/meinungen/20080819116140896/.

richtenagentur Reuters meldete etwa 1.000 getötete oder verwundete georgische Soldaten.[1780]

Am 11. August 2008 erreichten die Kämpfe auch Abchasien.[1781] Zur selben Zeit setzte die georgische Armee den Beschuss der Stadt Zchinwili fort. Erstmals setzten die Georgier dabei auch verstärkt Kampfhubschrauber ein. Zudem sprengten georgische Spezialeinheiten die Mauern eines Flussdammes in Zchinwili, so dass Teile der Stadt überflutet wurden. [1782]

Am 12. August 2008 endeten offiziell die Kämpfe zwischen Russland und Georgien.[1783] Kurz darauf erklärte Medwedew die „Operation zur Friedenserzwingung in Südossetien“ für beendet und wies die russischen Truppen an, sich zurückzuziehen.[1784]

4. *Internationale Konsequenzen des Konfliktes und Lösungsversuche*

Noch am 12. August 2008 erklärte Saakaschwili den Austritt Georgiens aus der „Gemeinschaft Unabhängiger Staaten (GUS)“, der Organisation, in der sich verschiedene Nachfolgestaaten der Sowjetunion zusammengeschlossen haben. Sämtliche Mitglieder des NATO-Rats erklärten in einer Sondersitzung ihre Unterstützung für Georgien und verurteilten das Vorgehen Russlands. Die Staatschefs von Polen, Ukraine, Estland, Lettland und Litauen schlossen sich dieser Erklärung an.[1785]

Dagegen nahm der damalige französische Präsident Nikolas Sarkozy in seiner Rolle als amtierender Ratspräsident der EU direkte Verhandlungen mit Medwedew auf[1786] und einigte sich mit diesem auf einen Sechs-Punkte-Plan zur Lösung des Südossetien-Konfliktes.[1787] Am 13. August 2008 erklärte sich Saakaschwili grundsätzlich bereit zu einer Lösung auf der Basis des Sechs-Punkte-Plans, sah aber bei einigen Themen noch Verhandlungsbedarf.[1788] Zudem gab es Diskussionen darüber, warum sich immer noch russische Soldaten in Gori und anderen georgischen Dörfern aufhielten. Der damalige russische Außenminister Sergej

---

1780 Bentlin/Hoffmann, in: Schröder (Hrsg.), S. 49.
1781 https://de.sputniknews.com/meinungen/20080819116140896/.
1782 Bentlin/Hoffmann, in: Schröder, (Hrsg.) S. 49–50.
1783 https://iwpr.net/global-voices/how-georgian-war-began.
1784 Bentlin/Hoffmann, in: Russland-Analysen 169/2009, S. 10.
1785 Bentlin/Hoffmann, in: Schröder (Hrsg.), S. 50.
1786 https://www.lpb-bw.de/kaukasus-konflikt.html.
1787 Franke/Wollenweber, in: Wostok Spezial Nr. 3 2008, S. 5; Mammadov, S. 52.
1788 http://www.spiegel.de vom 17.08.2009; Schira, S. 32.

Lawrow gab an, dass sich die Soldaten nur noch zur Entschärfung nicht detonierter Granaten und Bomben zum Schutz der Zivilbevölkerung in Georgien befinden würden.[1789]

Zusätzliche Schärfe in die Friedensverhandlungen brachte der Besuch von US-Außenministerin Rice am 13. August 2008 in Tiflis, die in ihrer Rede drohte, Russland international isolieren zu wollen, falls Russland weiter den Frieden in der Region gefährde.[1790] Dennoch einigten sich am Tag darauf auch die international nicht anerkannten Republiken Abchasien und Südossetien auf eine Waffenruhe mit Georgien. Der südossetische Präsident Kokoity und sein abchasischer Amtskollege Bagapsch unterzeichneten ferner den Sechs-Punkte-Plan, während Medwedew verlauten ließ, dass man in Russland jede Entscheidung der Republiken über ihren Status unterstützen werde.[1791] Medwedew machte deutlich, dass er Russland als Garant für die Sicherheit im Kaukasus sehe, unterzeichnete aber auch den ausgearbeiteten Sechs-Punkte-Plan.[1792]

Am 19. August 2008 kamen in Brüssel die Mitglieder des NATO-Rats auf Außenministerebene zusammen.[1793] In der Erörterung der zukünftigen Beziehungen der NATO zu Russland wurde die russische Gewaltanwendung als „unangemessen" bewertet und erneut die territoriale Integrität Georgiens hervorgehoben. Der damalige britische Außenminister Miliband ging gar noch einen Schritt weiter und titulierte das russische Vorgehen als „völkerrechtswidrig". Auch zog er die weitere Verlässlichkeit Russlands als internationaler Partner in Zweifel. Als direkte Antwort auf diese Aussagen ließ der damalige russische Außenminister Lawrow verlauten, dass Russland aufgrund der Haltung der NATO Konsequenzen für die weitere Kooperation ziehen werde.[1794]

Am 22. August 2008 erklärte Russland, dass es seine Pflichten aus dem Sechs-Punkte-Plan erfüllt habe und alle Soldaten bis auf die Friedenstruppen aus Georgien abgezogen habe.[1795] Vier Tage später erhielt die internationale Debatte um den Kaukasuskrieg neuen Zündstoff, als Russlands damaliger Präsident Medwedew auf Vorschlag des Parlaments[1796] die Unabhängigkeit von Abchasien und

---

1789 Bentlin/Hoffmann, in: Russland-Analysen 169/2009, S. 11.

1790 http://www.spiegel.de vom 19.08.2008: Kaukasus-Konflikt.

1791 Bentlin/Hoffmann, in: Schröder (Hrsg.), S. 51.

1792 Bentlin/Hoffmann, in: Russland-Analysen 169/2009, S. 10–11.

1793 https://www.auswaertiges-amt.de/diplo/de/Laenderinformationen/Georgien/Aktuell/KonfliktNato,navCtx=253502.html.

1794 Bentlin/Hoffmann, in: Schröder (Hrsg.), S. 51–52.

1795 https://www.lpb-bw.de/kaukasus-konflikt.html.

1796 Bruha, in: Spiegel Online vom 25.08.2008.

Südossetien offiziell anerkannte.[1797] Die internationale Staatengemeinschaft war empört, allen voran äußerte sich Bundeskanzlerin Merkel dahingehend, dass die russische Anerkennung der Republiken nicht akzeptabel sei. Russland ließ sich davon nicht beeindrucken und warnte seinerseits vor einer Wiederbewaffnung Georgiens durch westliche Staaten. Allerdings zeigte man sich im Kreml bereit, auch die verbliebenen Friedenstruppen aus Südossetien abzuziehen, wenn eine verlässliche internationale Kontrolle eingeführt werde.[1798]

Georgien reagierte auf die Anerkennung von Südossetien und Abchasien durch Russland mit einer Resolution im Parlament, die die beiden Republiken zu besetzten Gebieten deklarierte und einen Abbruch der diplomatischen Beziehungen zu Moskau forderte.[1799]

Am 1. September 2008 kamen die EU-Staaten zu einem Sondergipfel zusammen und verurteilten einhellig die Anerkennung von Südossetien und Abchasien als unabhängige Staaten.[1800] Man war innerhalb der Reihen der EU-Staaten aber bereit, die Gespräche mit Russland fortzuführen, allerdings nur unter der Bedingung, dass russische Truppen sofort von georgischem Boden abgezogen würden. Daraufhin stimmte Russland der Aufnahme von Gesprächen hinsichtlich der Ersetzung der russischen Friedenstruppen in Südossetien durch internationale Streitkräfte zu, schloss aber gleichzeitig seine Botschaft in Tiflis.[1801]

Am 8. September 2008 unterzeichnete Medwedew nach erneuten Verhandlungen mit dem damaligen EU-Ratspräsidenten Sarkozy eine Zusatzvereinbarung[1802] zu dem Sechs-Punkte-Plan, die den Abzug sämtlicher russischer Friedenstruppen aus Südossetien, internationale Kontrollmechanismen für die Region sowie einen Zeitplan für internationale Gespräche zur Gewährleistung von Sicherheit und Stabilität in der Region beinhaltete.[1803] Ferner übernahm die EU die Garantie für einen Gewaltverzicht von Georgien gegenüber Abchasien und Südossetien und stationierte in der Folgezeit (ab dem 1. Oktober 2008) rund 300 Beobachter in der Krisenregion.[1804] Russland zog hingegen

1797 http://www.spiegel.de vom 16.08.2008.

1798 Bentlin/Hoffmann, in: Schröder (Hrsg.), S. 52.

1799 Bentlin/Hoffmann, in: Schröder (Hrsg.), S. 52.

1800 https://www.lpb-bw.de/kaukasus-konflikt.html.

1801 Bentlin/Hoffmann, in: Russland-Analysen 169/2009, S. 11.

1802 https://www.lpb-bw.de/kaukasus-konflikt.html.

1803 Vgl. ICJ, Order (Fn. 42), para. 28, 42, 43, 44, 68; IIFFMCG-Report, Vol. I, S. 22 und Vol. II, S. 441.

1804 http://www.spiegel.de vom 08.09.2008.

vereinbarungsgemäß bis zum 10. Oktober 2008 alle Friedenstruppen von georgischem Territorium ab.[1805]

III. Völkerrechtliche Bewertung des russischen Vorgehens

Im Rahmen dieser Arbeit soll nicht dargelegt werden, ob die abtrünnigen Republiken Südossetien und Abchasien zur Abspaltung von Georgien berechtigt waren, sondern es soll das russische Verhalten hinsichtlich des Einschreitens in den Konflikt und hinsichtlich der Anerkennung der beiden Republiken analysiert und bewertet werden.

1. Russlands Eingreifen in den Konflikt zwischen Nordossetien und Georgien

a. Sichtweisen der Konfliktparteien Georgien und Russland

Der Krieg zwischen Russland und Georgien führte weltweit zu einer kontroversen Debatte. Als problematisch stellte sich dabei die Berichterstattung über den Konflikt heraus, denn Medienberichte aus Georgien und Russland divergierten sehr stark.[1806] Für die internationale Staatengemeinschaft war es sehr schwierig, die Lage richtig zu beurteilen und dabei festzustellen, wer denn der eigentliche Aggressor in dem Krieg war.

Russland stellte den Konflikt so dar, dass man durch die militärische Intervention in Südossetien nur versucht habe, die südossetische Bevölkerung (darunter auch zahlreiche russische Staatsangehörige) vor georgischen Übergriffen zu schützen.[1807] Zudem verwies Russland auf das Abkommen von 1992, in dem Russland und Georgien mit Absegnung der Vereinten Nationen vereinbarten, dass Russland zur Sicherung des Friedens im Kaukasus Friedenstruppen in Südossetien stationieren sollte.[1808] Im Juni 1992 unterzeichneten der damalige georgische Präsident Schewardnadse und sein russischer Pendant Boris Jelzin zusammen mit Vertretern aus Nord-und Südossetien in Sotschi ein Abkommen zur Beilegung des Konfliktes in Ossetien.[1809] Basierend auf diesem

---

1805 https://www.lpb-bw.de/kaukasus-konflikt.html.

1806 https://de.sputniknews.com/meinungen/20080819116140896/.

1807 Miljutenko, in: Wostok Spezial Nr. 3 2008, S. 7–8; https://www.tagesspiegel.de/politik/voelkerrecht-wer-hat-schuld-am-kaukasus-krieg/1301904.html.

1808 https://www.tagesspiegel.de/politik/voelkerrecht-wer-hat-schuld-am-kaukasus-krieg/1301904.html.

1809 Manutscharjan, in: KAS Auslandsinformationen der Konrad-Adenauer-Stiftung 8/2008, S. 67.

Abkommen wurde eine „Gemeinsame Friedenstruppe“ aufgestellt, deren primäre Aufgabe darin bestand, den Frieden in der Region zu sichern und die Sicherheit an der administrativen Grenze zwischen Südossetien und Georgien zu gewährleisten.[1810]

Russland berief sich ferner auf das Selbstverteidigungsrecht aus Art. 51 UN-Charta.[1811] Nach dieser Vorschrift ist jeder Mitgliedsstaat im Falle eines bewaffneten Angriffs gegen ein Mitglied der Vereinten Nationen zur individuellen oder kollektiven Selbstverteidigung berechtigt und darf jederzeit Maßnahmen treffen, die er zur Wiederherstellung oder Wahrung des Weltfriedens und der internationalen Sicherheit für erforderlich hält.[1812] Dabei können die Maßnahmen ausdrücklich auch vor dem Eingreifen des Sicherheitsrats der Vereinten Nationen getroffen werden, diese müssen dem Sicherheitsrat lediglich unverzüglich angezeigt werden.[1813]

Georgien dagegen behauptete, man habe durch seine militärische Operation in Südossetien die verfassungsmäßige Ordnung innerhalb Georgiens wiederherstellen und dabei die staatliche Integrität Georgiens gegen die südossetischen Separatisten bewahren wollen.[1814] Eine militärische Besetzung der Stadt Zchinwali sei nie geplant gewesen, man habe lediglich die Stellungen der südossetischen Kämpfer ausheben wollen.[1815] Russland habe sich in unzulässiger Weise in innerstaatliche Angelegenheiten von Georgien eingemischt und Georgien zuerst angegriffen. Die georgischen Soldaten hätten lediglich das Feuer gegen russische Invasoren erwidert.[1816]

Aufgrund erster Erkenntnisse stellten sich die NATO und auch die Vereinten Nationen demonstrativ hinter Georgien und verurteilten das russische Vorgehen in Südossetien.[1817] Dabei ging man davon aus, dass russische Einheiten den ersten Schuss auf georgische Truppen abgefeuert hätten und Georgien seinerseits nur auf den russischen Angriff reagiert und sich selbst verteidigt habe.[1818]

1810 König, in: v. Gumppenberg /Steinbach (Hrsg.), S. 129.

1811 Schröder, in: Schröder (Hrsg.), S. 8; Miljutenko, in: Wostok Spezial Nr. 3 2008, S. 7.

1812 Siehe auch Ausführungen unter Teil 1.D.

1813 Siehe auch Ausführungen unter Teil 1.D.

1814 Veser, in: FAZ.NET vom 30.09.2009.

1815 Barry/Chievers, in: The New York Times Online vom 06.11.2008.

1816 Franke/Wollenweber, in: Wostok Spezial Nr. 3 2008, S. 2–3.

1817 Manutscharjan, in: KAS Auslandsinformationen der Konrad-Adenauer-Stiftung 8/2008, S. 78–80.

1818 Manutscharjan, in: KAS Auslandsinformationen der Konrad-Adenauer-Stiftung 8/2008, S. 78–80.

b. Der Kaukasuskrieg von 2008 vor dem IGH

Georgien selbst wandte sich am 9. September 2008 an den Internationalen Gerichtshof (IGH) in Den Haag und warf in der Stellungnahme Russland vor, in Südossetien (und auch in Abchasien) gegen das „Internationale Übereinkommen zur Beseitigung von jeder Form von Rassendiskriminierung" verstoßen zu haben.[1819] Georgien listete darin verschiedene vermeintliche Vergehen Russlands auf, die bis hin zur Vertreibung von georgischen Staatsbürgern aus Abchasien und Südossetien aus den 1990er Jahren zurückreichten.[1820] Russland hingegen wies die Vorwürfe zurück und beschuldigte seinerseits Georgien, gegen das Abkommen verstoßen zu haben.[1821] Mehrfach hatte Russland angekündigt, ebenfalls den IGH anzurufen, tat dies aber letztlich nicht.

Im einstweiligen Rechtsschutzverfahren[1822] ermahnte der IGH in seiner Entscheidung vom 15. Oktober 2008 beide Konfliktparteien, das „Internationale Übereinkommen zur Beseitigung von jeder Form von Rassendiskriminierung" zu achten und nicht dagegen zu verstoßen.[1823] Hinsichtlich der Schuldfrage im Kaukasuskrieg von 2008 trug diese Entscheidung aufgrund des lediglich einstweiligen Sicherungscharakters[1824] nichts zur Klärung bei. Auch wurden Russland und Georgien keine Maßnahmen auferlegt, zu denen die beiden Staaten aufgrund des Übereinkommens nicht ohnehin schon verpflichtet gewesen wären. [1825] Schließlich waren sich die 15 Richter auch nicht einig, ob es sich in dieser Streitigkeit überhaupt um eine Rassendiskriminierungsproblematik handelte. Sieben der 15 Richter waren der Ansicht, dass es sich um eine Territorialstreitigkeit handeln würde, die Rassendiskriminierung sei nur ein vorgeschobenes Argument.[1826]

1819 Nußberger, in: Zeitschrift Osteuropa Heft 11/November 2008, S. 20.

1820 Nußberger, in: Zeitschrift Osteuropa Heft 11/November 2008, S. 20; https://www.tagesspiegel.de/politik/voelkerrecht-wer-hat-schuld-am-kaukasus-krieg/1301904.html.

1821 Manutscharjan, in: KAS Auslandsinformationen der Konrad-Adenauer-Stiftung 8/2008, S. 78–82.

1822 Auch im Völkerrecht existiert ein vorläufiger Rechtsschutz, siehe Art. 41 IGH-Statut. Nach dieser Vorschrift kann der IGH diejenigen vorsorglichen Maßnahmen bezeichnen, die zum Schutze der Rechte jeder Partei getroffen werden müssen.

1823 https://www.tagesspiegel.de/politik/voelkerrecht-wer-hat-schuld-am-kaukasus-krieg/1301904.html.

1824 Siehe Art. 41 IGH-Statut.

1825 Nußberger, in: Zeitschrift Osteuropa Heft 11/November 2008, S. 21.

1826 Nußberger, in: Zeitschrift Osteuropa Heft 11/November 2008, S. 22.

Am 1. April 2011 entschied dann der IGH, dass er in der vorliegenden Streitfrage überhaupt nicht zuständig sei, da sowohl Russland als auch Georgien sich nicht um eine friedliche, auf Verhandlungen basierende Lösung ihres Konfliktes bemüht hätten, bevor Georgien die Klage erhoben habe.[1827] Denn grundsätzlich sei die Anrufung internationaler Gerichte nur als „Ultima Ratio" gedacht. Diese sollten nur dann mit einer Streitigkeit befasst werden, wenn auf keinem anderen Wege eine Einigung zu erreichen sei. Da dies auch für das Übereinkommen zur Beseitigung von Rassendiskriminierung gilt und beide Parteien vorher nicht in Verhandlungen getreten sind, entschied das Gericht letztlich, die Klage wegen Unzuständigkeit abzuweisen.[1828]

c. *Klärung der Schuldfrage im Kaukasuskrieg nach der UN-Charta unter Berücksichtigung des EU-Gutachtens vom September 2009*

Vorab ist zunächst festzuhalten, dass der tatsächliche Ablauf des Kaukasuskrieges trotz diverser Gutachten und Berichte immer noch nicht bis ins letzte Detail geklärt ist. Stets tauchen neue Fragen auf, die eine abschließende völkerrechtliche Bewertung kompliziert werden lassen. Die völkerrechtliche Bewertung soll sich an den Auswirkungen für den russischen Teil des Nordkaukasus orientieren,[1829] daher wird nicht auf die Frage eingegangen, ob Südossetien oder auch Abchasien nach dem Selbstbestimmungsrecht der Völker zur Sezession von Georgien berechtigt waren.

Grundsätzlich kann davon ausgegangen werden, dass die Lage im Kaukasus aufgrund unterschiedlicher beiderseitiger Provokationen bereits stark angespannt war. Georgien ging in einer groß angelegten Operation gegen bewaffnete südossetische Kräfte, Zivilisten und russische Friedenstruppen vor. In einer Gegenoffensive wurden die georgischen Streitkräfte von russischen Truppen aus der Stadt Zchinwali zurückgedrängt. Ferner attackierten russische Artillerieverbände und Luftstreitkräfte die georgischen Städte Poti und Gori; auch entsandte das russische Militär Truppen über die Grenze von Südossetien hinaus.[1830]

Georgien ist generell dazu berechtigt, seine territoriale Integrität gemäß Art. 2 Abs. 4 UN-Charta mit Waffengewalt zu schützen.[1831] Der georgische

1827 http://www.focus.de vom 01.04.2011; Krüger, Heiko, Kosovo, Abchasien, Südossetien und das internationale Sezessionsrecht, S. 37–39.

1828 Nußberger, in: Zeitschrift Osteuropa Heft 11/November 2008, S. 22.

1829 Siehe hierzu auch Ausführungen unter Teil 1.D.III.

1830 Nußberger, in: Zeitschrift Osteuropa Heft 11/November 2008, S. 25–26.

1831 Kimminich/Hobe, S. 309; Kempen/Hillgruber, S. 235; IIFFMCG-Report, Vol. II, S. 239.

Präsident Saakaschwili rechtfertigte das georgische Vorgehen in Südossetien damit, dass man die „verfassungsmäßige Ordnung" in der Region wiederherstellen wollte.[1832] Interessanterweise war dies die exakt identische Wortwahl, die 1994 der damalige russische Präsident Jelzin verwendete, als er die russische Intervention in Tschetschenien verteidigte.[1833]

Da es in Südossetien deutliche Sezessionstendenzen gab, lässt sich das militärische Eingreifen von Georgien in Südossetien wohl noch nach dem Völkerrecht rechtfertigen.[1834] Allerdings muss man dabei klar differenzieren zwischen dem Vorgehen gegen südossetische Separatisten und dem Vorgehen gegen russische Friedenstruppen.[1835]

Ein Angriff auf russische Militäreinheiten ist nicht von Art. 2 Abs. 4 UN-Charta gedeckt, da diese sich berechtigterweise in der Region aufhielten. Ferner ist mittlerweile geklärt, dass georgische Truppen zuerst das Feuer auf russische Soldaten eröffneten[1836] (worauf im Rahmen des EU-Berichts noch genauer eingegangen wird). Daher kann Georgien in diesem Zusammenhang auch nicht das Recht auf Selbstverteidigung aus Art. 51 UN-Charta für sich in Anspruch nehmen.[1837] Das Recht aus Art. 51 UN-Charta kann nur Russland zugestanden werden, weil die russischen Truppen aufgrund des Mandats aus dem Jahr 1992 zur Friedenssicherung bestellt waren. Ein bewaffneter Angriff auf die russischen Friedensstreitkräfte gefährdet die Sicherheit und den Frieden in der Region und zieht das Selbstverteidigungsrecht nach sich.[1838] Daher muss man an dieser Stelle nach dem Völkerrecht zu dem Ergebnis kommen, dass das russische Vorgehen gerechtfertigt war. [1839]

Allerdings kann das Selbstverteidigungsrecht auch im vorliegenden Fall nicht grenzenlos gelten. Nach den Voraussetzungen für das Notwehrrecht ist der Angegriffene berechtigt, all das zu tun, was eine sofortige Beendigung des

1832 Manutscharjan, in: KAS Auslandsinformationen der Konrad-Adenauer-Stiftung 8/2008, S 78–79.

1833 Nußberger, in: Zeitschrift Osteuropa Heft 11/November 2008, S. 26.

1834 Mammadov, S. 219–220.

1835 Mammadov, S. 219–220.

1836 IIFFMCG-Report, Vol. I, S. 20, 23; Vol. II, S. 238, 254; Veser, in: FAZ.NET vom 30.09.2009.

1837 Mammadov, S. 221.

1838 IIFFMCG-Report, Vol. II, S. 250 f.

1839 Abajewa, in: Wostok Spezial Nr. 3 2008, S. 22, spricht hingegen von einer Pflicht Russlands, einzugreifen und die russischen Staatsangehörigen in Südossetien vor georgischen Übergriffen zu schützen.

Angriffs herbeiführt.[1840] Davon umfasst sind auch Angriffe auf militärische Ziele in Georgien, die zur Unterstützung der Operationen gegen russische Truppen in Südossetien dienen. Jedoch muss sich der Angegriffene bei der Wahl seiner Mittel stets am Grundsatz der Verhältnismäßigkeit messen lassen. Unverhältnismäßig ist das Mittel, das auf mehr als die sofortige Beendigung des gegnerischen Angriffs abzielt. Daher war der Einmarsch in Georgien und die Besetzung georgischer Ortschaften durch russische Truppen nicht mehr verhältnismäßig, da dieser Einmarsch nicht zur Abwehr der georgischen Übergriffe auf russische und südossetische Verbände erforderlich war.[1841] Es hätte gereicht, die militärischen Anlagen wie Flugplätze oder Artilleriestellungen in der Nähe der administrativen Grenze zu Südossetien außer Gefecht zu setzen.[1842]

Deshalb hat auch Russland gegen das Völkerrecht verstoßen. Das georgische Vergehen wiegt aber sicherlich schwerer, vor allem wenn man berücksichtigt, dass Russland seine Truppen nach Kriegsende relativ zügig wieder aus Georgien abzog.

Die Europäische Union wurde bei der Klärung der Schuldfrage ebenfalls tätig und rief die „Independent International Fact-Finding Mission on the Conflict in Georgia“ (IIFFMCG) ins Leben, die den Krieg im Kaukasus unabhängig untersuchen sollte. Im September 2009 legte die IIFFMCG ihren abschließenden Bericht[1843] vor, dessen Inhalt aber offiziell erst im Mai 2010 der Öffentlichkeit mitgeteilt wurde.[1844] Darin stellte die Untersuchungskommission fest, dass die georgische Behauptung, russische Truppen seien vor dem 8. August 2008 in Südossetien einmarschiert, unzutreffend ist.[1845] Auch wurde festgestellt, dass Georgien entgegen seinen bisherigen Angaben den ersten Schuss auf russische Armeekräfte abfeuerte.[1846] Der Angriff Georgiens auf Südossetien und die dort stationierten russischen Friedenstruppen wurde von der Kommission als Verstoß gegen das Völkerrecht gewertet, da Georgien durch den ersten Schuss den

---

1840 Siehe hierzu auch Ausführungen unter Teil 1.D.I. und Teil 1.D.II.

1841 IIFFMCG-Report, Vol. I, S. 20, 22, 23, 24, 27 sowie Vol. II, S. 343, 345, 350, 361, 365, 375, 394, 405, 420.

1842 IIFFMCG-Report, Vol. I, S. 20, 22, 23, 24, 27 sowie Vol. II, S. 343, 345, 350, 361, 365, 375, 394, 405, 420.

1843 IIFFMCG-Report, Vol. I, S. 20, 23; Vol. II, S. 238, 254.

1844 Winter, in: Süddeutsche.de vom 17.05.2010.

1845 IIFFMCG-Report, Vol. I, S. 20, 23; Vol. II, S. 238, 254; Bidder, in: Spiegel Online vom 30.09.2009.

1846 IIFFMCG-Report, Vol. I, S. 20, 23; Vol. II, S. 238, 254; Winter, in: Süddeutsche.de vom 17.05.2010; Luchterhand, in: AVR 46 (2008), S. 476.

Konflikt mit Russland überhaupt erst ausgelöst habe. Daher kam die Kommission auch zu dem Ergebnis, dass die Intervention Russlands auf südossetischem Boden vom Völkerrecht gedeckt war.[1847] Allerdings habe sich auch Russland nicht vollständig völkerrechtskonform verhalten, denn der weitergehende Einmarsch über die Grenze von Südossetien hinaus nach Georgien wurde von der IIFFMCG als „unverhältnismäßig" gewertet und sei daher nicht mehr durch die UN-Charta gerechtfertigt.[1848] Weiter ungeklärt blieb aber die Frage, welche Rolle die etwa 150 in Georgien stationierten US-amerikanischen Militärberater spielten.[1849]

2. *Anerkennung von Abchasien und Südossetien*

Am 26. August 2008 hat Russland in Folge des Kaukasuskrieges die beiden abtrünnigen Provinzen Südossetien und Abchasien als eigenständige Staaten anerkannt.[1850] Die internationale Staatengemeinschaft hat sich diesem Schritt nicht angeschlossen, im Gegenteil: Dieser Schritt der Anerkennung sorgte in der westlichen Welt für laute Kritik und Empörung.[1851] Einzig Nicaragua, Venezuela und der kleine Inselstaat Nauru folgten dem Beispiel Russlands und erkannten die beiden Provinzen ebenfalls an.[1852]

Russland versuchte durch die Anerkennung, dem Westen den „Kosovo-Spiegel" vorzuhalten.[1853] Der Kosovo wurde im Jahr 2008 von den westlichen Großmächten wie USA, Vereinigtes Königreich Großbritannien und Nordirland, Frankreich und Deutschland ohne Rücksprache mit Russland anerkannt.[1854] Dies stellte für Russland eine erhebliche Provokation

---

1847 IIFFMCG-Report, Vol. I, S. 20, 23; Vol. II, S. 238, 254; Bidder, in: Spiegel Online vom 30.09.2009.

1848 Bidder, in: Spiegel Online vom 30.09.2009.

1849 Winter, in: Süddeutsche.de vom 17.05.2010.

1850 Gegeschidse/Papava, in: Wostok Nr. 1 2009, S. 40.

1851 Krüger, Heiko, Kosovo, Abchasien, Südossetien und das internationale Sezessionsrecht, S. 37–38.

1852 Nußberger, in: Zeitschrift Osteuropa Heft 11/November 2008, S. 39; Abajewa, in: Wostok Spezial Nr. 3 2008, S. 22; Krüger, Heiko, Kosovo, Abchasien, Südossetien und das internationale Sezessionsrecht, S. 38.

1853 Miljutenko, in: Wostok Spezial Nr. 3 2008, S. 7.

1854 Krüger, Heiko, Kosovo, Abchasien, Südossetien und das internationale Sezessionsrecht, S. 27, stellt aber gleichzeitig auch klar, dass einige andere Staaten die Anerkennung des Kosovo unter dem Hinweis auf die territoriale Integrität Serbiens ablehnten. Hierzu gehörten nach Krügers Aufzählung u. a. Argentinien, Aserbaidschan,

dar.[1855]

Die Situation im Kosovo[1856] ist jedoch objektiv nicht mit der Situation in Abchasien und Südossetien zu vergleichen.[1857] Zum einen wurde die albanische Minderheit im Kosovo von den Serben systematisch unterdrückt, zahlreiche Beobachter sprachen gar von Völkermord.[1858] Zum anderen schuf Russland mit der Anerkennung von Südossetien und Abchasien einseitig Fakten.[1859] Die Anerkennung diente nicht wie im Kosovo dazu, eine gemeinsame Lösung über die Vereinten Nationen zu finden. Diese Fakten wurden ohne Rücksprache mit Georgien oder der UN dadurch untermauert, dass Russland mit den abtrünnigen Provinzen eigenständige Verträge abschloss, darunter einen Vertrag zur Anerkennung der doppelten Staatsbürgerschaft aller Abchasier und Südosseten. Darin verpflichtete sich Russland sogar zum Schutz der beiden Volksgruppen auf dem Territorium dritter Staaten.[1860]

Abchasien und Südossetien erfüllen nicht die Bedingungen (Staatsgebiet, Staatsmacht und Staatsvolk) für einen unabhängigen Staat. Die Gebiete sind weder politisch noch wirtschaftlich stabil. Auch haben sie keine eigenständige Staatsregierung, sondern nur eine separatistische Bewegung. Schließlich kann auch nicht von einem klar definierten Territorium gesprochen werden.[1861]

Bolivien, Bosnien-Herzegowina, China, Georgien, Kasachstan, Rumänien, Russland, die Slowakei, Spanien, Sri Lanka, Serbien, Venezuela und Vietnam.

1855 Isic, in: Centrum für angewandte Politikforschung an der LMU München-Aktuell vom 28.08.2008.

1856 Peters, Anne, S. 53, stellt klar, dass grundsätzlich auch im Falle des Kosovo Voraussetzung für eine Anerkennung das Vorliegen eines Staatsgebietes, eines Staatsvolkes und einer effektiven Staatsgewalt sei. Weiter weist sie darauf hin, dass der Kosovo nie über eine effektive Staatsgewalt verfügte, da die politische Führung unter internationaler Aufsicht gestanden habe. Entscheidend sei allerdings, dass die politische Kontrolle jedenfalls nicht bei Serbien gelegen habe und daher dennoch der Kosovo von der internationalen Staatengemeinschaft anerkannt werden dürfe.

1857 Halbach, in: Der Tagespiegel Online vom 26.08.2008; Ott, S. 340–341.

1858 Isic, in: Centrum für angewandte Politikforschung an der LMU München-Aktuell vom 28.08.2008; Ott, S. 341; Krüger, Heiko, Kosovo, Abchasien, Südossetien und das internationale Sezessionsrecht, S. 44, spricht von „Vertreibung der kosovarischen Zivilbevölkerung und Gewalttaten gegenüber ihr durch die Serben".

1859 Krüger, Heiko, Kosovo, Abchasien, Südossetien und das internationale Sezessionsrecht, S. 37.

1860 Nußberger, in: Zeitschrift Osteuropa Heft 11/November 2008, S. 39.

1861 Isic, in: Centrum für angewandte Politikforschung an der LMU München-Aktuell vom 28.08.2008.

Mit der Anerkennung von Abchasien und Südossetien verstieß Russland gegen das Völkerrecht. Russland hat unzulässigerweise in die territoriale Integrität[1862] von Georgien nach Art. 2 Abs. 4 UN-Charta eingegriffen, denn Südossetien und Abchasien sind und waren Teile Georgiens. Die Unabhängigkeitserklärung von 1992 hat nicht zu einer wirksamen Sezession von Georgien geführt, denn kein Staat erkannte die Unabhängigkeit an.[1863]

Schließlich ist die Anerkennung durch Russland auch deshalb bemerkenswert, weil Russland sich damit widersprüchlich zu der eigenen Praxis im Nordkaukasus verhielt. Russland versucht seit dem ersten Tschetschenienkrieg 1994 zu verhindern, dass sich ehemalige autonome Sowjetrepubliken im russischen Teil des Nordkaukasus von Russland separieren. So hatte sich Tschetschenien ebenfalls für unabhängig erklärt, wurde aber von Russland nicht anerkannt.[1864] Stattdessen marschierte man in Tschetschenien ein und zwang die Republik mit Waffengewalt, in der RF zu verbleiben. Auch in den anderen Republiken im Nordkaukasus wie Inguschetien oder Dagestan untersagt Russland stets den Austritt aus der RF mit dem Hinweis auf die staatliche Integrität. Daher ist es umso unverständlicher, dass Russland nun zwei abtrünnige Gebiete im Nachbarland anerkennt. Denn dieser Vorgang wird sicherlich zahlreichen Separatisten im Nordkaukasus als Präzedenzfall[1865] dienen und neue Hoffnung auf einen eigenen Staat schüren.[1866] Es wird sich zeigen, ob dieser als Provokation der westlichen Mächte gedachte Schritt nicht für Russland zu einem „Boomerang“ wird und zu einer weiteren Destabilisierung des Kaukasus beiträgt.

1862 Siehe auch Ausführungen unter Teil 1.D.II.

1863 Isic, in: Centrum für angewandte Politikforschung an der LMU München-Aktuell vom 28.08.2008.

1864 Siehe auch Ausführungen unter Teil 2.A.IX.

1865 Krüger, Heiko, Kosovo, Abchasien, Südossetien und das internationale Sezessionsrecht, S 49–50, ist der Ansicht, dass sich Sezessionsbestrebungen weltweit verstärken werden, die Kompromissbereitschaft abtrünniger Regionen abnehmen wird und sich dadurch Verhandlungen immer schwieriger gestalten werden.

1866 Nichol, in: CRS Report for Congress April 2009, S. 3.

Teil 4 Republiken des Föderationskreises „Südrussland“

A. Republik Adygeja

I. Land, Einwohner und Wirtschaft

Die Republik Adygeja liegt im äußersten Nordwesten des Kaukasus und wird von allen Seiten von der russischen Region Krasnodar[1867] umgeben. Die Republik erstreckt sich von den Gebirgszügen bis in die fruchtbare Ebene des Kuban-Flusses und berührt im Westen den Stadtrand von Krasnodar. Die Hauptstadt der etwa 7.600 qkm großen Republik ist Maikop, die zweitgrößte Stadt ist Adygejsk.[1868] Diese beiden Städte sind auch die beiden einzigen städtischen Siedlungs- und Ballungsräume der Republik, wobei Maikop Hauptstadt und Regierungssitz der Republik ist.[1869] Während des Zweiten Weltkriegs befand sich in Maikop ein größerer deutscher Militärflughafen, der sowohl ein Jagdflieger- und Bomberhorst als auch ein Frachtumschlagplatz für Versorgungsflieger war.

Die Mehrheit der etwa 440.000 Einwohner[1870] Adygejas (65 % davon sind Russen, 24 % sind Adygier, der Rest sind Vertreter Dutzender anderer Nationalitäten und Volksgruppen)[1871] ist in der Landwirtschaft tätig. In eher geringen Mengen werden außerdem Rohstoffe wie Erdgas und Erdöl gefördert.[1872] An manchen Stellen hat man Bodenschätze entdeckt, so dass einige Adygier ihren Lebensunterhalt mit dem Abbau von Gold und Edelsteinen verdienen.[1873] Im Industriebezirk Maikop, der vorwiegend von Russen bevölkert wird, sind Holzverarbeitung, Maschinenbau, Chemie, Zementindustrie sowie Betriebe für die Verarbeitung landwirtschaftlicher Produkte wie Konservenfabriken, Weinkellereien, Milchverarbeitungswerke und Tabakfabriken angesiedelt.[1874]

1867 Siehe Ausführungen unter Teil 4.B.

1868 Aschinow, in: Wostok Nr. 4 1993, S. 46.

1869 http://www.adygheya.ru/.

1870 http://www.gks.ru/free_doc/new_site/perepis2010/croc/Documents/Vol1/pub-01-05.pdf.

1871 Aschinow, in: Wostok Nr. 4 1993, S. 46.

1872 http://www.regionen-russland.de/regionen-auf-einen-blick/sued/adygeja/.

1873 Aschinow, in: Wostok Nr. 4 1993, S. 47.

1874 http://www.d-k-g.de/adygeja.html; Aschinow, in: Wostok Nr. 4 1993, S. 47.

Eine potenzielle Einnahmequelle für Adygeja ist der Tourismus.[1875] Es existieren zahlreiche Heilquellen und die Landschaft wird aufgrund ihres milden Klimas, Bergsteppen und Bergwiesen auch als „kleine Schweiz“ bezeichnet. So ist Lagonaki vor allem für Russen ein beliebtes Wintersportgebiet.[1876]

Die Adygej, zu denen auch der Stamm der Kabardiner[1877] gehört, werden in Europa auch Tscherkessen[1878] genannt.[1879] Hier wird einmal mehr die komplexe ethnische Struktur der Kaukasusvölker deutlich: Noch im 19. Jahrhundert waren sie das zahlenmäßig stärkste Volk im gesamten Kaukasus. Ihr ursprünglicher Siedlungsraum reichte vom Asowschen Meer bis nach Südrussland. Durch Kriege und Völkerwanderungen wurden sie immer weiter in den Süden gedrängt.[1880] Im 18. Jahrhundert bildet der Fluss Kuban[1881] die nördliche Grenze ihres Siedlungsraumes, welcher sich von der Ostküste des Schwarzen Meeres und dem Fluss Terek[1882] bis nach Osten ins heutige Nordossetien erstreckt.[1883]

Die Geschichte der Adygej bzw. der Tscherkessen reicht weit zurück.[1884] Ihre Religionsgeschichte ist ähnlich diffizil wie ihre Siedlungsgeschichte. So wurden die Adygier im fünften Jahrhundert zum Christentum bekehrt. Trotz des christlichen Glaubens bestand weiterhin eine Religion der Verehrung von Naturgöttern.[1885] Im 15. Jahrhundert setzte sich verbreitet der Islam als vorherrschende Religion durch. Bis auf eine kleine Minderheit von orthodoxen Christen gehören die Adygej heute überwiegend dem sunnitischen Islam an. Sie gelten als liberal und modern denkend.[1886] Bestimmt werden die Kultur und die traditionelle Lebensweise der Adygier durch einen Ehrenkodex, den „Adyge Chabze“[1887].

1875 http://www.regionen-russland.de/regionen-auf-einen-blick/sued/adygeja/.
1876 http://www.d-k-g.de/adygeja.html.
1877 Siehe Ausführungen unter Teil 2.F.I.3.
1878 Siehe Ausführungen unter Teil 2.E.I.4.
1879 Aschinow, in: Wostok Nr. 4 1993, S. 47.
1880 Quiring, Pulverfass Kaukasus, S. 172.
1881 Der Kuban ist ein Fluss im Kaukasus und mündet in das Asowsche Meer, http://www.skitalets.ru/laws/norm/vod_puti.htm.
1882 Der Terek ist ein Fluss im Kaukasus und mündet in das Kaspische Meer, http://textual.ru/gvr/index.php?card=173165.
1883 Quiring, Pulverfass Kaukasus, S. 172.
1884 Siehe auch Ausführungen unter Teil 2.E.I.4.
1885 http://www.circassianworld.com/tscherkessen.html.
1886 Siehe hierzu auch Ausführungen unter Teil 2.E.I.4.
1887 Der „Adyge Chabze“ gilt als Maßstab für die Verhaltensweisen und Traditionen der Tscherkessen in aller Welt, http://www.tscherkessen-koeln.de/tscherkessen/kultur-adyge-xabze.html.

Dieser Kodex basiert auf Achtung und Respekt und setzt als wichtigste Elemente des täglichen Lebens auf Verantwortung, Mut, Selbstbeherrschung und Disziplin.[1888] Bei dem Kodex handelt es sich um ungeschriebene Gesetze, da niemals eine schriftliche Ausfertigung ausgearbeitet wurde.[1889] Obwohl im Wandel der Zeit und in einer globalen Gesellschaft nicht mehr von allen Adygej diese traditionellen Regeln bis ins Detail befolgt werden, so hat der Kodex auch heute noch einen gewissen Stellenwert in Adygeja.[1890]

Nach dem Ende der russisch-kaukasischen Kriege[1891] waren auch die Adygej von den Zwangsumsiedlungen im 19. Jahrhundert betroffen. Eine genaue Zahl an umgesiedelten Adygej existiert nicht, jedoch wurden insgesamt 750.000 Nordkaukasier ins damalige Osmanische Reich umgesiedelt.[1892] In das Gebiet der Adygej zogen vornehmlich Russen aus dem Landesinneren. Die Mehrheit der Adygej bzw. der Tscherkessen lebt heutzutage außerhalb der RF. So leben in der Türkei etwa 1,5 Millionen, nur eine Minderheit verblieb im Kaukasus.[1893] Diese Minderheit verteilt sich hauptsächlich auf die autonomen Republiken Adygeja, Kabardino-Balkarien und Karatschai-Tscherkessien. Wie in fast allen Kaukasus-Republiken,[1894] die um 1922 herum gegründet wurden, verlief auch in Adygeja die Grenzziehung willkürlich und entsprach nicht dem historischen und tatsächlichen Lebensraum der Adygej, so dass das Volk zersplittert wurde.[1895]

II. Politische und rechtliche Würdigung der gegenwärtigen Situation

Vergleicht man Adygeja mit manch anderen autonomen Republiken im Nordkaukasus, so lässt sich feststellen, dass die Region bisher von größeren Konflikten und Unruhen verschont blieb.[1896] Sowohl muslimische Militanten als auch extreme Nationalisten fanden bisher keine Basis in Adygeja, einzig Unstimmigkeiten zwischen Russen und Adygiern über die Besetzung von politischen

1888 http://www.tscherkessen-koeln.de/tscherkessen/kultur-adyge-xabze.html.
1889 Quiring, Pulverfass Kaukasus, S. 172–173.
1890 http://www.circassianworld.com/tscherkessen.html.
1891 Siehe hierzu auch Ausführungen unter Teil 2.A.II.1.
1892 Aschinow, in: Wostok Nr. 4 1993, S. 46.
1893 http://www.circassianworld.com/tscherkessen.html.
1894 Die Lage in Adygeja ist bezüglich der Grenzziehungen vergleichbar mit der Situation in den Republiken Karatschai-Tscherkessien oder auch Kabardino-Balkarien.
1895 http://www.circassianworld.com/tscherkessen.html.
1896 Aschinow, in: Wostok Nr. 4 1993, S. 47.

Ämtern führten in der jüngeren Vergangenheit zu kleineren Disputen, die allerdings nicht in Waffengewalt ausuferten.[1897] Aufgrund des Umstandes, dass sich die Adygier gegenüber den ethnischen Russen deutlich in der Minderheit befinden, fürchteten die Adygier mitunter, dass ihre politischen Interessen nicht ausreichend repräsentiert werden.[1898] Allerdings kann in keiner Weise davon ausgegangen werden, dass die Adygier politisch überhaupt nicht zur Geltung kommen. Es besteht für Adygier auch kein Anlass, den völkerrechtlichen Minderheitenschutz[1899] einzufordern. So wurde auch die Muttersprache der Adygier (adygeisch) als offizielle Landessprache neben der russischen Sprache eingeführt.[1900]

Die politische Führung hegt keinerlei Sezessionsabsichten, man ist mit seiner von Moskau gegebenen Autonomie zufrieden.[1901] Ein weiterer Aspekt für die integrative Haltung der Republik ist auch der hohe Anteil der russischen Bevölkerung.[1902] Etwa zwei Drittel[1903] der Menschen in Adygeja sind Russen und haben verständlicherweise kaum Interesse an einem komplett eigenständigen, von Russland losgelösten Staat.

Im Jahr 2004 kam es jedoch zu einer kurzen Periode politischer Unruhe in Adygeja, welche allerdings eher machtpolitischen Ambitionen der Nachbarregion Krasnodar zuzuschreiben waren.[1904] Der damalige Gouverneur der Region Krasnodar, Alexander Tkatschow[1905], hatte angeregt, die Autonome Republik Adygeja solle mit der Region Krasnodar[1906] zusammengelegt werden.[1907] Die Adygier lehnten dieses Vorhaben allerdings entschieden ab, da sie dadurch ihren Autonomiestatus hätten aufgeben müssen und auch die russische Regierung in

---

1897 Quiring, Pulverfass Kaukasus, S. 173.

1898 Quiring, Pulverfass Kaukasus, S. 173.

1899 Siehe hierzu Ausführungen unter Teil 1.E.

1900 Quiring, Pulverfass Kaukasus, S. 173.

1901 Quiring, Pulverfass Kaukasus, S. 174.

1902 Quiring, Pulverfass Kaukasus, S. 174.

1903 Siehe Ausführungen unter Teil 4.A.I.

1904 Aschinow, in: Wostok Nr. 4 1993, S. 47.

1905 Alexander Tkatschow, geboren am 23. Dezember 1960, ist ein russischer Politiker. Er war von 2001 bis 2015 Gouverneur der Region Krasnodar, danach wurde er von 2015 bis 2018 zum russischen Landwirtschaftsminister ernannt, https://web.archive.org/web/20081013172939/http://www.russiaprofile.org/resources/whoiswho/alphabet/t/tkachev.wbp.

1906 Siehe Ausführungen unter Teil 4.B.

1907 Aschinow, in: Wostok Nr. 4 1993, S. 47.

Moskau hegte nur bedingt Sympathien für diesen Plan. Zwei Jahre später musste Tkatschow einsehen, dass er sein Vorhaben würde nicht realisieren können, und gab sein Bestreben auf, die autonome Republik und seine Region zu vereinen.[1908]

Als potenzieller Konfliktherd gestaltete sich die Rückkehr muslimischer Tscherkessen aus dem Kosovo[1909] nach Adygeja Mitte der 1990er Jahre. Deren Vorfahren waren im 19. Jahrhundert dorthin ausgewandert und hatten sich in Dörfern um Pristina[1910] angesiedelt, wo deren Nachfahren bis zuletzt lebten.[1911] Als sich der Konflikt zwischen dem Kosovo und Serbien verschärfte[1912] und sich militante Auseinandersetzungen häuften, baten die Tscherkessen die russische Regierung um die Erlaubnis, nach Adygeja zurückkehren zu dürfen.[1913] Dies wurde ihnen gewährt und ihnen wurde ein Dorf in der Nähe von Maikop[1914] zur Verfügung gestellt.[1915]

Es stellte sich nach kurzer Zeit heraus, dass die Tscherkessen in ihren Traditionen einem völlig anderen Islam aus einer längst vergangenen Zeit folgten. Sie waren sehr aktiv und schwangen sich zu muslimischen Anführern in der Region auf, was den Einheimischen in den Nachbardörfern missfiel, zumal ihre Auffassung vom Islam sehr stark von der der Umsiedler divergierte.[1916] Es kam zu ersten Überfällen und Auseinandersetzungen. Durch Expedierung des muslimischen Anführers der Tscherkessen konnte die aufkommende Unruhe bereits im Keim erstickt werden.[1917] Insofern konnte ein langanhaltender Konflikt wie um den Rayon Prigorodni[1918] in Nordossetien, welcher ebenfalls durch die

1908 Quiring, Pulverfass Kaukasus, S. 173–174.

1909 Nach dem Kosovokrieg entstand mit der Republik Kosovo eine Teilregion Serbiens, deren völkerrechtlicher Status bis heute umstritten ist. So erkennen 114 der 193 Mitgliedsstaaten der UN den Kosovo als unabhängigen Staat an, Posener, in: Die Welt Online vom 20.02.2008.

1910 Pristina ist die Hauptstadt des Kosovo. Für weitere Informationen siehe etwa Tomasevic, Jugoslawische Städte.

1911 Quiring, Pulverfass Kaukasus, S. 173–174.

1912 Die Spannungen zwischen dem Kosovo und Serbien endeten schließlich im sog. „Kosovokrieg“ von Februar 1998 bis Juni 1999. In dem Krieg standen sich die kosovarische Befreiungsarmee, welche von der NATO unterstützt wurde, und serbische bzw. jugoslawische Truppen gegenüber. Für weitere Informationen siehe etwa Gritsch, Krieg um Kosovo.

1913 Quiring, Pulverfass Kaukasus, S. 173–174.

1914 Siehe auch Ausführungen unter Teil 4.A.I.

1915 Quiring, Pulverfass Kaukasus, S. 173–174.

1916 Quiring, Pulverfass Kaukasus, S. 174.

1917 Quiring, Pulverfass Kaukasus, S. 174.

1918 Siehe Ausführungen unter Teil 2.D.II.1.c.

Rückkehr eines Volkes in die ursprünglichen Siedlungsräume ausgelöst wurde, vermieden werden.

B. Region Krasnodar

Die Region Krasnodar ist seit 1937 eine Verwaltungseinheit Russlands im Kaukasusvorland und gehört zum Föderationskreis Südrussland.[1919] Ähnlich wie die Region Stawropol im Föderationskreis Nordkaukasus ist auch die Region Krasnodar keine autonome Republik innerhalb der RF.[1920] Dennoch soll die Region kurz beleuchtet werden, denn sie zählt zu den am dichtesten besiedelten und wirtschaftlich am stärksten entwickelten Regionen in ganz Russland. Zudem blickte im Winter 2014 die ganze Sportwelt nach Südrussland und in die Region Krasnodar, als in Sotschi die Olympischen Winterspiele ausgerichtet wurden.

I. Land, Einwohner, Geschichte und Wirtschaft

1. Die Region

Die Region Krasnodar wird aufgrund ihrer ausgebauten landwirtschaftlichen Produktionsbetriebe auf dem Gebiet des Ackerbaus auch als „Kornkammer Russlands"[1921] bezeichnet.[1922] Sie liegt an der südwestlichen Spitze Russlands am Asowschen Meer und am Schwarzen Meer, wobei sie die einzige Region Russlands mit direktem Zugang zum Schwarzen Meer ist. Die Straße von Kertsch[1923] trennt Stawropol von der Halbinsel Krim. Die Region umschließt die Autonome Republik Adygeja und grenzt an die Autonome Republik Karatschai-Tscherkessien, an die Region Stawropol sowie an Rostow am Don.

Durch die günstigen klimatischen Bedingungen kam es schon sehr früh zu menschlichen Besiedlungen der Gegend. Die erste russische Siedlung entstand im zehnten Jahrhundert, als dort ein Außenposten des Kiewer Reichs gegründet wurde,[1924] das Fürstentum

1919 Siehe hierzu auch Ausführungen unter Teil 1.B.

1920 Siehe hierzu auch Ausführungen unter Teil 1.B.II.1.

1921 Quiring, Pulverfass Kaukasus, S. 177.

1922 http://www.regionen-russland.de/regionen-auf-einen-blick/sued/krasnodar/.

1923 Die Straße von Kertsch ist eine Meerenge im östlichen Europa. Sie verbindet das Schwarze Meer mit dem Asowschen Meer. Mittlerweile verbindet eine Brücke die Krim-Halbinsel und die Taman-Halbinsel. Für weitere Informationen siehe etwa https://de.sputniknews.com/wirtschaft/20101126257750743/; https://themoscowtimes.com/articles/medvedev-signs-decree-creating-contractor-for-kerch-strait-bridge-project-32624.

1924 Quiring, Pulverfass Kaukasus, S. 177.

Tmutarakan[1925]. Im 18. Jahrhundert, nach sieben von insgesamt elf russisch-osmanischen Kriegen[1926], gelangte das Gebiet unter die Herrschaft des russischen Zarenreiches. Im Jahr 1793 schenkte die damalige russische Zarin Katharina II. den Schwarzmeerkosaken für ihre Verdienste im russisch-osmanischen Krieg von 1787 bis 1792 das Gebiet am rechten Ufer des Flusses Kuban. Gleichzeitig sollten die Kosaken die Südflanken des Zarenreiches sichern. Die Kosaken benannten die erste gegründete Stadt zu Ehren Katharinas II. nach ihrem Namen, „Ekatarinodar – Geschenk Katharinas". Erst 1920 wurde die Stadt dann in Krasnodar umbenannt, wobei „krasnyi" in diesem Zusammenhang so viel wie „schön" bedeutet.[1927]

Seit der Regentschaft von Katharina II. siedelten in der Region Krasnodar auch deutsche Bauern, so dass Deutsche auch heute noch eine der über 120 Volksgruppen in der Region Krasnodar stellen. Die Mehrheit der Bevölkerung, fast 90 %, sind allerdings Russen. Mit 5,2 Millionen Menschen ist die Region nach dem Großraum Moskau die am dichtesten besiedelte Gegend in der RF. Zudem gilt Krasnodar nach Moskau auch als das attraktivste Zuwanderungsgebiet innerhalb Russlands.[1928]

Die Region ist eine der wirtschaftlich führenden Gegenden in der RF, insbesondere in der Landwirtschaft. Angebaut wird hauptsächlich Getreide, aber auch Sonnenblumen. Zudem wird seit kurzem vermehrt Wein angebaut. Unter der Federführung des ehemaligen Gouverneurs Tkatschow[1929] werden junge russische Fachleute nach Frankreich und Deutschland geschickt, um dort die notwendigen Fachkenntnisse zu erwerben, um den Wein aus Krasnodar auf ein international angesehenes Niveau zu heben.[1930]

Ferner spielen Rohstoffe in der Region eine gehobene Rolle. Besonders Erdöl wird in großen Mengen gefördert und macht einen hohen Anteil des in der RF geförderten Erdöls aus.[1931]

1925 Tmutarakan ist ein ehemaliges ostslawisches Fürstentum im Gebiet der heutigen Region Krasnodar. Für weitere Informationen siehe etwa Gajdukevic, Das Bosporanische Reich.

1926 Siehe auch Ausführungen unter Teil 2.A.II.

1927 http://www.regionen.ru/krasnodar.

1928 http://www.regionen.ru/krasnodar.

1929 Siehe auch Ausführungen unter Teil 4.A.II. mit weiteren Informationen in der entsprechenden Fußnote.

1930 Quiring, Pulverfass Kaukasus, S. 177.

1931 http://www.krasnodar-region.de/produkte-aus-der-region.

Aufgrund seines Zugangs zum Schwarzen Meer kommen sehr viele Touristen nach Krasnodar. In den Ausläufern des Kaukasus werden zudem immer mehr Skigebiete und Skiresorts erschlossen.[1932]

Die Region Krasnodar gelangte im Hochsommer 2012 aufgrund einer Flutkatastrophe in die Schlagzeilen. Im Gebiet der Stadt Krymsk sowie in der Hafenstadt Noworossijsk kam es zu großen Überschwemmungen, bei der 152 Menschen ums Leben kamen und über 5.000 Wohnhäuser und Bauernhöfe von den Wassermassen einfach weggerissen wurden.[1933]

2. Die Geschichte der Kosaken[1934] im Kaukasus

Schilderungen über den Nordkaukasus wären unvollständig, würde man nicht die Historie der Kosaken erwähnen. Sie prägten die Region mit ihren vielen Konflikten über die Jahrhunderte mindestens genauso sehr, wie es die Bergvölker taten.

Schätzungen zufolge leben heute noch etwa vier bis fünf Millionen Kosaken in der RF, davon etwa eine Million im Gebiet des Nordkaukasus.[1935] Die Kosaken leben jedoch meist unauffällig, sind vollständig in die russische Gesellschaft integriert. Eine Ausnahme bildet jedoch eine Großsiedlung in der Region Krasnodar, die Stadt Kanajewskaja[1936]. Knapp 50.000 Kosaken leben und arbeiten hier.[1937] Daher bietet es sich an, auf die Geschichte der Kosaken im Kaukasus im Rahmen der Entwicklung der Region Krasnodar einzugehen.

Kosaken waren ab dem 15. Jahrhundert, als sich der Begriff „Kosake“[1938] durchsetzte, freie Reiterverbände, zu denen sich russische und ukrainische Leibeigene gesellten,[1939] die sich in den Steppen des südlichen Russlands versammelten.[1940] Anschließen konnte sich den Kosaken im Prinzip jeder, auf die

---

1932 http://www.krasnodar-region.de/urlaub-in-krasnodar.

1933 Ludwig, in: FAZ Online vom 08.07.2012.

1934 Der Begriff „Kosak“ stammt aus der Turksprache und heißt so viel wie „freier Krieger“. Für weitere Informationen siehe etwa Longworth, Die Kosaken. Legende und Geschichte.

1935 Quiring, Pulverfass Kaukasus, S. 182.

1936 Kanajewskaja ist eine der letzten verbliebenen Kosakensiedlungen im Kaukasus und liegt etwa 200 km von der Stadt Krasnodar entfernt.

1937 Quiring, Pulverfass Kaukasus, S. 182.

1938 Siehe auch Erläuterungen zu der Herkunft des Begriffes in der Fußnote oben.

1939 Viele, die in Russland und der Ukraine keine Rechte innehatten, schlossen sich in der Hoffnung auf ein besseres Leben den Kosaken an, Seewald, in: Welt Online vom 05.03.2013.

1940 https://www.kosaken.de/geschichte/kosaken.html.

Herkunft oder den Stand wurde nicht geachtet, es gab nur eine unabdingbare Voraussetzung: der Glaube an Christus.[1941] Der Ursprung der Kosaken lag an den Ufern des Don am Rande der endlosen Steppen.[1942] Dies erklärt sich damit, dass sie dort weitab von den Einflüssen der russischen Zaren waren und sich frei entfalten konnten.[1943] Kosaken bauten befestigte Siedlungen und lebten unabhängig nach ihren Regeln.[1944] Ihre Anführer, die Atamane[1945], sorgten für Recht und Ordnung in den Siedlungen. Sie finanzierten sich anfangs über Beutezüge gegen die benachbarten Tartaren, Kalmücken oder Türken. Auch überfielen sie oft russische Kaufleute, die den Don befuhren.[1946] Erst später wurden sie als freie Kavallerieverbände in die russischen Armeen eingegliedert und polierten ihren Ruf nun als Beschützer der Zaren und Verteidiger Russlands auf.[1947]

Die ersten Kosaken kamen im 15. und 16. Jahrhundert in den Nordkaukasus.[1948] Es entstanden zwei voneinander unabhängige Siedlungen an der Mündung des Flusses Terek in das Kaspische Meer und im tschetschenischen Vorkaukasus.[1949] Im Jahr 1685 bzw. 1712 mussten sich die Kosaken dem Druck der dort angesiedelten Bergvölker, vor allem Tschetschenen, beugen und zogen sich an das Nordufer des Terek zurück.[1950] Dort bildeten sie die sog. „Kaukasische Linie“[1951].

1941 Quiring, Pulverfass Kaukasus, S. 182.

1942 Seewald, in: Welt Online vom 05.03.2013.

1943 https://www.kosaken.de/geschichte/kosaken.html.

1944 Seewald, in: Welt Online vom 05.03.2013.

1945 Der „Ataman“ stellt den höchsten Rang in der Gesellschaftsstruktur der Kosaken dar. Für weitere Informationen siehe etwa Longworth, Die Kosaken. Legende und Geschichte.

1946 Quiring, Pulverfass Kaukasus, S. 182.

1947 Quiring, Pulverfass Kaukasus, S. 182; https://www.kosaken.de/geschichte/kosaken.html.

1948 Seewald, in: Welt Online vom 05.03.2013.

1949 https://www.kosaken.de/geschichte/kosaken.html.

1950 Quiring, Pulverfass Kaukasus, S. 183.

1951 Diese Linie wurde von Zarin Katharina II. im Jahr 1762 ins Leben gerufen. Immer mehr befestigte Siedlungen von Kosaken entstanden entlang der nordkaukasischen Gebirgszüge. Dies führte zwangsläufig zu Auseinandersetzungen mit den Bergvölkern, da diese den Besitz an den fruchtbaren Steppen im Flachland für sich beanspruchten, ihnen nun aber durch die Kosakensiedlungen der Zugang versperrt wurde. Zusätzlich zu diesen Siedlungen errichtete Katharina II. weitere Festungen wie Mosdok, Kislar, Stawropol oder Naltschik, welche sich im weiteren Verlauf der Geschichte zu bedeutenden russischen Städten entwickelten. Diese ausgebauten Festungen sollten ähnlich wie die Kosakensiedlungen einen Schutzwall gegen die

Im weiteren Verlauf gelang es den Zaren auch mit Hilfe der Kosaken, den Kaukasus nach und nach zu erobern. Nach Beginn der Oktoberrevolution 1917[1952] und dem folgenden russischen Bürgerkrieg schlug sich die Mehrzahl der damals etwa 4,5 Millionen Kosaken auf die Seite der zaristischen „Weißen“ Armee.[1953] Nach dem Sieg der Bolschewiken im Jahr 1920[1954] wanderten daher viele der gehobeneren Kosakenschichten nach Frankreich aus.[1955] Auch im Zweiten Weltkrieg kämpften die Kosaken. Die Mehrheit der Kosaken sah in der anrückenden Deutschen Wehrmacht eine Chance, sich der Unterdrückung Stalins zu entledigen und ihre früheren, vom Zarenreich gewährten Privilegien wiederzuerlangen. Abgesehen von einigen Kosakenstämmen, die auf Seiten der Roten Armee kämpften, verbündeten sich die meisten mit den Deutschen.[1956] Als ab Sommer 1943 die Wehrmacht sich überall in Russland zurückziehen musste, fürchteten die Kosaken am Nordkaukasus Repressalien der Kommunisten und sahen sich gezwungen, ihre Siedlungen in Richtung Westen zu verlassen.[1957]

Nach dem Zusammenbruch der Sowjetunion gelten die Kosaken als Sinnbild für Patriotismus.[1958] Sie dürfen ihren Wehrdienst in speziellen Einheiten verrichten, die auch offiziell den Namen der Kosaken tragen dürfen. Auch werden ihnen ihre eigenen Fest- und Feiertage zugestanden, an denen die Kosaken ihre traditionellen Uniformen und Säbel tragen.[1959] Die russische Regierung versucht, die konservativen Werte der Kosaken zu unterstützen und zu fördern in der Hoffnung, sie als Beispiel für Tradition darzustellen und damit den Patriotismus in Russland zu stärken.[1960]

---

aufständischen Bergvölker bieten und diesen den Zugang zum Flachland verwehren. Gleichzeitig stationierte die Zarin in den Festungen starke Truppenverbände, um die Forts als Ausgangspunkt für militärische Gegenschläge gegen die Bergvölker zu nutzen, Quiring, Pulverfass Kaukasus, S. 183.

1952 Siehe auch Ausführungen unter Teil 2.A.II.2.

1953 Smirnova, in: Die Welt Online vom 28.11.2012.

1954 Siehe auch Ausführungen unter Teil 2.A.II.2.

1955 http://www.kosaken.de/geschichte/kosaken.html.

1956 Seewald, in: Welt Online vom 05.03.2013.

1957 http://www.kosaken.de/geschichte/kosaken.html.

1958 Seewald, in: Welt Online vom 05.03.2013.

1959 Smirnova, in: Die Welt Online vom 28.11.2012.

1960 Smirnova, in: Die Welt Online vom 28.11.2012.

II. Politische Lage in der Region

1. Administration

Der derzeitige (kommissarische) Leiter der Administration ist Gouverneur Weniamin Kondratijew als Nachfolger von Alexander Tkatschow[1961].[1962]

Die Region ist aufgrund der stabilen wirtschaftlichen Lage[1963] im Gegensatz zu mehreren Republiken im Nordkaukasus nicht dafür bekannt, ein politischer Unruheherd zu sein.

2. Die Olympischen Winterspiele 2014 in Sotschi – Präsident Putins Lieblingsprojekt

Bereits im März 2008, als Putin sein Amt als Präsident der RF für eine Amtszeit aufgab und an seinen Nachfolger Dimitri Medwedew übergab, hegte er insgeheim den Traum, die Olympischen Winterspiele 2014 in Sotschi wieder als Präsident zu eröffnen.[1964]

Dabei stand seit der Vergabe der Winterspiele an Sotschi im Juli 2007 die Finanzierung mehrmals unter großem Druck.[1965] Putin hoffte, den Rückenwind, den die Vergabe der Olympischen Spiele nach Sotschi ausgelöst hat, nutzen zu können und den Nordkaukasus langfristig auf wirtschaftlich stabilere Beine zu stellen und weniger abhängig von Finanzhilfen aus Moskau zu machen.[1966] Zudem standen die getätigten Ausgaben exemplarisch für die russischen Ambitionen, den Nordkaukasus eher ökonomisch als militärisch befrieden zu wollen.[1967]

In seiner Zeit als russischer Ministerpräsident versuchte Putin, sein prestigeträchtiges Olympiaprojekt[1968] voranzutreiben. Ein Wettlauf mit der Zeit bis zur Eröffnung der Spiele im Februar 2014 begann. Um die rechtzeitige Fertigstellung

---

1961 Siehe auch Ausführungen unter Teil 4.A.II. mit weiteren Informationen in der entsprechenden Fußnote.

1962 http://www.krasnodar-region.de/allgemeine-informationen/administration.

1963 http://www.regionen-russland.de/regionen-auf-einen-blick/sued/krasnodar/.

1964 So kam es auch, denn im Jahr 2012 übernahm Putin wieder das Präsidentenamt von Medwedew, der auf den Posten des Ministerpräsidenten (Premierminister) wechselte.

1965 Quiring, Pulverfass Kaukasus, S. 178–179.

1966 Zekri, in: Süddeutsche Zeitung vom 20.05.2010.

1967 Zekri, in: Süddeutsche Zeitung vom 20.05.2010.

1968 Quiring, Der vergessene Völkermord, S. 17.

zu gewährleisten, gründete Putin eigens den Staatskonzern „Olympiastroi"[1969]. Eines der Hauptprobleme, mit denen sich die Organisatoren stets aufs Neue konfrontiert sahen, war der aufgeblähte Kostenapparat.[1970]

Alle Sorgen um eine verspätete Fertigstellung waren aber letztlich unbegründet und die Olympischen Spiele konnten planmäßig eröffnet und durchgeführt werden. Die Winterspiele boten jedoch auch politisch einigen Diskussionsbedarf.[1971] So beantragte Georgien nach dem Krieg mit Russland im Sommer 2008[1972] die Verlegung der Spiele, da Sotschi zu nah an dem Konfliktgebiet in Abchasien und Südossetien liegen würde. Auch andere europäische Staaten zeigten sich mit dem russischen Vorgehen in Georgien nicht einverstanden und regten an, die Spiele zu verlegen.[1973]

Zudem wurde im Jahr 2012 bekannt, dass diverse Skirouten und Loipen über tscherkessische Massengräber und Friedhöfe verlaufen.[1974] Der Kaukasuskrieg von 1817 bis 1864[1975] führte dazu, dass etwa die Hälfte aller Tscherkessen aus dem Gebiet abwandern musste. Etwa 400.000 Menschen wurden Opfer der Kämpfe und Ermordungen.[1976] Bei den Bauarbeiten für die Wintersportanlagen fanden nun Ingenieure ein Massengrab aus dieser Zeit mit den sterblichen Überresten tausender Tscherkessen.[1977] Einige Tscherkessen wandten sich an das IOC mit der Bitte um Überprüfung der Vergabe der Spiele. Allerdings waren nicht alle Tscherkessen der Meinung, dass die Spiele nicht in Sotschi stattfinden sollten. Viele waren der Ansicht, dass die Olympischen Spiele die Möglichkeit für die Tscherkessen bieten, international auf ihre Situation aufmerksam zu machen und vor allem die Geschehnisse aus dem 19. Jahrhundert der Weltöffentlichkeit publik zu machen.[1978]

1969 Quiring, Der vergessene Völkermord, S. 36.
1970 Quiring, Pulverfass Kaukasus, S. 180.
1971 Quiring, Der vergessene Völkermord, S. 32.
1972 Siehe Ausführungen unter Teil 3.
1973 Quiring, Pulverfass Kaukasus, S. 180–181.
1974 Eder, in: Der Standard Online vom 11.06.2012.
1975 Siehe auch Ausführungen unter Teil 2.A.II.1.
1976 Quiring, Der vergessene Völkermord, S. 106 ff.
1977 Quiring, Der vergessene Völkermord, S. 145 ff.
1978 Eder, in: Der Standard Online vom 11.06.2012.

III. Bewertung der rechtlichen Stellung Krasnodars innerhalb der RF

Krasnodar ist vergleichbar mit der Region Stawropol[1979]. Auch die Region Krasnodar besitzt nicht den Status einer autonomen Republik. Deshalb ist die Region als Mitglied im Föderationskreis Südrussland ein offizieller Teil der RF.

Dadurch, dass die Region lediglich eine Verwaltungseinheit ist, stellt sich in Krasnodar ebenfalls (wie in Stawropol) aktuell nicht die Frage nach einer politischen Abspaltung von Russland. Dies wäre nach völkerrechtlichen Aspekten ohnehin nicht möglich, ohne dass dabei das russische Recht auf staatliche Integrität[1980] verletzt würde. Ungeachtet dessen gibt es aber auch in der Region Krasnodar keinerlei Tendenzen, die auf eine Sezession von Russland abzielen würden. Dies liegt zum einen daran, dass in Krasnodar (ähnlich wie in Stawropol auch) fast ausschließlich ethnische Russen leben. Zum anderen geht es der Bevölkerung in der Region wirtschaftlich vergleichsweise gut. Vor allem die Olympischen Spiele haben die Stellung Krasnodars als industrielles Zentrum nochmals untermauert.

Diese wirtschaftlich solide Ausgangsposition unterscheidet Krasnodar von vielen anderen Gegenden im Nordkaukasus. Die grundsätzlich herrschende Zufriedenheit führt dazu, dass die Bevölkerung wenig Grund hat, die politischen Strukturen in Frage zu stellen.

C. Republik Kalmückien (Chalmg Tangtsch)

I. Land, Einwohner und Wirtschaft

Seit dem Ende der Sowjetunion bildet Kalmückien eine der 21 Republiken im Verband der RF[1981]. Sie gehört zum Föderationskreis Südrussland und liegt in der Steppenzone westlich der unteren Wolga an der Westküste des Kaspischen Meeres.[1982] Die Republik ist 75.900 qkm groß und damit etwa mit der Fläche des Freistaates Bayern vergleichbar. Jedoch zählt Kalmückien nur etwa 300.000 Einwohner, von denen ungefähr die Hälfte in ländlichen Siedlungen und Dörfern leben.[1983] Die einzig nennenswerte größere Stadt ist die Hauptstadt Elista mit

1979 Siehe Ausführungen unter Teil 2.H.
1980 Siehe hierzu auch Ausführungen unter Teil 1.D.II.
1981 Siehe Ausführungen unter Teil 1.B.II.1.
1982 http://www.kalmykia.de/kalmuckien/.
1983 Brustein, in: Wostok Nr. 2 2006, S. 71.

rund 100.000 Einwohnern.[1984] Die Hauptbevölkerungsgruppen stellen mehrheitlich Russen und Kalmücken, auch einige kleinere Volksgruppen wie Dagestaner oder Tschetschenen sind dort angesiedelt. Bemerkenswert ist ferner, dass in den Gebieten um Gorodovikovsk und Jasalta noch einige tausend deutsche Staatsbürger leben.[1985]

Die offiziellen Landessprachen sind Russisch und Kalmückisch.[1986] Die am weitesten verbreitete Religion in Kalmückien ist der Buddhismus.[1987] Der Präsident der Republik war seit 1993 Kirsan Iljumschinow.[1988]

Am 24. Oktober 2010 löste Alexei Maratowitsch Orlow[1989] den bisherigen Präsidenten Iljumschinow ab.[1990]

Wie die meisten benachbarten nordkaukasischen Republiken auch gehört Kalmückien zu den am wenigsten entwickelten Regionen in der RF; sowohl das Einkommen als auch die Wirtschaftskraft liegen weit unter dem russischen Durchschnitt.[1991] Symptomatisch sind ein seit dem Untergang der SU dramatischer Einbruch der Industrieproduktion, eine doppelt so hohe Arbeitslosenquote verglichen mit dem russischen Durchschnitt sowie eine geringe Attraktivität der Region für auswärtige Investoren, was die schleppende Privatisierung ehemals staatlicher Betriebe nach sich zieht.[1992] Dies führt zu einer immensen Arbeitslosenquote, die mancherorts bei bis zu 50 % liegt.[1993] Es herrscht auch in der Politik Einigkeit darüber, dass die Republik ohne die Subventionen aus Moskau praktisch nicht überlebensfähig wäre. Ein Regierungsmitglied ließ sich folgendermaßen zitieren: „Ohne erhebliche Unterstützung in Form finanzieller Zuflüsse, Investitionen und ohne die Verwirklichung eines zielgerichteten föderalen Programms zur sozialökonomischen Entwicklung der Republik wäre die Auffüllung des eigenen Budgets nicht möglich.“[1994]

1984 http://www.kalm.ru/en/geo.html.

1985 Mark, in: BIOst 35/1998, S. 7.

1986 http://www.kalm.ru/en/geo.html.

1987 http://www2.uni-jena.de/stud/kalmyk/Broschuere.pdf.

1988 Berie, in: Berie/Kobert/Ulrich, S. 171.

1989 Alexei Maratowitsch Orlow, geboren am 9. Oktober 1961 in Kalmückien, ist ein kalmückischer/russischer Politiker. Vor seiner Zeit als Präsident der Republik Kalmückien war Orlow als Vertreter der Republik Kalmückien im Kreml tätig, https://www.newsru.com/russia/21sep2010/newkalmyk.html.

1990 http://www.vesti.ru/doc.html?id=402036.

1991 Korowkin, in: BIOst 39/1996, S. 7.

1992 Berie, in: Berie/Kobert/Ullrich, S. 171.

1993 Berie, in: Berie/Kobert/Ullrich, S. 171–172.

1994 Mark, in: BIOst 35/1998, S. 22.

Der Löwenanteil der Wirtschaftsleistung (ungefähr zwei Drittel) entfällt auf den landwirtschaftlichen Bereich.[1995] Diese einseitige Ausrichtung der Wirtschaft unter Sowjetherrschaft[1996] hat für die Republik jedoch gravierende Spätfolgen: Durch Überweidung und eine Zunahme der Bodenerosion wurde Ackerland immer knapper und führte in den ersten zehn Jahren nach dem Ende der SU zu einem stetigen Rückgang des Viehbestands und der Futtermittelproduktion.[1997]

Ein weiterer Faktor, der die Wirtschaftsleistung Kalmückiens nachteilig beeinflusst, ist die Umwelt: Die aride Steppe, in der die Republik liegt, ist ein komplexes ökologisches System, das zu Sowjetzeiten schweren Schaden genommen hat. Stillgelegte Uranerzgruben haben den Boden dauerhaft und weiträumig radioaktiv verseucht.[1998] Zur Behebung der entstandenen Schäden sind verschiedene Sanierungsprojekte erstellt worden, die je nach Grad der Uranverseuchung allerdings einige Zeit in Anspruch nehmen werden.[1999]

Die wirtschaftliche Lage in Kalmückien sieht insgesamt alles andere als rosig aus.[2000] Dies führt zu einer allgemeinen Unzufriedenheit und ist historisch gesehen nicht selten die Wurzel für politische und gesellschaftliche Unruhen.

II. Geschichte und Tradition der Kalmücken

1. Kalmückien im Zarenreich

Die Kalmücken, einst ein gefürchteter Nomadenstamm, der sich schließlich in der Steppe zwischen Wolga und Tienschan ansiedelte, leben heute auf eigenem Territorium am südöstlichen Ende Europas. Der Beginn der russisch-kalmückischen Beziehungen ist auf das Ende des 17. Jahrhunderts bzw. den Beginn des 18. Jahrhunderts zu datieren.[2001] Zu dieser Zeit waren die Vorfahren der Kalmücken nomadisierende Westmongolen[2002]. Um sich vor den Zugriffen des expandieren

1995 Brustein, in: Wostok Nr. 2 2006, S. 71.

1996 Watschnadse, S. 204, ist der Auffassung, dass es innerhalb der Planwirtschaft zu Sowjetzeiten Methode war, einzelne Regionen durch gezielte Prozesslenkung auf ökonomisch niedrigem Niveau zu halten.

1997 Mark, in: BIOst 35/1998, S. 23.

1998 Watschnadse, S. 202–203, weist zudem daraufhin, dass lange Zeit die Bedenken der Bevölkerung hinsichtlich der Radioaktivität ignoriert wurden.

1999 Götz/Halbach, S. 163; Watschnadse, S. 203.

2000 Siehe Ausführungen zu Beginn dieses Gliederungsabschnitts.

2001 Maksimov, S. 87.

2002 Brustein, in: Wostok Nr. 2 2006, S. 72.

Mandschu-Reiches[2003] zu schützen, mussten sie immer weiter nach Westen ausweichen, bis sie letztlich ihre neuen Weidegebiete zwischen Wolga, Don und Kuban erreichten und dort in Nachbarschaft von Kasachen, Krimtataren[2004] und russischen Kosaken[2005] versuchten, ihre traditionellen Lebensgewohnheiten fortzusetzen.[2006] Hierzu begaben sie sich unter den Schutz der russischen Zaren, welche zugleich versuchten, die kriegerischen Volksstämme in das Zarenreich einzugliedern und sie zu Untertanen zu machen. Diese Bemühungen scheiterten zunächst, da die kalmückischen Stammesführer ihr Verhältnis zum Zarenreich lediglich als Zweckbündnis betrachteten und sich weigerten, den Zaren als ihren Herrscher anzuerkennen.[2007] Allerdings bekundeten die kalmückischen Stämme immer wieder ihre Loyalität zu Russland, indem sie die Zaren mit ihren ausgezeichneten und gefürchteten Kavallerie-Verbänden gegen russische Feinde unterstützten. Besonders in den heftigen Gefechten mit den Krimtataren in der Kuban-Region taten sich kalmückische Truppen nennenswert hervor.[2008] Zu Beginn des 18. Jahrhunderts einte und führte der Stammesführer Ajuki-Khan die Kalmücken.[2009] 1710 wurde den Kalmücken der spezielle Status eines „Vasallen-Staates“ innerhalb des Russischen Reiches eingeräumt, als Gegenleistung versprach Ajuki-Khan „dem Zaren zu dienen und Loyalität bis zu seinem Tod“[2010]. Das sog. „Kalmückische Khanat“[2011] verband nun auch ein offizieller Pakt zum Zarenreich, dem bereits zuvor von allen Unterstammesführern „Bruderschaft“ geschworen wurde.[2012]

Nach dem Ende des Khanats wurden die Kalmücken nach und nach von Zarin Katharina II. in das Russische Reich eingegliedert. [2013] Sie waren ihrer Führung durch Khane aus den eigenen Reihen beraubt[2014] und wurden der

2003 Die Mandschu sind ein Volk aus der im Nordwesten Chinas gelegenen Mandschurei, http://german.china.org.cn/german/187210.htm.

2004 Siehe Ausführungen unter Teil 1.D.III.1.a. mit weiteren Informationen in der entsprechenden Fußnote.

2005 Siehe auch Ausführungen unter Teil 4.B.I.2.

2006 Mark, in: BIOst 35/1998, S. 9.

2007 Mark, in: BIOst 35/1998, S. 9.

2008 Maksimov, S. 84.

2009 Kappeler, S. 46.

2010 Maksimov, S. 85.

2011 Das „Kalmückische Khanat“ reichte von Astrachan bis Stawropol. Es dauerte von 1633 bis 1771, http://www2.uni-jena.de/stud/kalmyk/Broschuere.pdf.

2012 Maksimov, S. 85.

2013 Maksimov, S. 113–115.

2014 http://www2.uni-jena.de/stud/kalmyk/Broschuere.pdf.

Sonderverwaltung des Gouverneurs von Astrachan unterstellt.[2015] Ihre Siedlungsgebiete wurden in sog. „Ulus“[2016] unterteilt, in denen sie allerdings nach wie vor eingeschränkte Autonomierechte genossen. Ein kleiner Teil der Kalmücken weiter im Westen wurde dem Donkosakenheer eingegliedert.[2017]

Im Kampf gegen Napoleons Armeen (1812 bis 1815) bildeten kalmückische Reiterverbände (als Teile des Kosakenheeres) die Speerspitze der zaristischen Truppen. Zahlreiche kalmückische Soldaten wurden mit Orden und hohen militärischen Rängen für ihre Verdienste belohnt.[2018]

In den „Reformen für die Administration für nicht-russische Volksgruppen innerhalb des Zarenreiches“ von 1822 wurde der Status der Kalmücken weiter manifestiert.[2019] Diese sozialökonomischen Strukturen blieben bis zum Ende des 19. Jahrhunderts weitgehend unverändert. Für die Oberschicht in Kalmückien brachten die Reformen ausschließlich Vorteile, die einfache Bevölkerung jedoch wurde in ein feudales Abhängigkeitssystem[2020] gepresst, in dem sie fast alle persönlichen Freiheitsrechte verloren.[2021]

2. *Die Kalmücken nach der Revolution von 1917 und in der Sowjetzeit*

Die Oktoberrevolution im Jahre 1917 öffnete auch für das kalmückische Volk ein neues Kapitel, welches mit einschneidenden Änderungen verbunden war. Wie viele andere Volksgruppen innerhalb Russlands wurden auch die Kalmücken zwischen den Bürgerkriegsparteien zerrissen.[2022] Diejenigen, die an der Seite der antikommunistischen Kräfte kämpften, mussten sich zum Großteil nach dem Sieg der Bolschewiki ins Exil in den Westen begeben. Die Verbliebenen beugten sich der Herrschaft des Sowjets.[2023]

2015 Kappeler, S. 46–47.

2016 Der Begriff „Ulus“ stammt aus der türkischen Sprache und bezeichnete einen kleinen Verwaltungsbezirk in Kalmückien, https://dic.academic.ru/dic.nsf/etno/647.

2017 Kappeler, S. 46–47.

2018 Maksimov, S. 133–134.

2019 Mark, in: BIOst 35/1998, S. 9–10.

2020 Erst unter Zar Alexander III. wurde im Jahre 1892 ein Gesetz erlassen, mit dem die Kalmücken ihre Freiheitsrechte zurückerlangten und aus dem Abhängigkeitsverhältnis entlassen wurden, Maksimov, S. 162–165.

2021 Mark, in: BIOst 35/1998, S. 9–10.

2022 Maksimov, S. 199.

2023 Maksimov, S. 199.

Es folgte eine Phase des Neuaufbaus und der Umstrukturierung, denen die gewachsenen Elemente des Zarenreiches zum Opfer fielen. Das sozialistische System sollte alle Volksgruppen gleichschalten und durch seine föderative Struktur den Rahmen zur Integration und Einbindung der Kalmücken und anderer Volksstämme gewährleisten.[2024]

Im Zuge dessen wurde im November 1920 an der unteren Wolga das „Kalmückische autonome Gebiet“[2025] gegründet, von dessen rund 200.000 Einwohnern etwa 70 % kalmückischer Herkunft waren.[2026] Im Jahre 1935 wurde das autonome Gebiet in den Status einer ASSR (Autonome Sozialistische Sowjetrepublik) innerhalb der RSFSR (Russische Sozialistische Föderative Sowjetrepublik) erhoben. Eine Einzelheiten regelnde Verfassung wurde 1937 erlassen. Bereits 1927 wurde das ehemalige Dorf Elista zur Hauptstadt[2027] ernannt und entsprechend ausgebaut. Es sollte die erste kalmückische Stadt in der Geschichte des Volkes werden.[2028] Gleichzeitig wurde seitens der Sowjets versucht, die nationale Kultur der Kalmücken, die in den Jahren vor dem Ersten Weltkrieg kaum noch zur Entfaltung kam, zu fördern und die Bildung des Einzelnen zu erhöhen.[2029]

Eine weitere drastische Zäsur in der Geschichte der Kalmücken ist der Zweite Weltkrieg bzw. die unmittelbare Nachkriegszeit. Die Folgen sind heute noch in der kalmückischen Bevölkerung erkennbar.[2030] Im Spätsommer 1942 durchbrachen die deutschen Truppen auf ihrem Weg nach Stalingrad die russische Südfront und besetzten das Gebiet, in dem auch die Republik Kalmückien liegt. Wie in fast allen von der Wehrmacht besetzten Gebieten kam es auch hier zu vereinzelten Fällen von Kollaboration mit den Deutschen. Auch machte Stalin die Kalmücken für den raschen Vormarsch der deutschen Panzertruppen im südlichen Raum verantwortlich, obwohl er selbst die Südfront entblößt und seine Truppen weiter nördlich konzentriert hatte, um die Hauptstadt Moskau zu schützen.[2031] Obwohl die Zeit der deutschen Besatzung im Raum Kalmückien nur von November 1942 bis Februar 1943 andauerte und daher die Möglichkeiten der Bevölkerung, mit den Deutschen zu kollaborieren, offensichtlich überschaubar

2024 Mark, in: BIOst 35/1998, S. 10.

2025 In der Zeit von 1920 bis 1935 bestand Kalmückien als autonome Oblast, bevor Kalmückien dann im Jahre 1935 den Status einer ASSR erhielt.

2026 Maksimov, S. 219.

2027 Elista ist auch heute noch die Hauptstadt der Republik Kalmückien.

2028 Maksimov, S. 273.

2029 Maksimov, S. 273–278.

2030 Maksimov, S. 308.

2031 Maksimov, S. 308.

waren, ließ Stalin ab Ende 1943 große Teile der kalmückischen Bevölkerung zusammen mit anderen Volksgruppen wie Krimtataren oder Nordkaukasiern (besonders Tschetschenen) nach Sibirien und Mittelasien deportieren.[2032] Etwa 40 % der Kalmücken fand entweder auf dem Weg oder durch die unmenschlichen Lebensbedingungen vor Ort den Tod.[2033] Umso unverständlicher erscheint die offizielle Begründung für die Deportationen, nämlich die Kollaboration mit den Deutschen, angesichts der Tatsache, dass etwa 14.000 Kalmücken in verschiedenen Partisanengruppen organisiert waren und mit großem Einsatz und Erfolg die Wehrmacht bekämpften.[2034]

Diese Deportationen hatten natürlich auch Auswirkungen auf den sozialkulturellen Status der Kalmücken: Die Überlebenden waren über ein Gebiet verstreut, das von der südlichen Grenze der SU bis fast nach China reichte. Die Pflege nationaler Traditionen und Volksbräuche waren dadurch faktisch unmöglich gemacht und zudem von Stalin verboten worden.[2035] An die Deportation durfte unter der Sowjetherrschaft selbst nach Stalins Tod 1953 und nach einer ersten Rehabilitierung Anfang der 1950er Jahre weder in der russischen Literatur noch sonst erinnert werden. Zudem wurde Ende 1943 die ASSR aufgelöst und ihr Territorium den Gebieten um Astrachan, Stalingrad und Rostow am Don einverleibt.[2036]

Kalmückien erlangte erst im Jahr 1957 teilweise seine Autonomie zurück, als erneut ein autonomes kalmückisches Gebiet innerhalb der Region Stawropol geschaffen wurde, allerdings mit leichten Gebietsverlusten im Vergleich zur ursprünglichen ASSR.[2037] Wie bereits erwähnt, wurde das Kulturgut der Kalmücken durch die Deportation zwar nicht vollständig ausgelöscht, jedoch beherrschten die nachgewachsenen Generationen zum Beispiel kaum noch die kalmückische Muttersprache; Russisch hatte Kalmückisch als Hauptsprache ersetzt. Erst unter Michail Gorbatschow, der für Perestroika[2038] und Glasnost[2039] stand, konnten die Kalmücken Ende der 1980er Jahre die sich ihnen bietenden

2032 Watschnadse, S. 202.
2033 Mark, in: BIOst 35/1998, S. 11.
2034 Maksimov, S. 308–310.
2035 Mark, in: BIOst 35/1998, S. 11–12.
2036 Mark, in: BIOst 35/1998, S. 11–12.
2037 Maksimov, S. 315.
2038 Siehe Ausführungen unter Teil 2.C.2.b. mit weiteren Informationen in der entsprechenden Fußnote.
2039 Siehe Ausführungen unter Teil 2.C.2.b. mit weiteren Informationen in der entsprechenden Fußnote.

kulturellen Freiräume nutzen und sich auf die eigene Tradition und Kultur zurückbesinnen.[2040]

3. *Die Zeit zwischen dem Ende der SU 1991 und der Machtübernahme durch Kirsan Iljumschinow[2041] im Jahr 1993*

Bereits vor dem offiziellen Ende der SU im Dezember 1991 proklamierten Ende 1990 zahlreiche Sowjetvölker ihre staatliche Souveränität, darunter auch die Kalmücken.[2042] Der Oberste Sowjet[2043] erklärte die Kalmückische ASSR zur „Kalmückischen SSR im Verband der RSFSR". Dies geschah am 18. Oktober 1990.[2044]

Im Februar 1992 wurde schließlich das Gebiet im Rahmen der Neustrukturierung der RF durch Unterzeichnung des Föderationsvertrages zur souveränen Republik im Verband Russlands deklariert.[2045] Zunächst standen in Kalmückien die Zeichen wie in anderen autonomen Republiken auf Konflikt: Russland wollte seinen Republiken nicht die volle Souveränität geben und bestand auf einen ständigen Vertreter Moskaus in den jeweiligen Gebieten.[2046] Während zu gleicher Zeit in der tschetschenischen SSR die Spannungen eskalierten und schließlich

---

2040 Mark, in: BIOst 35/1998, S. 12.

2041 Kirsan Iljumschinow wurde 1962 geboren und arbeitete nach seiner Ausbildung am Moskauer Institut für Internationale Beziehungen zunächst in einem japanisch-sowjetischen Joint Venture. Er gilt vor allem als Experte auf dem Gebiet des russischen Banken- und Börsensektors, so dass er es schnell zu großem Reichtum brachte. Er war bereits im Jahr 1993 mehrfacher Millionär und besaß ein Imperium von rund 50 Unternehmen, mit denen er einen Jahresumsatz von etwa einer halben Milliarde US-Dollar erwirtschaftete. Sein Reichtum ermöglichte es ihm, seinen immens teuren Wahlkampf im Jahr 1993 nach US-amerikanischem Vorbild fast vollständig aus eigener Tasche zu finanzieren. Er versprach der Bevölkerung, aus Kalmückien eine wohlhabende Region zu machen, er proklamierte gar ein „zweites Kuwait". Diese Zielsetzung untermauerte er mit einem großspurigen und gönnerhaften Lebensstil. So gelang es ihm, sämtliche Bevölkerungs- und Altersschichten zu erreichen und zu überzeugen, dass er die dynamische Figur sei, um Kalmückien aus der herrschenden Armut zu bisher ungekanntem Wohlstand zu führen. Details und eine klare Vorgabe, wie genau denn die hochgesteckten Ziele und Träume zu erreichen seien, sparte er jedoch aus, Mark, in: BIOst 35/1998, S. 14–15.

2042 Maksimov, S. 358–359.

2043 Der „Oberste Sowjet der UdSSR" war zu Zeiten der Sowjetunion das höchste Staatsorgan der Legislative.

2044 Maksimov, S. 358–359.

2045 Maksimov, S. 366–367.

2046 Mark, in: BIOst 35/1998, S. 12.

im Ersten Tschetschenienkrieg mündeten, konnten die Unstimmigkeiten zwischen Kalmückien und Moskau auf dem Verhandlungsweg beseitigt werden.[2047] Der Weg für eigenständige Wahlen in der Republik war somit geebnet.

4. Kalmückien unter Präsident Kirsan Iljumschinow ab April 1993

Der Übergang von der Sowjetherrschaft zu einer autonomen Republik verlief, wie eben bereits angesprochenen, auch in Kalmückien nicht eben reibungslos im Verhältnis zu Moskau. Aber auch innerhalb der neu geschaffenen Republik kam es zu einigen politischen Turbulenzen.[2048] Es kam vermehrt zu politischen Machtkämpfen; die langjährige Führungselite, allen voran der letzte Oberste Sowjet der ASSR mit seinen ehemaligen kommunistischen Parteifunktionären, wollte nicht freiwillig das Feld räumen, oppositionelle Kräfte strebten hingegen deren Absetzung an.[2049] Die festgefahrene Situation schien sich erst zu bessern, als im September 1991 ein Gesetz verabschiedet wurde, das es der Bevölkerung Kalmückiens ermöglichte, das Amt des Präsidenten durch einen von ihnen direkt gewählten Kandidaten zu besetzen.[2050] Die ersten Wahlen wurden zugleich auf Mitte Oktober des Jahres festgesetzt. Die Wahlen verliefen sehr zäh, kein Kandidat konnte die gesetzlich vorgeschriebene Mehrheit von 50,1 % aller Stimmen auf sich vereinen.[2051] Die letztlich verbliebenen Kandidaten, B. Michajlov und V. Basanov, gehörten zur alten Sowjetelite und waren bei der Bevölkerung nicht sonderlich beliebt, was auch dadurch belegt ist, dass es keiner schaffte, die Stimmen auf sich zu vereinen.[2052] Schließlich zwangen Vorwürfe wegen Korruption und Veruntreuung von Staatsgeldern Ende 1992 beide zum Rücktritt von ihren bisherigen politischen Ämtern.[2053]

Iljumschinow ging aus den sodann erforderlich gewordenen Neuwahlen vom 11. April 1993 mit fast zwei Drittel aller abgegebenen Stimmen als Sieger hervor. Erwähnenswert ist zudem die extrem hohe Wahlbeteiligung von ca. 82 %.[2054]

Die von Iljumschinow bereits während des Wahlkampfs an den Tag gelegte Dynamik prägte auch seine ersten Amtswochen. So reformierte er schon im Mai

2047 Mark, in: BIOst 35/1998, S. 12.
2048 Maksimov, S. 373–374.
2049 Maksimov, S. 373–374.
2050 Maksimov, S. 364–365.
2051 Maksimov, S. 364–365.
2052 Mark, in: BIOst 35/1998, S. 13.
2053 Götz/Halbach, S. 161.
2054 Maksimov, S. 374.

1993 das etablierte Regierungsgebilde, änderte im gleichen Zug die Verfassung und schuf ein Übergangsparlament, das sich aus 25 Mitgliedern, die er selbst ausgewählt hatte, zusammensetzte.[2055]

Schließlich wurde am 5. April 1994 die alte, aber immer noch bestehende Sowjet-Verfassung durch eine neue ersetzt.[2056] Es ist auffallend, dass Iljumschinow akribisch darauf bedacht war, die alten Sowjet-Strukturen aufzubrechen und ein eigenes System zu etablieren, bei dem nach außen hin eine Gewaltenteilung vorlag, dennoch alle Fäden auf irgendeine Weise bei ihm zusammenliefen und er die Dinge nach seinem Willen beeinflussen konnte.[2057] Parteien spielten im System Iljumschinows keine Rolle mehr. Es zählten lediglich gesellschaftliche und individuelle Aspekte, völlig losgelöst von der Strukturierung eines Parteiensystems.[2058] Iljumschinows neutralisierte mögliche politische Opposition bereits im Ansatz, indem er sie in gesellschaftliche Initiativen und Vereinigungen eingliedert, so dass praktisch kein Spielraum für die Entfaltung einer alternativen politischen Programmatik zu der seinigen blieb.[2059]

Iljumschinow hat es trotz anfänglicher Erfolge seiner Reformen und Änderungen nicht geschafft, Kalmückien finanziell unabhängig von Moskaus Subventionen zu machen.[2060] Im Bewusstsein der Abhängigkeit von Russland orientierte sich Iljumschinow strikt am Rahmen der durch die russische Verfassung und die föderale Gesetzgebung[2061] festgelegten Kompetenzen. Im Gegensatz zu anderen Kaukasus-Republiken beteuerte er zudem ständig, keine Unabhängigkeit (und damit verbundene Sezession von Russland) Kalmückiens anzustreben, wohl wissend, dass diese nicht realisierbar und vor allem nicht finanzierbar ist.[2062]

III. Gesellschaft und Religion

Iljumschinow wusste, dass es langfristig doch mehr als nur einer Selbstinszenierung bedurfte, um tatsächlich etwas bewirken zu können. Besonders die

2055 Maksimov, S. 414–415.

2056 Mark, in: BIOst 35/1998, S. 17.

2057 Mark, in: BIOst 35/1998, S. 17–18.

2058 Mark, in: BIOst 35/1998, S. 18.

2059 Mark, in: BIOst 35/1998, S. 19.

2060 Götz/Halbach, S. 166.

2061 Siehe hierzu Ausführungen unter Teil 1.B.I.

2062 So würdigte Iljumschinow in einem Interview die Verdienste der RF auch für die Entwicklung des Schachsports in der Republik Kalmückien, https://web.archive.org/web/20070403233253/http://www.chessfidelity.com/elections.php?txt_id=79.

Betroffenen der Deportationsereignisse spielten in der politischen Strategie Iljumschinow eine besondere Rolle.[2063] So wurden an einige der Repressionsopfer insgesamt mehrere Milliarden Rubel als Entschädigung ausgezahlt und zudem wurde auf Anweisung des Präsidenten begonnen, die Geschehnisse historisch zu erforschen und, was angesichts der Tatsache, dass die Deportation noch in der Sowjetzeit als absolutes Tabu behandelt wurde, besonders hervorzuheben ist, vor allem auch schriftlich festzuhalten.[2064]

Eine weitere Komponente im Konzept der nationalkulturellen Restauration unter Iljumschinow war die Wiederbelebung der kalmückischen Volkssprache. Es wurde Mitte der 1990er Jahre vermutet, dass etwa die Hälfte aller Kalmücken die Sprache nicht mehr beherrscht und hauptsächlich Russisch spricht.[2065] Daher wurde unter Iljumschinow bereits in den Grundschulen, soweit denn überhaupt solche vorhanden sind, besonderer Wert auf die intensive Beschäftigung mit kalmückischer Kultur, Geschichte und Sprache gelegt. [2066] Ein weiterer Teilerfolg der Regentschaft Iljumschinows war auch die Förderung und Stärkung des traditionellen buddhistisch-lamaistischen Glaubens der Kalmücken, welcher ebenfalls in der SU unterdrückt wurde.[2067] Man versuchte, die Kalmücken zum russisch-orthodoxen Glauben zu konvertieren, was jedoch weitestgehend scheiterte. Iljumschinow errichtete zahlreiche Tempel im klassisch tibetanischen Stil und darüber hinaus kleinere Gebetsstätten auch in weniger stark besiedelten Gegenden.[2068] Der Stolz der Kalmücken, das einzige buddhistische Volk in Europa zu sein, konnte endlich wieder zum Tragen kommen.[2069]

Iljumschinow arbeitete stets in dem Bewusstsein, dass die kleine Republik seine Entwicklungsdefizite gerade im wirtschaftlichen Sektor nicht ohne Finanzierungsprogramme von außen überwinden kann.[2070] Dies gilt auch für Russland, weswegen Iljumschinow stets bemüht war, keine Zweifel an seiner und Kalmückiens Loyalität zu der RF aufkommen zu lassen.[2071] Die Zugehörigkeit

2063 Mark, in: BIOst 35/1998, S. 25.
2064 Mark, in: BIOst 35/1998, S. 25.
2065 Brustein, in: Wostok Nr. 2 2006, S. 71.
2066 Brustein, in: Wostok Nr. 2 2006, S. 71.
2067 http://www2.uni-jena.de/stud/kalmyk/Broschuere.pdf.
2068 Mark, in: BIOst 35/1998, S. 26–27.
2069 Brustein, in: Wostok Nr. 2 2006, S. 73.
2070 Mark, in: BIOst 35/1998, S. 27.
2071 Siehe hierzu auch Ausführungen unter Teil 4.C.II.4.

Kalmückiens zur RF ist sogar ausdrücklich in der kalmückischen Verfassung festgelegt.[2072]

Eine der größten Hoffnungen Iljumschinows, Kalmückien zu internationalem Ansehen und Format zu verhelfen, lag im Schachsport. Von 1995 bis 2018 war Iljumschinow Präsident der internationalen Schachföderation FIDE.[2073] So legte er 1998 auch zum ersten Mal ein internationales Event nach Kalmückien und richtete die Schacholympiade aus.[2074] Dafür ließ er eigens eine „Schachstadt“[2075] am Rande der Hauptstadt Elista errichten.[2076] Schätzungen zufolge hat Iljumschinow rund sechzig Millionen Dollar in Schachveranstaltungen[2077] investiert.[2078] Ein Anfang zur Behebung der wirtschaftlichen Missstände in Kalmückien wurde jedoch während der Amtszeit von Iljumschinow gemacht, was angesichts des jahrelangen Stillstands in der Region schon bemerkenswert ist.[2079]

IV. Politische Würdigung der gegenwärtigen Situation

Auch wenn Iljumschinow nicht mehr Präsident der Republik Kalmückien ist, so hat er die jüngste Vergangenheit in seiner Amtszeit erheblich geprägt. In der Kaukasus-Republik gibt es eine Vielzahl von multikulturellen Unterschieden und Glaubensrichtungen.[2080] Eine der Errungenschaften von Iljumschinow ist die herrschende religiöse Toleranz und Akzeptanz der unterschiedlichen kulturellen und religiösen Lebensweisen.[2081] Dies mag auch ein Grund dafür sein, dass Kalmückien im Gegensatz zu den benachbarten Republiken nicht durch politische Unruhen auffällt.

Viele Republiken Russlands interpretieren die ihnen zugestandene Autonomie sowie Souveränitätsrechte sehr weit und stellen Ansprüche[2082] auf noch

2072 Mark, in: BIOst 35/1998, S. 27.

2073 Brustein, in: Wostok Nr. 2 2006, S. 71.

2074 Löffler, in: FAZ.NET vom 23.07.2012

2075 Hier wurden später auch die Schachweltmeisterschaften der Frauen (2004) und die Schachweltmeisterschaften der Herren (2006) ausgetragen.

2076 http://www.fide.com/component/content/article/1-fide-news/3328-10th-anniversary-of-qchess-cityq-elista.

2077 Iljumschinow hat darüber hinaus dafür gesorgt, dass ein Büro des Schachverbandes FIDE in Elista eröffnet wird, https://www.fide.com/fide.html.

2078 Löffler, in: FAZ.NET vom 23.07.2012.

2079 Brustein, in: Wostok Nr. 2 2006, S. 72.

2080 http://www2.uni-jena.de/stud/kalmyk/Broschuere.pdf.

2081 Mark, in: BIOst 35/1998, S. 6.

2082 Siehe etwa Ausführungen unter Teil 2.A., Teil 2.C. oder auch Teil 2.D.

mehr politische Unabhängigkeit. Kalmückien dagegen lässt sich nach wie vor zu den nationalen Gebietskörperschaften der RF zählen und versteht sich als integraler Bestandteil des Gesamtstaates Russland. Die entsprechenden Beschränkungen ihrer Souveränität wurden unter Iljumschinow sogar in den Rang einer Verfassungsbestimmung erhoben.[2083]

Die kalmückische Bevölkerung und ihre politische Führung (sowohl früher Iljumschinow als auch jetzt Orlow) sind sich darüber bewusst, dass ein komplett souveräner Staat Kalmückien nicht überlebensfähig wäre und es daher aufgrund massiver Entwicklungsdefizite und fehlender eigener Finanzmittel oder Rohstoffe auf die Subventionen und andere Aufbauhilfen der Zentralregierung in Moskau angewiesen ist.[2084] Es bleibt also auch für Kalmückien zu konstatieren, dass eine Sezession von der RF unter völkerrechtlichen Aspekten nicht gewünscht und nicht zulässig wäre.

Die Wahrung des völkerrechtlichen Minderheitenschutzes[2085] ist in Kalmückien ebenfalls kein gegenwärtiges Problem. Die Kalmücken stellen mit fast 60 %[2086] der Bevölkerung das mit Abstand größte Volk und bedürfen daher nicht des besonderen Schutzes. Den Rest der Bevölkerung stellen fast ausschließlich ethnische Russen.[2087] Da Kalmückien völkerrechtlich zur RF gehört, bedürfen die Russen ebenfalls nicht des Minderheitenschutzes. Ungeachtet dessen sind keine Berichte bekannt, dass die Gruppe der Russen in der Republik politisch unterdrückt würden.

Es bleibt zusammenfassend festzuhalten, dass die Republik Kalmückien keinerlei Bestrebungen an den Tag legt, die ihnen bereits gewährten beschränkten Souveränitätsrechte auszuweiten.[2088] Sezessionspläne gibt es ebenso wenig wie politische Tendenzen oder Strukturen, die eine größere Autonomie von Moskau anstreben.

2083 Mark, in: BIOst 35/1998, S. 6.

2084 Siehe auch Ausführungen unter Teil 4.C.I.

2085 Siehe hierzu Ausführungen unter Teil 1.E.

2086 http://www.kalm.ru/en/hist.html.

2087 http://www.kalm.ru/en/hist.html.

2088 Siehe auch Ausführungen unter Teil 4.C.II.4.

Teil 5 Gesamtfazit

Die Situation in den einzelnen Republiken des Nordkaukasus ist sehr unterschiedlich zu beurteilen. Die Lage in dem Föderationskreis „Südrussland“ mit den Republiken Adygeja und Kalmückien sowie der Region Krasnodar (ferner gehören noch die Oblaste Astrachan, Rostow und Wolgograd dazu) kann trotz vereinzelter innenpolitischer Spannungen vom völkerrechtlichen Standpunkt als unbedenklich eingestuft werden.

Kalmückien[2089] und Adygeja[2090] hegen keinerlei Sezessionsgedanken, sowohl Bevölkerung als auch Regierung sind sich darüber bewusst, dass man als unabhängige Republik nicht überlebensfähig wäre, da dann sicherlich die Subventionen aus Moskau nicht mehr fließen würden.

In der Region Krasnodar[2091] (dort liegt die Stadt Sotschi) fokussierte sich lange Zeit alles auf die Ausrichtung der Olympischen Winterspiele 2014, was dazu führte, dass die Region einen wirtschaftlichen Aufschwung erfuhr. Leider war diese vorübergehende Besserung der ökonomischen Situation nicht von Nachhaltigkeit geprägt. Viele der extra errichteten Sportstätten und Hotels konnten keiner nachfolgenden Nutzung zugeführt werden und sehen sich dem Verfall ausgesetzt. Das Gleiche gilt für die aufwendig ausgebauten Infrastrukturen einschließlich des Flughafens. Der russische Präsident Putin sah in den Olympischen Spielen eine große Chance für Russland und den Kaukasus, sich international in ein positives Licht zu rücken. Entsprechend engagiert ging er das Projekt an und versuchte, aufkommende Kritik an der Planung und der Realisierung der Spiele im Keim zu ersticken. Die Probleme der lokalen Bevölkerung wie Armut oder geringer Bildungsstand wurden dabei in den Hintergrund gedrängt. Das Anliegen der Volksgruppe der Tscherkessen, die beklagt hatten, dass durch die Spiele alte Grabstätten ihres Volkes entweiht würden, fand kaum Berücksichtigung.

Anders sieht dagegen die Realität in den Republiken des Föderationskreises „Nordkaukasus“ aus. Trotz großer politischer und militärischer Anstrengungen scheint Russland dort die Lage nicht wirklich in den Griff zu bekommen. Abgesehen von der Region Stawropol[2092], die während der Sowjetherrschaft nicht den

---

2089 Siehe Ausführungen unter Teil 4.C.
2090 Siehe Ausführungen unter Teil 4.A.
2091 Siehe Ausführungen unter Teil 4.B.
2092 Siehe Ausführungen unter Teil 2.H.

Status einer autonomen Republik besaß und daher auch heute keine Bestrebungen hinsichtlich einer Loslösung aus der RF hegt, ist die Lage in keiner der Republiken als stabil zu bezeichnen.

In den sog. „Zwei-Völker"-Republiken Karatschai-Tscherkessien[2093] und Kabardino-Balkarien[2094] stehen die interethnischen Konflikte im Vordergrund des politischen Lebens. In beiden Republiken ist die Lage insoweit vergleichbar, dass jeweils die Volksgruppen um ihre politische Partizipation kämpfen. In Karatschai-Tscherkessien stellt sich die Lage so dar, dass die Karatschaier, die zum Stamm der Turkvölker zählen, zwar aufgrund ihrer zahlenmäßigen Mehrheit in der Republik scheinbar politisch im Vorteil sind, da sie stets einen eigenen politischen Vertreter wählen könnten. Allerdings fürchten sie angesichts der tscherkessischen Forderung, die zum Volksstamm der Adygey gehören, nach einem groß-tscherkessischen Staat im Nordkaukasus (innerhalb der RF) um ihre Kultur und Identität. Denn ein solches Groß-Tscherkessien wäre wohl nur unter Einbeziehung der karatschaischen Siedlungsgebiete zu erreichen. Folglich versuchen auch die Karatschaier, einen eigenen Staat innerhalb der RF durchzusetzen.

Ähnlich stellt sich die Situation der beiden größten Völker in Kabardino-Balkarien dar. Die Kabardiner, die wie die Tscherkessen zu der Volksgruppe der Adygey gehören, sind allerdings in dieser Republik numerisch stärker vertreten als die Balkaren, die wie die Karatschaier zu der Familie der Turkvölker gehören. Die Kabardiner befürworten ebenfalls eine groß-tscherkessische Republik, die Balkaren würden sich am liebsten in einer balkarischen Republik innerhalb der RF von den Kabardinern separieren.

Die Völker in den Republiken Karatschai-Tscherkessien und Kabardino-Balkarien sind einzig vereint in der Hoffnung, dass Moskau ihnen jeweils den Weg zu einer eigenen Republik ermöglicht. Dies ist auch der Grund, warum sich beide Republiken bzw. die dort wohnenden Völker mit Forderungen nach vollständiger Autonomie von Russland stark zurückgehalten haben. Sowohl den Turkvölkern als auch den Tscherkessen bzw. den Adygey ist bewusst, dass das Ziel einer eigenen Republik und damit die Separierung von den ungeliebten Nachbarvölkern nur mit Hilfe Russlands zu erreichen ist. Auf der anderen Seite nutzt Moskau genau diesen Aspekt für seine Zwecke aus. Man kann es sich in Moskau nicht erlauben, eine Neuaufteilung der Republiken zu unterstützen. Die russische Führung versucht daher, möglichst lange den Status quo zu erhalten, denn eine (teilweise) eigenständige Republik Tscherkessien oder Balkarien

2093 Siehe Ausführungen unter Teil 2.E.

2094 Siehe Ausführungen unter Teil 2.F.

würde zu einer Kettenreaktion im gesamten russischen Teil des Nordkaukasus führen. Alle Republiken sind „Viel-Völker"-Republiken. Würde Moskau nun einer Volksgruppe gestatten, sich aus der ursprünglichen, von den Sowjets willkürlich vorgenommenen Aufteilung zu lösen, würden alle anderen Volksgruppen ebenfalls ihre eigene Republik fordern. Dies würde den Kaukasus noch weiter destabilisieren und Moskau würde vollständig den Zugriff auf seinen Föderationskreis verlieren.

Etwas anders muss man die Situation in der Republik Nordossetien-Alanien[2095] beurteilen. Obwohl auch hier zwei große Ethnien, die Osseten und die Alanen, zwangsweise durch sowjetische Willkür miteinander vermischt wurden, so stellen interethnische Differenzen in dieser Republik nicht den Hauptgrund für die politische Instabilität dar. Vielmehr wurde die Republik durch die Unruhen in der Nachbarrepublik Tschetschenien erschüttert. Der zunehmende Einfluss radikaler Islamisten und Terroristen in der Region gipfelte in der Geiselnahme von Beslan im Jahr 2004, als tschetschenische Terroristen eine Schule in der nordossetischen Stadt in ihre Gewalt brachten. Bei den anschließenden Gefechten zwischen den Rebelleneinheiten unter der Führung des Feldkommandeurs Schamil Bassajew und den russischen OMON-Spezialeinheiten kamen hunderte Menschen zu Tode. Zahlreiche Attentate in der Republik führen weiter dazu, dass keine Ruhe einkehren kann. Zudem wird das politische System durch den Streit mit Inguschetien um den Rayon Prigorodni belastet. Im Herbst 1992 kam es dort zum einzigen offiziellen Krieg zwischen Verwaltungssubjekten innerhalb der RF.

Die Republik Inguschetien[2096] reklamiert den Verwaltungsbezirk Prigorodni für sich, da diese Region als Ursprungsstätte der Inguscheten gilt. Mittlerweile siedeln in der Region hauptsächlich Osseten, den ursprünglich dort lebenden Inguscheten wurde nach ihrer Vertreibung bis heute die Rückkehr verwehrt. Russland versuchte bereits mehrfach in dem Streit zu vermitteln, zu einer gemeinsamen Lösung kam es bisher allerdings nicht. Ferner wurde Inguschetien ebenfalls durch die Gewalt in Tschetschenien destabilisiert. Zwar gelang es dem damaligen Präsidenten Auschew, seine Republik aus dem ersten Tschetschenienkrieg herauszuhalten, indem er demonstrativ seine Zugehörigkeit zur RF ausdrückte, jedoch musste die Republik zahlreiche Flüchtlinge aus dem Kriegsgebiet aufnehmen. Dabei kamen vermehrt auch tschetschenische Rebellen über die Grenze, was von der inguschetischen Regierung anfangs geduldet wurde, da

2095 Siehe Ausführungen unter Teil 2.G.
2096 Siehe Ausführungen unter Teil 2.D.

man zu Recht befürchtete, ansonsten in den Krieg hineingezogen zu werden. Nach und nach stellten aber nicht mehr tschetschenische Nationalisten eine Gefahr für Inguschetien dar, sondern das verbreitete Auftreten radikalislamischer Gruppierungen im Nordkaukasus, die auch in der Republik für Unruhe sorgten. Der Nachfolger von Auschew, Präsident Sjasikow, versuchte der neuen Bedrohung durch Islamisten mit gnadenlosen Razzien und Verfolgungsaktionen zu begegnen, was die Gewalt aber nur weiter eskalieren ließ. Im Juni 2004 kam es zum bisher schlimmsten Zwischenfall in Inguschetien, als tschetschenische Rebellen in der Stadt Nasran Verwaltungsgebäude, Polizeistationen und Militäreinrichtungen überfielen. Dem heutigen Präsidenten Jewkurow gelang es bisher nur sporadisch, die ausufernden Konflikte im Land zu lösen.

Der Status der Republik Inguschetien innerhalb der RF wurde 2008/2009 kurzfristig in Frage gestellt, als inguschetische Oppositionelle die russische Anerkennung der von Georgien abtrünnigen Republiken Abchasien und Südossetien[2097] zum Anlass nahmen, eine Unterschriftensammlung für eine Unabhängigkeit Inguschetiens ins Leben zu rufen. Allerdings fand diese Aktion keinen großen Zulauf, so dass sie letztlich ergebnislos blieb. Die Republik Inguschetien ist völkerrechtlich als Teil der RF manifestiert.

In der größten Krisenregion des Nordkaukasus, der Republik Tschetschenien[2098], waren dagegen zwei Kriege notwendig, um die Republik in der RF zu halten. Tschetschenische Separatisten beriefen sich auf das Selbstbestimmungsrecht der Völker aus Art. 1 Nr. 2 UN-Charta. Daraus leiteten sie ein Sezessionsrecht ab. Dieses Recht stand ihnen aber nicht zu, da das Selbstbestimmungsrecht mit dem Recht der RF auf territoriale Integrität nach Art. 2 Nr. 4 UN-Charta kollidiert. In der vorgenommenen Einzelfallabwägung stellte sich heraus, dass die Voraussetzungen für ein Erstarken des Selbstbestimmungsrechts zum Sezessionsrecht in Tschetschenien nicht vorlagen. Daraus ergibt sich die Konsequenz, dass Russland im Zuge seiner militärischen Intervention 1994 und 1999 zwar gegen verschiedene Menschenrechtsgarantien verstieß, hinsichtlich der drohenden Abspaltung Tschetscheniens aus der RF aber grundsätzlich im Einklang mit dem Völkerrecht handelte. Zur Wahrung der staatlichen Integrität der RF durfte Russland den tschetschenischen Separatisten mit Waffengewalt begegnen, um die Republik Tschetschenien in dem Verbund der RF zu halten.

Seit der Machtübernahme durch Ramsan Kadyrow im Jahre 2007 führt dieser die Republik Tschetschenien mit weitgehender Billigung durch Moskau wie

2097 Siehe Ausführungen unter Teil 3.

2098 Siehe Ausführungen unter Teil 2.A.

einen Privatstaat. Er gliederte ehemalige Untergrundkämpfer in seine private Miliz, die sog. „Kadyrowzy", ein und macht gnadenlos Jagd auf islamistische Rebellen. Zwar gelang es ihm dadurch, zumindest scheinbar für mehr Stabilität in Tschetschenien zu sorgen, aber die Anzahl der Gewalttaten ist nach wie vor sehr hoch und eine vollständige Befriedung der Republik ist trotz Fortschritten noch nicht erreicht.

Da bereits die Abspaltung der Republik Tschetschenien von Russland völkerrechtlich unzulässig war, kann nichts anderes für das von Doku Umarow proklamierte unabhängige „Kaukasus-Emirat"[2099] gelten. Insbesondere während und nach dem Zweiten Tschetschenienkrieg traten nationale Interessen der Separatisten zunehmend in den Hintergrund und wurden von radikalislamischen Ideologien überlagert. Der tschetschenische Rebellenführer bemüht sich seit längerem, alle Muslime im russischen Teil des Nordkaukasus in einem von Russland unabhängigen „Gottesstaat" zu vereinen. Das Ziel Umarows ist es, einen islamischen Staat im Sinne der Scharia zu errichten. Um dieses Ziel zu erreichen, rief er den „Dschihad" aus und forderte von allen Muslimen den bewaffneten Widerstand gegen Russland. Im Gegensatz zu den Sezessionsbewegungen in Tschetschenien und der Anfang der 1990er Jahre ausgerufenen „Republik Itschkeria" soll sich das „Kaukasus-Emirat" nicht auf eine Republik beschränken, sondern als gesamt-kaukasische Bewegung aller islamischen Völker fungieren.

Die für das Emirat von Umarow, der sich selbst als „Emir des Nordkaukasus" bezeichnet, beanspruchten Gebiete gehören zum Territorium der RF. Dem Selbstbestimmungsrecht der Völker steht auch hier das Prinzip der territorialen Integrität entgegen. Die Errichtung des „Kaukasus-Emirats" als unabhängiger Staat ist somit völkerrechtlich unzulässig.

Die beiden Kriege in der Republik Tschetschenien sowie die Proklamation des „Kaukasus-Emirats" führten allerdings dazu, dass die Nachbarrepublik Dagestan[2100], die einst trotz ihrer zahlreichen Ethnien als Musterbeispiel für ein friedliches Zusammenleben mehrerer Volksgruppen unter dem Dach einer Republik galt, komplett destabilisiert wurde. Der Überfall tschetschenischer Untergrundkämpfer unter der Führung von Bassajew auf Dagestan im Jahr 1999 war der Auslöser für den Zweiten Tschetschenienkrieg, in den Dagestan mit hineingezogen wurde. Zahlreiche junge Dagestaner haben sich in der Folgezeit Umarow und seinen radikalislamischen Kämpfern angeschlossen. In Dagestan haben sich verschiedene Dörfer der Kontrolle durch die Staatsmacht entzogen und bilden

2099 Siehe Ausführungen unter Teil 2.D.
2100 Siehe Ausführungen unter Teil 2.C.

quasi-selbstständige Gebietseinheiten nach dem Recht der islamischen Scharia. Nachdem Tschetschenien jahrelang im Zentrum der russischen Aufmerksamkeit stand, hat sich dieser Schwerpunkt nun nach Dagestan verlagert. Fast täglich muss über Anschläge, bewaffnete Übergriffe auf Regierungseinrichtungen oder Säuberungsaktionen der russischen OMON-Spezialkräfte gegen Islamisten berichtet werden.

Angesichts der Destabilisierung durch islamistische Terroristen ist auch das innenpolitische Gleichgewicht nicht mehr gewahrt. Das ethnische Konkordanzmodell mit alternierender Regierungsbeteiligung der verschiedenen Volksgruppen in der Republik hat nicht funktioniert, die Ethnien sind zerstritten und kämpfen um ihren politischen Machtanspruch. Schließlich belastet das ungeklärte Verhältnis der Tschetschenen-Akkiner mit der dagestanischen Volksgruppe der Laken die Beziehungen zwischen Tschetschenien und Dagestan zusätzlich. Auch die Situation der Lesginer an der Grenze zu Aserbaidschan ist ungeklärt. Im Moment ist die Lage in Dagestan sicherlich als äußerst brisant einzustufen.

Abschließend lässt sich noch einmal konstatieren, dass das Selbstbestimmungsrecht der Völker[2101] (insbesondere in der Ausprägung der Forderung nach Unabhängigkeit) eine exponierte Rolle im Nordkaukasus spielt. Zahlreiche Völker im Nordkaukasus berufen sich auf das Selbstbestimmungsrecht in der Absicht, einen eigenen Staat zu erlangen. Die Völker hoffen, in einer eigenen Republik (innerhalb der RF) oder sogar in einem unabhängigen Staat ihre Individualität besser wahren zu können und sich dadurch ein besseres Leben zu sichern. Ungeachtet der Frage nach der wirtschaftlichen Existenzfähigkeit eines solchen staatlichen Gebildes, ist eine Abspaltung eines kaukasischen Volkes von der RF völkerrechtlich nicht zulässig.

Wie bereits zuvor im Rahmen der jeweiligen Einzelfallbetrachtung dargestellt, steht den Kaukasusvölkern unter völkerrechtlichen Gesichtspunkten kein Sezessionsrecht zu. Ein Sezessionsrecht ist lediglich ein Notrecht und kann überhaupt nur in zwei Ausnahmesituationen zur Anwendung kommen. Eine dieser Ausnahmesituationen liegt vor, wenn eine Minderheit unter Verletzung fundamentaler Menschenrechte diskriminiert wird. Die andere Fallkonstellation, in der ein Volk nach dem Selbstbestimmungsrecht zur Sezession berechtigt sein kann, ist gegeben, wenn der betroffene Bevölkerungsteil vollständig vom politischen Willensprozess ausgeschlossen wird. Es muss an dieser Stelle nochmals festgehalten werden, dass allein die Verweigerung eines autonomen Staates für

2101 Siehe Ausführungen unter Teil 1.D.

ein Volk seitens des Mutterlandes noch keine Diskriminierung unter Verletzung fundamentaler Menschenrechte darstellt. Daher kann hinsichtlich der Gesamtheit der Kaukasusvölker nicht von einer Diskriminierung einzelner Völker ausgegangen werden. Da der Maßstab, welcher an den Ausschluss von politischer Mitsprache zu legen ist, sehr streng ist, kann auch nicht von einem vollständigen Ausschluss von der politischen Willensbildung die Rede sein. Wie zuvor erläutert, stehen den Volksgruppen in den einzelnen Republiken zwar eingeschränkte, aber dennoch präsente Autonomierechte zu. Daher liegen beide Ausnahmesituationen, die im Einzelfall ein Sezessionsrecht begründen können, im Nordkaukasus nicht vor.

Die Frage nach der Wahrung des eng mit dem Selbstbestimmungsrecht verbundenen Minderheitenschutzes[2102] in den Nordkaukasusrepubliken lässt sich zusammenfassend dahingehend beantworten, dass viele Völker sich schon deshalb nicht auf den Schutz durch Minderheitenrechte berufen können, da sie in ihrer jeweiligen Republik zahlenmäßig nicht die Minderheit bilden.[2103] So stellt die Volksgruppe der Tschetschenen in ihrer Republik etwa 95 % der Bevölkerung. Auch muss betont werden, dass durch die Unterteilung des russischen Teils des Nordkaukasus in einzelne autonome Republiken den einzelnen Ethnien zumindest die theoretische Möglichkeit geboten wird, auf kleinem Territorium ihre jeweiligen individuellen Besonderheiten auszuleben und zu erhalten. Ferner ist es aufgrund der Vielzahl der im Nordkaukasus lebenden Völker schlicht nicht möglich, jeder einzelnen kleinen Volksgruppe in jeder Teilrepublik volle Entfaltungsmöglichkeiten zu bieten. Es ist aus organisatorischen, siedlungsgeographischen, wirtschaftlichen und auch politischen Gründen nicht darstellbar, jeder noch so kleinen Ethnie ihr eigenes Territorium zuzuweisen. Dennoch darf dies nicht zu Verhältnissen wie zu Zeiten der Sowjetunion unter Josef Stalin führen. Damals wurde, im Gegensatz zur weitgehend heute herrschenden Lage, der Minderheitenschutz überhaupt nicht beachtet. So wurden im Nordkaukasus auf Befehl Stalins mehrere Ethnien vollständig und unter Anwendung von Gewalt aus ihren angestammten Siedlungsgebieten vertrieben.

Neben den immer wieder aufkommenden Thematiken der Ausübung des Selbstbestimmungsrechts durch ein Volk und der Wahrung des Minderheitenschutzes kam im August 2008 ein weiterer Unruheherd für die völkerrechtliche Situation im Nordkaukasus durch den russisch-georgischen Krieg hinzu. Nach jahrelangen Spannungen eskalierte die Auseinandersetzung im Sommer 2008

2102 Siehe Ausführungen unter Teil 1.E.

2103 Müllerson, in Hilpold (Hrsg.), S. 69.

in dem sog. „5-Tage-Krieg“[2104]. Die folgenden Untersuchungen der russischen Intervention in Georgien ergaben, dass Russland nicht völkerrechtswidrig handelte, da neuesten Erkenntnissen zufolge Georgien zuerst das Feuer eröffnete. Bemerkenswert ist dabei allerdings, dass Russland im Anschluss an die Auseinandersetzung die von Georgien abtrünnigen Republiken Abchasien und Südossetien als unabhängig anerkannte. Dies widerspricht der bisher von Russland gehandhabten Praxis, dass man stets dem Prinzip der territorialen Integrität den Vorrang gegenüber dem Selbstbestimmungsrecht der Völker einräumte. So rechtfertigte Russland auch seine beiden militärischen Interventionen in Tschetschenien. Der Verdacht lag im Fall Südossetiens und Abchasiens nahe, dass Russland Revanche nehmen wollte für die einseitige Anerkennung des Kosovo durch die westlichen Großmächte. Die russische Anerkennung der beiden sezessionswilligen Republiken löste erneute Unruhe im Nordkaukasus aus. Zahlreiche Völker wie die Tscherkessen oder die Turkvölker der Karatschaier und Balkaren, die seit Jahren auf eine eigene Republik hoffen, fühlten sich in ihrem Bestreben plötzlich bestätigt. Aber Moskau machte sehr schnell deutlich, dass diese außenpolitische Handlung keinerlei Einfluss auf die Innenpolitik der RF haben werde. Russland hielt an seinem Prinzip der territorialen Integrität und der Unverletzlichkeit der alten Republikgrenzen fest.

In Moskau ist man sich der schwierigen Situation in den Nordkaukasus-Republiken mit den dort wirkenden Verflechtungen von Politik, Ökonomie, Terror und Islam und Clan-Wesen durchaus bewusst.[2105] Insbesondere nach den Anschlägen auf die Moskauer Metro im März 2010 wurde immer mehr Politkern im Kreml klar, dass allein mit militärischen Mitteln der Konflikt nicht zu lösen ist. Denn die Gesellschaft im Kaukasus ist gespalten: Radikale Islamisten sind deutlich in der Minderheit gegenüber Teilen der Bevölkerung, die friedlich mit Russland zusammenleben wollen.[2106] Ein vom damaligen Präsidenten Medwedew verkündetes „Fünf-Punkte-Konzept“ beinhaltete zwar in den ersten beiden Punkte eine traditionelle Anti-Terror-Strategie, die eine weitere Aufstockung der Truppenkontingente im Kaukasus sowie fortlaufende Streifzüge durch die Wälder vorsah, um Unterschlüpfe der Rebellen auszuheben.[2107]

In den weiteren Konzeptpunkten ist jedoch eine Veränderung in der russischen Kaukasus-Politik erkennbar. Schon die gigantischen Investitionen in die

2104 Siehe Ausführungen unter Teil 3.
2105 Quiring, in: Die Welt Online vom 31.03.2010.
2106 Willershausen, in: Handelsblatt Online vom 31.03.2010.
2107 Deeg, in: Russland-Aktuell Online vom 02.04.2010.

Region sind ein Indiz dafür, dass Moskau vom Versuch der militärischen Befriedung des Kaukasus zunehmend abrückt und verstärkt auf wirtschaftliche Stabilisierung der Region setzt. Da passte die Ernennung von Alexander Chloponin im Januar 2010 zum neuen Verwaltungschef des Föderationskreises „Nordkaukasus" gut ins Bild. Chloponin galt mit seinen nachgewiesenen Fähigkeiten im Aufbau regionaler Wirtschaftsstrukturen als Hoffnungsträger für den Nordkaukasus.[2108] Zwischenzeitlich wurde Chloponin jedoch wieder abgelöst, behielt aber weiter seinen Posten als stellvertretender Ministerpräsident der RF.[2109]

Ein in diesem Zusammenhang sicherlich umstrittener Aspekt der russischen Nordkaukasus-Politik ist die erneute Abschaffung der direkten Gouverneurswahlen in den einzelnen Republiken im März/April 2013. Präsident Putin hat so seine Macht über die Provinzregierungen gefestigt, indem er ein Gesetz erließ, welches den regionalen Regierungen erlaubt, die Abhaltung von Gouverneurswahlen abzuschaffen. Damit schaffte Putin nur ein Jahr nach der Wiedereinführung die Direktwahl der Provinzgouverneure wieder ab. Bereits im Jahr 2004 hatte Putin die Direktwahl schon einmal abgeschafft,[2110] um seinen Zugriff auf die einzelnen Regionen und Republiken durch persönliche Auswahl des Gouverneurs oder Präsidenten zu stärken. Aufgrund anhaltender schwerer Proteste ließ Putin sich 2012 dazu bewegen, diesen Schritt rückgängig zu machen und die Direktwahl wieder zuzulassen.[2111] Putin argumentierte damit, dass die erneute Abschaffung nötig sei, um die Rechte von Minderheiten in ethnisch vielfältigen Regionen wie dem Nordkaukasus zu schützen. [2112]

Der Ansatz, den Kaukasus mit einem politischen Konzept und nicht ausschließlich mit militärischer Gewalt zu stabilisieren, ist sicherlich der richtige Weg. Allerdings sind die jetzigen Strukturen im Kaukasus schwer zu durchbrechen. Der militante Islamismus hat den Kaukasus zu einer Region des Terrors gemacht, die Menschen haben sich mit der ständigen Gefahr von Anschlägen arrangiert. Es wird noch einige Zeit dauern, bis sich erste Erfolge einstellen werden und der Nordkaukasus zur Normalität des Friedens zurückkehren kann.

2108 Quiring, in: Die Welt Online vom 23.01.2010.

2109 Stand Dezember 2018, siehe auch Ausführungen unter Teil 1.A. mit weiteren Informationen in der entsprechenden Fußnote.

2110 Nußberger, in: Höhmann/Pleines/Schröder (Hrsg.), S. 218; http://www.bpb.de/internationales/europa/russland/137886/dokumentation-regelungen-zur-wahl-der-gouverneure.

2111 Heinemann-Gründer, in: BpB 2018, S. 1–2.

2112 Heinemann-Gründer, in: BpB 2018, S. 1–2.

Literaturverzeichnis

Abajewa, Larissa: Südossetien: Krieg und Frieden, in: Wostok Spezial – Nach dem Krieg im Kaukasus Nr. 3 2008, S. 20–22

Ackeret, Markus: Inguschetien im Würgegriff der Gewalt, in: Neue Zürcher Zeitung online vom 28.03.2009 (zit.: Ackeret, in: NZZ Online vom 28.03.2009)

Ackeret, Markus: Russlands inneres Ausland, in: Neue Zürcher Zeitung vom 28.01.2011 (zit.: Ackeret, in: Neue Zürcher Zeitung vom 28.01.2011)

Ackeret, Markus: Russland zermürbt die Ukraine vom Meer her, in: Neue Zürcher Zeitung online vom 12.07.2018 (zit.: Ackeret, in: NZZ Online vom 12.07.2018)

Adanir, Fikret: Die makedonische Frage. Ihre Entstehung und Entwicklung bis 1908, Frankfurt 1977

Akiner, Shirin: Islamic Peoples Of The Soviet Union, 2. Auflage, New York 2010

Alemany, Augusti: Sixth Century Alania: between Byzantium, Sasanian Iran and the Turkic World, Barcelona 2003

Altstadt, Audrey L.: The Azerbaijani Turks: Power and Identity under Russian Rule, Stanford 1992

Amnesty International: Russische Föderation: Tschetschenien „Normalisierung" in wessen Augen?, Juni 2004

Ambruster, Hubert: Selbstbestimmungsrecht, in: Strupp, Karl/Schlochauer, Hans-Jürgen, Wörterbuch des Völkerrechts Band 3, 2. Auflage, Berlin 1962

von Arnauld, Andreas: Völkerrecht, 3. Auflage, Kiel/Heidelberg 2016

Aschinow, Ramasan: Völker in der Russischen Föderation – Adygeja, in: Wostok Nr. 4 1993, S. 46–47

Asenbauer, Haig E.: Zum Selbstbestimmungsrecht des armenischen Volkes von Berg-Karabach, Wien 1993

Ballin, Andre: Kadyrow meldet Gebietsansprüche in Inguschetien an, in: Russland-Heute Online vom 04.09.2012

Barry, Ellen/Chievers, C. J.: Georgia claims on Russia war called into question, in: The New York Times Online vom 06.11.2008

Bautze, Kristina: Völkerrecht, 1. Auflage, Berlin 2011

Behr, Friederike: Menschenrechtsverletzungen im Nordkaukasus, in: Die Zeit Online vom 04.10.2005

Bekkin, Renat: Den Islam vor den Tartaren schützen – zur Reform des Islam, in: Wostok Nr. 3 2005, S. 56–58 (zit.: Bekkin, in: Wostok Nr. 3 2005)

Bekkin, Renat: Das islamische Finanzsystem in Russland?, in: Wostok Nr. 4 2009, S. 57–60 (zit.: Bekkin, in: Wostok Nr. 4 2009)

Bentlin, Bernd/Hoffmann, Katharina: Chronologie des russisch-georgischen Konflikts, in: Schröder, Hans-Henning (Hrsg.), Die Kaukasus-Krise. Internationale Perzeptionen und Konsequenzen für deutsche und europäische Politik, erschienen in: SWP-Studien, Stiftung Wissenschaft und Politik. Deutsches Institut für Internationale Politik und Sicherheit S 25/September 2008, S. 45–52 (zit.: Bentlin/Hoffmann, in: Schröder [Hrsg.])

Bentlin, Bernd/Hoffmann, Katharina: Eine Chronologie des russisch-georgischen Konflikts, in: Russland-Analysen 169/2009, S. 8–12 (zit.: Bentlin/Hoffmann, in: Russland-Analysen 169/2009)

Berber, Friedrich: Lehrbuch des Völkerrechts, Band I, 2. Auflage, München 1975

Berie, Eva: Russland und der Kaukasus, in: DIE ZEIT – Fischer Weltalmanach 1. Auflage, Frankfurt am Main 2005 (zit.: Berie, in: Berie/Kobert/Ullrich)

Berman, Harold J.: Recht und Revolution. Die Bildung der westlichen Rechtstradition, Frankfurt am Main 2009

Berndt, Dietrich: Entwicklung und Konzeption des Selbstbestimmungsrechts bei Lenin, Münster 1972

Bleckmann, Albert: Völkerrecht, 1. Auflage, Münster 2000

Blumenwitz, Dieter: Einführung, in: Blumenwitz, Dieter (Hrsg.), Flucht und Vertreibung, Köln/Berlin/Bonn 1987 (zit.: Blumenwitz, in: Blumenwitz (Hrsg.), Flucht und Vertreibung)

Blumenwitz, Dieter: Minderheiten- und Volksgruppenrecht. Aktuelle Entwicklung, Bonn 1992

Blumenwitz, Dieter: Das Recht auf die Heimat, in: Blumenwitz, Dieter (Hrsg.), Recht auf die Heimat im zusammenwachsenden Europa, Köln/Berlin/Bonn 1995 (zit.: Blumenwitz, in: Blumenwitz (Hrsg.), Recht auf die Heimat im zusammenwachsenden Europa)

Bluntschli, Johann: Caspar Allgemeine Staatslehre, 6. Auflage, Stuttgart 1886

Bidder, Benjamin: Attentat auf Inguschiens Präsident, in: Spiegel Online vom 22.06.2009 (zit.: Bidder, in: Spiegel Online vom 22.06.2009)

Bidder, Benjamin: Kaukasus-Konflikt: EU-Ermittler entlarven Saakaschwilis Kriegslüge, in: Spiegel Online vom 30.09.2009 (zit.: Bidder, in: Spiegel Online vom 30.09.2009)

Bischof, Henrik: Sturm über Tschetschenien: Russlands Krieg im Kaukasus, Friedrich-Ebert Stiftung/Abteilung Außenpolitik, Bonn 1995

Bischof, Henrik: Selbstbestimmungsrecht der Völker versus territoriale Integrität, in: Wostok Nr. 2 1999, S. 52–53

Borowoi, Pjotr: Jelzins Afghanistan?, in: Wostok Nr. 6 1994/Nr. 1 1995, S. 8

Bothe, Michael: Friedenssicherung und Kriegsrecht, in: Graf Vitzthum, Wolfgang/Proelß, Alexander (Hrsg.), Völkerrecht, 7. Auflage, Frankfurt am Main 2016, S. 591–682

Boven, Theo van: Study Concerning the Right to Restitution, Compensation and Rehabilitation for Victims of Gross Violations of Human Rights and Fundamental Freedoms, in: Second Progress Report, U.N. Doc. E/CN/.4/Sub.2/1992/9 (1992)

Brownlie, Ian: African Boundaries – A Legal and Diplomatic Encyclopedia, London 1979

Brühl-Moser, Denise: Die Entwicklung des Selbstbestimmungsrechts, Basel 1994

Bruha, Thomas: Moskau riskiert Verstoß gegen das Völkerrecht, in: Spiegel Online vom 25.08.2008

Brummer, Klaus: Der Europarat. Eine Einführung. Wiesbaden 2008

Brustein, Ilja: Kalmückien – Schachspielen mit Buddhas Segen, in: Wostok Nr. 2 2006, S. 71–73

Buchheit, Lee C.: Secession. The Legitimacy of Self Determination, Yale 1978

Buy, Frans H. E. W. du: Das Recht auf die Heimat im historisch-politischen Prozess, Euskirchen 1974

Capotorti, Francesco: Die Rechte der Angehörigen von Minderheiten, in: Vereinte Nationen 1980, S. 113 ff., deutsche Übersetzung auf S. 118, Anmerkung 30 (zit.: Capotorti, in: Vereinte Nationen 1980)

Capotorti, Francesco: Minorities, in: Bernhardt, Rudolf (Hrsg.), Encyclopedia of Public International Law, Vol. VIII 1985, (zit.: Capotorti, in: EPIL Vol. 8)

Cassese, Antonio: Self-Determination of Peoples, Cambridge 1995

Cheterian, Vicken: War and Peace in the Caucasus Ethnic Conflicts and the New Geopolitics, 1. Auflage, New York 2008

Christophe, Barbara: Lösung nur mit UN-Mandat, in: Süddeutsche.de vom 12.08.2008

Chruschtschow, Nikita: Sergejewitsch: Skizzen zur Biographie, Berlin 1990

Crawford, James: The Criteria for Statehood in International Law, in: BYIL 48 (1976–1977), S. 93–182

Dahm, Georg/Jost/Wolfrum, Rüdiger: Völkerrecht, Band I Teilband 1, Delbrück, 2. Auflage, Kiel/Heidelberg 1988 (zit.: Dahm/Delbrück/Wolfrum, Völkerrecht I 1)

Dahm, Georg/Jost/Wolfrum, Rüdiger: Völkerrecht, Band I Teilband 2, Delbrück, 2. Auflage, Kiel/Heidelberg 2002 (zit.: Dahm/Delbrück/Wolfrum, Völkerrecht I 2)

Decker, Günter: Das Selbstbestimmungsrecht der Nationen, Göttingen 1955

Deeg, Lothar: Kaukasus Mit Entwicklungshilfe gegen den Terror, in: Russland-Aktuell Online vom 02.04.2010

Deppe, Jens: Das „Tschetschenien-Urteil" des Verfassungsgerichts der Russischen Föderation und das Sondervotum des Verfassungsrichters Lucin, in: Osteuropa-Archiv 1999, Heft 2, S. 109–135

Despeux, Gilles: Die Anwendung des völkerrechtlichen Minderheitenrechts in Frankreich, Frankfurt a. M. 1999

Diethelm, Verena: Tschetschenien-Privatstaat im Kaukasus, in: Financial Times Deutschland vom 08.05.2010

Doehring, Karl: Das Selbstbestimmungsrecht der Völker als Grundsatz des Völkerrechts, in: Bericht der Deutschen Gesellschaft für Völkerrecht, Heft 14/1974, S. 7–56 (zit.: Doehring, in: BDGV)

Doehring, Karl: Formen und Methoden der Anwendung des Selbstbestimmungsrechts, in: Blumenwitz, Dieter/Meissner, Boris (Hrsg.), Das Selbstbestimmungsrecht der Völker und die deutsche Frage, Berlin 1984, S. 61–72 (zit.: Doehring, in: Blumenwitz/Meissner [Hrsg.])

Doehring, Karl: Selbstbestimmungsrecht und Intervention dritter Staaten, in: Politische Studien 1993 Sonderheft 6, S. 43–51 (zit.: Doehring, in: Politische Studien 1993)

Doehring, Karl: Völkerrecht, 2. Auflage, Heidelberg 2004 (zit.: Doehring, Völkerrecht)

Dost, Anna: Das russische Verfassungsrecht auf dem Weg zum Föderalismus und zurück, Stuttgart 2012

Dschemal, Gejdar: Russland und der Islam, in: Segbers, Klaus (Hrsg.), Räume und Regionen Band 33, Baden-Baden 1994, S. 229–240

Dürig, Günter: Kommentierung zu Art 3 III, in: Maunz, Theodor/Dürig, Günter/Herzog, Roman/Scholz, Rupert (Hrsg.), Kommentar zum Grundgesetz, 8. Auflage, München 2011

Eder, Teresa: Olympische Spiele auf tscherkessischem Friedhofsgelände, in: Der Standard Online vom 11.06.2012

Endres, Gernot: Dietmar: Im Spannungsfeld tschetschenischer Unabhängigkeitspolitik, Augsburg 2000

Epping, Volker: Der Staat als die „Normalperson" des Völkerrechts, in: Ipsen, Knut (Hrsg.), Völkerrecht 6. Auflage, Bochum 2014, S. 49–196 (zit.: Epping, in: Ipsen (Hrsg.) Völkerrecht, Der Staat als die „Normalperson" des Völkerrechts)

von Erckert, Roderich: Der Kaukasus und seine Völker, 1. Auflage, Paderborn 2011, Reprint des Originals von 1888

Ermacora, Felix: Der Minderheitenschutz im Rahmen der Vereinten Nationen, Wien 1988

Evangelista, Matthew: The Chechen Wars. Will Russia Go The Way Of The Soviet Union?, Washington 2002

Ewans, Martin: Afghanistan – A New History 2. Auflage, London/New York 2002

Falkowski, Maciej: North Caucasus: the Russian Gordian knot, in: Center for Eastern Studies-CES Studies, S. 43–65, Dezember 2004

Findley, Carter Vaughn: The Turks in World History, New York 2005

Finke, Jasper/Wandscher, Christiane: Terrorismusbekämpfung jenseits militärischer Gewalt. Ansätze der Vereinten Nationen zur Verhütung und Beseitigung des internationalen Terrorismus, in: Vereinte Nationen (VN) 2001, S. 168–174

Fisch, Jörg: Die Geschichte des Selbstbestimmungsrechts der Völker oder der Versuch, einem Menschenrecht die Zähne zu ziehen, in: Peter Hilpold (Hrsg.), Das Selbstbestimmungsrecht der Völker, Frankfurt am Main 2009

Fisher, Alan W.: The Russian Annexation of the Crimea, 1772–1783, London 1970 (zit.: Fisher, The Russian Annexation of the Crimea, 1772–1783)

Fisher, Alan W.: The Crimean Tatars, London 1978 (zit.: Fisher, The Crimean Tatars)

Flade, Florian/Lutz, Martin: Terroristen suchen Asyl in Deutschland, in: Die Welt Online vom 08.08.2013

Flottau, Renate/Follath, Erich/Klußmann, Uwe/ Mascolo, Georg/Mayr, Walter/Neef, Christian: Die Revolutions-GmbH, in: Der Spiegel Nr. 46/2005 vom 14.11.2005

Franke, Peter/Wollenweber, Britta: Der Krieg in Tschetschenien. Niemand wird zur Verantwortung gezogen – Interview mit Zainap Gaschajewa, in: Wostok Nr. 1 2003, S. 8–10 (zit.: Franke/Wollenweber, in: Wostok Nr. 1 2003)

Franke, Peter/Wollenweber, Britta: „Georgien ist angegriffen worden und musste reagieren" – Interview mit Lewan Dutschidse, in: Wostok Spezial – Nach dem Krieg im Kaukasus Nr. 3 2008, S. 2–6 (zit.: Franke/Wollenweber, in: Wostok Spezial Nr. 3 2008)

Franz, Oliver: Osttimor und das Recht auf Selbstbestimmung, Frankfurt am Main 2005

Funch Hansen, Lars/Liesl Krag, Helen: Nordkaukasus, Kopenhagen 2002

Gajdukevic, Viktor Franzewitsch: Das Bosporanische Reich, 2. Auflage, Berlin 1971

Gammer, Moshe: Muslim Resistance to the Tsar: Shamil and the Conquest of Chechnia and Dagestan, 2. Auflage, London/Tel Aviv 2004 (zit.: Gammer, Muslim Resistance to the Tsar)

Gammer, Moshe: The Lone Wolf and the Bear, London/Tel Aviv 2006 (zit.: Gammer, The Lone Wolf and the Bear)

Gamsachurdia, Konstantin Swiad Gamsachurdia: Dissident, Präsident, Märtyrer Basel 1995

Gegeschidse, Artschil: Die Krise: Ursachen, Voraussetzungen und Perspektiven, in: Wostok Spezial – Nach dem Krieg im Kaukasus Nr. 2008, S. 22–25

Gegeschidse, Artschil/Papava, Vladimer: Georgien nach August 2008 – Suche nach einem neuen Modell, in Wostok Nr. 1, 2009, S. 40–41

Geistlinger, Michael: Revolution und Völkerrecht, Salzburg/Wien 1991

Geistlinger, Michael: Die verfassungsrechtliche Konsolidierung der territorialen Integrität und Souveränität Russlands, in: Janus, Hans (Hrsg.), Russland. Verfassung, Recht und Realität, Salzburg/Berlin 2014, S. 19–34 (zit.: Geistlinger, in: Janus)

Glintschikowa, Alla: Tschetschenien und Russland – Beginn eines Dialogs. Interview mit Salambek Maigow, in: Wostok Nr. 4 2004, S. 47–49

Götz, Roland/Halbach, Uwe: Politisches Lexikon Russland, 1. Auflage, Köln/München 1994

Gonschior, Josef: Sprache, Kultur, Meinungsbildung und Information als Voraussetzungen der demokratischen Mitwirkung – an oberschlesischen Beispielen, in: Blumenwitz, Dieter/Gornig, Gilbert/Murswiek, Dietrich (Hrsg.), Minderheitenschutz und Demokratie, Staats- und völkerrechtliche Abhandlungen der Studiengruppe für Politik und Völkerrecht, Band 20, S. 135–152

Gorbatschow, Michail: Erinnerungen, Berlin 1995

Gornig, Gilbert: Das Memelland gestern und heute – eine historische und rechtliche Betrachtung, Bonn 1991 (zit.: Gornig, Das Memelland gestern und heute)

Gornig, Gilbert: Rechtliche Würdigung von Vertreibung und Enteignung dargestellt am Schicksal der Donauschwaben Jugoslawiens, in: AWR-Bulletin 1991, Nr. 2, S. 72–88 (zit.: Gornig, in: AWR-Bulletin 1991)

Gornig, Gilbert: Der Inhalt des Selbstbestimmungsrechts, in: Politische Studien Sonderheft 6, 1993, S. 11–29 (zit.: Gornig, in: Politische Studien 1993)

Gornig, Gilbert: Zukunftsperspektiven der Minderheiten und Volksgruppen im Bereich der Wiedergutmachung, in: Blumenwitz, Dieter/Gornig, Gilbert (Hrsg.), Rechtliche und politische Perspektiven deutscher Minderheiten und

Volksgruppen, Staats- und völkerrechtliche Abhandlungen der Studiengruppe für Politik und Völkerrecht, Band 14, S. 25–48 (zit.: Gornig, in: Blumenwitz/Gornig Band 14)

Gornig, Gilbert: Das Recht auf Heimat und das Recht auf die Heimat. Völkerrechtliche Überlegungen, in: Weigand, Katharina (Hrsg.), Heimat. Konstanten und Wandel im 19./20. Jahrhundert. Vorstellungen und Wirklichkeit, München 1997, S. 33–50 (zit.: Gornig, in: Weigand [Hrsg.])

Gornig, Gilbert: Das Recht auf die Heimat. Auch ein Beitrag zu Vertreibung und Lastenausgleich im Völkerrecht, in: IFLA Informationsdienst für Lastenausgleich, BVFG und anderes Kriegsfolgenrecht, Vermögensrückgabe und Entschädigung nach dem Einheitsvertrag 1997, S. 121–128, (zit.: Gornig, in: IFLA 1997)

Gornig, Gilbert: Die Definition des Minderheitenbegriffs aus historisch-völkerrechtlicher Sicht, in: Blumenwitz, Dieter/Gornig, Gilbert/Murswiek, Dietrich (Hrsg.), Ein Jahrhundert Minderheiten- und Volksgruppenschutz, Staats- und völkerrechtliche Abhandlungen der Studiengruppe für Politik und Völkerrecht Band 19, 2001, S. 19–48 (zit.: Gornig, in: Blumenwitz/Gornig/Murswiek Band 19)

Gornig, Gilbert: Menschenrechte im Völkerrecht, in: Blumenwitz, Dieter/Gornig, Gilbert/Murswiek, Dietrich (Hrsg.), Minderheitenschutz und Menschenrechte, Staats- und völkerrechtliche Abhandlungen der Studiengruppe für Politik und Völkerrecht Band 21, 2006, S. 155–193 (zit.: Gornig, in: Blumenwitz/Gornig/Murswiek, Band 21)

Gornig, Gilbert: Schutz von Minderheiten und Volksgruppen in einer europäischen Friedensordnung, in: Minderheitenschutz – Eine interdisziplinäre Betrachtung, Schriftenreihe Europäische Studien Band 3, 2013, S. 73–137 (zit.: Gornig, in: Schriftenreihe Europäische Studien Band 3)

Gornig, Gilbert: Völkerrechtliche Vorgaben zur Regelung der Staatsangehörigkeit, in: Nation – Nationalität – Staat, Schriftenreihe Europäische Studien Band 4, 2013, S. 71–108 (zit: Gornig, in: Schriftenreihe Europäische Studien Band 4, Völkerrechtliche Vorgaben zur Regelung der Staatsangehörigkeit)

Gornig, Gilbert: Der Zerfall eines Staates, in: Nation – Nationalität – Staat, Schriftenreihe Europäische Studien Band 4, 2013, S. 109–136, (zit.: Gornig, in: Schriftenreihe Europäische Studien Band 4, Der Zerfall eines Staates)

Gornig, Gilbert: Territoriale Souveränität und Gebietshoheit und das Selbstbestimmungsrecht der Völker, in: Territoriale Souveränität und Gebietshoheit. Selbstbestimmung und Sezession aus interdisziplinärer Sicht, Schriftenreihe Europäische Studien Band 7, 2015, S. 11–42 (zit: Gornig, in: Schriftenreihe Europäische Studien Band 7)

Gornig, Gilbert/Horn, Hans-Detlef/Murswiek, Dietrich: Vorwort, in: Gornig, Gilbert H./Horn, Hans-Detlef/Murswiek, Dietrich (Hrsg.), Das Selbstbestimmungsrecht der Völker – eine Problemschau, Staats- und völkerrechtliche Abhandlungen der Studiengruppe Politik und Völkerrecht, Band 27, S. 5–7

Gritsch, Kurt: Krieg um Kosovo. Geschichte, Hintergründe, Folgen, Innsbruck 2016

Grobe-Hagel, Karl: Tschetschenien: Russlands langer Krieg, 1. Ausgabe, Köln 2001

Gronke, Monik: Geschichte Irans. Von der Islamisierung bis zur Gegenwart, München 2003

Grotius, Hugo: De iure belli ac pacis, 1625 (lat. Orig.)

Gros Espiell, Hector: Der Begriff des Selbstbestimmungsrechts der Völker in heutiger Sicht, in: Vereinte Nationen 1982, S. 54–58

Gunya, Alexey: Regionale Vielfalt und die Transformation der Konflikte im Nordkaukasus: Eine vergleichende Analyse der Republiken Kabardino-Balkarien und Karatschai-Tscherkessien, erstellt im Rahmen der Studie: Accounting for State Building, Stability and Violent Conflict (CSCCA) der FU Berlin, 1/2005, S. 1–10

Gurkowitsch, Wladimir: Sewastopol – die offene Heldenstadt, in: Wostok Reisespezial Nr. 1 2000, S. 22–26

Hackensberger, Alfred/Smirnova, Julia: Der IS eröffnet eine Filiale im Kaukasus, in: Die Welt Online vom 24.06.2015

Hafner, Gerhard: Das Selbstbestimmungsrecht und Südtirol, in: Hilpold, Peter (Hrsg.), Das Selbstbestimmungsrecht der Völker, Frankfurt am Main 2009, S. 131–158 (zit.: Hafner, in: Hilpold)

Halbach, Uwe: Russlands Auseinandersetzung mit Tschetschenien, in: Berichte des Bundesinstituts für ostwissenschaftliche Studien 1994, S. 1–38 (zit.: Halbach, in: BIOst 1994)

Halbach, Uwe: Tschetschenien und das „innere Ausland“ Russlands, in: Zürcher Beiträge zur Sicherheitspolitik und Konfliktforschung 37 (1995), S. 108–121 (zit.: Halbach, in: Zürcher Beiträge zur Sicherheitspolitik und Konfliktforschung)

Halbach, Uwe: Der Islam in Russland, in: Berichte des Bundesinstituts für ostwissenschaftliche und internationale Studien 34/1996, S. 1–40 (zit.: Halbach, in: BIOst 1996)

Halbach, Uwe: Russlands schwächstes Glied – Die Republik Dagestan wird zum Notstandsgebiet, in: Berichte des Bundesinstituts für ostwissenschaftliche und internationale Studien – Aktuelle Analysen Nr. 53/1997, S. 1–6 (zit.: Halbach, in: BIOst 1997)

Halbach, Uwe: Wahhabiten im Kaukasus und Zentralasien - Religiöse Konflikte an der Südflanke Russlands, in: Berichte des Bundesinstituts für ostwissenschaftliche und internationale Studien - Aktuelle Analysen Nr. 19/1998, S. 1-6 (zit.: Halbach, in: BIOst 1998 Nr. 19)

Halbach, Uwe: Die Tschetschenische Republik Itschkeria 1998, in: Berichte des Bundesinstituts für ostwissenschaftliche und internationale Studien - Aktuelle Analysen Nr. 49/1998, S. 1–8 (zit.: Halbach, in: BIOst 1998 Nr. 49)

Halbach, Uwe: Krieg in Dagestan, in: Berichte des Bundesinstituts für ostwissenschaftliche und internationale Studien - Aktuelle Analysen Nr. 28/1999, S. 1–6 (zit.: Halbach, in: BIOst 1999)

Halbach, Uwe: Russlands Welten des Islam, in: SWP-Studien, Stiftung Wissenschaft und Politik des Deutschen Instituts für Internationale Politik und Sicherheit 2003, S. 1–43 (zit.: Halbach, in: SWP-Studien 2003)

Halbach, Uwe: Gewalt in Tschetschenien - Ein gemiedenes Problem internationaler Politik, in: SWP-Studien, Stiftung Wissenschaft und Politik des Deutschen Instituts für Internationale Politik und Sicherheit 2004, S. 1–37 (zit.: Halbach, in: SWP-Studien 2004)

Halbach, Uwe: Prekäre Staatlichkeit - Strukturprobleme im Nordkaukasus, in: Zeitschrift Osteuropa Heft 7/Juli 2006, S. 17–31 (zit.: Halbach, in: Zeitschrift Osteuropa 2006)

Halbach, Uwe: Russlands „Ohnmachtszone" - Gewalt und Instabilität im Nordkaukasus, in: Schmierer, Joscha/Weiss, Stefanie (Hrsg.), Prekäre Staatlichkeit und internationale Ordnung, Wiesbaden 2007, S. 135–153 (zit.: Verfasser, in: Schmierer/Weiss [Hrsg])

Halbach, Uwe: Kaukasus-Krise: Mit doppeltem Maß gemessen, in: Der Tagespiegel Online vom 26.08.2008 (zit.: Halbach, in: Der Tagespiegel Online 26.08.2008)

Halbach, Uwe: Russlands inneres Ausland - Der Nordkaukasus als Notstandszone am Rande Europas, in: SWP-Studien, Stiftung Wissenschaft und Politik des Deutschen Instituts für Internationale Politik und Sicherheit 2010, S. 1–35 (zit.: Halbach, in: SWP-Studien 2010)

Halbach, Uwe: Sotschi und die „tscherkessische Frage", in: FAZ.NET vom 30.12.2013 (zit.: Halbach, in: FAZ.NET vom 30.12.2013)

Halbach, Uwe: Die Krimtataren in der Ukraine-Krise, in: Ukraine-Analysen 141 der Bundeszentrale für politische Bildung vom 13.11.2014, S. 1–4 (zit.: Halbach, in: Ukraine-Analysen 141)

Halbach, Uwe: Der östliche Nordkaukasus: Islamistischer und pan-islamischer Einfluss auf bewaffneten Widerstand, in: Russland-Analysen Nr. 316 vom 20.05.2016, S. 2–5 (zit.: Halbach, in: Russland-Analysen 316/16)

Halbach, Uwe/Isaeva, Manarsha: Dagestan: Russlands schwierigste Teilrepublik. Politische und religiöse Entwicklung am „Berg der Sprachen", in: SWP-Studien, Stiftung Wissenschaft und Politik des Deutschen Instituts für Internationale Politik und Sicherheit, SWP S 8/ April 2015, S. 1–28

Halbach, Uwe/Logvinov, Michail: Das Kaukasus-Emirat und der internationale Jihadismus, in: SWP-Studien, Stiftung Wissenschaft und Politik des Deutschen Instituts für Internationale Politik und Sicherheit, SWP-Aktuell 41/Juli 2012, S. 1–4

Hampson, Francoise J.: Staatsbürgerschaft, Ethnizität, Nationalität: Haben Nationen ein Recht auf Staatenbildung?, in: Heintze, Hans-Joachim (Hrsg.), Selbstbestimmungsrecht der Völker – Herausforderung der Staatenwelt. Zerfällt die Internationale Gemeinschaft in Hunderte von Staaten?, Bonn 1996, S. 60–72

Hartmann, Falk: Tschetschenien, in: Gornig, Gilbert (Hrsg.), Krisengebiete der Welt – Völkerrechtliche und politische Aspekte, Schriften zum internationalen und zum öffentlichen Recht, Band 97, 2011, S. 33–84 (zit.: Hartmann, in: Gornig [Hrsg.], Krisengebiete der Welt)

Hartmann, Falk: Selbstbestimmungsrecht im russischen Teil des Nordkaukasus, in: Gornig, Gilbert/Horn, Hans-Detlef (Hrsg.), Territoriale Souveränität und Gebietshoheit, Staats- und völkerrechtliche Abhandlungen der Studiengruppe für Politik und Völkerrecht, Band 30, 2015, S. 155–172 (zit.: Hartmann, in: Gornig/Horn [Hrsg.])

Hassel, Florian: Der zweite Tschetschenienkrieg, in: Hassel, Florian (Hrsg.), Der Krieg im Schatten, 1. Auflage, Frankfurt 2003, S. 31–98

Heidelmeyer, Wolfgang: Das Selbstbestimmungsrecht der Völker, 1. Ausgabe, Paderborn 1973

Heinemann-Grüder, Andreas: Der asymmetrische Föderalismus Russlands und die Rolle der Regionen, in: Höhmann, Hans-Hermann/Schröder, Hans-Henning (Hrsg.), Russland unter neuer Führung, Köln 2001, S. 78–86 (zit.: Heinemann-Grüder, in: Höhmann/Schröder [Hrsg.])

Heinemann-Grüder, Andreas: Föderalismus in Russland, in: Bundeszentrale für politische Bildung – Russland, Bonn 2018, S. 1–3 (zit.: Heinemann-Grüder, in: BpB 2018)

Heintschel von Heinegg, Wolff: Der Geltungsbereich von Verträgen, in: Ipsen, Knut (Hrsg.), Völkerrecht, 6. Auflage, Bochum 2014, S. 416–426 (zit.: Heintschel von Heinegg, in. Ipsen (Hrsg.), Völkerrecht, Der Geltungsbereich von Verträgen)

Heintschel von Heinegg, Wolff: Ausnahmen vom Gewaltverbot, in: Ipsen, Knut (Hrsg.), Völkerrecht, 6. Auflage, Bochum 2014, S. 1077–1099 (zit.: Heintschel von Heinegg, in: Ipsen (Hrsg.), Völkerrecht, Ausnahmen vom Gewaltverbot)

Heintschel von Heinegg, Wolff: Wahrung und Wiederherstellung des Weltfriedens und der internationalen Sicherheit durch Systeme kollektiver Sicherheit, in: Ipsen, Knut (Hrsg.), Völkerrecht, 6. Auflage, Bochum 2014, S. 1100–1117 (zit.: Heintschel von Heinegg, in: Ipsen (Hrsg.), Völkerrecht, Wahrung und Wiederherstellung des Weltfriedens und der internationalen Sicherheit durch Systeme kollektiver Sicherheit)

Heintze, Hans-Joachim: Selbstbestimmungsrecht der Völker – Herausforderung der Staatenwelt?, 1. Auflage, Bonn 1997

Heintze, Hans-Joachim: Völker im Völkerrecht, in: Ipsen, Knut (Hrsg.),Völkerrecht, 6. Auflage, Bochum 2014, S. 316–376 (zit.: Heintze, in: Ipsen (Hrsg), Völkerrecht)

Heintze, Hans-Joachim: Selbstbestimmungsrecht der Völker als Herausforderung des souveränitätsorientierten Völkerrechts – Autonomie als Konfliktlösungsmechanismus, in: Hilpold, Peter (Hrsg.), Autonomie und Selbstbestimmung, Wien 2016, S. 50–67 (zit.: Heintze, in: Hilpold [Hrsg.])

Heinzig, Dieter: Hat sich Tschetschenien 1991 rechtswirksam von Russland losgetrennt?, in: Berichte des Bundesinstituts für ostwissenschaftliche und internationale Studien – Aktuelle Analysen 5/1995, S. 1–7

Heiser, Lothar: Die georgische orthodoxe Kirche und ihr Glaubenszeugnis, Trier 1989

Herdegen, Matthias: Völkerrecht, 14. Auflage, München/Bonn 2015

Hillgruber, Christian: Wer ist Träger des Selbstbestimmungsrechts und wie kann man es durchsetzen? – Rechtsinhaberschaft und Rechtsdurchsetzungsmacht, in: Gornig, Gilbert H./Horn, Hans-Detlef/Murswiek, Dietrich (Hrsg.), Das Selbstbestimmungsrecht der Völker – eine Problemschau, Staats- und völkerrechtliche Abhandlungen der Studiengruppe Politik und Völkerrecht, Band 27, S. 75–94 (zit.: Hillgruber, in Gornig/Horn/Murswiek)

Hillgruber, Christian: Minderheitenschutz und Volksbegriff in der ideengeschichtlichen Diskussion seit der Aufklärung, in: Blumenwitz, Dieter/Gornig, Gilbert/Murswiek, Dietrich (Hrsg.), Minderheitenschutz und Demokratie, Staats- und völkerrechtliche Abhandlungen der Studiengruppe für Politik und Völkerrecht, Band 20, S. 21–39 (zit.: Hillgruber, in: Blumenwitz/Gornig/Murswiek)

Hillgruber, Christian/Jestaedt, Matthias: Die Europäische Menschenrechtskonvention und der Schutz nationaler Minderheiten, in: Forschungsergebnisse der Studiengruppe für Politik und Völkerrecht Band 17, 1993

Hilpold, Peter: Das Selbstbestimmungsrecht der Völker, in: Reinisch, August (Hrsg.), Österreichisches Handbuch des Völkerrechts, Band I, Wien 2013 (zit.: Hilpold, in: Reinisch [Hrsg.])

Hilpold, Peter: Selbstbestimmung und Autonomie – Zwischen Sezession und innerer Selbstbestimmung, in: Hilpold, Peter (Hrsg.), Autonomie und Selbstbestimmung, Wien 2016, S. 13–49 (zit.: Hilpold, in: Hilpold [Hrsg.])

Hobe, Stephan: Einführung in das Völkerrecht, 10. Auflage, Köln 2014

Hoppe, Hans-Joachim: Die Tscherkessen – ein unbekanntes Volk erwacht, in: Eurasisches Magazin vom 02.10.2010

Huskey, Eugene: Presidential Power in Russia, New York 1999

International Crisis Group: Russia's Dagestan: Conflict Causes, in: Europe Report Nr. 192, Juni 2008, S. 1–29

Ipsen, Knut: Perspektiven der interdisziplinären Zusammenarbeit, in: Heintze, Hans-Joachim/Ipsen, Knut (Hrsg.), Heutige bewaffnete Konflikte als Herausforderungen an das humanitäre Völkerrecht, Heidelberg 2011, S. 3–15 (zit.: Ipsen, in: Heintze/Ipsen)

Ipsen, Knut: Zum völkergewohnheitsrechtlichen Mindeststandard des Individualschutzes, in: Ipsen, Knut (Hrsg.), Völkerrecht, 6. Auflage Bochum 2014, S. 854–860 (zit.: Ipsen, in: Ipsen (Hrsg.), Völkerrecht, Zum völkergewohnheitsrechtlichen Mindeststandard des Individualschutzes)

Ipsen, Knut: Anwendungsbereiche und Grundstruktur des Rechts des bewaffneten Konflikts, in: Ipsen, Knut (Hrsg.), Völkerrecht, 6. Auflage, Bochum 2014, S. 1196–1204 (zit.: Ipsen, in: Ipsen (Hrsg.), Völkerrecht, Anwendungsbereiche und Grundstruktur des Rechts des bewaffneten Konflikts)

Irmscher, Tobias H.: Menschenrechtsverletzungen und bewaffneter Konflikt: Die ersten Tschetschenien-Entscheidungen des Europäischen Gerichtshofs für Menschenrechte, in: Europäische Grundrechte Zeitschrift (EuGRZ) 2006, S. 11 (zit.: Irmscher, in: EuGRZ 2006)

Irmscher, Tobias H.: Selbstbestimmungsrecht der Völker, in: Burkhard Schöbener (Hrsg.), Völkerrecht, Heidelberg 2014, S. 367–374 (zit.: Irmscher, in: Schöbener [Hrsg.])

Iskenderjan, Alexander: Russische Politik scheitert in Tschetschenien, in: Wostok Nr. 6 1994/Nr. 1 1995, S. 9–12 (zit.: Iskenderjan, in: Wostok Nr 6 1994/ Nr. 1/1995)

Iskenderjan, Alexander: Kaukasus Krise ohne Ende, in: Wostok Nr. 1995, S. 12–15 (zit.: Iskenderjan, in: Wostok Nr. 2 1995)

Iskanderjan, Alexander Georgien: Ein Land vieler Nationalitäten, in: Wostok Nr. 3 1996, S. 40–42 (zit.: Iskanderjan, in: Wostok Nr. 3 1996)

Iskanderjan, Alexander: Der islamische Radikalismus im Nordkaukasus, in: Wostok Nr. 6 1998, S. 20–22 (zit.: Iskenderjan, in: Wostok Nr. 6 1998)

Iskanderjan, Alexander: Vom Völkergemisch zu nationalen Staaten – Migration im Kaukasus, in: Wostok Nr. 3 1999, S. 28–31 (zit.: Iskanderjan, in: Wostok Nr. 3 1999)

Iskenderjan, Alexander: Der Krieg in Dagestan, in: Wostok Nr. 4 1999, S. 18–20 (zit.: Iskenderjan, in: Wostok Nr. 4 1999)

Iskenderjan, Alexander: Tschetschenien – Der Krieg wird jünger, in: Wostok Nr. 3 2000, S. 7–9 (zit.: Iskenderjan, in: Wostok Nr. 3 2000)

Isic, Mirela: Kreml hält dem Westen den Kosovo-Spiegel vor, in: Centrum für angewandte Politikforschung an der LMU München-Aktuell vom 28.08.2008

Jaimoukha, Amjad: The Chechens: A Handbook, New York 2005

Jellinek, Georg: Allgemeine Staatslehre, Heidelberg 1900

Jewgenjew, W. W.: Das Völkerrechtssubjekt, in: Akademie der Wissenschaften der UdSSR (Hrsg.), Völkerrecht, Berlin (Ost) 1960

Junod, Sylvie: Humane Treatment, in: Sandoz, Yves, u. a. (Hrsg.), Commentary on the Additional Protocols of the Geneva Conventions, Genf 1987

Jusik, Julia: Die Bräute Allahs. Selbstmord-Attentäterinnen aus Tschetschenien, St. Pölten/Wien 2005 (zit.: Jusik, Die Bräute Allahs. Selbstmord-Attentäterinnen aus Tschetschenien)

Jusik, Julia: Beslan. Die Schule von Beslan, Köln 2006 (zit.: Jusik, Beslan. Die Schule von Beslan)

Kabanow, Rais: Das Land verteidigt, die Heimat verloren, in: Wostok, Nr. 4 2000, S. 49–51

Kadelbach, Stefan: Zwingendes Völkerrecht, Berlin 1992

Kaegi, Walter E.: Byzantium and the early Islamic conquests, Cambridge 2008

Kaljushnaja, G. P.: Die Souveränität des Staates, in: Lewin, D. B./Kaljushnaja, G. P. (Hrsg.), Völkerrecht, Berlin (Ost) 1967

Kalt, Hans: Stalins langer Schatten: Das Scheitern des sowjetischen Modells, Köln/Wien 1994

Kandelaki, Giorgi: Georgia´s Rose Revolution – A participants perspective, in: United States Institut of Peace-Special Report, Nr. 167 im Juli 2006

Kappeler, Andreas: Russland als Vielvölkerreich. Entstehung, Geschichte, Zerfall, 2. Auflage, München 2008

Kau, Marcel: Der Staat und der Einzelne als Völkerrechtssubjekte, in: Graf Vitzthum, Wolfgang/Proelß, Alexander (Hrsg.), Völkerrecht, 7. Auflage, Konstanz 2016, S. 247–360

Kempen, Bernhard/Hillgruber, Christian: Völkerrecht, 2. Auflage, Köln/Bonn 2012

Kemper, Michael: Herrschaft, Recht und Islam in Dagestan, Wiesbaden 2005

Kemper, Michael: Ausprägungen des Islam, in: Chiari, Bernhard (Hrsg.), Wegweiser zur Geschichte: Kaukasus, München 2008, S. 203–219

Kerneck-Samson, Barbara: Boris Jelzin. Ein Portrait. München 1991

Klein, Eckart: Das Selbstbestimmungsrecht der Völker und die deutsche Frage, Berlin 1990

Klußmann, Uwe: Die Rückkehr der Wölfe, in: Der Spiegel Online vom 18.06.2007 (zit.: Klußmann, in: Der Spiegel Online vom 18.06.2007)

Klußmann, Uwe: Feinde ins Feuer, in: Der Spiegel vom 08.09.2008 (37/2008) (zit.: Klußmann, in: Der Spiegel vom 08.09.2008)

Kimminich, Otto: Rechtscharakter und Inhalt des Selbstbestimmungsrechts, in: Blumenwitz, Dieter/Meissner, Boris (Hrsg.), Das Selbstbestimmungsrecht der Völker und die deutsche Frage, Berlin 1984, S. 37–46 (zit.: Kimminich, in: Blumenwitz/Meissner)

Kimminich, Otto: Der Selbstbestimmungsgedanke am Ende des Ersten Weltkriegs – Theorie und Verwirklichung, in: Breyer, Richard (Hrsg.), Deutschland und das Recht auf Selbstbestimmung nach dem Ersten Weltkrieg. Probleme der Volksabstimmungen im Osten (1918–1922), Bonn 1985, S. 11–39 (zit.: Kimminich, in: Breyer)

Kimminich, Otto: Das Recht auf die Heimat, 3. Auflage, Bonn 1989

Kimminich, Otto/Hobe, Stephan: Einführung in das Völkerrecht, 9. Auflage, Tübingen 2008

Kireev, Maxim: Russlands unsichtbare Syrien-Front, in: DIE ZEIT Online vom 04.09.2013

Kiss, Alexandre: The People's Right to Self-Determination, in: Human Rights Law Journal 1986, S. 165–175

Koslatschkow, Alexander: Der Verwaltungsapparat des russischen Präsidenten, in: Wostok Nr. 2 1995, S. 8–9 (zit.: Koslatschkow, in: Wostok Nr. 2 1995)

Koslatschkow, Alexander: Kommt es im Kaukasus zu einem Aufstand?, in: Wostok Nr. 6 1998, S. 23–26 (zit.: Koslatschkow, in Wostok Nr. 6 1998)

Koslatschkow, Alexander: Der zweite Tschetschenienkrieg eint Russland, in: Wostok Nr. 1 2000, S. 102–105 (zit.: Koslatschkow, in: Wostok Nr. 1 2000)

Kostiv, Viktor: Die Ukraine, Krim und „Neurussland", in: Territoriale Souveränität und Gebietshoheit. Selbstbestimmung und Sezession aus interdisziplinärer Sicht, Schriftenreihe Europäische Studien Band 7, 2015, S. 79–110

König, Marietta S.: Der ungelöste Streit um Südossetien, in: v. Gumppenberg, Marie-Carin/Steinbach, Udo (Hrsg.), Der Kaukasus: Geschichte, Kultur, Politik, 2. Auflage, Tiflis/Skopje/Berlin/München 2010, S. 125–136

Korowkin, Wladimir: Zur finanziellen Situation der russischen Regionen. in: Berichte des Bundesinstituts für ostwissenschaftliche und internationale Studien 39/1996, S. 1–41

Kotzur, Markus: „Krieg gegen den Terrorismus" – politische Rhetorik oder neue Konturen des „Kriegsbegriffs" im Völkerrecht?, in: Archiv des Völkerrechts Band 40, 2002, Heft 4, S. 454–479

Krajewski, Markus: Selbstverteidigung gegen bewaffnete Angriffe nicht-staatlicher Organisationen. Der 11. September 2001 und seine Folgen, in: Archiv des Völkerrechts 40 (2002), S. 183–214

Krajewski, Markus: Völkerrecht, 1. Auflage, Baden-Baden 2017-11-10 (zit.: Krajewski, Völkerrecht)

Krech, Hans: Der russische Krieg in Tschetschenien (1994–1996), 1. Auflage, Berlin 1997 (zit.: Krech, Der russische Krieg in Tschetschenien)

Krech, Hans: Der Zweite Tschetschenien-Krieg (1999–2002), 1. Auflage, Berlin 2002 (zit.: Krech, Der Zweite Tschetschenien-Krieg)

Krieger, Heike: Das Effektivitätsprinzip im Völkerrecht, Berlin 2000

Krüger, Peter: Völkerrecht und internationale Politik. Internationale Neuordnung nach dem Ersten Weltkrieg in: Lappenküper, Ulrich/Marcowitz, Reiner (Hrsg.), Macht und Recht Paderborn 2010, S. 207–232

Krüger, Heiko: Der Berg-Karabach-Konflikt, Berlin/Heidelberg 2009 (zit.: Krüger, Heiko, Der Berg-Karabach-Konflikt)

Krüger, Heiko: Kosovo, Abchasien, Südossetien und das internationale Sezessionsrecht, erschienen in: Schriftenreihe Sicherheitspolitik (Band 2), 1. Auflage, Berlin 2009 (zit.: Krüger, Heiko, Kosovo, Abchasien, Südossetien und das internationale Sezessionsrecht)

Kulke, Ulli: Das Gold des grausamen Reitervolkes, in: Die Welt Online vom 05.07.2007

Kunze, Thomas: Krieg um Südossetien, in: KAS Auslandsinformation der Konrad-Adenauer-Stiftung – Länderberichte vom 12. August 2008, S. 1–3

Kussenkow, Stanislaw: Russlands Beziehungen zu Georgien – die USA im Kaukasus, in: Wostok Nr. 2 2003, S. 18–20

Lange, Falk: Stand und Umsetzung des aktuellen Minderheitenschutzes im östlichen Europa, in: Blumenwitz, Dieter/Gornig, Gilbert/Murswiek, Dietrich (Hrsg.), Minderheitenschutz und Menschenrechte Band 21, 2006, S. 31–42

Langer, Annette: Beslan-Geiselnehmer vor Gericht, in: Spiegel Online vom 19.05.2005

Laniger, Tanja: Der Tschetschenien-Krieg im Spannungsfeld russischer und tschetschenischer Interessen Berlin 1998

Löffler, Stefan: Kirsan Iljumschinow – Böse Züge, in: FAZ. NET vom 23.07.2012

Logvinov, Michail: Georgien und Südossetien: Hintergründe eines historischen Konflikts, Zchinwali 2006

Logvinov, Michail: Das Kaukasus-Emirat, in: KAS Auslandsinformation der Konrad-Adenauer-Stiftung 3/2012, S. 86–98

Longworth, Philip: Die Kosaken. Legende und Geschichte, Frankfurt am Main 1977

Lubova, Ludmilla: Krisenregion Nordkaukasus. Kurze Zwischenergebnisse einer Fact-Finding-Mission für ein Forschungsprojekt, erstellt im Rahmen der Studie: Accounting for State Building, Stability and Violent Conflict (CSCCA) der FU Berlin 16/2001, S. 55–57

Luchterhandt, Otto: Nationale Minderheiten und Loyalität, Köln 1997

Luchterhandt, Otto: Dagestan – Unaufhaltsamer Verfall einer gewachsenen Kultur interethnischer Balance, in: Institut für Friedensforschung und Sicherheitspolitik an der Universität Hamburg (IFSH), Heft 118, Hamburg September 1999

Luchterhandt, Otto: Völkerrechtliche Aspekte des Georgien-Krieges, in: AVR 46 (2008), S. 435–480

Ludwig, Michael: Der tschetschenisierte Tschetschenienkrieg, in: Frankfurter Allgemeine Zeitung vom 17.04.2009 (zit.: Ludwig, in: Frankfurter Allgemeine Zeitung vom 17.04.2009)

Ludwig, Michael: Ende eines nicht erklärten Krieges, in: Frankfurter Allgemeine Zeitung vom 20.04.2009 (zit.: Ludwig, in: FAZ vom 20.04.2009)

Ludwig, Michael: Fünf Jahre danach: Beslan und die Bewältigung der eigenen Ohnmacht, in: FAZ.NET vom 02.09.2009 (zit.: Ludwig, in: FAZ.NET vom 02.09.2009)

Ludwig, Michael: Terror in Russland – Das Reich des „Emirs des Kaukasus", in: FAZ.NET vom 03.04.2010 (zit.: Ludwig, in: FAZ.NET vom 03.04.2010)

Ludwig, Michael: Flutkatastrophe in Südrussland: „Handgemachter Tsunami", in: FAZ.NET vom 08.07.2012 (zit.: Ludwig, in: FAZ.NET vom 08.07.2012)

Ludwig, Michael: Zehn Jahre „Nord-Ost" und keine Gerechtigkeit, in: FAZ.NET vom 23.10.2012 (zit.: Ludwig, in: FAZ.NET vom 23.10.2012)

Machnik, Georg: Eduard Schewardnadse – Baumeister eines menschlichen Europas der Zukunft, Jena 2003

Mackenzie, Franklin: Dschingis Khan, Bern/München 1977

Magomedov, Arbakhan: Dagestan and the Russian State: „Stable Instability" Forever?, in: Russian analytical digest/Länder-Analysen 70/09, Dagestan/Ulyanovsk Dezember 2009, S. 9–13

Maksimov, Konstantin N.: Kalmykia in Russia's Past and Present National Policies and Administrative System, New York 2008

Malek, Martin: Die Krim im russisch-ukrainischen Spannungsfeld, in: Osteuropa 43 (1993), Heft Nr. 6, S. 551–562 (zit.: Malek, in: Osteuropa 43)

Malek, Martin: Russlands Tschetschenien-Krieg: Rechtsverletzungen, Massaker. Lager, in: Osteuropa-Archiv 1996, S. A 553–A 573 (zit.: Malek, in: Osteuropa-Archiv 1996)

Malek, Martin: Moskaus Schlachtpläne, in: Osteuropa 64 (2014), Heft Nr. 9/10, S. 97–117 (zit.: Malek, in: Osteuropa 64)

Malek, Martin: Russland: Deportierte Völker, in: FAZ.NET vom 16.02.2014

(zit.: Malek, in FAZ.NET vom 16.02.2014)

Mamilow, Salambek: Der fünfzigjährige Krieg in Tschetschenien – gepeinigt seit Stalin, in: Frankfurter Allgemeine Zeitung vom 23.02.1995

Mammadov, Müschfig: Die Sezessionskonflikte im postsowjetischen Raum und das Selbstbestimmungsrecht der Völker, Baku/Berlin 2011

Manutscharjan, Aschot: Abchasien und Südossetien – Russlands Intervention in Georgien (August 2008), in: KAS Auslandsinformation der Konrad-Adenauer-Stiftung 8/2008, S. 59–83

Mark, Rudolf: Die Völker der ehemaligen Sowjetunion, 2. Auflage, Opladen 1989

Mark, Rudolf: Die Republik Kalmückien, erschienen in: Berichte des Bundesinstituts für ostwissenschaftliche und internationale Studien 35/1998, S. 1–35

Marschall, Christoph von: Hat die Krim ein Recht auf Abspaltung?, in: Der Tagesspiegel Online vom 11.03.2014

Matthiesen, Nora: Wiedergutmachung für Opfer internationaler bewaffneter Konflikte, Berlin 2012, erschienen in: Völkerrecht und internationale Beziehungen, Band 5

Matuz, Josef: Das Osmanische Reich. Grundlinien seiner Geschichte, Darmstadt 1985

Mauder, Ulf: Staatsfeind Nr. 1 – Wer ist Umarow?, in: Frankfurter Rundschau Online vom 01.04.2010

Maull, Hanns. W.: Neo-Apartheid: Eine Bilanz der Ära Botha, in: Maull, Hanns W. (Hrsg.), Südafrika: Politik Gesellschaft Wirtschaft vor dem Ende der Apartheid, S. 75–128, Opladen 1990 (zit.: Maull, in: Maull [Hrsg.])

McElroy, Damien: Georgia conflict: How a Flat Tyre Took the Caucusus to War, in: Daily Telegraph Online vom 16.08.2008

Medwedew, Roy: Chruschtschow. Eine politische Biographie, Stuttgart/Herford 1984

Meissner, Boris: Außenpolitik und Völkerrecht der Sowjetunion, 1. Auflage, Köln 1987

Melvin, Neil J.: Building Stability in the North Caucasus Ways Forward for Russia and the European Union, in: Stockholm International Peace Research Institute (SIPRI) Policy Paper Nr. 16/Mai 2007, S. 1–68

Menteshashvili, Avtandil: Trouble in the Caucasus, 1. Auflage, New York 1995

Merkel, Reinhard: Die Krim und das Völkerrecht: Kühle Ironie der Geschichte, in: Frankfurter Allgemeine – FAZ.NET vom 07.04.2014

Michel, Adrianna A.: Die Einverleibung der Krim durch Russland. Eine völkerrechtliche Würdigung, in: Territoriale Souveränität und Gebietshoheit. Selbstbestimmung und Sezession aus interdisziplinärer Sicht, Schriftenreihe Europäische Studien Band 7, 2015, S. 111–148

Miebach, Georg: Das Verhältnis des Selbstbestimmungsrechts der Völker zu den Menschenrechten, Bonn 2000

Miljutenko, Wladimir: Echo des Krieges oder Kaukasischer Kreidekreis, in: Wostok Spezial – Nach dem Krieg im Kaukasus Nr. 3 2008, S. 6–11

Mössner, Jörg Manfred: Einführung in das Völkerrecht, 1. Auflage, München 1977

Mommsen, Margareta/Nußberger, Angelika: Das System Putin, 1. Auflage, München 2007

Mrozek, Gisbert/Althof, Kirsten: Die Rache der Besiegten, in: Focus Magazin Nr. 2/1995

Müller, Reinhard: Der „2+4"-Vertrag und das Selbstbestimmungsrecht der Völker, Frankfurt am Main 1997 (zit.: Müller, Der „2+4"-Vertrag und das Selbstbestimmungsrecht der Völker)

Müller, Reinhard: Grenzen der Einmischung, in: Frankfurter Allgemeine – FAZ.NET vom 11.08.2008 (zit.: Müller, in: FAZ.NET vom 11.08.2008)

Müllerson, Rein: One Man's Separatist – Another Man's Independantist – Self-determination claims from Scotland to Ukraine, in: Hilpold, Peter (Hrsg), Autonomie und Selbstbestimmung, Wien 2016, S. 68–83

Murswiek, Dietrich: Offensives und defensives Selbstbestimmungsrecht. Zum Subjekt des Selbstbestimmungsrechts der Völker, in: Der Staat, Band 23 (1984), S. 523–548 (zit.: Murswiek, in: Der Staat, Band 23)

Murswiek, Dietrich: Die Problematik eines Rechts auf Sezession – neu betrachtet, in: Archiv des Völkerrechts 31 (1993), S. 307–332 (zit.: Murswiek, in: Archiv des Völkerrechts 31 (1993))

Murswiek, Dietrich: Schutz der Minderheiten in Deutschland, in: Isensee, Josef/Kirchhof, Paul (Hrsg.), Handbuch des Staatsrechts der Bundesrepublik

Deutschland (HStR) Band 8, 1995, § 201, S. 663–692 (zit.: Murswiek, in: Isensee/Kirchhof)

Murswiek, Dietrich: Das Verhältnis des Minderheitenschutzes zum Selbstbestimmungsrecht der Völker, in: Blumenwitz, Dieter/Gornig, Gilbert/Murswiek, Dietrich (Hrsg.), Ein Jahrhundert Minderheiten- und Volksgruppenschutz, Staats- und völkerrechtliche Abhandlungen der Studiengruppe Politik und Völkerrecht, Band 19, S. 83–99 (zit.: Murswiek, in: Blumenwitz/Gornig/Murswiek [Hrsg.])

Murswiek, Dietrich: Die völkerrechtliche Geltung eines „Rechts auf die Heimat", in: Gornig, Gilbert/Murswiek, Dietrich (Hrsg.), Das Recht auf die Heimat, Staats- und völkerrechtliche Abhandlungen der Studiengruppe Politik und Völkerrecht, Band 23, 2005, S. 17–50 (zit.: Murswiek, in: Murswiek/Gornig (Hrsg.) Band 23)

Murswiek, Dietrich: Offensives und defensives Selbstbestimmungsrecht, in: Gornig, Gilbert H./Horn, Hans-Detlef/Murswiek, Dietrich (Hrsg.), Das Selbstbestimmungsrecht der Völker – eine Problemschau, Staats- und völkerrechtliche Abhandlungen der Studiengruppe Politik und Völkerrecht, Band 27, S. 95–120 (zit.: Murswiek, in: Gornig/Horn/Murswiek [Hrsg.])

Musharbash, Yassin: Suche nach Terror-Drahtziehern: Russlands Städte im Visier, in: Spiegel Online vom 29.03.2010

Nagel, Tilman: Timur der Eroberer und die islamische Welt des späten Mittelalters, München 1993

Nakhutrischvili, Gia: Kaukasus, in: Burga, Conradin A./Klötzli, Frank/Grabherr, Georg (Hrsg.), Gebirge der Erde – Landschaft, Klima, Pflanzenwelt, Zürich 2004, S. 124–135

Nansen, Fridtjof: Durch den Kaukasus zur Wolga, Bremen 2012

Nass, Matthias: Pflicht zur Einmischung, in: ZEIT Online vom 24.08.2008

Neef, Christian: Tschetschenien: „Wir werden leben", in: Der Spiegel vom 26.06.1995 (Ausgabe 26/1995), S. 120–122 (zit.: Neef, in: Der Spiegel vom 26.06.1995)

Neef, Christian: Der Kaukasus – Russlands offene Wunde, 1. Auflage, Berlin 1997 (zit.: Neef, Der Kaukasus-Russlands offene Wunde)

Neef, Christian: „Wenn einer von zehn Terroristen bekehrt wird, wäre das ein Fortschritt" Interview mit Junus-bek Jewkurow, amtierender Präsident der Republik Inguschetien, in: Der Spiegel Online vom 18.04.2010 (zit.: Neef, in: Der Spiegel Online vom 18.04.2010)

Neumann-Hoditz, Reinhold: Dschingis Khan, Reinbek 1985

Nichol, Jim: Bringing Peace to Chechnya? Assessments and Implications, in: Congressional Research Service (CRS) Report for Congress Washington Februar 2005, S. 1–19 (zit.: Nichol, in: CRS Report for Congress Februar 2005)

Nichol, Jim: Stability in Russia's Chechnya and Other Regions of the North Caucasus: Recent Developments, in: Congressional Research Service (CRS) Report for Congress Washington April 2009, S. 1–29 (zit.: Nichol, in: CRS Report for Congress April 2009)

Nienhuysen, Frank: Spiele in Zeiten des Terrors, in: Süddeutsche.de vom 17.02.2013

Niewerth, Johannes: Der kollektive und positive Schutz von Minderheiten und ihre Durchsetzung im Völkerrecht, erschienen in: Veröffentlichungen des Walther-Schücking-Instituts für Internationales Recht an der Universität Kiel, Band 119, Kiel/Berlin 1996

Nodia, Ghia: Political Turmoil in Georgia and the Ethnic Politics of Zviad Gamsachurdia, in: Coppiters, Bruno (Hrsg.), Contested Borders in the Caucasus, Brüssel 1996, S. 73–89

Nowak, Manfred: UNO-Pakt über bürgerliche und politische Rechte und Fakultativprotokolle. CCPR-Kommentar, Straßburg 1989

Nußberger, Angelika: Fiktion Rechtsstaat. Zur aktuellen Entwicklung in Russland, in: Höhmann, Hans-Hermann/Pleines, Heiko/Schröder, Hans-Henning (Hrsg.), Nur ein Ölboom? Bestimmungsfaktoren und Perspektiven der russischen Wirtschaftsentwicklung, Münster 2005, S. 211–219 (zit.: Nußberger, in: Höhmann/Pleines/Schröder [Hrsg.])

Nußberger, Angelika: Berechtigte Kränkung, in: Frankfurter Allgemeine - FAZ.NET vom 28.08.2008 (zit.: Nußberger, in: FAZ.NET vom 28.08.2008)

Nußberger, Angelika: Der „Fünf-Tage-Krieg“ vor Gericht Russland, Georgien und das Völkerrecht, in: Zeitschrift Osteuropa Heft 11/November 2008, S. 19–39 (zit.: Nußberger, in: Zeitschrift für Osteuropa Heft 11/November 2008)

Nußberger, Angelika: Das Völkerrecht, Bonn 2010 (zit.: Nußberger, Das Völkerrecht)

Oeter, Stefan: Selbstbestimmungsrecht im Wandel, in: Zeitschrift für öffentliches Recht und Völkerrecht (ZaöRV) 52 (1992), S. 741–779

Ott, Martin: Das Recht auf Sezession als Ausfluss des Selbstbestimmungsrechts der Völker, 1. Auflage, Berlin 2008

Osthold, Christian Paul: Islam in Tschetschenien: Das Verhältnis von Religion und Widerstand gegen Russland, in: Bundeszentrale für politische Bildung - Russland vom 24.05.2016, Bonn 2016 (zit.: Osthold, in: BpB 2016)

Pabst, Volker: Vertreibung unter Stalin: Vom Kaukasus nach Kasachstan, in: NZZ Online vom 20.02.2014

Pahl, Magnus: Tschetschenien – Nationaler Aufstand oder internationaler Terrorismus am Rande der Russischen Föderation, in: Chiari, Bernhard (Hrsg.), Wegweiser zur Geschichte: Kaukasus, München 2008, S. 107–122

Pan, Christoph: Die Autonomierechte der Volksgruppen – Aufgabe und Inhalt europarechtlicher Regelungen, in: Blumenwitz, Dieter/Gornig, Gilbert (Hrsg.), Rechtliche und politische Perspektiven deutscher Minderheiten und Volksgruppen, Staats- und völkerrechtliche Abhandlungen der Studiengruppe für Politik und Völkerrecht, Band 14, S. 49–63 (zit.: Pan, in: Blumenwitz/Gornig Band 14)

Pan, Christoph: Die politische Organisation nationaler Minderheiten als Voraussetzung für eine demokratische Mitbestimmung, in: Blumenwitz, Dieter/Gornig, Gilbert/Murswiek, Dietrich (Hrsg.), Minderheitenschutz und Demokratie, Staats- und völkerrechtliche Abhandlungen der Studiengruppe für Politik und Völkerrecht, Band 20, S. 105–120 (zit.: Pan, in: Blumenwitz/Gornig/Murswiek Band 20)

Papava, Vladimer: Georgien zwischen Rosenrevolution und russischer Aggression, in: Wostok Spezial – Nach dem Krieg im Kaukasus Nr. 3 2008, S. 11–16

Payne, Robert: Iwan der Schreckliche, Darmstadt 1975

Pernthaler, Peter: Der Schutz der ethnischen Gemeinschaften durch individuelle Rechte, Wien – Stuttgart 1964

Perovic, Jeronim: Am Abgrund-Fehlentwicklungen im Nordkaukasus, in: Zeitschrift Osteuropa Heft 7/Juli 2006, S. 33–53 (zit.: Perovic, in: Zeitschrift Osteuropa Heft 7/Juli 2006)

Perovic, Jeronim: The North Caucasus on the Brink, in: International Relations and Security Network (ISN) – Center for Security Studies ETH Zürich, S. 1–17 (zit.: Perovic, in: ISN-Center for Security Studies ETH Zürich 2006)

Perthes, Volker: Tschetschenische Loyalitäten. Starke Hände und russisches Geld – die Kaukasusrepublik erfreut sich einer neuen Stabilität, in: Neue Zürcher Zeitung vom 08.10.2008, S. 43–45

Peters, Anne: Verletzt der Anschluss der Krim an Russland das Völkerrecht?, in: Plädoyer 2014, Ausgabe 3/2014 vom 26.05.2014, S. 19 (zit.: Peters, in: Plädoyer 2014)

Peters, Anne: Völkerrecht, 4. Auflage, Zürich 2016 (zit.: Peters, Völkerrecht)

Peters, Rudolph: Crime and Punishment in Islamic Law. Theory and Pratice from the Sixteenth to the Twenty-first Century, Cambridge 2005

Pfohl, Manuela: Die Bombe Umarow tickt, in: Stern Online vom 31.03.2010

Ploetz, Carl: Auszug aus der Geschichte, 27. Auflage, Freiburg 1968

Pircher, Erich H.: Der vertragliche Schutz ethnischer, sprachlicher und religiöser Minderheiten im Völkerrecht, Bern 1979

Pohl, Walter: Die Awaren, 2. Auflage, München 2002

Politovskaja, Anna: Tschetschenien – Die Wahrheit über den Krieg, 1. Auflage, Köln 2003

Porsche-Ludwig, Markus: Krimkrise und Völkerrecht, Nordhausen 2014

Posener, Alan: Die Anerkennung des Kosovo ist ein Fehler, in: Die Welt Online vom 20.02.2008

Posor, Friederike: Sudan, in: Gornig, Gilbert (Hrsg.), Krisengebiete der Welt – Völkerrechtliche und politische Aspekte, Schriften zum internationalen und zum öffentlichen Recht Band 97, 2011, S. 451–507

Potier, Tim: Conflict in Nagorno-Karabakh, Abkhazia and South Ossetia: A Legal Appraisal, Den Haag 2001

Proskurjakov, Aleksandr: Tschetschenische Diffusion – Konflikte, Kämpfe, Krieger im Nordkaukasus, in: Zeitschrift Osteuropa Heft 7/Juli 2006, S. 55–64

Pufendorf, Samuel: De iure naturae et gentium, 1672 (lat. Orig.)

Quiring, Manfred: Die blutige Eskalation des Geiseldramas, in: Die Welt Online vom 04.09.2004 (zit.: Quiring, in: Welt Online vom 04.09.2004)

Quiring, Manfred: Professioneller Gewaltunternehmer: Schamil Bassajew, Tschetschene in: Die Welt Online vom 06.09.2004 (zit. Quiring, in: Die Welt Online vom 06.09.2004)

Quiring, Manfred: Ein neues Video zeigt, wie es zum Massaker kam, in: Die Welt Online vom 31.07.2007: (zit.: Quiring, in: Welt Online vom 31.07.2007)

Quiring, Manfred: Inguschen überfallen russische Militärkolonne, in: Die Welt Online vom 19.10.2008 (zit.: Quiring, in: Welt Online vom 19.10.2008)

Quiring, Manfred: Inguschen überfallen russische Militärkolonne, in: Berliner Morgenpost Online vom 19.10.2008 (zit.: Quiring, in: Berliner Morgenpost Online vom 19.10.2008)

Quiring, Manfred: Pulverfass Kaukasus: Konflikte am Rande des russischen Imperiums, 1. Auflage, Bonn 2009 (zit.: Quiring, Pulverfass Kaukasus)

Quiring, Manfred: Moskaus Manager für den renitenten Nordkaukasus, in: Die Welt Online vom 23.01.2010 (zit.: Quiring, in: Welt Online vom 23.01.2010)

Quiring, Manfred: Die Macht extremer Gewalt, in: Die Welt Online vom 31.03.2010 (zit.: Quiring, in: Welt Online vom 31.03.2010)

Quiring, Manfred: Der vergessene Völkermord: Sotschi und die Tragödie der Tscherkessen, 1. Auflage, Berlin 2013 (zit. Quiring, Der vergessene Völkermord)

Rabl, Kurt: Das Selbstbestimmungsrecht der Völker, 2. Auflage, Köln/Wien 1973

Ragazzi, Maurizio: The Concept of International Obligations Erga Omnes, Oxford 1997

Randelzhofer, Albrecht: Kommentierung zu Art. 51. in: Simma, Bruno (Hrsg.), The Charter of the United Nations, A Commentary, 3. Auflage, Oxford 2012

Raschhofer, Hermann: Selbstbestimmung und Völkerbund, Köln 1969

Rau, Johannes: Politik und Islam in Nordkaukasien: Skizzen über Tschetschenien, Dagestan und Adygea, Wien/Berlin 2001

Rauert, Fee: Das Kosovo: Eine völkerrechtliche Studie, Wien 1999

Reiter, Erich: Grenzen des Selbstbestimmungsrechts, 1. Ausgabe, Graz/Wien/Köln 1996

Reisner, Oliver: Georgien – Transitland im Süden, in: v. Gumppenberg, Marie-Carin/Steinbach, Udo (Hrsg.), Der Kaukasus: Geschichte-Kultur-Politik, 2. Auflage, Tiflis/Skopje/Berlin/München 2010, S. 34–49

Rezvani, Babak: Ethno-Territorial Conflict and Coexistence in the Caucasus, Central Asia and Fereydan, Amsterdam 2013

Richter, Nicolas: Folgen der Freiheit, in: Süddeutsche.de vom 15.02.2008

Richter, Wolfgang: Militärische Anfangsoperationen während des Georgienkriegs im August 2008, in: Russland Analysen 193/2009, S. 26–32

Riesbeck, Peter/Heintze, Hans-Joachim: „Es handelt sich um eine Willensbekundung“, in: Frankfurter Rundschau Online vom 18.03.2014

Rill, Bernd: Vorwort, in: Politische Studien, Sonderheft 6, 1993, S. 3–5

Röben, Volker: Die Sezession einer Minderheit aus dem Staatenverband: Kosovo als Präzedenzfall?, in: Friedens-Warte 84 (2009), S. 39–57

Rohe, Mathias: Das Islamische Recht, München 2011

Ross, Cameron: Federalism and democratisation in Russia, Manchester 2003

Rosskopf, Ralf: Theorie des Selbstbestimmungsrechts und Minderheitenrechts, in: Abhandlungen zu Migration und Flüchtlingsfragen 2004, S. 1–584

Rothacher, Albrecht: Stalins langer Schatten: Medwedjews Russland und der postsowjetische Raum, Wien/Graz 2008

Ruffert, Matthias: Terrorismusbekämpfung zwischen Selbstverteidigung und kollektiver Sicherheit, in: Zeitschrift für Rechtspolitik (ZRP) 2002, S. 247–252

Rumpf, Helmut: Das Subjekt des Selbstbestimmungsrechts, in: Blumenwitz, Dieter/Meissner, Boris (Hrsg.), Das Selbstbestimmungsrecht der Völker und die deutsche Frage, Berlin 1984, S. 47–60 (zit.: Rumpf, in: Blumenwitz/Meissner)

Sagramoso, Domitilla/Yemelianova, Galina: Islam and ethno-nationalism in the north-western Caucasus, in: Yemelianova, Galina (Hrsg.), Radical Islam in the Former Soviet Union, New York 2010, S. 112–145

Sapper, Manfred/Weichsel, Volker: Krieg im Kaukasus: Rückblick auf ein Lehrstück, in: Zeitschrift Osteuropa Heft 11/November 2008, S. 3–4

Sauer, Heiko/Wagner, Niklas: Der Tschetschenien-Konflikt und das Völkerrecht, in: Archiv des Völkerrechts 2007, Band 45, Heft 1, S. 53–83

Saxer, Urs: Der Krim-Konflikt und das Völkerrecht, in: NZZ Online vom 18.03.2014

Schaller, Christian: Sezession und Anerkennung Völkerrechtliche Überlegungen zum Umgang mit territorialen Abspaltungsprozessen, in: SWP-Studien, Stiftung Wissenschaft und Politik des Deutschen Instituts für Internationale Politik und Sicherheit S. 33

Schlage, Anja: Die Verteilung der Staatsmacht zwischen der Russländischen Föderation und ihren Subjekten: Darstellung des Föderalismus aus deutscher Sicht, Münster 2011

Schira, Anne: Die Entstehung des Staates Kosovo im Vergleich zu den Sezessionsbestrebungen Südossetiens, Abchasien und Somalilands, Berlin/Hamburg 2015

Schneider, Eberhard: Das politische System der Russischen Föderation, 2. Auflage, Berlin 2001

Schröder, Hans-Henning: Ein kurzer, siegreicher Krieg… Russische Sichtweisen der Kaukasus-Krise, in: Schröder, Hans-Henning (Hrsg.), Die Kaukasus-Krise – Internationale Perzeptionen und Konsequenzen für deutsche und europäische Politik, erschienen in: SWP-Studien, Stiftung Wissenschaft und Politik des Deutschen Instituts für Internationale Politik und Sicherheit S 25/September 2008, S. 7–11

Scholl-Latour, Peter: Russland im Zangengriff: Putins Imperium zwischen Nato, China und Islam, 11. Auflage, Berlin 2011

Scholz, Ines: Russlands meistgesuchter Rebell gibt auf – Doku Umarow, in: Wiener Zeitung Online vom 02.08.2010

Schweisfurth, Theodor: Vom Einheitsstaat (UdSSR) zum Staatenbund, erschienen in: ZaöRV 52, S. 541–702 1992

Seewald, Berthold: Wie die wilden Kosaken zu Russlands Idolen wurden, in: Welt Online vom 05.03.2012

Seidl-Hohenveldern, Ignaz/Stein, Torsten: Völkerrecht, 10. Auflage, Köln 2000

Seidl-Hohenveldern, Ignaz: Verjährung, in: Seidl-Hohenveldern, Ignaz (Hrsg.), Lexikon des Rechts. Völkerrecht, 2. Auflage, Berlin 1992

Seiffert, Wolfgang: Selbstbestimmungsrecht und deutsche Vereinigung, Baden-Baden 1992

Shaw, Malcom: International Law, 6. Auflage, Cambridge 2008

Shenfield, Stephen: The Circassians – A Forgotten Genocide?, in: Circassian-World.com Oxford/New York 1999/2006

Sidorko, Clemens P.: Ethnische Vielfalt, große Konfliktpotenziale: Die Völker des Kaukasus, in: Chiari, Bernhard (Hrsg.), Wegweiser zur Geschichte: Kaukasus, München 2008, S. 123–133

Simmler, Christiane: Das uti-possidetis-Prinzip: Zur Grenzziehung zwischen neu entstandenen Staaten, Berlin 1999

Singhofen, Sven: Das Kaukasus-Emirat – Russlands Netzwerk des Terrorismus, in: Institut für Sicherheitspolitik an der Christian-Albrechts-Universität zu Kiel (Hrsg.), Jahrbuch Terrorismus 2011/2012, Kiel 2008, S. 233–260

Smirnova, Julia: Wie Russlands patriotische Kosaken Moskau erobern, in: Die Welt Online vom 28.11.2012 (zit.: Smirnova, in: Die Welt Online vom 28.12.2012)

Smirnova, Julia: Der Islamische Staat bedroht Putins Reich, in: Die Welt Online vom 25.06.2015 (zit.: Smirnova, in: Die Welt Online vom 25.06.2015)

Smolin, Stanislaw/Wolkow, Wladimir: In Karatschai-Tscherkessien droht Doppelherrschaft und territoriale Spaltung, in: World Socialist Web Site vom 22.09.1999

Souleimanov, Emil: An Endless War: The Russian-Chechen Conflict in Perspective, 1. Auflage, New York 2007

Spieker, Heike: Zusammenarbeit des Deutschen Roten Kreuzes mit dem Institut für Friedenssicherungsrecht und Humanitäres Völkerrecht, in: Heintze, Hans-Joachim/Ipsen, Knut (Hrsg.), Heutige bewaffnete Konflikte als Herausforderungen an das humanitäre Völkerrecht, Heidelberg 2011, S. 31–45 (zit.: Spieker, in: Heintze/Ipsen)

Spuler, Bertold: Die Goldene Horde. Mongolen in Russland, 1223–1502, 2. Auflage, Wiesbaden 1965

Suksi, Markku: The Referendum as an Instrument for the Resolution of Territorial Disputes and for the Exercise of Self-Determination, in: Hilpold, Peter (Hrsg.), Autonomie und Selbstbestimmung, Wien 2016, S. 84–111

Starovoitova, Galina: National Self-Determination: Approaches and Case Studies, Occasional Paper, Providence 1997

Stavenhagen, Kurt: Heimat als Lebenssinn, 2. Auflage, Göttingen 1948

Stein, Torsten/v. Buttlar, Christian: Völkerrecht, 13. Auflage, Saarbrücken/Brüssel 2012

Sternfeldt, Andreas/Thöns, Bodo: Die russische Schwarzmeerküste, 1. Auflage, Berlin 2005

Stöger, Rupert: Ethnische Konflikte im Transkaukasus, Hamburg 1996

Svanidze, Mikheil: Georgia looks for strong response to Russian flyover, in: GeorgianDaily.com vom 14.08.2008

Tams, Christian J.: Enforcing Obligations Erga Omnes in International Law, Cambridge 2005

Tatunz, Svetlana A.: Interethnische Widersprüche und Konflikte in der Nordkaukasus-Region der Russischen Föderation, in: Hettlage, Robert/Wagner, Susanne/Deger, Petra (Hrsg.), Kollektive Identität in Krisen: Ethnizität in Region, Nation, Europa, Wiesbaden 1997, S. 216–226 (zit.: Tatunz, in: Hettlage/Wagner/Deger [Hrsg.])

Thürer, Daniel: Das Selbstbestimmungsrecht der Völker mit einem Exkurs zur Jurafrage, Bern 1976

Thürer, Daniel: Das Subjekt des Selbstbestimmungsrechts, in: Politische Studien, Sonderheft 6, 1993, S. 30–39 (zit.: Thürer, in: Politische Studien 1993)

Tomasevic, Nebojsa B.: Jugoslawische Städte, Belgrad 1965

Toidse, Lewan Georgien: Der Kampf um Unabhängigkeit, in: Wostok Nr. 3 1996, S. 36–40

Tscherkassow, Alexander: Der große Anschlag steht noch bevor, in: Focus Online vom 01.04.2010

Tscherwonnaja, Swetlana: Krisenherd Kaukasus, in: Halbach, Uwe/Kappeler, Andreas (Hrsg.) 1. Auflage, Köln 1995, S. 245–262 (zit.: Tscherwonnaja, in: Halbach/Kappeler)

Tscherwonnaja, Swetlana: Die Karatschaier und Balkaren im Nordkaukasus, in: Berichte des Bundesinstituts für ostwissenschaftliche und internationale Studien 32/1999, S. 1–40 (zit.: Tscherwonnaja, in: BIOst 1999)

Tschetschenien-Komitee: Tschetschenien – Die Hintergründe des blutigen Konflikts, 1. Auflage, München 2004

Tschinarichina, Galina: Nordkaukasus – Die konfliktreichste Region der Russischen Föderation, in: Wostok Nr. 2 1993, S. 12–15 (zit.: Tschinarichina, in: Wostok Nr. 2 1993)

Tschinarichina, Galina: Föderalismus und Regionalisierung in Russland, in: Wostok Nr. 6 1993, S. 20–27 (zit.: Tschinarichina, in: Wostok Nr. 6 1993)

Tschinarichina, Galina: Gewaltenteilung vor dem Hintergrund des Krieges, in: Wostok Nr. 2 1995, S. 6–11 (zit.: Tschinarichina, in: Wostok Nr. 2 1995)

Ungermann, Richard: Der Russisch-türkische Krieg 1768–1774, Wien/Leipzig 1906

Veiter, Theodor: Das Recht auf Heimat, in: Das Parlament 1978, Nr. 1 vom 07.01.1978 (zit.: Veiter, in: Das Parlament)

Veiter, Theodor: Die Entwicklung des Selbstbestimmungsrechts, in: Blumenwitz, Dieter/Meissner, Boris (Hrsg.), Das Selbstbestimmungsrecht und die deutsche Frage, Berlin 1984, S. 9–36 (zit.: Veiter, in Blumenwitz/Meissner [Hrsg.])

Verdross, Alfred: Die Verfassung der Völkerrechtsgemeinschaft, Heidelberg 1926

Veser, Reinhard: Untersuchungskommission: Georgien hat den Krieg begonnen, in: FAZ.NET vom 30.09.2009

Waal, Thomas de: The Caucasus: An Introduction, New York 2010

Wagensohn, Tanja: Krieg in Tschetschenien, in: Aktuelle Analysen München 2000, S. 1–76 (zit.: Wagensohn, in: Aktuelle Analysen 2000)

Wagensohn, Tanja: Russland nach dem Ende der Sowjetunion, München 2001 (zit.: Wagensohn, Russland nach dem Ende der Sowjetunion)

Wagner, Hans: Die Skythen – Geschichte, Kultur und Geheimnisse des Reitervolkes, in: Eurasisches Magazin Online vom 01.01.2016

Wassiljewa, Olga: Konflikte im Nordkaukasus – Ursachen, Verlauf und Perspektiven, in: Untersuchungen des FKKS 7/1995, Forschungsschwerpunkt Konflikt und Kooperationsstrukturen in Osteuropa an der Universität Mannheim, Mannheim, S. 1–49

Waschewko, Jenia: Kabardino-Balkariens ungewisse Zukunft, in: Gesellschaft für bedrohte Völker – Russlands Republiken (Teil XI), April 2011

Watschnadse, Georgi: Russland ohne Zensur. Eine Bilanz., 1. Auflage, Moskau/ Frankfurt am Main 1993

Weber, Michael: „Uti possidetis iuris" als allgemeines Rechtsprinzip im Völkerrecht: Überlegungen zum Verhältnis von „uti possidetis", Selbstbestimmungsrecht der Völker und Effektivitätsprinzip, Göttingen 1999

Weiers, Michael: Die Geschichte der Mongolen, Stuttgart 2004

Werle, Gerhard/Jeßberger, Florian: Völkerstrafrecht, 4. Auflage, Berlin 2016

White, Robin C. A.: Self-Determination: Time for a Re-Assessment?, in: Netherlands International Law Review, Band 28/1981, S. 147–170

Wieser, Bernd: Ist der Präsident der Russländischen Föderation eine eigene Staatsgewalt?, in: Janus, Hans (Hrsg.), Russland. Verfassung, Recht und Realität, Graz/Berlin 2014, S. 35–53

Wiest, Margarethe: Ausgehöhlte Gewaltenteilung. Der Föderationsrat in Putins gelenkter Demokratie, in: Zeitschrift für Osteuropa 1/2004, S. 17–27

Wilhelm, Jochen: Sezessionsrecht des Volkes im ethnischen Sinne und Anerkennung von Staaten, Heidelberg 2003

Willershausen, Claudia: Zerfall der Sowjetunion. Auch ein Beitrag zu Staatsuntergang und Staatennachfolge, Hamburg 2002

Willershausen, Florian: Kaukasus-Strategie verzweifelt gesucht, in: Handelsblatt Online vom 31.03.2010

Windisch, Elke: Die Spannungen im Kaukasus werden heftiger, in: Badische Zeitung Online vom 04.05.2010 (zit.: Windisch, in: Badische Zeitung Online vom 04.05.2010)

Windisch, Elke: Aufstand der Tscherkessen, in: Der Tagesspiegel Online vom 08.06.2010 (zit.: Windisch, in: Der Tagesspiegel Online vom 08.06.2010)

Windisch, Elke: Flucht aus Syrien in den Kaukasus?, in: Badische Zeitung Online vom 31.08.2012 (zit.: Windisch, in: Badische Zeitung Online vom 31.08.2012)

Winter, Martin: Bericht zu Georgien – Der erste Schuss, in: Süddeutsche.de vom 17.05.2010

Wodarz, Katharina: Gewaltverbot, Menschenrechtsschutz und Selbstbestimmungsrecht im Kosovo-Konflikt, Frankfurt am Main 2002

Wolf, Markus: Prometheus' Leber im Schnabel des „Doppeladlers". Russlands Verhältnis zu seinen transkaukasischen Nachbarn, in: Europäische Sicherheit 11/1995, S. 47–49

Wolkogonow, Dimitri: Die Sieben Führer, Frankfurt 2001 Wollenweber, Britta „Diplomatie ist die Kunst, das Schlimmste zu verhindern" – Interview mit Salome Surabischwili, in: Wostok Spezial – Nach dem Krieg im Kaukasus Nr. 3 2008, S. 16–19

Woronow, Yuri: Abchasen – wer sind sie?, Moskau 1998 al-Zawahiri, Ayman: Ritter unter dem Banner des Propheten, in: Kepel, Gilles/Milleli, Jean-Pierre (Hrsg.), Al Qaida. Texte des Terrors, München/Zürich 2006

Zayas, Alfred M. de: Das Recht auf die Heimat, ethnische Säuberungen und das Internationale Kriegsverbrechertribunal für das ehemalige Jugoslawien, in: Archiv des Völkerrechts 1997, Band 35 Heft 1, S. 29–72 (zit.: de Zayas, in: Archiv des Völkerrechts Band 35)

Zayas. Alfred M. de: Heimatrecht ist Menschenrecht, München 2001 (zit.: de Zayas, Heimatrecht ist Menschenrecht)

Zekri, Sonja: Der Sieg als Niederlage, in: Süddeutsche.de vom 15.08.2008 (zit.: Zekri, in: Süddeutsche.de vom 15.08.2008)

Zekri, Sonja: Sport gegen Bomben – Moskaus ehrgeizige Pläne zur Befriedung des Kaukasus, in: Süddeutsche Zeitung vom 20.05.2010 (zit.: Zekri, in: Süddeutsche Zeitung vom 20.05.2010)

Zieger, Gottfried: Gebietsveränderungen und Selbstbestimmungsrecht, in: Blumenwitz, Dieter/Meissner, Boris (Hrsg.), Das Selbstbestimmungsrecht und die deutsche Frage, Berlin 1984, S. 73–85 (zit.: Zieger, in: Blumenwitz/Meissner [Hrsg.])

Zimmermann, Andreas: Staatennachfolge in völkerrechtliche Verträge, erschienen in: Beiträge zum ausländischen öffentlichen Recht und Völkerrecht (Band 141), Heidelberg 2000

Zygojannis, Philipp A: Die Staatengemeinschaft und das Kosovo, Humanitäre Intervention und internationale Übergangsverwaltung unter Berücksichtigung einer Verpflichtung des Intervenienten zur Nachsorge, Berlin 2003

Internetquellen (Internetquellen haben, soweit nicht anders gekennzeichnet, den Stand 31.12.2018)

http://www.russische-botschaft.de/de/information/willkommen-in-russland/politisches-system/

http://www.d-k-g.de/adygeja.html

http://www.d-k-g.de/ossetien.html

http://www.d-k-g.de/inguschetien.html

http://www.d-k-g.de/christentum.html

http://www.d-k-g.de/karatschai_tscherkessien.html

http://www.d-k-g.de/kabardino_balkarien.html

http://www.welt.de vom 02.09.1996: Chronik der Tschetschenien-Krise

http://www.circassianworld.com/tscherkessen.html

http://www.spiegel.de vom 12.09.2002: Zusammenstoß über dem Bodensee

http://www.n-tv.de vom 18.01.2008: Witali K. wird Minister

http://www.laender-analysen.de/Russland

http://www.regionen.ru

http://www.krasnodar-region.de

http://www.kosaken.de/geschichte/kosaken.html

http://www.rp-online.de vom 22.06.2004: 48 Tote bei Angriffen in Inguschetien

http://de.rian.ru vom 28.10.2006: Der ossetisch-inguschische bewaffnete Konflikt: Geschichte und Aussichten

http://german.ruvr.ru vom 29.09.2009: Inguschetien

http://www.ingushetia.ru/culture/index.shtml

http://german.ruvr.ru vom 28.07.2009: Karatschai-Tscherkessien

http://www.circassianworld.com/circassian-republics/karachay-cherkessia.html

http://www.handelsblatt.com vom 29.03.2011: Russische Spezialkräfte töten Top-Terroristen

http://www.news.bbc.co.uk vom 22.04.2008: Russia says rebels downed plane

http://www.spiegel.de vom 19.08.2008: Kaukasus-Konflikt: Rice warnt Russland vor Machtdemonstration

http://www.spiegel.de vom 17.08.2009: Kaukasus-Konflikt: Medwedew verspricht Sarkozy Truppenabzug

http://www.spiegel.de vom 26.08.2008: Kaukasus-Konflik: Medwedew erkennt Rebellen-republiken an-Merkel protestiert

http://www.spiegel.de vom 08.09.2008: Kaukasus-Konflikt: Medwedew verspricht Truppen-abzug aus Georgien

http://www.civil.ge vom 13.01.2008: Saakaschwili re-elected as CEC approves final vote tally

http://www.focus.de vom 01.04.2011: IGH-Georgiens Klage abgewiesen

http://www.verfassungen.de

http://www.echr.coe.int

http://www.ejil.org/forumWTC/index.html

http://www.islamisches-zentrum-muenchen.de/html/islam_-_der_prophet_mohamed.html

http://www.islamicbulletin.org/german/german.htm

http://www.unn.com.ua/uk/news/1311267-rnbo-rozglyadaye-povernennya-ukrayiniyadernogo-statusu-i-zaprovadzhennya-yiyskovogo-stanu-politolog.

http://www.un.org/News/briefings/docs/2008/080529_Georgia.doc.html

http://www.aktuell.ru/russland/menschen/kurzbiographie/doku_umarow_172.html

http://ria.ru/spravka/20071031/86077954.html;

http://chechenpress.info/events/2007/12/24/01.shtml

http://www.chechenpress.co.uk/english/news/2006/06/23/01.shtml

Eintrag "Dudajew, Dschochar" in Munzinger Online/Personen - Internationales Biographisches Archiv, URL: http://www.munzinger.de/document/00000021275

https://web.archive.org/web/20071217141117/http://www.geocities.com/z_g.geo/z_g.html

https://web.archive.org/web/20030129025906/http://rustaveli.tripod.com/gelati/spiritualmission.html

https://old.civil.ge/eng/article.php?id=6320

http://web.stanford.edu/group/mappingmilitants/cgi-bin/groups/view/397

http://eng.kavkaz.memo.ru/persontext/engperson/id/558638.html

https://www.rferl.org/a/1069740.html

https://www.wsws.org/de/articles/1999/08/dage-a19.html

http://news.bbc.co.uk/2/hi/europe/4336445.stm

https://www.theguardian.com/world/2006/jun/19/chechnya.nickpatonwalsh

http://kavkazcenter.com/russ/content/2007/11/20/54479.shtml

https://www.rferl.org/a/1053527.html

http://www.watchdog.cz/?show=000000-000005-000004-000158&lang=1

http://www.aktuell.ru/russland/menschen/kurzbiographie/doku_umarow_172.html

https://web.archive.org/web/20060707092252/http://www.chechenpress.co.uk/english/news/2006/06/23/01.shtml

http://www.spiegel.de/politik/ausland/videobotschaft-tschetschenischer-rebellenchef-bekennt-sich-zu-anschlaegen-in-moskau-a-686803.html

https://www.profil.at/ausland/wolgograd-terror-russland-the-making-doku-umarow-371224

http://iyfnzgb.com/?pid=9PO1H9V71&dn=chechenpress.info

https://www.dw.com/de/tschetschenenführer-maschadow-getötet/a-1512524.

https://deutsch.rt.com/der-nahe-osten/39284-kadyrow-ruft-ankara-auf-in/

http://tass.ru/en/politics/872453

http://qtmm.org/en

https://www.gfbv.de/de/news/diskriminierung-von-krimtatarischen-politikern-7730/

http://web.stanford.edu/group/mappingmilitants/cgi-bin/groups/view/255

http://voiceofrussia.com/news/2014_04_08/Activities-of-Caucaus-emirate-terrorist-leader-Doku-Umarov-neutralized-FSB-

https://web.archive.org/web/20080804141054/http://www.chechenpress.co.uk/english/news/2007/10/31/05.shtml

http://rt.com/news/russia-volgograd-trolley-blast-957/>

https://www.rferl.org/a/1079060.html

https://www.rferl.org/a/north-caucasus-insurgency-selects-new-leader/27043027.html

https://web.archive.org/web/20080804141054/http://www.chechenpress.co.uk/english/news/2007/10/31/05.shtml

https://rewardsforjustice.net/german/ayman_zawahiri.html

https://www.webcitation.org/62I0kqNH3?url=http://latimesblogs.latimes.com/world_now/2011/10/iraq-us-al-qaeda-reward.html

https://www.liveleak.com/view?i=dc3_1181469312

https://www.fbi.gov/news/stories/2011/may/binladen_050211/binladen_050211

https://www.defense.gov/news/d20080509Mohammed.pdf

http://news.bbc.co.uk/2/hi/americas/4511943.stm

http://www.kavkaz-uzel.ru/rubric/1103

https://de.nachrichten.yahoo.com/suche-hintergr%C3%BCnden-anschlags-boston-060606938.html?guccounter=1

https://www.nytimes.com/2013/04/16/us/explosions-reported-at-site-of-boston-marathon.html

https://www.rferl.org/a/islamic-state-north-caucasus-insurgency-commanders-allegiance/26773615.html

http://iswresearch.blogspot.com/backgrounder/isis-declares-governorate-russia%E2%80%99s-north-caucasus-region

https://www.rt.com/news/369124-caucasus-isis-leader-killed-fsb/

https://de.sputniknews.com/panorama/20130425266012115-Nach-Boston-Anschlag-Putin-hofft-auf-engere-Kooperation-mit-USA/

http://web.stanford.edu/group/mappingmilitants/cgi-bin/groups/view/1

https://www.3sat.de/page/?source=/kulturzeit/themen/184702/index.html

https://www.verfassungsschutz.de/embed/vsbericht-2013.pdf

https://web.archive.org/web/20140819224243/http://www.un.org/News/Press/docs//2014/sc11495.doc.htm

https://austria-forum.org/af/AEIOU/Awaren

http://www.mojgorod.ru/r_dagestan/mahachkala/index.html

http://www.mojgorod.ru/r_dagestan/hasavjurt/index.html

https://de.sputniknews.com/meinungen/2005061040506489/

http://www.gks.ru/free_doc/new_site/perepis2010/perepis_itogi1612.htm

http://www.e-dag.ru/

https://de.sputniknews.com/meinungen/2006020243290891/

https://web.archive.org/web/20120218044618/http://www.riadagestan.ru/news/2007/06/06/28600/

http://dagestan.kavkaz-uzel.ru/articles/

https://www.dw.com/de/zwischen-scharia-und-russischem-recht/a-18524725

https://www.sasanika.org/

http://www.dr-ursula-weber.de/Prosopographie/

https://de.wiktionary.org/wiki/Khan

http://www.iranicaonline.org/articles/altaic-the-altaic-peoples-and-languages-are-distributed-around-45-north-latitude-from-eastern-europe-to-the-pacific-ocean

https://www.russlandjournal.de/russland/derbent-zitadelle-altstadt-festung/

https://de.rbth.com/reisen/79909-naryn-kala-festung-derbent-kaukasus-russland

http://www.zeno.org/Pierer-1857/A/Kaukasische+Mauer

http://peter-hug.ch/lexikon/Kaukasische+Mauer

http://depts.washington.edu/silkroad/texts/clavijo/cltxt1.html

https://web.archive.org/web/20070929101943/http://www.rustrana.ru/rubrics.php?sq=19,27,63,77,2245&crypt=

http://hrono.info/dokum/1700dok/1774ru_tur.php

http://anno.onb.ac.at/cgi-content/anno?apm=0&aid=ibn&datum=18540727&seite=2

http://eng.kavkaz.memo.ru/persontext/engperson/id/565136.html

https://fas.org/irp/world/russia/mvd/spetsnaz.htm

https://lenta.ru/news/2012/01/11/omon/

http://www.bpb.de/nachschlagen/lexika/islam-lexikon/21478/jamaat

https://www.kavkaz-uzel.eu/articles/315125/

http://library.fes.de/fulltext/id/01352.htm

http://www.aktuell.ru/russland/politik/ex-abgeordneter_chatschilajew_in_dagestan_ermordet_1803.html

http://www.aktuell.ru/rupol0010/morenews.php?iditem=918

http://news.bbc.co.uk/2/hi/europe/1952053.stm

http://www.kavkaz.org.uk/eng/photo/amir_khattab/page1.shtml

http://andreykomov.blog.de/2008/02/11/freiheit_svoboda_a_1089_a_1074_a_1086_a_~3709806

http://www.ib.hu-berlin.de/~pbruhn/glasnost.htm

http://www.dhm.de/lemo/html/DieDeutscheEinheit/WandelImOsten/glasnostUndPerestroika.html

https://er.ru/

https://er.ru/party/program/

https://web.archive.org/web/20080119151442/http://www.kas.de/proj/home/pub/49/1/year-2005/dokument_id-7299/index.html

http://www.president.e-dag.ru/

https://www.independent.co.uk/news/world/europe/road-to-peace-blocked-for-chechen-president-740215.html

http://news.bbc.co.uk/2/hi/europe/country_profiles/3659904.stm#leaders

http://www.eng.kavkaz-uzel.eu/articles/12456/

https://www.rt.com/russia/sacks-head-south-russian-898/

http://www.abdulatipov.ru/

https://archive.is/20130417061823/http://www.nasledie.ru/naslHTTP/cs/OUT_DOC/ID/55

https://oe1.orf.at/artikel/212752

http://www.zeno.org/Meta/Blutrache

http://www.gks.ru/doc_2010/demo.pdf

http://www.ethno-kavkaz.narod.ru/rningushetia.html

http://www.gks.ru/free_doc/new_site/population/demo/per-itog/tab7.xls

http://www.3sat.de/page/?source=/kulturzeit/themen/136402/index.html

https://deutsch.rt.com/europa/73686-reisebericht-inguschetien-kleine-republik-im-kaukasus/

https://www.welt.de/print-welt/article322840/Volk-der-Wainachen.html

http://waynakh.com/de/tschetschenen/tschetschenische-stammesverbande-tukhum-und-klans-taips/

http://www.shamsali.org/taj/chechnat.html#demo

https://sputnik-georgia.com/interview/20160128/229941721.html

http://www.policy.hu/sokirianskaia/research.html

https://www.rand.org/pubs/conf_proceedings/CF129.html

https://www.hrw.org/legacy/english/docs/2008/06/24/russia19194.htm

http://www.ingushetia.ru/president/

http://www.warheroes.ru/hero/hero.asp?Hero_id=7669

http://www.fr.de/politik/spezials/chronik-des-tschetschenischen-konflikts-a-1203401

http://www.ag-friedensforschung.de/regionen/Russland/ossetien.html

http://www.russland.news/schuleossetien/morenews.php?iditem=360

https://de.sputniknews.com/meinungen/20061028552006690/

http://www.ethno-kavkaz.narod.ru/rnkchr.html

http://kchr.ru/

http://www.mojgorod.ru/karacherk_r/cherkessk/index.html

http://www.zum.de/whkmla/histatlas/russia/haxcrimeantatars.html

https://web.archive.org/web/20030123015108/http://www.hrono.ru/dokum/1829adrian.html

https://www.eurasischesmagazin.de/artikel/Die-Tscherkessen-ein-unbekanntes-Volk-erwacht/20111009

http://www.reller-rezensionen.de/voelker/karatschaier.htm

https://www.gfbv.de/de/news/kabardino-balkariens-ungewisse-zukunft-2014/

https://www.abendblatt.de/politik/ausland/article107047757/Kabardino-Balkarien-Das-Armenhaus-Russlands.html

http://www.mojgorod.ru/kabardbalk_r/naljchik/index.html

https://www.kommersant.ru/doc/1513404

https://www.rferl.org/a/Kabardian_Insurgent_Leader_Killed_In_Nalchik/1993551.html

https://web.archive.org/web/20080622235836/http://www.kabbalk.ru/

http://www.mojgorod.ru/sahalin_obl/dolinsk/index.html

https://www.kommersant.ru/doc/379399

http://www.sarmatische-krieger.de/Sarmaten/sarmaten.html

http://www.sarmaten-in-europa.de/neue-historische-erkenntnisse/die-wanderung/

https://de.sputniknews.com/panorama/2008011897255240/

http://archive.is/20130417063405/http://minarhstroy.ru/index.php?option=com_content&view=article&id=65&Itemid=96

http://www.swissinfo.ch/ger/mildere-strafe-fuer-fluglotsen-moerder/5982920

http://www.faz.net/aktuell/politik/tschetschenien-bassajew-bekennt-sich-zum-anschlag-von-beslan-1177069.html

https://www.reuters.com/article/idUSLS446937

https://www.zeit.de/news/artikel/2007/07/31/2349126.xml

http://www.russland.ru/schuleossetien/

http://www.spezialeinheiten.net/index.php?action=spetsnaz

http://weaponplace.ru/specnaz.php

https://www.handelsblatt.com/politik/international/sondersitzung-anberaumt-sicherheitsrat-verurteilt-geiselnahme/2394808.html?ticket=ST-14271272-u3MKl7zqxuQIYkzVzcnK-ap3

https://www.menschenrechtskonvention.eu/todesstrafe-9382/

https://www.zeit.de/gesellschaft/zeitgeschehen/2018-11/landesverfassung-hessen-todesstrafe-abschaffung-verfassungsreform-abstimmung

http://www.regionen-russland.de/regionen-auf-einen-blick/nordkaukasus/stawropol/

https://www.investinregions.ru/de/regions/stavropol/

https://www.stavkray.ru/

https://www.georgienseite.de/

http://geostat.ge/cms/site_images/_files/english/population/Population%20press_30.04.2015_Final_eng.pdf

http://fmso.leavenworth.army.mil/documents/rodionov.htm

https://www.chronikderwende.de/lexikon/biografien/biographie_jsp/key=schewardnadse_eduard.html

https://www.rferl.org/a/saakashvili-stripped-ukraine-citizenship-georgia-odesa/28641522.html

https://iwpr.net/global-voices/how-georgian-war-began

https://www.rferl.org/a/Did_Russia_Plan_Its_War_In_Georgia__/1191460.html

https://www.army.mil/article/10953/security_cooperation_exercise_immediate_response_2008_begins_with_official_ceremony_in_republic_of_g

http://news.bbc.co.uk/2/hi/europe/7539282.stm

https://www.telegraph.co.uk/news/worldnews/europe/georgia/2570754/Georgia-conflict-How-a-flat-tyre-took-the-Caucasus-to-war.html

https://ria.ru/20080808/150178662.html

http://www.kremlin.ru/appears/2008/08/08/1522_type63374type63378type82634_205027.shtml

https://web.archive.org/web/20080820082618/http://newsticker.sueddeutsche.de/list/id/79118

https://old.civil.ge/eng/article.php?id=18990

https://www.n-tv.de/Kriegsschiff_versenkt_USA_schalten_sich_ein/100820080417/1006513.html

http://news.bbc.co.uk/2/hi/europe/7552012.stm

https://www.lpb-bw.de/kaukasus-konflikt.html

https://www.auswaertiges-amt.de/diplo/de/Laenderinformationen/Georgien/Aktuell/KonfliktNato,navCtx=253502.html

https://de.sputniknews.com/meinungen/20080819116140896/

https://www.tagesspiegel.de/politik/voelkerrecht-wer-hat-schuld-am-kaukasus-krieg/1301904.html

http://www.adygheya.ru/

http://www.regionen-russland.de/regionen-auf-einen-blick/sued/adygeja/

http://www.gks.ru/free_doc/new_site/perepis2010/croc/Documents/Vol1/pub-01-05.pdf

http://www.skitalets.ru/laws/norm/vod_puti.htm

http://textual.ru/gvr/index.php?card=173165

http://www.tscherkessen-koeln.de/tscherkessen/kultur-adyge-xabze.html

https://web.archive.org/web/20081013172939/http://www.russiaprofile.org/resources/whoiswho/alphabet/t/tkachev.wbp

http://www.regionen-russland.de/regionen-auf-einen-blick/sued/krasnodar/

https://de.sputniknews.com/wirtschaft/20101126257750743/

https://themoscowtimes.com/articles/medvedev-signs-decree-creating-contractor-for-kerch-strait-bridge-project-32624

http://www.kalmykia.de/kalmuckien/

http://www.kalm.ru/en/geo.html

http://www.vesti.ru/doc.html?id=402036

https://www.newsru.com/russia/21sep2010/newkalmyk.html

http://german.china.org.cn/german/187210.htm

http://www2.uni-jena.de/stud/kalmyk/Broschuere.pdf

https://dic.academic.ru/dic.nsf/etno/647

https://web.archive.org/web/20070403233253/http://www.chessfidelity.com/elections.php?txt_id=79

http://www.fide.com/component/content/article/1-fide-news/3328-10th-anniversary-of-qchess-cityq-elista

https://www.fide.com/fide.html

http://www.kalm.ru/en/hist.html

http://www.bpb.de/internationales/europa/russland/137886/dokumentation-regelungen-zur-wahl-der-gouverneure

https://www.munzinger.de/search/portrait/Sergej+M+Schachraj/0/20496.html

https://www.theguardian.com/football/2011/jan/19/ruud-gullit-terek-grozny

https://www.welt.de/sport/fussball/article12737488/Matthaeus-laeuft-in-Tschetschenien-fuer-Kadyrow-Elf-auf.html

https://www.welt.de/politik/ausland/gallery113886333/Depardieu-trifft-umstrittenen-Tschetschenen-Fuehrer.html

https://www.tz.de/sport/fussball/ruecktritt-ruecktritt-mega-offerte-ronaldo-zr-1138408.html

www.ingramcontent.com/pod-product-compliance
Ingram Content Group UK Ltd.
Pitfield, Milton Keynes, MK11 3LW, UK
UKHW021830290926
8980IPUK00004B/355

9 783631 837139